EU-Recht und Schranken hoheitlicher Staatstätigkeit

SCHRIFTEN
zum internationalen und zum öffentlichen
RECHT
Herausgegeben von Gilbert Gornig

Band 54

PETER LANG
Frankfurt am Main · Berlin · Bern · Bruxelles · New York · Oxford · Wien

Johannes Thoma

EU-Recht und Schranken hoheitlicher Staatstätigkeit

PETER LANG
Europäischer Verlag der Wissenschaften

Bibliografische Information Der Deutschen Bibliothek
Die Deutsche Bibliothek verzeichnet diese Publikation in der
Deutschen Nationalbibliografie; detaillierte bibliografische
Daten sind im Internet über <http://dnb.ddb.de> abrufbar.

Zugl.: Konstanz, Univ., Diss., 2002

Gedruckt auf alterungsbeständigem,
säurefreiem Papier.

D 352
ISSN 0943-173X
ISBN 3-631-52965-1

© Peter Lang GmbH
Europäischer Verlag der Wissenschaften
Frankfurt am Main 2004
Alle Rechte vorbehalten.

Printed in Germany 1 2 3 4 5 7

www.peterlang.de

FÜR BIGAY

Wer ewig strebsam sich bemüht, dem kann geholfen werden.

Liebe(r) Leser(in)

Die Ihnen vorliegende Arbeit wurde im Jahr 2002 als Dissertation an der Universität Konstanz vorgestellt.

Sie beschäftigt sich mit der Frage, nach welchen Kriterien die Europäische Kommission und die Europäischen Gerichte über die Anwendbarkeit der Grundfreiheiten und Wettbewerbsregeln des EG-Vertrages auf staatliches Handeln entscheiden. Die Thematik liegt im Spannungsfeld zwischen Recht und Politik. Die politische Brisanz folgt aus der Tatsache, dass die rechtliche Bewertung des staatlichen Handelns anhand der Grundfreiheiten und Wettbewerbsregeln auf einem wesentlichen Eingriff in die Souveränität des betroffenen Mitgliedstaates der Europäischen Union hinausläuft. Einer der Kernpunkte dieser Arbeit ist es, bei der Suche nach einer Regelmäßigkeit in den bisherigen Entscheidungen der Gemeinschaftsorgane genau an dieser Souveränität der Mitgliedstaaten und ihren rechtlichen Kriterien anzusetzen.

Ich möchte an dieser Stelle allen denjenigen danken, die zu diesem Werk mit produktivem Austausch beigetragen haben. Besonders zu erwähnen habe ich dabei meinen Doktorvater, Herrn Professor Dr. Winfried Brohm, der die Entstehung der Arbeit mit intensiven, aber immer fairen und fruchtbaren Auseinandersetzungen begleitet hat. Zudem hat es mich sehr gefreut, Herrn Professor Dr. Kay Hailbronner als Zweitkorrektor für meine Arbeit gewinnen zu können.

Darüber hinaus gilt mein Dank meiner Familie, deren Unterstützung zugleich Verpflichtung und Antrieb war.

Johannes Thoma

Inhaltsverzeichnis

11

Teil 1: Einführung

A. Fragestellung der Arbeit

Die hier vorgelegte Arbeit befaßt sich mit der Frage, wann die Wettbewerbsregeln und Grundfreiheiten des EG-Vertrages auf Staatshandeln anwendbar sind. Für weite Teile der Staatstätigkeit wirft diese Frage freilich kaum Probleme auf. Klar ist, daß ein Unternehmen, das der Staat allein zur Einkommenserzielung gründet oder erwirbt, den Wettbewerbsregeln unterliegen muß. Für die Anwendung der Art. 81 ff. EG[1] spielt es grundsätzlich keine Rolle, ob sich ein Unternehmen in öffentlicher oder privater Hand befindet, besonders zum Ausdruck kommt dies in der Transparenzrichtlinie.[2] Unzweifelhaft gelten Kartell- und Mißbrauchsverbot (Art. 81, 82 EG) etwa für den teilweise in der Hand des Landes Niedersachsen befindlichen Volkswagen-Konzern[3] oder die Ende der 90iger Jahre erworbene Preussag-Stahl AG.[4] Ebenso klar ist, daß die Wettbewerbsre-

---

[1] Die Zitierweise der Normen des EG-Vertrages erfolgt entsprechend der Pressemitteilung Nr. 57/99 vom 30. Juli 1999 über die Zitierweise nach der Umnummerierung der Vertragsbestimmungen nach dem Inkrafttreten des Vertrages von Amsterdam am 1. Mai 1999 durch den Europäischen Gerichtshof und das Gericht erster Instanz. Wird demnach auf einen Artikel eines in der nach dem 1. Mai 1999 geltenden Fassung Bezug genommen, so werden der Zahl des Artikels unmittelbar 2 Buchstaben angefügt, die den jeweiligen Vertrag bezeichnen:

EU für den Vertrag über die Europäische Union
EG für den EG-Vertrag
KS für den EGKS-Vertrag
EA für den EAG-Vertrag.

Wird dagegen auf einen Artikel eines Vertrages in der vor dem 1. Mai 1999 geltenden Fassung Bezug genommen, so folgt der Zahl des Artikels die Angabe EUV oder EU-Vertrag, EGV oder EG-Vertrag, EGKS-Vertrag oder EAG-Vertrag.

[2] Richtlinie 80/723 EWG, abgedruckt in Sartorius II Nr. 169. Von der Sicherstellung der Gleichbehandlung privater und öffentlicher Unternehmen ist im zweiten Erwägungsgrund die Rede.

[3] Vgl. hierzu: *Hoppenstedt*: Handbuch der Großunternehmen Bd. I, S. 1411: Volkswagen AG, zu 20 % im Eigentum des Landes Niedersachsen, Rest Streubesitz. Weitere Beispiele für Wirtschaftsunternehmen in öffentlicher Hand: Badische Staatsbrauerei Rothaus AG, zum Teil über Beteiligungsgesellschaft zu 100 % im Eigentum des Landes Baden-Württemberg; Bd. II, S. 394: Staatliche Porzellan-Manufaktur Meissen, zu 100 % im Eigentum des Landes Sachsen; Bd. II, S. 1330; s. darüber hinaus auch *Stober*: Allgemeines Wirtschaftsverwaltungsrecht (11. Aufl. 1998), § 24 II 1, S. 259, m.w.N. insbes. in Fn. 15.

[4] Zur Übernahme der Preussag AG durch das Land Niedersachsen vgl. *Helmer*: Moderne Zeiten, in: FAZ vom 20.01.1998, S. 17.

geln auf Tätigkeiten der klassischen Hoheitsverwaltung nicht anwendbar sind. Gemeint ist hier vor allem der Bereich der Eingriffsverwaltung. So haben beispielsweise Maßnahmen der Polizei zur Gefahrenabwehr mit Markt und Wettbewerb nichts zu tun.[5] Dazwischen liegt allerdings ein weniger geklärter Bereich. Der moderne soziale Rechtsstaat betätigt sich nicht nur im Bereich der Eingriffsverwaltung. Er versorgt seine Bürger auch mit Leistungen, die ihm aufgrund einer politischen Entscheidung besonders wichtig erscheinen. Hier kann er durchaus in Konkurrenz zu Dritten treten, seine Leistung kann auf einen vom Wettbewerb bestimmten Markt fallen. Eine Reihe von Ausnahmeklauseln[6] zeigt, daß der EG-Vertrag in einer solchen Konstellation nicht zwingend von der Anwendung des Gemeinschaftsrechts ausgeht und Ausnahmen zuläßt. Darüber hinaus existiert in diesem Bereich eine Reihe von Entscheidungen des *Europäischen Gerichtshofs*, in denen die Anwendbarkeit der Wettbewerbsregeln unabhängig von den Ausnahmeklauseln abgelehnt wurde. In diesen Fällen können die Mitgliedstaaten ihre Angelegenheiten also unabhängig von den Wettbewerbsregeln des EG-Vertrages regeln. In scheinbar ähnlich gelagerten Fällen wurden die Wettbewerbsregeln dann aber doch wieder angewendet. Für diese Anwendbarkeitsgrenzen hat sich bislang noch keine allgemeingültige Regel herauskristallisiert. Die vorgelegte Arbeit möchte hierzu einen Beitrag leisten.

In ähnlicher Form stellt sich die Problematik auch bei den Grundfreiheiten, allerdings unter anderen Vorzeichen. Die bloße Teilnahme am Wettbewerb durch Unternehmen, die sich im Eigentum der öffentlichen Hand befinden, steht grundsätzlich nicht im Widerspruch zu den Wettbewerbsregeln. Durch eine solche Betätigung werden Warenströme innerhalb der Gemeinschaft in der Regel nicht beeinflußt.[7] Auf hoheitliche Maßnahmen sind die Grundfreiheiten dagegen nach ihrem Selbstverständnis grundsätzlich anwendbar. So fällt beispielsweise eine hoheitliche Regelung durch ein Gesetz oder eine Rechtsverordnung, die unmittelbar oder mittelbar den Import einer Ware aus dem EG-Ausland verbietet, in den Anwendungsbereich der Warenverkehrsfreiheit nach Art. 28 EG. Auch an dieser Stelle zeigt das System der Ausnahmeklauseln zu den Grund-

---

[5] Für den Bereich des nationalen Rechts: *Möschel*: Recht der Wettbewerbsbeschränkungen (1983), Rn. 952; im Hinblick auf das Europarecht wird hierauf noch zurückzukommen sein, vgl. unten „Hoheitliche Tätigkeit", S. 71.

[6] Für den Bereich der Wettbewerbsregeln ist dies Art. 86 II EG, für die Grundfreiheiten vgl. vor allem Art. 30, 45, 55 EG.

[7] Eine Ausnahme könnte aber hier erreicht sein, wenn ein Mitgliedstaat ein öffentliches Unternehmen mit einer derartigen Kapitalstärke ausstattet, daß es faktisch zum Monopolisten wird und Importe aus anderen Mitgliedstaaten aus diesem Grunde unmöglich werden. Im Falle einer solchen unangemessenen Kapitalausstattung ist aber auch an die Anwendung der Beihilferegeln zu denken, vgl. dazu unten S. 304 ff.

freiheiten (z.B. Art. 30 EG), daß der EG-Vertrag wie bei den Wettbewerbsregeln unter bestimmten Voraussetzungen Ausnahmen zuläßt. Und auch hier zeigt die Kasuistik, daß die Anwendbarkeit der Grundfreiheiten bei einer leistenden Staatstätigkeit unabhängig von den Ausnahmeklauseln nicht zwingend ist. Wie im Bereich der Wettbewerbsregeln fehlt es für die Beantwortung der Frage der Anwendbarkeit bislang noch an einer allgemeingültigen Regel.

Bei den Wettbewerbsregeln sowie bei den Grundfreiheiten stellt sich also einerseits die „Vorfrage" der Anwendbarkeit und andererseits die Möglichkeit einer Ausnahme nach den Ausnahmeklauseln. Es liegt auf der Hand, daß hier zu erörtern ist, wann Grundfreiheiten oder Wettbewerbsregeln einerseits unanwendbar sind, und wann andererseits eine Ausnahme angenommen werden kann. Des Weiteren stellt sich daraus die Frage, in welchem Verhältnis die Ausnahmen zu den Grundfreiheiten zu den Wettbewerbsregeln stehen. Dieses Problem wird deutlich, wenn man sich vergegenwärtigt, daß sich die Anwendungsbereiche von Wettbewerbsregeln und Grundfreiheiten häufig überschneiden.[8] Wenn ein Mitgliedstaat etwa die Verteilung einer bestimmten Ware monopolisiert, greift er damit nachhaltig in die Entwicklung des Wettbewerbs ein. Hier ist also an die Anwendung der Wettbewerbsregeln einschließlich der Ausnahmen zu denken. Gleichzeitig ist aber auch die Grundfreiheit der Warenverkehrsfreiheit einschließlich ihrer Ausnahmeklausel berührt, da auf diese Weise Importe aus anderen Mitgliedstaaten unterbunden werden. Wenn nun keine Ausnahmeklausel zu den Grundfreiheiten greift, stellt sich die Frage, ob dann die zentrale Ausnahmeklausel zu den Wettbewerbsregeln (Art. 86 II EG) das Ergebnis noch beeinflussen kann.[9]

B.   Die Problematik im nationalen Recht

I.   Die aktuelle zivilrechtliche Sicht

Auf der Ebene des nationalen Rechts befaßt man sich sowohl unter dem Blickwinkel des öffentlichen Rechts als auch unter zivilrechtlichen Aspekten mit der

---

[8] Vgl. *Streinz*, Die Rechtsprechung des EuGH nach dem Bosman-Urteil, in Tettinger (Hrsg.), Sport im Schnittfeld von Europäischem Gemeinschaftsrecht und nationanlem Recht (2001), S. 27, 49 f. m.w.N.

[9] Mit diesen Erkenntnissen klärt sich auch der Gebrauch der Begriffe *Anwendungsgrenze* und *Anwendbarkeitsgrenze*. In dieser Arbeit soll die *Anwendungsgrenze* als Oberbegriff verstanden werden, der sowohl die Vorfrage der *Anwendbarkeitsgrenze* als auch die Ausnahme erfaßt.

schlicht-hoheitlichen Aufgabenerfüllung durch den Staat. Aus zivilrechtlicher Sicht geht es dabei um die Frage der Anwendbarkeit des Wirtschaftsrechts (UWG und GWB) auf derartiges Staatshandeln. Die Rechtsprechung zu diesem Thema hat verschiedene Wenden durchlaufen, die teils rechtsdogmatisch und teils rechtspolitisch bedingt waren.[10] Die derzeit herrschende Meinung kann mit dem Begriff der „Lehre von der Doppelqualifizierung"[11] umschrieben werden. Zumindest auf den ersten Blick glaubt man hier Parallelen zur europarechtlichen Entscheidungspraxis zu erkennen.[12] Um zum gegebenen Anlaß Vergleiche zum EG-Recht ziehen zu können, soll hier in der gebotenen Kürze auf diese zivilrechtliche Ansicht eingegangen werden. Repräsentativ hervorzuheben sind dabei das *Brillenurteil* des *Bundesgerichtshofs* und die *Rollstuhlentscheidung* des *Gemeinsamen Senats der Obersten Bundesgerichte*.[13]

Dem *Brillenurteil*[14] lag der (vereinfachte) Sachverhalt zu Grunde, daß manche Ortskrankenkassen teilweise schon vor dem ersten Weltkrieg sogenannte Selbstabgabestellen unterhielten. Hier wurden unter anderem Brillen an die Versicherten abgegeben. Ohne derartige Selbstabgabestellen erwarb die Ortskrankenkasse die benötigten Sehhilfen bei den ortsansässigen Optikerfachbetrieben für ihre Versicherten. Der Versicherte ging also mit einem entsprechenden Rezept zu den Fachbetrieben und suchte sich eine geeignete Brille aus. Ohne daß dies in der Entscheidung des *Bundesgerichtshofs* Berücksichtigung fand, kann man davon ausgehen, daß die Ortskrankenkassen mit der Ausweitung des Selbstabgabegeschäfts drohten, um günstigere Konditionen in den Rahmenverträgen mit den Optikern durchzusetzen.[15] Aus Anlaß der Eröffnung einer weite-

---

[10] Ein Überblick findet sich bei *Schricker*: Wirtschaftliche Tätigkeit der öffentlichen Hand und unlauterer Wettbewerb (2. Aufl. 1987), S. 91 ff.

[11] Zum Begriff der Lehre von der Doppelqualifizierung s. *Brohm*: Wirtschaftstätigkeit der öffentlichen Hand und Wettbewerb, NJW 1994, 281, 287 ff.; *ders.*: Das Verhältnis mittelbarer Staatsverwaltung und Staatsaufsicht im Wirtschaftsrecht, in: Mestmäcker (Hrsg.): Kommunikation ohne Monopole (1995), S. 253, 277 ff.; a. A.: *Jungbluth*, in: Langen/Bunte, Kommentar zum deutschen und europäischen Kartellrecht (9. Aufl. 2000), § 130 Rn. 9ff.; *Weisser*, in: Frankfurter Kommentar zum Kartellrecht (Loseblattsammlung Stand 2000), Rn. 38; im Vergleich zu Vorauflagen jetzt offenbar differenzierend: *Emmerich*, in: Immenga/Mestmäcker, GWB (3. Aufl. 2001), § 130 Rn. 9 f.

[12] Vgl. dazu nur *Emmerich:* Das Recht des unlauteren Wettbewerbs, 4. Aufl. 1995, § 4. 6. a, S. 33 m. w. N.

[13] Zur aktuellen Änderung bezüglich der Rechtswegzuweisung vgl. *Emmerich*, in: Immenga/Mestmäcker, GWB (3. Aufl. 2001), § 130 Rn. 17

[14] *BGHZ* 82, 375 = NJW 1982, 2117 - *Brillenurteil*.

[15] Vgl. dazu die ausführliche Urteilsrezension von *Wolfgang Harms*, BB Beilage 17/1986 zu Heft 32/1986, S. 16, 22; zur Abwicklung zwischen Ortskrankenkassen und Augenoptikern vgl. auch *Henning/Westphal* DOK 1981, 827 ff.

ren Selbstabgabestelle hatte sich der *Bundesgerichtshof* mit dieser Materie zu befassen. Geklagt hatten die nunmehr übergangenen Augenoptiker.

Im Rahmen der Zulässigkeit stellte der *BGH* zunächst fest, daß der Zivilrechtsweg eröffnet war, obwohl die Beklagte in der Rechtsform einer Körperschaft des öffentlichen Rechts organisiert war und öffentliche Aufgaben wahrnahm. Der *Gerichtshof* begründete dies im Wesentlichen mit der zivilrechtlichen Natur des Streitgegenstandes. Dies wiederum stützte er auf das *Vorliegen eines Wettbewerbsverhältnisses* zwischen der AOK und den Klägern. Zwischen den Parteien bestehe weder ein Verhältnis der Über- und Unterordnung noch liege eine als öffentlich-rechtlich zu qualifizierende Beziehung vor. Die Zweifel, die sich diesbezüglich aus der Wahrnehmung einer öffentlichen Aufgabe ergaben, zerstreute das Gericht folgendermaßen: „Das gegenüber den Versicherten als öffentlich-rechtlich zu qualifizierende Handeln der gesetzlichen Krankenkasse ist daher im Hinblick auf seine privatrechtlichen Auswirkungen auf die Optiker auch privatrechtlich zu qualifizieren."[16] In der Begründetheitsprüfung hat der *Bundesgerichtshof* die Einrichtung und den Betrieb der Selbstabgabestellen auf Grund von § 1 UWG untersagt. Begründet wird dieses Ergebnis im Wesentlichen mit dem Szenario einer bundesweiten Nachahmung, womit dem Mittelstand die Existenzgrundlage entzogen würde.[17] Dabei zieht der Gerichtshof die nicht unumstrittene Fallgruppe der wettbewerbsbezogenen Unlauterkeit heran.[18] Unter Vermeidung dieser Fallgruppe hätte man dieses Ergebnis - ungeachtet der Frage der Anwendbarkeit des Wirtschaftsrechts - auch über §§ 22, 26 II GWB a.F. begründen können.[19]

Im Hinblick auf die Anwendbarkeitsgrenzen der Wettbewerbsregeln ist das Urteil insoweit interessant, als der *Bundesgerichtshof* offenbar die Entwicklung eines Systems von Dispenstatbeständen verfolgt hat. *Wolfgang Harms* liest aus dem Urteil vier Dispenstatbestände heraus:[20] die gesetzliche Anordnung, wenn

---

[16] Gliederungspunkt II. des *Brillenurteils.*

[17] Gliederungspunkt VI. des *Brillenurteils.*

[18] Zur allgemeinen Kritik an der Theorie der wettbewerbsbezogenen Unlauterkeit vgl. Emmerich: Das Recht des unlauteren Wettbewerbs, 6. Aufl. 2001, S. 299 ff. m. w. N.; zuvor begrüßt *Emmerich* allerdings die Rechtsprechung in Bezug auf die öffentliche Hand, § 4. 6, (S. 31 ff.).

[19] *Harms*, BB Beilage 17/1986 zu Heft 32/1986, S. 1, 20 f.; man hätte hier also gar nicht auf die umstrittene Fallgruppe der wettbewerbsbezogenen Unlauterkeit zurückgreifen müssen. Entweder wollte der *BGH* in der Sache entscheiden und nicht zur näheren Sachverhaltsklärung zurückverweisen oder er wollte den Anwendungsbereich von § 1 UWG auf die wirtschaftliche Betätigung der öffentlichen Hand erweitern.

[20] *Harms*, BB Beilage 17/1986 zu Heft 32/1986, S. 1, 8 f.

das Gesetz die Maßnahme ausdrücklich anordnet; den Regelfall, wenn sich die Notwendigkeit der Maßnahme aus der Gesetzessystematik ergibt; die Rechtfertigung, wenn ein besonderes Interesse des Staates vorliegt; und schließlich die Nebensächlichkeit, wenn der Wettbewerb völlig nebensächlich hinter der Erfüllung der öffentlichen Aufgabe zurücksteht. Nicht zuletzt aufgrund entsprechender Stellungnahmen des Senatspräsidenten des Gerichts, *Otto-Friedrich Frhr. von Gamm*, [21] dürfte diese Interpretation den Entscheidungsmotiven des Gerichtshofes entsprechen. Im Übrigen läßt sich die Prüfung der öffentlich-rechtlichen Normen,[22] die in der Entscheidung selbst wenig zielgerichtet erscheint, ohne die Annahme derartiger Dispenstatbestände auch nicht schlüssig erklären.

Die Rollstuhlentscheidung des *Gemeinsamen Senates der Obersten Bundesgerichte* (GemS-OBG) bezog sich nur auf die Frage des Rechtswegs.[23] Bei der Versorgung ihrer Versicherten mit Rollstühlen bediente sich die AOK seinerzeit zweier Möglichkeiten: Zum einen kaufte sie Rollstühle für ihre Versicherten beim Fachhandel, wobei sich der Versicherte mit einem entsprechenden Rezept ein geeignetes Stück beim Fachhandel aussuchte. Zum anderen hat die AOK nach damals gängiger Praxis Rollstühle, die an sie zurückgegeben worden waren, an ihre Versicherten weiter ausgeliehen. Der „Erstbenutzer" war verpflichtet, den Rollstuhl an die AOK zurückzugeben, wenn er ihn nicht mehr benötigte und eine gewisse Nutzungsdauer nicht überschritten war. Dieser zurückgegebene Rollstuhl wurde dann durch Bedienstete der AOK - ohne Einschaltung dritter Personen - weitergegeben.

Die Ausführungen des *Gemeinsamen Senats* zur Eröffnung des Zivilrechtswegs gleichen weitgehend denen des Brillenurteils. Das Wettbewerbsverhältnis begründete er mit der Gleichordnung der Beteiligten. Die Gleichordnung folgerte er daraus, daß den Ortskrankenkassen im Wettbewerb mit den privaten Orthopädietechnikern keinerlei hoheitliche Befugnisse im Sinne eines nur dem Träger öffentlicher Gewalt zustehenden Sonderrechts zugewiesen seien.[24] Danach setzt sich der *GmS-OGB* mit der für die Doppelqualifizierung wesentlichen Frage auseinander, ob die Tatsache, daß das Verhältnis zwischen der AOK und ihren Mitgliedern öffentlich-rechtlicher Natur ist, der Annahme eines Wettbewerbsverhältnisses entgegensteht. Diese Frage verneint er. Auch wenn im Verhältnis

---

[21] *von Gamm* Der Staat als Wettbewerber und Auftraggeber privater Unternehmen (FIW-Schriftenreihe Heft Nr. 108, 1984), 31, 35, 37; *ders.*: Verfassungs- und wettbewerbsrechtliche Grenzen der wirtschaftlichen Betätigung der öffentlichen Hand, WRP 1984, 303 ff.

[22] Gliederungspunkte III und IV des *Brillenurteils*.

[23] *GemS-OBG* BGHZ 102, 280 = NJW 1988, 2295 - *Rollstühle*.

[24] Gliederungspunkt III. 3. a der *Rollstuhlentscheidung*.

zu den Mitgliedern der Klägerin ein schlicht-hoheitliches Verwaltungshandeln vorliege, werde die Streitigkeit dadurch nicht zu einer öffentlich-rechtlichen. Auch eine hoheitliche Tätigkeit könne sich wettbewerbsrechtlich relevant auswirken. Bei der Qualifikation des Verwaltungshandelns komme es auf die Blickrichtung an. Dabei sei anerkannt, daß im Verhältnis zu den Mitgliedern durchaus öffentliches Recht, im Verhältnis zu Mitwettbewerbern allerdings Wettbewerbsrecht anzunehmen sei.[25] Der Senat folgt also der Lehre von der Doppelqualifizierung und beruft sich dabei auf die entsprechende Kasuistik des *BGH*.[26] Den entgegenstehenden Auffassungen aus der Literatur und dem *BSG* entgegnet der *Senat* lapidar, daß sie der Tatsache, daß ein Wettbewerbsverhältnis vorliege, nicht ausreichend Rechnung trügen.[27]

II. Kritik

Der Lehre von der Doppelqualifizierung ist kritisch entgegenzuhalten, daß sie keinerlei Deduzierung aufweist, sondern vielmehr axiomatischen Charakter hat. Die Feststellung, daß ein öffentlich-rechtliches Handeln „im Hinblick auf seine privatrechtlichen Auswirkungen auch privatrechtlich zu qualifizieren" sei,[28] kommt einem Zirkelschluß gleich.[29] Daß die Auswirkungen privatrechtlicher Natur sind, wird ohne weiteres über den Tatbestand des § 1 UWG unterstellt. Auf diese Weise könnte man die Anwendbarkeit jedes zivilrechtlichen Abwehranspruchs im öffentlichen Recht begründen. Auch die näheren Ausführungen aus der Literatur können diesen Zirkelschluß nicht widerlegen, da sie im Wesentlichen aus der Rechtsfolge argumentieren.[30] Die Wahl der Organisations- und Handlungsform dürfe dem Bürger nicht den Rechtsschutz nehmen. Das Argument erscheint plausibel, ist aber keine dogmatische Begründung. Diese Auffassung steht im Widerspruch zum dualistischen Rechtssystem, das auf einem

---

[25] Gliederungspunkt III. 3. b der *Rollstuhlentscheidung.*

[26] BGHZ 66, 229, 237; - *Studentenversicherung; BGHZ* 67, 81, 89 - *Auto-Analyzer; BGHZ* 82, 375 - *Brillen-Selbstabgabestellen; BGH* NJW 1982, 2125, 2126.

[27] Gliederungspunkt III. 3. b am Ende der *Rollstuhlentscheidung.*

[28] Vgl. oben, Zitate aus dem *Brillenurteil.*

[29] Vgl. nicht konkret zu diesem Beispiel, sondern allgemein zum Zirkelschluß in der Lehre von der Doppelqualifizierung: *Kluth:* Grenzen kommunaler Wettbewerbsteilnahme, 1988, S. 98; *Schliesky:* Der Rechtsweg bei wettbewerbsrelevantem Staatshandeln, DÖV 1994, 114, 116.

[30] vgl. *Harms,* BB Beilage 17/1986 zu Heft 32/1986, S. 4 ff., der sich hier sehr ausführlich mit der Problematik auseinandergesetzt hat und dem Urteil im Wesentlichen positiv gegenübersteht.

modernen Staats- und Souveränitätsverständnis beruht.[31] Der Staat, der mit seinen Hoheitsbefugnissen das Allgemeinwohl gegenüber Individualinteressen zum Ausdruck bringen soll, kann nicht durch das allgemeine, an der privatautonomen Selbstverwirklichung orientierte Zivilrecht, sondern allein durch das die Staatsgewalt rechtsstaatlich bändigende öffentliche Recht gebunden sein.[32] Damit relativiert sich auch das oben beschriebene System der Dispenstatbestände, das nur dann begründbar erscheint, wenn die Geltung des Zivilrechts die Regel, die Geltung des öffentlichen Rechts hingegen die Ausnahme darstellt. Sie steht im Übrigen auch im Widerspruch zu der allgemein konsentierten Vermutung, daß der Staat die ihm zugewiesenen Aufgaben im Zweifel mit den Mitteln und unter dem Maßstab des öffentlichen Rechts erfüllen will, solange der Wille, sich privatrechtlich zu verhalten, nicht offenkundig nach außen hervortritt.[33] Ohne Begründungen zu geben, beschreibt die Lehre von der Doppelqualifizierung eher einen Zustand.

Neben diesen Zweifeln, die aus der Systematik der Rechtsordnung folgen, sprechen noch weitere Argumente gegen die Lehre von der Doppelqualifizierung.[34] Zunächst liegt ein Vergleich zu den Drittbeteiligungsfällen im Verwaltungsrecht nahe. Auch hier geht der beispielsweise von einer Baugenehmigung (faktisch) betroffene Dritte nur mit den Mitteln des öffentlichen Rechts gegen das von der Baubehörde durch Verwaltungsakt begründete öffentlich-rechtliche Verhältnis vor. Des Weiteren wäre es eine einfache Konsequenz, die Lehre von der Doppelqualifizierung auch auf polizeiliche Maßnahmen zur Gefahrenabwehr zu erstrecken, wenn nur äußerlich ein Wettbewerbsverhältnis zu privaten Sicherheitsdiensten vorliegt. Darüber hinaus wäre es eine unerfüllbare Aufgabe für den Gesetzgeber, aufgrund der Umkehrung der Vermutung in jedem Zweifelsfall über das anzuwendende Recht zu entscheiden und dementsprechend die Gesetze zu ändern, wenn die Anwendung des öffentlichen Rechts gewünscht

---

[31] Vgl. dazu unten ausführlich: „Begründung einer Kompetenz im nationalen Recht", S. 142.

[32] *Brohm*: Wirtschaftstätigkeit der öffentlichen Hand und Wettbewerb, NJW 1994, 281, 285.

[33] *Erichsen* DVBl 1986, 1203; *Badura*, in: Erichsen (Hrsg): Allgemeines Verwaltungsrecht (12. Aufl. 2002), § 34 Rn. 5; m. w. N.; vgl. in diesem Zusammenhang auch *Schliesky*: Der Rechtsweg bei wettbewerbsrelevantem Staatshandeln, DÖV 1984, 114, 117; *Brohm*: Wirtschaftstätigkeit der öffentlichen Hand und Wettbewerb, NJW 1994, 281, 285; *ders.*: Das Verhältnis mittelbarer Staatsverwaltung und Staatsaufsicht im Wirtschaftsrecht, in: Mestmäcker (Hrsg.): Kommunikation ohne Monopole (1995), S. 253, 275 f.; so im Übrigen auch *BGH* DÖV 1975, 823.

[34] Vgl. hierzu ausführlich *Brohm*: Wirtschaftstätigkeit der öffentlichen Hand und Wettbewerb, NJW 1994, 281, 288 f.; *ders.*: Das Verhältnis mittelbarer Staatsverwaltung und Staatsaufsicht im Wirtschaftsrecht, in: Mestmäcker (Hrsg.): Kommunikation ohne Monopole (1995), S. 253, 277 ff.

ist. Zum Schluß erscheint es dann als ein in gewisser Weise widersprüchliches Kuriosum, einer öffentlich-rechtlichen Fernsehanstalt das auf das Wirtschaftsrecht gestützte „Merchandising" zu untersagen. So konnte das *ZDF* wegen grundrechtlicher Bedenken des *BGH* keinen Urheberschutz für den Begriff „Guldenburg" erlangen, der aus der gleichnamigen Fernsehserie stammte und entsprechend vermarktet werden sollte.[35]

III. Die öffentlich-rechtliche Sicht

Stellvertretend für die öffentlich-rechtliche Sicht soll eine Entscheidung des *Bundesverwaltungsgerichts* herangezogen werden, im Folgenden *Maklerfall* genannt.[36] Um die Ansiedlung von Gewerbebetrieben zu unterstützen hatte die beklagte Stadt ein Wirtschaftsförderprogramm beschlossen. In diesem Zusammenhang sollten auch Gewerbegrundstücke an interessierte Investoren vermittelt werden. Gegen diese Maklertätigkeit erhob ein Immobilienmakler aus dieser Stadt Klage. Er war der Ansicht, daß es sich bei der Verquickung von öffentlichen Leistungsaufgaben, wie der Gewerbeförderung, mit einer privatrechtlich abgewickelten Maklertätigkeit um unlauteren und damit rechtswidrigen Wettbewerb handele.

Das *BVerwG* sah hier den Verwaltungsrechtsweg als eröffnet an, da in seinen Augen eine öffentlich-rechtliche Streitigkeit im Sinne von § 40 I VwGO vorlag. Da die streitige Verwaltungstätigkeit öffentlich-rechtlichen Charakter habe, richte sich auch der entsprechende Unterlassungsanspruch des Bürgers nach öffentlichem Recht. Der öffentlich-rechtliche Charakter der Verwaltungstätigkeit ergibt sich nach der Auffassung des Gerichts aus der rechtlichen Grundlage für die wirtschaftliche Betätigung der Gemeinde, § 102 GemO. Von besonderem Interesse sind in dieser Entscheidung die Ausführungen zu § 17 II GVG. Das *Bundesverwaltungsgericht* sah sich nach § 17 II 1 GVG nicht nur für die Prüfung der öffentlich-rechtlichen Ansprüche zuständig, sondern auch für die Prüfung nach wettbewerbsrechtlichen Gesichtspunkten. Nach § 17 II 1 GVG entscheidet das Gericht des zulässigen Rechtswegs den Rechtsstreit eben unter allen in Betracht kommenden rechtlichen Gesichtspunkten.

---

[35] *BGH* NJW 1993, 852 - *Guldenburg-Urteil*; Das *Bundesverfassungsgericht* hatte hingegen die wirtschaftliche Verwertung von Fernsehproduktionen ausdrücklich in den Kompetenzbereich der Rundfunkanstalten gestellt, *BVerfGE* 83, 238, 304.

[36] *BVerwG* DVBl 1996, 152 - *Maklerfall*; vgl. dazu auch *BVerwGE* 17, 306, 309 ff.; 30, 191, 198; 39, 159, 168 f. 39, 329, 336 ff.; 71, 183, 193 f.; 72, 126 - *TÜV*; *BVerwG* DÖV 1970, 823; NJW 1978, 1539.

Im Rahmen der Begründetheit lehnt das Gericht zunächst einen Anspruch aus den Wirtschaftsvorschriften der Gemeindeordnung ab, da sie allein öffentlichen Zwecken dienten. Ein grundrechtlicher Abwehranspruch scheitert aus den Gründen der Dogmatik, die zum mittelbaren Grundrechtseingriff entwickelt worden ist. Hier sah das Gericht die Eingriffsschwelle als nicht erreicht an: „In Bezug auf Abwehrrechte eines Konkurrenten gegenüber solchen Betätigungen ist in der Rechtsprechung geklärt, daß im Grundsatz das Hinzutreten des Staates oder wie hier einer Gemeinde als Konkurrent lediglich eine systemimmanente Verschärfung des marktwirtschaftlichen Konkurrenzdrucks beinhaltet, vor der Art. 12 I GG nicht bewahrt, so lange dadurch nicht die private Konkurrenz unmöglich gemacht wird. Art. 14 GG schützt ebenfalls nicht vor dem Auftreten eines in öffentlicher Trägerschaft stehenden Konkurrenten, es sei denn, daß dieser eine unerlaubte Monopolstellung erlangt. Die Wettbewerbsfreiheit darf durch die Konkurrenz eines durch eine Gemeinde gegründeten Betriebs nicht in unerträglichem Maße eingeschränkt werden; der Privatunternehmer darf in seinen Wettbewerbsmöglichkeiten nicht unzumutbar geschädigt werden, was übrigens weitgehend bereits aus den einfachgesetzlichen Regeln des Wettbewerbsrechts folgt."

Wie im Rahmen der Zulässigkeitsprüfung angedeutet, prüfte das *Bundesverwaltungsgericht* dann auch die wettbewerbsrechtlichen Unterlassungsansprüche aus §§ 1, 3 UWG. Die privatrechtliche Durchführung der Maklertätigkeit durch die Stadt verstieß aber nach Ansicht des *BVerwG* nicht gegen wettbewerbsrechtliche Vorschriften. Es sei nicht ersichtlich, weshalb bereits die Verknüpfung von Maklertätigkeit und Wirtschaftsförderung wettbewerbswidrig sein sollte. Unlauter werde die Verwendung öffentlicher Mittel im Wettbewerb regelmäßig erst durch das Hinzutreten weiterer Umstände, die den Einsatz derartiger Mittel als sittenwidrig im Sinne des § 1 UWG erscheinen lassen. So wäre es etwa, wenn die Stadt den Anschein erweckte, als würde sie nur dann Industriebetriebe fördern, wenn sie zugleich ihr Grundstück auf Vermittlung der Stadt erworben haben. Derartige Anhaltspunkte seien aber nicht ersichtlich, so daß das *Bundesverwaltungsgericht* die Klage im Ergebnis abgewiesen hat.

IV. Stellungnahme

Es erscheint offensichtlich, daß die Zivilgerichte den Tatbestand des § 1 UWG viel früher annehmen als die Verwaltungsgerichte. Auch das *Bundesverwaltungsgericht* hätte ein Szenario auf Grund des Nachahmungseffektes in Anlehnung an das Brillenurteil entwickeln können. Besonders deutlich wird die unterschiedliche Handhabung des Tatbestandes im Vergleich zum jüngsten zivilgerichtlichen Urteil aus der Reihe der Doppelqualifikation. Hier sah man in der

Umwandlung der städtischen Gartenbaubetriebe in eine werbende GmbH mit ähnlichen Argumenten, die das *Bundesverwaltungsgericht* anführt, den Tatbestand des § 1 UWG als erfüllt an.[37] Kommt es durch diese Umstände zu einem „Wettlauf" zu den Gerichten, so ist entscheidend, welche Klage zuerst rechtshängig geworden ist.[38] Auf diese Weise wird die Unhaltbarkeit, die durch die Lehre von der Doppelqualifizierung in Verbindung mit § 17 II GVG entstanden ist, besonders deutlich. Hier muß in Zukunft eine eindeutige Lösung gefunden werden.

Die hier vorgetragene Kritik darf aber nicht dahingehend mißverstanden werden, daß der verwaltungsgerichtlichen Lösung der Vorzug gegeben werden soll. Der Wettbewerb hat unsere Gesellschaft weit mehr im positiven Sinne geprägt als irgend eine politische oder gerichtliche Entscheidung. Eindrucksvoll sind auch die Feststellungen des seit fünf Jahren veröffentlichten „Index of Economic Freedom"[39]. Je freier die Marktkräfte wirken könnten, je weniger staatliche Regulierungen und Interventionen die Wirtschaft hemmten und das Wirtschaftsgeschehen verzerrten, je offener die Grenzen und je größer die Rechtssicherheit seien, desto höher seien Wachstum und Wohlstand.[40] Insofern kann man die Ergebnisse der zivilrechtlichen Entscheidungen durchaus begrüßen. Die hier geäußerte Kritik bezieht sich allein auf die dogmatische Begründung von Rechtsweg und Rechtsgeltung. Man kann die Entscheidungspraxis der Zivilgerichte auch so verstehen, daß sie eine Fehlentwicklung aufhalten wollen. Dogmatisch richtig müßte diese Aufgabe von den Verwaltungsgerichten erfüllt werden. Hier bestehen jedoch derzeit materiellrechtliche Grenzen wegen der Dogmatik zum mittelbaren Grundrechtseingriff. Es ist ein Dilemma, in dessen Rahmen sich aber auch die Frage stellt, inwieweit der Souverän des demokratischen Rechtsstaates - das Volk - durch gerichtliche Festsetzungen bevormundet werden kann und soll. Möglicherweise erreicht man auf diese Weise das genaue Gegenteil, und der Souverän zieht sich in die Verantwortungslosigkeit zurück. Diese Probleme können und sollen an dieser Stelle nicht weiter verfolgt werden. In dieser Arbeit soll vielmehr der Frage nachgegangen werden, wie man auf der Ebene des EG-Rechts mit diesem Themenkomplex umgeht.

---

[37] *OLG Hamm* DVBl 1998, 792 - *Gartenbau GmbH.*

[38] In diesem Fall liegen die guten Karten bei der Verwaltung, die Rechtshängigkeit erfolgt nicht mit Zustellung der Klage, sondern mit deren Eingang beim Verwaltungsgericht, § 90 VwGO.

[39] veröffentlicht durch die amerikanische *Heritage Foundation* und das Wallstreet *Journal.*

[40] Vgl. dazu den ausführlichen Bericht „Weniger wirtschaftliche Freiheit in Deutschland" in: FAZ v. 01.12.1997, S. 17, Deutschland erzielt dabei nur noch einen Platz im Mittelfeld.

C. Gang der Untersuchung

Am Anfang der Untersuchung steht die Frage der Anwendbarkeit der Wettbewerbsregeln des EG-Vertrages. Für die wirtschaftliche Betätigung der öffentlichen Hand spielt Art. 86 EG eine zentrale Rolle, auf dessen Systematik zunächst eingegangen werden soll.[41] Danach soll eine Auswahl der Kasuistik zur Anwendbarkeit der Wettbewerbsregeln auf Staatshandeln näher betrachtet werden. In dieser Kasuistik werden sich auf den ersten Blick kaum auflösbare Widersprüche zeigen.[42] Daran anschließend soll der Versuch einer Systematisierung dieser Entscheidungen vorgenommen werden.[43] Ziel dieser Untersuchung ist die Beantwortung der Frage, ob diese Widersprüche tatsächlich unauflösbar sind, mit der Konsequenz, daß man bestimmte Entscheidungen als Fehlentscheidungen werten müßte. Möglich erscheint aber auch die Antwort, daß der Entscheidungspraxis eine Systematik zu Grunde liegt, in die sich alle angesprochenen Entscheidungen einordnen lassen. Dieser Systematisierungsversuch wird schließlich auf die Notwendigkeit hinauslaufen, einerseits hoheitliches und andererseits wirtschaftliches Handeln einer allgemeingültigen Abgrenzung zuzuführen. Dieser Suche nach Kriterien für die Abgrenzung hoheitlichen Handelns und rein wirtschaftlicher Betätigung widmet sich ausführlich der nächste Teil.[44] Dabei wird sich zunächst zeigen, daß die bislang gefundenen Abgrenzungskriterien nicht immer zu befriedigenden Lösungen führen. Daran anschließend soll unter Zuhilfenahme von Erkenntnissen zum nationalen Recht eine Lösung entwickelt werden, die von der staatlichen Souveränität und der Begründung hoheitlicher Kompetenzen ausgeht.[45] Schließlich soll noch in der gebotenen Kürze auf die wesentlichen Rechtsfolgen der Anwendbarkeit der Wettbewerbsregeln eingegangen werden.[46] Ausgeklammert bleibt in diesem Teil die Erörterung der wichtigen Ausnahmeklausel des Art. 86 II EG. Aufgrund des bislang noch nicht abschließend geklärten Verhältnisses zu den Ausnahmeklauseln der Grundfreiheiten wurde diese Besprechung an den Schluß gestellt.

---

[41] „Zweck und Systematik", S. 33; „Der aus Art. 86 EG folgende Unternehmensbegriff", S. 43.

[42] „Beispiele aus der Kasuistik zu diesem Grenzbereich", S. 70.

[43] „Versuch einer Systematisierung der Entscheidungen", S. 86.

[44] „Kriterien für die Abgrenzung hoheitlichen Handelns und rein wirtschaftlicher Betätigung", S. 113.

[45] „Untersuchung von Ansätzen aus dem nationalen Recht", S. 140.

[46] „Verbotene Maßnahmen der Mitgliedstaaten (Art. 86 I EG)", S. 181; „Regime der Vorschriften des EG-Vertrages für die mit Dienstleistungen von allgemeinem wirtschaftlichen Interesse betrauten Unternehmen (Art. 86 II EG)", S. 186.

Neben einem möglichen Wettbewerbsverstoß kommt bei staatlichem Handeln nahezu regelmäßig auch eine Verletzung von Grundfreiheiten in Betracht.[47] Deren Anwendungsgrenzen widmet sich der dritte Teil der Arbeit.[48] Dabei stellt sich die Frage, ob sich Parallelen zur Anwendbarkeit der Wettbewerbsregeln auftun und ob die diesbezüglich gewonnenen Ergebnisse auf die Grundfreiheiten übertragen werden können.[49] Im Rahmen der Untersuchung der Dienstleistungsfreiheit soll diesem Thema ausführlich nachgegangen werden.[50] Mangels einer entsprechend konkreten Kasuistik soll für die übrigen Grundfreiheiten hypothetisch untersucht werden, ob das im Bereich der Dienstleistungsfreiheit gefundene Ergebnis auch auf sie übertragbar ist. Eine ausführliche Betrachtung verdienen auch die Ausnahmeklauseln der Grundfreiheiten.[51] Auch sie betreffen die Anwendbarkeit und Anwendungsgrenzen dieser Vorschriften. Damit drängt sich die Frage nach dem Verhältnis der Vorfrage der Anwendbarkeit und der Ausnahme auf.[52]

Eine gewisse Sonderrolle spielen in diesem Zusammenhang die Beihilferegeln, deren Anwendungsgrenzen der vierte Teil der Arbeit gewidmet ist.[53] Ein weitreichender Beihilfebegriff kann zu einer umfassenden Anwendung auf das Staatshandeln führen. Auch hier gilt es Anwendbarkeitsgrenzen festzustellen,[54] wobei sich wieder die Frage stellt, ob und inwieweit sich die oben gefundenen Ergebnisse auf den Bereich des Beihilferechts des EG-Vertrages übertragen lassen. In der gebotenen Kürze ist auch in diesem Zusammenhang zu erörtern, welche Rechtsfolgen und Auswirkungen die Beihilferegeln auf die staatliche Aufgabenwahrnehmung haben.

---

[47] Vgl. zu dieser parallelen Anwendbarkeit von Grundfreiheiten und Wettbewerbsregeln: *Streinz*, Die Rechtsprechung des EuGH nach dem Bosman-Urteil, in Tettinger (Hrsg.), Sport im Schnittfeld von Europäischem Gemeinschaftsrecht und nationanlem Recht (2001), S. 27, 49 f. m.w.N.

[48] „Anwendungsgrenzen der Grundfreiheiten", S. 198.

[49] „Die Vorfrage der Anwendbarkeit der Grundfreiheiten", S. 198.

[50] „Anwendbarkeitsgrenzen der Dienstleistungsfreiheit", S. 199.

[51] „Ausnahmeklauseln zu den Grundfreiheiten", S. 227.

[52] „Das Verhältnis von Anwendbarkeit und rechtfertigender Ausnahme", S. 263.

[53] „Anwendungsgrenzen der Beihilferegeln", S. 276.

[54] „Anwendbarkeitsgrenzen des Beihilfebegriffs", S. 282.

Am Schluß steht die Behandlung der Ausnahmeklausel des Art. 86 II EG.[55] Anhand der jüngeren Kasuistik zu dieser Norm soll der Versuch einer Umgrenzung dieses Ausnahmetatbestandes unternommen werden. Es hat sich herauskristallisiert, daß vor allem wirtschaftswissenschaftliche Erkenntnisse zur Rechtfertigung eines Monopols für die Anwendung dieser Norm eine wesentliche Rolle spielen. Einige Details und ihre Bedeutung für die Anwendung der Norm sind aber noch ungeklärt. Ein für diese Arbeit wesentliches Problem stellt aber vor allem die Frage dar, ob eine Ausnahme nach Art. 86 II EG auch aus anderen als diesen wirtschaftlichen Gründen gewährt werden kann.[56] In diesem Rahmen ist auch das Verhältnis der Ausnahmeklauseln zu den Grundfreiheiten zu erörtern.[57] Aus dem Blickwinkel der mitgliedstaatlichen Souveränität erscheint auch die Frage der unmittelbaren Anwendung der Norm wichtig, ob die Anwendung der Norm durch Institutionen der Mitgliedstaaten vorgenommen werden kann oder ob sie allein den Gemeinschaftsorganen vorbehalten ist.[58]

---

[55] „Art. 86 II EG", S. 310.

[56] „Verhinderung der Aufgabenerfüllung aus wirtschaftlichen Gründen", S. 315.

[57] „Das Verhältnis von Art. 86 II EG zu den Ausnahmeklauseln der Grundfreiheiten", S. 338.

[58] „Unmittelbare Wirkung", S. 347.

Teil 2: Anwendbarkeit der Wettbewerbsregeln

A. Zweck und Systematik des Art. 86 EG

Art. 86 EG ist für die wirtschaftliche Betätigung der öffentlichen Hand von zentraler Bedeutung, sofern diese einen zwischenstaatlichen Bezug aufweist. Aus dieser Norm lassen sich die grundlegenden Maßstäbe des EG-Vertrages für die rechtliche Bewertung der wirtschaftlichen Betätigung der öffentlichen Hand ableiten. Dabei erfolgt die Rechtmäßigkeitskontrolle nicht unmittelbar aus Art. 86 EG, vielmehr bestimmt Art. 86 I EG, daß auch in diesem Bereich die Grundsätze des EG-Vertrages zu beachten sind. Unmittelbare Maßstäbe für die Rechtmäßigkeit der wirtschaftlichen Betätigung des Staates sind also die Diskriminierungsverbote, die betroffenen Freiheitsrechte[59] oder die Wettbewerbsregeln des EG-Vertrages. Aus den Tatbeständen dieser Vorschriften und ihren Ausnahmeklauseln, sowie aus der Ausnahmeklausel des Art. 86 II EG ist eine umfangreiche (nahezu unüberschaubare) Kasuistik entstanden, aus der sich aber Leitlinien für die Rechtmäßigkeit der wirtschaftlichen Betätigung der öffentlichen Hand ableiten lassen.

Historisch geht die Einfügung und Ausgestaltung des Art. 86 EG (früher: Art. 90 EG-Vertrag a. F.) auf diejenigen Mitgliedstaaten zurück, die in ihrer Wirtschaft über einen erheblichen öffentlichen Sektor verfügen, allen voran Frankreich, Italien und später noch das Vereinigte Königreich. Bei den Vertragsverhandlungen über den Inhalt des EWG-Vertrages war deshalb von Anfang an die Integration dieser aus vielen Gründen übermächtigen öffentlichen Unternehmen in den angestrebten europäischen Binnenmarkt ein zentrales Thema. Vor allem die Benelux-Staaten wollten ihre privaten Unternehmen nicht schutzlos der un-

---

[59] In Art. 86 I EG werden lediglich Art. 12 und die Kartellvorschriften besonders hervorgehoben. Es ist aber allgemein anerkannt, daß das Verhalten der Mitgliedstaaten und ihrer öffentlichen Unternehmen auch nicht im Widerspruch beispielsweise zur Warenverkehrsfreiheit oder zur Dienstleistungsfreiheit stehen darf. Vgl. *Oppermann*: Europarecht (1991), Rn. 922; *Pappalardo*: State Measures and Public Undertakings: Article 90 of the EEC Treaty Revisited, ECLR 1991, 29, 34; *Bellamy/ Child*: Common Market Law of Competition, 13-018, S. 813; *Everling*: Der Beförderungsvorbehalt der Post und das Gemeinschaftsrecht, EuR 1994, 386, 396; *Taylor*: Article 90 and Telecommunications Monopolies, ECLR 1994, 322, 332; *Heinemann*: Grenzen staatlicher Monopole im EG-Vertrag (1996), S. 59; *Wilms*: Das europäische Gemeinschaftsrecht und die öffentlichen Unternehmen, 1996, S. 98; *Burgi*: Die öffentlichen Unternehmen im Gefüge des primären Gemeinschaftsrechts, EuR 1997, S. 261, 279 f.; *Mestmäcker* in: Immenga/Mestmäcker (Hrsg.): EG-Wettbewerbsrecht (1997), Art. 37, 90 C, Rn. 60 ff.; a.A., entgegen den Wortlaut der Vorschrift: *Edward/Hoskins*: Article 90: Deregulation and EC-Law, C.M.L.Rev. 1995, 157, 175 f.

gleichen Konkurrenz der öffentlichen Unternehmen Italiens und Frankreichs aussetzen. In den endlosen Verhandlungen ist buchstäblich erst in letzter Minute in Gestalt des damaligen Art. 90 EG-Vertrag a.f. und des heutigen Art. 86 EG eine Einigung erzielt worden, die weithin einen Formelcharakter trägt.[60] Diese politischen Schwierigkeiten spiegeln sich in der Abfassung der Norm wieder[61] und machen eine widerspruchsfreie Auslegung nach dem Wortlaut praktisch unmöglich.

In der jüngeren Zeit geriet dieser Themenkomplex und seine Normierung erneut stark in Bewegung. Nach den erfolgreichen Liberalisierungsbestrebungen auf dem Telekommunikationsmarkt war das Verhalten der Kommission in die Kritik mancher Mitgliedstaaten geraten. Vor allem unter dem Druck der Interessengruppen in den öffentlichen Unternehmen, der Gewerkschaften und der Gebietskörperschaften argumentierten die Regierungen dieser Mitgliedstaaten, durch die Umstellung der Daseinsvorsorge unter die Wettbewerbs- und Binnenmarktregeln würden ihre nationalen Souveränitätsrechte verletzt.[62]

Als Ergebnis oder Kompromiss dieser Bestrebungen wurde im Jahr 1997 Art. 16 EG in den Vertrag aufgenommen und im Jahr 2000 Art. 36 der Charta der Grundrechte der Europäischen Union verabschiedet. Sie sollen die besondere Bedeutung und die nationale Zuständigkeit für die Daseinsvorsorge hervorheben. Allerdings gelang es diesen Interessengruppen nicht, die Daseinsvorsorge von den Wettbewerbs- und Binnenmarktregeln vollständig auszunehmen. In den beiden vorbezeichneten Artikeln wird explizit auf die Geltung der Art. 73, 86 und 87 EG bzw. auf den Gründungsvertrag der Union verwiesen.[63] Flankiert wird der rechtliche Rahmen noch durch eine Mitteilung der *Kommission* zu Leistungen der Daseinsvorsorge in Europa.[64] Die Kommission postuliert hier vor allem drei Prinzipien, mit denen die Daseinsvorsorge in den Mitgliedstaaten unter der Voraussetzung, daß die Regeln des EG-Vertrages anwendbar sind, zu vereinbaren sein müssen:

---

[60] *Emmerich*: Das Wirtschaftsrecht öffentlicher Unternehmen (1969), S. 438; *ders.*: Kartellrecht, 7. Aufl. 1994, § 36. 1; *Pernice/Wernicke* in: Grabitz/Hilf (Hrsg.): Das Recht der Europäischen Union, Kommentar Bd. II (Stand 2003), Art. 86 Rn. 1ff. m.w.N.

[61] „On nous a demandé de ne pas être trop clair, parce que, sinon, cela aurait passé difficilement devant les parlaments." (Baron Snoy d' Oppuers, zitiert nach Franck: Les entreprises visées aux articles 90 et 37 du traité CEE, semaine de Bruges 1968, S. 23 in Fn. 4).

[62] Zu den politischen Zusammenhängen s. näher *Mestmäcker*: Daseinsvorsorge und Universaldienst im europäischen Kontext, in: Festschrift für Zacher (1998), S. 535 ff.

[63] *Blankart*: Modelle der Daseinsvorsorge aus EG-rechtlicher und ökonomischer Sicht, WuW 2002, 340, 341.D

[64] *Kommission,* Mitteilung vom 19.1.2001, Amtbl. C 17, 4

- Neutralität im Hinblick auf öffentliches oder privates Eigentum an Unternehmen;

- Gestaltungsfreiheit der Mitgliedstaaten bei der Definition von Leistungen der Daseinsvorsorge, die einer Kontrolle auf offenkundige Fehler unterworfen ist;

- Verhältnismäßigkeit, die sicherstellt, dass Einschränkungen des Wettbewerbs und die Begrenzungen der Freiheiten im Binnenmarkt nicht über das zur wirksamen Erfüllung der Aufgabe notwendige Maß hinausgehen.

I. Inhalt und Problematik der systematischen Einordnung der Vorschrift

Die *erste* im Hinblick auf die Durchdringung seiner Systematik wichtige Aussage des Art. 86 EG ist, daß der Betrieb öffentlicher Unternehmen und damit letztlich die gesamte *wirtschaftliche Betätigung der öffentlichen Hand grundsätzlich zulässig ist.*[65] Der EG-Vertrag trifft also keine extreme Position, wie sie zum Teil im nationalen Recht vertreten wird,[66] wonach die Betätigung des Staates von vorn herein so große wettbewerbliche Vorteile beinhaltet, daß sie zum Schutz der privaten Konkurrenz eigentlich letztlich generell untersagt werden müßte. Nichtsdestotrotz gehen große Teile der Privatisierungsbestrebungen auf die Initiative der Organe der EG zurück,[67] die vor allem auch auf Art. 86 III EG

---

[65] *Nicolaysen:* Planeinsatz öffentlicher Unternehmen und EG-Vertrag, in: Kaiser: Planung III (1968), S. 339; *Wieland:* Besonderheiten der öffentlichen Unternehmen in Deutschland, in: Blaurock (Hrsg.): Recht der Unternehmen in Europa (1993), S. 9, 24; *Hochbaum* in: v. d. Groeben/Thiesing/Ehlermann, Kommentar zum EU-/EG-Vertrag, Bd. 2 II (5. Aufl. 1999), Art. 90 Rn. 4; krit: *Herdegen:* Die vom Bundesrat angestrebte Festschreibung der Privilegien öffentlich-rechtlicher Kreditinstitute: Gefahr für die EG-Wettbewerbsordnung? WM 1997, 1130, 1132.

[66] *Emmerich:* Das Recht des unlauteren Wettbewerbs, 4. Aufl. 1995, § 4. 6. d, S. 37 f.; ein Überblick zum Stand der Literatur findet sich bei *Schricker:* Wirtschaftliche Tätigkeit der öffentlichen Hand und unlauterer Wettbewerb (2. Aufl. 1987), S. 82 ff., 118 ff.

[67] Ein Überblick über die von der *Kommission* erlassenen Richtlinien findet sich bei *Nicolaysen:* Europarecht II (1996), S. 218; zu den Deregulierungsbestrebungen allgemein: *König:* Die Übertragung öffentlicher Aufgaben auf Private: Eine europäische Sicht, VerwArch 81 (1990), 436; *Schmidt:* Privatisierung und Gemeinschaftsrecht, DV 28 (1995), 281; zu bestimmten Bereichen im Besonderen: *EuGH* Slg. 1991 I, 1223 - *Telekommunikations-Endgeräte;* Slg. 1992 I, 5859 - *Telekommunikationsdienste; Mestmäcker* (Hrsg.): Kommunikation ohne Monopole II (1995), passim; *Scherer:* Das neue Telekommunikationsgesetz, NJW 1996, 2953; zur Entwicklung im Postwesen vgl. *Everling:* Der Beförderungsvorbehalt

und die Zuständigkeit der *Kommission* gestützt werden. Der Erfolg dieser Initiativen, die zum Teil allein auf die *Kommission* zurückzuführen sind, haben aber weniger einen *rechtsdogmatischen* als einen *politischen*[68] Hintergrund. An der generellen Billigung der wirtschaftlichen Betätigung der öffentlichen Hand durch den EG-Vertrag ändert dies aber nichts. Die europarechtliche Systematik verlangt also keineswegs den Rückzug des Staates in die Rolle des Schiedsrichters oder die Rolle des „Nachtwächters".[69]

Dieser Zustand im Europarecht vermeidet auch die offenbar im nationalen Wettbewerbsrecht vorherrschende Auffassung, daß das, was der Gesetzgeber politisch nicht leisten kann, über das Wettbewerbsrecht erreicht werden muß.[70]

---

der Post und das Gemeinschaftsrecht, EuR 1994, 386; Basedow (Hrsg.): Das neue Wirtschaftsrecht der Postdienste (1995), passim; *Wieland*: Der Wandel von Verwaltungsaufgaben als Folge der Postprivatisierung, DV 28 (1995), 325; *Basedow*: Ansätze zur europäischen Regulierung der Postdienste, EuZW 1996, 144; *Gröner/Knorr*: Die Liberalisierung der Postdienste in der EU, EWS 1996, 226; zum Energierecht: vgl. Richtlinie für den Elektrizitätsbinnenmarkt, RL Nr. 96/92/EG vom 19.12.1996, Amtsbl. 1997 L 27, S. 20; *Scholz/Langer*: Europäischer Binnenmarkt und Energiepolitik (1992) passim; *Bauer*: Der Vertrag über die europäische Gemeinschaft und die ausschließliche Zuständigkeit von Unternehmen zur Versorgung mit Energie, in: FS für Everling (1995), S. 69; *Tettinger*: Die öffentlichen Unternehmen im primären Gemeinschaftsrecht unter besonderer Berücksichtigung der Energiewirtschaft, DVBl 1994, 88; *Wieland/Hellermann*: Das Verbot ausschließlicher Konzessionsverträge und kommunale Selbstverwaltung, DVBl 1996, 401; *Tettinger*: Maastricht II - Vertragsergänzung zur Sicherung der Daseinsvorsorge in Europa? DVBl 1997, 341 jew. m. w. N.

[68] Die Mitgliedstaaten sind diesen Initiativen gefolgt, obgleich dies zum Teil einen wesentlichen Eingriff in ihre Wirtschaftsverwaltungskompetenzen bedeutete. Offenbar war man von der politischen Notwendigkeit dieser Reformen in den Mitgliedstaaten so überzeugt, daß man ihnen - zu Recht - ohne Widerspruch gefolgt ist. Trotzdem stellt sich aus dogmatischer Sicht die Frage nach dem Umfang der Kompetenzgrundlage des Art. 86 III EG vgl. zu dieser Frage *Nicolaysen*: Anmerkung zu *EuGH*, Urt. v. 06.07.1982 (*TransparenzRL*), EuR 1983, 61 f.; *Benesch*: Die Kompetenzen der EG-Kommission aus Art. 86 III EG (1993), passim; *Edward/Hoskins*. Article 90: Deregulation and EC-Law. Reflections Arising from the XVI FIDE Conference, C.M.L.Rev. 1995, 157, 181 ff.; *Fesenmair*: Öffentliche Dienstleistungsmonopole im europäischen Recht (1995), S. 235 ff.; *Mikroulea*: Wettbewerbsbeschränkende Maßnahmen der Mitgliedstaaten und EWG-Vertrag (1995), S. 102 ff; *Heinemann*: Grenzen staatlicher Monopole im EG-Vertrag (1996), S. 64 f.; *Wilms*: Das europäische Gemeinschaftsrecht und die öffentlichen Unternehmen (1996), passim.

[69] *Burgi*: Die öffentlichen Unternehmen im Gefüge des primären Gemeinschaftsrechts, EuR 1997, S. 261, 263.

[70] Auch wenn dies im Ergebnis zum Teil wünschenswert erscheint, ist es aus rechtsdogmatischer Sicht äußerst bedenklich. Entscheidend ist nicht der Wille des Gesetzgebers und der Wortlaut des Gesetzes, sondern das vom Rechtsanwender determinierte Interesse des Wettbewerbs.

Herstellung und Förderung von Wettbewerb gehen auf einen vom bestehenden Recht unabhängigen Rechtssetzungsakt zurück, der den Mitgliedstaaten aufträgt, entsprechende Maßnahmen zu treffen, um den angestrebten Zustand zu erreichen.[71]

Die *zweite Aussage* des Art. 86 EG besteht darin, daß die *Mitgliedstaaten* in bezug auf öffentliche Unternehmen mit besonderen oder ausschließlichen[72] Rechten keine Maßnahmen treffen dürfen, die dem Vertrag widersprechen (Art. 86 I EG). Die Vorschrift hat also einen *staatsbezogenen* Charakter,[73] was mit Blick auf die systematische Stellung des Art. 86 I EG insoweit überrascht, als der erste Abschnitt der Wettbewerbsregeln des EG-Vertrages mit der Überschrift „Vorschriften für Unternehmen" versehen ist. Mit den in der Vorschrift angesprochenen außerordentlichen Rechten sind in der Regel solche Einheiten ausgestattet, die in den jeweiligen Mitgliedstaaten besondere öffentliche Aufgaben, vor allem im Bereich der Wirtschaftsverwaltung, wahrnehmen. Auch eine solche Aufgabenübertragung, die mit der Verleihung absoluter oder besonderer Rechte verbunden sein kann, ist also nach dem EG-Vertrag grundsätzlich erlaubt. Verboten sind allein Maßnahmen, die den Grundsätzen des EG-Vertrages widersprechen. Den Mitgliedstaaten ist es also nicht nur allgemein über Art. 10 EG verwehrt, Rechtssetzungsakte zu schaffen, die mit dem EG-Vertrag nicht im Einklang stehen, sondern sie dürfen auch über ihre verselbstständigten Einheiten der Wirtschaftsverwaltung keine wettbewerbsverfälschenden Maßnahmen im Sinne des EG-Vertrages treffen. In diesem Umfang wird den Mitgliedstaaten also die Möglichkeit genommen, auf ihre eigenen, von ihnen selbst eingerichteten Stellen einzuwirken.[74]

---

[71] An dieser Stelle darf allerdings das Problem der demokratischen Legitimation des Rechtssetzungsaktes nicht vergessen werden. Möglicherweise können derartige Rechtssetzungsakte von einem demokratisch-pluralistischen Kollegialorgan gar nicht (mehr) geleistet werden. Diese letzte Auffassung wäre aber ähnlich bedenklich wie die Voranstellung der Wettbewerbsinteressen vor den Willen des Gesetzgebers (Fn. o.). Immerhin erfolgt aber noch eine demokratische Legitimation durch den nationale Souverän, der die Richtlinien in nationales Recht umsetzt. Wenn der Souverän allerdings absolut an die Rechtssetzung der EG gebunden ist und nur „ja" sagen darf, ist dies wiederum ein Widerspruch zum hergebrachten Demokratieverständnis, vgl. zu dieser Problematik *BVerfGE* 89, 155 ff. - *Maastricht-Urteil*.

[72] Hiermit sind im Wesentlichen Monopole und vergleichbare Fälle, wie z.B. die Übertragung von Ausschließlichkeitsrechten durch die Gemeinden auf private Unternehmen gemeint, vgl. *EuGH* Slg. 1974, 409, 430 - *Sacchi*; 1988, 2479, 2516 - *Bodson*.

[73] Im Gegensatz zu Art. 86 II 1 EG, der *unternehmensbezogen* ist, vgl. zu diesen Begriffen: *Mestmäcker*: Staat und Unternehmen im europäischen Gemeinschaftsrecht - Zur Bedeutung von Art. 90 EWGV RabelsZ 52 (1988), 526, 527 und passim.

[74] *Mestmäcker* in: Immenga/Mestmäcker (Hrsg.): EG-Wettbewerbsrecht (1997), Art. 37, 90 B Rn. 2 ff.

Die nächste systematisch wichtige Aussage des Art. 86 EG besteht in seiner *Ausnahmeregelung* in Abs. 2. Die dieser Ausnahmeklausel immanente Systematik, die auf den ersten Blick unübersichtlich erscheinen mag, soll an dieser Stelle nur überblicksweise dargestellt werden:[75] Die Ausnahmeregelung des Art. 86 II EG wendet sich an Unternehmen, die mit Dienstleistungen von allgemeinem wirtschaftlichem Interesse betraut sind sowie an Finanzmonopole. Auch für diese Unternehmen gelten die Vorschriften des EG-Vertrages und zwar insbesondere die Wettbewerbsregeln. Freiheitsrechte und Wettbewerbsregeln (Art. 81 ff. EG) sollen allerdings ausnahmsweise dann nicht gelten, wenn die Anwendung dieser Regeln die Erreichung des öffentlichen Zwecks unmöglich macht. Danach folgt in Satz zwei die Einschränkung dieser Ausnahme: Der Ausschluß des Gemeinschaftsrechts bzw. der Wettbewerbsregeln darf nicht dazu führen, daß die Entwicklung des Handelsverkehrs in einem Maße beeinträchtigt wird, das dem Interesse der Gemeinschaft zuwiderläuft.

Im Vorgriff auf die Auslegung der einzelnen Tatbestandsmerkmale des Art. 86 EG ergibt sich dann ein schwer auflösbares Spannungsverhältnis zwischen Art. 86 Abs 1 und Abs 2 Satz 1 EG: Die Monopolisierung eines Marktes kann als die praktisch schwerste Beeinträchtigung des Wettbewerbs angesehen werden. Die Möglichkeit der Monopolisierung wird allerdings in Art. 86 I EG offenbar als möglich angesehen („Gewährung ausschließlicher Rechte"). Führt man sich dann Art. 86 II S. 1 EG vor Augen, stellt sich die Frage, ob der Eingriff in den Wettbewerb durch die Monopolisierung im Hinblick auf seine Rechtmäßigkeit anhand der Maßstäbe des Art. 86 II S. 1 EG zu messen ist oder ob diese Norm mit Blick auf Art. 86 I EG etwas anderes meint. Das nächste Auslegungsproblem ergibt sich aus dem Wortlaut von Art. 86 II S. 1 EG. Klar ist, daß hier ein Ausnahmetatbestand begründet werden soll. Gleichzeitig bestimmt die Norm aber, daß für Unternehmen, die mit „Dienstleistungen von all-

---

[75] Eine umfassende Erörterung der Ausnahmeklausel des Art. 86 II EG ist erst nach der Darstellung aller für die wirtschaftliche Betätigung des Staates relevanten Normen, auf die Art. 86 EG verweist, möglich. Dies folgt aus der Überlegung, daß die Grundfreiheiten und die Wettbewerbsregeln (außer Art. 82 EG) selbst Ausnahmemöglichkeiten beinhalten, vgl. z.B. Art. 31, 81 III, 87 II, III EG. Erst wenn feststeht, daß die staatliche unternehmerische Betätigung gegen diese Normen verstößt und deren Ausnahmetatbestände nicht vorliegen, kommt die Anwendung der Ausnahmeklausel des Art. 86 II EG in Betracht, der insoweit den Charakter einer selbständigen Ausnahme besitzt. Vgl. ebenso: *Steindorff*: Grenzen der EG-Kompetenzen (1990), S. 80 (zu Grundfreiheiten); *Pernice/Wernicke* in: Grabitz/Hilf (Hrsg.): Das Recht der Europäischen Union, Kommentar Bd. II (Stand 2003), Art. 86 Rn. 53; *Emmerich* in: Dauses (Hrsg.): Handbuch des EG-Wirtschaftsrechts, H II., Rn. 167; *Burgi*: Die öffentlichen Unternehmen im Gefüge des primären Gemeinschaftsrechts, EuR 1997, S. 261, 277 f.; a.A.: *v. Wilmowsky*: Mit besonderen Aufgaben betraute Unternehmen unter dem EG-Vertrag - Ein Beitrag zu Art. 90 Abs. 2 EWGV, ZHR 155 (1991), S. 545, 557 ff., 569; *Ehricke*: Art. 90 EWGV - eine Neubetrachtung, EuZW 1993, 214 f.

gemeinem wirtschaftlichen Interesse betraut sind"[76] die Vorschriften des EG-Vertrages, insbesondere die Wettbewerbsregeln gelten sollen. Daraus ergibt sich die Frage, ob und inwieweit öffentliche Unternehmen an das Regime der Grundfreiheiten gebunden werden sollen, die nach ganz herrschender Meinung für rein private Unternehmen nicht gelten.[77] Aus dieser Problematik der Bindungswirkung ergibt sich dann die weitere Frage, ob die Vorschriften des Vertrages für Unternehmen, die *nicht* mit Dienstleistungen von allgemeinem wirtschaftlichen Interesse betraut sind, nicht gelten sollen. Diese grotesk anmutende Frage beantwortet sich an sich von selbst und soll lediglich die schwer nachvollziehbare Systematik der Norm hervorkehren. Aus diesen Auslegungsproblemen ergeben sich auch Schwierigkeiten für die Bestimmung der systematischen Stellung des Art. 86 EG. Vor diesem Hintergrund sind auch die verschiedenen Prädikate, die das Schrifttum der Norm verliehen hat, zu verstehen: so sah *Hans-Peter Ipsen* in Art. 86 EG eine „Zentral- bzw. Grundnorm",[78] bisweilen findet sich auch die Charakterisierung als Verweisungsnorm[79] oder als Sondervorschrift[80]

Darüber hinaus darf auch die Aussage des Art. 86 II 1 EG nicht übergangen werden, daß für die dort genannten Unternehmen die Vorschriften des EG-Vertrages, insbesondere die Wettbewerbsregeln gelten. Hierdurch zeigt sich die *Unternehmensbezogenheit* des Art. 86 II EG, die im Gegensatz zur *Staatsbezogenheit*[81] des Art. 86 I EG steht. Daß die Wettbewerbsregeln für diese Unternehmen gelten sollen, überrascht nicht, dies läßt sich bereits mit dem weiten funktionalen Unternehmensbegriff begründen.[82] Wichtiger ist dagegen die Erkenntnis, daß auch andere Vorschriften des EG-Vertrages für diese Unterneh-

---

[76] „oder den Charakter eines Finanzmonopols haben" - diese Variante spielt hier aber keine Rolle.

[77] Vgl. dazu *Burgi*: Die öffentlichen Unternehmen im Gefüge des primären Gemeinschaftsrechts, EuR 1997, 261, 282 ff. m. w. N., der sich auch und vor allem mit der Frage auseinandersetzt, inwieweit die öffentlichen Unternehmen durch diese Regelung begünstigt werden, S. 285 ff.

[78] *Ipsen*: Europäisches Gemeinschaftsrecht (1972), S. 641, 656.

[79] *Hochbaum*, in: v. d. Groeben/Thiesing/Ehlermann, Kommentar zum EU-/EG-Vertrag, Bd. 2 II (5. Aufl. 1999), Art. 90 Rn. 7.

[80] *Kahl*: Das öffentliche Unternehmen im Gegenwind des europäischen Beihilferegimes, NVwZ 1996, 1082, 1083.

[81] Vgl zu diesem Begriffspaar: *Mestmäcker*: Staat und Unternehmen im europäischen Gemeinschaftsrecht - Zur Bedeutung von Art. 90 EWGV, RabelsZ 52 (1988), S. 526, 527 u. passim.

[82] Vgl. dazu unten „Der Art. 86 EG zugrunde liegende allgemeine Unternehmensbegriff", S. 44.

men gelten sollen. Dabei muß man sich vor Augen führen, daß für Unternehmen an sich allein die Wettbewerbsregeln des EG-Vertrages verbindlich sind. Das allgemeine Diskriminierungsverbot (vgl. Art. 12 EG)[83] und die Grundfreiheiten haben für Unternehmen grundsätzlich keine unmittelbare Bindungswirkung, diese Vorschriften wenden sich vielmehr in erster Linie an die Mitgliedstaaten selbst.[84] Zumindest der Wortlaut des Art. 86 II 1 EG erstreckt die Geltung dieser Regeln auch auf die dort genannten Unternehmen.[85]

Die wesentliche Bestimmung des Art. 86 I EG besteht also darin, daß die Mitgliedstaaten nicht in einer den Grundsätzen des EG-Vertrages widersprechenden Art und Weise auf die öffentlichen Unternehmen einwirken dürfen. Die Vorschrift verpflichtet also insoweit nicht das öffentliche Unternehmen, sondern in erster Linie den Mitgliedstaat. Dabei beschränken sich die Grundsätze in diesem Sinne nicht allein auf die kartellrechtlichen Vorschriften der Art. 81 ff. EG, sondern sie umfassen die Grundfreiheiten, das allgemeine Diskriminierungsverbot aus Art. 12 EG und die etwa in Art. 3 lit g EG zum Ausdruck kommenden Wertungen. Eine solche Vorschrift fehlt im nationalen Kartellrecht, § 130 GWB greift wesentlich kürzer und *bindet allein das öffentliche Unternehmen* an die Bestimmungen des nationalen Kartellrechts. Darüber hinausgehende Bindungen des Staates an wettbewerbliche Grundsätze kennt diese Norm dagegen nicht.[86]

---

[83] Daß in Art. 86 I 1 EG von „Art. 7" die Rede ist, ist nach allgemeiner Auffassung ein redaktionelles Versehen, das bei der Einfügung des Maastricht-Vertrages entstanden ist, in dessen Zuge sich das Diskriminierungsverbot von Art. 7 auf Art. 6 verschoben hat.

[84] Der *Europäische Gerichtshof* nimmt eine unmittelbare Drittwirkung bisher nur in Bezug auf kollektive Regelungen im Arbeits- und Dienstleistungsbereich an, vgl. *EuGH* Slg. 1974, 1405, 1419 f. - *Walrave und Koch*; Slg. 1976, 1333, 1340 f. - *Donà*; Slg. 1995 I, 4921, 5062 - *Bosman*; zustimmend: *Roth*: Drittwirkung der Grundfreiheiten? in: FS für Everling (1995) S. 1231 ff. m. w. N.

[85] Ob diese Auffassung durchgehalten werden kann, wird unten noch eingehend zu untersuchen sein, vgl. unten „Regime der Vorschriften des EG-Vertrages mit Dienstleistungen von allgemeinem wirtschaftlichen Interesse betrauten Unternehmen (Art. 86 II EG)", S. 186 ff.

[86] Der Grund für diese Beschränktheit liegt in der Natur der Sache. Das GWB soll nicht den Staat in seiner (hoheitlichen) Betätigung beschränken, sondern nur die wirtschaftliche Betätigung der Unternehmen. Bei einer Bindung der gesamten staatlichen Tätigkeit käme es zur Durchbrechung der Dichotomie des öffentlichen und privaten Rechts. Weshalb die Bindung des Staates und seiner Unternehmen im EG-Recht im Gegensatz zum nationalen Recht systematisch *möglich* ist, wird noch herauszuarbeiten sein, s. dazu insbes. unten „Die besondere „Kompetenz" des *Europäischen Gerichtshofs*", S. 92 f.

Aus dieser Erkenntnis folgt die grundsätzlich akzessorische Stellung des Art. 86 I EG.[87] Voraussetzung für die Anwendung des Art. 86 I EG wäre damit der Verstoß eines Unternehmens im Sinne von Art. 86 EG gegen die eben genannten Grundsätze des EG-Vertrages. Art. 86 I EG ist grundsätzlich erst dann anwendbar, wenn eine entsprechende *Maßnahme eines Mitgliedstaates* zu diesem konkreten Verstoß geführt hat. Eindeutig fallen deshalb konkrete Anweisungen des Mitgliedstaates an ein Unternehmen in einer bestimmten Art und Weise zu handeln unter den Tatbestand des Art. 86 I EG. Problematischer ist hingegen der Fall, in dem der Mitgliedstaat eine *Struktur schafft*, in der das öffentliche Unternehmen gegen die Grundsätze des EG-Vertrages verstoßen kann oder vielleicht sogar zwangsläufig verstoßen muß.[88] In diesen Fällen kann das Akzessorietätsdogma nicht mehr aufrecht erhalten werden.

Aus dieser Darstellung von Zweck und Systematik leitet sich zum einen die wesentliche Bedeutung der Norm für das Funktionieren des Wettbewerbssystems auf dem Binnenmarkt ab. Zum anderen liegt es aber auch auf der Hand, daß Art. 86 EG eine besonders konfliktträchtige Schnittstelle zwischen der in der Zuständigkeit der Mitgliedstaaten verbliebenen Wirtschaftspolitik und ihrer Bindung an die zwingenden Normen des Gemeinschaftsrechts darstellt.[89] Diese Bedeutung, die Umgehungsgefahr durch die Mitgliedstaaten und der Wortlaut von Art. 86 I EG, der die Beachtung des gesamten Vertrages fordert, verlangen nach einer weiten Auslegung der Norm, zumal eine Feinsteuerung öffentlicher Interessen über die Ausnahmeklausel des Art. 86 II EG erfolgen kann. Nach Auffassung des *Europäischen Gerichtshofs* enthält Art. 86 EG „nur" einen besonderen Anwendungsfall bestimmter allgemeiner, die Mitgliedstaaten verpflichtender Grundsätze, so daß die Mitgliedstaaten nicht allein in Bezug auf öffentliche Unternehmen, sondern *generell* keine Maßnahmen treffen dürfen, die es dem Unternehmen ermöglichen, sich den ihnen namentlich durch die Art. 81 bis 89 EG auferlegten Bindungen zu entziehen. Als allgemeine Grundsätze, denen sich

---

[87] Vgl. *Mestmäcker*: Staat und Unternehmen im EG-Recht, RabelsZ 52 (1988), S. 526, 549 f.; aber Änderung seiner Meinung zu dieser strengen Akzessorietätsanforderung: *ders*: Gemeinschaftsrechtliche Schranken für die Begründung und Ausübung besonderer und ausschließlicher Rechte nach Art. 86 I EG, in FS Deringer (1993) 79, 81; dieses Akzessorietätsdogma erleichtert das Verständnis der Norm, kann aber in der Praxis nicht unumschränkt aufrechterhalten werden.

[88] *Mestmäcker* in: Immenga/Mestmäcker (Hrsg.): EG-Wettbewerbsrecht (1997), Art. 37, 90 C, Rn. 57 f., vgl. dazu auch unten S. 238 ff.

[89] *Mestmäcker* in: Immenga/Mestmäcker (Hrsg.): EG-Wettbewerbsrecht (1997), Art. 37, 90 B, Rn. 2.

die Mitgliedstaaten nicht ohne weiteres entziehen dürfen, sind vor allem die Grundfreiheiten sowie Art. 3 lit g, 10 EG hervorzuheben.[90]

II. Sektoren der staatlichen Wirtschaftstätigkeit

Zur plastischen Hervorhebung der Bedeutung der Norm soll ein kurzes Streiflicht auf die öffentlichen Sektoren der Mitgliedstaaten geworfen werden, auf denen Art. 86 EG bereits relevant geworden ist bzw. auf denen er künftig relevant werden könnte. Für die gemeinschaftsrechtliche Praxis ist dabei zu beachten, daß nicht jede wirtschaftliche Betätigung eines Mitgliedstaates zu einer Rechtmäßigkeitsüberprüfung nach dem Gemeinschaftsrecht führt, sondern nur die Fälle von gemeinschaftsweiter Bedeutung Eingang in die Kasuistik haben können.

Im Hinblick auf Art. 86 EG hat sich beispielsweise der Sektor der Telekommunikation als konfliktträchtig erwiesen.[91] Diese Sachlage hat sich auf nationaler Ebene trotz der Privatisierung der *Deutsche Telekom AG* noch nicht wesentlich geändert, schließlich bleibt das Unternehmen wegen der nach wie vor maßgeblichen Beteiligung des Bundes ein öffentliches Unternehmen im Sinne von Art. 86 EG.[92] Ein weiteres Anwendungsfeld stellen die Betätigungen der öffentlich-rechtlichen Fernsehanstalten dar.[93] Da die Energie- und Versorgungswirtschaft noch immer häufig unter dem Einfluß von Staat und Gemeinden steht, besteht auch auf diesem Sektor ein Anwendungsfeld für Art. 86 EG.[94] Auch im Bereich des Verkehrswesens werden nicht selten Unternehmen tätig, die unter der Herr-

---

[90] Diese Auffassung kommt in folgenden Entscheidungen zum Ausdruck: *EuGH* Slg. 1969, 1, 14 - *Walt Willhelm*; Slg. 1977, 2115, 2141 ff - *Inno/ATAB*; Slg. 1985, 17, 28 ff. - *Leclerc I*; Slg. 1985, 315, 319 f. - *Leclerc II/Cullet*; 1985, 402, 423 f. - *Clair*; Slg. 1985, 873 - *British Telecommunications*; 1986, 1457, 1471 = JuS 1987, 231 Nr. 1 - *Asjes*; Slg. 1987, 2975, 2977 f.; Slg. 1987, 3801, 3862 - *Reisebüro*; Slg. 1987, 4789, 4815 - *BNCI*; Slg. 1988, 4433, 4472 f.; Slg. 1988, 4468; Slg. 1988, 4769, 4791 f. - *van Eycke/Aspa*; Slg. NJW 1989, 2192 = JuS 1989, 1007 Nr. 1 - *Flugtarife*; Slg. 1991 I, 1223, 1269 - *Telekommunikations-Endgeräte*; siehe hierzu auch *Schwarze* EuZW 2000, 613, 619 f.

[91] Repräsentative Fälle aus dem Bereich des Telekommunikationswesens: *EuGH* Slg. 1985, 873 - *British Telecommunications*; Slg. 1991 I, 1223, 1269 - *Telekommunikations-Endgeräte*; vgl. auch *Taylor*: Art. 90 and Telecommunications Monopolies, ECLR 1994, 322, 325 f.

[92] Vgl. *Mestmäcker* in: ders.: Kommunikation ohne Monopole II, S. 13, 97 ff.

[93] z.B.: *EuGH* Slg. 1974, 409 - *Sacchi*; Slg. 1988, 2085 ff.- *Bond van Adverteeders*; Slg. 1991 I 2925, - *ERT*.

[94] Vgl. *Pielow*: Strukturen der Versorgungswirtschaft in Europa, DVBl 1996, 142 ff.

schaft des jeweiligen Mitgliedstaates stehen, womit ebenfalls Art. 86 EG zur Anwendung kommen kann. Eine allgemeine sektorenspezifische Begrenzung der Anwendung des Art. 86 EG ist allerdings weder möglich noch wünschenswert; jede wirtschaftliche Betätigung der öffentlichen Hand kann mit Art. 86 EG und den Wettbewerbsvorschriften konfligieren, wenn eine bestimmte Größenordnung erreicht ist und das Verhalten eine gemeinschaftsweite Bedeutung hat.

Schließlich wird Art. 86 EG noch in solchen Fällen relevant, in denen der Staat öffentlich-rechtliche oder öffentlich-rechtlich beeinflußte Institutionen damit betraut, Preise oder Geschäftsbedingungen für bestimmte Zweige der Privatwirtschaft festzulegen bzw. wenn er sie selbst bestätigt,[95] oder wenn von staatlicher Seite aus andere Regeln festgelegt oder bestätigt werden, die Auswirkungen auf den Wettbewerb haben.[96]

Nach diesem kursorischen Überblick über die Regelungen und Regelungsbereiche des Art. 86 EG soll nun auf dessen Regelungen im Einzelnen und deren Tatbestandsmerkmale eingegangen werden. In diesem Rahmen soll auch die Kasuistik durchdrungen werden, um daraus aus der Sicht des Europarechts Leitlinien für die wirtschaftliche Betätigung der öffentlichen Hand herauszuarbeiten. Dabei soll der Vergleich zum nationalen öffentlichen wie zum privaten Recht nicht aus den Augen verloren werden.

B. Der aus Art. 86 EG folgende Unternehmensbegriff

Erste Tatbestandsvoraussetzung des staatsbezogenen Art. 86 I EG wie auch des unternehmensbezogenen Art. 86 II EG ist das *Vorliegen eines Unternehmens*. Auch wenn die Adressaten und dementsprechend der materielle Regelungsgehalt der beiden Vorschriften unterschiedlich ist, liegt ihnen beiden derselbe Unternehmensbegriff zugrunde. Im Anschluß an dessen Klärung stellt sich allerdings die Frage, was jeweils unter den *öffentlichen Unternehmen*, den *Unternehmen mit besonderen oder ausschließlichen Rechten* des Art. 86 I EG und den *Unternehmen, die mit Dienstleistungen von allgemeinem wirtschaftlichen Interesse* im Sinne von Art. 86 II EG betraut sind, zu verstehen ist.

---

[95] *EuGH* Slg. 1985, 391, 423 - *BNIC/CLAIR*; Slg. 1986, 1425, 1471, Tz. 72 - *Asjes*; Slg. 1989, 803, 852 Tz. 49 - *Ahmed Saeed Flugreisen;* Slg. 1994 I, 2517, 2529 - *Delta.*

[96] Vgl. *EuGH* Slg. 1995 I, 2883, 2911 Tz. 31-33 - *Centro Servizio Spediporto*; Slg. 1995 I, 3257, 3296, Tz. 24-26 - *DIP.*

I. Der Art. 86 EG zugrunde liegende allgemeine Unternehmensbegriff

Wie das nationale Kartellrecht[97] gehen auch die europäischen Kartellrechtsvorschriften in Art. 86 EG wie auch in Art. 81, 82 EG von einem weiten, funktionalen Unternehmensbegriff aus.[98] Ein Unternehmen ist danach eine einheitliche, einem selbständigen Rechtssubjekt zugeordnete Zusammenfassung personeller, materieller und immaterieller Faktoren, mit welcher auf Dauer ein bestimmter wirtschaftlicher Zweck verfolgt wird.[99] Wesentlich ist dabei eine Tätigkeit wirtschaftlicher Art,[100] deren Kennzeichen das Angebot oder die Nachfrage nach bestimmten Gütern oder Leistungen ist. Wo sich Angebot und Nachfrage begegnen, entstehen Märkte. Diese Märkte sind wiederum das Betätigungsfeld der Unternehmen und diese Märkte sollen durch die Wettbewerbsregeln geordnet werden.[101] Daß der *Gerichtshof* dem funktionalen Unternehmensbegriff folgt, geht klar aus der von ihm verwendeten Definition im Fall *Höfner* hervor: der Begriff des Unternehmens erfasse demnach jede eine wirtschaftliche Tätigkeit ausübende Einheit, unabhängig von ihrer Rechtsform und der Art der Finanzierung.[102] Mit dieser Umschreibung qualifizierte der *Europäische Gerichtshof* die Bundesanstalt für Arbeit im *Höfner*-Urteil als Unternehmen im Sinne von Art.

---

[97] Statt vieler: *Emmerich*: Kartellrecht, 9. Aufl. 2001, S. 14 f.

[98] *Mestmäcker* in: Immenga/Mestmäcker (Hrsg.): EG-Wettbewerbsrecht (1997), Art. 37, 90 C, Rn. 1; Art. 85 I A Rn. 17; *Möschel* in: Immenga/Mestmäcker (Hrsg.): EG-Wettbewerbsrecht (1997), Art. 86 Rn. 2; die gegenteilige Auffassung vom formalen bzw. organisatorischen Unternehmensbegriff konnte sich dagegen nicht durchsetzen, vgl. z.B. *Rottmann*: Zum rechtlichen Rahmen für einen europäischen Binnenmarkt im Post- und Fernmeldewesen (1989), Archiv PT 1989, 1, 6.

[99] *EuGH* Slg. 1962, 652, 688 f. - *Kloeckner*; Slg. 1966, 717, 750 - *Mannesmann*; *Mestmäcker* in: Immenga/Mestmäcker (Hrsg.): EG-Wettbewerbsrecht (1997), Art. 37, 90 C, Rn. 1, jew. m.w.N.

[100] Vgl. *EuGH* Slg. 1974, 409, 430, Tz. 14 - *Sacchi*.

[101] *Mestmäcker* in: Immenga/Mestmäcker (Hrsg.): EG-Wettbewerbsrecht (1997), Art. 37, 90 C, Rn. 1.

[102] *EuGH* Slg. 1991 I, 1979, 2016 Tz. 21- *Höfner*; *Ehricke* WuW 1991, 970, 973; *Eichenhofer* NJW 1991, 2857, 2859; vgl. auch *EuGH* Slg. 1993 I, 637, 669 Tz. 17 = NJW 1993, 2597, 2598 - *Poucet und Pistre*; Slg. 2002 I, 691 Tz. 22 - *INAIL* Slg. 2002 I, 1577 Tz. 46 - *Niederländische Rechtsanwaltskammer*; Slg. 2002 I, 9297 Tz. 75 - *Aéroports de Paris*. Ein in der Literatur vertretener engerer Unternehmensbegriff, der auf die rechtliche Selbständigkeit der Einheit abstellen wollte, konnte sich nicht durchsetzen, vgl. *Rottmann* Archiv PT 1989, 1, 6; vgl. auch Generalanwalt *Mayras* in *EuGH* Slg. 1974, 313, 322 f. - *BRT II*; vgl. dazu auch unten S. 78.

86 EG.[103] Wenn man mit der wohl ganz herrschenden Meinung auf die wirtschaftliche Betätigung als das maßgebliche Kriterium abstellt,[104] dann spielt es nicht einmal eine Rolle, ob die fragliche wirtschaftliche Einheit nach dem jeweils maßgebenden nationalen Recht über eine eigene Rechtspersönlichkeit verfügt oder nicht.[105] Auch eine rechtlich unselbständige Stelle der staatlichen Verwaltung kann demnach ein Unternehmen im Sinne des Art. 86 EG sein, entscheidend ist allein die wirtschaftliche Tätigkeit im oben genannten Sinn.[106]

Im Ergebnis erweist sich der funktionale Unternehmensbegriff als sehr weitgehend. Diese Auffassung scheint nahezulegen, jede selbständige oder unselbständige staatliche Stelle, die ein Verhalten an den Tag legt, das eine wirtschaftliche Betätigung im weitesten Sinne zum Hintergrund hat, als Unternehmen zu qualifizieren. Dementsprechend könnte eine solche wirtschaftliche Betätigung immer dann angenommen werden, wenn der Staat eine Leistung bereithält, die der Bürger im Bedarfsfall in Anspruch nimmt, also nachfragt. Die Annahme eines Unternehmens muß allerdings ihre Grenzen finden, wenn die Betätigung Ausdruck hoheitlicher Gewalt ist und der Staat dem Bürger mit den Mitteln von Befehl und Zwang gegenübertritt.[107] Fraglich ist dabei vor allem, ob die europarechtliche Praxis – ähnlich wie die herrschende Meinung im nationalen Wettbewerbsrecht – Überschneidungen in diesem Bereich kennt. Gemeint ist das Problem, ob insbesondere trotz Vorliegen einer schlicht-hoheitlichen Handlung der funktionale Unternehmensbegriff auf die öffentliche Institution angewendet

---

[103] *EuGH* Slg. 1991 I, 1979, 2016 Tz. 23 - *Höfner*; zur Problematik dieser Entscheidung vgl. u. „*Poucet* und *Höfner*", S. 97.

[104] *Deringer*: Kommentar zu den EWG-Wettbewerbsregeln (1962), Art. 90, Rn. 30 und 45; *Mestmäcker* RabelsZ 52 (1988), 526, 536; *Marenco* C.M.L.Rev. 1983, 495, 500; *Condovasainitis*: Le secteur public industriel et commercial, 1990, S. 22; *Hochbaum* in: v. d. Groeben/Thiesing/Ehlermann, Kommentar zum EU-/EG-Vertrag, Bd. 2 II (5. Aufl. 1999), Art. 90 Rn. 6; *Pernice/Wernicke* in: Grabitz/Hilf (Hrsg.): Das Recht der Europäischen Union, Kommentar Bd. II (Stand 2003), Art. 86 Rn. 14; *Mestmäcker* in: Immenga/Mestmäcker (Hrsg.): EG-Wettbewerbsrecht (1997), Art. 37, 90 C, Rn. 2.

[105] *EuGH* Slg. 1985, 391, 423 Tz. 17 - *BNIC*; *Kommission*, Entscheidung vom 23.04.1986, Amtsblatt Nr. L 230, S. 1, 31 ff.; Entscheidung vom 15.09.1989, Amtsblatt Nr. L 284, S. 36, 41 - *ARD*.

[106] *EuGH* Slg. 1987, 2599, 2662, Tz. 11 - *Transparenz-Richtlinie II*, für die Italienische Monopolverwaltung; Slg. 1993 I, 5335, 5379 f. Tz 15 - *Decoster*; dazu *Hancher* C.M.L.Rev. 1994, 857, 867; vgl. auch *Kommission* Wettbewerbsbericht, 1979/80, Tz. 114 f. (S. 86); *Schwarze* EuZW 2000, 613; *Hochbaum* in: v. d. Groeben/Thiesing/Ehlermann, Kommentar zum EU-/EG-Vertrag, Bd. 2 II (5. Aufl. 1999), Art. 90 Rn. 14; *Mestmäcker/Bremer*: BB 1995 Beilage 19, S. 13.

[107] *EuGH* Slg. 1973, 865 - *Geddo*; siehe auch GA *Trabucchi*, ebd. S. 894; Slg. 1975, 699 - *IGAV*.

werden kann oder ob eine schlicht-hoheitliche Tätigkeit die Annahme eines Unternehmens bzw. die Annahme einer unternehmerischen Betätigung ausschließt. Dies wird eine wesentliche Frage der folgenden Untersuchungen sein.

II. Öffentliche Unternehmen (Art. 86 I EG)

Mit dem Begriff der „öffentlichen Unternehmen" werden nicht nur Unternehmen mit öffentlich-rechtlicher Organisation erfaßt. Eine Definition des öffentlichen Unternehmens findet sich in der auf Art. 86 III EG gestützten Transparenzrichtlinie[108] (Art. 2 2. Spiegelstrich TransparenzRL). Demnach wird als öffentliches Unternehmen jedes Unternehmen angesehen, auf das die öffentliche Hand aufgrund von Eigentum, finanzieller Beteiligung, Satzung oder sonstiger Bestimmungen, die die Tätigkeit des Unternehmens regeln, unmittelbar oder mittelbar einen beherrschenden Einfluß ausüben kann. Vermutet wird dies, wenn die öffentliche Hand a) die Mehrheit des gezeichneten Kapitals besitzt, b) über die Mehrheit der Stimmrechte verfügt oder c) wenn die öffentliche Hand mehr als die Hälfte der Mitglieder der entscheidenden Gremien des Unternehmens bestimmen kann. Folglich ist für die Annahme der Öffentlichkeit des Unternehmens die faktische oder rechtliche Möglichkeit der öffentlichen Hand, auf das Unternehmen Einfluß zu nehmen, entscheidend.[109]

Als Beispiele für öffentliche Unternehmen sind aus der Literatur und der Entscheidungspraxis von *Kommission* und Rechtsprechung *British Telecommunications*[110] bzw. das *United Kingdom Post Office*[111] oder auch die spanische

---

[108] Richtlinie 80/723, abgedr. in Sartorius II Nr. 169; zur Interpretation des Begriffs des öffentlichen Unternehmens vgl. *Jungbluth* in: Langen/Bunte (Gründer): Kommentar zum deutschen und europäischen Kartellrecht (9. Aufl. 2000), Art. 86 Rn. 16; *Pernice/Wernicke* in: Grabitz/Hilf (Hrsg.): Das Recht der Europäischen Union, Kommentar Bd. II (Stand 2003), Art. 86 Rn. 20f..

[109] Das rechtliche Problem, das sich aus dieser Definition ergab, hatte formellen Charakter: Einige Mitgliedstaaten meinten, daß die Kommission nicht das Recht in Anspruch nehmen könne, einen Begriff des Gemeinschaftsrechts verbindlich - das heißt auch für die europäischen Gerichte(!) zu regeln. Der *Europäische Gerichtshof* bestätigte grundsätzlich diese Bedenken der Mitgliedstaaten. Trotzdem sah er die Richtlinie als rechtmäßig an, da diese Definition eine notwendige Voraussetzung für die Anwendung der Richtlinie darstellte. Inhaltlich hatte der *Gerichtshof* keine Bedenken gegen die Richtlinie und hielt die Umschreibung für richtig, vgl. *EuGH* Slg. 1982, 2545, 2578 Tz. 24 bis 26 - *Transparenz-Richtlinie I*.

[110] *EuGH* Slg. 1985, 873 ff. - *British Telecommunications* .

[111] *Kommission* Entsch. v. 14.12.1982, Amtsbl. L 360, 36.

Post[112] hervorzuheben. Gleiches gilt - zumindest noch momentan - auch für die *Deutsche Post AG*. Trotz der Privatisierung hat der Staat noch einen weitgehenden Einfluß auf ihre Unternehmen, so daß im hier verstandenen Sinne noch immer ein öffentliches Unternehmen angenommen werden kann.[113]

III. Unternehmen mit ausschließlichen Rechten (Art. 86 I EG)

Die Gewährung ausschließlicher Rechte führt zum Ausschluß des Wettbewerbs.[114] Die Ausstattung von Unternehmen mit ausschließlichen Rechten wird zunächst dann angenommen, wenn ein ganzer Wirtschaftszweig monopolisiert wird. Beispiel hierfür ist die Verleihung des ausschließlichen Rechts zur Verbreitung von Fernsehsendungen an eine oder mehrere Fernsehanstalten, oder auch die Erweiterung dieses Rechts.[115] Das gleiche gilt für das Recht, allein oder gemeinsam mit einem oder zwei weiteren Unternehmen eine Strecke im Flugdienst zu bedienen.[116] Dies gilt auch für das Monopol für die Errichtung und den Betrieb des öffentlichen Fernmeldenetzes[117] und wenn ausschließlich zwei Unternehmen das Recht zum Betrieb internationaler und nationaler Leitungen im Fernmeldeverkehr vorbehalten wird.[118] Ebenso stellt die Verleihung

---

[112] *Kommission* Entsch. v. 01.08.1990, Amtsbl. L 233, 19 Tz. 6.

[113] Vgl. Art. 2 2. Spiegelstrich RL 80/723 - Transparenzrichtlinie; vgl. *Deringer:* WuW-Komm. Art. 90 Rn. 40; *Hochbaum* in: v. d. Groeben/Thiesing/Ehlermann, Kommentar zum EU-/EG-Vertrag, Bd. 2 II (5. Aufl. 1999), Art. 90 Rn. 17; *Pernice/Wernicke* in: Grabitz/Hilf (Hrsg.): Das Recht der Europäischen Union, Kommentar Bd. II (Stand 2003), Art. 86 Rn. 22; *Mestmäcker* in: Immenga/Mestmäcker (Hrsg.): EG-Wettbewerbsrecht (1997), Art. 37, 90 B, Rn. 14; Für die Telekommunikationsunternehmen in den Mitgliedstaaten vgl.: *Gleiss/Hirsch*: Kommentar zum EWG-Kartellrecht, 4. Aufl. 1993, Art. 90 Rn. 4; *Mestmäcker:* Fernmeldemonopole und Nachfragemacht: Wirtschaftliche und ordnungspolitische Probleme der hoheitlichen und unternehmerischen Funktionen der Deutschen Bundespost, in: Kommunikation ohne Monopole I, 1980, 161, 168 ff.

[114] Vgl zu diesen Definitionen *Mestmäcker* in: Immenga/Mestmäcker (Hrsg.): EG-Wettbewerbsrecht (1997), Art. 37, 90 C, Rn. 19; *Jungbluth*, in: Langen/Bunte (Gründer): Kommentar zum deutschen und europäischen Kartellrecht (9. Aufl. 2000), Art. 86 Rn. 22; *v. Burchard*, in: Schwarze (Hrsg.), EU-Kommentar (2000), Art. 86 Rn 24 f.; *Jung*, in: Callies/Ruffert, Kommentar zum EU-Vertrag und EG-Vertrag (2. Aufl. 2002) Art. 86.

[115] *EuGH* Slg. 1974, 409, 430 f. Tz. 14 - *Sacchi*; Slg. 1991 I, 2925, 2962 Tz. 37 - *ERT*.

[116] *EuGH* Slg. 1989, 803, 852 Tz. 50 - *Ahmed Saeed Flugreisen*.

[117] *EuGH* Slg. 1991 I, 5941, 5975 Tz. 5 - *RTT*.

[118] *EuGH* Entsch. v. 12.12.1996, Rs. C 302/94 - *British Telecommunications II*.

des Postmonopols, also die Befugnis zur Sammlung, Beförderung und zur Verteilung von Postsendungen ein ausschließliches Recht im Sinne der Norm dar.[119] Genauso wurde die Erteilung eines Monopolrechtes für einen externen Bestattungsdienst behandelt.[120] Für die Bundesrepublik Deutschland hatte der Fall „Höfner" Auswirkungen, hier hat der *Gerichtshof* die Bundesanstalt für Arbeit als einen mit ausschließlichen Rechten ausgestatteten Monopolisten qualifiziert.[121] Ferner gilt das Gleiche für die ausschließliche Betrauung eines Unternehmens mit der Organisation und Durchführung von Hafenarbeiten,[122] die Gewährung der ausschließlichen Befugnis zur Regelung bestimmter Schadensfälle[123] und eine Fallkonstellation, in der ein einzelnes Unternehmen allein für die Ausrüstung der staatlich zugelassenen Rundfunkanstalten mit bestimmten Mitteln zugelassen wurde.[124]

IV. Unternehmen mit besonderen Rechten (Art. 86 I EG)

Ursprünglich waren Literatur und Praxis davon ausgegangen, daß den Unternehmen mit besonderen Rechten neben den Unternehmen mit ausschließlichen Rechten keine eigenständige Bedeutung zukäme. Dies änderte sich allerdings mit der *Endgeräte*-Entscheidung des *Europäischen Gerichtshofs*.[125] Der *Gerichtshof* hielt der *Kommission* insoweit vor, daß sie in ihrer Endgeräterichtlinie nicht dargelegt hatte, welche Art von besonderen Rechten gemeint waren und inwiefern sie den Bestimmungen des Vertrages zuwiderliefen.[126] Dadurch entstand die Notwendigkeit, die besonderen Rechte im Sinne des Art. 86 I EG mit einem spezifischen Inhalt zu füllen, was bis heute noch nicht zu allgemeiner Überzeugung gelungen ist. Infolge dieser Entscheidung des *Gerichtshofes* hat die *Kommission* die Endgeräterichtlinie geändert und dabei versucht, die besonderen Rechte im Sinne von Art. 86 I EG durch folgende Definition zu erfas-

---

[119] *EuGH* Slg. 1993 I, 2533, 2526 Tz. 8 - *Corbeau.*

[120] *EuGH* Slg. 1988, 2479, 2515 f. Tz. 35 - *Bodson.*

[121] *EuGH* Slg. 1991 I, 1979, 2017 Tz. 25 - *Höfner.*

[122] *EuGH* Slg. 1991 I, 5889, 5927 Tz. 13 - *Hafen von Genua.*

[123] *EuGH* Slg. 1977, 1091, 1125 f. Tz. 18 - *van Ameyde.*

[124] *EuGH* Slg. 1991 I, 4069, 4095 ff. Tz. 21 ff - *Mediawet.*

[125] Zu deren näherem Inhalt vgl. unten „Das Urteil Telekommunikations-Endgeräte", S. 243 ff.

[126] *EuGH* Slg. 1991 I 1223, 1268 Tz. 45 – *Telekommunikationsendgeräte*; *Jung*, in: Callies/Ruffert, Kommentar zum EU-Vertrag und EG-Vertrag (2. Aufl. 2002) Art. 86 Rn. 16.

sen:[127] Besondere Rechte sind danach Rechte, die ein Mitgliedstaat durch Rechts- oder Verwaltungsvorschriften einer begrenzten Anzahl von Unternehmen gewährt, sofern die Zahl der Unternehmen ohne Anwendung objektiver, angemessener und nicht diskriminierender Kriterien begrenzt oder mehrere konkurrierende Unternehmen nach anderen als diesen Kriterien bestimmt oder einem oder mehreren Unternehmen aufgrund solcher Kriterien wettbewerbsverzerrende Vorteile auf dem Endgerätemarkt einräumt. Mit diesen besonderen Rechten erfaßt die Richtlinie also auch einen durch den Staat oligopolistisch organisierten Markt.[128]

Problematisch ist diese Definition zunächst, weil sie keinen Aufschluß darüber gibt, ob die Privilegierung der betreffenden Unternehmen rechtlicher Natur sein muß, oder ob eine bloße faktische Begünstigung bereits ausreicht. Eine engere Definition nimmt besondere Rechte in diesem Sinne unter der Voraussetzung an, daß bestimmte Unternehmen eine rechtliche Privilegierung erfahren, die den Wettbewerbern nicht zu Teil wird und daß die betreffenden Unternehmen im Verhältnis zur öffentlichen Hand in ein Abhängigkeitsverhältnis gebracht werden.[129] Noch weiter geht die Ansicht, die darüber hinaus noch die Übertragung von hoheitlichen Befugnissen für die Annahme eines besonderen Rechts in diesem Sinne fordert.[130] Umstritten ist auch, ob der Gewährungsakt des besonderen Rechts hoheitlich erfolgen muß oder nicht.[131]

Mit den oben angeführten engeren Definitionsversuchen gelingt zwar eine Abgrenzung zwischen ausschließlichen und besonderen Rechten im Sinne des Art. 86 I EG. Zugleich überschneiden sich diese Definitionen aber doch weitgehend mit den öffentlichen Unternehmen im Sinne dieser Vorschrift, sowie mit den betrauten Unternehmen im Sinne des Art. 86 II 1 EG.[132] Die weitergehende Definition, die bereits eine bloße faktische Begünstigung ausreichen läßt, würde

---

[127] *Kommission* Richtlinie 94/46/EG Amtsbl. 1994 L 268, 15.

[128] vgl. *Mestmäcker* in: Immenga/Mestmäcker (Hrsg.): EG-Wettbewerbsrecht (1997), Art. 37, 90 E Rn. 35.

[129] *Pernice/Wernicke* in: Grabitz/Hilf (Hrsg.): Das Recht der Europäischen Union, Kommentar Bd. II (Stand 2003), Art. 86 Rn. 28.

[130] *Mestmäcker* in: FS für Deringer S. 80; *Mestmäcker* in: Immenga/Mestmäcker (Hrsg.): EG-Wettbewerbsrecht (1997), Art. 37, 90 C, Rn. 19; eine weitere Begründung für dieses Kriterium findet sich hier allerdings nicht.

[131] Dafür: *Gleiss/Hirsch*: Kommentar zum EWG-Kartellrecht (4. Aufl. 1993), Art. 90 Rn. 6; *Pernice/Wernicke* in: Grabitz/Hilf (Hrsg.): Das Recht der Europäischen Union, Kommentar Bd. II (Stand 2003), Art. 86 Rn. 30; dagegen: *Deringer* WuW-Komm. Art. 90 Rn. 49.

[132] Vgl. dazu sogleich unten „Mit Dienstleistungen von allgemeinem wirtschaftlichen Interesse betraute Unternehmen (Art. 86 II 1 EG)", S. 50.

zwar zu einer eigenständigen Bedeutung der besonderen Rechte führen. Auf der anderen Seite muß sie sich aber die Kritik der geringen Randschärfe gefallen lassen. Fest steht also bislang nur, daß die besonderen Rechte im Sinne des Art. 86 I EG auch Märkte erfassen, die ein Mitgliedstaat oligopolistisch organisiert hat.[133]

V. Mit Dienstleistungen von allgemeinem wirtschaftlichen Interesse betraute Unternehmen (Art. 86 II 1 EG)

Von seinem Wortlaut her wendet sich Art. 86 II 1 EG zunächst an Unternehmen, die mit Dienstleistungen von allgemeinem Interesse betraut sind. Der Kreis der angesprochenen Unternehmen ist damit nicht identisch mit den in Art. 86 I EG angesprochenen Unternehmen.[134] In der Realität werden Unternehmen im Sinne des Art. 86 II EG allerdings regelmäßig öffentliche oder privilegierte Unternehmen im Sinne des Art. 86 I EG sein.[135] Umgekehrt kann diese Regel aber (zumindest in Bezug auf die öffentlichen Unternehmen) keine Anwendung finden, da es genügend Unternehmen gibt, die zwar unter dem Regime der öffentlichen Hand stehen, die aber ohne Besonderheiten am Wirtschaftsverkehr teilnehmen.[136]

1. Dienstleistung

Weitgehende Einigkeit besteht zunächst bei der Auslegung des Begriffs der *Dienstleistung*. Nach einhelliger Ansicht ist die Dienstleistung im Sinne von Art. 86 II 1 EG nicht mit dem Dienstleistungsbegriff aus Art. 50 EG gleichzu-

---

[133] vgl. *Mestmäcker* in: Immenga/Mestmäcker (Hrsg.): EG-Wettbewerbsrecht (1997), Art. 37, 90 E Rn. 35.

[134] *EuGH* Slg. 1977, 163, 182 Tz. 22 - *Bendetti/Munari*.

[135] *Hochbaum* in: v. d. Groeben/Thiesing/Ehlermann, Kommentar zum EU-/EG-Vertrag, Bd. 2 II (5. Aufl. 1999), Art. 90 Rn. 49; *Ehricke*: Der Art. 90 EWGV - eine Neubetrachtung, EuZW 1993, 211, 214; *Pernice/Wernicke* in: Grabitz/Hilf (Hrsg.): Das Recht der Europäischen Union, Kommentar Bd. II (Stand 2003), Art. 86 Rn. 31; von einer grundsätzlichen Identität geht offenbar *Martin Burgi* aus: Die öffentlichen Unternehmen im Gefüge des primären Gemeinschaftsrechts, EuR 1997, S. 261, 282 ff..

[136] Beispiele hierfür sind die jetzt im Eigentum des Landes Niedersachsen stehende Preussag Stahl AG oder die im Eigentum des Landes Baden-Württemberg stehende Rothaus-Brauerei, vgl. oben S. 19.

setzen.[137] Die Dienstleistung des Art. 86 II 1 EG orientiert sich vielmehr eher an dem französischen „service public", was allerdings nicht bedeutet, daß nun das Konzept des französischen Verwaltungsrechts zugrundegelegt werden müßte. Gemeint sind also solche wirtschaftlichen Betätigungen, die von den Mitgliedstaaten im öffentlichen Interesse in Dienst genommen werden.[138] Hierzu zählen vor allem die Leistungen der öffentlichen Hand im Bereich der Daseinsvorsorge, wozu beispielsweise auch die Strom-, Gas und Wasserversorgung gehört, obwohl es sich hierbei strenggenommen um die Versorgung mit Waren handelt.[139] Weitere Beispiele für die Dienstleistungen im Sinne des Art. 86 II 1 EG sind die Massenbeförderung von Personen und Waren durch die Eisenbahn, die Telekommunikations- und Postdienste,[140] Luftverkehrsunternehmen[141] und Fährbetriebe, zum Teil auch Banken[142] und Versicherungsunternehmen[143], sowie Rundfunk und Fernsehen hinsichtlich ihrer wettbewerbsrelevanten Tätigkeiten.[144]

2.   Allgemeines wirtschaftliches Interesse

Schwieriger gestaltet sich die Erfassung des Begriffs der Dienstleistung von *allgemeinem wirtschaftlichen Interesse*. Die diesbezüglichen Abgrenzungsschwierigkeiten erklären sich schon aus der Überlegung, daß an sich jede wirtschaftliche Tätigkeit in irgendeiner Form einen Beitrag von allgemeinem wirt-

---

[137] *Deringer*: Das Wettbewerbsrecht der Europäischen Wirtschaftsgemeinschaft, Kommentar zu den EWG-Wettbewerbsregeln nebst Durchführungsverordnungen und Richtlinien (1962), Art. 90, Rn. 71; *Gleiss/Hirsch:* Kommentar zum EWG-Kartellrecht (4. Aufl. 1993), Art. 90 Rn. 10; *Hochbaum* in: v. d. Groeben/Thiesing/Ehlermann, Kommentar zum EU-/EG-Vertrag, Bd. 2 II (5. Aufl. 1999), Art. 90 Rn. 52; *Pernice/Wernicke* in: Grabitz/Hilf (Hrsg.): Das Recht der Europäischen Union, Kommentar Bd. II (Stand 2003), Art. 86 Rn. 32.

[138] *Mestmäcker* in: (Hrsg.): Art. 37, 90 EGV D, Rn. 42, Fn. 128, mit weiteren Nachweisen zum Verhältnis zum französischen Recht.

[139] *Hochbaum* in: v. d. Groeben/Thiesing/Ehlermann, Kommentar zum EU-/EG-Vertrag, Bd. 2 II (5. Aufl. 1999), Art. 90 Rn. 52

[140] *Mestmäcker*: Staat und Unternehmen im europäischen Gemeinschaftsrecht, RabelsZ 1988, S. 526, 542, 545.

[141] vgl. *EuGH* Slg. 1989, 803 - *Ahmed Saeed Flugreisen*.

[142] vgl. *EuGH* Slg. 1981, 2021 - *Züchner*.

[143] *EuGH* Slg. 1977, 1091, 1125 Tz. 18 - *van Ameyde*.

[144] *Hochbaum* in: v. d. Groeben/Thiesing/Ehlermann, Kommentar zum EU-/EG-Vertrag, Bd. 2 II (5. Aufl. 1999), Art. 90 Rn. 53

schaftlichen Interesse leistet.[145] Eine solche praktisch unbegrenzte Auslegung trifft aber auf Bedenken, da auf diese Weise jede Leistung unabhängig von ihrem Inhalt für die Anwendung der Ausnahmeklausel des Art. 86 II 1 EG in Betracht käme.[146]

Naheliegend erscheint es deshalb, den Kreis der Leistungen auf solche zu beschränken, die im Bereich der staatlichen Daseinsvorsorge liegen. Die Entwicklung des Begriffs der *Daseinsvorsorge* geht auf *Ernst Forsthoff* zurück.[147] Gegenstand der Daseinsvorsorge ist die Darbietung von Leistungen, auf welche der in die modernen, massentümlichen Lebensformen verwiesene Mensch lebensnotwendig angewiesen ist. Diese Leistungen sind nach *Forsthoff* unabhängig von ihrer Organisationsform, insbesondere unabhängig von ihrer Zuordnung zum Privatrecht, in ihrer organischen Gesamtheit zu erfassen und dem Verwaltungsrecht zuzuordnen. Als Beispiele nennt er die Tätigkeiten der Versorgungsbetriebe für Strom, Wasser und Gas, den Betrieb der öffentlichen Verkehrsmittel und das Sozialsystem.[148] Dienstleistungen von allgemeinem wirtschaftlichen Interesse im Sinne des Art. 86 II 1 EG lägen also demnach vor, wenn diese in der Substanz staatliche Daseinsvorsorge auf private oder öffentliche Unternehmen ausgegliedert wird.[149] Diese Ausfüllung der Dienstleistungen im Sinne von Art. 86 II EG mit dem Begriff der Daseinsvorsorge trifft allerdings auf Bedenken.[150] Zunächst wird hier die Tatbestandsvoraussetzung einer europäischen Rechtsnorm mit einem Begriff aus dem deutschen Verwaltungsrecht ausgefüllt, wobei verwandte Rechtsbegriffe aus den Rechtsordnungen der übrigen Mit-

---

[145] Dieser weiten Auslegung folgt in der Tat *v. Wilmowsky*: Mit besonderen Aufgaben betraute Unternehmen unter dem EWG-Vertrag ZHR 1991, 545, 550;

[146] „Retten" kann man dies, indem man die *Betrauung* formal und eng auslegt, so *v. Wilmowsky* aaO., was aber nicht unproblematisch ist, vgl. dazu sogleich S. 55 ff.

[147] *Forsthoff*: Die Verwaltung als Leistungsträger (1938), S. 1 ff., 6 ff; *ders.*: Lehrbuch des Verwaltungsrechts, Bd. I AT (10. Aufl. 1973), S. 370; *ders.*: Der Staat der Industriegesellschaft, dargestellt am Beispiel der Bundesrepublik Deutschland (1971), S. 76; Auf der Ebene des Europarechts s. *Kommission*, Leistungen der Daseinsvorsorge in Europa, Mitteilung vom 26.9.1996, Amtsbl. C 281, 3 und in Fortführung hierzu Mitteilung vom 19.1.2001 Amtbl. C 17, 4.

[148] *Forsthoff*: Die Verwaltung als Leistungsträger (1938), S. 7.

[149] vgl. *Scholz/Langer*: Europäischer Binnenmarkt und Energiepolitik (1992), S. 162; *Riechmann*: Rechtsprobleme des Stromimports, in: *Harms* (Hrsg.): Atomstrom aus Frankreich? (1987), S. 29, 41; vgl. auch: *Rapp-Jung*: Zur Tragweite von Art. 86 II EG für die Energiewirtschaft, RdE 1994, 165, 168.

[150] Daran ändert auch die Tatsache nichts, dass der Begriff der Daseinsvorsorge jüngst auch Einzug in das Europarecht gefunden hat, s. Mitteilung der *Kommission*, Amtsbl. C 17, S. 4 ff., Mitteilung der Kommission, Leistungen der Daseinsvorsorge in Europa.

gliedstaaten - beispielsweise der *service public* in den romanischen Ländern - nicht notwendig deckungsgleich sind.[151] Vor allem ergibt sich aber das Problem, daß auf diese Weise eine Bereichsausnahme geschaffen würde, deren Ausfüllung in das Belieben der einzelnen Mitgliedstaaten gestellt wäre. Dies folgt aus der Überlegung, daß in erster Linie der Mitgliedstaat selbst bestimmt, welche Aufgaben er zur Daseinsvorsorge seiner Bürger wahrnimmt. Aus der Sicht des nationalen Rechts besteht die Funktion des Begriffs der Daseinsvorsorge darin, diese Erweiterung der Staatsaufgaben im sozialen Rechtsstaat greifbar zu machen. Aufgrund der verschiedenen rechtlichen Voraussetzungen und Rechtsfolgen ist die *Abgrenzung* der mit der *Daseinsvorsorge* verbundenen Leistungsverwaltung vor allem von der *Eingriffsverwaltung* notwendig. Dabei geht es beispielsweise um die Möglichkeiten des Übergangs vom einseitigen Verwaltungsakt zum Nutzungsverhältnis und dessen Ausgestaltung zwischen Bürger und Staat im Bereich der Leistungsverwaltung. Die Zuordnung einer bestimmten staatlichen Tätigkeit oder Aufgabe zum Bereich der Leistungsverwaltung erweitert also die Möglichkeiten der Ausgestaltung des Verhältnisses zwischen Bürger und Staat. Eine begriffliche Begrenzung des Bereichs der Daseinsvorsorge „in die andere Richtung", nämlich wann eine Betätigung keine Daseinsvorsorge, sondern allein eine rein wirtschaftliche Betätigung darstellt, ist aus der Sicht des nationalen Rechts praktisch wenig relevant, da die rechtlichen Grenzen und individuellen Abwehrmöglichkeiten keine praktisch relevanten Unterschiede aufweisen.[152]

Eine andere Lösung könnte man darin erblicken, daß man nicht generell auf den Begriff der Daseinsvorsorge abstellt, sondern daß man die jeweiligen Rechtsbegriffe aus den Rechtsordnungen der einzelnen Mitgliedstaaten zu Grunde legt. [153] Dies hätte allerdings auch wieder zur Folge, daß jeder Mitgliedstaat allein bestimmen könnte, was unter den Ausnahmetatbestand des Art 86 II 1 EG fällt.[154] Wenn man sich dann noch vor Augen führt, daß Dienstleistungen von allgemeinem wirtschaftlichen Interesse nicht notwendig allein vom Staat selbst oder seinen öffentlichen Unternehmen, sondern auch von entsprechend betrau-

---

[151] vgl. *Mestmäcker* in: Immenga/Mestmäcker (Hrsg.): EG-Wettbewerbsrecht (1997), Art. 37, 90 D Rn. 2.

[152] Vgl. *Schricker*: Wirtschaftliche Tätigkeit der öffentlichen Hand und unlauterer Wettbewerb (1987), S. 24; zur Frage der juristischen Relevanz und des Umfangs der Daseinsvorsorge vgl. *Ossenbühl*: Daseinsvorsorge und Verwaltungsprivatrecht, DÖV 1971, 513 m. w. N.

[153] Also z.B. Daseinsvorsorge in Deutschland oder service public in den romanischen Ländern.

[154] *Mestmäcker* in: Immenga/Mestmäcker (Hrsg.): EG-Wettbewerbsrecht (1997), Art. 37, 90 D Rn. 2.

ten Privaten[155] wahrgenommen werden können, dann erkennt man, daß die Geltung der Wettbewerbsregeln auf diese Weise vollkommen in das Belieben der einzelnen Mitgliedstaaten gestellt wäre. Dieser Zustand könnte allein dadurch vermieden werden, daß die Daseinsvorsorge einschließlich der verwandten Begriffe zu einem gemeinschaftsrechtlichen Begriff erklärt und durch die Gemeinschaftsorgane negativ von anderen wirtschaftlichen Betätigungen abgegrenzt würde. Auch das wäre aber keine tragfähige Lösung, da die Souveränität der Mitgliedstaaten im Hinblick auf die Wahrnehmung ihrer Aufgaben empfindlich beschränkt wäre, wenn allein die *Gemeinschaft* bestimmen würde, was etwa in Deutschland in den Bereich der Daseinsvorsorge fällt und was nicht. Es zeigt sich also, daß weder von dem Begriff der Daseinsvorsorge und den ihr zugrundeliegenden Ordnungsprinzipien noch von den verwandten Rechtsbegriffen der anderen Mitgliedstaaten ein Aufschluß für die Bewältigung dieser Problematik auf Gemeinschaftsebene zu erwarten ist.[156]

Sachgerecht erscheint dagegen folgende Definition: Ein allgemeines wirtschaftliches Interesse ist anzunehmen, wenn das Marktverhalten der Unternehmen einem rechtsverbindlich festgelegten Zweck dient und die Unternehmen zur Erfüllung der besonderen Aufgabe auch dann verpflichtet sein sollen, wenn ihr unternehmerisches Eigeninteresse dem entgegensteht.[157] Diese Umgrenzung vermeidet eine dem EG-Vertrag an sich fremde Bereichsausnahme[158] sowie eine daraus folgende Souveränitätsproblematik. Der Mitgliedstaat bleibt vielmehr bei der Bestimmung von Dienstleistungen von allgemeinem wirtschaftlichen Interesse souverän, ohne diese allerdings willkürlich festlegen zu können. Entscheidendes Merkmal ist die rechtsverbindlich festgelegte Erzwingbarkeit der Leistungserbringung, auch wenn dies aus unternehmerischen Gesichtspunkten unwirtschaftlich erscheint. Genau in dieser Erzwingbarkeit ist dann auch der Unterschied zur allgemeinen Wirtschaftstätigkeit zu suchen, die – wie oben dargelegt – in irgendeiner Form einen Beitrag von allgemeinem wirtschaftlichen Interesse leistet.

---

[155] Zur Betrauung Privater vgl. unten S. 56.

[156] *Mestmäcker* in: Immenga/Mestmäcker (Hrsg.): EG-Wettbewerbsrecht (1997), Art. 37, 90 D Rn. 2.

[157] *Mestmäcker* in: Immenga/Mestmäcker (Hrsg.): EG-Wettbewerbsrecht (1997), Art. 37, 90 EGV D, Rn. 21, 43 (*Mestmäcker* hat diese Kriterien, die sich in anderen Stellungnahmen verstreut und zum Teil unter dem Tatbestandsmerkmal der *Betrauung* finden, in diesem einen Satz zusammengefasst).

[158] Bereichsausnahmen bestehen im Bereich des Verkehrs, vgl. Art. 77 EGV, und im Bereich der Landwirtschaft, vgl. dazu auch *Mestmäcker* in: Immenga/Mestmäcker (Hrsg.): EG-Wettbewerbsrecht (1997), Art. 37, 90 D Rn. 35.

Diese Überlegungen finden auch Niederschlag in der Rechtsprechung des *Europäischen Gerichtshofs*. Im Fall *Ahmed Saeed Flugreisen* heißt es hierzu: „Artikel 90 Absatz 2 [a. F. des EG-Vertrages] kann nämlich auf Verkehrsunternehmen Anwendung finden, die von den Behörden dazu verpflichtet worden sind, Linien zu bedienen, die zwar aus kommerzieller Sicht nicht rentabel sind, deren Bedienung aber aus Gründen des allgemeinen Interesses *erforderlich* ist."[159] Noch klarer kommt dies in den Ausführungen des *Europäischen Gerichtshofs* im Fall *Corbeau* zum Ausdruck. Hier ging es darum, „die *Verpflichtung*, die Sammlung, die Beförderung und die Verteilung von Postsendungen zugunsten sämtlicher Nutzer im gesamten Hoheitsgebiet des betreffenden Mitgliedstaats, zu einheitlichen Gebühren und in gleichmäßiger Qualität sowie ohne Rücksicht auf Sonderfälle und auf die Wirtschaftlichkeit jedes einzelnen Vorgangs sicherzustellen."[160]

Der Vollständigkeit halber ist noch darauf hinzuweisen, daß mit *allgemeinen Interessen* spezifische Interessen des jeweiligen Mitgliedstaates gemeint sind und nicht etwa allgemeine Gemeinschaftsinteressen. Schließlich kommen die Gemeinschaftsinteressen in den Normen, auf die Art. 86 II 1 EG verweist, zum Ausdruck. Es wäre also widersinnig, diese Gemeinschaftsinteressen zur Voraussetzung eines Ausnahmetatbestandes zu machen.[161] Eine andere Frage ist hingegen, ob die Auslegung des Begriffs des allgemeinen Interesses allein den Mitgliedstaaten obliegt oder ob ein Dispens der Gemeinschaftsorgane erforderlich ist. Hierzu soll unten im Rahmen der unmittelbaren Geltung der Norm Stellung genommen werden.[162]

3. Betrauung

Bezüglich der Betrauung gehen die Meinungen auseinander, ob sie durch einen Hoheitsakt erfolgen muß[163] oder ob sie auch anderweitig[164] - beispielsweise

---

[159] *EuGH* Slg. 1989, 803, 853 Tz. 55 - *Ahmed Saeed Flugreisen* (ohne Hervorhebung im Originaltext).

[160] *EuGH* Slg. 1993 I, 2533 Tz. 15 = EuZW 1993, 422, 423 - *Corbeau* (ohne Hervorhebung im Originaltext).

[161] *Hochbaum* in: v. d. Groeben/Thiesing/Ehlermann, Kommentar zum EU-/EG-Vertrag, Bd. 2 II (5. Aufl. 1999), Art. 90 Rn. 54; *Pernice/Wernicke* in: Grabitz/Hilf (Hrsg.): Das Recht der Europäischen Union, Kommentar Bd. II (Stand 2003), Art. 86 Rn. 32; *Mestmäcker* in: Immenga/Mestmäcker (Hrsg.): EG-Wettbewerbsrecht (1997), Art. 37, 90 D Rn. 43.

[162] Vgl. unten „Unmittelbare Wirkung", S. 347.

[163] *Pernice/Wernicke* in: Grabitz/Hilf (Hrsg.): Das Recht der Europäischen Union, Kommentar Bd. II (Stand 2003), Art. 86 Rn. 30; *Mestmäcker* in: Immenga/Mestmäcker (Hrsg.): EG-Wettbewerbsrecht (1997), Art. 37, 90 D Rn. 31 f.

durch Vertragsschluß oder Unternehmensgründung[165] - eintreten kann. Für die Betrauung durch Hoheitsakt wurde als entscheidendes Argument angeführt, daß allein durch diesen Hoheitsakt die Verpflichtung des betrauten Unternehmens zur Leistung begründet und durchgesetzt werden könne. Entscheidend ist damit die Frage, ob diese Verpflichtung zur Leistung ohne Rücksicht auf unternehmerisch orientierte Gesichtspunkte allein durch einen Hoheitsakt gesichert werden kann. Wäre dies nicht der Fall, so hätte diese Anforderung eher einen willkürlichen Charakter, der auch mit der restriktiven Handhabung der Ausnahmeklausel des Art. 86 II 1 EG nicht zu rechtfertigen wäre. Die Forderung des mitgliedstaatlichen Hoheitsaktes wäre dann eine künstliche Erhöhung der Voraussetzungen für das Vorliegen des Ausnahmetatbestandes.

In der älteren Rechtsprechung wies der *Europäische Gerichtshof* in der Tat wiederholt darauf hin, daß für die Annahme der Betrauung im Sinne von Art. 86 II 1 EG ein Hoheitsakt der öffentlichen Gewalt vorausgesetzt werden müsse.[166] In der Entscheidung *BRT* begründet der *Gerichtshof* diese Anforderung mit einer Analogie zu den Finanzmonopolen, die ebenfalls durch einen Hoheitsakt begründet werden.[167] Zu beachten ist allerdings, daß diese Entscheidung die Betrauung eines rein privaten Unternehmens betraf. Der *Gerichtshof* stellte hierzu fest, daß grundsätzlich auch Privatunternehmen betraut sein können, jedoch nur dann, wenn sie „durch Hoheitsakt der öffentlichen Gewalt mit Dienstleistungen von allgemeinem wirtschaftlichen Interesse betraut sind."[168] Im Hinblick auf die Tätigkeit von deutschen Wahrnehmungsgesellschaften entschied der *Gerichtshof*, daß diese nicht allein deshalb als betraut im Sinne von Art. 86 II 1 EG gelten könnten, weil sie für ihre Tätigkeit einer hoheitlichen Erlaubnis bedürfen, einer staatlichen Überwachung unterliegen und mit einer

---

[164] *Froemke*: Die Stellung der Kreditinstitute im Wettbewerbsrecht (1987), S. 133; *Emmerich*: Das Wirtschaftsrecht der öffentlichen Unternehmen (1969), S. 446; *Gleiss/Hirsch*: Kommentar zum EWG-Kartellrecht (4. Aufl. 1993), Art. 90 Rn. 12; Rapp-Jung: Zur Tragweite des Art. 90 Abs. 2 EGV für die Energiewirtschaft, RdE 1994, 165, 168; *Fesenmair*: Öffentliche Dienstleistungsmonopole im europäischen Recht (1996), S. 203 ff.

[165] So jedenfalls die wohl h.M.vgl. *Schwarze* EuZW 2000, 613, 624 m.w.N.; *Burgi*: Die öffentlichen Unternehmen im Gefüge des primären Gemeinschaftsrechts, EuR 1997, S. 261, 276.

[166] *EuGH* Slg. 1974, 313, 318 - *BRT/SABAM*; *GA Mayras* ebd., S. 327 mit Hinweis auf *EuGH* Slg. 1971, 723, 730 - *Müller*, wobei in dieser Entscheidung nur von einer „gesetzlich übertragenen Aufgabe" die Rede ist; *EuGH* Slg. 1981, 2021, 2030 - *Züchner/Bay. Vereinsbank*.

[167] *EuGH* Slg. 1974, 313, 318 - *BRT/SABAM*; vlg. auch *Mestmäcker* in: Immenga/Mestmäcker (Hrsg.): EG-Wettbewerbsrecht (1997), Art. 37, 90 D Rn. 31.

[168] *EuGH* Slg. 1974, 313 Tz. 19, 22 - *BRT/SABAM*.

56

Abschlußpflicht belastet sind.[169] Nochmals betonte der *Gerichtshof* das Erfordernis des Hoheitsaktes im Fall *Züchner*.[170]

Auf nationaler Ebene konzentriert sich die Diskussion zu diesem Thema im Wesentlichen auf den Bereich der Versorgungswirtschaft, und zwar mit der Frage, ob die dort zwischen der öffentlichen Hand und den Versorgungsunternehmen geschlossenen *Konzessionsverträge* eine Betrauung im Sinne des Art. 86 II 1 EG darstellen. Dies wird von einem Großteil der Literatur verneint. Diese Behauptung verdient allerdings eine nähere Betrachtung. Die Folge dieser Konzessionierung ist, daß der Tätigkeitsbereich des Versorgungsunternehmens dem Anschluß- und Benutzungszwang unterfällt. Angesichts der daraus folgenden intensiven Pflicht der Unternehmen liegt die Annahme einer Betrauung in diesem Sinne nahe. Mit der folgenden, allerdings nicht unangreifbaren Argumentation versucht *Ingfried F. Hochbaum* nachzuweisen, daß dies *nicht* der Fall sei:[171] Nach seiner Ansicht würden die Versorgungsunternehmen nicht durch den Konzessionsvertrag als solchen „betraut". Gegen die Betrauung spreche nämlich, daß die Versorgungsunternehmen einen Antrag gem. § 5 EnergWiG bei der Aufsichtsbehörde stellen müssen. Auch diese gebundene Genehmigung verpflichte sie aber nicht zur Versorgung. Diese Pflicht trete vielmehr durch § 6 EnergWiG ein; die dort geregelte Pflicht gelte aber nur für Tarifkunden, also eine große Zahl von einzelnen Haushalten, nicht aber für Sonderabnehmer.

Es stellt sich jedoch die Frage, ob die Aufteilung der Entstehung der Versorgungspflicht auf den Abschluß eines Konzessionsvertrages, die Erteilung einer Genehmigung und die gesetzliche Anordnung *gegen* die Annahme einer Betrauung im Sinne von Art. 86 II 1 EG sprechen kann. Schließlich ist der Abschluß des Konzessionsvertrages zwischen Versorgungsunternehmen und der öffentlichen Hand die causa der Pflicht, oder anders gewendet zielt der Vertragsschluß auf den Eintritt der in § 6 EnergWiG geregelten Pflicht. Es kann keinen diesbezüglich rechtlich relevanten Unterschied machen, ob der Betrauungsakt selbst die Verpflichtung ausspricht oder ob diese Verpflichtung durch das entsprechende Gesetz entsteht. Dieses Ergebnis wird auch nicht dadurch verändert, daß diese Verpflichtung der Unternehmen nicht durchgängig besteht; Großabnehmer bedürfen nicht des Schutzes des Anschluß- und Benutzungszwanges, es ist deshalb als Ausdruck des Verhältnismäßigkeitsprinzips zu sehen, wenn die Pflicht bei dieser Ausnahme endet. Zudem stellt sich nicht nur im

---

[169] *EuGH* Slg. 1983, 483 Tz. 32 - *GVL*.

[170] *EuGH* Slg. 1981, 2021, 2030 Tz. 7; vgl. auch *Mestmäcker* in: Immenga/Mestmäcker (Hrsg.): EG-Wettbewerbsrecht (1997), Art. 37, 90 D Rn. 31.

[171] *Hochbaum* in: v. d. Groeben/Thiesing/Ehlermann, Kommentar zum EU-/EG-Vertrag, Bd. 2 II (5. Aufl. 1999), Art. 90 Rn. 57.

Energiesektor die Frage, ob derart formale Anforderungen aus dem nationalen Recht an die Einheit des Hoheitsaktes durchgehalten werden können, wenn man sich vor Augen führt, daß die Mitgliedstaaten verschiedene Rechtsordnungen (in England kennt man überhaupt kein öffentliches Recht in diesem Sinne) und damit verschiedene Anforderungen an einen Hoheitsakt haben. Wenn man hier zur Subsumtion der Betrauung auf die jeweiligen Kriterien eines Hoheitsaktes der einzelnen Mitgliedstaaten zurückgreifen würde, bestände die Gefahr, daß man bei gleichen Sachverhalten in verschiedenen Mitgliedstaaten zu unterschiedlichen Ergebnissen käme, die wiederum weitreichende Konsequenzen für die Behandlung im Europarecht haben könnte. Diese Gedanken legen nahe, hinsichtlich der Betrauung weniger auf den formalen Akt als auf den Inhalt der Beziehung zwischen öffentlicher Hand und dem verpflichteten Unternehmen abzustellen.

Die Notwendigkeit eines Hoheitsaktes wird des Weiteren damit begründet, daß dadurch die Erfüllung der besonderen Aufgabe jederzeit erzwingbar sei.[172] Für die Erzwingbarkeit einer Leistung ist aber nicht die hoheitliche Übertragung entscheidend, die öffentliche Hand kann eine Leistung des Versorgungsunternehmens auch aus der vertraglichen Bindung erzwingen, wenn dies Bestandteil des Vertrages ist.[173] Entscheidend ist vielmehr die Verpflichtung des Staates gegenüber dem Bürger, die dieser mit den Mitteln des öffentlichen Rechts durchsetzen kann. Diese Pflicht überträgt der Staat einem Unternehmen und setzt dieses Unternehmen als *Werkzeug* seiner Pflichterfüllung ein.[174] Nach dieser Beschreibung liegt es nahe, den Betrauungsakt mit Elementen der *Werkzeugtheorie* aus dem nationalen Verwaltungsrecht zu beschreiben. Gegenstand der Werkzeugtheorie ist die in erster Linie haftungsrechtliche Frage, inwieweit sich der Staat das Verhalten eines Dritten, den er zur Erfüllung seiner öffentlich-rechtlichen Pflichten „als Werkzeug" eingeschaltet hat, zurechnen lassen muß. In einer jüngeren Entscheidung entschied der *Bundesgerichtshof*, daß ein Hoheitsträger für einen selbständigen Privatunternehmer, den er zur Erfüllung seiner Aufgabe mit einem privatrechtlichen Vertrag herangezogen hat, haftet, wenn der hoheitliche Charakter der Aufgabe im Vordergrund steht, die Verbin-

---

[172] *Mestmäcker* in: Immenga/Mestmäcker (Hrsg.): EG-Wettbewerbsrecht (1997), Art. 37, 90 D Rn. 32.

[173] In diesem Sinne: *Froemke*: Die Stellung der Kreditinstitute im Wettbewerbsrecht (1987), S. 133; *Emmerich*: Das Wirtschaftsrecht der öffentlichen Unternehmen (1969), S. 446; *Gleiss/Hirsch*: Kommentar zum EWG-Kartellrecht (4. Aufl. 1993), Art. 90 Rn. 12; *Rapp-Jung*: Zur Tragweite des Art. 90 Abs. 2 EGV für die Energiewirtschaft, RdE 1994, 165, 168; *Fesenmair*: Öffentliche Dienstleistungsmonopole im europäischen Recht (1996), S. 203 ff.

[174] In diesem Sinne sind auch *Wyatt/Dashwood*: The European Community Law (3. Aufl. 1993), S. 557 zu verstehen, auf die *Mestmäcker* aaO. verweist.

dung zwischen der übertragenen Tätigkeit und der von der Behörde zu erfüllenden Aufgabe eng und der Entscheidungsspielraum des Unternehmers begrenzt ist.[175] Dies sei im Bereich der Eingriffsverwaltung regelmäßig anzunehmen, aber auch auf Fälle der Leistungsverwaltung übertragbar. Zwar geht es im Rahmen der Betrauung nicht um die Zurechnung des Verhaltens eines Unternehmens zum Hoheitsträger. Mit den Kriterien der Werkzeugtheorie kann allerdings der unmittelbare Zusammenhang zwischen der öffentlichen Aufgabe und der Wahrnehmung dieser Aufgabe durch das Unternehmen beschrieben werden. Voraussetzung ist hier aber, daß die Übertragung einer öffentlichen Aufgabe aus dem Sachverhalt unzweifelhaft hervortreten muß.[176] Ansonsten besteht die Gefahr, daß sich Unternehmen wegen einer unverbindlichen Veranlassung durch den Staat auf eine Betrauung im Sinne von Art. 86 II EG berufen könnten. Im Sinne der Rechtssicherheit[177] muß die Übertragung der öffentlichen Aufgabe deshalb eindeutig aus dem zwischen der öffentlichen Hand und dem Unternehmen geschlossenen Vertrag hervorgehen. Möglich ist aber auch, daß der privatrechtlich geschlossene Vertrag auf die hoheitliche Regelung (z.B. ein Gesetz) Bezug nimmt.[178] Ebenso erscheint es als ausreichend, wenn die Statuten eines öffentlichen Unternehmens die öffentliche Aufgabe nennen.[179] Sofern das Unternehmen nach diesen Kriterien als Werkzeug des Hoheitsträgers anzusehen ist, kann man von einer Betrauung im Sinne des Art. 86 II 1 EG sprechen.[180]

---

[175] *BGHZ* 121, 161: in der Entscheidung ging es um die zur Gefahrenabwehr notwendige Bergung eines Unfallfahrzeugs, das bei der Bergung von dem beauftragten Abschleppunternehmer beschädigt wurde. Der *BGH* bejahte hier einen Anspruch aus § 839 BGB i.V.m. Art. 34 GG; vgl. weniger weitgehende frühere Entscheidungen: *BGHZ* 39, 358 - Prüfung einer Baustatik durch priv. Ingenieur; *BGH* NJW 1971, 2220 - Fehlerhafte Schaltung einer Verkehrsampel durch beauftragtes Elektrounternehmen, *keine* Haftung aus § 839 BGB.

[176] *Ehricke*: Zur Konzeption von Art. 37 I und Art. 90 II EGV, EuZW 1998, 741, 745.

[177] Vgl. dazu auch *Bach*: Wettbewerbsrechtliche Schranken für staatliche Maßnahme nach dem europäischen Gemeinschaftsrecht (1992), S. 47.

[178] *Hochbaum* in: v. d. Groeben/Thiesing/Ehlermann, Kommentar zum EU-/EG-Vertrag, Bd. 2 II (5. Aufl. 1999), Art. 90 Rn. 57, Fn. 261; *Ehricke*: Zur Konzeption von Art. 37 I und Art. 90 II EGV, EuZW 1998, 741, 745. Die genannten Autoren stellen allerdings auf die Notwendigkeit eines Hoheitsaktes ab. Diese Konstellation der vertraglichen Bezugnahme lassen sie aber für die Annahme eines solchen Hoheitsaktes ausreichen.

[179] *Burgi*: Die öffentlichen Unternehmen im Gefüge des primären Gemeinschaftsrechts, EuR 1997, S. 261, 276.

[180] Dagegen spricht auch nicht das oben angeführte Argument, daß Begriffe aus dem nationalen Recht nicht ohne weiteres auf das Recht anderer Mitgliedstaaten angewendet werden können. Wenn die Werkzeugtheorie hier fruchtbar gemacht wird, bedeutet dies nur, daß *Kriterien* aufgestellt werden, die in ihrer Allgemeinheit in jeder Rechtsordnung Anwendung finden können.

Von *Ernst-Joachim Mestmäcker* werden gerade im Hinblick auf die Versorgungsunternehmen besonders hohe Anforderungen an die Betrauung aus Art. 86 II 1 EG gestellt. Nach seiner Ansicht kann die Konzessionierung bzw. der Abschluß eines Konzessionsvertrages für die Betrauung deshalb nicht ausreichen, weil dadurch eine Bereichsausnahme geschaffen werde, die das EG-Recht ansonsten nur im Bereich der Landwirtschaft und der Verkehrspolitik kenne.[181] Richtig ist an diesem Argument, daß die Konzessionierung mit dem Inhalt der Auferlegung eines Anschluß- und Benutzungszwanges regelmäßig eine Voraussetzung für die Tätigkeit der Versorgungsunternehmen ist und daß man deshalb tatsächlich in ihrem Fall regelmäßig eine Betrauung in diesem Sinne annehmen kann. Wenn aber bei einem bestimmten Kreis von Unternehmen bestimmte Tatbestandsvoraussetzungen erfüllt sind, ist es kaum zulässig, dieses Ergebnis mit dem Argument einer faktischen Bereichsausnahme zu bekämpfen. Denn es stellt sich die Frage, wie mit diesen Argumenten zu verfahren wäre, wenn bei allen Versorgungsunternehmen in der Gemeinschaft ein entsprechender Hoheitsakt vorläge: auch hier wäre dann eine (faktische) Bereichsausnahme gegeben. Die Brisanz dieser Problematik relativiert sich aber, wenn man sich vor Augen führt, daß mit der Annahme der Betrauung noch nicht über die Anwendbarkeit des Ausnahmetatbestandes entschieden ist. Die Betrauung ist schließlich erst das zweite Tatbestandsmerkmal für das Eingreifen der Ausnahme. Eine entscheidende Funktion kommt letztlich der Frage zu, ob die Erfüllung der Aufgabe durch die Anwendung der Wettbewerbsregeln *verhindert* würde, was man sicherlich auch auf dem Energiesektor nicht einheitlich beantworten kann.

Auch die Rechtsprechung des *Europäischen Gerichtshofs* scheint sich nunmehr von dem Erfordernis des Hoheitsaktes eher abzuwenden. Im Fall *Almelo* hat der *Gerichtshof* ein Betrautsein im Sinne von Art. 86 II 1 EG auch bei einem Unternehmen angenommen, dem durch eine nichtausschließliche öffentlich-rechtliche Konzession die Aufgabe übertragen worden war, die Stromversorgung in einem Teil des Staatsgebietes sicherzustellen. Eine Betrauung liegt demnach vor, wenn einem Unternehmen durch eine nicht ausschließliche öffentlich-rechtliche Konzession die Aufgabe übertragen ist, die Stromversorgung in einem bestimmten Gebiet für alle Abnehmer, in den zu jeder Zeit geforderten Mengen zu einheitlichen Tarifen und unter Bedingungen sicherzustellen, die nur nach objektiven Kriterien unterschiedlich sein dürfen.[182] Zuvor hatte bereits

---

[181] *Mestmäcker* in: Immenga/Mestmäcker (Hrsg.): EG-Wettbewerbsrecht (1997), Art. 37, 90 D Rn. 35.

[182] *EuGH* Slg. 1994 I, 1477 Tz. 47, 48 - *Almelo*; vgl. auch *Mestmäcker* in: Immenga/Mestmäcker (Hrsg.): EG-Wettbewerbsrecht (1997), Art. 37, 90 D Rn. 31, der diese Entscheidung genau so zitiert, bevor er die Konzessionierung als Kriterium der Betrauung ablehnt.

die *Kommission* im Fall *Ijsselcentrale* die Konzessionierung für das Vorliegen der Betrauung im Sinne von Art. 86 II 1 EG als ausreichend angesehen.[183] Auch in einer neueren Entscheidung weist der *Gerichtshof* darauf hin, daß die Betrauung grundsätzlich durch einen hoheitlichen Akt erfolgen müsse. Gleichwohl könne die staatliche Entscheidung zur Übertragung besonderer Rechte auch durch eine öffentlich-rechtliche Konzessionierung erfolgen.[184] Schließlich kann auch Art. 3 II, III der Elektrizitätsrichtlinie von 1996 auf dieser Linie gesehen werden. Hier gibt die *Kommission* zu verstehen, daß es für eine Betrauung ausreiche, daß die gemeinwirtschaftliche Verpflichtung durch ein System von gesetzlichen Preisregelungen erfolgt.[185]

Diese Tendenz der Gemeinschaftsorgane ist zu begrüßen. Da es kein teleologisches Argument gibt, mit dem man die Voraussetzung eines Hoheitsaktes für eine Betrauung rechtfertigen könnte, erscheint es sachgerecht, nicht auf den formalen Akt, sondern auf den Inhalt der Maßnahme und ihre wirtschaftlichen Folgen abzustellen.[186] Inhaltlich kommt es dann darauf an, daß es das Unternehmen hinnehmen muß, daß es gegebenenfalls in Teilbereichen Verluste macht, ohne sich von dieser Tätigkeit zurückziehen zu können.[187] Entscheidend ist also darauf an, daß diese besonderen Aufgaben auch dann erbracht werden müssen, wenn der Aufgabenerfüllung die Marktlage und das eigene unternehmerische Interesse entgegenstehen.[188] Dies ist der Fall, wenn gewisse, in der Versorgungswirtschaft regelmäßig anzutreffende Anschluß- und Versorgungspflichten vorgegeben sind, die das Unternehmen unabhängig von der betriebswirtschaftlichen Rentabilität im Einzelfall erfüllen muß. Betraute Unternehmen unterscheiden sich von anderen Unternehmen dadurch, daß sie auch dann nicht

---

[183] *Kommission* Entsch. v. 16.01.1991, Amtsbl. L 28, S. 32 Tz. 41 - *Ijsselcentrale*.

[184] *EuGH* Slg. 1997 I, 5815 = EuZW 1998, 76, Tz. 65 f. - *Kommission/Frankreich*.

[185] Vgl. dazu *Britz*: Öffnung der europäischen Stommärkte, RdE 1997, 85.

[186] so auch *Rapp-Jung*: Zur Tragweite des Art. 90 Abs. 2 EGV für die Energiewirtschaft, RdE 1994, S. 168, *Grill* in: *Lenz* (Hrsg.): EG-Vertrag Kommentar (1994) Art. 90 Rn. 19; *Fesenmair*: Öffentliche Dienstleistungsmonopole im europäischen Recht (1996), S. 206, 208.

[187] Die Forderung, eine Betrauung erst dann anzunehmen, wenn die *Gewinnmaximierung* nicht mehr die treibende Kraft ist, geht insoweit fehl, als dann konsequenterweise keine Privatunternehmen mehr im Sinne von Art. 86 II 1 EG betraut werden können, wie dies der *EuGH* im Fall *BRT* (Slg. 1974, 313) angenommen hat. So aber *Stewing*: Die Richtlinienvorschläge der EG-Kommission zur Einführung eines Third Party Access für Elektrizität und Gas, EuR 1993, 41, 51; *Ritter*: Die Anwendung der EG-Wettbewerbsregeln auf den zwischenstaatlichen Handel mit Elektrizität, in: *Harms* (Hrsg.): Atomstrom aus Frankreich (1987), S. 50.

[188] *v. Wilmowsky*: Mit besonderen Aufgaben betraute Unternehmen unter dem EWG-Vertrag ZHR 1991, 545, 552.

von der Erbringung einer unrentablen Leistung Abstand nehmen können, wenn dies unter betriebswirtschaftlichen Gesichtspunkten angezeigt ist.[189] Schließlich bleibt auch anzumerken, daß die so verstandene Ausweitung des Anwendungsbereichs des Art. 86 II EG nicht notwendig den Weg zu einer weniger restriktiven Anwendung der Ausnahmeklausel bereitet; die eher wünschenswerte restriktive Anwendung der Ausnahmemöglichkeit kann auch durch eine entsprechende Auslegung des Tatbestandsmerkmals der Aufgabenverhinderung erreicht werden. Wichtig ist hier zudem die Erkenntnis, daß durch die extensivere Auslegung der Norm die mit Dienstleistungen von allgemeinem wirtschaftlichen Interesse betrauten – zumeist öffentlichen – Unternehmen über die erste Aussage des Art. 86 II 1 EG an die *gesamten* Wirtschaftsregeln des EG-Vertrages einschließlich der Grundfreiheiten gebunden werden können.[190] Die extensivere Auslegung führt also eher zu einer stärkeren Bindung der öffentlichen Unternehmen und reduziert die von ihnen ausgehenden spezifischen Gefahren.

4.   Das Verhältnis von Art. 86 I EG zu Art. 86 II EG

Nach der Ausleuchtung der Tatbestandsmerkmale Dienstleistung, allgemeines wirtschaftliches Interesse und Betrauung drängt sich die Frage nach dem Verhältnis zwischen Art. 86 I EG und Art. 86 II EG auf. Die Regelungen des Art. 86 I EG machen deutlich, daß der EG-Vertrag offenbar von der Existenz von Monopolunternehmen und Unternehmen mit besonderen Rechten ausgeht; das bedeutet, daß die Mitgliedstaaten auch in Zukunft befugt sein müssen, Unternehmen besondere oder ausschließliche Rechte zu gewähren.[191] Mit Blick auf Art. 86 II 1 EG verwundert diese Aussage des Art. 86 I EG, wenn man sich vor Augen führt, daß die Monopolisierung eines Wirtschaftszweiges eine der stärksten Formen der Beeinträchtigung des freien Wettbewerbs ist (vgl. Art. 3 lit g, 10 II, EG). Diesem Gedanken trägt dann auch wieder Art. 86 II 1 EG mit seiner

---

[189] *Fesenmair*: Öffentliche Dienstleistungsmonopole im europäischen Recht (1996), S. 207. Wenn man diese Erkenntnisse zur *Betrauung* mit den zuvor in dieser Arbeit gemachten Ausführungen zur *Dienstleistung von allgemeinem wirtschaftlichen Interesse* vergleicht, merkt man, daß die beiden Tatbestandsmerkmale kaum auseinanderzuhalten sind, vgl. oben S. 54. Die klassische Trennung von *Betrauung* und *Dienstleistung von allgemeinem wirtschaftlichem Interesse* erscheint deshalb fragwürdig.

[190] Siehe dazu unten „Regime der Vorschriften des EG-Vertrages für die mit Dienstleistungen von allgemeinem wirtschaftlichen Interesse betrauten Unternehmen (Art. 86 II EG)", S. 186.

[191] *EuGH* Slg. 1974, 409, 430 f. Tz. 14 - *Sacchi*; .Slg. 1991 I 2925, 2959 Tz. 10 - *ERT*; vgl. auch *EuGH* Slg. 1994 I 5077, 5104 Tz. 18 - *Rinderbesahmung II*; Slg. 1995 I 4663, 4699 - Tz. 51 - *Banchero*.

Ausnahmeklausel im Bereich der Dienstleistungen[192] Rechnung. Demnach dürfen dem Vertrag widersprechende Maßnahmen nur getroffen werden, wenn die Anwendung der Vorschriften des EG-Vertrages die Erfüllung einer besonderen Aufgabe verhindern würde. Die Fassung des Art. 86 I EG setzt also folglich ein Monopol voraus, das eben nicht im Widerspruch zu den oben genannten Grundsätzen des EG-Vertrages steht.[193] Aus praktischer Sicht erscheint dies allerdings widersprüchlich. Privilegien wie Monopole, die an sich mit den Grundgedanken des EG-Vertrages im Widerspruch stehen, werden vom Gemeinschaftsrecht anerkannt, aber trotzdem sollen diese privilegierten Unternehmen[194] gleichzeitig an die Grundsätze des Vertrages gebunden sein, was letztlich einen Gegensatz in sich darstellt. Dies dürfte ein Spiegelbild der spannungsgeladenen Entstehungsgeschichte des Art. 86 EG sein. Im Hinblick auf die verschiedenen Interessen der Mitgliedstaaten hat die Norm damit auch einen breiten Spielraum für Interpretationsmöglichkeiten geboten.[195]

Im Bereich dieses Spannungsverhältnisses ist die Gemeinschaftspraxis einer gewissen historischen Entwicklung unterworfen, die an drei Entscheidungen des *Europäischen Gerichtshofs* verdeutlicht werden kann. In der Entscheidung der Rechtssache *Sacchi* stellte der *Gerichtshof* am Beispiel des italienischen Fernsehmonopols fest, daß die Mitgliedstaaten durch den Vertrag nicht daran gehindert werden, „aus Gründen nichtwirtschaftlicher Art, die im öffentlichen Interesse liegen," bestimmte Bereiche dem Wettbewerb zu entziehen und dort staatliche Monopole zu errichten.[196] Diese Formel sprach eher für eine breitere Legitimation staatlicher Monopole, da eine Rechtfertigung mit nichtwirtschaft-

---

[192] Der Begriff der Dienstleistungen ist dabei sehr weit auszulegen und nicht etwa an Art. 50 EG zu messen, vgl. oben S. 50.

[193] Vgl. *Hailbronner*: Öffentliche Unternehmen im Binnenmarkt - Dienstleistungsmonopole und Gemeinschaftsrecht, NJW 1991, 593, 600 f.

[194] Art. 86 II 1 EG spricht nicht von privilegierten Unternehmen, aber in der Praxis werden die Unternehmen im Sinne von Art. 86 II 1 EG regelmäßig zugleich auch privilegierte Unternehmen im Sinne von Art. 86 I EG sein, vgl. *Pernice/Wernicke* in: Grabitz/Hilf (Hrsg.): Das Recht der Europäischen Union, Kommentar Bd. II (Stand 2003), Art. 86 Rn. 31; *Hochbaum* in: v. d. Groeben/Thiesing/Ehlermann, Kommentar zum EU-/EG-Vertrag, Bd. 2 II (5. Aufl. 1999), Art. 90 Rn. 49; *Ehricke*: Der Art. 90 EWGV - eine Neubetrachtung, EuZW 1993, 211, 214; *Heinemann*: Grenzen staatlicher Monopole im EG-Vertrag (1996), S. 61.

[195] Vgl. dazu schon oben S. 33 f.; *Emmerich*: Kartellrecht, 7. Aufl. 1994, § 36. 1., S. 577 f.

[196] EuGH Slg. 1974, 430 Tz. 14, in der deutschen Übersetzung fehlt allerdings der Zusatz „nichtwirtschaftlicher Art", nach allgemeiner Meinung ist dies ein redaktioneller Fehler. Zur wörtlichen Fassung in den anderen Übersetzungen vgl. *Heinemann*: Grenzen staatlicher Monopole im EG-Vertrag (1996), S. 51, Fn. 264.

lichen Gründen nicht sonderlich schwierig erscheint. Der *Gerichtshof* bindet allerdings die Tätigkeit dieser Monopole an die Regeln des EG-Vertrages:

„Wenn im übrigen bestimmte Mitgliedstaaten die mit dem Bestand des Fernsehens beauftragten Unternehmen, selbst wenn es um deren kaufmännische Betätigung - namentlich im Bereich der Werbung - geht, als mit Dienstleistungen von allgemeinem wirtschaftlichen Interesse betraute Unternehmen ausgestalten, kommen gem. Art. 90 Abs 2 [a. F. des EG-Vertrages] im Hinblick auf ihr Marktverhalten die gleichen Vorschriften zum Zuge, sofern diese mit der Erfüllung der Aufgabe dieser Unternehmen nicht nachweisbar unvereinbar sind."[197]

Daraus läßt sich ableiten, daß der *Europäische Gerichtshof* in der Entscheidung *Sacchi* davon ausging, daß die Mitgliedstaaten hinsichtlich der *Einrichtung*, des *Bestandes* und der *Erweiterung* von Monopolen frei waren, sofern nur Gründe nichtwirtschaftlicher Art vorlagen. Die *Ausübung* des Monopols war dann aber auf Grund von Art. 86 II 1 EG an die Regeln des EG-Vertrages gebunden. *Einrichtung* und *Ausübung* unterlagen also unterschiedlich strengen rechtlichen Bewertungsmaßstäben.[198]

1991 gab der *Gerichtshof* dann allerdings in der *Endgeräte*-Entscheidung zu verstehen, daß die Gewährung von ausschließlichen Rechten nicht uferlos möglich sei. Der *Gerichtshof* bestätigte zwar, daß Art. 86 I EG grundsätzlich von der Existenz von Unternehmen mit ausschließlichen Rechten ausgehe. Allerdings fügte er nun hinzu, daß diese Aussage nicht bedeute, daß alle von den Mitgliedstaaten gewährten ausschließlichen Rechte von vorn herein mit dem EG-Vertrag zu vereinbaren seien; dies hinge vor allem von den Vorschriften ab, auf die Art. 86 I EG verweise.[199] Damit unterwarf man die Erteilung von ausschließlichen Rechten ausdrücklich den Grundsätzen des EG-Vertrages, vor allem den Grundfreiheiten sowie Art. 3 lit g, 10 II, 81 ff. EG. Deutlich wird dies noch einmal in der Entscheidung *ERT*, in der der *Gerichtshof* zunächst die *Sacchi-Formel* noch einmal wiederholt.[200] Dann fügt er allerdings an, „daß die Art und Weise, in der dieses Monopol ausgestaltet ist oder ausgeübt wird, gegen die Vorschriften des Vertrages verstoßen kann, insbesondere gegen die Vorschriften über den freien Warenverkehr und über den Dienstleistungsverkehr sowie

---

[197] *EuGH* Slg. 1974, 409, 430 f. Tz. 15 - *Sacchi*; übereinstimmend mit *EuGH* Slg. 1985, 3261, 3275 Tz. 17 - *Télémarketing*; vgl. auch Slg. 1991 I, 2925, 2962 Tz. 33 - *ERT*.

[198] *Heinemann*: Grenzen staatlicher Monopole im EG-Vertrag (1996), S. 195 ff.

[199] *EuGH* Slg. 1991 I, 1265, Tz. 22 - *Telekommunikations-Endgeräte*.

[200] *EuGH* Slg. 1991 I, 2925, 2957 Tz. 10 - *ERT*.

die Wettbewerbsregeln."[201] *Einrichtung* und *Ausübung* des Monopols unterliegen damit grundsätzlich denselben Maßstäben.[202] Die Erteilung eines ausschließlichen Rechts bzw. eines Monopols kann also einen Widerspruch zu den Grundsätzen des Vertrages darstellen, im Einzelfall ist deshalb zu prüfen, ob die Aufrechterhaltung des Monopols zur Erreichung von Zielen, die im allgemeinen Interesse liegen, mit dem EG-Vertrag zu vereinbaren ist.

Deutlich wird dieser Zusammenhang von Art. 86 Abs 1 und Abs 2 EG noch einmal in der Entscheidung *Corbeau*. Der *Gerichtshof* spricht hier davon, daß Art. 86 I in Verbindung mit Art. 86 II EG zu lesen sei.[203] Daraus geht hervor, daß die Erteilung ausschließlicher Rechte im Sinne von Art. 86 I von Art. 86 II EG begrenzt wird. Ausschließliche Rechte dürfen folglich bis hin zum Ausschluß des Wettbewerbs erteilt werden (Art. 86 I EG), sofern dies dazu dient, die Erfüllung der „übertragenen besonderen Aufgabe sicherzustellen".[204] Die Begründung ausschließlicher Rechte im Sinne von Art. 86 I EG ist also mithin nach Art. 86 II EG zu beurteilen, soweit damit die Betrauung der Unternehmen mit Dienstleistungen von allgemeinem wirtschaftlichen Interesse zusammentrifft.[205] Also umgrenzt Art. 86 II EG gleichzeitig die Möglichkeit von Ausnahmeerteilungen durch die Mitgliedstaaten.[206] Folglich können staatliche Maßnahmen, die zu einem nach Art. 86 II EG rechtmäßigen unternehmerischen Verhalten veranlassen, auch nicht gegen Art. 86 I EG verstoßen.[207] Halten sich umgekehrt die entsprechend betrauten Unternehmen im Rahmen der ihnen übertragenen Aufgabe, so besteht eine notwendige Übereinstimmung in der gemeinschaftsrechtlichen Beurteilung der staatlichen Maßnahme und des unternehmerischen Verhaltens.[208]

---

[201] *ERT* aaO. Tz. 11.

[202] Vgl. *Heinemann*: Grenzen staatlicher Monopole im EG-Vertrag (1996), S. 201.

[203] *EuGH* Slg. 1993 I, 2533 Tz. 13 - *Corbeau*.

[204] *Corbeau* Tz. 14.

[205] *EuGH* Slg. 1994 I, 1477, 1520 Tz. 46 - *Almelo*.

[206] *v. Wilmowsky*: Mit besonderen Aufgaben betraute Unternehmen unter dem EG-Vertrag - Ein Beitrag zu Art. 90 Abs. 2 EWGV, ZHR 155 (1991), S. 545, 563; *Mestmäcker* in: Immenga/Mestmäcker (Hrsg.): EG-Wettbewerbsrecht (1997), Art. 37, 90 D Rn. 30.

[207] *GA van Gerven* in *EuGH* 1991 I, 5889, 5919 Tz. 26 - *Hafen von Genua*.

[208] so die ganz herrschende Literatur, vgl.: *Jungbluth* in: Langen/Bunte: Kommentar zum deutschen und europäischen Wettbewerbsrecht (9. Aufl. 2000), Art. 86 Rn. 45; *Emmerich*: Kartellrecht, 7. Aufl. 1994, § 36. 6. a., S. 586; *Pernice/Wernicke* in: Grabitz/Hilf (Hrsg.): Das Recht der Europäischen Union, Kommentar Bd. II (Stand 2003), Art. 86 Rn. 51; *Mestmäcker* in: Immenga/Mestmäcker (Hrsg.): EG-Wettbewerbsrecht (1997), Art. 37, 90 D Rn. 30; *Ehricke*: Zur Konzeption von Art. 37 I und Art. 90 II EGV, EuZW 1998, 741, 744.

Diese Erwägungen leiten auch zum prüfungssystematischen Verhältnis der Absätze 1 und 2 des Art. 86 EG über. Die Regelung der staatsbezogenen[209] Vorschrift des Art. 86 I EG enthält eine Verhaltenspflicht der Mitgliedstaaten, sie bindet das Verhalten der Mitgliedstaaten an die Regeln des EG-Vertrages. Die unternehmensbezogene Vorschrift des Art. 86 II EG beinhaltet in seinem Satz 1 dagegen zwei vollkommen unterschiedliche Regelungen: Zum einen regelt er eine Verhaltenspflicht für bestimmte Unternehmen. Ähnlich wie Art. 86 I EG die Mitgliedstaaten bindet, bindet Art. 86 II 1 EG diese Unternehmen an die Regeln des EG-Vertrages. Darüber hinaus enthält er eine Ausnahme; die Bindung gilt dann nicht, wenn die Anwendung der Regeln des EG-Vertrages die Aufgabenerfüllung durch dieses Unternehmen verhindert. Daraus ergeben sich folgende (grob dargestellte) Prüfungsschritte: Als erstes ist zu fragen, ob Art. 86 EG tatbestandlich anwendbar ist, ob also ein Mitgliedstaat eine Maßnahme in Bezug auf ein bestimmtes Unternehmen getroffen hat (Abs. 1) oder ob es um das Verhalten eines bestimmten Unternehmens selbst geht (Abs. 2). Dann stellt sich die Frage, ob dieses Verhalten des Mitgliedstaates (Abs. 1) bzw. des Unternehmens (Abs. 2) im Widerspruch zu den Vorschriften des EG-Vertrages steht. Bei dieser Überprüfung der Regeln des EG-Vertrages ist natürlich zu beachten, daß die Grundfreiheiten und die Wettbewerbsregeln (außer Art. 82 EG) selbst auch Ausnahmeklauseln enthalten, vgl. z.B. Art. 28, 31, 81 III, 87 II, III EG. Wenn eine dieser Ausnahmeklauseln vorliegt, steht das Verhalten des Mitgliedstaates bzw. des Unternehmens nicht im Widerspruch zu den Regeln des EG-Vertrages. Erst nach der Prüfung all dieser Vorschriften kommt die Anwendung der Ausnahme aus Art. 86 II EG in Betracht.[210] Art. 86 II 1 EG enthält damit zwei systematisch vollkommen unterschiedliche Anordnungen, die prüfungstechnisch entsprechend unterschiedlich zu erörtern sind. Dieser Erkenntnis folgt auch die hier vorliegende Arbeit: zunächst sind die in Art. 86 Abs. 1 und Abs. 2 enthaltenen positiven materiellrechtlichen Regelungen sowie die Regeln des EG-Vertrages zu untersuchen, auf die die beiden Absätze Bezug

---

[209] Zum Begriffspaar „staatsbezogen" und „unternehmensbezogen" vgl. oben S. 39; *Mestmäcker*: Staat und Unternehmen im europäischen Gemeinschaftsrecht - Zur Bedeutung von Art. 90 EWGV, RabelsZ 52 (1988), S. 526, 527 u. passim.

[210] Vgl. ebenso: *Steindorff*: Grenzen der EG-Kompetenzen (1990), S. 80; zu Grundfreiheiten: *Emmerich* in: *Dauses* (Hrsg.): Handbuch des EG-Wirtschaftsrechts, H. II., Rn. 167; *Burgi*: Die öffentlichen Unternehmen im Gefüge des primären Gemeinschaftsrechts, EuR 1997, S. 261, 277 f.; a.A.: *v. Wilmowsky*: Mit besonderen Aufgaben betraute Unternehmen unter dem EG-Vertrag - Ein Beitrag zu Art. 90 Abs. 2 EWGV, ZHR 155 (1991), S. 545, 557 ff., 569; *Ehricke*: Art. 90 EWGV - eine Neubetrachtung, EuZW 1993, 214 f.; der Ausgangspunkt der Gegenauffassung liegt im Verhältnis des Art. 86 II EG zu den übrigen Ausnahmeklauseln des EG-Vertrages vgl. unten „Staatliche Wirtschaftstätigkeit - der Fall *Campus Oil*", S. 231, „Das Verhältnis von Art. 86 II EG zu den Ausnahmeklauseln der Grundfreiheiten", S. 338.

nehmen. Erst im Anschluß daran ist die Ausnahmevorschrift des Art. 86 II EG zu erörtern.[211]

5. Art. 86 EG: Rechtsgrund- oder Rechtsfolgenverweisung?

Fraglich ist ferner, ob Art. 86 I EG hinsichtlich der Gewährung von besonderen oder ausschließlichen Rechten den Charakter einer Rechtsgrund- oder *Rechtsfolgenverweisung* hat. Dies hat vor allem Auswirkungen auf die Anwendung von Art. 82 EG: Wäre Art. 86 EG eine Rechtsfolgenverweisung so könnte man annehmen, daß ein Unternehmen, das mit besonderen oder ausschließlichen Rechten ausgestattet ist, allein aus diesem Grund als marktbeherrschend im Sinne von Art. 82 EG anzusehen ist. Dies würde bedeuten, daß eine mit diesen entsprechenden Rechten ausgestattete Einheit an das Mißbrauchsverbot des Art. 82 EG gebunden ist, ohne marktbeherrschend zu sein. Anders wäre dies bei der Annahme einer *Rechtsgrundverweisung*, in diesem Fall wären die einzelnen Tatbestandsmerkmale genau wie in jedem anderen Fall zu prüfen. Damit würde die Anwendung des Mißbrauchsverbot - wie in jedem anderen Fall auch - voraussetzen, daß die wie auch immer geartete Einheit der öffentlichen Hand marktbeherrschend sein muß. Der Normzweck des Art. 86 EG ist allerdings so zu verstehen, daß der Staat als Unternehmer so zu behandeln ist wie jeder andere Unternehmer. Der EG-Vertrag ordnet also eine Gleichstellung privater und öffentlicher Unternehmer an, so daß dem Staat als Unternehmer auch keine weiteren Pflichten auferlegt werden können, die über diejenigen des privaten Unternehmers hinausgehen,[212] was dem privaten Unternehmer erlaubt ist, muß im Grundsatz auch dem Staat als Unternehmer erlaubt sein.[213]

Aufgrund des Kompromißcharakters, der sich aus der Entstehungsgeschichte des Art. 86 EG ergibt, ist nicht anzunehmen, daß die Anwendung der Wettbewerbsregeln durch Art. 86 EG für öffentliche Unternehmen verschärft werden sollten. Deshalb ist mit dem *Europäischen Gerichtshof* davon auszugehen, daß

---

[211] Siehe unten „Art. 86 II EG", S. 310.

[212] Davon zu trennen sind natürlich alle öffentlich-rechtlichen und europarechtlichen Bindungen des Staates selbst. Leitbild für die hier aufgestellte Regel ist vor allem der Staat beispielsweise als maßgeblicher Mehrheitsaktionär bei einer Aktiengesellschaft.

[213] *Hochbaum* in: v. d. Groeben/Thiesing/Ehlermann, Kommentar zum EU-/EG-Vertrag, Bd. 2 II (5. Aufl. 1999), Art. 90 Rn. 39, 71; *Schwarze* EuZW 2000, 613, 623.

die Gewährung eines besonderen oder ausschließlichen Rechts nicht als solche schon eine beherrschende Stellung im Sinne von Art. 82 EG begründet.[214]

C. Anwendbarkeitsgrenzen[215] der Wettbewerbsregeln

Auch wenn man heute in immer mehr Teilen der Staatstätigkeit - letztlich zum Wohl der Allgemeinheit - Wettbewerb zuläßt und sogar die Privatisierung der Funktionsträger anstrebt, wird es immer Staatstätigkeiten geben, die nicht mit Hilfe des Wettbewerbs und folglich dem Regime des Wettbewerbsrechts gelöst werden können. Der moderne soziale Rechtsstaat befaßt sich zu einem wesentlichen Teil mit Aufgaben der Leistungsverwaltung und Daseinsvorsorge, die einen überwiegend sozialen Charakter haben.[216] Die soziale Leistung ist aber nach ihrem Selbstverständnis nicht für denjenigen bestimmt, der den höchsten Preis zu zahlen bereit ist, sondern für denjenigen, der sie benötigt. Die Allokation der sozialstaatlichen Leistung erfolgt also nach Maßstäben, die dem Wettbewerbsgedanken grundsätzlich zuwider laufen. Folglich können Tätigkeiten auf diesem Gebiet grundsätzlich nicht dem Regime des Wettbewerbsrechts unterstehen. Art. 81 III, Art. 86 II 1 Teil 2 EG zeigen, daß offenbar auch das Wettbewerbsrecht des EG-Vertrages davon ausgeht, daß es Fälle gibt, in denen ein strenger Wettbewerb nicht notwendig zu optimalen oder erwünschten Ergebnissen führt.

Darüber hinausgehend ist allgemein anerkannt, daß eine *hoheitliche* Tätigkeit die Annahme der Tatbestandsvoraussetzung des Unternehmens im Sinne der Art. 81 ff. EG ausschließt.[217] Dabei ist deutlich hervorzuheben, daß diese Anwendbarkeitsproblematik keine Frage der soeben zitierten Ausnahmeklauseln

---

[214] *EuGH* Slg. 1985, 3261, 3275 - *Telemarketing.*

[215] Zu den Begriffen *Anwendungsgrenze* und *Anwendbarkeitsgrenze*: In der vorliegenden Arbeit wird die Anwendungsgrenze als Oberbegriff verstanden, der sowohl die Vorfrage der *Anwendbarkeitsgrenze* als auch die Ausnahme erfaßt.

[216] Vgl. zu den veränderten Staatsaufgaben *Hailbronner*: Öffentliche Unternehmen im Binnenmarkt - Dienstleistungsmonopole und Gemeinschaftsrecht, NJW 1991, 593; *Brohm*: Wirtschaftstätigkeit der öffentlichen Hand und Wettbewerb, NJW 1994, 281, 282 f.

[217] Vgl. statt vieler *EuGH* Slg. 1994 I, 43, 63 - *Eurocontrol; EuGH* Slg. 1997 I, 1549, 1587 Tz. 16; - *Diego Cali & Figli; Kommission* Mittlg. Vom 19.1.2001, Amtsbl. C 17, 4, Tz. 27 ff.; *Mestmäcker* in: Immenga/Mestmäcker (Hrsg.): EG-Wettbewerbsrecht (1997), Art. 37, 90 C Rn. 8; *Heinemann*: Grenzen staatlicher Monopole (1996), S. 72, 75 ff.; *Burgi*: Die öffentlichen Unternehmen im Gefüge des primären Gemeinschaftsrechts, EuR 1997, S. 261, 265.

ist, sondern eben die Vorfrage der *Anwendbarkeit* der Normen.[218] Wenn man hingegen eine Ausnahmeklausel anwendet, hat man diese Vorfrage der Anwendbarkeit der Norm bzw. des entsprechenden Normenkomplexes bereits positiv beantwortet. Diese Vorfrage der Anwendbarkeit ist aber nicht etwa im leeren Raum vorzunehmen, sondern sie ist an *Tatbestandsmerkmale* gebunden. So knüpft der erste Abschnitt der Wettbewerbsregeln „Vorschriften für Unternehmen" an einen Unternehmensbegriff an.[219] Wenn man also die Ausnahmeklausel des Art. 86 II 1 EG anwendet, muß man zwangsläufig vorher festgestellt haben, daß es sich bei dem in Frage stehenden Verhalten um eine unternehmerische Tätigkeit handelt.[220]

Im Schrifttum kann man allerdings bisweilen eine Tendenz beobachten, die den Unternehmensbegriff ohne Grenzziehung erweitert und die oben beschriebenen staatlichen Interessen allein über die Ausnahmeklauseln berücksichtigen will.[221] Dadurch verliert der Unternehmensbegriff aber seine Bedeutung als eigenständiges Tatbestandsmerkmal. Zum Schluß führt diese Sichtweise des unbegrenzten Unternehmensbegriffs dazu, daß jedes irgendwie wettbewerbsrelevante Staatshandeln grundsätzlich dem Regime des europäischen Wettbewerbsrechts unterliegt.

---

[218] *EuGH* Slg. 1997 I, 1549, 1587 Tz. 16; - *Diego Cali & Figli.*

[219] Nämlich dem funktionalen Unternehmensbegriff, vgl. oben „Der Art. 86 EG zugrunde liegende allgemeine Unternehmensbegriff", S. 44.

[220] Das gleiche gilt im übrigen auch für die Anwendung der Ausnahmeklauseln der Grundfreiheiten. Ein Verstoß gegen die Dienstleistungsfreiheit kommt etwa in Betracht, wenn ein Staat die Erbringung einer Leistung zu Gunsten einer eigenen Institution monopolisiert oder diese Institution anderweitig privilegiert, so daß Dritte (die im Übrigen EG-Ausländer sein müssen) die Leistung nicht mehr erbringen können. Wenn man hier die entsprechende Ausnahmeklausel anwendet (Art. 55, 46 EG), muß man vorher die Anwendbarkeit der Dienstleistungsfreiheit bejaht haben. Die in Rede stehende Leistung muß dann also eine Dienstleistung im Sinne des Art. 50 EG darstellen. Genau das ist aber bei einer Leistungserbringung, die hoheitlichen bzw. schlicht-hoheitlichen Charakter hat, sehr fraglich, vgl. dazu ausführlich unten: „Anwendbarkeitsgrenzen der Dienstleistungsfreiheit", S. 199, 206 ff. Zusammengefaßt kann man folgendes festhalten: Voraussetzung für die Anwendung der Ausnahmeklausel des Art. 86 II 1 EG ist eine unternehmerische Tätigkeit. Voraussetzung für die Anwendung der Ausnahmeklausel der Dienstleistungsfreiheit ist, daß eine Dienstleistung vorliegt.

[221] Vgl. für die Zentralbanken: *Frömke*: Die Stellung der Kreditinstitute im Wettbewerbsrecht der Europäischen Wirtschaftsgemeinschaft nach Art. 90 II EWGV (1987), S. 82 ff.; so offenbar für die Sozialversicherungen im Ergebnis: *Giesen*: Sozialversicherungsmonopol und EG-Vertrag (1995), S. 120 ff.; ohne entsprechende Differenzierung von Anwendbarkeit und Ausnahme auch *Mestmäcker*: Daseinsvorsorge und Universaldienst im europäischen Kontext, in: Festschrift für Zacher (1998), S. 635 ff.

Wenn man aber von dem Grundsatz ausgeht, daß hoheitliche Tätigkeiten keinen unternehmerischen Charakter haben und deshalb auch nicht den Wettbewerbsregeln des EG-Vertrages unterliegen, drängt sich auch eine gewisse Mißbrauchsgefahr auf. Vor allem Mitgliedstaaten mit einem großen öffentlichen Sektor könnten hier der Versuchung erliegen, sich mit der Behauptung einer hoheitlichen Tätigkeit dem Regime der Art. 81 ff. EG zu entziehen. Zur Umgehung der Wettbewerbsregeln liegt deshalb die Möglichkeit nahe, sich öffentlich-rechtlicher Organisations- und Handlungsformen zu bedienen, die den nicht unternehmerischen bzw. den nicht wirtschaftlichen Charakter der Betätigung unterstreichen sollen; es besteht also die Gefahr einer „*Flucht ins öffentliche Recht*", die das Europarecht aus seinem Selbstverständnis (vgl. Art. 3 lit g, 10 EG) nicht hinnehmen kann. Diesem Gedanken entspricht auch, daß mit der herrschenden Meinung das öffentliche Unternehmen im Sinne von Art. 86 EG als *gemeinschaftsrechtlicher Begriff* aufzufassen ist, bei dessen Bestimmung mitgliedstaatliche Vorstellungen ohne Einfluß bleiben müssen.[222]

Im Folgenden ist deshalb zu untersuchen, wann eine staatliche Tätigkeit einen unternehmerischen bzw. wirtschaftlichen Charakter hat, mit der Konsequenz, daß die Wettbewerbsregeln anwendbar sind, und wann eine staatliche Tätigkeit umgekehrt *keinen* unternehmerischen bzw. nicht wirtschaftlichen Charakter hat, mit der Konsequenz, daß die *Wettbewerbsregeln gerade nicht anwendbar* sind. Obwohl die Bedeutung dieser Abgrenzungsfrage an sich nachvollziehbar erscheint, erstaunt es zunächst um so mehr, daß bisher noch keine umfassende Abgrenzung oder Systematisierung an dieser Stelle stattgefunden hat.[223] Auch die vom *Europäischen Gerichtshof* verwendeten Unterscheidungskriterien können als „noch nicht sehr trennscharf" bezeichnet werden.[224]

I. Beispiele aus der Kasuistik zu diesem Grenzbereich

Anhand einiger repräsentativ erscheinender Entscheidungen soll im folgenden zunächst dargestellt werden, zu welchen Ergebnissen insbesondere der *Europäische Gerichtshof* in den einzelnen relevanten Bereichen staatlicher Tätigkeit gekommen ist. Die nun folgende Einteilung in *hoheitliche Tätigkeit*, die *Be-*

---

[222] *Ipsen*: Europäisches Gemeinschaftsrecht (1972), S. 663; *Burgi*: Die öffentlichen Unternehmen im Gefüge des primären Gemeinschaftsrechts, EuR 1997, S. 261, 265. Die Ausfüllung dieses gemeinschaftsrechtlichen Begriffs ist mit der Transparenzrichtlinie erfolgt, vgl. o. „Öffentliche Unternehmen (Art. 86 I EG)", S. 46 f.

[223] *Schwarze* EuZW 2000, 613, 614.

[224] *Schwintowski*: Der Begriff des Unternehmens im europäischen Wettbewerbsrecht, ZEuP 1994, 294, 298 ff, 300.

handlung öffentlich-rechtlicher Handlungsformen, Systeme sozialer Sicherheit, sowie *Rundfunk und Kultur* soll dabei in erster Linie der Übersicht dienen; der Versuch einer wirklichen Systematisierung kann erst im Anschluß an diese Vorstellung unternommen werden.

1. Hoheitliche Tätigkeit

Wie bereits zuvor ausgeführt, können die Wettbewerbsregeln im Bereich der klassischen Hoheitsverwaltung, die durch ein Über- und Unterordnungsverhältnis zwischen Bürger und Staat sowie die Mittel von Befehl und Zwang gekennzeichnet ist, keine Anwendung finden.[225] Im Falle der polizeilichen Gefahrenabwehr erfolgt der Einsatz nicht zu Gunsten desjenigen, der am meisten zu zahlen bereit ist, oder die Auswahl desjenigen, der als Störer in Anspruch genommen wird, anhand des Widerstandes, den er zu leisten bereit ist. Ebenso widersinnig wäre es, wenn man einem zur Gefahrenabwehr geschäfts- und leistungsbereiten Dritten einen aus den Wettbewerbsregeln abgeleiteten Abwehranspruch gegen die einschreitende Polizei zubilligen würde.[226] Mit der Wandlung zum sozialen Rechtsstaat beschränken sich aber die Staatsaufgaben nicht auf diese „klassischen" Hoheitstätigkeiten. Auch die Wahrnehmung von sozialen Aufgaben und der Bereich der Daseinsvorsorge können hoheitlichen Charakter haben. Ist das Verhältnis von Bürger und Staat in diesem Tätigkeitsbereich *nicht* von Befehl und Zwang geprägt, hat sich im Bereich des nationalen Rechts der Begriff der schlicht-hoheitlichen Betätigung durchgesetzt.[227] Die im Folgenden vorgestellten Fälle, die vom *Europäischen Gerichtshof* entschieden wurden, sind teilweise diesem Bereich zuzuordnen.

---

[225] *Brohm* NJW 1994, 281, 282 f.; *ders.*: Das Verhältnis mittelbarer Staatsverwaltung und Staatsaufsicht im Wirtschaftsrecht, in: Mestmäcker (Hrsg.): Kommunikation ohne Monopole (1995), S. 253, 269 f.

[226] *Möschel*: Recht der Wettbewerbsbeschränkungen (1983), Rn. 952; *Brohm*: Das Verhältnis mittelbarer Staatsverwaltung und Staatsaufsicht im Wirtschaftsrecht, in: Mestmäcker (Hrsg.): Kommunikation ohne Monopole (1995), S. 253, 280.

[227] *K. Hesse*: Das Grundgesetz in der Entwicklung der Bundesrepublik Deutschland, Aufgabe und Funktion der Verfassung, in: *Benda/Maihofer/Vogel* (Hrsg.): Handbuch Verfassungsrecht (1983), S. 24 f.; *Brohm* NJW 1994, 281, 282; *ders.*: Das Verhältnis mittelbarer Staatsverwaltung und Staatsaufsicht im Wirtschaftsrecht, in: Mestmäcker (Hrsg.): Kommunikation ohne Monopole (1995), S. 253, 270. Dieses Thema wird auch unter den Begriffen Realakt, faktisches und schlichtes Verwaltungshandeln abgehandelt, vgl. *Erichsen*, in: Erichsen (Hrsg): Allgemeines Verwaltungsrecht (12. Aufl. 2002), § 30, § 31 Rn. 1

Zunächst ist hier der Fall *Geddo* hervorzuheben, der in den 70er Jahren vom *Europäischen Gerichtshof* entschieden wurde.[228] In Italien erhob eine Anstalt des öffentlichen Rechts sog. Vertragsabgaben von den Käufern von „Paddy-Reis" italienischer Herkunft. Diese Einnahmen dienten der Finanzierung der Tätigkeit der italienischen Hilfs- und Interventionsstelle für Reis. Der *Europäische Gerichtshof* lehnte die Anwendung der Wettbewerbsregeln des EG-Vertrages mit dem Argument der fehlenden unternehmerischen Betätigung ab.

Auf der gleichen Linie liegt die kurze Zeit später im Fall *IGAV* ergangene Entscheidung des *Gerichtshofs*.[229] Auch hier stand die Tätigkeit einer italienischen Körperschaft des öffentlichen Rechts zur Diskussion, die Zwangsabgaben auf Papier- und Zellstofferzeugnisse zur Finanzierung bestimmter Forschungen und Entwicklungen auf dem Gebiet der Papier- und Zellstoffherstellung sowie der Subvention bei der Zeitungsherstellung erhob. Die Tätigkeit einer öffentlich-rechtlichen Körperschaft soll hier nach Ansicht des *Europäischen Gerichtshofs* nicht unter Art. 81 und Art. 82 EG fallen, soweit sie im öffentlichen Interesse und nicht zu Erwerbszwecken tätig wird. Auch wenn sich aus diesen beiden Entscheidungen *Geddo* und *IGAV* einige Nebenfragen ergeben mögen, erscheint deren Kernaussage kaum bestreitbar: die Erhebung von Zwangsabgaben durch öffentliche Institutionen zur Finanzierung von Tätigkeiten, die im öffentlichen Interesse liegen, unterliegen nicht dem Regime der Wettbewerbsregeln des EG-Vertrages. Dieses Ergebnis leuchtet um so mehr ein, als es hier um die Erhebung und Eintreibung von Zwangsabgaben geht, wo Bürger und Staat also in dem oben angeführten Über- und Unterordnungsverhältnis zueinander stehen, also im „klassischen" Verhältnis der Hoheitsverwaltung.

Auch im Fall *Bodson* sah der *Europäische Gerichtshof* in der fraglichen Monopolisierung einen Ausdruck hoheitlicher Gewalt und lehnte die Anwendung der Wettbewerbsregeln hierauf ab.[230] Gegenstand der Entscheidung war das gesetzliche Monopol für bestimmte Dienstleistungen der Gemeinden in Frankreich im Bereich des Bestattungswesen. Die Ausübung dieses Monopols wurde von den meisten Gemeinden auf ein privates Unternehmen übertragen, so daß dritten Konkurrenten der Zugang zum Markt verwehrt war. Im Zusammenhang mit diesen kommunalen Monopolen sah der *Gerichtshof* die Gemeinden als Träger öffentlicher Gewalt an, weshalb der Abschluß der Konzessionsverträge mit den Privaten nicht nach den Wettbewerbsregeln des EG-Vertrages zu bewerten sei.

---

[228] *EuGH* Slg. 1973, 865 - *Geddo*; siehe auch GA *Trabucchi*, ebd. S. 894.

[229] *EuGH* Slg. 1975, 699 -*IGAV*.

[230] *EuGH* Slg. 1988, 2479 – *Bodson*; vgl. auch *EuGH* Slg. 1997 I, 1549, 1588 f. Tz. 22 f. – *Diego Cali et Figli*: Vergabe von Umweltüberwachungsleistungen durch die Hafenbehörde von Genua.

Die Einordnung dieser Entscheidung in eine Gesamtschau der vom *Gerichtshof* entschiedenen Fälle, sowie der nähere Inhalt der Entscheidung selbst werfen aber Fragen auf, die eine eingehende Besprechung dieser Entscheidung im Rahmen (des Versuchs) der Systematisierung angebracht erscheinen lassen.[231]

Mit einer besonderen Form der Abgabenerhebung befaßt sich der *Europäische Gerichtshof* in dem noch jungen *Eurocontrol*-Urteil aus dem Jahr 1994.[232] *Eurocontrol* ist eine internationale Organisation und zuständig für die Planung und Koordinierung der nationalen Politik der Mitgliedsländer sowie der Ausbildung des Personals im Flugverkehrssektor. Die Finanzierung von *Eurocontrol* erfolgt unter anderem dadurch, daß die Organisation im Auftrag der beteiligten Staaten Streckengebühren einzieht, die anhand vorgegebener Leitlinien der internationalen Zivilluftfahrtorganisation festgelegt werden. Die Kläger, die sich gegen die Einziehung der Streckengebühren wandten, stellten sich auf den Standpunkt, daß die von *Eurocontrol* erbrachten Tätigkeiten auch von privaten Unternehmen wahrgenommen werden könnten. Folglich müßten auch die Wettbewerbsregeln des EG-Vertrages Anwendung finden. Der *Europäische Gerichtshof* lehnte die Anwendung von Art. 82, 86 EG auch hier mit dem Argument ab, daß die Tätigkeit von *Eurocontrol* keinen unternehmerischen Charakter hätte. Er begründet dies mit der Überlegung, daß das Ziel der Tätigkeit von *Eurocontrol* der Herstellung der Sicherheit im Luftverkehrssektor diene. Die von den Mitgliedstaaten übertragene Tätigkeit erfolgt dabei aufgrund eines erheblichen öffentlichen Interesses, weshalb diese Tätigkeit Ausdruck hoheitlicher Gewalt sei. Die von *Eurocontrol* eingezogenen Gebühren dienten sowohl der Sicherheit der Luftraumbenutzer als auch der der Nichtluftraumbenutzer, unabhängig von deren Einschätzung über den Wert von Sicherheitsleistungen im Luftverkehrssektor und ihrer Bereitschaft, für diese Dienstleistung zu bezahlen.[233] Da die Einziehung der Streckengebühren der Finanzierung dieses öffentlichen, insgesamt nicht marktfähigen Gutes[234] dient, waren die Wettbewerbsregeln des EG-Vertrages nicht anwendbar.

Den hier dargestellten Entscheidungen zur hoheitlichen Tätigkeit ist gemeinsam, daß der *Europäische Gerichtshof* offenbar davon ausgeht, daß ein Mit-

---

[231] Vgl hierzu ausführlicher unten: „Die Regel anhand der Fälle *Bodson* und *Eurocontrol*" S. 86 ff.

[232] *EuGH* Slg. 1994 I, 43, 63 - *Eurocontrol*.

[233] Vgl. *GA Tesauro*, Schlußanträge *Eurocontrol* Slg. 1994 I, S. 43, Tz. 13 am Ende.

[234] *Seidl-Hohenveldern*: Eurocontrol und EWG-Wettbewerbsrecht, in: Ginther, Hafner, Lang u. a. (Hrsg.): Völkerrecht zwischen normativem Anspruch und politischer Realität, FS für Karl Zemanek zum 65. Geburtstag (1994), S. 251, 271; *Fesenmair*: Öffentliche Dienstleistungsmonopole im europäischen Recht (1996), S. 211.

gliedstaat (bzw. eine Reihe von Mitgliedstaaten im Fall *Eurocontrol*) eine bestimmte Aufgabe zur hoheitlichen Aufgabe erklären könne, mit der Konsequenz, daß die Wettbewerbsregeln des EG-Vertrages nicht anwendbar sind.[235] Die Fälle *Bodson* und *Eurocontrol* zeigen ferner, daß es für die Annahme einer hoheitlichen, die Wettbewerbsregeln ausschließenden Tätigkeit nicht einmal darauf ankommt, daß der Mitgliedstaat als originärer Inhaber der hoheitlichen Gewalt die Ausübung der Aufgabe einem Dritten, möglicherweise sogar Privaten überträgt.[236]

2. Behandlung öffentlich-rechtlicher Handlungsformen

Handeln in öffentlich-rechtlichen Handlungsformen bzw. hoheitliches Handeln[237] einerseits und unternehmerisches Handeln andererseits sind nach ihrem jeweiligen Selbstverständnis Gegensätze. Unternehmerisches Handeln dient in erster Linie der individuellen Gewinnerzielung, öffentliches Handeln der allgemeinen Wohlförderung. Mit dieser Betrachtungsweise scheidet im Grundsatz eine unternehmerische Tätigkeit bzw. die Annahme eines Unternehmens aus, wenn sich die öffentliche Hand öffentlich-rechtlicher *Handlungsformen* bedient.[238] Diese Sichtweise läßt sich aber nur dann durchhalten, wenn sich eine

---

[235] *Bunte* in: Langen/Bunte (Gründer): Kommentar zum deutschen und europäischen Kartellrecht (9. Aufl. 2000), Art. 81 Rn. 8

[236] Diese Konstellation überrascht allerdings nur auf den ersten Blick. Im nationalen Recht kennt man die Übertragung der öffentlichen Aufgabe auf einen Verwaltungshelfer bzw. auf einen Beliehenen. Auch wenn hier ein Privater die Aufgabe wahrnimmt, bleibt es bei ihrem öffentlich-rechtlichen bzw. hoheitlichen Charakter.

[237] Die Unterscheidung zwischen öffentlich-rechtlichen Handlungsformen einerseits und hoheitlichem Handeln andererseits mag merkwürdig erscheinen. Hoheitliches Handeln geschieht grds. in öffentlich-rechtlichen Handlungsformen und eine hoheitliche bzw. schlichthoheitliche Kompetenz ist überhaupt erst Voraussetzung für öffentlich-rechtliche Handlungsformen. Vgl. *Brohm*: Strukturen der Wirtschaftsverwaltung (1969), S. 155, 162; *ders.*: Die Dogmatik des Verwaltungsrechts vor den Gegenwartsaufgaben der Verwaltung, VVDStRL 30 (1972), 245, 265; *ders.*: Wirtschaftstätigkeit der öffentlichen Hand und Wettbewerb, NJW 1994, 281, 283 m.w.N. in Fn. 25; vgl. auch *Schricker*: Wirtschaftliche Tätigkeit der öffentlichen Hand und unlauterer Wettbewerb (1987), S. 24. Der Sinn dieser hier vorgenommenen Unterscheidung wird sich allerdings sogleich aus der europarechtlichen Rechtspraxis ergeben: hier schließt man nämlich nicht notwendig von der öffentlich-rechtlichen Handlungs- und Organisationsform auf den hoheitlichen Charakter der Tätigkeit.

[238] Umgekehrt läge ein Rechtsformenmißbrauch vor, wenn sich die öffentliche Hand öffentlich-rechtlicher Handlungsformen bedient, um allein wirtschaftliche Gewinne zu erzielen. Die Gründung einer kommunalen Textilfabrik in Form einer Anstalt wäre deshalb nicht nur im Hinblick auf die Wirtschaftsregeln der Gemeindeordnungen, sondern auch vor dem hier

öffentlich-rechtliche Körperschaft oder Anstalt, die durch Gesetz geschaffen wurde, in Übereinstimmung mit dieser Regel verhält und nicht ausschließlich zu Erwerbszwecken handelt.[239]

Mit der Veränderung der Tätigkeitsfelder der öffentlichen Hand und der Privatwirtschaft läßt sich diese grundsätzliche Unterscheidung nicht mehr durchhalten. Die öffentliche Hand bietet im Rahmen der Daseinsvorsorge Leistungen an, die auch von der Privatwirtschaft erbracht werden oder erbracht werden könnten. Unternehmerisch geprägte Organisations- und Angebotsformen finden in diesem Bereich der Verwaltungstätigkeit immer mehr Verbreitung. Wie bereits gesagt, entsteht ein Markt, wenn Angebot und Nachfrage aufeinandertreffen.[240] Aus der Sicht der öffentlichen Hand erscheint es ferner vielfach zweifelhaft, ob die Entgelte für die Zurverfügungstellung öffentlicher Leistungen lediglich der Bedarfsdeckung dienen oder ob nicht doch Gewinne erzielt werden sollen.

Wenn man dem oben angeführten Grundsatz uneingeschränkt folgt und bei einem Handeln in öffentlich-rechtlichen Handlungsformen eine unternehmerische Tätigkeit ablehnt, könnte ein Mitgliedstaat die Anwendung des europäischen Wirtschaftsrechts auch dann verhindern, wenn sich die betreffende Institution unternehmerisch auf einem Markt betätigt. Es besteht also die Gefahr, daß ein Mitgliedstaat durch die „Flucht ins öffentliche Recht"[241] versucht, seine Unternehmen dem Regime der Wettbewerbsregeln des EG-Vertrages zu entziehen.

---

dargelegten Hintergrund wegen einer Ermessensüberschreitung bei der Formenwahl rechtswidrig, *Schricker*: Wirtschaftliche Tätigkeit der öffentlichen Hand und unlauterer Wettbewerb (1987), S. 24; vgl. auch *Lerche*: Verfassungsfragen, AfP 1984, 194, der in der öffentlich-rechtlichen Rechtsform der Fernsehanstalten eine Schranke für deren erwerbswirtschaftliche Tätigkeit sieht. a. A.: *Maunz*: Die Gesetzmäßigkeit des Fernsehwerbens, BayVbl 1957, 4, der ein Versicherungsunternehmen, das keinerlei öffentliche Aufgaben erfüllt, für zulässig hält. Dagegen aber zu Recht: *Burger*: Über die Rechtsstellung öffentlicher Unternehmen im Privatrechtsverkehr (1966), S. 56. Gegen die hier vertretene Auffassung spricht auch nicht die Anerkennung der öffentlich-rechtlichen Organisationsform der Sparkassen, da ihnen unter anderem der (öffentliche) Auftrag der kommunalen Wirtschaftsförderung zukommt, vgl. *Nierhaus/Stern*: Regionalprinzip und Sparkassenhoheit im europäischen Bankenbinnenmarkt (1992), 14 f.; aber krit. zur Legitimität der öffentlichen Aufgabe vor dem Hintergrund des Gemeinschaftsrechts: *Herdegen*: Die vom Bundesrat angestrebte Festschreibung der Privilegien öffentlich-rechtlicher Kreditinstitute: Gefahr für die EG-Wettbewerbsordnung? WM 1997, 1130, passim.

[239] *GA Trabucchi* in *EuGH* Slg. 1975, 699, 723 Tz. 8 - *IGAV; Mestmäcker* in: Immenga/Mestmäcker (Hrsg.): EG-Wettbewerbsrecht (1997), Art. 37, 90 C, Rn. 8.

[240] Vgl. oben: Der Art. 86 EG zugrunde liegende allgemeine Unternehmensbegriff S. 44.

[241] Vgl. zur „Flucht ins öffentliche Recht" oben S. 70.

Mit dieser Problematik setzt sich der vom *Europäischen Gerichtshof* entschiedene Fall *British Telecommunications* (kurz *BT*) auseinander.[242]

Der Entscheidung *BT* lag folgender, vereinfacht dargestellter Sachverhalt zu Grunde: *BT* war eine Körperschaft des öffentlichen Rechts und verfügte über das gesetzliche Monopol für den Betrieb von Fernmeldenetzen in Großbritannien. Tarife und Bedingungen für die Inanspruchnahme ihrer Leistungen konnte *BT* durch öffentlich-rechtlich ausgestaltete Benutzungsordnungen („Schemes") einseitig regeln. Die britischen Fernmeldegebühren waren teilweise wesentlich günstiger als die auf dem Festland. Diesen Umstand machten sich sog. *Relaisunternehmen* zu Nutze, indem sie Daten und Nachrichten vom Festland entgegennahmen und dann zu den günstigen englischen Tarifen sternförmig an die jeweiligen Bestimmungsorte weiterleiteten. Diese Relaisunternehmen waren den Postverwaltungen auf dem Festland, die diese Geschäfte lieber selbst machen wollten, ein Dorn im Auge, weshalb sie mit allen Mitteln versuchten, die Tätigkeit dieser Konkurrenz zu unterbinden. Auf politischen Druck anderer Mitgliedstaaten wurde dann ein Verbot dieser Relaisunternehmen in die Benutzungsordnungen der *BT* aufgenommen. Ein betroffenes Unternehmen wandte sich daraufhin (aufgrund von Art. 3 II b VO Nr. 17 a. F.) an die *Kommission*, da sie in dem Vorgehen von *BT* einen Verstoß gegen Art. 82 EG erblickte. Die *Kommission* teilte diese Auffassung und verlangte von *BT,* diese fraglichen Benutzungsordnungen aufzuheben. Da *BT* ein erhebliches Interesse an den Geschäften mit den Relaisunternehmen hatte, hob sie dieses sie selbst beschränkende Verbot umgehend auf. Daraufhin erhob *Italien* - nicht etwa *Großbritannien*(!) - Anfechtungsklage nach Art. 230 I 2 EG.

Wenn man davon ausgeht, daß *BT* als Monopolist von vorn herein eine marktbeherrschende Stellung innehat und daß das Verbot einer bestimmten unternehmerischen Betätigung in allgemeinen (privaten) Geschäftsbedingungen zu Zwecken der eigenen oder fremden Gewinnsicherung einen Mißbrauch im Sinne des Art. 82 EG darstellt,[243] beschränkt sich die Problematik des Falles auf zwei Kernfragen: erstens: ob Art. 86, 82 EG auch auf öffentlich-rechtliche Benutzungsverhältnisse anwendbar ist; und zweitens: ob der Ausnahmetatbestand des Art. 86 II EG hier eingreift. Wesentlich ist in dem hier behandelten Zusammenhang jedoch allein die erste Frage.

---

[242] *EuGH* 1985, 873 ff.; Vorinstanz: *Kommission* Entscheidung v. 10.12.1982, Amtsbl. L 360, S. 36; vgl. auch *Emmerich*: Fälle zum Wahlfach Wirtschaftsrecht (3. Aufl. 1990), Fall 31: Der BT-Fall, S. 207 ff.

[243] so sah es jedenfalls der *EuGH* im Ergebnis, *EuGH* Slg. 1985, 873, 881 ff. - *British Telecommunications.*

Ausgehend von dem oben angeführten Grundsatz spricht die öffentlich-rechtlich ausgestaltete Benutzungsordnung für die Hoheitlichkeit der Aufgabenwahrnehmung, womit sie an sich dem Regime der Art. 86, 82 EG entzogen sein müßte.[244] Trotzdem nahm der *Gerichtshof* - im Ergebnis zu Recht - eine unternehmerische Tätigkeit an. Die Begründung fällt allerdings recht knapp aus, was nicht zuletzt mit der Tatsache zusammenhängen dürfte, daß die Klägerseite die Unternehmenstätigkeit nicht bestritten hat.[245] Der *Gerichtshof* schloß sich der Beklagtenseite an, wonach die fraglichen „Schemes" dieselben Aufgaben wie privatrechtliche Vertragsbestimmungen erfüllten.[246] Im Übrigen legte er dar, daß die Verordnungsermächtigung strikt darauf beschränkt sei, Tarife und Bedingungen für die Dienstleistungen von *BT* festzusetzen.[247] Zusammenfassend kommt er dann zu folgender Feststellung:

(Tz. 20:) „Damit stellen die von der angefochtenen Entscheidung erfaßten Schemes einen wesentlichen Bestandteil der Unternehmenstätigkeit von BT dar. Das Vorbringen, sie fielen nicht unter Artikel 86 EWG-Vertrag ist somit zurückzuweisen."

Die Entscheidung ist sicherlich auch vor dem Hintergrund der Gefahr der Umgehung der Wettbewerbsregeln - also der Gefahr der Flucht ins öffentliche Recht -, sowie der im Licht von Art. 3 lit g und 10 II EG weiten Auslegung des Art. 86 EG zu sehen.[248] Den Mitgliedstaaten ist es danach untersagt, Maßnahmen zu ergreifen oder aufrechtzuerhalten, die die praktische Wirksamkeit der Wettbewerbsregeln beeinträchtigen könnten. Beispiele solcher Maßnahmen waren in der Rechtsprechung des *Europäischen Gerichtshofs* die Förderung oder Durchsetzung nach Gemeinschaftsrecht verbotener Kartelle, die Genehmigung der Tarife solcher Kartelle oder ihre Ausdehnung auf Dritte.[249] Vor diesem Hintergrund kam der *Europäische Gerichtshof* zu dem Ergebnis, daß es sich bei den Benutzungsverordnungen der *BT* in Wirklichkeit um nichts anderes als um die

---

[244] So jedenfalls das Vorbringen der Klägerin, EuGH Slg. 1985, 873, 885 Tz. 16 - *British Telecommunications*.

[245] *EuGH* Slg. 1985, 873, 885 Tz. 18 - *British Telecommunications*, offenbar hat man auf der Klägerseite die Widersprüchlichkeit dieser Einlassung nicht in vollem Umfang erkannt. Unternehmerische und echte hoheitliche Tätigkeit sind Gegensätze, die sich ausschließen, vgl. oben „Hoheitliche Tätigkeit", S. 71.

[246] EuGH Slg. 1985, 873, 885 Tz. 17 - *British Telecommunications*.

[247] *British Telecommunications* Tz. 19.

[248] Vgl. hierzu bereits oben S. 70.

[249] *EuGH* Slg. 1977, 2115, 2141 ff. - *Inno/ATAB*; Slg. 1986, 1425, 1471 - *Asjes*; Slg. 1987, 3801, 3826; 1987, 4798, 4915.

Tarif- und Geschäftsbedingungen eines öffentlichen Unternehmens handelt, die nur deshalb in die Form hoheitlich erlassener Rechtsverordnungen gekleidet sind, weil es sich bei den betroffenen Unternehmen um Anstalten oder Körperschaften des öffentlichen Rechts handelt. Von solchen Besonderheiten der nationalen Rechtsordnung kann indessen nicht die Reichweite der Anwendung der Wettbewerbsregeln abhängen, da sie sonst zur Disposition der Mitgliedstaaten gestellt würden.[250]

Auf der gleichen Linie liegt der Fall „*Höfner*".[251] Im Rahmen eines Vorabentscheidungsverfahrens nach Art. 234 EG ging es um die Frage, ob das Monopol der deutschen Bundesanstalt für Arbeit im Hinblick auf die Vermittlung wirtschaftlicher Führungskräfte mit den Wettbewerbsregeln des EG-Vertrages zu vereinbaren war.[252] Dieses Monopol wird grundsätzlich mit dem Schutz des Einzelnen vor unseriösen Arbeitsvermittlungen gerechtfertigt.[253] Bei der Vermittlung von Führungskräften, die einen gewissen Erfahrungsschatz haben und sich entsprechend absichern können, trägt dieses Argument allerdings weniger. Faktisch wurden auch zum damaligen Zeitpunkt Führungskräfte der Wirtschaft von sog. „Head-Huntern" vermittelt. Diese Vermittlungstätigkeit konnte oder wollte die Bundesanstalt in einer die Wirtschaft zufrieden stellenden Art und Weise nicht erbringen. Trotzdem bestand sie in diesem Bereich auf ihre Monopolstellung.

Auch hier hatte sich der *Europäische Gerichtshof* zunächst wieder mit der Frage zu beschäftigen, ob die Wettbewerbsregeln des EG-Vertrages auf die Tätigkeit der Bundesanstalt anwendbar sind. In Anlehnung an den oben dargestellten Fall *British Telecommunications* führt der *Gerichtshof* folgendes aus: „Im Rahmen des Wettbewerbsrechts umfaßt der Begriff des Unternehmens jede eine wirtschaftliche Tätigkeit ausübende Einheit, unabhängig von ihrer Rechtsform und der Art ihrer Finanzierung. Die Arbeitsvermittlung stellt eine wirtschaftliche Betätigung dar."[254] „Daß die Vermittlungstätigkeit normalerweise öffentlich-

---

[250] *Emmerich*: Fälle zum Wahlfach Wettbewerbsrecht, S. f. 210 ff.

[251] *EuGH* Slg. 1991 I 1979, 2015 – *Höfner*; auf einer ähnlichen Linie: *Kommission* Abl. 1998 L 252, 47, 53, Tz. 21 ff. – *AAMS*

[252] Hinsichtlich der Fallkonstellation ist der Vollständigkeit halber zu ergänzen, daß zwei private Arbeitsvermittler (u.a. *Herr Höfner*) einen Auftraggeber auf Zahlung verklagt hatten. Dieser Auftraggeber (die *Macrotron GmbH*) stellte sich auf den Standpunkt, daß der Vertrag wegen eines Verstoßes gegen ein gesetzliches Verbot (§ 134 BGB i.V.m. § 3 AFG) nichtig sei.

[253] vgl. Sitzungsbericht *EuGH* Slg. 1991 I, 1979, 1989 Tz. 37 - *Höfner*.

[254] *Höfner* Tz. 21 häufig auch als Definition für den funktionalen Unternehmensbegriff verwendet.

rechtlichen Anstalten übertragen ist, spricht nicht gegen die wirtschaftliche Natur dieser Tätigkeit." Die Arbeitsvermittlung muß nicht notwendig „von solchen Einrichtungen betrieben werden. Diese Feststellung gilt nicht insbesondere für die Vermittlung von Führungskräften."[255]

Den Verstoß gegen Art. 86 I EG i. V. m. Art. 82 EG erblickt der *Gerichtshof* darin, daß der Staat ein gewerbliches Monopol auf eine Dienstleistung aufrechterhält, die das begünstigte Unternehmen nicht erbringen kann oder nicht erbringen will.[256]

3. Systeme der sozialen Sicherheit

In mehreren Entscheidungen nahm der *Europäische Gerichtshof* zur Anwendung der Regeln des EG-Vertrages auf Systeme sozialer Sicherheit in den Mitgliedstaaten Stellung. Dabei stellt die Problematik der Behandlung sozialer Systeme keinen dogmatisch in sich geschlossenen Themenkreis dar, wie in den zuvor beschriebenen Fällen geht es auch hier um die Frage, ob die Staatstätigkeit Ausdruck hoheitlicher Gewalt ist oder ob sie von unternehmerischem Charakter geprägt ist, mit der entsprechenden Folge für die Anwendbarkeit des europäischen Wettbewerbsrechts.

a) Die Fälle Duphar und Poucet

In der Entscheidung *Duphar* ging es um die Vereinbarkeit einer sog. „Negativliste" mit dem Gemeinschaftsrecht, in welcher festgelegt wurde, daß bestimmte Arzneimittel von der Kostenerstattung im Rahmen des Krankenversicherungssystems ausgeschlossen waren. Zweck dieser Negativliste war die Kostensenkung im Gesundheitswesen. Der *Europäische Gerichtshof* stellte hierzu fest, daß das Gemeinschaftsrecht die Befugnis der Mitgliedstaaten nicht berührt, ihre Systeme der sozialen Sicherheit auszugestalten.[257] Folglich unterliegen staatliche Stellen, die im Rahmen einer Pflichtversicherungstätigkeit Negativlisten aufstellen, in ihrer Entscheidungsfreiheit nicht den Wettbewerbsregeln des EG-Vertrages.

Insbesondere im Hinblick auf das Brillenurteil und die Rollstuhlentscheidung des *Bundesgerichtshofes* und des *Gemeinsamen Senats der Obersten Bundesge-*

---

[255] *Höfner* Tz. 22.

[256] *Höfner* Tz. 25.

[257] *EuGH* Slg. 1984, 523 Tz. 16 - *Duphar.*

richte[258] erscheint die Entscheidung *Poucet* bemerkenswert.[259] Gegenstand der Entscheidung war unter anderem die Frage, ob die französischen Sozialversicherungen als *Unternehmen* im Sinne der Wettbewerbsregeln des EG-Vertrages anzusehen sind. Im Rahmen eines Vorabentscheidungsverfahrens (Art. 234 EG) hatte der *Europäische Gerichtshof* zu entscheiden, ob eine mit der Verwaltung eines besonderen Systems der sozialen Sicherheit betraute Einrichtung ein Unternehmen im Sinne der Art. 81 ff. EG darstellt. Die Kläger des Ausgangsverfahrens hielten die Pflicht, sich bei öffentlichen Monopol-Sozialversicherungseinrichtungen zu versichern, für einen Verstoß gegen die Wettbewerbsregeln des EG-Vertrages. Statt bei den öffentlichen Sozialversicherungen wollten sie sich bei einem privaten Versicherungsunternehmen versichern und weigerten sich, ihre Beiträge an die öffentliche Monopolversicherungsanstalt zu entrichten.

Auch in dieser Entscheidung ging der *Gerichtshof*[260] von den oben dargestellten Kriterien des funktionalen Unternehmensbegriffs aus.[261] Dann führt er aber aus, daß die Tätigkeit der (französischen) gesetzlichen Krankenkassen von der Anwendbarkeit der Wettbewerbsregeln ausgeschlossen seien, weil sie ausschließlich Aufgaben der *sozialen Sicherheit* erfüllten. Die Leistungen an die Versicherten würden unabhängig von der Höhe ihrer Beiträge aufgrund gesetzlicher Verpflichtungen gewährt. Derartige Kassen beruhten auf dem Prinzip der *nationalen Solidarität*. Die Tätigkeiten würden ohne *Gewinnerzielungsabsicht* ausgeübt, Tätigkeit und Leistung würden lediglich *aufgrund Gesetzes* erbracht.[262]

In der Literatur wurde diese Argumentation des *Gerichtshofes* zum Teil sehr kritisch aufgenommen.[263] Auch wenn die Tätigkeit der Sozialversicherungsträger auf dem Grundsatz der nationalen Solidarität beruhe und ihre Leistungen von Gesetzes wegen und unabhängig von der Höhe der zu entrichtenden Beträge erbracht würden, beruhe der Sozialversicherungsbereich zumindest auch auf dem Leistungs- und Gegenleistungsprinzip. Das Prinzip von Leistung und Gegenleistung sei aber gerade das Kennzeichen unternehmerischer Betätigung.

---

[258] *BGHZ* 82, 375 = NJW 1982, 2117 - *Brillenurteil*; *GemS-OBG* BGHZ 102, 280 = NJW 1988, 2295 - *Rollstühle*.

[259] *EuGH* Slg. 1993 I 637 ff. = NJW 1993, 2597, 2598 - *Poucet und Pistre*.

[260] Ähnlich wie im Fall *Höfner* Slg. 1991 I, 1979, 2016.

[261] *EuGH* Slg. 1993 I 637, 669 Tz. 17- *Poucet und Pistre*.

[262] *EuGH* Slg. 1993 I, 637, 669 Tz. 15 und 18- *Poucet und Pistre*; *Schwarze* EuZW 2000, 613, 616.

[263] Vgl *Giesen*: Sozialversicherungsmonopol und EG-Vertrag (1995), S. 120 ff.; *Isensee*: Soziale Sicherheit im europäischen Markt, VSSR, 1996, 169, 173 f.

Bisweilen schien man zu befürchten, daß der *Gerichtshof* vom funktionalen Unternehmensbegriff abweichen wolle, hierfür sprach vor allem das Abstellen auf die fehlende Gewinnerzielungsabsicht. Interessant erscheint in diesem Zusammenhang auch der Hinweis von *Ernst-Jaochim Mestmäcker*, daß sich die Entscheidung *Poucet* lediglich auf das Verhältnis der Krankenkassen zu ihren Mitgliedern bezieht, nicht jedoch auf das Verhältnis zu den Mitwettbewerbern im Bereich der Nachfrage oder im Hinblick auf private Versicherungen.[264] Aus diesem Hinweis dürfte die Hoffnung sprechen, daß auch der *Europäische Gerichtshof* die im deutschen Wettbewerbsrecht verwendete und oben dargestellte Lehre von der Doppelqualifizierung übernehmen möge. Diese Frage soll später noch einmal aufgegriffen werden.[265] Es ist vor allem keineswegs sicher, daß der *Gerichtshof* mit dieser Entscheidung von dem weiten funktionalen Unternehmensbegriff abweichen, geschweige denn ihn aufgeben will,[266] zumal er dessen Kriterien in der Entscheidung noch einmal explizit aufgreift. Die Abkehr vom funktionalen Unternehmensbegriff würde hingegen den Anwendungsbereich der Norm mit Blick auf die Erreichbarkeit der Ziele des EG-Vertrages empfindlich einschränken, Umgehungsmöglichkeiten der Mitgliedstaaten eröffnen und auf diese Weise zu erheblichen Rechtsunsicherheiten führen. Den Kritikern der Entscheidung *Poucet* ist hier jedoch entgegenzuhalten, daß sie die Definition des funktionalen Unternehmensbegriffs allein am Vorliegen von Leistung und Gegenleistung, also an einer „äußerlich" wirtschaftlichen Betätigung festmachen. Dabei stellt sich allerdings die Frage, ob das Vorliegen von Leistung und Gegenleistung die Annahme einer hoheitlichen bzw. schlicht-hoheitlichen Tätigkeit grundsätzlich ausschließt. Der Möglichkeit einer solchen Sichtweise soll im Rahmen einer systematischen Untersuchung der wesentlichen Entscheidungen des *Europäischen Gerichtshofs* zu einem späteren Zeitpunkt nachgegangen werden.[267]

---

[264] *Mestmäcker* in: Immenga/Mestmäcker (Hrsg.): EG-Wettbewerbsrecht (1997), Art. 37, 90 C, Rn. 12; das Europäische Gericht erster Instanz hat hier offenbar einer einheitlichen Sichtweise den Vorzug gegeben und die rechtliche Bewertung derBeschaffungstätigkeit mit der schlicht hoheitlichen Leistungserbringung gleichgesetzt, EuG I Entsch. v. 4. März 2003, Rechtssache T 319/99 - *FENIN*.

[265] Vgl. unten „Die besondere „Kompetenz" des *Europäischen Gerichtshofs*" S. 92.

[266] Diesen Schluß zieht allerdings *Fesenmair*: Öffentliche Dienstleistungsmonopole im europäischen Recht (1996), S. 34.

[267] Vgl. unten „Versuch einer Systematisierung der Entscheidungen", S. 86.

b)   Die neuen Entscheidungen Kohll und Decker

Mit zwei neuen Entscheidungen zur Erstattungspflicht der Sozialversicherungen werden die im Fall *Poucet* getroffenen Leitlinien nicht etwa aufgegeben, auch wenn der *Europäische Gerichtshof* hier die Grundfreiheiten des EG-Vertrages auf Sozialversicherungen anwendet. In diesem Fall hatten zwei Bürger aus Luxemburg vor ihrem jeweils zuständigen nationalen Gericht die luxemburgische Sozialversicherung zu Erstattungsleistungen verklagt. Einer der Kläger hatte eine Brille in Belgien erworben, ohne diesen Kauf jedoch zuvor genehmigen zu lassen. Daraufhin hatte die Krankenkasse jegliche Zahlung versagt. Der andere Kläger hatte erreichen wollen, daß sich seine Tochter in Deutschland einer Zahnregulierung unterziehen könne. Die beantragte Genehmigung war ihm jedoch mit der Begründung versagt worden, die Behandlung sei nicht dringend und könne auch in Luxemburg erbracht werden. Nach Auffassung des *Europäischen Gerichtshofs* widerspricht das Genehmigungserfordernis den Bestimmungen über den freien Warenverkehr nach Art. 28 ff. EG und der Dienstleistungsfreiheit nach Art. 49 ff. EG. Eine Vorschrift, wonach im Ausland entstandene Kosten nur im Falle einer vorherigen Genehmigung erstattet würden, veranlasse die Versicherten dazu, medizinische Hilfsmittel nur in ihrem Heimatland zu erwerben. Die Regelung sei daher geeignet, die Einfuhr solcher Güter zu hemmen und behindere so den freien Warenverkehr. Zudem halte die umstrittene Bestimmung die Sozialversicherten auch davon ab, sich von Ärzten in anderen Mitgliedstaaten behandeln zu lassen. Die Vorschrift stelle daher sowohl für die Patienten als auch für die Mediziner eine Behinderung des freien Dienstleistungsverkehrs dar. Auf der anderen Seite konnte der *Gerichtshof* keine Gründe für die Rechtfertigung dieser Bestimmung erkennen. Mit Blick auf die Dienstleistungsfreiheit führt das Gericht aus, daß es zwar nicht ausgeschlossen sei, daß eine erhebliche Gefährdung des finanziellen Gleichgewichts eines Sozialversicherungssystems eine solche Beschränkung erlaube. Es habe jedoch keine solche Auswirkungen, wenn im Ausland entstandene Behandlungskosten auch nach den innerstaatlich geltenden Tarifen erstattet würden. Gleiches gelte, wenn für im Ausland erworbene Erzeugnisse - z.B. Brillen - ein Pauschalbetrag[268] gewährt werde. Der *Gerichtshof* geht dann noch auf die Möglichkeiten der Mitgliedstaaten ein, den Dienstleistungsverkehr im Bereich der klinischen und ärztlichen Versorgung aus Gründen der öffentlichen Gesundheit einzuschränken. Eine solche Beschränkung sei im Vertrag zur Gründung der *Europäischen Gemeinschaften* ausdrücklich vorgesehen. Art. 55, 46 I EG sprechen ge-

---

[268] Unklar, aber wohl zu verneinen ist nach diesen Ausführungen, ob der Versicherte im Ausland billig einkauft, den gesamten Pauschbetrag kassiert und die Differenz als „Preis" für seine geschickte Suche für sich behalten kann. Dies widerspricht aber wohl dem Solidaritätsprinzip.

rade von einer Ausnahmemöglichkeit zum Schutz der Gesundheit. Im entschiedenen Fall hielt es der *Europäische Gerichtshof* jedoch nicht für nachgewiesen, daß die angegriffene Vorschrift erforderlich sei, um eine ausgewogene, jedermann zugängliche medizinische Versorgung sicherzustellen. Ebensowenig sei vorgetragen worden, daß die Regelung nötig sei, um ein unabdingbares Niveau der Heilkunde zu sichern.

Im Unterschied zum Fall *Poucet* geht es hier nicht um die Frage, ob die Sozialversicherungen als Unternehmen im Sinne der Art. 81 ff. EG anzusehen sind, der *Europäische Gerichtshof* rekurriert in dieser Entscheidung gerade nicht auf Art. 86 EG. In Frage steht vielmehr eine Regelung eines Mitgliedstaates, die im Widerspruch zu den *Grundfreiheiten* des EG-Vertrages steht. Dies zeigt wiederum, daß das Gericht hierin eine staatlich hoheitliche und keine unternehmerische Maßnahme, auf die Art. 81 ff. EG anwendbar wären, erblickt. Die Verbindungslinie zwischen den Entscheidungen *Duphar, Poucet, Kohll* und *Decker* zeigt sich vor allem in der Wiederholung des Grundsatzes, daß die Mitgliedstaaten in der Ausgestaltung ihrer Systeme der sozialen Sicherheit frei sind.[269] Dies bedeutet aber nicht, daß das Europarecht für diese Ausgestaltung überhaupt keine Grenzen kennt. Die Grundfreiheiten binden von vorn herein die Mitgliedstaaten unmittelbar bei jeder staatlichen und hoheitlichen Betätigung. Die Ausgestaltungsfreiheit der Mitgliedstaaten besteht also von vorn herein nur bis zu der Grenze der Beeinträchtigung der Grundfreiheiten des EG-Vertrages, wobei der *Europäische Gerichtshof* im konkreten Fall die Warenverkehrs- und Dienstleistungsfreiheit beeinträchtigt sah.[270]

Man kann in diesen Entscheidungen eine konsequente Weiterführung der Rechtsprechung zum freien Warenverkehr und zur Dienstleistungsfreiheit sehen. Wenn eine staatliche Maßnahme den Export von Dienstleistungen und Waren bzw. die Nachfrage in einem anderen Mitgliedstaat unterbindet, so kann hierin nach der weiten *Dassonville-Formel*[271] ein Eingriff in die Warenver-

---

[269] *EuGH* Slg. 1998 I, 1831 = NJW 1998, 1769, Tz. 21- *Decker*; Slg. 1998 I, 1931 = NJW 1998, 1771, Tz. 21- *Kohll*, jeweils unter Berufung auf *EuGH* Slg. 1984, 523 Tz. 16 - Duphar u.a.; *EuGH* Slg. 1997 I, 3395 - Sodemare u.a.

[270] Trotzdem stellt sich aber bei einer näheren Betrachtung die Frage, ob es einen Sinn hat, in den Fällen *Duphar* und *Poucet und Pistre* die *unternehmerische* Tätigkeit der Sozialversicherungen im Sinne der Wettbewerbsregeln abzulehnen, sie aber dann in den Fällen *Kohll* und *Decker* den *Grundfreiheiten* zu unterstellen. Aus den vier Entscheidungen könnte man also extrahieren, daß die Sozialversicherungen zwar nicht dem Regime der Wettbewerbsregeln unterstehen, daß ihre Tätigkeit aber gleichwohl den Grundfreiheiten unterliegt. Daß dieser Schluß aber keineswegs zwingend ist, wird sich unten bei der Abhandlung der Grundfreiheiten zeigen, S. 216 ff., vgl. vor allem S. 225: „Kongruenz".

[271] *EuGH* Slg. 1974, 837, 852 Tz. 5 - *Dassonville*, vgl. dazu unten S. 205.

kehrs- bzw. Dienstleistungsfreiheit gesehen werden. Eine solche Einschränkung kann nur dann rechtmäßig sein, wenn die später noch näher zu untersuchenden gesetzlichen (Art. 30, 55, 46 EG) oder außergesetzlichen Ausnahmetatbestände („*Cassis-Formel*"[272]) vorliegen. Gerade dies war aber hier nicht der Fall. Deshalb war in der Sache keine andere Entscheidung des *Gerichtshofes* zu erwarten.

4.   Rundfunk und Kultur

Gerade in Deutschland hat man immer wieder versucht, den Rundfunk als Kulturbereich aus dem Anwendungsbereich der wirtschaftsrechtlichen Vorschriften des EG-Vertrages herauszunehmen.[273] Sinngemäß wurde hier argumentiert, daß die Europäische Gemeinschaft eine *Wirtschaftsgemeinschaft* und keine *Kulturgemeinschaft* sei. Des Weiteren forderte man, daß das Gemeinschaftsrecht der im nationalen Recht grundrechtlich gewährleisteten deutschen Rundfunkordnung Rechnung zu tragen habe. Wettbewerbsordnung und Binnenmarkt sollten also aus diesen Gründen vor dem deutschen Rundfunk haltmachen.[274]

Der *Europäische Gerichtshof* ist dieser Auffassung im Fall *Sacchi* entgegengetreten. Dabei ging es um ein Strafverfahren gegen einen Unternehmer, der in jedermann zugänglichen Räumen ohne Bezahlung der vorgeschriebenen Abonementsgebühr Fernsehgeräte aufgestellt hatte, die zum Empfang von Kabelsendungen dienten. Im Wege des Vorabentscheidungsverfahrens (Art. 234 EG) ersuchte das Tribunale di Biela den *Europäischen Gerichtshof* um die Entscheidung einer Vorlagefrage, die auf die Vereinbarkeit der dem Staat vorbehaltenen ausschließlichen Rechte zum Betrieb des Fernsehens mit dem Gemeinschaftsrecht hinauslief. Gestützt auf Art. 86 I EG stellte der *Gerichtshof* fest, daß es den Mitgliedstaaten gestattet sei, Unternehmen besondere oder ausschließliche Rechte zu gewähren. Unmittelbar an diese Feststellung schließt sich die bekannte „*Sacchi-Formel*" an:

---

[272] *EuGH* Slg. 1979, 649, 662 Tz. 8 - *Cassis de Dijon*.

[273] Ein Überblick zu dieser Diskussion findet sich bei *Mestmäcker* in: ders (Hrsg.); Kommunikation ohne Monopole II, S. 162.

[274] Vgl. Ansicht der Bundesregierung und des Generalanwalts Reischl in *EuGH* Slg. 1974, 409, 445, 446 - *Sacchi*.

„Der Vertrag hindert die Mitgliedstaaten in keiner Weise daran, aus Gründen (nicht wirtschaftlicher Art)[275], die im öffentlichen Interesse liegen, Fernsehsendungen, einschließlich Kabelsendungen, dem Wettbewerb zu entziehen, indem sie einer oder mehreren Anstalten das ausschließliche Recht zu deren Verbreitung verleihen."[276]

Die Bedeutung der *Sacchi-Formel* ist allerdings durch die *Endgeräte-Entscheidung* relativiert.[277] Aus diesem Passus läßt sich aber nach wie vor ableiten, daß der *Gerichtshof* diese Fernsehanstalt im konkreten Fall grundsätzlich als Unternehmen qualifiziert und dementsprechend auch die Wettbewerbsregeln anwendet. Bei genauerem Hinsehen scheint sich hieraus ein Widerspruch zur eben besprochenen Entscheidung *Poucet* zu ergeben.[278] Im Fall *Poucet* begründete der *Europäische Gerichtshof* die *Nichtanwendbarkeit der Wettbewerbsregeln* durch den nichtwirtschaftlichen Charakter der Tätigkeiten der französischen Sozialversicherungen.[279] Im Fall *Sacchi* wird die Aufhebung des Wettbewerbs zwar auch mit Gründen nichtwirtschaftlicher Art gerechtfertigt,[280] trotzdem geht der *Gerichtshof* hier von der grundsätzlichen *Anwendbarkeit* der Wettbewerbsregeln aus.[281] Der Auflösung dieses Widerspruchs soll im Rahmen einer systematischen Untersuchung nachgegangen werden.[282]

---

[275] Der Text in den Klammern fehlt in der deutschen Übersetzung, vgl. zu den Formulierungen in den italienischen, französischen und englischen Fassungen *Heinemann*: Grenzen staatlicher Monopole im EG-Vertrag (1996), S. 51, Fn. 264.

[276] *EuGH* Slg. 1974, 409, 430 f. Tz. 14 - *Sacchi*.

[277] Die Mitgliedstaaten sind demnach bei der Begründung der Übertragung besonderer und ausschließlicher Rechte im Sinne von Art. 86 I EG an Art. 86 II EG gebunden, siehe dazu bereits oben: „Das Verhältnis von Art. 86 I EG zu Art. 86 II EG", S. 62.

[278] *EuGH* Slg. 1993 I, 637, 669 (Tz. 17) = NJW 1993, 2597, 2598 - *Poucet und Pistre* Vgl. o. letzter Abschnitt; Neben der Entscheidung *Sacchi* gilt dies auch für die insoweit inhaltsgleichen Entscheidung *ERT*, bei der der *Gerichtshof* ebenfalls wegen einer Monopolübertragung im Fernsehbereich auf die *Sacchi-Formel* rekurriert, *EuGH* Slg. 1991 I, 2925, 2957, Tz. 10 - *ERT*.

[279] *Poucet und Pistre* Tz. 18: „Aufgabe mit ausschließlich sozialem Charakter".

[280] Letztlich geht es hier unausgesprochen um die Begründung des Ausnahmetatbestandes aus Art. 86 II 1 EG.

[281] Vgl. *Fesenmair*: Öffentliche Dienstleistungsmonopole im europäischen Recht (1996), S. 39, 42 f., der hierzu anmerkt, daß die Feststellung von Leistungen nichtwirtschaftlicher Art offenbar sektoral ganz unterschiedliche Folgen nach sich zieht.

[282] Vgl. unten „*Poucet* und *Sacchi*", S. 95.

II. Versuch einer Systematisierung der Entscheidungen

Im Folgenden soll untersucht werden, ob man anhand der vorgestellten Entscheidungen eine Grundsystematik entwickeln kann, die der Entscheidungspraxis von *Kommission*, und Gerichten zu Grunde liegt. Ein wesentliches Ziel besteht darin, die Entscheidungen des *Europäischen Gerichtshofs* in ein widerspruchsfreies Verhältnis zu setzen. Hierbei erscheint die Annahme eines Regel-Ausnahme-Verhältnisses sinnvoll, wobei die Fälle *Bodson* und *Eurocontrol* die Regel darstellen sollen (1). Die Ausnahme bilden dann die Fälle *British Telecommunications* und *Höfner* (2). Im Rahmen dieses Systematisierungsversuchs verdienen auch die im Vergleich zu einem nationalen Wettbewerbsgericht besonderen Kompetenzen Aufmerksamkeit (3). Die (scheinbaren) Widersprüche sollen anhand einer Gegenüberstellung der Kasuistik deutlich herausgestellt werden (4). Schließlich soll untersucht werden, welche Parameter ein systematischer Lösungsansatz aufweisen muß (5).

1. Die Regel anhand der Fälle *Bodson* und *Eurocontrol*

Der Fall *Bodson* wurde in groben Zügen bereits angesprochen, für die Ausarbeitung einer Systematisierung bedarf es aber einer weitergehenden Darstellung. In Frankreich überträgt ein Gesetz den Gemeinden ein Monopol für bestimmte Dienstleistungen im Bestattungswesen.[283] Die bevölkerungsstärksten Gemeinden[284] haben die Ausübung dieses Monopols im Wege eines Konzessionsvertrages auf die Tochtergesellschaften eines großen, offenbar marktbeherrschenden, in Frankreich und den Benelux-Staaten operierenden Unternehmen übertragen.[285] Die Monopolisierung und die Konzessionsverträge verhinderten, daß

---

[283] Sog. „externe Dienste", das Monopol bezieht sich auf die Stellung von Leichenwagen, die Ausstattung von Trauerhäusern und die Lieferung von Särgen. Für den „internen Dienst" sind die Religionsgemeinschaften zuständig. Darüber hinaus gibt es den „freien Dienst", womit die Leistungen gemeint sind, die für die Trauerfeierlichkeiten nicht unerläßlich sind, wie die Lieferung von Blumen oder die Steinmetzarbeiten, vgl. *EuGH* Slg. 1988, 2479, 2508 f. Tz. 3 – *Bodson*; einen materiell vergleichbaren Fall betrifft vgl. auch *EuGH* Slg. 1997 I, 1549, 1588 f. Tz. 22 f. – *Diego Cali et Figli*: Vergabe von Umweltüberwachungsleistungen durch die Hafenbehörde von Genua.

[284] Damit waren 45 % oder 25 Mio. Einwohner Frankreichs von diesem Monopol betroffen, vgl. Tz. 4 der Entscheidung.

[285] *Société des Pompes funèbres générale* mit ihren Tochtergesellschaften *Société des Pompes funèbres des régions* (vgl. Tz. 1). Die *Société des Pompes funèbres générale* ist dabei ihrerseits eine Tochter der Gruppe *Lyonaise des Eaux* (vgl. Tz. 4), eine besondere Beziehung

die Konkurrenten dieses marktführenden Unternehmens - wie auch die klagende Bestattungsunternehmerin *Corinne Bodson* - Zugang zu diesem Markt hatten. Der französische *Cour de cassation* legte dem *Europäischen Gerichtshof* die in diesem Zusammenhang interessierende Frage vor, ob das Kartellverbot des Art. 81 EG auf diese Konzessionsverträge anwendbar sei.[286] Der *Europäische Gerichtshof* verneinte diese Frage in seinem ersten Leitsatz:

> „Art. 85 EG-Vertrag [Art. 81 EG n.F.] ist nicht auf Konzessionsverträge zwischen Gemeinden, die in ihrer Eigenschaft als Träger öffentlicher Gewalt handeln, und Unternehmen anwendbar, die mit der Wahrnehmung öffentlicher Aufgaben betraut werden."

Ein Konzessionsvertrag, mit dem ein privates Unternehmen mit der Wahrnehmung einer öffentlichen Aufgabe betraut wird, kann also inhaltlich nicht über Art. 81 EG kontrolliert werden. Dies leuchtet ein, da die öffentliche Hand auch dann nicht unmittelbar kartellrechtlichen Vorschriften unterworfen sein könnte, wenn sie die ihr übertragene öffentliche Aufgabe *selbst* erfüllen würde; auf den Fall Bodson bezogen unterlägen die Gemeinden auch nicht dem Kartellrecht, wenn sie die ihnen übertragene Aufgabe selbst erfüllen. Dieser Grundsatz endet aber nicht beim Abschluß eines Konzessionsvertrages zwischen einer Gemeinde und einem Unternehmen. Es gibt keinen Grund, diesen vom *Europäischen Gerichtshof* aufgestellten Grundsatz nicht auch auf andere öffentlich-rechtliche Institutionen anzuwenden, wenn diese öffentliche Aufgaben wahrnehmen oder deren Erfüllung auf Private übertragen.

Darüber hinaus stellt sich dann die Frage, ob diese Sichtweise allein auf die Übertragung der öffentlichen Aufgabe auf Private beschränkbar ist. Fraglich ist, ob das europäische Kartellrecht überhaupt anwendbar ist, wenn eine öffentliche Institution als Träger öffentlicher Gewalt handelt. Stellt man - wie der *Europäische Gerichtshof* im Fall *Bodson* - bei der Beantwortung dieser Frage auf den Unternehmensbegriff ab, ist sie zu verneinen. Wenn eine öffentliche Institution als Trägerin öffentlicher Gewalt handelt, dann fehlt ihr im Grundsatz die Unternehmensqualität.[287] Für dieses Ergebnis ist es einerlei, ob die öffentliche Hand bei der Erfüllung der Aufgabe einen Privaten einschaltet oder selbst handelt,

---

dieser Unternehmensgruppe zur öffentlichen Hand besteht wohl nicht. Die Entscheidung zeigt also deutlich, daß ein Unternehmen, dem ausschließliche (Monopol-) Rechte verliehen werden, nicht notwendig ein *öffentliches* Unternehmen sein. muß.

[286] Tz. 7 der Entscheidung, Vorlagefragen 2) und 3).

[287] Die Ausnahme stellt der Fall *British Telecommunications* dar, der sogleich besprochen werden soll.

und zwar auch wenn sie sich bei der Erfüllung der öffentlichen Aufgabe privat-rechtlicher Handlungsformen bedient.

Diese Folgerung steht in einem nur scheinbaren Widerspruch zum funktionalen Unternehmensbegriff. Der funktionale Unternehmensbegriff umfaßt jede eine wirtschaftliche Tätigkeit ausübende Einheit, unabhängig von ihrer Rechtsform und der Art ihrer Finanzierung.[288] Der funktionale Unternehmensbegriff endet allerdings offenbar an dem Punkt, wo die öffentliche Hand Aufgaben mit öffentlicher Gewalt ausübt. Dem steht auch nicht entgegen, daß eine Gemeinde oder eine andere staatliche Stelle nach Auffassung des *Europäischen Gerichtshofs* als Unternehmen qualifiziert werden kann, entscheidend für die Annahme eines Unternehmens ist die *vorgenommene Tätigkeit*. Handelt die öffentliche Institution nicht als Trägerin öffentlicher Gewalt, kann sie im Hinblick auf die konkrete Tätigkeit durchaus auch als Unternehmen im Sinne des Art. 81 EG angesehen werden.[289]

Durch eine nähere Analyse der Entscheidung *Bodson* lassen sich auch erste Aussagen hinsichtlich der Vereinbarkeit der Lehre von der Doppelqualifizie-rung mit der europarechtlichen Systematik treffen. Mit der Lehre von der Dop-pelqualifizierung könnte man sich im Fall *Bodson* auf den Standpunkt stellen, daß die Übertragung des Monopols auf einen privaten Konzern den Marktzutritt für die anderen Konkurrenten ausschließt, dieser Ausschluß des Marktzutritts könnte dann aus der Sicht der Konkurrenten kartellrechtlich beleuchtet wer-den.[290] Genau hierauf zielt die dritte Frage des Vorlagebeschlusses des *Cour de cassation* ab:

„...Ist insbesondere Art. 81 EG auf Konzessionsverträge anwendbar, die auf diesem Sektor mit den Gemeinden geschlossen wurden?"

Diese Frage ist vor dem Hintergrund zu sehen, daß die Klägerin des Hauptver-fahrens *Corinne Bodson* eben ein mit dem Konzessionsnehmer konkurrierendes Unternehmen führt. Der *Europäische Gerichtshof* verneint diese Frage mit dem oben zitierten Leitsatz, wonach das Kartellrecht eben nicht anwendbar ist, wenn die Tätigkeit *Ausdruck hoheitlicher Gewalt* ist. Dies gilt insbesondere im Hin-

---

[288] *EuGH* Slg. 1991 I, 1979, 2016 Tz. 21 – *Höfner*; Slg. 2002 I, 691 Tz. 22 - *INAIL* Slg. 2002 I, 1577 Tz. 46 - *Niederländische Rechtsanwaltskammer*; Slg. 2002 I, 9297 Tz. 75 - *Aé-roports de Paris*.

[289] Vgl. *EuGH* Slg. 1991 I, 1979, 2016, 2017 Tz. 25 - *Höfner*; *Mestmäcker* in: Immen-ga/Mestmäcker (Hrsg.): EG-Wettbewerbsrecht (1997), Art. 37, 90 C Rn. 2.

[290] Problematisch ist hierbei allerdings, daß wegen des gesetzlich festgelegten Monopols nie ein Wettbewerb bestanden hat.

blick auf den *Brillenfall* und die *Rollstuhlentscheidung* auch für das Verhältnis des Trägers einer hoheitlichen Aufgabe zu seinen Konkurrenten.

Daraus ist abzuleiten, daß der *Europäische Gerichtshof* bei der Frage der Anwendbarkeit der Wettbewerbsregeln bei ein und derselben Tätigkeit nicht zwischen einem hoheitlich ausgestalteten Leistungsverhältnis einerseits und einem nicht hoheitlich ausgestalteten Wettbewerbsverhältnis[291] zu den Konkurrenten (bzw. einer unternehmerischen Tätigkeit) andererseits differenziert. Sobald der hoheitliche bzw. schlicht hoheitliche Charakter einer Tätigkeit anerkannt ist, finden die Wettbewerbsregeln keine Anwendung mehr, auch wenn dieses Handeln in einem tatsächlichen oder potentiellen Wettbewerb zu dritten Anbietern einer ähnlichen Leistung steht. Im Gegensatz zur Praxis des nationalen Rechts, die das Leistungsverhältnis dem öffentlichen Recht und das Wettbewerbsverhältnis dem Wettbewerbsrecht zuordnet, wendet die Praxis des Europarechts das Wettbewerbsrecht entweder einheitlich an oder nicht an. Die europarechtliche Praxis läßt sich also mit einem „*Konzept der einheitlichen Zuordnung*" umschreiben. Im Folgenden ist das Augenmerk darauf zu richten, ob dieses Konzept auch in den übrigen Entscheidungen nachweisbar ist.

Eine sehr wichtige Erkenntnis aus dem Fall *Bodson* besteht darin, daß es nach den Kategorien des nationalen Rechts um eine schlicht-hoheitliche Tätigkeit geht.[292] Die fragliche Tätigkeit, um die es im Fall *Bodson* ging - die „externen Dienste" - wird gerade nicht in einem Über- und Unterordnungsverhältnis, sondern in einem Gleichordnungsverhältnis zwischen Bürger und Staat (bzw. Konzessionsunternehmer) erbracht. Folglich sind nicht nur hoheitliche Tätigkeiten, die - wie die Erhebung eines Beitrages[293] - durch ein Über- und Unterordnungsverhältnis gekennzeichnet sind, von der Anwendung der Wettbewerbsvorschriften befreit, sondern auch Tätigkeiten, die schlicht-hoheitlichen Charakter haben.

Der *Grundsatz* aus dem Fall *Bodson* heißt also, daß die Wettbewerbsregeln der Art. 81 ff. EG auf hoheitliches bzw. schlicht-hoheitliches Handeln nicht anwendbar sind. Daß in der Entscheidung *Bodson* lediglich von „öffentlicher Gewalt" die Rede ist, dürfte damit zu erklären sein, daß es den Begriff der „Hoheitlichkeit" in den Sprachen der übrigen Mitgliedstaaten in diesem Zusammenhang nicht gibt.[294] Dieser Grundsatz kann aber noch um eine weitere These

---

[291] Wie der BGH bzw. der GemS OBG im Brillenurteil bzw. der Rollstuhlentscheidung.

[292] Vgl. oben zum Begriff der schlicht-hoheitlichen Verwaltungstätigkeit S. 71.

[293] Vgl. o., *EuGH* Slg. 1973, 865 - *Geddo*; Slg. 1975, 699 -*IGAV*, siehe dazu oben „Hoheitliche Tätigkeit", S. 71.

[294] Einen Hinweis auf diese Übersetzungsproblematik gibt *Wieland*: Die Konstituierung des Wirtschaftsverwaltungsrechts durch Europarecht und deutsches Recht, in: Schoch (Hrsg.): Das Verwaltungsrecht als Element der europäischen Integration (1995), S. 130.

ergänzt werden: Kraft ihrer (verbliebenen) Souveränität haben die Mitgliedstaaten grundsätzlich die Möglichkeit selbst zu bestimmen, welche Aufgaben sie hoheitlich wahrnehmen wollen. So hat sich der Mitgliedstaat *Frankreich* aus freien Stücken entschlossen, die externen Dienstleistungen im Bestattungswesen als öffentliche bzw. hoheitliche Aufgabe wahrzunehmen. Diesen freien Entschluß erkennt der *Gerichtshof* offensichtlich an.

Unterstützung findet diese These von der grundsätzlichen Entscheidungsfreiheit der Mitgliedstaaten durch den Subsidiaritätsgrundsatz des Gemeinschaftsrechts. Mit dem Vertrag von Maastricht wurde ausdrücklich eine Subsidiaritäts- und Verhältnismäßigkeitsklausel[295] in den EG-Vertrag eingefügt.[296] In Art. 3 b II heißt es:

„In den Bereichen, die nicht in die ausschließliche Zuständigkeit fallen, wird die Gemeinschaft nach dem Subsidiaritätsprinzip nur tätig, sofern und soweit die Ziele der in Betracht gezogenen Maßnahme auf Ebene der Mitgliedstaaten nicht ausreichend erreicht werden können und daher wegen ihres Umfangs oder ihrer Wirkungen besser auf Gemeinschaftsebene erreicht werden können."

Die Verhältnismäßigkeitsklausel des Art. 3 b II lautet:

„Die Maßnahmen der Gemeinschaft gehen nicht über das für die Erreichung der Ziele dieses Vertrages erforderliche Maß hinaus."

Auf der Regierungskonferenz von Amsterdam verabschiedeten die Teilnehmer zusätzlich ein Protokoll, mit dem der Subsidiaritäts- und Verhältnismäßigkeitsgrundsatz präzisiert werden soll. Subsidiarität wird hierin als ein „dynamisches Prinzip" bezeichnet. Wenn die Umstände es erfordern, könne die Tätigkeit der Gemeinschaft im Rahmen ihrer Befugnisse erweitert werden; wenn sie nicht mehr gerechtfertigt sei, könne eine Tätigkeit auch eingeschränkt oder eingestellt werden. Das Protokoll stellt dabei folgende Leitlinien auf: Erstens sollte ein zu regelnder Bereich transnationale Aspekte aufweisen, die durch Maßnahmen der Mitgliedstaaten nicht ausreichend geregelt werden können. Zweitens sollten

---

[295] Vgl. hierzu *Schweitzer/Hummer*: Europarecht (5. Aufl. 1996), Rn. 892 ff.

[296] Es wäre allerdings verfehlt, anzunehmen, daß das Gemeinschaftsrecht erst seit der Einfügung dieser Klausel ein Verhältnismäßigkeits- und Subsidiaritätsprinzip kennt. Das Subsidiaritätsprinzip findet sich vielmehr in einer Reihe von früheren Vorschriften, vgl. dazu *Hakenberg*: Grundzüge des Europäischen Wirtschaftsrechts (1994), S. 22; s. auch *Möschel*: Subsidiaritätsgrundsatz und europäisches Kartellrecht, NJW 1995, 281 ff.. Das Verhältnismäßigkeitsprinzip kann seit jeher als allgemeiner Rechtsgrundsatz des Gemeinschaftsrechts angesehen werden.

Wettbewerbsverzerrungen, verschleierte Handelsbeschränkungen oder Beeinträchtigungen des Zusammenhalts oder sonstiger Interessen der Mitgliedstaaten verhindert werden. Drittens soll die Maßnahme der Gemeinschaft gegenüber nationalen Maßnahmen deutliche Vorteile mit sich bringen.[297] Aus all dem folgt, daß die Souveränität der Mitgliedstaaten anerkannt wird und daß die Mitgliedstaaten ihre Angelegenheiten grundsätzlich selbst frei regeln können. Wenn also in einem Mitgliedstaat das Bedürfnis besteht, eine Aufgabe - wie die externen Dienstleistungen im Bestattungswesen - hoheitlich zu erfüllen, kann er grundsätzlich eine entsprechende Regelung treffen. Daß die Mitgliedstaaten in ihrer Wahlmöglichkeit dennoch nicht völlig frei sind, zeigt hieran anschließend allerdings der Fall *British Telecommunications*.

Auf der Linie des Falles *Bodson* liegt auch die *Eurocontrol*-Entscheidung des *Europäischen Gerichtshofs*. Hier sah der *Gerichtshof* die Kontroll- und Überwachungstätigkeiten einer (sogar internationalen) *privatrechtlich* organisierten Flugüberwachungsorganisation als Ausübung typischerweise hoheitlicher Vorrechte an, die nicht dem Unternehmensbegriff unterfielen.[298] Stellt man bei der Tätigkeit von *Eurocontrol* in erster Linie auf die Forschungen und Ausbildungstätigkeiten im Bereich der Flugsicherung ab, kommt man zu dem Ergebnis, daß es sich nach nationalrechtlichen Kategorien um schlicht-hoheitliche Betätigungen handelt. Dabei muß man allerdings beachten, daß das in Rede stehende Entgelt den Charakter einer *Zwangs*abgabe hat, was gegen eine schlicht-hoheitliche Tätigkeit sprechen könnte. *Eurocontrol* spielt dabei allerdings nur die Rolle einer Inkassostelle,[299] so daß es zwischen *Eurocontrol* und den Leistungspflichtigen auch an einem Über- und Unterordnungsverhältnis fehlt. Vor allem liegt der Schwerpunkt der Argumentation im Fall *Eurocontrol* nicht isoliert im Gebühreneinzug, sondern in der staatlichen Gewähr-*Leistung* der Sicherheit im Luftverkehr. Damit bestätigt sich auch hier, daß die Wettbewerbsregeln des EG-Vertrages offenbar auf schlicht-hoheitliche Tätigkeiten der Mitgliedstaaten mangels unternehmerischer Tätigkeit unanwendbar sind.

---

[297] *Nagel*: Wirtschaftsrecht der Europäischen Union (1998), S. 41.

[298] *EuGH* Slg. 1994 I, 43, 63 f. - *Eurocontrol*; ähnlich auch *EuGH* EuZW 1997, 312 - *Cali*; vgl. auch *Fesenmair*: Öffentliche Dienstleistungsmonopole im Europäischen Recht (1995), S. 67 f.

[299] vgl. *Wölker* in: *Hochbaum* in: Groeben/Boeck/Thiesing/Ehlermann: Kommentar zum EU-/EG-Vertrag Bd. 1 (5. Aufl. 1997), Art. 48 EGV Rn. 115; *Fesenmair*: Öffentliche Dienstleistungsmonopole im europäischen Recht (1996), S. 63.

2. Die Ausnahme anhand des Falles *British Telecommunications*

Die Ausnahme zu diesem Grundsatz stellt der Fall *British Telecommunications* dar. *British Telecommunications* bediente sich einer öffentlich-rechtlichen Benutzungsverordnung, die grundsätzlich für die Trägerschaft hoheitlicher Gewalt kennzeichnend ist. Der *Europäische Gerichtshof* erblickt allerdings - zu Recht - in dem Verhalten von *British Telecommunications* die Motivation einer Marktbeeinflussung zu Gunsten der Telefongesellschaften auf dem Festland. In *Wirklichkeit* geht es also nicht um die Verfolgung öffentlicher Interessen, sondern um eine wirtschaftlich *motivierte* Beeinflussung der Marktstruktur.[300] In solchen Fällen, in denen in Wirklichkeit wirtschaftliche Ziele verfolgt werden, immunisiert die öffentlich-rechtliche Handlungsform nicht gegen die Anwendung der wirtschaftsrechtlichen Vorschriften des EG-Vertrages. Das öffentlich-rechtlich ausgestaltete Rechtsverhältnis der Benutzungsverordnung wird in diesem Falle wie eine Geschäftsbedingung eines privaten Unternehmens behandelt. Im Gegensatz zum *Rollstuhlfall* und zum *Brillenurteil* unterwirft der *Europäische Gerichtshof* das durch die Benutzungsverordnung öffentlich-rechtlich ausgestaltete *Leistungsverhältnis* den Wettbewerbsregeln des EG-Vertrages. Damit läßt sich eine eindeutige und klare Abgrenzung vornehmen, die einen rechtlich relevanten Sachverhalt entweder von der Geltung der kartellrechtlichen Regeln ausnimmt oder ihnen unter bestimmten Umständen unterwirft. Das Konzept der einheitlichen Zuordnung tritt hier besonders deutlich hervor.[301]

3. Die besondere „Kompetenz" des *Europäischen Gerichtshofs*

Der *Europäische Gerichtshof* nimmt mit der Anwendung des Wettbewerbsrechts im Leistungsverhältnis zwischen Bürger und öffentlicher Institution allerdings eine rechtliche Bewertung vor, die dem nationalen zivilen Wettbewerbsgericht nicht möglich ist. Die gerichtliche Überprüfung des öffentlich-rechtlich ausgestalteten Leistungsverhältnisses ist im nationalen Recht regelmäßig nach § 40 I VwGO allein Sache der Verwaltungsgerichte. Niemals wäre es einem nationalen Zivilgericht möglich, das Leistungsverhältnis anhand von nationalen oder europarechtlichen Maßstäben des Wettbewerbsrechts zu messen. Dies kann allein der *Europäische Gerichtshof*.

---

[300] Dies liegt an sich auf einer Linie mit der Argumentation im zuvor dargestellten Fall *Bodson*: in *Wirklichkeit* ging es um die (möglicherweise) wirtschaftlich motivierte Erzielung überhöhter Entgelte.

[301] Vgl. oben S. 89.

Der *Europäische Gerichtshof* schreibt sich also eine umfassende Prüfungskompetenz mit dem Inhalt zu, ob das (schlicht-) hoheitliche Handeln durch öffentliche Interessen legitimiert ist oder in Wirklichkeit unternehmerisch-wirtschaftlichen Interessen dient. Im letzten Fall immunisiert das Handeln in öffentlich-rechtlichen Rechtsformen *nicht* gegen die Anwendung der Wettbewerbsregeln. Dies muß sogar dann gelten, wenn das konkrete Verhalten von einer nationalen Norm[302] ausdrücklich vorgesehen ist. Denn dieses Gesetz könnte mit den Grundsätzen des EG-Vertrages im Widerspruch stehen und dementsprechend müßte der *Gerichtshof* eine entsprechende Änderung vom Mitgliedstaat verlangen.

Anders gewendet hat der *Europäische Gerichtshof* die Möglichkeit, zu überprüfen bzw. zu bestimmen, wann eine hoheitliche bzw. schlicht-hoheitliche Tätigkeit vorliegt und wann sich der Staat rein wirtschaftlich betätigt. Er kommt deshalb auch nicht wie der *Bundesgerichtshof* in die Situation, auf schlicht-hoheitliche Betätigungen im Rahmen eines Wettbewerbsverhältnisses Wettbewerbsregeln anzuwenden. Eine der des *Europäischen Gerichtshofs* vergleichbare Prüfungskompetenz kann der *Bundesgerichtshof* aus Gründen der nationalen Rechtssystematik nicht haben. Genausowenig wie er die Prüfungskompetenz besitzt, ob sich die öffentliche Hand öffentlich-rechtlicher Handlungsformen bedienen durfte oder nicht, kann er im Hinblick auf die Anwendbarkeit des Wettbewerbsrechts auch nicht entscheiden, ob sich die öffentliche Hand *in Wirklichkeit* rein wirtschaftlich betätigt. Mit diesen Fragen können sich allein die nationalen Verwaltungsgerichte beschäftigen. Diese vollkommene Unterschiedlichkeit der Prüfungskompetenzen des *Europäischen Gerichtshofs* einerseits und der nationalen Wettbewerbsgerichtsbarkeit andererseits ist kein zufälliges Ergebnis, sondern systemimmanent. Der *Europäische Gerichtshof* ist nicht nur ein Wettbewerbsgericht, sondern ihm obliegt umfassend die Kontrolle über die Einhaltung der Regeln des EG-Vertrages. So kann sich der *Gerichtshof* im Rahmen eines Vorabentscheidungsverfahrens nach Art. 234 EG mit rein bürgerlich-rechtlichen Fragen beschäftigen, wenn sich das nationale (Zivil-) Gericht zu einer Vorlage entschließt. Gleichzeitig erfüllt er aber auch die Funktion eines Verwaltungsgerichts, wenn es um Streitigkeiten über Rechte und Pflichten im Verhältnis von Bürgern zur europäischen Administration geht. Derartige Rechtsstreitigkeiten können die Form einer Nichtigkeitsklage nach Art. 230 EG, einer Untätigkeitsklage nach Art. 232 EG oder etwa einer Beamtenklage nach Art. 236 EG annehmen. Kommt es auf nationaler Ebene zu einer öffentlich-rechtlichen Streitigkeit zwischen einem Bürger und einer Behörde, kann der *EuGH* beispielsweise auch hier im Wege des Vorabentscheidungsverfahrens

---

[302] Beispiel hierfür sind die Benutzungsordnungen der *British Telecommunications*, vgl. oben S. 76 f.

nach Art. 234 EG involviert werden. Bei Streitigkeiten über Rechte und Pflichten der EG-Organe und der Mitgliedstaaten betätigt sich der *Europäische Gerichtshof* schließlich in der Art eines Verfassungsgerichts.[303] Aus dieser umfassenden Prüfungskompetenz erschließt sich für den Gerichtshof dann auch die Möglichkeit, in wettbewerbsrechtlichen Streitigkeiten auch zu Fragen Stellung zu nehmen, die auf nationaler Ebene allein den Verwaltungsgerichten zugewiesen sind.

Diese Betrachtung bestätigt auch das zuvor thesenartig formulierte „*Konzept der einheitlichen Zuordnung*"[304] Bei der Auseinandersetzung mit der Entscheidung *Bodson* war oben festgestellt worden, daß der *Europäische Gerichtshof* hier gerade nicht auf der einen Seite das Verhältnis zum Leistungsempfänger und auf der anderen Seite das Wettbewerbsverhältnis zu den Konkurrenten unterscheidet. Die Wettbewerbsregeln waren in diesem Fall nicht anwendbar, weil das Gericht die Gemeinden im Hinblick auf diese Tätigkeit als Träger hoheitlicher Gewalt sah. Daß zu den möglichen Konkurrenten ein potentielles Wettbewerbsverhältnis bestand, beeinflußte die Entscheidung nicht. Aus den dargestellten Überlegungen ergibt sich, weshalb der *Gerichtshof* diese Unterscheidung aus dem nationalen Recht überhaupt nicht anstellen muß. Seine Entscheidungskompetenz macht eben weder vor einem öffentlich-rechtlich ausgestalteten Leistungsverhältnis noch vor der mitgliedstaatlichen Behauptung einer hoheitlichen Betätigung halt. Dies hat der *Gerichtshof* - wie oben dargestellt - in den Fällen *British Telecommunications*[305] und *Höfner*[306] eindrucksvoll vorexerziert. Die *einheitliche Zuordnung* entweder zur unternehmerischen Betätigung mit der Konsequenz des Regimes der Wettbewerbsregeln des EG-Vertrages oder zur wettbewerbsrechtsresistenten hoheitlichen Tätigkeit[307] macht diese Unterscheidung schlicht überflüssig.

4. Scheinbare Widersprüche

Mit dem Schema von Grundsatz und Ausnahme lassen sich die Fälle *Bodson*, *Eurocontrol* und *British Telecommunications* wie dargelegt einordnen. Im

---

[303] Vgl. zu diesen Funktionen des Gerichtshofs *Hakenberg*: Grundzüge des Europäischen Wirtschaftsrechts, 1994, S. 81 ff. mit umfassenden Fallbeispielen zu den möglichen Konstellationen.

[304] Siehe oben S. 89.

[305] Siehe oben S. 92.

[306] Siehe oben S. 78.

[307] Vgl. dazu auch *Marhold* in: Festschrift für Frotz (1993), 645, 651.

Grundsatz bestimmen die Mitgliedstaaten kraft ihrer Souveränität selbst, welche Aufgaben sie hoheitlich bzw. kraft öffentlicher Gewalt wahrnehmen. Auf die Wahrnehmung derartiger Aufgaben können die Wettbewerbsregeln des EG-Vertrages keine Anwendung finden. Die Ausnahme läßt sich damit umschreiben, daß die Wettbewerbsregeln Anwendung finden, wenn der Mitgliedstaat in Wirklichkeit allein wirtschaftliche Interessen verfolgt.[308]

In anderen Fällen aus der Entscheidungspraxis der Gemeinschaftsorgane erscheint deren schlüssige Systematisierung weniger problemlos. Die Aussagen der einen Entscheidung scheinen im Widerspruch zu anderen Entscheidungen zu stehen. Bisweilen hat es den Anschein, eine Systematisierung sei nicht möglich, so daß auch das oben angeführte Schema von Grundsatz und Ausnahme nur eine sehr begrenzte Aussagekraft hätte. Hier liegt es nahe, von gerichtlichen Fehlentscheidungen zu reden oder die Schaffung von sektorenspezifischen Bereichsausnahmen und Souveränitätsvorbehalten zu kritisieren. Möglicherweise beruhen diese Unvereinbarkeiten aber auch auf Mißverständnissen, zu denen der *Europäische Gerichtshof* nicht zuletzt durch einen fragmentarischen Begründungsstil beigetragen hat. Im Folgenden sollen diese Widersprüchlichkeiten anhand einer Gegenüberstellung der Fälle *Poucet* und *Sacchi*, *Poucet* und *Höfner*, sowie einer Analyse des Falles *Bodson* herausgestellt werden. Daran anschließend soll untersucht werden, ob eine Systematisierung wirklich unmöglich ist oder ob die Widersprüche nur scheinbarer Natur sind.

a)   *Poucet und Sacchi*

Im Rahmen der Besprechung des Falles *Sacchi* wurde bereits angedeutet, daß sich hier Widersprüche zu der Entscheidung *Poucet* auftun.[309] Es wurde herausgearbeitet, daß der *Gerichtshof* im Fall *Sacchi* im Grundsatz von einer unternehmerischen Betätigung der betreffenden Fernsehanstalt ausging. Der scheinbare Widerspruch zum Fall *Poucet* liegt nun darin, daß sowohl die französischen Sozialversicherungen als auch öffentlich-rechtliche Fernsehanstalten eine öffentliche Aufgabe wahrnehmen. Im Fall *Poucet* hat der *Gerichtshof* diese öffentliche Aufgabe anerkannt und die Wettbewerbsregeln für unanwendbar erklärt. Genauso kann man aber auch von der Existenz eines öffentlichen Rundfunkauftrages ausgehen.[310] Damit stellt sich die Frage, weshalb der *Gerichtshof*

---

[308] Vgl. oben: Grundsatz, der aus der Entscheidung Bodson entwickelt worden war, S. 89.

[309] Siehe oben S. 85.

[310] *BVerfGE* 12, 205, 244, 246; 31, 328, 341; *BGHZ* 66, 182, 185; *BVerwG* DVBl 1994, 1245, allerdings mit Verweisung auf den ordentlichen Rechtsweg wegen Unterlassungs- und Gegendarstellungsklage; *Bethke*: VerwArch 1972, 156 Fn. 124; *Grundmann*: Die öffentlich-rechtlichen Rundfunkanstalten im Wettbewerb (1990), S. 22.

im Fall *Sacchi* im Grundsatz von der Unternehmenseigenschaft der betroffenen Rundfunkanstalt ausging.[311] Darüber hinaus erscheint dieses Ergebnis aus dem Fall *Sacchi* zumindest auf den ersten Blick mit dem Grundsatz unvereinbar, der aus dem Fall *Bodson* herausgearbeitet wurde: weshalb soll hier der Mitgliedstaat Italien nicht entscheiden dürfen, Rundfunk in hoheitlicher Form zu veranstalten, wenn Frankreich das Sozialversicherungssystem hoheitlich ausgestalten durfte?

Durch die Frage, ob man im Fall *Sacchi* wirklich eine hoheitliche Tätigkeit annehmen kann, relativiert sich diese Widersprüchlichkeit jedoch. Der Blick ins Fernsehprogramm stellt aber damals wie heute in Deutschland wie auch in Italien schnell in Frage, ob die Veranstaltung von Rundfunk- und Fernsehsendungen der öffentlich-rechtlichen Anstalten vorwiegend eine *hoheitliche Tätigkeit* darstellen kann. Vor allem der Einkauf von Filmmaterial und die Vermarktung von Werbeplätzen im Rundfunk- und Fernsehprogramm zeigen, daß diese Tätigkeiten in weiten Teilen kaufmännisch geprägt sind. Hierauf weist auch der *EuGH* in der Entscheidung *Sacchi* hin und stellt fest, daß auf das Marktverhalten der Fernsehveranstalter die in Art. 86 II EG genannten Vorschriften zum Zuge kommen müssen.[312] Eine Widersprüchlichkeit wäre allerdings dann gegeben, wenn im Bereich der Fernseh- und Rundfunkveranstaltungen eine die Wettbewerbsregeln ausschließende hoheitliche Tätigkeit undenkbar wäre bzw. in den Ausführungen des *Europäischen Gerichtshofs* keinen Raum hätte. Dagegen spricht aber, daß der *EuGH* vor allem auf das Marktverhalten und die kaufmännischen Tätigkeiten der Rundfunk- und Fernsehanstalten abstellt;[313] hoheitliche Aufgaben haben in diesen Ausführungen also durchaus Raum. Mögliches Beispiel für eine hoheitliche Tätigkeit könnten dabei konkrete Tätigkeiten zur Gewährleistung der aus Art. 5 I GG folgenden Grundversorgung sein. Für diese Sichtweise spricht im Übrigen ein unveröffentlichtes Arbeitspapier der Kommission, das von dem seinerzeitigen Wettbewerbskommissar *Karel van Miert* entworfen worden war. Hierin wird eine Liste zur Diskussion gestellt, mit deren Hilfe Programmveranstaltungen mit und ohne hoheitlichem Charakter unter-

---

[311] Vgl. dazu *Fesenmair*: Öffentliche Dienstleistungsmonopole im europäischen Recht (1996), S. 39, 42 f., der aus dieser Konstellation folgert, daß die Annahme von Leistungen nichtwirtschaftlicher Art im Sinne von Art. 86 II EG sektorenspezifisch unterschiedlich zu beantworten ist. Dies hätte weitreichende Konsequenzen: im Fall der Sozialversicherungen müßte man von vorn herein von der Unanwendbarkeit der Wettbewerbsregeln ausgehen, während im Bereich der Rundfunkveranstaltungen „nur" eine Ausnahme nach Art. 86 II EG in Betracht käme. Daß *Fesenmairs* Konsequenz keineswegs zwingend ist, zeigen die folgenden Ausführungen.

[312] *EuGH* Slg. 1974, 409, 430 Tz. 15 - *Sacchi*; übereinstimmend hierzu: *EuGH* Slg. 1985, 3261, 3275 Tz. 17 - *Télémarketing*; Slg. 1991 I, 2925, 2962 Tz. 33 - *ERT*.

[313] *EuGH* aaO.

schieden werden sollen. Demnach sollen Eigenproduktionen und Spielshows (!) von ARD und ZDF kulturell besonders gehaltvoll und folglich dem hoheitlichen Teil der Programmveranstaltung zuzuordnen sein.[314] Hier zeigt sich sehr deutlich die Schwierigkeit einer solchen Differenzierung; wichtig ist aber in dem hier erörterten Zusammenhang die Erkenntnis, daß man offenbar auch bei der *Kommission* davon ausgeht, daß je nach der konkreten Tätigkeit des öffentlich-rechtlichen Programmveranstalters hoheitliche und unternehmerische Tätigkeiten unterschieden werden können.

b)   *Poucet und Höfner*

Vor allem die systematische Vereinbarkeit des Falles *Poucet* mit dem Fall *Höfner* bereitet im Schrifttum erhebliche Schwierigkeiten.[315] Diese resultieren in erster Linie daraus, daß man die Sozialversicherungen unter den funktionalen Unternehmensbegriff subsumieren will, den der *Europäische Gerichtshof* im Fall *Höfner* definiert hat. Die *wirtschaftliche Tätigkeit* wird damit begründet, daß sich die Beitragsleistungen der Versicherten und die Leistungen der Sozialversicherung als Leistung und Gegenleistung gegenüberstehen.[316] Auf die Rechts- und Finanzierungsform käme es dann für die Annahme der Unternehmensqualität der Sozialversicherungen nicht weiter an. Man erblickt also im Fall *Poucet* die gleiche Situation wie in den Fällen *British Telecommunications* und *Höfner*, so daß trotz eines Handelns in öffentlich-rechtlichen Handlungs- und Organisationsformen die Wettbewerbsregeln anzuwenden wären. Daraus folgert man entweder, daß es sich im Fall *Poucet* um eine Fehlentscheidung handelt, oder man unterstellt dem *Europäischen Gerichtshof* darüber hinausgehend die Abkehr vom funktionalen Unternehmensbegriff.[317]

---

[314] vgl. hierzu *Lukas Weber*: Fernsehen in der Falle des Kommerzes, FAZ vom 1. Okt. 1998, S. 17.; weiterer Bericht: Rundfunkanstalten zwischen Grundversorgung und Funktionsauftrag, FAZ vom 12. Feb. 1999, S. 14, mit Hinweis auf die gerade vorgelegte Monographie *Bullinger*: Die Aufgaben des öffentlichen Rundfunks - Wege zu einem Funktionsauftrag.

[315] Vgl. hierzu auch *Schwintowski*: Der Begriff des Unternehmens im europäischen Wettbewerbsrecht, ZEuP 1994, 294, 297 ff., 300, der diese beiden Fälle ebenfalls einander gegenüber gestellt hat, ohne zu einer widerspruchsfreien Lösung zu kommen.

[316] *Giesen*: Sozialversicherungsmonopol und EG-Vertrag (1995), S. 120 ff.; *Isensee*: Soziale Sicherheit im europäischen Markt, VSSR 1996, 169, 173 (für die deutschen Sozialversicherungsträger); *Fesenmair*: Öffentliche Dienstleistungsmonopole im europäischen Recht (1996), S. 33 ff.; *Burgi*: Die öffentlichen Unternehmen im Gefüge des primären Gemeinschaftsrechts, EuR 1997, S. 261, 265.

[317] Z.B. für eine Fehlentscheidung: *Giesen*: Sozialversicherungsmonopol und EG-Vertrag (1995), S. 120 ff; für die Interpretation der Abkehr vom funktionalen Unternehmensbegriff:

Es stellt sich aber die Frage, ob nicht doch systematische Unterschiede zwischen den Entscheidungen *British Telecommunications* und *Höfner* einerseits sowie *Poucet* andererseits bestehen, zumal sich der *Gerichtshof* im Fall *Poucet* ausdrücklich auf den Fall *Höfner* bezieht und die Definition des funktionalen Unternehmensbegriffs wiederholt.[318] Die Ausführungen, mit denen er das Vorliegen eines Unternehmens in dem konkreten Fall verneint, sind dann aber nur kurz:

„Die Krankenkassen oder die Einrichtungen, die bei der Verwaltung der öffentlichen Aufgabe der sozialen Sicherheit mitwirken, erfüllen jedoch eine Aufgabe mit ausschließlich sozialem Charakter. Diese Tätigkeit beruht nämlich auf dem Grundsatz der nationalen Solidarität und wird ohne Gewinnzweck ausgeübt. Die Leistungen werden von Gesetzes wegen und unabhängig von der Höhe der Beiträge erfaßt."[319]

Dagegen stehen die Ausführungen des *Gerichtshof* im Fall *Höfner*: Nach der Definition des funktionalen Unternehmensbegriffs und der Feststellung, daß die Arbeitsvermittlung eine wirtschaftliche Betätigung darstellt,[320] stellt das Gericht folgendes fest:

Tz. 22: „Daß die Vemittlungstätigkeit normalerweise öffentlich-rechtlichen Anstalten übertragen ist, spricht nicht gegen die wirtschaftliche Natur dieser Tätigkeit. Die Arbeitsvermittlung ist nicht immer von öffentlichen Einrichtungen betrieben worden und muß nicht notwendig von solchen Einrichtungen betrieben werden. Diese Feststellung gilt insbesondere für die Tätigkeiten zur Vermittlung von Führungskräften der Wirtschaft."

Tz. 24: „Eine öffentlich-rechtliche Anstalt für Arbeit, die nach dem Recht eines Mitgliedstaats mit Dienstleistungen von allgemeinem wirtschaftlichen Interesse, wie sie in § 3 AFG vorgesehen sind, betraut ist, unterliegt nach Artikel 90 Absatz 2 EWG-Vertrag [a. F. des EG-Vertrages] den Wettbewerbs-

---

Fesenmair: Öffentliche Dienstleistungsmonopole im europäischen Recht (1996), S. 34; *Burgi*: Die öffentlichen Unternehmen im Gefüge des primären Gemeinschaftsrechts, EuR 1997, S. 261, 265.

[318] *EuGH* Slg. 1993 I, 637, 669 (Tz. 17) = NJW 1993, 2597, 2598 - *Poucet und Pistre*.

[319] *Poucet und Pistre*, 670 Tz. 18 Vorher hatte der *Gerichtshof* festgestellt, daß das Sozialversicherungssystem von einem Prinzip des Verlustausgleichs geprägt sei, für das eine Versicherungspflicht unerläßlich sei (Tz. 12), und daß die Sozialversicherungen hinsichtlich der Höhe der Beiträge und der Bestimmung des Leistungsumfanges gesetzlich gebunden seien. (Tz. 15).

[320] *EuGH* Slg. 1991 I, 1979, 2016 f. Tz. 21, 23 - *Höfner*.

regeln, sofern deren Anwendung mit der Erfüllung der Aufgaben dieser Anstalt nicht nachweislich unvereinbar ist (siehe Urteil vom 30. Januar 1974 in der Rechtssache 155/73, Sacchi, Slg. 1974, 409 Randnr. 15)."

Das Spannungsverhältnis zwischen den zitierten Feststellungen wird deutlich, wenn man die Ausführungen des *Gerichtshofs* zum Fall *Poucet* auf den Fall *Höfner* anwendet und umgekehrt. Hier wie dort gibt es einen gesetzlichen Auftrag, weder die Arbeitsvermittlung noch die Sozialversicherung müssen zwingend von öffentlichen Einrichtungen betrieben werden, und keine der beiden Institutionen verfolgt einen Gewinnzweck, die Bundesanstalt für Arbeit bot ihre Leistungen sogar kostenlos an.[321] In ihrer Pauschalität lassen sich die nicht näher begründeten Argumente aus beiden Fällen austauschen. Entweder handelt es sich bei einer der beiden Entscheidungen um eine Fehlentscheidung des *Gerichtshofs* oder es besteht zwischen den beiden Fällen ein Unterschied, der sich zumindest auf den ersten Blick nicht unmittelbar erschließt. Dies gilt es nun zu untersuchen.

Daß der *EuGH* einer Bereichsausnahme für die Systeme der sozialen Sicherheit etablieren wollte, kann ausgeschlossen werden.[322] Gegen eine solche Sichtweise spricht bereits, daß der EG-Vertrag derartige Bereichsausnahmen (im Gegensatz zum nationalen Wettbewerbsrecht §§ 99 ff. GWB a.F.) nicht kennt.[323] Derartige Bereichsausnahmen würden zudem auch der Systematik des Gemeinschaftsrechts widersprechen. Eine wesentliche Bedeutung haben an dieser Stelle das Prinzip der enumerativen Einzelermächtigung und der Subsidiaritätsgrundsatz. Ausgangspunkt der Überlegung ist die Feststellung, daß ursprünglich jeder

---

[321] Vgl. dazu *Schwintowski*: Der Begriff des Unternehmens im europäischen Wirtschaftsrecht, ZEuP 1994, 295, 300.

[322] Auch im Bereich der Sozialversicherungen erkennt der *EuGH* unternehmerische Betätigungen an, s. *EuGH* Slg. 1995 I, 4013, 4030 - *Fédération francaise des societés d'assurance*; Tz. 21 f.; Slg. 1999 I, 5751 - *Albany;* Vgl. aber *Fesenmair*: Öffentliche Dienstleistungsmonopole im europäischen Recht (1996), S.37, der hier von einer „Souveränitätsreserve für die Mitgliedstaaten" spricht.

[323] Dies zeigt sich besonders bei der im Rahmen von Art. 86 II EG geführten Diskussion, ob und inwieweit die Versorgungsunternehmen unter diese Ausnahmeklausel fallen. Man fordert hier zum Teil eine restriktive Auslegung, da man ansonsten eine faktische Bereichsausnahme fürchtet, vgl. dazu oben „Betrauung", S. 55. Auch die Gruppenfreistellungen stellen keine Bereichsausnahmen dar, sondern ein sektorenspezifisches Sonderrecht. Sie werden aufgrund einer besonderen Ermächtigung des Rates durch die Kommission erlassen. Der *Europäische Gerichtshof* kann zwar den Inhalt dieser Gruppenfreistellungen auf ihre Rechtmäßigkeit überprüfen, er kann hat aber keineswegs die Kompetenz eine solche Freistellung im Wege einer gerichtlichen Entscheidung zu erlassen. Vgl. hierzu auch *Mestmäcker* in: Immenga/Mestmäcker (Hrsg.): EG-Wettbewerbsrecht (1997), Art. 37, 90 D Rn. 35.

Mitgliedstaat eine umfassende Souveränität zur Regelung seiner eigenen Angelegenheiten besaß. Nach dem Prinzip der begrenzten Einzelermächtigung[324] wird die staatliche Souveränität nicht umfassend auf die *Europäischen Gemeinschaften* bzw. die *Europäische Union* übertragen, sondern nur soweit dies durch das Gemeinschaftsrecht ausdrücklich vorgesehen ist.[325] Mit dem Subsidiaritätsgrundsatz[326] erhält die Gemeinschaft in den einzelnen Bereichen nur dann eine Regelungskompetenz, wenn die jeweilige Aufgabe nicht besser von den Mitgliedstaaten selbst erledigt werden kann.[327] Diesen Prinzipien würde es widersprechen, wenn die Gemeinschaft den Mitgliedstaaten souveräne Regelungskompetenzen im Rahmen einer Bereichsausnahme „zurückübertragen" würde. Dies würde nämlich bedeuten, daß die ursprüngliche Übertragung einen Verstoß gegen den Subsidiaritätsgrundsatz darstellt. Prinzipiell kann die Übertragung von Souveränitätsrechten also nur einseitig vom Mitgliedstaat an die Gemeinschaft erfolgen.[328] Folglich kann man auch dem *Europäischen Gerichtshof* nicht die Kompetenz zubilligen, eine solche Bereichsausnahme im Wege der richterlichen Rechtsfortbildung zu schaffen. Die nationale Solidarität oder die soziale Sicherheit kann für sich gesehen also nicht den wesentlichen Unterschied zwischen beiden Entscheidungen darstellen.

Umgekehrt könnte man sich auf den Standpunkt stellen, daß der *Europäische Gerichtshof* die Arbeitsvermittlung *generell* als unternehmerische Betätigung qualifiziert und hier prinzipiell eine hoheitliche Aufgabenwahrnehmung ablehnt. Für diese Sichtweise spricht die Feststellung des *Gerichtshofes* in der

---

[324] Das Prinzip der *enumerativen* oder *begrenzten* Einzelermächtigung kommt an verschiedenen Stellen des Gemeinschaftsrechts zum Ausdruck, z.B. in Art. 5 I, 8, 14 V, 26 I EGKSV, Art. 2, 3, 3a, 3 b I, 7 a, 54 III lit g, 100, 100a, 118a II, 130a ff., 235 EGV.

[325] Vgl. statt vieler: *Schweitzer/Hummer*: Europarecht (5. Aufl. 1996), Rn. 335, 896; *Hakenberg*: Grundzüge des Europäischen Wirtschaftsrechts (1994), S. 20 ff.; *Nagel*: Wirtschaftsrecht der Europäischen Union (1998), S. 23, 40.

[326] Der Subsidiaritätsgrundsatz kommt vor allem durch den im Rahmen des Maastricht-Vertrages aufgenommenen Art. 3 b EGV sowie Art. F I EUV zum Ausdruck, vgl. dazu bereits oben S. 90.

[327] *Hakenberg*: Grundzüge des Europäischen Wirtschaftsrechts (1994), S. 22; *Nagel*: Wirtschaftsrecht der Europäischen Union (1998), S. 23, 40 f.; kritisch zur praktischen Bedeutung des Subsidiaritätsgrundsatzes: *Möschel*: Subsidiaritätsprinzip und europäisches Kartellrecht, NJW 1995, 281 ff. („Was für die Anhänger *Sigmund Freuds* der Sex ist, ist für die Europapolitiker mittlerweile der Subsidiaritätsgrundsatz. Man versucht, alles damit zu begründen.") Zur Bedeutung dieses Prinzips siehe vor allem unten: „Die Anerkennung der Kompetenzbegründung im Europarecht", S. 156 ff.

[328] Ist eine Regelungsbefugnis der Gemeinschaft nicht mehr gerechtfertigt, fällt sie in die ursprüngliche Souveränität der jeweiligen Mitgliedstaaten zurück, vgl. oben Zusatzprotokoll der Regierungskonferenz von Amsterdam, S. 90.

Entscheidung selbst, daß die Arbeitsvermittlungstätigkeit der Bundesanstalt nach der Definition des funktionalen Unternehmensbegriffs eine unternehmerische Betätigung darstellt.[329] Diese Feststellung ist allerdings keineswegs evident und bedarf deshalb einer näheren Begründung, die der *Gerichtshof* nicht gibt. Trotzdem hat man daraus vielfach den Schluß gezogen, daß die Arbeitsvermittlung generell ein Beispiel für eine unternehmerische Betätigung im funktionalen Sinne sei. Auf diese Weise wurde die Bundesanstalt für Arbeit das scheinbar unproblematische Paradebeispiel einer öffentlichen Institution, die als Unternehmen im funktionalen Sinne anzusehen ist. Dieser Schluß ist aber auf keinen Fall zwingend, möglich ist auch, daß sich die Feststellung des *Gerichtshofes* allein auf die konkrete Marktstruktur und das konkrete Verhalten der Bundesanstalt bezieht. Eine solche *generelle* Einordnung stünde nämlich hier wiederum umgekehrt im Widerspruch zu den mitgliedstaatlichen Souveränitätsinteressen und zum Subsidiaritätsgrundsatz. Die Gemeinschaft bzw. die Union soll eben nur das regeln, was die Mitgliedstaaten aus eigener Kraft nicht zu regeln vermögen oder was zur Verwirklichung des gemeinsamen Marktes unerläßlich erscheint. Es gibt aus dieser Sicht keinen Grund, weshalb man im Bereich der Arbeitsvermittlung generell eine hoheitliche Aufgabenwahrnehmung durch die Mitgliedstaaten verneinen könnte. Der Grund, weswegen das Verhalten der Bundesanstalt für Arbeit als unternehmerische Betätigung qualifiziert worden ist, ist deshalb in den konkreten Umständen des Einzelfalles zu suchen.

Man könnte aber zu der Folgerung kommen, daß die fehlende Unternehmensqualität der französischen Sozialversicherungen mit einem spezifischen *öffentlichen Interesse* begründet werden kann. Dieses öffentliche Interesse kommt in der Entscheidung des Gesetzgebers zum Ausdruck, ein staatliches Sozialsystem einzuführen. Dahinter steht die Überzeugung, daß man die soziale Sicherung der Bevölkerung nicht allein dem freien Wettbewerb überlassen kann, sondern daß diese Aufgabe besser, sicherer oder gerechter von einer öffentlichen Institution erfüllt werden kann. Es wurde bereits oben herausgearbeitet, daß die Gemeinschaftsorgane eine solche Entscheidung der Mitgliedstaaten als Ausdruck ihrer Souveränität respektieren,[330] so daß hier aus der Sicht der Gemeinschaftsorgane ein legitimes öffentliches Interesse an einer hoheitlichen bzw. schlichthoheitlichen Strukturierung angenommen werden kann. Doch auch mit diesem öffentlichen Interesse kann man nicht das unterschiedliche Ergebnis zum Fall

---

[329] *EuGH* Slg. 1991 I, 1979, 2016 Tz. 21 - *Höfner*.

[330] Vgl. oben die „Die Regel anhand der Fälle *Bodson* und *Eurocontrol*", S. 86, insbesondere S. 89; Gemeinschaftsinteressen sind allerdings berührt, wenn der Mitgliedstaat in Wirklichkeit wirtschaftliche oder wettbewerbsbezogene Interessen verfolgt. Hierin besteht die Ausnahme, die anhand des Falles *British Telecommunications* dargestellt worden war, vgl. oben S. 92.

Höfner begründen, da man auch hier ebenfalls ein öffentliches Interesse ausmachen kann, das die Gemeinschaftsorgane eigentlich ebensowenig in Zweifel ziehen können. Der Entscheidung, die Arbeitsvermittlungstätigkeit zu monopolisieren und einer Bundesanstalt zu übertragen liegt das öffentliche Interesse an einer seriösen Arbeitsvermittlung zu Grunde.[331] Also kann man auch an dieser Stelle keinen entscheidenden Unterschied in den Fällen *Poucet* einerseits und *Höfner* andererseits ausmachen. Darüber hinaus ist anzumerken, daß die hier herausgearbeitete Widersprüchlichkeit der beiden Entscheidungen nicht aus dem hier vertretenen Systematisierungsvorschlag von Regel und Ausnahme folgt, sondern sich aus den beiden Entscheidungen selbst ergibt.[332]

c) Bodson

Wie bereits oben festgestellt wurde, hat der *Gerichtshof* im Fall *Bodson* die Anwendung des Kartellverbotes (Art. 81 EG) mit dem Argument abgelehnt, daß die Gemeinden hinsichtlich der Aufgabe der externen Dienstleistungen im Bestattungswesen als Träger öffentlicher Gewalt handeln.[333] Erstaunlich ist dann aber, daß der *Gerichtshof* hinsichtlich eines möglichen Mißbrauchs der Monopolstellung durch das konzessionierte Unternehmen die Anwendung des Art. 82 EG in Betracht zieht.[334] Daß eine Handhabe gegen derartige Mißbrauchsfälle mehr als wünschenswert ist, liegt nahe. Trotzdem bleibt dabei aus dogmatischer Perspektive im Dunkeln, weshalb man die Anwendbarkeit der Wettbewerbsre-

---

[331] In diesem Sinne wurde die Verfassungsmäßigkeit des Arbeitsvermittlungsmonopols vom *BVerfG* festgestellt, da es sich bei der öffentlichen Arbeitsvermittlung um ein besonders wichtiges Allgemeingut handele, das für die Gefahrenabwehr unentbehrlich sei, *BVerfGE* 21, 245, 249; auch die Bundesregierung hat im Fall *Höfner* dieses und weitere sozialpolitische Argumente vorgetragen, vgl. Sitzungsbericht *EuGH* Slg. 1991 I, 1979, 1989 Tz. 37.

[332] Darüber hinaus eregeben sich an dieser Stelle Abgrenzungsfragen zu Art. 86 II 1 EG. Es stellt sich nämlich zum einen die Frage, wann eine Institution mit Dienstleistungen von allgemeinem wirtschaftlichen Interessen betraut ist, was der Annahme der Unternehmenseigenschaft offenbar nicht entgegensteht; zum anderen stellt sich die Frage, wann ein öffentliches Interesse angenommen werden kann, das ein hoheitliches Tätigwerden rechtfertigt, das dann die Anwendung der Wettbewerbsregeln des EG-Vertrages ausschließt. Dies mündet dann in die Frage der Abgrenzung von Anwendbarkeit und Ausnahme. Diese Frage stellt sich im übrigen nicht nur im Rahmen des Verhältnisses von Anwendbarkeit der Wettbewerbsregeln und Ausnahmeklausel nach Art. 86 II EG, sondern in einer ähnlichen Weise bei der Anwendbarkeit der Grundfreiheiten und dem Eingreifen der Ausnahmeklauseln, „Das Verhältnis von Anwendbarkeit und rechtfertigender Ausnahme", S. 263 .

[333] *EuGH* Slg. 1988, 2479, 2512 f. Tz. 18 und erster Leitsatz - *Bodson*.

[334] *EuGH* Slg. 1988, 2479, 2513 ff. Tz. 21 ff., Leitsatz Nr. 2 der Entscheidung - *Bodson*.

geln wegen der Eigenschaft der Gemeinden als Träger öffentlicher Gewalt zunächst ablehnt, dann aber das Mißbrauchsverbot doch für anwendbar hält.[335]

Zur Erklärung dieses Widerspruchs kann man sich natürlich zunächst auf den Standpunkt stellen, daß es nicht die öffentlichen Gemeinden waren, die ihre Stellung mißbraucht haben, sondern vielmehr allein Privatunternehmen, denen die Wahrnehmung dieser Aufgabe übertragen worden war. Dies läßt sich aber schwerlich mit dem oben aus dem Fall *Bodson* entwickelten Grundsatz vereinbaren. Demnach bestimmen die Mitgliedstaaten, welche Aufgaben sie hoheitlich wahrnehmen wollen. Auf diese hoheitlich wahrgenommenen Aufgaben sind dann die Wettbewerbsregeln unanwendbar.[336] Wenn nun die Erfüllung dieser Aufgabe einer privaten Institution übertragen wird, verliert sie dadurch nicht notwendig ihren hoheitlichen Charakter. Dies hat sich auch am Fall *Eurocontrol* gezeigt, *Eurocontrol* war auch keine öffentliche Institution eines Mitgliedstaates, sondern eine Internationale Organisation.[337] In den Kategorien des nationalen Rechts kann auch ein Beliehener hoheitliche Aufgaben wahrnehmen.[338] Unabhängig von der Beteiligung einer Gruppe privater Unternehmen drängt sich aber angesichts der Fälle *British Telecommunications* und *Höfner* die Frage auf, ob der Gerichtshof im Fall Bodson von der Anwendung des Art. 82 EG abgesehen hätte, wenn die Gemeinden selbst aus Gründen der Einkommenserzielung überhöhte Preise gefordert hätten. Dieser Schluß liegt vor allem dann nahe, wenn man berücksichtigt, daß der Gerichtshof die Anwendung der Art. 86, 81, 82 EG für den Fall in Erwägung zieht, daß die öffentliche Hand selbst dieses Preisgebaren „aufzwingt".[339]

---

[335] Nicht zuletzt dieser Gegensatz dürfte dazu geführt haben, daß sich mit der Entscheidung *Bodson* beliebige Ergebnisse belegen lassen. Eine eingehende Auseinandersetzung mit dieser Problematik hat - so weit ersichtlich - noch nicht stattgefunden.

[336] vgl. oben Grundsatz aus der Entscheidung *Bodson* S. 89.

[337] vgl. oben Eurocontrol S. 91. Noch deutlicher tritt dies in *EuGH* EWS 1997, 173 - *Cali/SEPG* hervor: Demnach handelt es sich auch dann um eine genuine Staatstätigkeit, wenn Überwachungsmaßnahmen im Allgemeininteresse durch eine privatrechtliche Gesellschaft und gegen Gebühr durchgeführt werden.

[338] Sofern dies gesetzlich vorgesehen ist, vgl. zum Beliehenen *Maurer*: Allgemeines Verwaltungsrecht (14. Aufl. 2002), § 23 V., Rn. 56 ff.; wegen der Unanwendbarkeit des nationalen Privatrechts einschließlich der Wettbewerbsregeln vgl. dazu auch *Brohm*: Strukturen der Wirtschaftsverwaltung (1969), S. 158.

[339] *EuGH* Slg. 1988, 2479, 2518, 2519, (3. Leitsatz der Entscheidung) - *Bodson*: „Artikel 90 Absatz 1 des Vertrages ist dahin auszulegen, daß er es den Trägern öffentlicher Gewalt verbietet, den Unternehmen, denen sie ausschließliche Rechte wie das Monopol für den externen Bestattungsdienst eingeräumt haben, ein den Bestimmungen der Artikel 85 und 86 widersprechendes Preisgebaren aufzuzwingen."

Der innere Widerspruch des Falles *Bodson* läßt sich also folgendermaßen zusammenfassen: Da die Gemeinden im Hinblick auf das Monopol für den externen Bestattungsdienst als Träger öffentlicher Gewalt anzusehen sind, können die Wettbewerbsregeln keine Anwendung finden.[340] Wenn der Träger öffentlicher Gewalt Dritten ein wettbewerbswidriges Verhalten aufzwingt, sind die Wettbewerbsregeln aber doch wieder anwendbar.[341] So sachgerecht und begrüßenswert dieses Ergebnis auch sein mag, stellt sich doch aus dogmatischer Sicht die Frage, wann genau die Wettbewerbsregeln in einem derartigen Verhältnis Anwendung finden können und wann nicht.

5. Systematischer Lösungsansatz

Den hier herausgearbeiteten Widersprüchlichkeiten ist aber nicht zwingend zu entnehmen, daß in einer oder mehreren Entscheidungen[342] ein systemwidriger Ausreißer gesehen werden muß. An den nun folgenden Gedankenschritten soll gezeigt werden, daß dieser Widerspruch jedoch nicht unbedingt zwingend ist. Man kann vielmehr eine Grundsystematik entwickeln, in der sich die Entscheidungsergebnisse logisch vereinbaren lassen. Diese Systematik soll dann die Grundlage für die Erarbeitung der Kriterien bilden, anhand derer der hoheitliche oder nicht hoheitliche Charakter einer Tätigkeit bestimmt werden kann, der letztlich über die Anwendung der Wettbewerbsregeln entscheidet.

a) Konkrete Tätigkeit

Zur Auflösung des dargelegten Widerspruchs muß man sich zunächst vor Augen führen, daß die Qualifikation einer Institution zu einem Unternehmen im Sinne des Wettbewerbsrechts des EG-Vertrages keinen *generellen* Geltungsanspruch haben kann. Ein Finanzamt, das Steuern eintreibt, betätigt sich ohne Zweifel hoheitlich. Wenn diese öffentliche Institution neben dieser hoheitlichen Aufgabe damit beginnt beispielsweise mit Postkarten zu handeln, dann stellt dies ebenso unzweifelhaft eine *unternehmerische* Betätigung dar. Mit dieser

---

[340] *Bodson* Leitsatz 1 und Tz. 14 ff.

[341] *Bodson* Leitsatz 3 und Tz. 32 ff.

[342] Nämlich die Entscheidung *Poucet und Pistre* nach Auffassung eines Teils der Literatur vgl. oben in diesem Abschnitt; *Giesen*: Sozialversicherungsmonopol und EG-Vertrag (1995), S. 120 ff.; *Isensee*: Soziale Sicherheit im europäischen Markt, VSSR 1996, 169, 173 (für die deutschen Sozialversicherungsträger); *Fesenmair*: Öffentliche Dienstleistungsmonopole im europäischen Recht (1996), S. 33 ff.; *Burgi*: Die öffentlichen Unternehmen im Gefüge des primären Gemeinschaftsrechts, EuR 1997, S. 261, 265.

Betätigung kann aber das Finanzamt nicht *generell* zum Unternehmen in diesem Sinne werden. Als Unternehmen ist es allein im Hinblick auf die *konkrete unternehmerische Tätigkeit* anzusehen, die hoheitliche Tätigkeit bleibt von dieser Qualifikation ausgenommen, hier ist die öffentliche Institution nach wie vor als Trägerin hoheitlicher Gewalt anzusehen. Es ist deshalb durchaus möglich, daß dieselbe Institution - je nach der konkreten in Frage stehenden Tätigkeit - einmal als Unternehmen im Sinne der Art. 81 ff. EG und ein anderes Mal als Trägerin hoheitlicher Gewalt anzusehen ist. Die Unternehmensqualität ergibt sich also aus der *konkreten Tätigkeit im Einzelfall.*[343]

Die systematische Notwendigkeit, auf die konkrete Tätigkeit abzustellen, kann darüber hinaus auch insbesondere anhand der Entscheidungen *Höfner, Sacchi* und *Bodson* nachgewiesen werden. Besonders deutlich tritt dies in den Ausführungen des *Europäischen Gerichtshofs* im Fall *Höfner* hervor: der *Gerichtshof* betont hier, daß die Feststellung der wirtschaftlichen Betätigung *insbesondere* für die Tätigkeit der Vermittlung von Führungskräften der Wirtschaft gelte.[344] Diese Formulierung deutet darauf hin, daß andere Tätigkeiten der Bundesanstalt nicht notwendig genauso zu beurteilen sind. Auch die oben angeführten Überlegungen zum Bereich Rundfunk und Kultur[345] zeigen dies. Offenbar können bestimmte Fernsehveranstaltungen durchaus als Wahrnehmung einer hoheitlichen Aufgabe verstanden werden, während dies bei anderen nicht der Fall ist.[346] Folglich wird auch hier die Qualifikation nach der konkreten Tätigkeit vorgenommen.

Im Fall *Bodson* wurde bereits angesprochen, daß der *Gerichtshof* die Anwendbarkeit der Wettbewerbsregeln mit dem Argument abgelehnt hatte, daß die Gemeinden Träger hoheitlicher Gewalt seien. Er zog dann allerdings die Anwendung von Art. 82 EG für den Fall in Betracht, daß für die fraglichen Dienstleis-

---

[343] Zu einem inhaltlich ähnlichen Ergebnis kommt *Peter Troberg* bei der Behandlung der öffentlichen Gewalt in Art. 55 EGV [Art. 45 EG n.F.]. Er argumentiert dabei allerdings umgekehrt: die Wahrnehmung einer einzelnen hoheitlichen Aufgabe dürfe nicht dazu führen, daß die gesamte Tätigkeit hoheitlich zu qualifizieren sei, *Troberg* in: Groeben/Boeck/Thiesing/Ehlermann: Kommentar zum EWG-Vertrag Bd. 1 (5. Aufl. 1997), Art. 55 Rn. 2 ff.

[344] *EuGH* Slg. 1991 I, 1979, 2016 Tz. 22 - *Höfner*, ohne Hervorhebung im Originaltext

[345] Vgl. oben „*Poucet* und *Sacchi*", S. 95 f.

[346] Die Richtigkeit dieser Liste, d.h. ob also insbesondere Eigenproduktionen und Gameshows von ARD und ZDF hierunter erfaßt werden, kann hier dahinstehen. Wichtig ist hier die Erkenntnis, daß man offenbar von einer derartigen Differenzierung von Programmveranstaltungen mit und ohne hoheitlichen Charakter ausgeht, vgl. dazu: *Lukas Weber*: Fernsehen in der Falle des Kommerzes, FAZ vom 1. Okt. 1998, S. 17, vgl. hierzu bereits oben Fn. 314 S. 96.

tungen überhöhte Entgelte gefordert würden.[347] Zunächst erscheinen die Ausführungen nach der Feststellung der grundsätzlichen Unanwendbarkeit der Wettbewerbsregeln in diesem Fall als widersprüchlich. Die bezeichnete Widersprüchlichkeit könnte man zum einen dadurch auflösen, daß es im konkreten Fall nicht die Gemeinden waren, die die überhöhten Entgelte forderten, sondern die privaten Unternehmen, denen die Wahrnehmung dieser Aufgabe übertragen worden war. Dabei erscheint es aber als fraglich, ob das *private Rechtssubjekt* für diese Differenzierung entscheidend sein kann, denn auch ein Privater kann in der Form des Beliehenen hoheitliche Aufgaben wahrnehmen, so daß auch hier die Anwendbarkeit der Wettbewerbsregeln zumindest als zweifelhaft erscheint. Zum anderen besteht die Möglichkeit, daß man diesen Widerspruch auflöst, indem man auf die konkrete Tägkeit abstellt. Genauso wie im Fall *British Telecommunications*[348] könnte man an dieser Stelle im Fall *Bodson* argumentieren, daß unter dem Deckmantel der Behauptung, eine hoheitliche Aufgabe wahrzunehmen, in Wirklichkeit allein Einkommen erzielende und damit wirtschaftliche Interessen verfolgt wurden. Wenn eine öffentliche Institution oder ein entsprechend betrauter Privater dem Bürger eine Leistung zu überhöhten Entgelten anbietet, dann kann dieser mögliche Mißbrauch im Sinne des Art. 82 EG nicht im allgemeinen oder öffentlichen Interesse liegen. Deshalb kann das mißbräuchliche, allein an der Einkommenserzielung orientierte Verhalten auch nicht Ausdruck hoheitlicher Gewalt sein, das vor der Anwendung des Wettbewerbsrechts immunisiert. Anders und überspitzt gewendet könnte man sagen, daß die rechtmäßig ausgeübte Tätigkeit Ausdruck hoheitlicher Gewalt ist, hingegen ist die aufgrund der Forderung überhöhter Entgelte mißbräuchlich ausgeübte Tätigkeit Ausdruck unternehmerischer Betätigung, auf die Art. 82 EG angewendet werden kann. Der konkreten Tätigkeit liegt also eine gewinnorientierte, rein marktbezogene *Motivation* zu Grunde.

Diese Betrachtungsweise ist allerdings mit einem wichtigen Problem behaftet. Die Frage der Anwendbarkeit einer Norm wird nämlich dadurch beantwortet, daß ein Tatbestandsmerkmal erfüllt ist. Für diese Vorgehensweise wurde bereits der *Bundesgerichtshof* bzw. *GmS-OGB* kritisiert, der § 1 UWG aufgrund eines von ihm angenommenen Wettbewerbsverhältnisses im *Brillenurteil* und *Rollstuhlfall* angewendet hat.[349] Im Bereich des Europarechts läßt sich dies aller-

---

[347] *EuGH* Slg. 1988, 2479, 2512 f. Tz. 21 ff., sowie 2. und dritter Leitsatz der Entscheidung *Bodson*; vgl. zur Unternehmenseigenschaft: *Dirksen*, in: Langen/Bunte (Gründer): Kommentar zum deutschen und europäischen Kartellrecht (9. Aufl. 2000), Art. 82 Rn. 6

[348] Vgl. oben: *British Telecommunications* S. 76, 92.

[349] Vgl. oben S. 22 ff.; *BGHZ* 82, 375 = NJW 1982, 2117 - *Brillenurteil*; *GemS-OBG* BGHZ 102, 280 = NJW 1988, 2295 - *Rollstühle*.

dings mit dem Gedanken des *effet-utile*[350] eher rechtfertigen: anerkannte hoheitliche Tätigkeiten dürfen nicht zu Lasten des Wettbewerbs mißbraucht werden. Anders ausgedrückt kann die mißbräuchliche Forderung überhöhter Entgelte mit keinem öffentlichen Interesse gerechtfertigt werden, das seinerseits wiederum die Grundlage für die Annahme hoheitlichen Handelns darstellen würde. In diesem Fall gibt es also keinen Grund, die Wettbewerbsregeln nicht anzuwenden. Dies kann aber unter Umständen problematische Folgen haben: Mit der Forderung eines überhöhten Entgelts könnte auf diese Weise eine an sich hoheitliche Betätigung zu einer unternehmerischen Tätigkeit werden, mit der Konsequenz, daß Art. 82, 86 EG Anwendung finden können. Dies hätte wiederum zur Folge, daß die Festlegung von Entgelten für hoheitliche bzw. schlicht hoheitliche Leistungen mit Hilfe des europäischen Wettbewerbsrechts vorgenommen werden könnten. Fraglich ist, wie der Fall zu entscheiden wäre, wenn eine schlecht organisierte öffentliche Institution - etwa eine öffentlich-rechtlich organisierte Sozialversicherung - im Marktvergleich überhöhte Beiträge forderte. Auch wenn eine solche Möglichkeit der Kostenüberprüfung durch die Organe der EG verlockend erscheinen mag, bestehen systematische Bedenken dagegen, daß über den Umweg des Wettbewerbsrechts eine Kontrolle derartiger hoheitlicher Aufgaben eingeführt wird. Diese Problematik muß man im Auge behalten.[351] Unabhängig davon kommt es an dieser Stelle aber allein auf die (der Problematik vorgelagerte) Feststellung an, daß auch hier im Fall *Bodson* für die rechtliche Bewertung ein einzelnes Verhalten - also eine konktete Tätigkeit - aus der an sich mit einem hoheitlichen Charakter versehenen Aufgabenwahrnehmung herausgelöst wird.

Was diese Feststellungen zur konkreten Tätigkeit betrifft, kann man zusammenfassen, daß es systematisch falsch wäre, von einem Tätigkeitsbereich insgesamt oder von der Institution auf deren Unternehmensqualität oder umgekehrt auf deren hoheitlichen Charakter zu schließen. Falsch wäre also die Feststellung, daß eine bestimmte öffentliche Institution *immer* als Trägerin hoheitlicher Ge-

---

[350] Mit dem *effet-utile*-Gedanken entwickelt die Gemeinschaftspraxis aus dem Grundsatz der Gemeinschaftstreue der die Verpflichtung der Mitgliedstaaten, das wettbewerbsrechtliche Instrumentarium des EG-Vertrages zu schützen und alles zu unterlassen, was das Ziel des unverfälschten Wettbewerbs im Binnenmarkt gefährden könnte (vgl. Art. 5 II, 3 lit g EGV). Insbesondere dürfen die Mitgliedstaaten die praktische Wirksamkeit der an die Unternehmen gerichteten Wettbewerbsregeln nicht beeinträchtigen. Vgl. statt vieler: *Möschel*: Wird die effet-utile-Rechtsprechung des EuGH inutile? NJW 1994, 1709 f.; *Jickeli*: Der Binnenmarkt im Schatten des Subsidiaritätsprinzips, JZ 1995, 57, 61 f., die beide auf neuere, rückläufige Tendenzen der effet-utile-Rechtsprechung des *Europäischen Gerichtshofs* hinweisen.

[351] Vgl. dazu unten „Wertende Gesamtbeurteilung", S. 136; „Einfügung des Falles *Bodson*", S. 166.

walt anzusehen ist und daß für sie die Anwendung der Wettbewerbsregeln *niemals* in Betracht kommt. Entscheidend ist vielmehr die Frage, ob die konkrete in Rede stehendeTätigkeit hoheitlichen Charakter hat. Eine Institution, die hoheitliche Aufgaben wahrnimmt, kann sich neben diesen Aufgaben durchaus auch unternehmerisch betätigen, und sei dies auch nur ein Einzelfall, wie der oben angeführte Postkartenverkauf im Finanzamt. Eine gegenteilige Auffassung käme mit dem Grundsatz in Konflikt, daß der EG-Vertrag keine Bereichsausnahmen wie das nationale Kartellrecht kennt.[352] Umgekehrt ist es deshalb genauso falsch, aus einer einzelnen Entscheidung, die eine konkrete Tätigkeit einer bestimmten Institution betrifft, zu schließen, diese Institution könnte niemals mehr als Trägerin hoheitlicher Gewalt angesehen werden. Eine andere Tätigkeit, die sie wahrnimmt, kann durchaus auch hoheitlichen Charakter haben. Die generelle Qualifizierung der Bundesanstalt für Arbeit als Unternehmen unterliegt deshalb erheblichen Zweifeln.[353] Der Fall *Poucet* trifft folglich also keine generelle Feststellung, daß Krankenkassen oder Sozialversicherungen nicht als Unternehmen im Sinne des EG-Vertrages anzusehen sind, sondern er trifft die Feststellung, daß eine auf dem Solidaritätsprinzip basierende sozialversichernde Tätigkeit nicht als unternehmerische Betätigung anzusehen ist und daß die Sozialversicherungen diesbezüglich nicht als Unternehmen zu behandeln sind.[354]

b)   Motivation

Das zweite Argument, mit dem sich der Widerspruch der Entscheidung *Poucet* zum funktionalen Unternehmensbegriff auflösen läßt, liegt in der Erkenntnis, daß nicht die äußere Tätigkeit, sondern die *Motivation* des Handelns entschei-

---

[352] *Mestmäcker* in: Immenga/Mestmäcker (Hrsg.): EG-Wettbewerbsrecht (1997), Art. 37, 90 D Rn. 35.

[353] Etwas anderes ist es, wenn sich der Gesetzgeber aufgrund einer Entscheidung eines Gemeinschaftsorgans dazu entschließt, das gesamte Tätigkeitsfeld einer öffentlichen Institution fortan unternehmerisch auszugestalten. Dies ist seine souveräne Entscheidung. Es kann deshalb auch durchaus gefragt werden, ob die Reform der Arbeitsvermittlung aufgrund des Falles *Höfner* im vollen Umfang erforderlich war.

[354] Zur Bestätigung der hier vertretenen Auffassung soll auch auf die unten folgenden Ausführungen zur Einordnung der Tätigkeit der Sozialversicherungen in den Fällen *Kohll* und *Decker* hingewiesen werden. Auch hier kann ein konsistentes Ergebnis nur dann erzielt werden, wenn man für die Anwendbarkeit von Dienstleistungsfreiheit und Warenverkehrsfreiheit auf die entsprechende konkrete Tätigkeit abstellt, vgl. dazu unten „Überprüfung der Ergebnisse anhand *der* Fälle *Decker* und Kohll", S. 210 ff.

dend ist.[355] Man kann mit gewissen Argumenten nachweisen, daß Angebot und Nachfrage nach den Leistungen von Sozialversicherungen auf einem (Monopol) Markt zusammentreffen, daß also äußerlich ein Markt vorliegt, der ein Kriterium für die Annahme einer unternehmerischen Betätigung darstellt. Dieses unternehmerische Element ist aber gerade nicht die *Motivation* der Betätigung. Der Austausch der von der Sozialversicherung erbrachten Dienstleistung und der von den Versicherten erbrachten finanziellen Gegenleistung stellt nicht einmal einen Nebenzweck, sondern eine bloße Äußerlichkeit dar.[356] Auf die Motivation abzustellen erscheint dabei in zweifacher Hinsicht sachgerechter, als das äußere Erscheinungsbild der Betätigung zum Gegenstand der Betrachtung zu machen. Einerseits könnte die öffentliche Hand versuchen, sich durch die Wahl öffentlich-rechtlicher Handlungsformen der Geltung der Wettbewerbsregeln des EG-Vertrages zu entziehen.[357] Stellt man hingegen auf die Motivation des Handelns ab, so kann sich ergeben, daß trotz der öffentlich-rechtlich ausgestalteten Handlungs- und Organisationsform eine unternehmerische Betätigung vorliegt. Andererseits schließt dann auch das Vorliegen eines Marktes nicht notwendig die Annahme einer hoheitlichen bzw. schlicht-hoheitlichen Betätigung aus. Im Fall *Poucet* liegt die Motivation des Handelns in einem im öffentlichen Interesse liegenden Solidaritätsprinzip und gerade nicht in einer unternehmerischen Betätigung im Sinne des funktionalen Unternehmensbegriffs. Wenn man also folgerichtig von dem einzelnen Akt und der Motivation des Handelns ausgeht, steht die Entscheidung keineswegs im Widerspruch zum funktionalen Unternehmensbegriff.

---

[355] Vgl. *Möschel* in: Immenga/Mestmäcker (Hrsg.): EG-Wettbewerbsrecht (1997), Art. 86 Rn. 3, der insoweit auf den *Zweck* der entsprechenden Vorschriften abstellt; s. auch *Brohm*: Strukturen der Wirtschaftsverwaltung (1969), S. 155 ff.; *ders.*: Die Dogmatik des Verwaltungsrechts, VVDStRL 30 (1972), 245; 265; der insoweit auf das funktionelle Element als ein Abgrenzungskriterium für die hoheitliche Aufgabenwahrnehmung abstellt. Die Einführung des Begriffs der *Motivation* erscheint angebracht, um Überschneidungen mit dem *funktionalen* Unternehmensbegriff zu vermeiden.

[356] Vgl. *Burgi*: Die öffentlichen Unternehmen im Gefüge des primären Gemeinschaftsrechts, EuR 1997, S. 261, 265 unter Berufung auf *EuGH* Slg. 1994 I, 43, 63 - *Eurocontrol*; *Fesenmair*: Öffentliche Dienstleistungsmonopole im europäischen Recht (1995), S. 40 ff.; *Heinemann*: Grenzen staatlicher Monopole im EG-Vertrag (1996), S. 64 f.; *Wilms*: Das europäische Gemeinschaftsrecht und die öffentlichen Unternehmen (1996), S. 75 ff.; in diesen Nachweisen ist allerdings nur von der fehlenden Gewinnerzielungsabsicht die Rede, die für sich allein gesehen keineswegs ein allgemeingültiges Abgrenzungskriterium darstellt, vgl. dazu unten „Fehlende Gewinnerzielungsabsicht", S. 114.

[357] Vgl. dazu oben S. 76; *EuGH* Slg. 1985, 873, 885 f - *British Telecommunications*; Slg. 1991 I, 1979, 2017 Tz. 25 - *Höfner*.

c) Hoheitliche Aufgabenerfüllung als negatives Tatbestandsmerkmal des Unternehmensbegriffs

Bei der Darstellung des Falles *Poucet* wurde bereits angedeutet, daß allein das Vorliegen eines von Leistung und Gegenleistung der Teilnehmer geprägten Marktes der Annahme einer hoheitlichen bzw. schlicht-hoheitlichen Handlung nicht notwendig entgegenstehen muß. Die den Entscheidungen des *Europäischen Gerichtshofs* zu Grunde liegende Systematik kann auch so verstanden werden, daß hoheitliches Handeln die Wettbewerbsregeln grundsätzlich ausschließt, Beispiel hierfür waren die Fälle *Bodson* und *Eurocontrol*.[358] Liegt allerdings in Wirklichkeit eine wirtschaftliche Betätigung der öffentlichen Hand vor, so kann eine Institution auch unabhängig von ihrer Handlungs- und Organisationsform als Unternehmen angesehen werden. Die Grundvoraussetzung für die Annahme eines Unternehmens im Sinne der Art. 81 ff. EG ist eine wirtschaftliche Betätigung, diese wirtschaftliche Betätigung kann wiederum nur auf einem tatsächlichen oder potentiellen Markt stattfinden. Diese positive Definition des Unternehmens trifft aber auf eine negative Grenze, wenn eine hoheitliche oder schlicht-hoheitliche Betätigung anzunehmen ist. Anders gewendet können hoheitliche oder schlicht-hoheitliche Betätigungen auch durch Elemente von Leistung und Gegenleistung geprägt sein. Dieser Austausch von der beispielsweise im Fall *Poucet* erbrachten „Dienstleistung" und der finanziellen Gegenleistung der Versicherten stellt aber nicht einmal einen Nebenzweck der Betätigung, sondern eine bloße Äußerlichkeit dar.[359] Es bietet sich an, in diesen Fällen der hoheitlichen Betätigung von einer „wirtschaftlichen Betätigung im weitesten Sinne" zu sprechen, im Gegensatz zu einer wirtschaftlichen Betätigung im engeren Sinne, die zur Annahme einer unternehmerischen Betätigung führen würde.

Im Fall *Poucet* beendet der *Gerichtshof* seine (gedankliche) Prüfung nicht mit der Erkenntnis, daß Leistung und Gegenleistung vorliegen, sondern er fragt weiter, ob diese - an sich nach seiner Terminologie wirtschaftliche - Betätigung besonderen öffentlichen Interessen dient, die der Betätigung ihren unternehmerischen Charakter nehmen. Der funktionale Unternehmensbegriff definiert sich also *positiv* durch eine von Leistung und Gegenleistung geprägte wirtschaftliche Betätigung und *negativ* durch das Vorliegen einer hoheitlichen bzw. schlicht-hoheitlichen Handlung.[360] Der *Europäische Gerichtshof* geht also zu-

---

[358] Vgl. oben S. 89.

[359] Vgl. *Burgi*: Die öffentlichen Unternehmen im Gefüge des primären Gemeinschaftsrechts, EuR 1997, S. 261, 265 vgl. zur Begrifflichkeit des „Nebenzwecks" gerade zuvor S. 109.

[360] Die Möglichkeit eines hoheitlichen Handelns an einem Markt zeigt sich am Beispiel der Zentralbanken: sie betätigen sich insbesondere im Rahmen der Offenmarktpolitik auf einem Markt, trotzdem kann man ihre Betätigung als hoheitlich qualifizieren, so daß die Wettbe-

nächst von einem funktionalen Unternehmensbegriff in einem sehr weiten Sinne aus. Diese Grunddefinition erfaßt damit auch hoheitliches Verhalten, das in weitem Sinne auf einem Markt stattfindet, wo also Angebot und Nachfrage aufeinandertreffen.

Der hoheitliche bzw. schlicht-hoheitliche Charakter der Tätigkeit führt aber dazu, daß dieses Verhalten gerade nicht als unternehmerische Betätigung zu qualifizieren ist. Insoweit kann man also von einem *negativen Tatbestandsmerkmal*[361] sprechen. Auf diese Weise wird auch verständlich, weshalb der *Gerichtshof* die Definition des funktionalen Unternehmensbegriffs etabliert und sich dann im Fall *Poucet* diesbezüglich auch auf den Fall *Höfner* bezieht. Im Fall *Höfner* lag dieses negative Tatbestandsmerkmal offenbar nicht vor, im Fall *Poucet* hingegen wohl. Wichtig ist es nun, dieses offensichtlich existierende negative Tatbestandsmerkmal mit Inhalten zu füllen, mit denen letztlich auch die herausgearbeiteten Unvereinbarkeiten in der Rechtsprechung des *Europäischen Gerichtshofs* erklärt und aufgelöst werden können.

6. Zwischenergebnis dieses Systematisierungsversuchs

Im Rahmen der systematischen Untersuchungen wurde bisher festgestellt, daß die Mitgliedstaaten im Grundsatz selbst bestimmen können, wann die Wahrnehmung einer selbstgestellten Aufgabe hoheitlichen Charakter haben soll und wann sie mit unternehmerischen Mitteln ausgeübt wird. Ebenso besteht der Grundsatz, daß aus der Sicht der Organe der *Europäischen Gemeinschaften* nicht jede Aufgabenerfüllung hoheitlichen Charakter beanspruchen kann, dies war die Lehre aus den Fällen *British Telecommunications* und *Höfner*.

Es hat sich allerdings gezeigt, daß die besprochenen Entscheidungen selbst keine Abgrenzungskriterien beinhalten und daß sich aus ihnen auch unmittelbar

---

werbsregeln keine Anwendung finden, vgl. dazu Hahn: Währungsrecht (1990), § 19 Rn. 1; *Fesenmair*: Öffentliche Dienstleistungsmonopole im europäischen Recht (1996), S. 66; a.A.: *Froemke*: Die Stellung der Kreditinstitute im Wettbewerbsrecht (1987), S. 94.

[361] Der Ursprung des Begriffs des negativen Tatbestandsmerkmals ist im Strafrecht zu suchen. Um vor allem in Irrtumsfällen zu einer widerspruchsfreien Lösung zu kommen, werden dabei die Rechtfertigungsgründe auf die Tatbestandsebene gezogen, vgl. dazu ausführlich *Roxin*: Strafrecht: Allgemeiner Teil Band I (3. Aufl. 1997), § 10 Rn. 13 ff.. Dies soll hier gerade nicht geschehen, die Ausnahmeklausel des Art. 86 II EG bleibt dem Charakter nach ein Rechtfertigungsgrund, der zu prüfen ist, wenn die übrigen Tatbestandsmerkmale des Art. 86 EG in Verbindung mit den Normen, auf die er verweist, vorliegen. Hier geht es nur um die begriffliche Erfassung einer rechtlichen Situation, in der das Hinzutreten eines Umstandes oder Merkmals zur Verneinung des Tatbestandes führt.

keine Systematik ableiten läßt, die konkrete Regeln für Anwendbarkeitsgrenzen der Wettbewerbsregeln enthält. Als Ergebnis dieses Systematisierungsversuches kann aber zunächst festgehalten werden, daß sich erste scheinbare Widersprüchlichkeiten auflösen, wenn man bezüglich des in Frage stehenden Verhaltens nach *konkreter Tätigkeit* und *Motivation* differenziert. Diese Differenzierung nach konkreter Tätigkeit und Motivation kann also ergeben, daß ein und dieselbe (öffentliche) Institution je nach dem konkreten in Frage stehenden Verhalten (*konkrete Tätigkeit*) in einem Fall als Unternehmen und im anderen Fall als Träger von Hoheitsgewalt zu qualifizieren ist. Darüber hinaus können in Frage stehende äußerlich identische Tätigkeiten je nach der konkreten *Motivation* einmal als hoheitliche oder schlicht-hoheitliche Tätigkeit und einmal als unternehmerische Tätigkeit qualifiziert werden. Deshalb ist es keineswegs widersprüchlich, wenn das auf den ersten Blick scheinbar Gleiche im Hinblick auf den Unternehmensbegriff unterschiedlich qualifiziert wird. Ferner erkennt man bei der Betrachtung der Kompetenzen des *Europäischen Gerichtshofs*, daß eine Übertragung der Lehre von der Doppelqualifizierung aus dem nationalen Recht in das Europarecht ohne Sinn wäre. Die Entscheidungskompetenz des *Gerichtshofes* endet nämlich nicht, wie die der nationalen Wettbewerbsgerichte, beim öffentlich-rechtlich ausgestalteten Leistungsverhältnis zwischen Bürger und öffentlicher Hand. Da er die Möglichkeit hat, auch eben dieses Leistungsverhältnis auf seine Vereinbarkeit mit den Regeln des EG-Vertrages zu überprüfen, bedarf es keiner Aufteilung, die die Lehre von der Doppelqualifizierung aufgrund der eingeschränkten Entscheidungskompetenz der Wettbewerbsgerichte als notwendig erachtet. Man kann insoweit von einem Konzept der einheitlichen Zuordnung reden.

Des Weiteren kann man feststellen, daß der *Gerichtshof* von einem funktionalen Unternehmensbegriff in einem sehr weit verstandenen Sinne ausgeht, was sowohl im Fall *Höfner* wie auch im Fall *Poucet* besonders deutlich zum Ausdruck kommt.[362] Von seiner Definition her[363] umfaßt der funktionale Unternehmensbegriff insbesondere auch Teile der schlicht-hoheitlichen Staatstätigkeit. Grundsätzlich findet der vom *Gerichtshof* zu Grunde gelegte Unternehmensbegriff seine Grenze, wenn der Staat, eine staatliche Institution oder auch ein besonders betrauter Privater eine Aufgabe hoheitlich erfüllt. Dabei kann man den Fällen *Bodson*, *Eurocontrol* und *Poucet* entnehmen, daß nicht nur ein Über- und Unterordnungsverhältnis die Annahme der Unternehmenseigenschaft ausschließt, sondern auch ein Gleichordnungsverhältnis, das man in den Kategorien des nationalen Verwaltungsrechts im Bereich der schlicht-hoheitlichen

---

[362] *EuGH* Slg. 1991 I, 1979, 2016 Tz. 21- *Höfner*; Slg. 1993 I, 637, 669 Tz. 17 = NJW 1993, 2597, 2598 - *Poucet und Pistre.*

[363] Vgl. oben „Der Art. 86 EG zugrunde liegende Unternehmensbegriff", S. 44.

Aufgabenerfüllung ansiedeln könnte. Die hoheitliche Tätigkeit schließt also die Anwendung der Wettbewerbsregeln aus, innerhalb des weiten funktionalen Unternehmensbegriffs spielt sie die Rolle eines negativen Tatbestandsmerkmals. Mit diesen Erkenntnissen kann nachgewiesen werden, daß das Spannungsverhältnis zwischen den Fällen *Poucet* und *Höfner* sowie die aus Art. 86 II 1 EG folgende Abgrenzungsproblematik mit systematischen Mitteln grundsätzlich aufgelöst werden können. Ungeklärt ist allerdings bislang die Frage, mit welchem Inhalt dieses negative Tatbestandsmerkmal auszufüllen ist. Diese Kriterien gilt es im Folgenden herauszuarbeiten.

III. Kriterien für die Abgrenzung hoheitlichen Handelns und rein wirtschaftlicher Betätigung

An dieser Stelle soll ein Abriß von Entscheidungskriterien, die Gegenstand wissenschaftlicher Betrachtung waren und naheliegend erscheinen, untersucht werden. Dabei fällt auf, daß die wissenschaftliche Durchdringung dieser Problematik offenbar noch nicht sehr weit fortgeschritten ist.[364] Daß dabei die naheliegende Abgrenzung nach *formalen Kriterien* (öffentlich-rechtliche Handlungs- und Organisationsform) ausscheidet, soll hier nur noch einmal der Vollständigkeit halber erwähnt werden.[365] Ebenso erscheint es verfehlt, die *wirtschaftliche Tätigkeit* zum wesentlichen Abgrenzungskriterium zu machen;[366] da die wirtschaftliche Betätigung das Wesen eines Unternehmens im funktionalen Sinn darstellt, hat diese Abgrenzung den Charakter eines Zirkelschlusses.[367]

---

[364] *Schwintowski*: Der Begriff des Unternehmens im europäischen Wettbewerbsrecht, ZEuP 1994, 294, 298 f., 300; *Fesenmair*: Öffentliche Dienstleistungsmonopole im europäischen Recht (1996), S. 40. Mittlerweile umgeht man das Problem, indem man den weiten funktionalen Unternehmensbegriff aus der Entscheidung *Höfner* zitiert (Tz. 21) und dann je nach dem gewünschten Ergebnis auslegt. Widersprechende Entscheidungen wie z.B. *Poucet und Pistre* werden entweder nicht beachtet oder als „falsch" abgetan; siehe zu diesem Thema der Abgrenzung auch *Kommission* Mitteilung vom 19.1.2001, Amtsbl. C 17, 4 Tz. 27 ff. – aber auch aus diesen Ausführungen der Kommission ergeben sich keine klaren Abgrenzungskriterien.

[365] *Rottmann* Archiv PT 1989, 1, 6; s. dazu bereits oben „Der Art. 86 EG zugrunde liegende allgemeine Unternehmensbegriff", S. 44.

[366] So aber *Grussendorff*: Zur Problematik des Art. 90 EWG-Vertrag, WuW 1965, 383.

[367] Mit demselben Ergebnis *Fesenmair*: Öffentliche Dienstleistungsmonopole im europäischen Recht (1996), S. 40; vgl. in diesem Zusammenhang auch die allgemeine Definition, die vom *EuGH* für die wirtschaftliche Tätigkeit verwendet wird: Wirtschaftliche Tätigkeit ist jede Tätigkeit, die darin besteht, Güter oder Dienstleistungen auf einem bestimmten

Näher in Betracht kommen aber etwa die *fehlende Gewinnerzielungsabsicht* des Staates oder die tatsächliche oder theoretische Möglichkeit der Wahrnehmung der konkreten Aufgabe *durch Private*. Auch die Wahrnehmung einer *gesetzlich bestimmten Aufgabe* spielt eine Rolle. Als Abgrenzungskriterien sind weiterhin die *Finanzierung* aus dem Staatshaushalt oder die fehlende *Äquivalenz* von Leistung und Gegenleistung denkbar. Besondere Aufmerksamkeit verdient eine Literaturansicht, die bei dieser Abgrenzung – interdisziplinär - auf *wirtschaftswissenschaftliche Kategorien* abstellt. Ohne Erfolg bleibt auch der Versuch, zur Lösung dieses Problems auf das nationale Wettbewerbsrecht zu rekurrieren. Die Praxis, die der Lehre von der Doppelqualifizierung folgt, benötigt eine derartige Abgrenzung nicht, da sie die nationalen Wettbewerbsregeln auch anwendet, wenn eine schlicht-hoheitliche Betätigung vorliegt.[368]

1.   Fehlende Gewinnerzielungsabsicht

Der *Europäische Gerichtshof* nennt die fehlende Gewinnerzielungsabsicht („Gewinnzweck") als ein Argument für die Nichtanwendbarkeit der Wettbewerbsregeln im Fall *Poucet*.[369] Es stieße allerdings auf erhebliche Bedenken, wenn man dieses Kriterium für sich allein für die Abgrenzung heranzöge.[370] Da insbesondere ein öffentliches Monopolunternehmen das Ziel der Gewinnerzielung oder gar der Gewinnmaximierung aus Gründen der eigenen Legitimation kaum öffentlich verkünden wird, stellt sich die Frage, wie man diese Intention überhaupt faktisch nachweisen soll. Außerdem ist es im Rahmen des funktionalen Unternehmensbegriffs allgemein anerkannt, daß die Unternehmenseigenschaft nicht mit der Gewinnerzielungsabsicht steht oder fällt. Als Beispiel hierfür seien nur (private) Ein- und Verkaufsgemeinschaften (vgl. § 4 GWB) genannt, die zwar keinen Gewinn machen, die allerdings sehr wohl dem Geltungsbereich des Wettbewerbsrechts unterliegen.[371] Hier kann für die öffentliche Hand keine Ausnahme gelten, wenn für unternehmerisch geprägte Hilfsfunktionen besondere funktionale Einheiten gebildet werden.

Markt anzubieten, *EuGH* Slg. 1987, 2599 Tz. 7 - *Kommission/Italien*; Slg. 2002 I, 691 Tz. 23 - *INAIL*; Slg. 2002 I, 9297 Tz. 79 - *Aéroports de Paris*.

[368] Vgl. hierzu Brillenurteil und Rollstuhlfall aus der nationalen Kasuistik oben S. 22.

[369] *EuGH* Slg. 1993 I, 637, 670 (Tz. 18) = NJW 1993, 2597, 2598 - *Poucet und Pistre*.

[370] Vgl. *GA Tesauro* in Schlußanträgen *EuGH* Slg. 1991 I, 4022, 4026, Tz. 8; *Fesenmair:* Öffentliche Dienstleistungsmonopole im europäischen Recht (1996), S. 40 ff.

[371] Vgl. *Emmerich:* Kartellrecht, 9. Aufl. 2001, S. 73 ff.

Auch die *Kommission* scheint davon auszugehen, daß die Gewinnerzielungsabsicht kein notwendiges Kriterium für die Annahme eines öffentlichen Unternehmens ist; in den Erwägungsgründen zur Transparenzrichtlinie heißt es ausdrücklich, daß die Mitgliedstaaten mit ihren öffentlichen Unternehmen andere als kaufmännische Ziele verfolgen können. Im Übrigen hatte der *Europäische Gerichtshof* im Fall *Höfner* die Unternehmensqualität auch für die Bundesanstalt für Arbeit angenommen, obgleich sie mit ihrer Vermittlungstätigkeit keinen Gewinn erzielt.[372] Wenn auch die fehlende Gewinnerzielungsabsicht nicht das entscheidende Kriterium zur Abgrenzung von unternehmerischer und hoheitlicher Tätigkeit darstellt, kann sie - wie sich im Fall *Poucet* gezeigt hat - im Einzelfall allerdings eine Indizfunktion entwickeln.

2. Wahrnehmung der Aufgabe durch Private

Ein Abgrenzungsvorschlag von *Wernhard Möschel* fragt nach der Möglichkeit der konkreten Leistungserbringung durch dritte Wirtschaftsteilnehmer.[373] Dies erscheint auf den ersten Blick als ein eingängiges Abgrenzungskriterium, zumindest wenn man auf den Vergleich zu anderen Mitgliedstaaten abstellt. Sofern in anderen Mitgliedstaaten die konkrete Tätigkeit von Privaten im Wettbewerb vorgenommen wird, ist dies ein starkes Indiz für wirtschaftliche Betätigung, die den Wettbewerbsregeln des EG-Vertrages unterliegt. Darüber hinaus wird diese Formel allerdings problematisch, dies gilt vor allem für potentielle Wettbewerbsverhältnisse. Theoretisch kann jede Leistung der öffentlichen Hand auch von Privaten erbracht werden. In Anlehnung an den Fall *Poucet* wären die Leistungen einer Sozialversicherung auch von einem privaten Unternehmen darstellbar. Das Argument, daß es sich hier zumindest aus deutscher Sicht um ein Verlustgeschäft handelt, trägt in der theoretischen Betrachtung nicht weit. Wenn man den Wettbewerb im Sinne von *Friedrich August von Hayek* als ein Entdeckungsverfahren begreift,[374] dann liegt die Möglichkeit nahe, daß ein privates Unternehmen durch den Einsatz von Technik und Organisation die Verwaltungskosten derartig senkt, daß es ein lukratives Geschäft „entdeckt". Ein langfristig planendes Großunternehmen könnte Verluste in der Aussicht auf hohe Erträge in Zeiten einer (heute sicher illusorisch anmutenden) Vollbeschäfti-

---

[372] Vgl. dazu *Schwintowski*: Der Begriff des Unternehmens im europäischen Wettbewerbsrecht, ZEuP 1994, 294, 300.

[373] *Möschel*: Hoheitliche Maßnahmen und die Wettbewerbsvorschriften des Gemeinschaftsrechts, FIW-Schriftenreihe Heft 148 (1992), S. 89 ff; *ders* in: Immenga/Mestmäcker (Hrsg.): EG-Wettbewerbsrecht (1997), Art. 86, Rn. 3.

[374] *von Hayek*: Der Wettbewerb als Entdeckungsverfahren (1968), passim.

gung auf sich nehmen. Zudem könnte auch das Privatunternehmen mit den gleichen staatlichen Zuschüssen bedacht werden wie die gesetzliche Rentenversicherung. Das Kriterium der faktischen Rentabilität ist also eher untauglich.

An Stelle der faktischen Möglichkeit der Betätigung könnte man vielleicht auch auf die rechtliche Möglichkeit abstellen. Eine wirtschaftliche Betätigung wäre demnach abzulehnen, wenn die konkrete Betätigung allein der öffentlichen Hand vorbehalten wäre, wenn die Konkurrenz also privaten Dritten untersagt wäre. Diese Auffassung stünde allerdings zunächst im Widerspruch zu Art. 86 II EG, hier werden Unternehmen mit entsprechenden besonderen Rechten an die Wettbewerbsregeln des EG-Vertrages gebunden. Vor allem zeigt sich auch in den Fällen *Höfner* und *British Telecommunications*, daß es für die Anwendung der Wettbewerbsregeln nicht darauf ankommt, ob ein Dritter rechtlich die Möglichkeit hat, sich entsprechend zu betätigen.[375] Zudem hätte diese Lösung einen zirkelschlußartigen Charakter, da die Mitgliedstaaten allein mit der gesetzlichen Untersagung einer Tätigkeit die Anwendung der Wettbewerbsregeln des EG-Vertrages abschließend verhindern könnten.

Folglich hat das Kriterium, ob auch Dritte die Tätigkeit - faktisch oder rechtlich - erbringen können, für die Abgrenzung der hoheitlichen Betätigung einerseits und der wirtschaftlichen Betätigung andererseits allenfalls einen indiziellen Charakter, in den hier angesprochenen Fällen erscheint es allerdings als eher unbrauchbar, da es zum Teil zu weit geht, zum Teil aber auch zu kurz greift.

Den gleichen Zweifeln unterliegt die Abgrenzung durch das Kriterium, daß die Tätigkeit *nicht notwendig durch eine Institution der öffentlichen Hand* wahrgenommen werden muß. Dieses Kriterium findet sich zwar ausdrücklich in der Entscheidung des Falles *Höfner*;[376] letztlich läuft dieses Kriterium auch auf den von *Pernice* und *Möschel* gemachten Vorschlag hinaus. Im Fall *Poucet* könnten nämlich Tätigkeiten der Sozialversicherung - theoretisch wie oben dargestellt - [377] auch von einem privaten Unternehmen wahrgenommen werden, müßten also nicht notwendig von einer öffentlichen Institution geleistet werden. Noch deutlicher wird die Ungeeignetheit dieses (isolierten) Kriteriums im Fall *Bodson*: die externen Leistungen des Bestattungsdienstes können sehr wohl auch von Privaten erbracht werden. Dies ist in anderen Mitgliedstaaten, wie z. B. in Deutschland, auch tatsächlich der Fall. Trotzdem sah der *Gerichtshof* in der Begründung des Monopols und dessen Übertragung auf die französischen Kom-

---

[375] *British Telecommunications* war ja zum Zeitpunkt der Entscheidung im Jahr 1985 Monopolist, vgl. oben S. 76.

[376] *EuGH* Slg. 1991 I, 1979, 2016 Tz. 22 - *Höfner.*

[377] S. oben: „*Poucet* und *Höfner*", S. 97.

munen einen Ausdruck hoheitlicher Gewalt und eben keine wirtschaftliche Betätigung.

Schließlich muß man sich auch die Konsequenz dieser Auffassung vor Augen führen, daß die Entscheidung über die Unternehmensqualität einer bestimmten öffentlichen Institution nicht mehr von dem jeweiligen Mitgliedstaat bestimmt wird, sondern von außen durch den Mitgliedstaat, der für diese Institution eine unternehmerische Handlungs- oder Organisationsform gewählt hat.[378]

Im Ergebnis kann man zu diesem Unterscheidungskriterium wiederum feststellen, daß es für sich allein betrachtet zumindest in Grenzfällen keinen wesentlichen Beitrag zur Abgrenzung geben kann. Man kann diesem Kriterium aber trotzdem mit gutem Gewissen eine indizielle Wirkung zuschreiben. So würde es schwer fallen, eine hoheitliche Betätigung anzunehmen, wenn ein Mitgliedstaat ohne jede Not die Wahrnehmung einer bestimmten Aufgabe (z.B. Nahrungsversorgung seiner Bevölkerung) für hoheitlich erklären würde, obwohl sie in allen anderen Mitgliedstaaten klassischerweise privatrechtlich wahrgenommen wird. Auch der umgekehrte Fall darf eine gewisse Allgemeingültigkeit beanspruchen, wenn beispielsweise eine bestimmte Aufgabe (etwa die Sozialversicherungstätigkeit) in vielen Mitgliedstaaten anerkanntermaßen hoheitlich durchgeführt wird, muß eine unternehmerische Aufgabenwahrnehmung durch die Gemeinschaftsorgane wohl besonders begründet werden.[379] Auch wenn die Indizfunktion dieses Kriteriums auf der Hand liegt, kann es sich vor allem in Grenzfällen um kein absolutes Abgrenzungskriterium handeln.

3. Wahrnehmung einer gesetzlich bestimmten Aufgabe

In der Entscheidung *IGAV* vertrat *Generalanwalt Trabucchi*, daß die Art. 81 ff. EG nicht auf eine öffentlich-rechtliche Körperschaft anwendbar seien, die in ihrer Eigenschaft als eine durch Gesetz geschaffene und geregelte Körperschaft lediglich das staatliche Gesetz anwende. Dies müsse jedenfalls so

---

[378] Als Beispiel hierfür kann das Zentralbankwesen in der Europäischen Union angeführt werden. Die Zentralbanken gelten nach h.M. *nicht* als Unternehmen im Sinne der Art. 81 ff. EG, vgl. oben Fn. 360. Wenn man sich auf den Standpunkt stellt, daß die Wahrnehmung dieser Aufgabe in einem anderen Mitgliedstaat durch ein (privates) Unternehmen wahrgenommen wird, fällt der Blick auf den Mitgliedstaat *Luxemburg*. Dessen *Institut Monétaire Luxembourgeois* wird nicht vom Staat, sondern von den Geschäftsbanken getragen, hat also mithin Unternehmensqualität. Also müßten an sich nach dieser Auffassung alle Zentralbanken Unternehmensqualität haben. Dieses Ergebnis vermag nicht zu überzeugen. Entscheidend ist die Qualität der Aufgabe und nicht von wem sie wahrgenommen wird.

[379] Vgl. *Schwarze* EuZW 2000, 613, 615

lange gelten, bis festgestellt sei, daß dieses Gesetz dem Gemeinschaftsrecht widerspreche.[380] Auch *Ernst-Joachim Mestmäcker* erkannte die Ausübung hoheitlicher Gewalt an, wenn „ausschließlich die Erfüllung einer im Recht der Mitgliedstaaten begründeten öffentlich-rechtlichen Pflicht vorliegt."[381] Und schließlich weist der *Gerichtshof* in der Entscheidung *Poucet* darauf hin, daß die französischen Sozialversicherungen bei der Wahrnehmung ihrer Aufgaben Gesetze anwenden.[382]

Aber auch dieses Kriterium der Wahrnehmung einer gesetzlich bestimmten Aufgabe kann für die Annahme einer hoheitlichen Betätigung wiederum nur eine *indizielle Wirkung* haben. Das Abstellen auf dieses bloß formale Kriterium der gesetzlichen Definition einer bestimmten Aufgabe stößt wieder auf die in den Fällen *British Telecommunications* und *Höfner* behandelte Problematik: die Mitgliedstaaten erhielten dadurch die Freiheit, eine bestimmte Aufgabenwahrnehmung dem Regime der Wettbewerbsregeln des EG-Vertrages zu entziehen. Diese „Flucht ins nationale öffentliche Recht"[383] kann aus der Sicht der Gemeinschaftsorgane nicht hingenommen werden, weshalb der Unternehmensbegriff der Art. 81 ff. EG ein gemeinschaftsrechtlicher Begriff ist.[384] Im Fall *Poucet* war es auch nicht allein die gesetzliche Definition, die zur Annahme einer hoheitlichen Betätigung führte, sondern die enge gesetzliche Bindung der Tätigkeit, die den französischen Sozialversicherungsträgern keinen Raum für einen unternehmerischen Entscheidungsspielraum ließ.

Auf der anderen Seite ist die gesetzliche Definition einer bestimmten Aufgabe und deren Übertragung auf eine bestimmte (öffentliche oder auch private) Institution eine Grundvoraussetzung für die Annahme einer hoheitlichen Betätigung.[385] Eine Indizfunktion kommt diesem Gesichtspunkt vor allem dann zu, wenn bei der gesetzlichen Definition eine Aufgabe beschrieben wird, die klassischerweise, anerkanntermaßen oder auch im Vergleich zur Wahrnehmung der gleichen Aufgabe in den übrigen Mitgliedstaaten hoheitlichen Charakter besitzt.

---

[380] *GA Trabucchi* in *EuGH* Slg. 1974, 699, 723 - *IGAV*.

[381] *Mestmäcker*: Europäisches Wettbewerbsrecht (1974), S. 646.

[382] *EuGH* Slg. 1993 I, 637, 669 (Tz. 15) = NJW 1993, 2597, 2598 - *Poucet und Pistre*; vgl. hierzu auch oben S. 79 f.

[383] Zur „Flucht ins öffentliche Recht" vgl. schon oben S. 70.

[384] Vgl. oben S. 70.

[385] Vgl. dazu später ausführlich „Begründung einer Kompetenz im nationalen Recht", S. 142 ff.

4. Ausschließliches Tätigwerden im öffentlichen Interesse und entsprechende gesetzliche Bindung

Der Gedanke ist naheliegend, daß man das zuvor genannte Abgrenzungskriterium in der Entscheidung *Poucet* aufgegriffen und durch eine Präzisierung gebrauchsfähiger gemacht hat. Hier ist nämlich die Rede davon, daß die französischen Sozialinstitute eine „Aufgabe mit *ausschließlich* sozialem Charakter" erfüllen.[386] Folglich könnte diese Ausschließlichkeit eine entscheidende Rolle bei der hier in Rede stehenden Abgrenzung spielen. Die staatliche Betätigung müßte also ausschließlich allgemeinen öffentlichen Interessen dienen, wenn der hoheitliche Charakter der Tätigkeit anerkannt werden soll. Anders gewendet dürfen bei der Verfolgung dieses öffentlichen Interesses keine wirtschaftlichen Motive bzw. Nebenmotive eine Rolle spielen. Dies läuft wiederum auf die oben getroffene Feststellung hinaus, daß der im weitesten Sinne wirtschaftliche Teil der Betätigung in Form des Leistungsaustausches nicht einmal einen Nebenzweck der Betätigung, sondern eine bloße Äußerlichkeit darstellen darf.[387] Die klassischen, bis vor kurzem noch allgemein als öffentliche Unternehmen anerkannten Institute der Post, der festnetzgestützten Telekommunikation, des öffentlichen Verkehrs und der Rundfunkanstalten dienen mit dem Betrieb eines Schienen-, und Telefonnetzes, dem Betrieb der Briefpost und der Veranstaltung von Rundfunksendungen auch und vor allem allgemeinen wirtschaftlichen Interessen im Sinne von Art. 86 EG. Gleichzeitig sind hier aber auch wirtschaftliche Nebenzwecke[388] erkennbar, was auch für die Zeit vor der Privatisierung eines Teils dieser Unternehmen gilt. Diese unternehmerische Prägung zeigt sich nicht zuletzt daran, daß diese Institutionen Entscheidungsfreiheiten besaßen, mit deren Hilfe sie zumindest das Ziel der Kostendeckung autonom verfolgen konnten. Der Gesetzgeber hat sich in Deutschland und in anderen Mitgliedstaaten dazu entschlossen, diese im allgemeinen wirtschaftlichen Interesse liegenden Leistungen durch unternehmerische Betätigungen bereitzuhalten. Im Bereich der Sozialversicherungen hat er dies nicht getan, was äußerlich dadurch sichtbar

---

[386] *EuGH* Slg. 1993 I, 637, 670 (Tz. 18) = NJW 1993, 2597, 2598 - *Poucet und Pistre*.

[387] Vgl. oben S. 110; *Burgi*: Die öffentlichen Unternehmen im Gefüge des primären Gemeinschaftsrechts, EuR 1997, S. 261, 265.

[388] Erinnert sei hier noch einmal an den Fall *Sacchi*. Als wirtschaftlich-unternehmerische Tätigkeiten wurden hier der Einkauf von Filmmaterial und die Vermarktung von Werbeplätzen genannt, vgl. oben: „*Poucet* und *Sacchi*", S. 95. Stellt man auf das Kriterium der Ausschließlichkeit ab, so zeigt sich die Richtigkeit der Entscheidung des *Europäischen Gerichtshofs*: Die Veranstaltung von Rundfunkprogrammen ist keineswegs eine ausschließlich hoheitliche Betätigung.

wird, daß Leistungen und Beiträge gesetzlich, also unabhängig von der dienstleistenden Institution festgelegt werden.[389]

Für dieses Abgrenzungskriterium spricht vor allem die Überlegung, daß verschiedenartige Organisationsformen, die in den einzelnen Mitgliedstaaten zur Erfüllung einer öffentlichen Aufgabe gewählt werden, zu differenzierten Ergebnissen in der rechtlichen Einordnung führen können. Im Sozialwesen bedeutet dies etwa im Bereich der Rentenversicherungen, daß diese unmittelbar an gesetzliche Vorgaben gebunden werden können und keinerlei Entscheidungsspielraum bei der Ausübung ihrer Tätigkeit besitzen. In diesem Fall wäre also eher eine hoheitliche Betätigung anzunehmen. Anders kann die Altersvorsorge aber auch durch die Einrichtung von Kapitalsammelstellen nach anglo-amerikanischem Vorbild geleistet werden, die mit diesem eingesammelten Kapital innerhalb eines weiten gesetzlich eingeräumten Entscheidungsspielraums an den Kapitalmärkten wirtschaften. Für eine solche Organisationsform scheidet die Annahme einer hoheitlichen Betätigung aus, so daß die Anwendung der Wettbewerbsregeln in diesem Fall sachgerecht erscheint.

Diese unmittelbare Bindung an das Gesetz und das weitgehende Fehlen autonomer Entscheidungsmöglichkeiten im Rahmen der Aufgabenwahrnehmung sind ein starkes Indiz dafür, daß nicht einmal wirtschaftliche Nebenzwecke bei der Betätigung verfolgt werden und deshalb auch keine unternehmerische Betätigung angenommen werden kann. Daß es sich hier aber eben nur um ein Indiz handeln kann, zeigt bereits der Fall *Höfner*. Der deutsche Gesetzgeber hatte sich entschieden, die Arbeitsvermittlung einschließlich der Vermittlung wirtschaftlicher Führungskräfte staatlich vorzunehmen. Die Arbeitsvermittlung kann also als öffentliches Interesse angenommen werden und die mit der Wahrnehmung dieser Tätigkeit beauftragte Bundesanstalt verfolgt auch keine wirtschaftlichen Nebenzwecke. Die Vermittlungsleistung erfolgte zudem auch noch unentgeltlich, so daß der Bundesanstalt nicht einmal ein unternehmerischer Entscheidungsspielraum für eine kostendeckende Aufgabenwahrnehmung zugewiesen war. Die Bundesanstalt handelte also im ausschließlichen öffentlichen Interesse. Und trotzdem hat der *Europäische Gerichtshof* hier eine unternehmerische Tätigkeit angenommen.[390]

---

[389] Diesen Punkt hebt auch der *EuGH* deutlich hervor, vgl. *EuGH* Slg. 1993 I, 637, 669 (Tz. 15) = NJW 1993, 2597, 2598 - *Poucet und Pistre*.

[390] Ferner kann man die Entscheidung *Höfner* auch unter dem Blickwinkel einer gewissen Ergebnisorientiertheit sehen. Nach den tatsächlichen Feststellungen des *Gerichtshofes* war die Bundesanstalt für Arbeit offenkundig nicht willens oder in der Lage die ihr monopolistisch übertragene Aufgabe der Vermittlung von Führungskräften zu erfüllen. Andererseits zeigten sich private Arbeitsvermittler in diesem Bereich durchaus erfüllungsbereit. Letztlich

5. Abgrenzung anhand wirtschaftswissenschaftlicher Kriterien

Unter Berücksichtigung wirtschaftswissenschaftlicher Kategorien wird von *Joseph Fesenmair* eine Abgrenzung zwischen unternehmerischer und hoheitlicher Betätigung vorgeschlagen.[391] Der Ausgangspunkt der Idee liegt in der Differenzierung von *öffentlichen Gütern* und *meritorischen* Gütern; bei ersteren soll die Produktion und Verteilung von der Geltung der Wettbewerbsregeln freigestellt sein, bei letzteren nicht.

a) Differenzierung öffentlicher und meritorischer Güter

Aus wirtschaftswissenschaftlicher Sicht sind die *öffentlichen Güter* durch *Nichtausschließbarkeit* und *Nichtrivalität* geprägt. Nichtausschließbarkeit bedeutet in diesem Zusammenhang, daß niemand von der Inanspruchnahme des öffentlichen Gutes ausgeschlossen werden kann, auch wenn er nicht bereit ist, den Marktpreis zu zahlen.[392] Die Nichtrivalität wird angenommen, wenn ein Individuum ein spezifisch öffentliches Gut konsumiert und dadurch der Konsum eines anderen Individuums nicht beeinträchtigt ist.[393] Als Beispiele für derartige öffentliche Güter nennt *Fesenmair* die innere Sicherheit, die Rechtsordnung, die Systeme der Maße, Gewichte und Normen sowie das Währungssystem. Es sind also die typischen und anerkannten Bereiche hoheitlicher Tätigkeit, weshalb sich in seinen Augen auch eine Bezugnahme auf Art. 45, 55 EG empfiehlt.[394] Aus wirtschaftlicher Sicht sind die öffentlichen Güter durch ein *allokatives Marktversagen*[395] bei Produktion oder Verteilung gekennzeichnet. Von einem allokativen Marktversagen spricht man immer dann, wenn ein marktwirtschaftliches System die Allokation, das heißt den Einsatz und die Verwendung knapper Produktionsfaktoren und -güter auf unterschiedliche Verwendungszwecke

---

blockierte das nicht ausgeübte Monopol der Bundesanstalt ein ganzes Betätigungsfeld. Wäre der *Gerichtshof* zu der Überzeugung gekommen, daß die Aufgabe der Anstalt hoheitlichen Charakter gehabt hätte, wäre das Urteil in der Öffentlichkeit mit einer gewissen Berechtigung so aufgefaßt worden, daß der Staat Tätigkeitsbereiche durch Monopolisierung blockieren darf.

[391] *Fesenmair*: Öffentliche Dienstleistungsmonopole im europäischen Recht (1996), S. 47 ff.

[392] *Andel*: Finanzwissenschaft,(4. Aufl. 1998), S. 421; *Peffekoven* in: Vahlens Kompendium der Wirtschaftspolitik und Wirtschaftstheorie, Band 1, (5. Aufl. 1992), S. 489.

[393] *Peffekoven* in: Vahlens Kompendium der Wirtschaftspolitik und Wirtschaftstheorie, Band 1, (5. Aufl. 1992), S. 489.

[394] *Fesenmair*: Öffentliche Dienstleistungsmonopole im europäischen Recht (1996), S. 48.

[395] *Brümmerhoff*: Finanzwissenschaft (7. Aufl. 1996), S. 49.

nicht oder nicht optimal erfüllen kann.[396] In diesem Fall des allokativen Marktversagens soll der Eingriff des Staates in die Güterproduktion bzw. die - verteilung wirtschaftswissenschaftlich gerechtfertigt sein. *Fesenmair* versucht nun diese wirtschaftswissenschaftliche Rechtfertigung auf rechtswissenschaftliche Kategorien zu übertragen und will eine hoheitliche Betätigung letztlich nur bei der Produktion und Verteilung öffentlicher Güter anerkennen.

Unter *meritorischen Gütern* versteht man hingegen Güter, die nach dem Urteil politischer Entscheidungsträger in größerem oder kleinerem Umfang bereit gestellt werden sollen, als es den manifesten Präferenzen der Bürger entspricht.[397] Dabei ist grundsätzlich anerkannt, daß dem Staat auch die Aufgabe zukommen kann, meritorische Güter bereitzustellen, das heißt, in die individuelle Präferenzentscheidung einzugreifen.[398] Die Rechtfertigung staatlicher Aktivitäten im Bereich der meritorischen Güterproduktion und -verteilung ist aber (wirtschaftswissenschaftlich) äußerst umstritten.[399] Im Hinblick auf die staatliche Aktivität soll es bei den meritorischen Gütern genügen, deren Bereitstellung zu sichern, wenn hierunter die staatliche Verantwortlichkeit für Qualität und Quantität ihrer Verfügbarkeit verstanden wird.[400] Der Gesetzgeber kann also bei meritorischen Gütern Regelungen treffen, die von der Sicherung eines bestimmten Qualitätsstandards bis zu umfassenden Kontraktionszwängen reichen.[401] Zur Verwirklichung der gewünschten Meritorisierung soll die staatliche Produktion aber gerade nicht notwendig sein, da das Angebot meritorischer Güter auch mittels gesetzlicher Auflagen und Bestimmungen des Staates gewährleistet werden

---

[396] *Fesenmair*: Öffentliche Dienstleistungsmonopole im europäischen Recht (1996), S. 48, Fn. 129.

[397] *Andel*: Finanzwissenschaft (4. Aufl. 1998), S. 425 f.

[398] *Brümmerhoff*: Finanzwissenschaft, (7. Aufl. 1996), S. 94 ff. *Fesenmair*: Öffentliche Dienstleistungsmonopole im europäischen Recht (1996), S. 51.

[399] „Ist mit einem Parlamentssitz gleichsam auch die Erleuchtung verbunden, wo das ‘wohlverstandene Interesse des Einzelnen liegt, obwohl die von ihm faktisch auf dem Markt geäußerten Präferenzen anderslauten?" *Molitor* zitiert bei Brümmerhoff: Finanzwissenschaft, (7. Aufl. 1996), S. 95.

[400] *Rosen/Windisch*: Finanzwissenschaft I (1992), S. 143; *Fesenmair*: Öffentliche Dienstleistungsmonopole im europäischen Recht (1996), S. 52.

[401] Als Beispiel hierfür kann die Haftpflichtversicherung im Kfz-Bereich gelten, der Versicherungsnehmer ist im Falle des Betriebs eines Kfz. zum Abschluß der Versicherung verpflichtet, der Versicherungsgeber kann den Abschluß der Versicherung nicht verweigern. Ein weiteres Beispiel sind die gesetzlichen Bestimmungen zur Lohnfortzahlung, vgl. *Peffekoven* in: Vahlens Kompendium der Wirtschaftspolitik und Wirtschaftstheorie, Band 1, 5. Aufl. (1992), S. 491.

kann.[402] Wenn sich der Staat trotzdem entschließt, über öffentliche Unternehmen auch die Produktion meritorischer Güter zu gewährleisten, dann darf nach *Fesenmair* die Unternehmenseigenschaft im Sinne der Wettbewerbsvorschriften nicht verneint werden.[403]

b) Praktische Probleme dieser Differenzierung

Fesenmair sieht bereits selbst das Problem, daß eine randscharfe Abgrenzung von öffentlichen Gütern einerseits und meritorischen Gütern andererseits mit Hilfe der oben genannten Kriterien kaum möglich ist. Unter Zugrundelegung der engen Definition der Begriffe Nichttrivialität und Nichtausschließlichkeit wird man zu dem Ergebnis kommen, daß es an sich kaum öffentliche Güter gibt.[404] Maße, Gewichte und Normen werden weniger als öffentliche *Güter* in Anspruch genommen, als daß auf sie *Bezug* genommen wird. Auf das öffentliche Gut Währungssystem kann nicht unbegrenzt zurückgegriffen werden, ohne daß dadurch der „Konsum eines anderen Individuums" beeinträchtigt wird. Auch die Rechtsordnung ist in erster Linie ein System der Bezugnahme. Was die Durchsetzung der Rechtsordnung durch die Inanspruchnahme der staatlichen Rechtspflege angeht, wird man kaum sagen können, daß sie durch die Kriterien der Nichtausschließbarkeit und Nichttrivialität gekennzeichnet ist; auch wenn es ein Institut der Prozeßkostenhilfe gibt, sind ihre Ressourcen beschränkt.[405] Das Argument der begrenzten Ressourcen gilt auch für die Gewährleistung der inneren Sicherheit: die Polizei kann nicht überall sein, ihre Inanspruchnahme durch den einen verhindert ihre Präsenz an einem anderen Gefahren- oder Störungsherd. Auch Einrichtungen der Infrastruktur, wie z. B. das Straßen- und Wegenetz, stellen unstreitig öffentliche Güter dar, die täglichen Verkehrsstauungen machen allerdings deutlich, daß für sie das Attribut der Nichttrivialität kaum zutrifft. Vollends undurchsichtig wird die Unterscheidung, wenn Einrichtungen der Infrastruktur nur gegen Entrichtung eines entsprechenden Entgelts zur Verfügung gestellt werden. Bei der Vermarktung von Veranstaltungsräumen etwa durch Gemeinden wird man eine unternehmerische Betä-

---

[402] *Peffekoven* in: Vahlens Kompendium der Wirtschaftspolitik und Wirtschaftstheorie, Band 1, 5. Aufl. (1992), S. 491.

[403] *Fesenmair*: Öffentliche Dienstleistungsmonopole im europäischen Recht (1996), S. 52.

[404] *Peffekoven* in: Vahlens Kompendium der Wirtschaftspolitik und Wirtschaftstheorie, Band 1, 5. Aufl. (1992), S. 490; *Fesenmair*: Öffentliche Dienstleistungsmonopole im europäischen Recht (1996), S. 56.

[405] Gerade Richter klagen über die durch Rechtsschutzversicherungen ausgelöste Prozeßflut; sie beklagen damit letztlich, daß die Rechtspflege nach der Entrichtung des Versicherungsbeitrages zu einer Art freien Gut wird.

tigung mit der Konsequenz der Geltung der Wettbewerbsregeln mit guten Gründen vertreten können. Soll das Wettbewerbsrecht aber durchgängig gelten, sobald der Staat eine Straßenbenutzungsgebühr erhebt oder eine private Institution mit dem Einzug beauftragt?

Auch die weiteren angebotenen Kriterien der *fehlenden Äquivalenz*[406] und der *Budgetfinanzierung*[407] helfen bei der Abgrenzung von öffentlichen und meritorischen Gütern kaum weiter, da zumeist eine Mischfinanzierung gewählt wird. Im umstrittenen Bereich der Sozialversicherungen kann man die Annahme des Äquivalenzprinzips mit der Risikogemeinschaft der Versicherten begründen. So kann der einzelne Versicherte völlig unabhängig von der Höhe seiner Beiträge Leistungen von der Versicherung in Anspruch nehmen. Die Annahme des Äquivalenzprinzips läßt sich aber hier nur dann aufrechterhalten, wenn es sich um ein geschlossenes System handelt. Gewährt der Staat hingegen den Sozialversicherungsträgern steuerfinanzierte Zuschüsse, so wird die Äquivalenz von Leistung und Gegenleistung je nach Höhe der Zuschüsse aufgehoben. Dieses Beispiel leitet dann auch gleich zum Kriterium der *Budgetfinanzierung* über. Finanziert der Staat die Zurverfügungstellung bestimmter Einrichtungen nicht durch ein mit Hilfe von allgemeinen Abgaben gewonnenes Budget, spricht dies nicht notwendig gegen das Vorliegen eines öffentlichen Gutes.[408] So kann bei der übermäßigen Inanspruchnahme eines allgemein zugänglichen öffentlichen Gutes vom einzelnen eine Gebühr erhoben werden. Es erscheint wenig sachgerecht, wenn man ein bestimmtes Gut im Falle einer normalen Beanspruchung als öffentliches Gut und im Falle der übermäßigen Beanspruchung als meritorisches Gut qualifizieren würde, mit jeweils unterschiedlichen Konsequenzen für die Anwendung des Wettbewerbsrechts.[409]

Schließlich trägt auch das Abgrenzungskriterium der *Tätigkeit wie ein Privater*[410] nicht sonderlich weit, da Private immer weitere Tätigkeiten für sich entdecken, die nicht zuletzt durch den Einsatz von Technik gewinnbringend ausgeübt werden können. Zudem orientiert sich die moderne Verwaltungsorganisa-

---

[406] *Fesenmair*: Öffentliche Dienstleistungsmonopole im europäischen Recht (1996), S. 54.

[407] *Fesenmair*: Öffentliche Dienstleistungsmonopole im europäischen Recht (1996), S. 56.

[408] *Fesenmair*: Öffentliche Dienstleistungsmonopole im europäischen Recht (1996), S. 57 f.

[409] Der übermäßige Gebrauch eines öffentlichen Gutes unterliegt zumeist einem repressiven Verbot mit Erlaubnisvorbehalt (Genehmigung einer „Auto-Ralley" auf öffentlichen Straßen nach § 29 StVO). Es wäre sachwidrig, dem strengen repressiven Verbot mit Erlaubnisvorbehalt einen (potentiellen) Genehmigungsanspruch aus dem Wettbewerbsrecht an die Seite zu stellen.

[410] *Fesenmair*: Öffentliche Dienstleistungsmonopole im europäischen Recht (1996), S. 62.

tion stark an modernen Unternehmensorganisationsmodellen,[411] so daß im Bereich dieses Kriteriums die Überschneidungen von beiden Seiten immer größer werden und seine Aussagekraft stark eingeschränkt wird. Klare und eindeutige Fälle lassen sich mit diesen Kriterien beschreiben und unterscheiden, in Grenzfällen haben sie aber allenfalls eine indizielle Wirkung.

c) Allgemeine rechtssystematische Bedenken

Neben der Schwierigkeit der Abgrenzung stellt sich die Frage, ob die Unterscheidung von öffentlichen Gütern und meritorischen Gütern aus rechtsdogmatischer Sicht grundsätzlich unmittelbare Rechtsfolgen haben kann. Wenn „social-goods-Effekte"[412] auch dadurch gewährleistet werden können, daß der Staat Privaten Anbietern durch Gesetz die Beachtung gewisser Standards zur Auflage macht und eventuell Pflichtmitgliedschaften bei diesen privaten Anbietern festlegt, erscheint es aus *wirtschaftswissenschaftlicher* und vor allem aus *ordnungspolitischer Sicht* als sachgerecht, den Staat auf diese Möglichkeit zu verweisen. Dies ist aber kein *Rechtssatz*, auch wenn es noch so wünschenswert erscheint, den Gesetzgeber an wirtschaftswissenschaftlich fundierte Grundsätze zu binden. Grundsätzlich besteht für einen souveränen Staat die unbeschränkte Möglichkeit, bestimmte Aufgaben zur Staatsaufgabe zu erklären und Regeln für die Ausführung dieser Aufgabe (unter rechtsstaatlicher Bindung an die Grundrechte) zu bestimmen. Diese Kompetenz des Staates ist umfassend, es besteht kein Raum für zwingende Rechtsfolgen, die an eine wirtschaftswissenschaftliche, also nicht rechtliche Qualifizierung anknüpfen. Die vom Recht unabhängige Klassifizierung als öffentliches oder meritorisches Gut kann also grundsätzlich für die Anwendung von Wettbewerbsregeln nicht entscheidend sein, entscheidend ist vielmehr der Wille des Gesetzgebers.

d) Systematische Bedenken aus dem Europarecht

Zu beachten ist allerdings, daß die Staaten nur einen begrenzten Teil ihrer Souveränitätsrechte auf die Europäische Union bzw. auf die Europäischen Gemeinschaften übertragen haben. Die Unterscheidung von öffentlichen und meritorischen Gütern so wie die daran anknüpfende Anwendbarkeit der Wettbewerbs-

---

[411] Schlagwort: „new public management", vgl. dazu *Lüder*: Triumph des Marktes im öffentlichen Sektor? DÖV 1996, 93 ff.; vgl. ferner: *Schoch*: Privatisierung von Verwaltungsaufgaben, DVBl 1994, 962; *Bauer*: Privatisierung von Verwaltungsaufgaben, VVDStRL 54 (1995), S. 243; krit.: *Kämmerer*: Verfassungsstaat auf Diät, JZ 1996, 1042.

[412] vgl. *Fesenmair*: Öffentliche Dienstleistungsmonopole im europäischen Recht (1996), S. 57.

regeln wäre tragfähig, wenn dies im primären Gemeinschaftsrecht zum Ausdruck käme. *Fesenmair* versucht dies anhand entsprechender Entscheidungen des *Europäischen Gerichtshofs* nachzuweisen. Zunächst scheinen die Entscheidungen *Geddo*[413] und *IGAV*[414] die Auffassung von *Fesenmair* zu tragen: in beiden Fällen ging es um die Frage der Anwendbarkeit des Wettbewerbsrechts auf die Erhebung öffentlicher Zwangsabgaben zur Finanzierung bestimmter im öffentlichen Interesse liegender Ziele. Es ging also nicht um den Erwerb marktmäßiger Gegenleistungen, sondern ausschließlich um die Frage nach der Finanzierung innerstaatlicher Beihilfen.[415] Da es sich um die Finanzierung einer vom *Europäischen Gerichtshof* anerkannten hoheitlichen Aufgabe handelte, waren die Wettbewerbsregeln des EG-Vertrages hier nicht anwendbar. Beide Entscheidungen würden in das von *Fesenmair* vorgeschlagene Konzept passen, da die in Rede stehende Beihilfe als öffentliches Gut qualifiziert werden kann. Schwierigkeiten bereitet allerdings die Einordnung der Urteile *Poucet*[416] sowie die Entscheidung *Bodson*[417]. Die Bereithaltung von äußeren Dienstleistungen im Bestattungswesen im Fall *Bodson* kann nach seiner Systematik kaum als nichtausschließende, nichtrivalisierende öffentliche Güter aufgefaßt werden. Die Leistung wird grundsätzlich im Rahmen eines (entgeltlichen) Dienstleistungsvertrages erbracht, so daß hier allenfalls ein meritorisches Gut angenommen werden kann. Der *Europäische Gerichtshof* bringt hingegen eindeutig zum Ausdruck, daß die Monopolisierung dieser Aufgabe einen Ausdruck hoheitlicher Gewalt darstellt. Die Tätigkeit der Sozialversicherungen im Fall *Poucet* haben nach Auffassung von *Fesenmair* aufgrund des Austauschs von Leistung und Gegenleistung den Charakter eines meritorischen Gutes. Der politische Entscheidungsträger hält es hier für nötig, daß das Gut der Versicherungsleistung in einem größeren Umfang bereitgestellt wird, als es den manifesten Präferenzen der Bürger entspricht.[418] Daraus leitet er dann den meritorischen Charakter der Sozialversicherungen ab, so daß die Wettbewerbsregeln Geltung haben müßten und die Entscheidung des *Europäischen Gerichtshofs* in seinen Augen

---

[413] *EuGH* Slg. 1973, 865 - *Geddo*.

[414] *EuGH* Slg. 1975, 699 - *IGAV*.

[415] vgl. oben S. 71 f.; *Fesenmair*: Öffentliche Dienstleistungsmonopole im europäischen Recht (1996), S. 35.

[416] *Fesenmair*: Öffentliche Dienstleistungsmonopole im europäischen Recht (1996), S. 33 ff, 50 ff., 61.

[417] von *Fesenmair* nicht behandelt.

[418] Es geht darum, daß der Bürger im Falle seiner freien Wahlmöglichkeit das Geld für die Sozialversicherung „sparen" würde, vgl. Definition des meritorischen Gutes auf S. 122.

falsch ist.[419] Die Entscheidungspraxis trägt also diesen Differenzierungsvorschlag nicht durchgängig.

Es stellt sich aber vor allem die Frage, ob diese Übertragung der wirtschaftswissenschaftlichen Differenzierung von meritorischen und öffentlichen Gütern mit der Systematik des EG-Vertrages zu vereinbaren ist. Anhand der Entscheidungen *Bodson*, *Eurocontrol* und *Poucet* wurde oben herausgearbeitet, daß der EG-Vertrag die Souveränität der Mitgliedstaaten im Grunde anerkennt, wobei dies einschließt, daß die Mitgliedstaaten die grundsätzliche Kompetenz besitzen, bestimmte Tätigkeiten zur hoheitlichen Staatsaufgabe zu erklären. Dabei kommt der *Kommission* und den europäischen Gerichten die Aufgabe zu, zu prüfen, ob die Erklärung zur hoheitlichen Aufgabe und deren Ausführung im Einzelfall mit den Regeln des EG-Vertrages zu vereinbaren ist. Im EG-Vertrag finden sich allerdings keine Anhaltspunkte dafür, daß diese Souveränität nur im Hinblick auf öffentliche Güter anerkannt wird. Diese Souveränität der Mitgliedstaaten ist im Grundsatz umfassend und schließt mithin prinzipiell auch die Produktion und Verteilung von meritorischen Gütern ein, was schließlich gerade auch durch die oben angeführten Entscheidungen zum Ausdruck kommt. Der Wortlaut des EG-Vertrages läßt keine Rückschlüsse auf *formale* Kriterien zu, anhand derer regelmäßig eine unternehmerische bzw. hoheitliche Betätigung festgelegt werden könnte. Auch die historische Auslegung kann zu keinem anderen Ergebnis kommen, die Geschichte der *Europäischen Gemeinschaften* ist im Wesentlichen davon geprägt, daß die Mitgliedstaaten immer mehr Kompetenzen auf die *Gemeinschaften* bzw. die *Union* übertragen haben. Man kann also sagen, daß in früheren Jahren ein Interesse der Mitgliedstaaten bestand, ihre Souveränitäten in möglichst weitem Umfang zu erhalten. Hier sei noch einmal an den historisch bedingt undeutlichen Wortlaut des Art. 86 EG erinnert.[420]

Der Auffassung von *Fesenmair* wäre allerdings dann zu folgen, wenn sich mit der heutigen Praxis aus teleologischer und systematischer Sicht eine Tendenz zu einer entsprechenden Unterscheidung ableiten ließe. Dabei muß allerdings beachtet werden, daß die Idee der oben beschriebenen umfassenden Staatssouveränität auch heute noch die Grundlage der Betrachtung darstellt. Das Vorliegen der von *Fesenmair* erblickten Systematik kann deshalb nicht allein dadurch begründet werden, daß in den Entscheidungen, in denen der *Europäische Gerichtshof* die Anwendbarkeit der Wettbewerbsregeln abgelehnt hat, regelmäßig öffentliche Güter in Rede standen, während es in den Entscheidungen, in denen

---

[419] *Fesenmair*: Öffentliche Dienstleistungsmonopole im europäischen Recht (1996), S. 61.

[420] Vgl. oben S. 33 ff.

Wettbewerbsrecht Anwendung fand, um meritorische Güter ging.[421] Der Nachweis einer solchen Systematik der Entscheidungspraxis der zuständigen Organe wäre dann gelungen, wenn eine derartige Tendenz nicht nur anhand der Entscheidungsergebnisse, sondern auch durch ihre jeweiligen Begründungen zum Ausdruck käme. Dies ist aber gerade nicht der Fall, sondern bereits die Entscheidungsergebnisse der Fälle *Bodson* und *Poucet* stehen wie oben dargestellt entgegen.

e)   *Bedenken im Hinblick auf das Subsidiaritätsprinzip*
       des EG-Vertrages

Zudem würde es dem Subsidiaritätsprinzip, das seit dem Vertrag von Maastricht in Art. 3 b EG besonders zum Ausdruck kommt, widersprechen, wenn man die Anwendbarkeit der Wettbewerbsregeln streng an das Vorliegen faktischer, vorrechtlicher Kriterien bindet. Gerade das Subsidiaritätsprinzip bringt das Anerkenntnis der Souveränität der Mitgliedstaaten besonders zum Ausdruck, eine europäische Regelungskompetenz soll nur dann gelten, wenn dies zur Erreichung der Ziele des EG-Vertrages unerläßlich erscheint.[422] Wenn aber die Anwendbarkeit der Regeln des EG-Vertrages an das Vorliegen faktischer Umstände anknüpft, wird eine Automatik in Gang gesetzt, die dem Subsidiaritätsgrundsatz widerspricht. Diese Automatik der Anwendbarkeit der Wettbewerbsregeln des EG-Vertrages hätte nur dann ihre Berechtigung, wenn es für die Wirksamkeit des EG-Vertrages unerläßlich wäre, daß bei der Produktion und Verteilung meritorischer Güter die Anwendung der Wettbewerbsregeln unverzichtbar wäre. Dieser Schluß ist allerdings keineswegs zwingend. Folglich bleibt es bei der Auffassung, daß die Mitgliedstaaten bei der Bestimmung ihrer Aufgaben und der Wahl der Mittel zu ihrer Erfüllung grundsätzlich souverän sind. Sie können also Handlungs- und Organisationsformen wählen, die ihrer Betätigung einen hoheitlichen bzw. schlicht-hoheitlichen Charakter verleihen, so daß die Wettbewerbsregeln des EG-Vertrages nicht anwendbar wären. Mit diesen Erkenntnissen zum Subsidiaritätsprinzip und den grundsätzlich anerkannten Souveränitäten der Mitgliedstaaten erscheint es von vorn herein zweifelhaft, die Anwendung der Wettbewerbsregeln starr vom Vorliegen vorrechtlicher Kriterien abhängig zu machen.

Die Frage, wann die Entscheidungspraxis der EG-Organe - trotz möglicherweise entgegenstehender Deklaration - eine hoheitliche Betätigungen und wann

---

[421] Zumal die Reihe der Entscheidungspraxis von zwei wichtigen Entscheidungen unterbrochen wird: *Bodson* und *Poucet und Pistre.*

[422] Vgl. dazu ausführlich oben S. 90.

eine unternehmerische Betätigung annimmt, ist also nach wie vor nicht eindeutig geklärt. Die Auffassung von *Fesenmair* gibt allerdings wichtige Orientierungspunkte: je eher ein Gut als öffentlich zu qualifizieren ist, desto mehr spricht dies für die Möglichkeit des Staates, dessen Verteilung und Produktion hoheitlich zu organisieren; und je marktfähiger und meritorischer ein Gut ist, desto mehr spricht dies für die Annahme einer unternehmerischen Betätigung des Staates.

6. Unterschiedliche „Wertigkeit" öffentlicher Interessen

Ein weiterer Ansatzpunkt zur Lösung der aufgezeigten Spannungsverhältnisse in der Rechtsprechung des *Europäischen Gerichtshofs* liegt darin, den verschiedenen öffentlichen Interessen eine unterschiedliche „Wertigkeit" zu verleihen. Am Beispiel des Falles *Poucet* wären damit soziale Interessen als besonders hoch einzustufen, Interessen der Arbeitsvermittlung wie im Fall *Höfner* hingegen weniger. Man könnte also versuchen, jede in diesem Bereich möglicherweise relevante staatliche Tätigkeit im Hinblick auf ihre „öffentliche Wertigkeit" zu katalogisieren, um so zu vorhersehbaren Ergebnissen zu kommen. Einer solchen Systematik steht allerdings zunächst entgegen, daß es unmöglich ist, allgemeine Maßstäbe für diese Wertung zu entwickeln. Die Entscheidung, ob eine bestimmte Tätigkeit hoheitlich oder rein wirtschaftlich ausgeübt wird, ist politischer Natur. Folglich würde diese Systematik der oben getroffenen Feststellung zuwiderlaufen, daß die Mitgliedstaaten selbst bestimmen, welche Aufgaben sie hoheitlich und welche sie im Wettbewerb wahrnehmen wollen. Darüber hinaus käme dieses System letztlich wieder mit dem in Art. 3 b EG festgelegten Subsidiaritätsgrundsatz in Konflikt: die Gemeinschaft bzw. die Union soll nur das regeln, was die Mitgliedstaaten aus eigener Kraft nicht zu regeln vermögen oder was zur Verwirklichung des gemeinsamen Marktes unerläßlich erscheint. Ein (abschließender) Katalog über Tätigkeiten, die von den Mitgliedstaaten wahrgenommen werden dürfen, würde diesem Grundsatz widersprechen. Insofern ist noch einmal auf das Mißverständnis hinzuweisen, wenn man behauptet, daß die Tätigkeit der Arbeitsvermittlung *generell* eine unternehmerische Betätigung und niemals eine hoheitliche Aufgabenerfüllung wäre.

Der Vollständigkeit halber soll an dieser Stelle auch noch einmal auf den umgekehrten Weg eingegangen werden, wenn man also bestimmte Tätigkeitsbereiche von vorn herein der mitgliedstaatlichen Hoheitsgewalt unterstellt. So könnten etwa die sozialen Systeme generell einem hoheitlichen Tätigkeitsbereich der Mitgliedstaaten zuzuordnen sein. Diese Auffassung liegt vor allem deshalb nahe, weil der *Europäische Gerichtshof* in den Entscheidungen *Duphar*, *Poucet*, und neuerdings auch in den Entscheidungen *Kohll* und *Decker* wiederholt, daß die Mitgliedstaaten in der Ausgestaltung ihrer sozialen Systeme frei seien.[423] Diese Sichtweise, daß die sozialen Systeme generell dem hoheitlichen Tätigkeitsbereich zuzuordnen sind, würde aber eine Bereichsausnahme darstellen, die dem EG-Vertrag fremd ist.[424]

7. Wirtschaftlicher Mißbrauch der hoheitlichen Stellung

Es hat sich gezeigt, daß sich bestimmte Beschränkungen des Marktes bis hin zu Monopolisierungen mit mitgliedstaatlichen Interessen gegenüber europäischen Interessen rechtfertigen lassen. Im Falle solchermaßen begründeter privilegierter Marktstellungen ist aber auch regelmäßig deren Fehlgebrauch bis hin zum Mißbrauch zu befürchten. Hiermit setzte sich der *Europäische Gerichtshof* vor allem in den angesprochenen Fällen *British Telecommunications*, *Bodson* und *Höfner* auseinander. Die Monopolstellung von *British Telecommunications* wurde als solche vom *Gerichtshof* zum damaligen Zeitpunkt nicht in Frage gestellt. Wesentlicher Gegenstand der Entscheidung war allein das in den Benutzungsordnungen von *British Telecommunications* vorgesehene Verbot von Relaisstationen. Im Fall Bodson wurde die Monopolisierung der externen Dienstleistungen als Ausdruck hoheitlicher Gewalt angesehen, die mögliche Forderung überhöhter Entgelte durch den begünstigten Monopolisten sollte hingegen über Art. 82 EG angreifbar sein.[425] In beiden Fällen wird also eine hoheitliche Tätigkeit im Grundsatz anerkannt, was zu einer grundsätzlichen Unanwendbarkeit der Wettbewerbsregeln des EG-Vertrages führt. Trotzdem kann eine im Rahmen dieser Tätigkeit ausgeführte *konkrete Tätigkeit* der öffentlichen Institution die Wettbewerbsregeln wieder auf den Plan rufen. Wenn die öffentliche Institution die ihr eingeräumte gesetzliche Privilegierung in dieser konkreten Tätigkeit dazu ausnutzt, überhöhte Entgelte zu fordern oder bestimmte Tätigkeiten von Benutzern ohne besonderen Grund zu unterbinden, dann liegt ein solcher Akt ziemlich offensichtlich nicht im allgemeinen öffentlichen Interesse.

---

[423] s. oben S. 79 ff.

[424] Dies kommt vor allem bei der Diskussion um die restriktive Auslegung des Tatbestandsmerkmals der Betrauung im Hinblick auf die Versorgungsunternehmen zum Ausdruck. Dabei geht es im Falle der Versorgungsunternehmen lediglich um eine *faktische* Bereichsausnahme, vgl. oben zur Problematik der Einführung einer Bereichsausnahme S.99 f. *Mestmäcker* in: Immenga/Mestmäcker (Hrsg.): EG-Wettbewerbsrecht (1997), Art. 37, 90 D Rn. 35. Daß der *EuGH* auch im Bereich des Sozialversicherungswesens unternehmerische Tätigkeit anerkennt zeigt sich in *EuGH* Slg. 1995 I, 4013, 4030 – *Fédération française des societés d'assurance*; *EuGH* EuZW 2000, 174 - *Brentjens*

[425] *EuGH* Slg. 1988, 2479, 2512 f. Tz. 21 ff., sowie 2. und 3. Leitsatz der Entscheidung *Bodson*.

Ein solcher Akt kann in einem Rechtsstaat kein Ausdruck legitimer öffentlicher Gewalt sein, so daß ein derartiges Verhalten auch nicht hoheitlich privilegiert sein kann. Vom Ergebnis her erscheint es auch als begründet, wenn sich hier ein solches Interesse eines Mitgliedstaates nicht gegenüber den Gemeinschaftsinteressen durchsetzen kann.

Auch im Fall *Höfner* ist dieses Unterscheidungskriterium im Ergebnis wesentlich. Wenn man hier auf die konkrete Tätigkeit abstellt, stellt man fest, daß die Bundesanstalt für Arbeit, aus welchen Gründen auch immer, diese monopolisierte Aufgabe *nicht erfüllen konnte oder wollte.*[426] Auch dieser Umstand kann für die Bewertung des Interesses des Mitgliedstaates an der Aufrechterhaltung des Monopols und der Anerkennung des hoheitlichen Charakters der Tätigkeit nicht unbeachtet bleiben. Wenn ein Mitgliedstaat auch ein grundsätzlich nachvollziehbares Interesse an der hoheitlichen Erfüllung einer Aufgabe bekundet, kann dieses Interesse nicht allzu schwer wiegen, wenn die öffentliche Institution diese Aufgabe vollkommen unzureichend erfüllt und der Mitgliedstaat keine in seiner Hand liegenden Gegenmaßnahmen trifft.[427] Folglich könnte eine wirtschaftliche Betätigung regelmäßig dann angenommen werden, wenn eine öffentliche Institution unter dem Deckmantel hoheitlicher Gewalt ihre besonderen faktischen oder rechtlichen Möglichkeiten mißbraucht oder aber Marktentwicklungen willkürlich blockiert. Diesem Ergebnis wäre auch aus rechtspolitischen Gründen zuzustimmen, da sich die Gemeinschaften nicht darauf verlassen können, daß die Rechtspflege des jeweiligen Mitgliedstaates derartige Zustände zuverlässig beseitigen kann. Vielfach werden sich bereits die Entscheidungskriterien des nationalen Rechts erheblich von denen des Europarechts unterscheiden, so daß hier keine einheitlichen Ergebnisse zu erwarten sind.[428]

Aber auch diese Lösung ist nicht unproblematisch. Die Frage des Mißbrauchs aus Art. 82 EG wird hier an sich bereits im Rahmen der Erörterung des Tatbestandsmerkmals der unternehmerischen Betätigung erörtert. Anders gewendet wird die Frage der Anwendbarkeit der Wettbewerbsregeln mit dem Vorliegen eines Tatbestandes bzw. einer seiner Tatbestandsmerkmale beantwortet. Die Frage der Anwendbarkeit einer Norm und Bejahung ihres Tatbestandes sind an

---

[426] Zur diesbezüglichen Verantwortung der Mitgliedstaaten vgl. Art. 86 I EG, *EuGH* Slg. 1991 I, 1979, 2016 f. Tz. 31 ff. - *Höfner.*

[427] Dem bezeichneten Ergebnis stehen auch die Ausführungen des *EuGH* in den Tzn. 22 und 24 der Entscheidung *Höfner* nicht entgegen. Dies wäre allein dann der Fall, wenn die Tätigkeit der Arbeitsvermittlung generell keinen Raum für die Annahme einer hoheitlichen Tätigkeit ließe. Dieses generelle Ergebnis läßt sich den Ausführungen des *EuGH* aber nicht entnehmen.

[428] Vgl *Marhold*, in: Festschrift für Frotz (1993), 645, 651; s. auch unten „Anwendung der Ergebnisse auf Brillenfall und Rollstuhlentscheidung" S. 176.

sich zwei verschiedene Schritte. Im ersten Schritt der Anwendbarkeit geht es schließlich gerade darum, *ob* die tatbestandssetzende Norm angewendet werden kann. Überspitzt läuft diese Betrachtungsweise darauf hinaus, daß Art. 82 EG ungeachtet der hier diskutierten Anwendbarkeitsgrenzen der Wettbewerbsregeln grundsätzlich immer anwendbar ist. Dies wäre schon aus praktischer Sicht problematisch: es könnte zu der kaum hinnehmbaren Konsequenz führen, daß die Gemeinschaft über Art. 82 EG die *generelle* Möglichkeit hätte, über Art. 82 EG die Entgelte für hoheitliche Leistungen zu kontrollieren.[429]

Zu beachten sind an dieser Stelle auch die Gedanken von *Franz Marhold*, der sich im Nachgang zum *Höfner*-Urteil des *Europäischen Gerichtshofs* mit der Frage des Verbots der Ausdehnung öffentlicher Monopole auseinandergesetzt hat.[430] Für ihn ergibt sich aus der Zusammenschau der Entscheidungen *Continental Can* und *Philipp Morris* mit der Entscheidung *Höfner* folgendes: Nach der Entscheidung *Continental Can*[431] könne man von der gesicherten europäischen Rechtsprechung ausgehen, daß die Ausdehnung bestehender Monopole durch die Ausnutzung bestehender Marktmacht wettbewerbswidrig sei. Auf öffentliche Unternehmen übertragen schließt er dann aus der *Höfner*-Entscheidung auf ein an den Gesetzgeber gerichtetes Verbot, Wettbewerbsbeschränkungen durch die Ausdehnung öffentlicher Monopole herbeizuführen. An diesem Punkt ordnet er die Frage ein, ob den gesetzlichen Sozialversicherungsträgern die Abdeckung weiterer Risiken – wie (zum damaligen Zeitpunkt aktuell) das der Pflegeversicherung – überantwortet werden darf.[432] Im Ergebnis müsse der Staat zwar nicht auf Staatshandeln und die Wahrnehmung öffentlicher Aufgaben verzichten. So könne auch ein Krankenversicherungssystem etabliert werden, welches den Grundsätzen des sozialen Ausgleichs verpflichtet sei. Der Gesetzgeber sei dann aber gehalten, zu diesen, von ihm selbst formulierten Bedingungen Wettbewerb zuzulassen. Dieses Ergebnis steht aber im Widerspruch zu dem in dieser Arbeit aus dem Fall *Bodson* abgeleiteten Grundsatz.[433] Dementsprechend haben die Mitgliedstaaten kraft ihrer verbliebenen Souveränität die Möglichkeit selbst zu bestimmen, welche Aufgaben sie hoheitlich wahrnehmen wollen. Dieser Grundsatz kann auch nicht dadurch gebrochen werden, daß die zusätzlich ins Auge gefaßte schlicht hoheitliche Aufgabe einem bereits bestehenden Träger einer anderen öffentlichen Aufgabe überantwortet wird. Ebenso unschädlich ist,

---

[429] Dies kann aber nur in evidenten Fällen möglich sein, vgl. dazu bereits oben S. 107 f.

[430] *Marhold*, in. Festschrift für Frotz (1993), 645, 653 ff.

[431] *EuGH* Slg. 1973, 215, 244 - *Continental Can*

[432] *Marhold*, in: Festschrift für Frotz (1993), 645, 654

[433] Vgl. oben S. 89

daß sich die neue Aufgabe in der Nachbarschaft zu einer bereits bestehenden Aufgabe, die in monopolisierter Form wahrgenommen wird bzw. nur in monopolisierter Form wahrgenommen werden kann, befindet. Ohne Zweifel ist jedoch eine unbegründete oder willkürliche Ausdehnung eines Monopols mit den Wettbewerbsregeln des EG-Vertrages nicht zu vereinbaren.

8. Orientierung an den Ausnahmeklauseln zu den Grundfreiheiten

Einen weiteren sehr wichtigen Orientierungspunkt für die Vorfrage der Anwendbarkeit der Wettbewerbsregeln sollen die Ausnahmeklauseln zu den Freiheitsrechten des EG-Vertrages (z.B. Art. 39 IV, 45, 55 EG) darstellen, soweit sie öffentliche Interessen der Mitgliedstaaten betreffen.[434] Zu beachten ist allerdings, daß es bei diesen Ausnahmeklauseln strukturell um etwas anderes geht. Eine Ausnahmeklausel kann grundsätzlich immer erst dann eingreifen, wenn zuvor festgestellt wurde, daß der Grundtatbestand anwendbar ist. Im Laufe der Untersuchung der Grundfreiheiten wird sich zeigen, daß sich auch bei ihnen die Frage der Anwendbarkeit stellen kann. Wie bei der Anwendbarkeit der Wettbewerbsregeln entscheidet sich die Frage der Anwendbarkeit der Grundfreiheiten ebenfalls anhand eines Tatbestandsmerkmals. So wie für die Anwendbarkeit der Wettbewerbsregeln an den Unternehmensbegriff angeknüpft wird, ist beispielsweise für die Anwendbarkeit der Dienstleistungsfreiheit der *Dienstleistungsbegriff* entscheidend. Wenn etwa ein Mitgliedstaat ein für die Bürger kostenloses Schulsystem errichtet und betreibt, was in der Gemeinschaft allgemein üblich ist, dann stellt sich die Frage, ob diese Leistung des Staates unter den Begriff der *Dienstleistung* zu subsumieren ist.[435] Dies ist qualitativ etwas anderes, als wenn Diskriminierungen nur unter den sehr engen Voraussetzungen des Art. 55 i.V.m. 46 EG möglich sind, also ausschließlich aus Gründen der öffentlichen Ordnung, Sicherheit oder Gesundheit.[436] Das Gleiche gilt, wenn im Falle nicht diskriminierender Beschränkungen in Anlehnung an die *Cassis*-Rechtsprechung zu deren Rechtfertigung „zwingende Erfordernisse" festgestellt

---

[434] Vgl. *Ehlermann*: Managing Monopolies: The role of the State in Controlling Market Dominance in the European Community, ECLR 1993, 61, 66; *Fesenmair*: Öffentliche Dienstleistungsmonopole im europäischen Recht (1996), S. 40, 70; *Heinemann*: Grenzen staatlicher Monopole im EG-Vertrag (1996), S. 76 f.; *Mestmäcker* in: Immenga/Mestmäcker (Hrsg.): EG-Wettbewerbsrecht (1997), Art. 37, 90 C Rn. 8.

[435] Vgl. dazu unten „Die Anwendbarkeitsfrage im Fall *Humbel*", S. 202.

[436] *EuGH* Slg. 1988, 2085, 2134 Tz. 32, 33 - *Bond van Adverteeders*, vgl. dazu ausführlich unten S. 236 ff.

werden müssen.[437] Auch wenn es hier wie dort um die Bewältigung von widerstreitenden mitgliedstaatlichen Interessen und Gemeinschaftsinteressen geht, ist diese Orientierung an den Ausnahmeklauseln der Grundfreiheiten mit einiger Vorsicht vorzunehmen.[438]

Eine besondere Bedeutung kann in diesem Zusammenhang die Ausnahmeklausel des Art. 39 IV EG zur *Arbeitnehmerfreizügigkeit* beanspruchen. Das „freie Umherziehen" im Gebiet der Gemeinschaft und nach Arbeit fragen fällt aus der Sicht des Gemeinschaftsbürgers immer in den Tatbestand der Arbeitnehmerfreizügigkeit. Da sich die Vorfrage der Anwendbarkeit begrifflich nicht stellt, können die mitgliedstaatlichen Interessen allein in der Ausnahmeklausel des Art. 39 IV EG Niederschlag finden.[439] Nach seinem Wortlaut findet dieser Artikel „keine Anwendung auf die Beschäftigung im öffentlichen Dienst". Das erste, was bei der wörtlichen Analyse dieser Norm im Vergleich etwa zu Art. 30 EG oder zu Art. 46 I EG auffällt, ist, daß in Art. 39 IV EG nicht die Rede von einer Rechtfertigung ist. Seiner Struktur nach nimmt Art. 39 IV EG einen Bereich von vorn herein aus dem Anwendungsbereich heraus. Insoweit erscheint es angebracht, bei Art. 39 IV EG von einer *unechten Ausnahmeklausel* zu sprechen. Bei den *echten Ausnahmeklauseln*, wie Art. 30, 46 EG, liegt hingegen ein Eingriff in den Schutzbereich der Grundfreiheiten tatbestandlich vor. Eine weitere unechte Ausnahmeklausel stellt Art. 45 EG dar, der Tätigkeiten, die mit der Ausübung öffentlicher Gewalt verbunden sind, aus dem Anwendungsbereich der jeweiligen Grundfreiheiten (Niederlassungsfreiheit und Dienstleistungsfreiheit über Art. 55 EG) herausnimmt.

Diese unechten Ausnahmeklauseln kommen ihrer Struktur nach der Vorfrage der Anwendbarkeit der Wettbewerbsregeln sehr nahe. Genauso wie im Hinblick auf die Anwendbarkeit der Wettbewerbsregeln die hoheitliche Betätigung nicht unter die unternehmerische Tätigkeit fällt, liegt die Beschäftigung in der öffentlichen Verwaltung nicht im Anwendungsbereich der Freizügigkeit der Arbeitnehmer. Die „Beschäftigung in der öffentlichen Verwaltung" kann also im Hinblick auf die Anwendung der Arbeitnehmerfreizügigkeit ebenfalls als ein *nega-*

---

[437] Vgl. zur Cassis-Formel unten S. 241 f.

[438] Insbesondere *Joseph Fesenmair* versucht die Bestimmung des Unternehmensbegriffs anhand der Ausnahmeklausel zur Dienstleistungsfreiheit, vgl. *Fesenmair*: Öffentliche Dienstleistungsmonopole im europäischen Recht (1996), S. 30 ff., 44, 70, 242; krit. zu dieser Auffassung auch *Heinemann*: Grenzen staatlicher Monopole im EG-Vertrag (1996), S. 119, insbes. Fn. 593.

[439] Mit einem ähnlichen Ergebnis, aber mit anderer Begründung vgl. *Heinemann*: Grenzen staatlicher Monopole im EG-Vertrag (1996), S. 119 f. Er stellt hier auf die staatliche Leistung ab.

tives Tatbestandsmerkmal angesehen werden, das allerdings im EG-Vertrag selbst festgelegt worden ist.

Nach seinem Wortlaut kann man zu der Auffassung kommen, daß Art. 39 IV EG den gesamten öffentlichen Dienst, also alle hier in Betracht kommenden Arbeiter-, Angestellten- und Beamtenverhältnisse von der Anwendung freistellen will. Dies ist allerdings schon seit längerer Zeit nicht mehr die Lesart der Gemeinschaftspraxis. Im Zentrum der Problematik steht dabei die Frage, wann die Interessen eines Mitgliedstaates die Besetzung einer Stelle in der öffentlichen Verwaltung mit einem eigenen Staatsangehörigen rechtfertigen. Im Fall *Lawrie Blum* führt der *Gerichtshof* aus, daß als öffentliche Verwaltung in diesem Sinn nur diejenigen Stellen zu verstehen sind, „die eine unmittelbare oder mittelbare Teilnahme an der Ausübung hoheitlicher Befugnisse und an der Wahrnehmung solcher Aufgaben mit sich bringen, die auf die Wahrung der allgemeinen Belange des Staates oder anderer öffentlicher Körperschaften gerichtet sind und die deshalb ein Verhältnis besonderer Verbundenheit des jeweiligen Stelleninhabers zum Staat sowie die Gegenseitigkeit von Rechten und Pflichten voraussetzen, die dem Staatsangehörigenband zugrunde liegen."[440]

Auch diese Formel enthält keine eindeutigen Abgrenzungskriterien, die sich auf die Entscheidung der Frage der Anwendbarkeit der Wettbewerbsregeln übertragen ließe. Trotzdem zeigt sich hier aber Folgendes: Zunächst respektiert die Gemeinschaftspraxis die souveräne Ausgestaltungsmöglichkeit der Mitgliedstaaten, soweit es um hoheitliche Aufgabenwahrnehmungen geht. Des Weiteren zeigt sich, daß man grundsätzlich davon ausgeht, daß es mitgliedstaatliche Interessen gibt, die eine Ausgestaltung frei von der Arbeitnehmerfreizügigkeit erfordern. Auch hier respektiert die Gemeinschaft also die Souveränität der Mitgliedstaaten. Zudem kommt zum Ausdruck, daß das Ergebnis letztlich durch nichts anderes, als durch eine Gesamtbeurteilung gefunden werden kann, in deren Rahmen Gemeinschaftsinteressen und die jeweiligen Interessen der Mitgliedstaaten miteinander abzuwiegen sind. Die strukturelle Vergleichbarkeit legt es nahe, auch bei der Abgrenzung der unternehmerischen Betätigung von der hoheitlichen bzw. schlicht-hoheitlichen Aufgabenwahrnehmung, deren Annahme die Anwendbarkeitsresistenz der Wettbewerbsregeln begründet, nicht weiter nach einem einzelnen allgemeingültigen Abgrenzungskriterium zu suchen. Es gilt vielmehr einen Modus zu finden, in dessen Rahmen Gemeinschaftsinteressen einerseits und mitgliedstaatliche Interessen andererseits berücksichtigt werden können.

---

[440] *EuGH* Slg. 1986, 2121, 2147, Tz. 27 - *Lawrie Blum*, vgl. auch Slg. 1989, 1591, 1609 - *Pillar Alluè*; *EuGH* EuGRZ 1992, 104 - *Bleis*.

9.   Wertende Gesamtbeurteilung

Sicherlich kann man im Wege einer wertenden Gesamtbeurteilung[441] mitgliedstaatliche Interessen und Gemeinschaftsinteressen abwägen. Zudem vermeidet
man auf diese Weise auch starre Lösungen, die zum einen dem Gedanken einer
dem EG-Vertrag fremden Bereichsausnahme widersprechen oder zum anderen
mit den mitgliedstaatlichen Souveränitätsinteressen und dem Subsidiaritätsprinzip nicht zu vereinbaren sind. Darüber hinaus können auch die oben angeführten Abgrenzungskriterien in die Gesamtbeurteilung eingestellt werden. Für sich
gesehen stößt jedes einzelne Abgrenzungskriterium an gewisse Grenzen und
kann deshalb - wie oben herausgearbeitet - keine Allgemeingültigkeit beanspruchen. Trotzdem kann andererseits auch jedem dieser Abgrenzungskriterien innerhalb seiner Grenzen eine Indizfunktion zugesprochen werden. Schließlich ist
es nicht zuletzt die soeben herausgearbeitete strukturelle Vergleichbarkeit zu
Art. 39 IV EG, die eine solche Gesamtbeurteilung nahelegt.

An dieser Stelle sollen noch einmal die Fälle *Höfner* und *Poucet* aufgegriffen
werden, die bislang noch keiner in sich widerspruchsfreien Lösung zugeführt
werden konnten. An ihnen zeigt sich die Problematik einer Gesamtbeurteilung,
nämlich wie welche Interessen zu gewichten sind. Geht man die zuvor behandelten Einzelkriterien noch einmal durch, so kann man zunächst feststellen, daß
weder die Bundesanstalt für Arbeit im Fall *Höfner* noch die französischen Sozialversicherungen im Fall *Poucet* eine Gewinnerzielungsabsicht verfolgten. Beide waren bei der Wahrnehmung ihrer Aufgabe gesetzlich eng gebunden, und
man kann auch sagen, daß ihre Tätigkeit ausschließlich im öffentlichen Interesse lag. Die Abgrenzung nach den wirtschaftswissenschaftlichen Kriterien, den
öffentlichen Gütern einerseits und meritorischen andererseits, spricht im Fall
Höfner eher für eine hoheitliche Betätigung der Bundesanstalt, da sie ihre Leistungen jedermann kostenlos anbot. Daß die Sozialversicherungstätigkeit aufgrund ihrer Entgeltlichkeit einen eher meritorischen Charakter besitzt, war von
dem Vertreter dieser Ansicht selbst festgestellt worden.[442] Für eine Katalogisierung nach der Wertigkeit erscheinen weder die Tätigkeiten der Bundesanstalt
für Arbeit noch die Tätigkeiten der Sozialversicherungen geeignet, man kann
kaum die eine Tätigkeit gegenüber der anderen höher oder niedriger einstufen.
Eine mißbräuchliche Ausnutzung einer hoheitlichen Stellung kann man eher der
Bundesanstalt für Arbeit nachweisen, wobei man allerdings die besondere Problematik der Beantwortung der Anwendbarkeitsfrage mit der Bejahung eines
Tatbestandsmerkmals nicht aus den Augen verlieren darf. Wenn man also die

---

[441] *Mestmäcker* in: Immenga/Mestmäcker (Hrsg.): EG-Wettbewerbsrecht (1997), Art. 37, 90
C, Rn. 9.

[442] Vgl. die diesbezüglichen Gedanken von *Fesenmair* oben S. 125 f.

Einzelkriterien in diese Gesamtbeurteilung einstellt, kann man weder im Fall *Höfner* noch im Fall *Poucet* eindeutig auf eine hoheitliche oder wirtschaftliche Betätigung schließen.

Möglicherweise kann man aber aus der Abwägung der mitgliedstaatlichen Interessen mit den Gemeinschaftsinteressen eindeutigere Schlüsse ziehen. Hier stellt sich allerdings das Problem, wie die einzelnen in diese Abwägung einzustellenden Interessen zu gewichten sind. Wenn man hier die zu den Grundfreiheiten entwickelte Ausnahmesystematik heranzieht, wäre es etwa denkbar, daß in Anlehnung an die Cassis-Rechtsprechung[443] die mitgliedstaatlichen Interessen gegenüber den Interessen der Gemeinschaft nur dann berücksichtigt werden können, wenn die in Frage stehende Maßnahme für die Erreichung eines legitimen Ziels *zwingend* erforderlich ist. Diese Beschränkung der zwingenden Erfordernisse kann jedoch in Anbetracht des Falles *Poucet* sofort wieder fallengelassen werden, denn selbst bei der Einrichtung und Organisation der Sozialversicherungssysteme sind auch andere Möglichkeiten denkbar, so daß die hier in Frage stehende Monopolisierung für sich betrachtet keineswegs zwingend erforderlich war.[444] Die Gemeinschaften respektieren hier vielmehr die Souveränität des Mitgliedstaates, dessen Gesetzgeber die freie Entscheidung getroffen hat, diese Aufgabe hoheitlich durchzuführen. Die Beschränkung auf zwingende Erfordernisse wäre deshalb auch ein Widerspruch zum Subsidiaritätsgrundsatz. Würde man dagegen umgekehrt darauf abstellen, daß jede Maßnahme der Gemeinschaften, die die Souveränität eines Mitgliedstaates betrifft, zwingend erforderlich sein muß, würde man die Fortentwicklung der Union weitgehend einfrieren. Im Übrigen begründen sich die Maßnahmen der Gemeinschaft grundsätzlich nicht aus zwingenden Erfordernissen, sondern letztlich aus einem Konsens der Mitgliedstaaten; entscheidend ist also der Konsens und nicht das zwingende Erfordernis. Andere Abstufungen in der grundsätzlichen Gewichtung der Interessen - wie etwa *wichtige Interessen* der Mitgliedstaaten oder der Gemeinschaft - treffen auf die gleichen Bedenken. Damit kann man festhalten, daß die Interessen der Mitgliedstaaten und die der Gemeinschaft grundsätzlich keiner unterschiedlichen Gewichtung unterliegen können.

Dieses Ergebnis erscheint nicht sonderlich befriedigend, da keine eindeutige Struktur ersichtlich ist, anhand derer die Abwägung vorzunehmen ist. Deutlich

---

[443] Vgl. dazu unten zur Cassis-Rechtsprechung, S. 241; und zu deren Übertragung in die Dienstleistungsfreiheit S. 253.

[444] Daß Sozialversicherungssysteme auch unternehmerisch bewertet werden können zeigt sich in *EuGH* Slg. 1995 I, 4013, 4030 – *Fédération francaise des societés d'assurance*. Hier war die Freiwilligkeit der Versicherung für die Einstufung als unternehmerische Betätigung entscheidend.

wird diese fehlende Abwägungsstruktur nicht zuletzt im Fall Höfner. Entscheidende Bedeutung dürfte hier der Feststellung des *Gerichtshofes* zukommen, daß

„die Anwendung von Artikel 86 EWG-Vertrag die Erfüllung der dieser Anstalt übertragenen besonderen Aufgabe nicht verhindern (kann), wenn die Anstalt offenkundig nicht in der Lage ist, die Nachfrage auf dem Markt nach solchen Leistungen zu befriedigen, und eine Beeinträchtigung ihres Monopols durch die genannten Unternehmen in der Praxis duldet."[445]

Diese etwas schwierige Formulierung läßt sich auch so ausdrücken, daß eine Verhinderung der Aufgabenerfüllung durch die Anwendung von Art. 82 EG nicht denkbar ist, wenn das Unternehmen von vorn herein nicht zur Aufgabenerfüllung imstande ist.[446] Man kann insoweit auch davon sprechen, daß der *Gerichtshof* das Arbeitsvermittlungsmonopol unter den generellen Vorbehalt der ausreichenden Leistungsfähigkeit gestellt hat.[447] Auch wenn dieser Feststellung des *Gerichtshofes* im Ergebnis zuzustimmen ist, stellt sich dennoch die Frage, wo diese Argumentation strukturell einzuordnen ist. Man kann daran denken, hierin eine *Erforderlichkeitsprüfung* zu sehen.[448] Aber auch diese Erforderlichkeitsprüfung steht - so richtig sie auch in der Sache sein mag - im leeren Raum. Zudem fragt sich auch, aus welcher Perspektive sie in Angriff zu nehmen ist. Denkbar ist zum einen, daß der Eingriff in die Souveränität der Mitgliedstaaten durch eine Maßnahme oder Normierung der Gemeinschaft und dessen Erforderlichkeit begründet werden muß oder daß zum anderen der Eingriff des Mitgliedstaates in den Wettbewerb durch hoheitliches Verhalten den Ansatzpunkt darstellt. Diese Frage könnte man am ehesten noch dadurch beantworten, daß sich die Mitgliedstaaten durch den EG-Vertrag darauf geeinigt haben, einen unverfälschten Wettbewerb in einem gemeinsamen Binnenmarkt zu schaffen, und daß deshalb ein hoheitliches Verhalten, das hierzu im Widerspruch steht, einer besonderen Begründung bedarf. Am ehesten läßt sich dies mit einer Analogie zur Handhabung der Ausnahmeklausel des Art. 39 IV EG stützen.

Daß es in dieser allgemeinen Verhältnismäßigkeitsprüfung an orientierungsgebenden Strukturen fehlt, zeigt sich aber noch an einem anderen Punkt des *Höfner*-Urteils des *Europäischen Gerichtshofs*. Wenn man davon ausgeht, daß in

---

[445] *EuGH* Slg. 1991 I, 1979, 2017 Tz. 25 - *Höfner*.

[446] *Heinemann*: Grenzen staatlicher Monopole im EG-Vertrag (1996), S. 182; vgl. auch *Theuerkauf*: Das Monopol der Bundesanstalt für Arbeit, AuB 1993, 193, 225.

[447] *Pallasch/Steckermeier*: Freiheit der Arbeitsvermittlung und staatliches Monopol, NZA 1991, 913, S. 925.

[448] *Brohm*: Das Verhältnis mittelbarer Staatsverwaltung und Staatsaufsicht im Wirtschaftsrecht, in: Mestmäcker (Hrsg.): Kommunikation ohne Monopole (1995), S. 253, 265 Fn. 33.

einer allgemeinen Interessenabwägung die Lösung liegen soll, stellt sich die Frage, wo eigentlich die von der Bundesrepublik Deutschland vorgetragenen Interessen an einer seriösen Arbeitsvermittlung berücksichtigt wurden.[449] Am Ergebnis hätte diese Auseinandersetzung allerdings wohl nichts geändert, da die Seriosität der Arbeitsvermittlung durch die Untätigkeit einer Behörde nicht gefördert wird. Der *Gerichtshof* war also nicht gezwungen, sich mit diesem Interesse auseinanderzusetzen, da es aufgrund des oben angeführten Arguments des Vorbehaltes der ausreichenden Leistungsfähigkeit für die Einordnung der Tätigkeit der Bundesanstalt ohnehin zu Fall kommt.[450] Es zeigt sich aber, daß die fehlenden Strukturen in dieser Interessenabwägung dem Gericht die Möglichkeit geben, auf eine Einordnung und Bewertung dieser mitgliedstaatlichen Interessen zu verzichten und sie in der Entscheidungsbegründung schlicht zu ignorieren.

10. Zwischenergebnis

Die Suche nach einem Abgrenzungskriterium für die Differenzierung von hoheitlichem Handeln einerseits und rein wirtschaftlicher Tätigkeit anderseits kann an dieser Stelle noch nicht beendet werden. Keines der angesprochenen Kriterien vermag, für sich allein gesehen, zu einer befriedigenden Lösung zu führen. Als Hürden für die Lösung dieser Abgrenzungsproblematik zeigt sich die *Wirklichkeit*, durch die das Abgrenzungskriterium in Frage gestellt wird. So kann die fehlende Gewinnerzielungsabsicht einer Institution durchaus einen rein wirtschaftlichen Hintergrund haben. Die Wirklichkeit stellt zudem auch das Abgrenzungskriterium der tatsächlichen Möglichkeit einer Aufgabenwahrnehmung durch Private in Frage. Im dynamischen Wettbewerbsprozeß kann die Ausübung einer Aufgabenwahrnehmung durch einen Privaten bei einer entsprechenden Änderung der Ausgangssituation durchaus lukrativ werden. Am *Gemeinschaftsinteresse* müssen Lösungen scheitern, die es letztverbindlich dem einzelnen Mitgliedstaat überlassen, die hoheitliche Aufgabe durch ein entsprechendes Gesetz zu definieren. Starre Lösungen, die bestimmte Tätigkeitsbereiche von vorn herein dem Einfluß der Wettbewerbsregeln des EG-Vertrages entziehen, müssen scheitern, weil dem EG-Vertrag *Bereichsausnahmen* fremd sind. Der umgekehrte Weg, daß bestimmte Tätigkeitsbereiche nie hoheitlich sein können und immer den Wettbewerbsregeln des Gemeinschaftsrechts unterlie-

---

[449] Vgl. Sitzungsbericht, *EuGH* Slg. 1991 I, 1979, 1989 - Tz. 37.

[450] Der Schluß, daß der *EuGH* keine außerwettbewerblichen Gründe für die Annahme einer Ausnahme oder die Unanwendbarkeit der Wettbewerbsregeln gelten lassen will, ist also nicht zwingend, vgl. in diesem Sinne aber *Fesenmair*: Öffentliche Dienstleistungsmonopole im europäischen Recht (1996), S. 145 f.

gen, verstoßen gegen den *Subsidiaritätsgrundsatz*, nach dem die Mitgliedstaaten ihre Angelegenheiten grundsätzlich autonom regeln können müssen. Auf diese Weise muß jedes Konzept scheitern, das diesbezüglich „harte Grenzen" setzt. Dies gilt auch dann, wenn diese Grenzen interdisziplinär etwa aus dem Bereich der Wirtschaftswissenschaften gezogen werden oder wenn man die Abgrenzung aufgrund einer Art Katalogisierung vornimmt. Das Abstellen auf das Kriterium des Mißbrauchs unterliegt aufgrund der dargestellten Gefahr eines *Zirkelschlusses* Bedenken. Auf systematische Zweifel stößt die Orientierung an den Ausnahmeklauseln zu den Grundfreiheiten. Im Falle der Warenverkehrsfreiheit und der Dienstleistungsfreiheit bedeutet die Anwendung der Ausnahmeklausel, daß über die Anwendbarkeit des Normenkomplexes bereits entschieden wurde. Dagegen weist allenfalls die Ausnahmeklausel zur Arbeitnehmerfreizügigkeit (Art. 39 IV EG) im Hinblick auf die Anwendbarkeit der Wettbewerbsregeln des EG-Vertrages den vergleichbaren Charakter eines negativen Tatbestandsmerkmals auf. Die hierzu entwickelten Aussagen der Entscheidungspraxis sind aber - soweit sie nicht den konkreten Bereich der Arbeitnehmerfreizügigkeit betreffen - zu vage und für eine Übertragung deshalb nur sehr bedingt geeignet.

Eher geeignet erscheint das Kriterium des ausschließlichen Tätigwerdens im öffentlichen Interesse mit einer entsprechenden gesetzlichen Bindung. Das Problem dieses Kriteriums liegt allerdings darin, daß sich gerade der Fall *Höfner* mit seinen engen Vorgaben an die Bundesanstalt für Arbeit nicht einordnen läßt. Schließlich bleibt die Gesamtbeurteilung als Ausweg, in die sich alle diese Kriterien mit ihrer indiziellen Wirkung wie auch die Gemeinschaftsinteressen und die Interessen der Mitgliedstaaten einstellen lassen. Mangels konkreter Abwägungsinstrumentarien bewegt sich eine Erörterung, die auf all diesen Kriterien aufbaut, in einem leeren Raum, so daß auf diese Weise der Rechtssicherheit nicht gedient sein kann. Für die weitere Untersuchung von Abgrenzungsmöglichkeiten bietet es sich an, den unmittelbaren Bereich des Europarechts zu verlassen und das Hauptaugenmerk auf andere Gebiete zu legen, in denen sich Abgrenzungsfragen in einer ähnlichen Form auftun.

IV. Untersuchung von Ansätzen aus dem nationalen Recht

Im Folgenden soll untersucht werden, ob für die Frage der Anwendbarkeit der Artikel 81, 82 EG Ansätze aus dem nationalen Recht fruchtbar gemacht werden können. Dabei kommen allerdings nur solche Regeln und Sichtweisen für diese Abgrenzung in Betracht, die ihren Ansatzpunkt in einem Bereich finden, der nach einem gemeinsamen Staatsverständnis von allen Mitgliedstaaten konsentiert wird. Damit scheiden zunächst alle Überlegungen aus, die auf spezifischen

Sichtweisen und Bedürfnissen einzelner Mitgliesstaaten beruhen. Ansonsten bestünde die Gefahr, daß durch die Übertragung derartiger nationalrechtlicher Überzeugungen den übrigen Mitgliedstaaten mittelbar über das Europarecht fremde Strukturen aufgezwungen würden.[451] Es wäre deshalb auch keine Lösung, wenn man die Frage der Betätigungsmöglichkeiten des Mitgliedstaates anhand von konkreten, objektiven oder subjektiven Regelungsgehalten von nationalen Grundrechten, etwa der Berufsfreiheit nach Art. 12 GG oder der Eigentumsfreiheit nach Art. 14 GG beantworten würde. Zwar ist nach allgemeiner Überzeugung auch dem EG-Vertrag ein Grundrechtskatalog immanent, der nicht zuletzt von den Verfassungen der Mietgliedsstaaten gespeist wird.[452] Trotzdem können die Grundrechte nicht ohne weiteres in ihrer konkreten mitgliedstaatlichen Ausgestaltung auf das Gemeinschaftsrecht übertragen werden.

Es wurde schon herausgestellt, daß die Lehre von der Doppelqualifizierung zur Lösung dieser Problematik ungeeignet ist. Ungeachtet ihrer dogmatischen Fragwürdigkeit auf der Ebene des nationalen Rechts[453] wurde in dieser Arbeit bereits auf eine fehlende Sinnhaftigkeit der Übertragung der Lehre von der Doppelqualifizierung ins Europarecht hingewiesen.[454] Die Gemeinschaftsorgane sind bei der Anwendung der Wettbewerbsregeln des EG-Vertrages nicht auf die Lehre von der Doppelqualifizierung angewiesen, da sie ihrer Funktion nach auch ein öffentlich-rechtlich ausgestaltetes Leistungsverhältnis zwischen Bürger und Staat überprüfen können.[455] Zudem verzichtet die Lehre von der Doppelqualifizierung gerade auf die Abgrenzung von hoheitlicher und wirtschaftlicher Tätigkeit; in beiden Bereichen will sie das Wettbewerbsrecht anwenden,

---

[451] Ein Beispiel für eine derartige unzulässige Übertragung nationaler Rechtskategorien wäre die Auslegung der Dienstleistungsunternehmen im Sinne von Art. 86 II 1 EG mit dem französischen Begriff des *service public*. Auf diese Weise könnten in anderen Mitgliedstaaten grundsätzlich nur solche Unternehmen vom Regime der Wettbewerbsregeln freigestellt werden, die in Frankreich dem service public zugeordnet sind. Vgl. dazu bereits oben „Allgemeines wirtschaftliches Interesse", S. 51; vgl. dazu auch *Mestmäcker* in: Immenga/Mestmäcker (Hrsg.): EG-Wettbewerbsrecht (1997), Art. 37, 90 D Rn. 2.

[452] vgl. *Schweitzer/Hummer*: Europarecht (5. Aufl. 1996), Rn. 790 f., 792 ff.; *Nagel*: Wirtschaftsrecht der Europäischen Union (1998), S. 54 ff. m. w. N.

[453] *Brohm*: Wirtschaftstätigkeit der öffentlichen Hand und Wettbewerb, NJW 1994, 281, 287 ff.; *ders.*: Das Verhältnis mittelbarer Staatsverwaltung und Staatsaufsicht im Wirtschaftsrecht, in: Mestmäcker (Hrsg.): Kommunikation ohne Monopole (1995), S. 253, 277 ff.; Vgl. o. Lehre von der Doppelqualifizierung, S. 22 ff.

[454] Vgl. o.: Konzept der einheitlichen Zuordnung, S. 89.

[455] Vgl. dazu *EuGH* Slg. 1985, 873, 885 f - *BT*; oben *British Telecommunications*, S. 76 f., 92.

wobei allein das Vorliegen eines Wettbewerbsverhältnisses entscheidend sein soll.[456]

Als nicht zielführend erweist sich ferner der Gedanke, die „klassischen" Abgrenzungstheorien heranzuziehen, nach denen im nationalen Recht eine Sach- oder Rechtsmaterie bzw. ein Streitgegenstand dem öffentlichen Recht oder dem allgemeinen Zivilrecht zugeordnet wird. *Subordinationstheorie, Interessentheorie* und *neuere Subjektstheorie* unterliegen dabei zunächst den allgemein bekannten Bedenken.[457] Zur Lösung der hier in Rede stehenden Problematik können diese Abgrenzungstheorien aber vor allem deshalb nicht weiter helfen, da ihr Ansatzpunkt in erster Linie die Rechtsnorm selbst ist. Wenn man beispielsweise im Sinne der modifizierten Subjektstheorie aus einer besonderen Berechtigung oder Verpflichtung eines Hoheitsträgers eine Zuordnung zum öffentlichen Recht feststellt, bedeutet dies noch lange nicht, daß die Gemeinschaftsorgane in diesem Fall von der Anwendung der Wettbewerbsregeln absehen. Sie finden vielmehr nach den Erkenntnissen aus dem Fall *British Telecommunications* Anwendung, wenn der Mitgliedstaat in Wirklichkeit wirtschaftliche Interessen verfolgt.

Im Zentrum der hier in Rede stehenden Abgrenzung hat deshalb die Frage zu stehen, wann sich der Staat hoheitlich betätigen darf und wann er auf nicht hoheitliche Handlungsformen zurückgreifen darf. Wenn man dies allerdings allein mit dem objektiv-rechtlichen Gehalt konkreter Grundrechte - wie z.B. Art. 12, 14 GG - erklärt, kommt man wieder auf den oben angesprochenen Konflikt der Beantwortung europarechtlicher Fragen mit den Mitteln des nationalen Rechts zurück.

1. Begründung einer Kompetenz im nationalen Recht

Fruchtbare Impulse sind deshalb von einer Theorie zu erwarten, die bei der allgemeinen *staatlichen Souveränität* ansetzt und sich dabei mit dem allgemeinen Verhältnis dieser Souveränität zu solchen Rechtsnormen auseinandersetzt, die diese ursprünglich umfassende staatliche Souveränität bändigen. Dabei geht es

---

[456] Vgl. dazu oben *Brillenurteil* und *Rollstuhlfall*, S. 22 ff.

[457] Subordinationsverhältnisse existieren auch im Privatrecht; auch eindeutig privatrechtliche Normen dienen öffentlichen Interessen; die modifizierte Subjektstheorie leidet an dem Zirkelschluß, daß die Ausübung hoheitlicher Gewalt gerade von ihrer Einordnung als öffentlich-rechtlich abhängt, Vgl. zur Kritik: *Zuleeg*: Die Anwendungsbereiche des öffentlichen Rechts und des Privatrechts, VerwArch 73 (1982), 384, 386 ff., 403 f.; *Maurer*: Allgemeines Verwaltungsrecht (14. Aufl. 2002), § 3 Rn. 14 ff.

zunächst nicht um die Begrenzung des Staatshandelns durch spezifische Aussagen der nationalen Grundrechte. Nachzugehen ist vielmehr der Frage, wie dem staatlichen Interesse an der Möglichkeit seiner Aufgabenwahrnehmung gegenüber den staatsbindenden Normen aber auch die Allgemeinheit bindenden Normen, die prinzipiell auch den Staat selbst binden, Rechnung getragen werden kann. Entscheidend ist damit die Frage, wann der Staat hoheitlich handeln darf. Dabei ist zunächst zu klären, wie der Staat eine hoheitliche Kompetenz begründet und was der Inhalt dieser Kompetenzbegründung ist. Sodann stellt sich die Frage, wann der Staat eine hoheitliche Kompetenz begründen darf. Ausführlich setzte sich *Winfried Brohm* mit dieser Problematik auseinander. Der Ausgangspunkt der Überlegungen zur Begründung einer hoheitlichen Kompetenz liegt in der Erkenntnis, daß sich die Aufgaben, mit denen sich der moderne soziale Rechtsstaat beschäftigt, im Vergleich zu früheren Zeiten erheblich vermehrt haben.

a)   *Hoheitliche Aufgabenwahrnehmung im liberalen Rechtsstaat*

Zur Zeit des liberalen Rechtsstaates des 19. Jahrhunderts bestand das wesentliche Ziel des innenpolitischen Staatshandelns in der Gewährleistung von Sicherheit und Ordnung für die Bürger.[458] Zur Erreichung dieser Ziele war es erforderlich, aber auch gleichzeitig ausreichend, wenn der Staat dem Bürger im Rahmen eines Über- und Unterordnungsverhältnisses mit den Mitteln von Befehl und Zwang gegenübertrat.[459] Aus dieser Zeit stammen auch die noch heute wesentlichen Kategorisierungen des Staatshandelns im Verwaltungsrecht. Gerade das damals geprägte Verständnis vom Verwaltungsakt bringt dieses von Befehl und

---

[458] *Badura*: Das Verwaltungsrecht des liberalen Rechtsstaates (1967), S. 51 ff.; *Brohm*: Die Dogmatik des Verwaltungsrechts, VVDStRL 30 (1972), 245, 256, insbes. Fn. 32 m.w.N.. Vgl. ferner den allgemein gehaltenen historischen Kurzabriß bei *Maurer*: Allgemeines Verwaltungsrecht (14. Aufl. 2002), § 1 Rn. 5 ff.

[459] *Brohm*: Strukturen der Wirtschaftsverwaltung (1969), S. 179; *ders.*: Wirtschaftstätigkeit der öffentlichen Hand und Wettbewerb, NJW 1994, 281, 282 f.; *ders.*: Das Verhältnis mittelbarer Staatsverwaltung und Staatsaufsicht im Wirtschaftsrecht, in: Mestmäcker (Hrsg.): Kommunikation ohne Monopole (1995), S. 253, 269 f.; Die einzige Ausnahme bestand im Bereich der Fiskalverwaltung, wenn es also um die Beschaffung der Mittel ging, die der Staat für seine Aufgabenwahrnehmung benötigte. Hier beschaffte sich der Staat diese Mittel wie jedes andere Privatrechtssubjekt am Markt und trat dem Bürger gleichgeordnet gegenüber. Als Ausnahme ist allerdings auf die Enteignung zur entsprechenden Mittelbeschaffung hinzuweisen, diese kann der Staat selbstverständlich nur mit den Mitteln von Befehl und Zwang durchsetzen, *Brohm*: Wirtschaftstätigkeit der öffentlichen Hand und Wettbewerb, NJW 1994, 281, 286; *ders.*: Das Verhältnis mittelbarer Staatsverwaltung und Staatsaufsicht im Wirtschaftsrecht, in: Mestmäcker (Hrsg.): Kommunikation ohne Monopole (1995), S. 253, 286.

Zwang geprägte Über- und Unterordnungsverhältnis zum Ausdruck. *Otto May-er*, der dem Verwaltungsakt seine bis heute maßgebende Gestalt verlieh, defi-nierte diesen als „ein der Verwaltung zugehöriger obrigkeitlicher Ausspruch, der dem Unterthanen gegenüber im Einzelfall bestimmt, was für ihn Rechtens sein soll." [460] Traditionell hat der Verwaltungsakt also einen konkret-individuellen Charakter. Als weiteres Handlungsinstrumentarium kennt das klassische Verwaltungsrecht selbstverständlich die gesetzliche Regelung, die das Verhältnis zwischen Bürger und Staat im Regelfall abstrakt-generell nor-miert.[461] Dazwischen kann die Allgemeinverfügung (§ 35 S. 2 VwVfG) mit ei-nem konkret-generellen Charakter eingeordnet werden.[462] Schließlich kann das Verhalten des Staates in den „klassischen" Kategorien des Verwaltungsrechts auch mit dem Realakt beschrieben werden.[463] Mit seiner auch in VwVfG, VwGO sowie den Verwaltungsvollstreckungsgesetzen der Länder zum Aus-druck kommenden Ausrichtung auf diese klassischen Instrumentarien besitzt das Verwaltungsrecht noch heute einen eher individualistischen und punktuel-len Charakter, da seine Normen darauf ausgerichtet sind, daß die Verwaltung einzelne Beziehungen zwischen Bürger und Staat gemäß den gesetzlichen Vor-gaben regelt und vollzieht.[464] Die in ihrer Grundausrichtung statischen Instru-

---

[460] *Otto Mayer*: Deutsches Verwaltungsrecht Bd. I, 1. Aufl. 1895, S. 95. Für den Bereich der Eingriffsverwaltung, etwa im Bereich des Polizeirechts versteht sich dieses Über- und Un-terordnungsverhältnis von selbst. Das Muster von Befehl und Zwang findet sich aber auch in den meisten Fällen des begünstigenden Verwaltungsaktes (vgl. *Brohm*: Strukturen der Wirt-schaftsverwaltung (1969), S. 179), beispielsweise in einer Baugenehmigung, wieder. Zwar wird mit der Genehmigung eine rechtliche Möglichkeit geschaffen, aber der Staat kann mit Befehl und Zwang durchsetzen, daß der Bürger den Rahmen dieser Genehmigung nicht ü-berschreitet. Darüber hinaus ist das Genehmigungserfordernis auch in dessen rechtssystema-tischen Rahmen zu sehen: der Genehmigung ist regelmäßig ein präventives oder repressives staatliches Verbot (mit Erlaubnisvorbehalt) vorgelagert, und gerade dieses ist wiederum Ausdruck von Befehl und Zwang.

[461] *Schmalz*: Allgemeines Verwaltungsrecht (3. Aufl. 1998), Rn. 204 ff.; 208; *Maurer*: Allge-meines Verwaltungsrecht (14. Aufl. 2002), § 9 Rn. 14 ff.

[462] *Schmalz*: Allgemeines Verwaltungsrecht (3. Aufl. 1998), Rn. 212 ff.; *Maurer*: Allgemeines Verwaltungsrecht (14. Aufl. 2002), § 9 Rn. 17.

[463] Zur Abgrenzung vom Verwaltungsakt vgl. *Maurer*: Allgemeines Verwaltungsrecht (14. Aufl. 2002), § 9 Rn. 8; vgl. ferner zu den acht Arten des Verwaltungshandelns *Schmalz*: Allgemeines Verwaltungsrecht (3. Aufl. 1998), Rn. 141; *Maurer*: Allgemeines Verwal-tungsrecht (14. Aufl. 2002), 3. Teil, vor § 9, Übersicht.

[464] Zum punktuellen Charakter des Verwaltungsrechts vgl. *Badura*: Verwaltungsrecht im libe-ralen und im sozialen Rechtsstaat (1966), S. 10 und passim; *Ossenbühl*: Verwaltungsvor-schriften und Grundgesetz (1968), S. 51, 59 ff., 192; *Brohm*: Die Dogmatik des Verwal-tungsrechts, VVDStRL 30 (1972), 245, 254 ff.. Auch der Begriff der Verwaltung als *voll-ziehender* Gewalt zeigt, daß nach dem klassischen Verständnis die Gestaltungs- und Regie-

mentarien der klassischen Verwaltungsrechtslehre erfassen von ihrer Konzeption her lediglich den Endpunkt eines Entscheidungsprozesses, hingegen lassen
sich die Steuerung dynamischer Prozesse, die flexible Bewältigung von Anpas-
sungserfordernissen und Strukturierungsaufgaben allein mit diesen klassischen
Handlungsinstrumentarien nur unzureichend durchführen.[465]

b) Wandel des staatlichen Aufgabenbereichs im modernen sozialen Rechtsstaat

Gerade auf solche Tätigkeitsbereiche, in denen der Staat flexibel agieren können muß, hat sich aber das Aufgabenfeld des modernen sozialen Rechtsstaates
erweitert. Er beschäftigt sich bei weitem nicht mehr nur mit der Gewährleistung
von Sicherheit und Ordnung für den Einzelnen, sondern er nimmt zunächst vor
allem auch Aufgaben der Fürsorge wahr.[466] Bei der Erfüllung derartiger Aufga-

---

rungsfunktion der Verwaltung zurücktritt, vgl. *Brohm* ebd., S. 256 Fn. 32 m. w. N.. Im Hinblick auf die verfahrensrechtliche Situation bedarf diese Charakterisierung nach dem Inkrafttreten des VwVfG (Vorschriften zum Verwaltungsverfahren §§ 9 ff. VwVfG, Regelung
von Drittbeteiligungen, Regelung des Planfeststellungsverfahrens §§ 72 ff. VwVfG) natürlich einer gewissen Abschwächung, im Grundsatz hat diese Charakterisierung auch heute
noch ihre Berechtigung, vgl. *Brohm*: Wirtschaftstätigkeit der öffentlichen Hand und Wettbewerb, NJW 1994, 281, 282 f.; *ders.*: Das Verhältnis mittelbarer Staatsverwaltung und
Staatsaufsicht im Wirtschaftsrecht, in: Mestmäcker (Hrsg.): Kommunikation ohne Monopole (1995), S. 253, 269.

[465] Vgl. *Brohm*: Die Dogmatik des Verwaltungsrechts, VVDStRL 30 (1972), 245, 253 f.. Dies
bedeutet aber nicht etwa, daß der Verwaltungsakt als Handlungsform im Bereich von Leistungsverwaltung und Daseinsvorsorge vollkommen ungeeignet wäre. Der Verwaltungsakt
wurde vielmehr vom Befehl zur hoheitlichen Regelung, hier braucht nur auf den Vergleich
der oben angeführten Definition des Verwaltungsaktes von *Otto Mayer* mit der Legaldefinition des § 35 S. 1 VwVfG verwiesen zu werden. Eine weitere Flexibilisierung wurde mit der
Einführung der Zweistufentheorie und den Grundsätzen des Verwaltungsprivatrechts erreicht, womit öffentlich-rechtliche Maßstäbe mit zivilrechtlichen Handlungsformen verbunden werden konnten, vgl. *Brohm*: ebd. S. 257. Aber auch die so erweiterten Instrumentarien
stoßen im öffentlichen Recht an ihre Grenzen, wenn die öffentliche Hand Angebot und
Nachfrage zur Wirtschaftslenkung im öffentlichen Interesse einsetzt, vgl. *Brohm* ebd. S.
266. Auch mittels der Planungsverwaltung können derartige Strukturierungsaufgaben nur in
begrenztem Umfang bewältigt werden, da sie voraussetzt, daß eine entsprechende Plangestal-
tung gesetzlich (etwa im Bereich des Baurechts) vorgesehen ist. Zudem würde die Bewältigung der neu hinzugekommenen Aufgaben mit den Instrumentarien der Planungsverwaltung zu einer von Staat und Gesellschaft unerwünschten *Planwirtschaft* führen, so daß im
Bereich dieser Instrumentarien keine Lösung gefunden werden kann.

[466] Vgl. *Forsthoff*: Der Staat als Leistungsträger (1938), passim; *ders.*: Rechtsfragen der leistenden Verwaltung (1959), passim; *ders.*: Der Staat der Industriegesellschaft (1971), S.
75 ff.; *Maurer*: Allgemeines Verwaltungsrecht (14. Aufl. 2002), § 1 Rn. 6 f.

ben kommt es nicht notwendig auf das Bestehen eines Über- und Unterordnungsverhältnisses an. Der Staat „gibt" und ist dabei nicht auf die Mittel von Befehl und Zwang angewiesen. Auf diese veränderte Aufgabenwahrnehmung des Staates und die Schwierigkeiten bei der Einordnung in die klassischen Kategorien des Verwaltungsrechts haben bereits *Georg Jellinek* und später auch *Walter Jellinek* hingewiesen.[467] Zu besonderer Bedeutung gelangte diese Problematik allerdings mit der Aufnahme des Sozialstaatsprinzips als Staatszielbestimmung in das Bonner Grundgesetz (vgl. Art. 20 I, 28 I 1 GG). Erst in jüngerer Zeit[468] setzte sich die heute nahezu einhellig vertretene Auffassung durch, daß das schlicht-hoheitliche Verwaltungshandeln im Bereich von Leistungsverwaltung bzw. Daseinsvorsorge nach der modifizierten Subjektstheorie oder der Sonderrechtsthoerie dann dem öffentlichen Recht zuzurechnen ist, wenn aufgrund von Rechtsnormen ausschließlich ein Träger hoheitlicher Gewalt berechtigtes oder verpflichtetes Zuordnungssubjekt ist.[469]

---

[467] *G. Jellinek*: Staatslehre (3. Aufl. 1913, Nachdruck 1960), S. 622 f.; *W. Jellinek*: Verwaltungsrecht (3. Aufl. 1931), S. 21 ff.; *Brohm*: Strukturen der Wirtschaftsverwaltung (1969), S. 179 f.; *ders.*: Das Verhältnis mittelbarer Staatsverwaltung und Staatsaufsicht im Wirtschaftsrecht, in: Mestmäcker (Hrsg.): Kommunikation ohne Monopole (1995), S. 253, 273.

[468] Eine Zuordnung zum Privatrecht vertraten seinerzeit *Prölss*: Versicherungsaufsichtsgesetz (5. Aufl. 1966), § 81 Anm. 8, offenbar immer noch *Schmidt* in: Prölss: Versicherungsaufsichtsgesetz (11. Aufl. 1997), § 10 Zus. BAG § 7 Rn. 9; *W. Jellinek*: Verwaltungsrecht (3. Aufl. 1931), S. 21, der allerdings auch eine Zuordnung zum öffentlichen Recht für möglich hielt. Für eine differenzierte Zuordnung zum öffentliche Recht sprach sich *Huber*: Wirtschaftsverwaltungsrecht I (2. Aufl. 1953). S. 53, 219 aus; nach seiner Auffassung sollte die Wirtschaftsverwaltung „schlicht verwaltender Art" dem öffentlichen Recht, die Wirtschaftsverwaltung rechtsgeschäftlicher Art (wirtschaftliche Betätigung, aber auch Subventionierungen) dem Privatrecht zugeordnet sein. Überhaupt keine Zuordnung zum einen oder anderen Rechtsgebiet sollte nach *BVerwGE* 15, 296, 300 m. w. N. aus der Literatur möglich sein. Schließlich wurde auch noch der gesamte Begriff der schlicht-hoheitlichen Verwaltungstätigkeit als überflüssig angesehen, vgl. *Obermayer*: Verwaltungsakt und innerdienstlicher Rechtsakt (1956), S. 59 f.; *Mallmann*: Schranken nichthoheitlicher Verwaltung, VVDStRL 19 (1961), S. 165, 169 f., 206.

[469] Aus der Rspr. z.B.: *BVerwGE* DÖV 1981, 678, 679; *BGHZ* 41, 266, 267; OVG NW NJW 1991, 61; Grdl. zur Subjektstheorie: *Wolff*: Der Unterschied zwischen öffentlichem und privatem Recht AöR 76 (1950) S. 205 ff., der hier allerdings noch davon ausging, daß - rein formal - ausschließlich ein Hoheitsträger Norm-adressat sein mußte. Die Modifikation der Theorie präzisierte, daß ein Hoheitsträger *als solcher*, also gerade in seiner Eigenschaft als Hoheitsträger berechtigt und verpflichtet werden muß, vgl. hierzu im Anschluß an Wolff: *Wolff/Bachof/Stober*: Verwaltungsrecht Bd. I (10. Aufl. 1994), § 22 Rn. 25; *Ipsen/ Koch* Öffentliches und privates Recht, JuS 1992, 809, 812 m. w. N.; *Brohm*: Wirtschaftstätigkeit der öffentlichen Hand und Wettbewerb NJW 1994, 281, 283; *Ehlers* in: Erichsen (Hrsg): Allgemeines Verwaltungsrecht (12. Aufl. 2002), § 2 Rn. 17 ff.; *Maurer*: Allgemeines Verwaltungsrecht (14. Aufl. 2002), § 3 Rn. 17.

Darüber hinaus eröffnet das moderne Verständnis der Grundrechte ein weiteres wesentliches Aufgabenfeld des modernen sozialen Rechtsstaates. Nach heute wohl allgemeiner Ansicht enthalten die Grundrechte nicht nur individuelle Abwehrrechte gegen rechtswidrige Eingriffe des Staates, sondern sie sind gleichzeitig auch Ausdruck einer objektiven Wertordnung und von daher allgemeiner Rechtmäßgkeitsmaßstab des Staatshandelns.[470] Damit kommt dem Staat auch die Aufgabe zu, die Grundlagen für die Verwirklichung der Grundrechte zu schaffen.[471] Einen besonderen Ausdruck findet diese Funktion der Grundrechte in der aktuellen Diskussion über die Frage, inwieweit die Grundrechte *Schutzpflichten* des Staates begründen, die den Staat verpflichten, Vorkehrungen zu treffen, damit die Grundrechtsverwirklichung von dritter Seite nicht beeinträchtigt oder vereitelt wird.[472] Die Grundrechte als Ausdruck einer objektiven Werteordnung, das als Staatszielbestimmung in die Verfassung aufgenommene Sozialstaatsprinzip und die durch Art. 109 IV GG festgelegte Staatsaufgabe der Erhaltung des gesamtwirtschaftlichen Gleichgewichts tragen die heute vorherrschende Auffassung, daß eine freiheitliche und gerechte Ordnung nicht gleichsam automatisch aus der Aufteilung staatlicher Gewalt und deren Abstinenz gegenüber einer autonomen gesellschaftlichen Sphäre entsteht, sondern aktiv bewirkt werden muß.[473] Für diese Staatsaufgabe der „Bewirkung" sind die oben angeführten klassischen Instrumentarien des Verwaltungshandelns allerdings keinesfalls völlig ausreichend. Angesichts dieser neuen Anforderungen müssen die Handlungsformen flexibel, entwicklungsoffen und wandlungsfähig sein.[474] Hier ist die Tendenz zu beobachten, daß einseitige Handlungsformen zunehmend durch einvernehmlich ausgehandelte, konsensuale, kooperative und integrative ersetzt werden. An die Stelle von endgültigen treten vorläufige Hand-

---

[470] Die Grundrechte als „Richtlinien und Impulse für Gesetzgebung, Verwaltung und Rechtsprechung": *BVerfGE* 39, 1, 41; 7, 198, 204; 73, 261, 269.

[471] *Brohm*: Strukturen der Wirtschaftsverwaltung (1969), S. 160.

[472] *Hesse*: Grundzüge des Verfassungsrechts der Bundesrepublik Deutschland (20. Aufl. 1995), Rn. 350 ff.; *Pieroth/Schlink*: Staatsrecht II (14. Aufl. 1998), Rn. 103 ff.; *H. Klein*: Die grundrechtliche Schutzpflicht, DVBl 1994, 289, passim; *Jarass*: Grundrechte als Wertentscheidungen, AöR 110, 363, passim, jeweils m.w.N.

[473] *Konrad Hesse*: Das Grundgesetz in der Entwicklung der Bundesrepublik Deutschland, Aufgabe und Funktion der Verfassung, in: *Benda/Maihofer/Vogel* (Hrsg.): Handbuch des Verfassungsrecht (1983), 24 f.; *Brohm*: Wirtschaftätigkeit der öffentlichen Hand und Wettbewerb, NJW 1994, 281, 282; *ders.*: Das Verhältnis mittelbarer Staatsverwaltung und Staatsaufsicht im Wirtschaftsrecht, in: Mestmäcker (Hrsg.): Kommunikation ohne Monopole (1995), S. 253, 270

[474] *Kloepfer*: Zu den neuen umweltrechtlichen Handlungsformen des Staates, JZ 1991, 737 ff.; *Peine*: Entwicklungen im Recht des Verwaltungsakts, in: Festschrift für Thieme (1993), S. 563.

lungsformen[475] und leistende Handlungsformen ersetzen eingreifende. Neben diesen verwaltungsverfahrensrechtlich determinierten Handlungsweisen steht die „bunte Palette"[476] der tatsächlichen Verwaltungshandlungen. Diese Rechtsfigur kann als ein Sammelbegriff für Realakte, schlichte, informelle und informale Verwaltungsmaßnahmen angesehen werden.[477] Der Staat bewältigt diese Strukturierungsaufgaben wesentlich effektiver, wenn er etwa notwendige Einrichtungen schafft und dem Bürger zur Verfügung stellt oder vor allem, indem er durch Vergünstigungen, die Bereitstellung von Sach- oder Finanzmitteln Anreize zu einem bestimmten Verhalten schafft.[478] Eine solche Aufgabenerfüllung erfolgt in ganz anderen Wirkungsdimensionen als die punktuelle Regelung eines einzelnen spezifischen Verhältnisses zwischen Bürger und Staat mittels eines einzelnen Verwaltungsaktes.

Vor diesem Hintergrund der Veränderung der Ausgangslage stellt sich allerdings die Frage, wann der Staat eine Aufgabe wahrnehmen kann und gegebenenfalls sogar muß. Von seinem Wesen her kann der Rechtsstaat nicht ohne jede Tatsachen- oder Rechtsgrundlage quasi willkürlich tätig werden. Hoheitliche wie unternehmerische Staatstätigkeit sind rechtfertigungsbedürftig, sie bedürfen

---

[475] Zu den vorläufigen oder einstweiligen Verwaltungsakten im Subventions-, Verkehrs- und Gaststättenrecht vgl. *Stober*: Handbuch des Wirtschaftsverwaltungs- und Umweltrechts (1989), § 59 V; *ders.*: Deregulierung im Wirtschaftsverwaltungsrecht, DÖV 1995, 125, 128; *ders.*: Allgemeines Wirtschaftsverwaltungsrecht (11. Aufl. 1998), § 34 III 4, S. 343 f.; *R. Schmidt*: Öffentliches Wirtschaftsrecht (1990), S. 479; *Di Fabio*: Risikoentscheidungen im Rechtsstaat (1994), 307 f.

[476] *Stober*: Deregulierung im Wirtschaftsverwaltungsrecht, DÖV 1995, 125, 129.

[477] *E. Bohne*: Informelles Verwaltungs- und Regierungshandeln, VerwArch 75 (1984) S. 343 ff.; *J. Becker*: Informales Verwaltungshandeln DÖV 1985, S. 1003; *H. Bauer*: Informelles Verwaltungshandeln, VerwArch 75 (1987), S. 241; *Stober*: Handbuch des Wirtschaftsverwaltungs- und Umweltrechts (1989) § 62; *ders.*: Deregulierung im Wirtschaftsverwaltungsrecht, DÖV 1995, 125, 129; *R. Schmidt*: Öffentliches Wirtschaftsrecht (1990), S. 485 ff. (der allerdings zwischen schlichtem und informellem Verwaltungshandeln trennt); *Kloepfer* Zu den neuen umweltrechtlichen Handlungsformen des Staates, JZ 1991, 737 ff.; *Henneke*: Informelles Verwaltungshandeln, NuR 1991, S. 267 ff.

[478] Ein Beispiel hierfür ist die Veranstaltung von Rundfunkprogrammen durch den Staat, um auf diese Weise die Rundfunkfreiheit nach Art. 5 I 2 GG zu gewährleisten, vgl. *BVerfGE* 83, 238, 295 = NJW 1991, 899 - 6. *Rundfunkurteil*; *Brohm*: Wirtschaftstätigkeit der öffentlichen Hand und Wettbewerb, NJW 1994, 281, 283. Andere Beispiele solcher strukturierender Maßnahmen sind etwa die staatlichen Förderprogramme für Existenzbegründungen, Vermögensbildung und Wohnungsbau oder auch die Gewährung von Stillegungsprämien in der Landwirtschaft. Auch die steuerliche Begünstigung von umweltfreundlichen Produkten oder Herstellungsverfahren kann hierzu gezählt werden. Mit den Mitteln von Befehl und Zwang können die mit diesen Maßnahmen verfolgten Ziele kaum erfolgreich verfolgt werden.

einer verfassungsmäßigen Legitimation.[479] Wann eine Staatsfunktion dem öffentlichen Recht zuzurechnen ist, läßt sich allerdings nur in Einzelfällen unmittelbar der Verfassung entnehmen.[480] Es bedarf dazu im Regelfall der Entscheidung des Gesetzgebers im Rahmen weitgesteckter verfassungsrechtlicher Schranken.[481] Der Spielraum reicht dabei von der unmittelbaren Aufgabenerfüllung mit hoheitlichen Zwangsbefugnissen durch den Staat selbst bis zur Bewältigung der Aufgabe (ohne spezifische gesetzliche Regelung) im Wettbewerb.[482]

c) Die Funktion einer hoheitlichen Kompetenz

Die Grundlage für die Erhebung einer Sachmaterie zur Staatsfunktion mit der Konsequenz der Geltung des öffentlichen Rechts ist die Begründung einer *hoheitlichen Kompetenz*.[483] Diese Hoheitskompetenz ist streng von der verfassungsrechtlich geregelten Gesetzgebungskompetenz zu unterscheiden.[484] Die Gesetzgebungskompetenz trifft eine Aussage darüber, welche Institution in welchem Bereich Regeln aufstellen darf (vgl. Art. 70 ff. GG). Mit der Begründung einer hoheitlichen Kompetenz wird hingegen zum einen eine bestimmte

---

[479] Für die hoheitliche Staatstätigkeit versteht sich dies von selbst, für die unternehmerische Staatstätigkeit vgl. dazu: *Scholz* in: Maunz/Dürig/Herzog/Scholz, GG (Stand Okt. 1997) Art. 12 Rn. 401 ff.; *Ronellenfitsch*, in: Handbuch Staatsrecht III (1988), § 84 Rn. 32 ff.; *Berg*: Verfassungsfragen wirtschaftlicher Betätigung des Staates, ThürVbl 1994, 145 f.; *Brohm* NJW 1994, 281, 281, 283; *ders.*: Das Verhältnis mittelbarer Staatsverwaltung und Staatsaufsicht im Wirtschaftsrecht, in: Mestmäcker (Hrsg.): Kommunikation ohne Monopole (1995), S. 253, 262 f.; *Burgi*: Die öffentlichen Unternehmen im Gefüge des primären Gemeinschaftsrechts, EuR 1997, S. 261, 268 f. m.w.N.

[480] Beispiele hierfür sind die Aussagen der Verfassung über Status und Funktion von Parteien, Gemeinden oder Religionsgemeinschaften (vgl. Art. 21, 28 II, 140 GG), aus denen sich die Notwendigkeit entsprechender gesetzlicher Regelungen entnehmen lassen, vgl. *Brohm*: Strukturen der Wirtschaftsverwaltung (1969), S. 160.

[481] *Brohm*: Das Verhältnis mittelbarer Staatsverwaltung und Staatsaufsicht im Wirtschaftsrecht, in: Mestmäcker (Hrsg.): Kommunikation ohne Monopole (1995), S. 253, 262.

[482] *Brohm*: Strukturen der Wirtschaftsverwaltung (1969), S. 161; *ders*: Das Verhältnis mittelbarer Staatsverwaltung und Staatsaufsicht im Wirtschaftsrecht, in: Mestmäcker (Hrsg.): Kommunikation ohne Monopole (1995), S. 253, 262.

[483] *Brohm*: Strukturen der Wirtschaftsverwaltung (1969), S. 39 ff., 155 ff., 164 ff., 183 ff. 197 ff., 211 ff. und passim; *ders.*: Die Dogmatik des Verwaltungsrechts, VVDStRL 30 (1972), 245; 265, Fn. 58; *ders.*: Wirtschaftstätigkeit der öffentlichen Hand und Wettbewerb, NJW 1994, 281, 282 f.; *ders.*: Das Verhältnis mittelbarer Staatsverwaltung und Staatsaufsicht im Wirtschaftsrecht, in: Mestmäcker (Hrsg.): Kommunikation ohne Monopole (1995), S. 253, 261 ff.

[484] *Brohm*: Strukturen der Wirtschaftsverwaltung (1969), S. 158 f.

Tätigkeit zur hoheitlichen Aufgabe erklärt und damit dem Regime des öffentlichen Rechts unterstellt.[485] Zum anderen legt die Kompetenz fest, welche Stelle für die Wahrnehmung dieser Aufgabe zuständig ist, gegebenenfalls bestimmt sie auch die Einrichtung einer solchen Stelle, sofern diese in dieser Form noch nicht existiert.[486] Dabei ist es keineswegs notwendig, daß die so „betraute"[487] Stelle öffentlich-rechtlich organisiert sein und handeln muß, als Beispiel für die Betrauung eines Privaten kann der Beliehene angeführt werden.[488]

Die wesentliche Erkenntnis besteht bei der Begründung einer hoheitlichen Kompetenz darin, daß es für die Annahme des Regimes des öffentlichen Rechts weder allein auf die Handlungs- oder Organisationsform noch auf das äußere Verhältnis von Bürger und Staat ankommt,[489] entscheidend ist vielmehr die durch den gesetzgeberischen Akt definierte bzw. zum Ausdruck kommende Staatsfunktion.[490] Auf der Grundlage der weitgesteckten Grenzen der Verfassung hat der Staat also die Möglichkeit, selbst zu bestimmen, mit welchen Aufgaben er sich befaßt.[491] Die Notwendigkeit der Bewältigung von Aufgaben folgt dabei aus dem Selbstverständnis des Staates und ist mit seiner Existenz eng verwoben.[492] Von anderen Vereinigungen unterscheidet sich der Staat vor allem

---

[485] *Brohm*: Strukturen der Wirtschaftsverwaltung (1969), S. 180 f.; *ders.*: Wirtschaftstätigkeit der öffentlichen Hand und Wettbewerb, NJW 1994, 281, 283; *ders.*: Das Verhältnis mittelbarer Staatsverwaltung und Staatsaufsicht im Wirtschaftsrecht, in: Mestmäcker (Hrsg.): Kommunikation ohne Monopole (1995), S. 253, 262 - dieser Grundsatz kann aber durch die *Kompetenzkerntheorie* eingeschränkt sein, vgl. dazu ausführlich unten „Die Kompetenzkerntheorie", S. 159.

[486] *Brohm*: Wirtschaftstätigkeit der öffentlichen Hand und Wettbewerb, NJW 1994, 281, 283; *ders.*: Das Verhältnis mittelbarer Staatsverwaltung und Staatsaufsicht im Wirtschaftsrecht, in: Mestmäcker (Hrsg.): Kommunikation ohne Monopole (1995), S. 253, 262.

[487] Der Begriff der Betrauung wird an dieser Stelle bewußt mit Seitenblick auf Art. 86 II 1 EG verwendet.

[488] *Brohm*: Strukturen der Wirtschaftsverwaltung (1969), S. 158, 162; umgekehrt dürfte der Satz aber richtig sein: die Wahl einer öffentlich-rechtlichen Handlungs- und bzw. oder Organisationsform zeigt, daß man (zumindest nach der die Kompetenz übertragenden Stelle) von einer hoheitlichen oder schlicht-hoheitlichen Aufgabe ausgeht.

[489] Für das Abstellen auf die Organisationsform allerdings: *Krüger*: Allgemeine Staatslehre (2. Aufl. 1966), S. 323 ff., mit dem „Siegeszug" der modifizierten Subjektstheorie bzw. Sonderrechtstheorie erscheint diese Auffassung allerdings aus heutiger Sicht überholt.

[490] *Brohm*: Die Dogmatik des Verwaltungsrechts, VVDStRL 30 (1972), 245; 265;

[491] *Brohm*: Das Verhältnis mittelbarer Staatsverwaltung und Staatsaufsicht im Wirtschaftsrecht, in: Mestmäcker (Hrsg.): Kommunikation ohne Monopole (1995), S. 253, 262.

[492] *Brohm*: Strukturen der Wirtschaftsverwaltung (1969), S. 156 f.

dadurch, daß er seinen Bestand ausschließlich selbst gewährleistet, während andere Vereinigungen sich seines Rechtsschutzes bedienen.

Die Möglichkeit der Begründung einer hoheitlichen Kompetenz erweitert dabei wie gesagt die Steuerungs- und Gestaltungsmöglichkeiten, die mit den oben angesprochenen klassischen Instrumentarien des Verwaltungsrechts nicht mehr ausreichend möglich wären. Wenn die Verwaltung bei ihrer Aufgabenbewältigung nicht auf die klassischen Instrumente zurückgriffe und neue Instrumentarien anwenden würde, unterläge sie ohne die Möglichkeit einer hoheitlichen Kompetenzbegründung allein dem Regime des allgemeinen Zivil- und (in extrem gelagerten Fällen) Strafrechts. Auf diese Weise blieben aber zum einen die öffentlich-rechtlichen Bindungen und zum anderen besondere öffentlich-rechtliche Berechtigungen unberücksichtigt. Diese Sichtweise vernachlässigt folglich, daß es sich bei der in Rede stehenden Aufgabenerfüllung immer noch um eine auf die Verfassung zurückzuführende öffentliche Aufgabe handelt. Mit der Begründung der Kompetenz wird dagegen klargestellt, daß die Wahrnehmung der in Frage stehenden Tätigkeit eine Staatsfunktion darstellt, die im Grundsatz unter dem Regime des öffentlichen Rechts steht. Hoheitliche Kompetenzen sind also nicht auf hoheitlich-obrigkeitliche Handlungen beschränkt, sondern können auch die schlicht-hoheitliche Wahrnehmung von Aufgaben zum Inhalt haben, wie etwa die Beratung und Betreuung der Bürger durch „Sozialarbeiter" oder Wirtschafts- und berufsständische Kammern oder die wirtschaftliche Tätigkeit öffentlicher Einrichtungen.[493] Die Ausnahme zu diesem Grundsatz ist dann anzunehmen, wenn die Tätigkeit außerhalb des Kompetenzkerns liegt, hier besteht Raum für die Anwendung des allgemeinen Zivil- und Strafrechts. Dazu soll im übernächsten Abschnitt Stellung genommen werden.

Im Hinblick auf das *Europarecht* erscheint allerdings der Bestand einer Theorie, die sich auf Grundsätze und Dogmatik einer nationalen Verfassung stützt, zunächst unsicher, da im Kollisionsfall das Europarecht Vorrang auch vor der nationalen Verfassung besitzt.[494] Die Möglichkeit einer hoheitlichen Kompe-

---

[493] *Brohm*: Wirtschaftstätigkeit der öffentlichen Hand und Wettbewerb, NJW 1994, 281, 282; zu den Kompetenzen der berufsständischen Kammern vgl. vor allem *ders*: Das Verhältnis mittelbarer Staatsverwaltung und Staatsaufsicht im Wirtschaftsrecht, in: Mestmäcker (Hrsg.): Kommunikation ohne Monopole (1995), S. 253, 262 ff.

[494] Dies kann der Entscheidung *EuGH* Slg. 1964, 1251 ff., 1269 ff. - *Costa/Enel* entnommen werden; vgl. dazu auch *Schweitzer/Hummer*: Europarecht (5. Aufl. 1996), Rn. 852 f., zur Entwicklung der Rechtsprechung auf nationaler Ebene vgl. Rn. 854 ff.. Das *Bundesverfassungsgericht* hat diesen Grundsatz allerdings in seinem *Maastricht-Urteil* eingeschränkt. Akte der Gemeinschaft könnten demnach ebenso in die Rechte des Bürgers eingreifen wie Akte einer nationalen Institution. Das *Bundesverfassungsgericht* will hier in einem „Kooperationsverhältnis" mit dem *Europäischen Gerichtshof* den Grundrechtsschutz gewährleisten. Dabei könne sich das *Bundesverfassungsgericht* auf die „generelle Gewährleistung des un-

tenzbegründung läßt sich aber auch auf einer aus europarechtlicher Sicht un-
zweifelhaften Grundlage, die auf dem Souveränitätsverständnis der Mitgliedstaaten fußt, begründen. Der Staat, der - wie gerade dargestellt - ohne vorgelagerte rechtliche Grundlage aus sich selbst heraus existiert, hat aus seiner Natur
heraus die Möglichkeit zu bestimmen, mit welchen Aufgaben er sich befaßt.
Ihm kommt damit auch die Möglichkeit zu, sein eigenes Recht zu setzen und zu
bestimmen, wann eine bestimmte Sachmaterie einem bestimmten Rechtsgebiet
zuzurechnen ist. Diese grundsätzliche Souveränität der Mitgliedstaaten erkennt
auch das Europarecht an.[495]

d) Grenzen für die Begründung und Ausübung einer Kompetenz

Hinsichtlich der *rechtlichen Grenzen* sind die *Begründung* bzw. Erteilung einer
Kompetenz und die *Ausübung* der Kompetenz zu unterscheiden. Die rechtlichen
Grenzen für die *Begründung* einer Kompetenz sind der Verfassung zu entnehmen. Neben den besonderen Anordnungen des Grundgesetzes ergeben sich die
verfassungsrechtlichen Grenzen dabei vor allem wiederum aus dem objektiv-
rechtlichen Regelungsgehalt der Grundrechte. In einem weitgesteckten Ermessensspielraum erfordert dieser objektivrechtliche Gehalt einerseits eine entsprechende Regelung des Staates, die die Grundrechtsausübung für den Einzelnen
(z.B. gegenüber Dritten) erst ermöglicht. Eine Verdichtung zu einem subjektiven Anspruch des Einzelnen auf einen entsprechenden Akt der öffentlichen
Hand ist dabei nur dann anzunehmen, wenn die Grundrechtsverwirklichung
sonst unmöglich ist, wenn sich also der objektivrechtliche Gehalt der Grundrechte zu einer subjektiv durchsetzbaren *Schutzpflicht* des Staates konzentriert.

---

abdingbaren Grundrechtsstandards" beschränken, *BVerfGE* 89, 155, 175 - *Maastricht-
Urteil*. Erklärungsversuche zu diesen Ausführungen finden sich z.B. bei *Tietje*: Europäischer
Grundrechtsschutz nach dem Maastricht-Urteil, „Solange III"? JuS 1994, 197, 199 f.; *Horn*:
„Grundrechtsschutz in Deutschland" - Die Hoheitsgewalt der Europäischen Gemeinschaften
und die Grundrechte des Grundgesetzes nach dem Maastricht-Urteil des Bundesverfas-
sungsgerichts, DVBl 1995, 89, 92 ff.

[495] Dies folgt aus folgendem Gedankengang: Bei der Übertragung von Souveränitätsrechten
der Mitgliedstaaten auf die Europäischen Gemeinschaften gilt das Prinzip der *enumerativen*
oder *begrenzten* Einzelermächtigung, das z.B. in Art. 5 I, 8, 14 V, 26 I EGKSV, Art. 2, 3,
3a, 7 a, 54 III lit g, 100, 100a, 118a II, 130a ff., 235 EGV zum Ausdruck kommt. Dadurch
unterscheiden sich die gemeinschaftlichen von den staatlichen Legislativorganen, die grundsätzlich jede Materie regeln können und dabei auch hinsichtlich der Formenwahl frei sind,
vgl. statt vieler: *Schweitzer/Hummer*: Europarecht (5. Aufl. 1996), Rn. 355, 892 ff, 896; *Hakenberg*: Grundzüge des Europäischen Wirtschaftsrechts (1994), S. 20 ff.; *Nagel*: Wirtschaftsrecht der Europäischen Union (1998), S. 23, 40; vgl. ferner die Hervorhebung des
Prinzip der begrenzten Einzelermächtigung in in den Leitsätzen von *BVerfGE* 89, 155 -
Maastricht-Urteil.

Der objektivrechtliche Gehalt der Grundrechte fordert andererseits aber auch vom Staat, die Individualrechte so weit wie möglich zu schonen. Bei der Begründung einer hoheitlichen Kompetenz ist er also auch und vor allem an den Verhältnismäßigkeitsgrundsatz gebunden, sofern die Ausübung dieser Kompetenz in Grundrechtspositionen eingreift.[496] Die Verdichtung des objektivrechtlichen Regelungsgehaltes der Grundrechte zu einem subjektiven Abwehranspruch wird dabei im Rahmen der schlicht-hoheitlich motivierten wirtschaftlichen Betätigung des Staates regelmäßig an der Hürde des mittelbaren Grundrechtseingriffs scheitern. Ein auf Grundrechte gestützter Abwehranspruch gegen die öffentliche Hand ist demnach beispielsweise nach Art. 12 GG nur dann zu erwarten, wenn die Existenz eines Unternehmens oder einer Branche durch das Tätigwerden der öffentlichen Hand gefährdet erscheint.[497]

Die rechtlichen Grenzen bei der *Ausübung* der Kompetenz richten sich zunächst nach der Kompetenznorm selbst. Die Kompetenznorm berechtigt und beschränkt die entsprechend ermächtigte Stelle zugleich. Ein Überschreiten der Kompetenznorm durch die öffentliche Hand ist rechtswidrig. Dies gilt auch dann, wenn die Kompetenznorm die Einrichtung eines privaten Rechtssubjektes und bzw. oder privatrechtliche Handlungsformen bei der Wahrnehmung einer schlicht-hoheitlichen Aufgabe vorsieht. Mit der Wahl einer privatrechtlichen Rechts- und Handlungsform werden also nicht etwa die unerschöpflichen Betätigungsmöglichkeiten der Privatautonomie eröffnet.[498] Darüber hinaus gilt nicht nur bei der Begründung, sondern auch bei der Ausübung der Kompetenz der objektivrechtliche Gehalt der Grundrechte, im Falle der wirtschaftlichen Betätigung kommen hier also wiederum Art. 12, 14, 3, 2 GG in Betracht. Hinsichtlich eines subjektiven Abwehranspruchs gegen entsprechende Rechtswidrigkeiten, die durch eine derartige Überschreitung der eingeräumten Kompetenzen entstehen, ist aber auch hier die Schwelle des mittelbaren Grundrechtseingriffs zu be-

---

[496] So etwa *BVerfGE* 21, 245, 257 für das Arbeitsvermittlungsmonopol der Bundesanstalt für Arbeit im Hinblick auf Führungskräfte; anders aber *EuGH* Slg. 1991 I, 1979, 2010 ff. Tz. 34 - *Höfner*; *Brohm*: Das Verhältnis mittelbarer Staatsverwaltung und Staatsaufsicht im Wirtschaftsrecht, in: Mestmäcker (Hrsg.): Kommunikation ohne Monopole (1995), S. 253, 263 für die Einrichtung von Zwangskörperschaften.

[497] *BVerwGE* 17, 306, 309 ff.; 30, 191, 198; 39, 159, 168 f. 39, 329, 336 ff.; 71, 183, 193 f.; 72, 126 - *TÜV*; *BVerwG* DÖV 1970, 823; NJW 1978, 1539; DVBl 1996, 152 - *Maklerfall*; *Papier* in: *Maunz/Dürig/Herzog/Scholz*: Kommentar zum Grundgesetz (Stand Okt. 1997), Art. 14 Rz 217; weitergehend: *Scholz* in *Maunz/Dürig/Herzog/Scholz*: Kommentar zum Grundgesetz Art. 12 Rn. 405; *Brohm*: Wirtschaftstätigkeit der öffentlichen Hand und Wettbewerb, NJW 1994, 281, 283.

[498] *Brohm*: Strukturen der Wirtschaftsverwaltung (1969), S. 158; *ders.*: Das Verhältnis mittelbarer Staatsverwaltung und Staatsaufsicht im Wirtschaftsrecht, in: Mestmäcker (Hrsg.): Kommunikation ohne Monopole (1995), S. 253, 272.

achten. Eine rechtswidrige wirtschaftliche Betätigung der öffentlichen Hand wird also nur dann von einem grundrechtsgestützten subjektiven Abwehranspruch erfaßt, wenn die Existenz einer Branche oder eines Unternehmens auf dem Spiel steht.[499]

e)   Staatliche Berechtigungen aus der Kompetenz

Neben der Begrenzung der Tätigkeit folgt aber aus der hoheitlichen oder schlicht-hoheitlichen Kompetenz auch eine besondere Berechtigung der öffentlichen Hand. Mit der Kompetenznorm, die grundsätzlich das Regime des öffentlichen Rechts begründet, werden der öffentlichen Hand bei der Wahrnehmung der konkreten Tätigkeit bestimmte Rechte gegenüber der Allgemeinheit verliehen. Das bedeutet wiederum, daß die Allgemeinheit diese Tätigkeit auch nicht mit den allgemeinen Rechtsinstrumenten des Zivilrechts abwehren kann. Wenn die öffentliche Hand eine durch eine Kompetenznorm zur hoheitlichen bzw. schlicht-hoheitlichen Aufgabe erhobene Tätigkeit wahrnimmt, scheidet deshalb ein Abwehranspruch aus dem allgemeinen Recht, etwa aus § 1004 BGB, aus.[500] Dies gilt auch für einen wirtschaftsrechtlichen Abwehranspruch aus GWB oder UWG.[501]

Kritisiert wird an dieser - zumindest auf objektivrechtlicher Ebene - strengen Lehre von der Kompetenzerteilung, daß hiermit nur hoheitliche bzw. schlicht-

---

[499] Vgl. dazu auch *BVerwGE* 17, 306, 309 ff.; 30, 191, 198; 39, 159, 168 f. 39, 329, 336 ff.; 71, 183, 193 f.; 72, 126 - *TÜV*; *BVerwG* DÖV 1970, 823; NJW 1978, 1539; DVBl 1996, 152 - *Maklerfall*: Wenn es an dieser Existenzgefährdung fehlt, kommt man bei einer Urteilsbegründung nicht notwendig zur Frage der Rechtmäßigkeit der wirtschaftlichen Betätigung der öffentlichen Hand.

[500] *BVerwGE* 68, 62, 63 - *Kirchenglocken*; *BVerwGE* 79, 254 - *Feuerwehrsirene*; *BVerwG* NJW 1989, 1291 - *Sportplatzlärm*; *Brohm*: Strukturen der Wirtschaftsverwaltung (1969), S. 185 f.; *ders*.: Wirtschaftstätigkeit der öffentlichen Hand und Wettbewerb, NJW 1994, 281, 284; *ders*.: Das Verhältnis mittelbarer Staatsverwaltung und Staatsaufsicht im Wirtschaftsrecht, in: Mestmäcker (Hrsg.): Kommunikation ohne Monopole (1995), S. 253, 274. Davon zu unterscheiden ist die Frage, ob für die Herleitung des schlichten grundrechtlichen Abwehr- und Beseitigungsanspruchs der Rechtsgedanke des § 1004 BGB heranzuziehen ist, oder ob sich dieser Abwehranspruch unmittelbar aus den Grundrechten ableitet. Für den Rückgriff auf § 1004 BGB: *Laubinger*: Feststellungsklage und Klagebefugnis, VerwArch 1989, 261, 290 m.w.N.; für die Ableitung aus Grundrechten: *Schoch*: Folgenbeseitigung und Wiedergutmachung, VerwArch 1988, 1, 38 m.w.N. Fn. 218; *Ehlers*: JZ 1991, 231, 232.

[501] *Brohm*: Wirtschaftstätigkeit der öffentlichen Hand und Wettbewerb, NJW 1994, 281, 285, auch 286 ff.; *ders*.: Das Verhältnis mittelbarer Staatsverwaltung und Staatsaufsicht im Wirtschaftsrecht, in: Mestmäcker (Hrsg.): Kommunikation ohne Monopole (1995), S. 253, 274 f., auch 276 ff.

hoheitliche Aufgaben erfaßt werden könnten, rein erwerbswirtschaftliche Tätigkeiten hingegen nicht.[502] Angesichts dieser Kritik stellt sich allerdings die Frage, inwieweit die rein erwerbswirtschaftliche Betätigung des Staates nach dem Grundgesetz überhaupt zulässig ist.[503] Aufgrund des objektivrechtlichen Regelungsgehaltes des Art. 12 GG sowie der Finanzverfassung des Grundgesetzes erscheint dies ohnehin fraglich.[504] Gerichtliche Relevanz hat diese Frage bislang noch nicht erhalten, weil eben jeder individuelle Abwehranspruch in der Regel an den Hürden des mittelbaren Grundrechtseingriffs scheitert. Zudem erklärt die Politik allenfalls in Einzelfällen auf kommunaler Ebene (von eher geringer Bedeutung), daß die wesentliche Motivation der Betätigung die Einkommenserzielung sei.[505] In der Regel wird die staatliche Beteiligung an Wirtschaftsunternehmen oder die rein wirtschaftliche Betätigung mit anderweitigen Steuerungsfunktionen des Staates - beispielsweise der Arbeitsplatzsicherung -[506] gerechtfertigt. Aber auch wenn man das rein erwerbswirtschaftliche Handeln des Staates als grundsätzlich rechtmäßig anerkennt,[507] bedarf es nach der Lehre von der Begründung einer hoheitlichen Kompetenz nicht notwendig einer entsprechenden *besonderen* (Privat-)[508] Kompetenz zur erwerbswirtschaftlich-fiskalischen

---

[502] *Burgi*: Die öffentlichen Unternehmen im Gefüge des primären Gemeinschaftsrechts, EuR 1997, S. 261 268, Fn. 43.

[503] Nach der Regelung über die staatlichen Finanzmonopole in Art. 86 II 1 EG ist dies allerdings grundsätzlich zulässig, nach dem *EG-Recht* stellt sich diese Frage also nicht.

[504] Nach Auffassung des *Bundesverfassungsgerichts* ist dem Staat unter dem Grundgesetz eine unternehmerische Motivation fremd, vgl. *BVerfGE* 61, 82, 100; näher dazu auch *Stober*: Rein gewerbliche Betätigung der öffentlichen Hand und Verfassung, ZHR 145 (1981), 565, 581. Zudem ist der Verfassungsgeber bei der Schaffung der Finanzverfassung davon ausgegangen, daß sich die öffentliche Hand vor allem aus den Einnahmen aus Abgaben und nicht durch die Selbstbewirtschaftung von Eigentum oder durch Gewerbebetriebe finanziert, vgl. statt vieler: *Papier*: Steuerrecht und Grundgesetz in: 50 Jahre Wirtschaftsprüferberuf (1981), S. 303; *Stober*: Eigenwirtschaftliche Betätigung der öffentlichen Hand, BB 1989, 716, 719 f.; *ders.*: Deregulierung im Wirtschaftsverwaltungsrecht, DÖV 1995, 125, 131; *ders.*: Allgemeines Wirtschaftsverwaltungsrecht (11. Aufl. 1998), § 24 II 2 u. 3, § 24 III, S. 260 ff. m.w.N. zum Streitstand.

[505] Als Beispiel für eine offene Gewinnerzielungsabsicht auf kommunaler Ebene kann *OLG Hamm* DVBl 1998, 792 - *Gartenbau GmbH* angegeben werden.

[506] Vgl. zur Übernahme der Preussag Stahl AG durch das Land Niedersachsen , s. *Helmer*: Moderne Zeiten, in: FAZ vom 20.01.1998, S. 17.

[507] *Dickersbach* Die wirtschaftliche Betätigung der öffentlichen Hand im Verhältnis zur Privatwirtschaft aus öffentlich-rechtlicher Sicht WiVerw 1983, 187, 202; *von Gamm*: Der Staat als Wettbewerber und Auftraggeber privater Unternehmen (1984), S. 31, 33; *ders.*: Wettbewerbsrecht (1987), S. 16 ff.

[508] *Burgi*: Die öffentlichen Unternehmen im Gefüge des primären Gemeinschaftsrechts, EuR 1997, S. 261, 268 Fn. 43. Der Begriff der *Privatkompetenz* hat allerdings durchaus seine Be-

Betätigung. Das Thema der Kompetenzlehre ist die rechtliche Bewältigung der schlicht-hoheitlichen Aufgabenwahrnehmung und die Beantwortung der Frage, wann eine Betätigung dementsprechend dem Regime des öffentlichen Rechts unterfällt. Die rein erwerbswirtschaftliche Betätigung, die an keinem weiteren allgemeinen Interesse orientiert ist, stellt gerade keine spezifische Staatsfunktion dar, und sie ist auch nicht der schlicht-hoheitlichen Betätigung zuzurechnen. Deshalb steht der Bereich der erwerbswirtschaftlich-fiskalischen Betätigung auch nicht unter dem Regime des öffentlichen Rechts, sondern unter dem des allgemeinen Privatrechts (und in extrem gelagerten Fällen gegebenenfalls des Strafrechts). Folglich ist nach dieser Auffassung - unabhängig von der Frage der Zulässigkeit staatlicher Erwerbswirtschaft - auch keine (im Regelfall nicht vorliegende) besondere „Privat"-Kompetenz für die öffentliche Hand erforderlich.

Im Hinblick auf die Systematik des Europarechts erscheint als wichtige Essenz der Lehre von der Begründung einer hoheitlichen Kompetenz die Erkenntnis, daß der Staat - sei es unter Berufung auf die Verfassung oder auf seine Souveränität - einen bestimmten Tätigkeitsbereich zur hoheitlichen oder schlicht-hoheitlichen Aufgabe erklären kann und dabei festlegt, welche öffentliche oder private Institution diese Aufgabe wahrnimmt. Mit der Begründung dieser Kompetenz entstehen besondere staatliche Pflichten und Berechtigungen. Für Letzteres ist wesentlich, daß der Tätigkeitsbereich mit der Begründung der hoheitlichen oder schlicht-hoheitlichen Kompetenz aus dem allgemeinen Recht herausgenommen und dem Regime des öffentlichen Rechts unterstellt wird. Zivilrechtliche und mithin wirtschaftsrechtliche Abwehransprüche kommen dann nicht mehr in Betracht.

2.   Die Anerkennung der Kompetenzbegründung im Europarecht

Die Lehre von der Kompetenzbegründung paßt sich nahtlos in die Systematik des Europarechts ein. Dies läßt sich vor allem an den Entscheidungen *Bodson*, *Eurocontrol* und *Poucet* des *Europäischen Gerichtshofs* demonstrieren. Ohne auf diese Entscheidungen zurückgreifen zu müssen, kann man zunächst feststellen, daß das Europarecht die Souveränität der Mitgliedstaaten grundsätzlich anerkennt. Dies folgt aus dem Prinzip der *enumerativen* oder *begrenzten* Einzelermächtigung, das z.B. in Art. 5 I, 8, 26 I EGKSV, Art. 2, 3, 4, 14, 44 III lit g,

---

rechtigung. Entscheidend ist hier die Erkenntnis, daß jede Rechtshandlung nach Art und Wirkung erst von der Rechtsordnung ermöglicht und bestimmt wird, so daß auch die Möglichkeiten der Privatautonomie überhaupt erst eine *Privatkompetenz* des Einzelnen voraussetzen, vgl. *Brohm*: Strukturen der Wirtschaftsverwaltung (1969), S. 158, 185; *ders.*: Die Dogmatik des Verwaltungsrechts, VVDStRL 30 (1972), 245, 265 f., Fn. 58.

94, 95, 136 ff..; 158 ff., 308 EG zum Ausdruck kommt. Die staatliche Souveränität wird demnach nicht umfassend auf die *Europäischen Gemeinschaften* bzw. die *Europäische Union* übertragen, sondern nur soweit dies durch das Gemeinschaftsrecht ausdrücklich vorgesehen ist. [509] Dadurch unterscheiden sich die (legislativen) Gemeinschaftsorgane von den staatlichen Legislativorganen, die grundsätzlich jede Materie regeln können und dabei auch hinsichtlich der Formenwahl frei sind. Schließlich kommt auch durch die im Rahmen des Maastricht-Vertrages in den EG-Vertrag aufgenommene „Subsidiaritätsvorschrift" des Art. 3 b EG zum Ausdruck, daß die *EG* in den einzelnen Bereichen nur dann eine Kompetenz erhalten soll, wenn die jeweilige Aufgabe nicht besser von den Mitgliedstaaten selbst erledigt werden kann.[510] In einem ähnlichen Sinne ist auch Art. F I EUV zu verstehen, nach dem die *Europäische Union* die Identität ihrer Mitgliedstaaten achtet. Folglich haben die Mitgliedstaaten auch die Möglichkeit, ihre eigenen Angelegenheiten nach ihren Bedürfnissen und Wünschen zu regeln. Sie haben deshalb auch die grundsätzliche Möglichkeit, bestimmte Aufgaben hoheitlich zu bewältigen, womit die Annahme einer unternehmerischen Betätigung ausscheidet und die Wettbewerbsregeln des EG-Vertrages nicht anwendbar sind.

Genau dies hat der *Gerichtshof* im Fall *Poucet* angenommen.[511] Hier wird es den Mitgliedstaaten ausdrücklich freigestellt, das Sozialwesen unabhängig von den Regeln des EG-Vertrages zu regeln. Der Bereich der sozialen Fürsorge ist nach den Kategorien des nationalen Rechts eher dem schlicht-hoheitlichen Tätigkeitsbereich zuzuordnen, also einem Tätigkeitsbereich, dessen hoheitlicher Charakter nicht durch ein obrigkeitlich hoheitliches Über- und Unterordnungsverhältnis geprägt ist.[512] Voraussetzung für die Annahme einer nicht unternehmerischen Betätigung ist - wie bereits oben festgestellt - eine entsprechende Regelung des Mitgliedstaates, mit der er die Aufgabe zur hoheitlichen bzw. schlicht hoheitlichen Aufgabe erklärt. Zwar tauchen diese Begriffe in der Entscheidung *Poucet* nicht auf,[513] die Anforderungen, die an diese mitgliedstaatli-

---

[509] Vgl. statt vieler: *Schweitzer/Hummer:* Europarecht (5. Aufl. 1996), Rn. 335 ff.; *Hakenberg*: Grundzüge des Europäischen Wirtschaftsrechts (1994), S. 20 ff.; *Nagel*: Wirtschaftsrecht der Europäischen Union (1998), S. 23, 40.

[510] Vgl. zum Subsidiaritätsgrundsatz bereits oben ausführlich S. 90 m. w. N.

[511] Vgl. zum Fall oben: Die Fälle Duphar und Poucet, S. 79, „*Poucet* und *Höfner*", S. 97.

[512] Dies gilt allerdings nicht für den Bereich des Versicherungszwanges, wenn also der Staat dem Bürger befiehlt, unter bestimmten Umständen Versicherungsmitglied zu werden. Schlicht-hoheitlich ist aber in jedem Fall der Bereich der Leistungsgewährung an die Versicherten ausgestaltet.

[513] *Wieland* wies darauf hin, daß es im Bereich des Begriffs der Hoheitlichkeit bisweilen auch Übersetzungsprobleme gibt, vgl. *Wieland*: Die Konstituierung des Wirtschaftsverwaltungs-

che Regelung gestellt werden, gleichen jedoch den Anforderungen, die an eine Kompetenznorm im Sinne der oben beschriebenen Lehre gestellt werden. Eine bestimmte Aufgabe wird zur Staatsfunktion erklärt und die Erfüllung dieser Aufgabe wird einer in diesem Fall öffentlichen Institution, nämlich den französischen Sozialversicherungsinstituten zugewiesen.[514]

Ähnlich ist dies im Fall *Eurocontrol.*[515] Aufgaben, die mit der Überwachung des Luftraums zu tun haben, werden vom *Europäischen Gerichtshof* als hoheitliche Aufgaben anerkannt. Die Wahrnehmung dieser Aufgabe, die ebenfalls nicht unbedingt der hoheitlich-obrigkeitlichen Verwaltungstätigkeit zuzurechnen ist,[516] wird dabei einer internationalen Organisation übertragen. Die Wahrnehmung einer öffentlichen Aufgabe muß also nicht zwingend vom Mitgliedstaat oder von einer durch den jeweiligen Mitgliedstaat geschaffenen Institution wahrgenommen werden.

Im Fall *Bodson* [517] spricht der *Gerichtshof* dann ausdrücklich davon, daß die Regelung der sog. externen Bestattungsdienste und deren Monopolisierung Ausdruck öffentlicher Gewalt ist. Auch die Wahrnehmung dieser externen Dienste erfolgt nicht in hoheitlich-obrigkeitlicher Form, sondern stellt auch wieder in den Kategorien des nationalen Rechts eine schlicht-hoheitliche Tätigkeit dar. In diesem Fall überträgt die französische „Kompetenznorm" den Gemeinden die Wahrnehmung dieser Aufgaben, diese wiederum haben im Rahmen der Ermächtigung einen Privaten mit der Wahrnehmung dieser (schlicht-) hoheitlichen Aufgabe betraut.

Allen drei Fällen ist also Folgendes gemeinsam: eine Tätigkeit, die nach den Kategorien des nationalen Rechts dem Bereich der schlicht-hoheitlichen Tätigkeit zuzurechnen ist, wird zu einer Staatsfunktion, also einer hoheitlichen Aufgabe erklärt. Die Wahrnehmung dieser Aufgabe wird einer bestimmten öffentlich-rechtlichen, einer internationalen oder sogar privaten Institution zugewiesen. In Anerkennung der hoheitlichen Aufgabe sieht der *Gerichtshof* dann von

---

rechts durch Europarecht und deutsches Recht, in: Schoch (Hrsg.): Das Verwaltungsrecht als Element der europäischen Integration (1995), S. 130.

[514] Dabei erscheint es folgerichtig, keine hoheitliche Betätigung bei den Sozialversicherungen anzunehmen, wenn sie eine freiwillige Mitgliedschaft anbieten und dabei in Konkurrenz mit Privatunternehmen treten, vgl. dazu *EuGH* Slg. 1995 I, 4022, 4028 ff. = EuZW 1996 277, 278 f. - *CCMSA.*

[515] Vgl. oben zu Fall Eurocontrol S. 91, 86.

[516] Problematisch erscheint hier allenfalls die Möglichkeit, Beiträge zwangsweise einzutreiben.

[517] Vgl. oben „Die Regel anhand der Fälle *Bodson* und *Eurocontrol*", S. 86 ff.

der Anwendung der Wettbewerbsregeln ab. Nach dieser Erkenntnis drängt sich natürlich die Frage auf, wie die bereits besprochenen Fälle *British Telecommunications*, *Höfner* und auch *Bodson* (soweit dem betrauten Unternehmen konkret überhöhte Gebührenforderungen nachgewiesen werden können[518]) einzuordnen sind. Auch in diesen Fällen kann man mit den oben entwickelten Kriterien nachweisen, daß die jeweils betroffenen Mitgliedstaaten zumindest versucht haben, die entsprechende Aufgabe zur Staatsfunktion zu erheben und die Erfüllung dieser Aufgabe einer bestimmten (öffentlichen) Institution zugewiesen haben, mithin also eine hoheitliche Kompetenz begründen wollten. Jedoch hatte der Versuch, in diesen Fällen eine hoheitliche Kompetenz zu begründen, keinen Bestand vor der Rechtsprechung des *Europäischen Gerichtshofs*. Mit den Überlegungen zur Kompetenzbegründung kommt man allerdings zu der im Folgenden dargestellten Kompetenzkerntheorie. Danach wird sich zeigen, daß sich über die Kompetenzkerntheorie ein Einklang zu diesen Fällen herstellen läßt. Zum Schluß wird dann noch auf Unterschiede in der Justiziabilität einzugehen sein.

3. Die Kompetenzkerntheorie

Wenn die zuständige Stelle des Staates eine (schlicht-) hoheitliche Kompetenz begründet hat, bedeutet dies also, daß die entsprechende Tätigkeit zur Staatsaufgabe erhoben worden ist, mit der Folge, daß dieser Tätigkeitsbereich dem Regime des öffentlichen Rechts unterstellt ist.[519] Daraus stellt sich allerdings die Frage, ob nun jede Tätigkeit, die im weitesten Sinne mit dieser Aufgabenerfüllung im Zusammenhang steht, ebenfalls nach öffentlichem Recht zu bewerten ist. Nach den allgemeinen Grundsätzen über den Umfang einer Gesetzgebungs- und Verwaltungskompetenz geht die öffentlich-rechtliche Wahrnehmung einer Aufgabe so weit, wie die Kompetenz einschließlich ihrer Annexbereiche reicht. Insofern müßten auch in diesem Umfange hoheitliche Struktur- und Lenkungsmaßnahmen sowie hoheitliche Wirtschaftstätigkeit möglich sein.[520] Im Sinne der Klarheit der Zuordnung einer bestimmten Sachmaterie zu einem bestimmten Rechtsgebiet mag dies wünschenswert erscheinen. Diese Auffassung trifft aber auf erhebliche praktische und systematische Bedenken.

---

[518] Vgl. oben S. 102 und zur Problematik „Wirtschaftlicher Mißbrauch der hoheitlichen Stellung", S. 130.

[519] Vgl. oben „Die Funktion einer hoheitlichen Kompetenz", S. 149.

[520] *Brohm*: Wirtschaftstätigkeit der öffentlichen Hand und Wettbewerb, NJW 1994, 281, 285; *ders.*: Das Verhältnis mittelbarer Staatsverwaltung und Staatsaufsicht im Wirtschaftsrecht, in: Mestmäcker (Hrsg.): Kommunikation ohne Monopole (1995), S. 253, 285.

Die Tätigkeiten, die mit der durch die Kompetenznorm zugewiesenen Aufgabenerfüllung im Zusammenhang stehen, sind mitunter unüberschaubar.[521] Vor allem bei Randnutzungen, also der wirtschaftlichen Verwertung von Positionen, die bei der öffentlichen Aufgabenerfüllung anfallen, erscheint das Regime des öffentlichen Rechts nicht sachgerecht. Als Beispiele hierfür wären die Vermietung von Reklameflächen in oder an öffentlichen Gebäuden oder die Veranstaltung von Werbefernsehen im öffentlich-rechtlichen Rundfunk zu nennen. Hier bietet allein das Zivilrecht und nicht das öffentliche Recht Regeln, die für solche Wertschöpfungen unverzichtbar sind. Es wäre allerdings keine Lösung, wenn die Praktikabilität der Rechtsnormen für den in Rede stehenden Sachverhalt über ihre jeweilige Anwendung entschiede. Zwar mag die Entscheidung im Rahmen der angesprochenen Randnutzungen eindeutig zu Gunsten des Zivilrechts sprechen, da dieses sowohl aus der Sicht der öffentlichen Hand als auch aus der der werbenden Wirtschaft die erste Wahl darstellt.[522] In fast allen in dieser Arbeit besprochenen (europarechtlichen wie nationalen) Fällen zeigt sich hingegen, daß der Grad der Praktikabilität je nachdem, ob man den Fall aus der Sicht der öffentlichen Hand oder der privaten Wirtschaft betrachtet, unterschiedlich ausfällt. Aus der einen Sicht erscheint die Anwendung des öffentlichen Rechts praktikabler, aus der anderen Sicht die Anwendung des allgemei-

---

[521] Das *Bundesverfassungsgericht* hat zum Kompetenzbereich des öffentlich-rechtlichen Rundfunks nicht nur die Veranstaltung und Verbreitung von Rundfunksendungen inklusive des Werbefernsehen, sondern auch die Beschaffung und Herstellung von Sendeprogrammen, die Beteiligung an privaten im Zusammenhang mit der Rundfunkaufgabe stehenden Unternehmen, die Teilnahme am audiovisuellen Markt und andere Randnutzungen gezählt, vgl. *BVerfGE* 83, 238, 313; *Kull*: Für den Rundfunkgesetzgeber fast Pleinpouvoir, AfP 1991, 716, 721; *A. Hesse*: Zu den verfassungsrechtlichen Rahmenbedingungen des öffentlich-rechtlichen Rundfunks, JZ 1991, 357, 358.

[522] Gegen die Erstreckung der Anwendbarkeit des öffentlichen Rechts auf alle Annexbereiche spricht zudem die Überlegung, daß es auf diese Weise zu einer Überschneidung von Bundes- und Landeskompetenzen kommen könnte, etwa der Bundeskompetenz für Wirtschaft und den Länderkompetenzen auf sozialem und kulturellem Gebiet. Bei derartigen Kompetenzkollisionen muß, ähnlich wie bei Grundrechtskollisionen nach dem Prinzip der *praktischen Konkordanz*, eine Begrenzung gefunden werden, bei der keine Kompetenz verdrängt wird, sondern die kollidierenden Befugnisse zu einem optimalen Ausgleich gebracht werden, wobei sich noch einmal die Bedeutung des Verhältnismäßigkeitsprinzips in diesem Zusammenhang zeigt. S. hierzu: *Brohm*: Wirtschaftstätigkeit der öffentlichen Hand und Wettbewerb, NJW 1994, 281, 285; *ders.*: Das Verhältnis mittelbarer Staatsverwaltung und Staatsaufsicht im Wirtschaftsrecht, in: Mestmäcker (Hrsg.): Kommunikation ohne Monopole (1995), S. 253, 285 Vgl. zu diesem Grundsatz der kompetenziellen Rücksichtnahme: *Brohm*: Landeshoheit und Bundesverwaltung (1968), passim; *ders.*: Staatliche Straßenplanung und gemeindliche Bauleitplanung (1979), passim.

nen Rechts,[523] also auf nationaler Ebene des Privatrechts und auf europäischer Ebene des Europarechts einschließlich der jeweiligen Wettbewerbsregeln.

Die Frage, ob und inwieweit die durch die Kompetenz zur öffentlichen Aufgabe erhobene Sachmaterie dem Regime des öffentlichen Rechts unterstellt ist, kann vielmehr unter Zugrundelegung des Verhältnismäßigkeitsgrundsatzes beantwortet werden. Wie bereits dargestellt wurde, folgen aus dem Regime des öffentlichen Rechts einerseits besondere Verpflichtungen für die mit der Erfüllung der öffentlichen Aufgabe betrauten Stelle. Andererseits entstehen für sie aber auch besondere Berechtigungen, vor allem kann das im Rahmen der Erfüllung dieser Staatsaufgabe an den Tag gelegte Verhalten nicht mit den Mitteln des allgemeinen Rechts abgewehrt werden; § 1004 BGB etwa oder wirtschaftsrechtliche Abwehransprüche finden keine Anwendung.[524] Indem dem Bürger diese allgemeinen Abwehrmöglichkeiten genommen werden, beeinträchtigt die Unterstellung einer Sachmaterie unter das öffentliche Recht auch seine Rechtspositionen. Dies gilt auch dann, wenn aus grundrechtsdogmatischer Sicht lediglich eine Situationsänderung vorliegt, die für sich allein noch keinen subjektiven Abwehranspruch gegen das staatliche Verhalten begründen kann. Entscheidend ist hier allein die Tatsache, daß an dieser Stelle eine Beeinträchtigung einer an sich durch das allgemeine Zivilrecht geschützten Rechtsposition anzunehmen ist. Deshalb ist die Begründung einer hoheitlichen Kompetenz nur dann (objektiv) rechtmäßig, wenn sie unter Beachtung des Verhältnismäßigkeitsgrundsatzes erfolgt. Darüber hinaus kann das öffentliche Recht aufgrund der Kompetenz nur insoweit sein Regime entfalten als dies für die Erfüllung der durch die Kompetenz definierten Staatsaufgabe notwendig ist. Diese Frage ist im Rahmen der zum Verhältnismäßigkeitsgrundsatz entwickelten Kriterien[525] und hier vor al-

---

[523] Vgl. z.B. *BGHZ* 82, 375 = NJW 1982, 2117 - *Brillenurteil*; *GemS-OBG* BGHZ 102, 280 = NJW 1988, 2295 - *Rollstühle*. Der Fall *Guldenburg* (BGH NJW 1993, 852 ff.) zeigt hier allerdings, daß es keineswegs so sein muß, daß aus der Sicht der öffentlichen Hand die Anwendung des öffentlichen Rechts praktikabler sein muß; hier berief sich die öffentliche Hand auf das Privatrecht und wurde dann vom *Bundesgerichtshof* auf das öffentliche Recht verwiesen, weshalb das Gericht keinen Raum für einen Abwehranspruch sah, vgl. *BGH* NJW 1993, 852 - *Guldenburg*. Daß die Wahl des Rechtsgebiets je nach erwünschtem Ergebnis erfolgen kann, ist mit aller Selbstverständlichkeit abzulehnen.

[524] vgl. bereits oben S. 154.

[525] Die Herleitung des Verhältnismäßigkeitsprinzips erfolgt aus dem „Wesen der Grundrechte selbst, die als Ausdruck des allgemeinen Freiheitsanspruchs des Bürgers gegenüber dem Staat von der öffentlichen Gewalt jeweils nur soweit beschränkt werden dürfen, als es zum Schutz öffentlicher Interessen unerläßlich ist", *BVerfGE* 19, 342, 348. Vgl. zum Verhältnismäßigkeitsprinzip allgemein und zur Prüfung in den Schritten Geeignetheit, Erforderlichkeit und Angemessenheit: *Maurer*: Allgemeines Verwaltungsrecht (14. Aufl. 2002), § 10 Rn. 17; *Bull*: Allgemeines Verwaltungsrecht (5. Aufl. 1997) Rn. 237 ff.

lem anhand der *Erforderlichkeit* der Geltung des öffentlichen Rechts zu beantworten. Demnach ist die Anwendung des öffentlichen Rechts nur dann angezeigt, wenn es nötig ist, sonst hat das allgemeine Recht zu gelten, mit der Folge, daß auch auf privatrechtliche und mithin wirtschaftsrechtliche Abwehransprüche gegen das Verhalten der öffentlichen Hand zurückzugreifen wäre. [526] Es ist deshalb zu fragen, ob die Erfüllung der konkreten Aufgabe genauso gut mit den Mitteln des Zivilrechts erfolgen kann. Diese Frage kann im Hinblick auf die vorhin angesprochene wirtschaftliche Randnutzung regelmäßig bejaht werden, hier ist der Rückgriff auf das öffentliche Recht nicht notwendig. Anders wird dies regelmäßig im Kernbereich der durch die Kompetenznorm zugewiesenen Aufgabe sein, also im *Kompetenzkern*. In diesem Bereich soll die betraute Stelle in dem von der Kompetenznorm vorgegebenen Rahmen gegenüber der Allgemeinheit besonders berechtigt und verpflichtet werden. Es geht also auch darum, daß die Erfüllung der öffentlichen Aufgabe nicht durch die Erhebung eines Abwehranspruchs aus dem allgemeinen Zivilrecht oder dem Wirtschaftsrecht unmöglich gemacht wird. Gerade dazu ist der Rückgriff auf das öffentliche Recht erforderlich. Nach der *Kompetenzkerntheorie* gilt im Kompetenzkern also das Regime des öffentlichen Rechts, außerhalb des Kompetenzkerns kann der Verhältnismäßigkeitsgrundsatz die Anwendung der allgemeinen Rechtsnormen gebieten, zivilrechtliche und mithin wettbewerbsrechtliche Ansprüche können hier also zum Zuge kommen, soweit die Aufgabenerfüllung im Kompetenzkern dadurch nicht behindert wird.[527]

Diese auf *Winfried Brohm* zurückgehende Kompetenzkerntheorie korreliert im Übrigen auch mit der rechtlichen Behandlung der Fiskalverwaltung. Auch die Fiskalverwaltung, also die Mittelbeschaffung der Verwaltung für ihre Aufgabenbewältigung, steht mit der Erfüllung von öffentlichen Aufgaben im Zusammenhang. Nach allgemeiner Auffassung ist in diesem Bereich ebenfalls das allgemeine Zivilrecht anwendbar.[528] Der Grund für die Anwendbarkeit des Zivilrechts im Bereich der Fiskalverwaltung ist genauso darin zu suchen, daß man die besonderen Berechtigungen und Pflichten, die für die öffentliche Hand aus

---

[526] *Brohm*: Strukturen der Wirtschaftsverwaltung (1969), S. 184 ff.; *ders.*: Die Dogmatik des Verwaltungsrechts, VVDStRL 30 (1972), 245, 265 f. Fn. 58; *ders.*: Wirtschaftstätigkeit der öffentlichen Hand und Wettbewerb, NJW 1994, 281, 286; 285 f.

[527] *Brohm*: Strukturen der Wirtschaftsverwaltung (1969), S. 186; *ders.*: Wirtschaftstätigkeit der öffentlichen Hand und Wettbewerb, NJW 1994, 281, 286; *ders.*: Das Verhältnis mittelbarer Staatsverwaltung und Staatsaufsicht im Wirtschaftsrecht, in: Mestmäcker (Hrsg.): Kommunikation ohne Monopole (1995), S. 253, 286.

[528] *BGHZ* 116, 344, 345; *Schmalz*: Allgemeines Verwaltungsrecht (3. Aufl. 1998), Rn. 46, 660; *Maurer*: Allgemeines Verwaltungsrecht (14. Aufl. 2002), § 3 Rn. 7.

dem öffentlichen Recht entstehen, bei dieser Mittelbeschaffung nicht benötigt.[529]

Die Kompetenzkerntheorie weist darüber hinaus auch Parallelen zur *Zweistufentheorie* auf.[530] Hier geht es im Wesentlichen darum, im Bereich hoheitlicher oder schlicht-hoheitlicher Tätigkeitsfelder - beispielsweise der Subventionsgewährung - auf die speziellen Ausgestaltungsmöglichkeiten des Zivilrechts - z.b. einen Darlehensvertrag nach § 607 BGB - zurückgreifen zu können und zwar bei gleichzeitiger Berücksichtigung der öffentlich-rechtlichen Bindungen zwischen Staat und Leistungsempfänger. Nach der Zweistufentheorie ergeht die Grundentscheidung, also die Entscheidung *ob* die Leistung gewährt wird, unter dem Regime des öffentlichen Rechts. Für die Ausgestaltung des Rechtsverhältnisses, wie Zinsen oder Rückzahlungsmodalitäten, wird hingegen auf das Zivilrecht zurückgegriffen. Als schlagwortartige Unterscheidung dessen, was auf den einzelnen Stufen entschieden wird, hat sich die Entscheidung im „Ob" auf der ersten Stufe und die Entscheidung im „Wie" auf der zweiten Stufe durchgesetzt.[531] Die Verwandtschaft von Zweistufen- und Kompetenzkerntheorie zeigt sich darin, daß die Entscheidung auf der ersten Stufe, also die Entscheidung, ob eine spezifisch öffentliche Leistung gewährt wird, in der Regel im *Kern* der der öffentlichen Institution zugewiesenen Kompetenz liegen wird. Für die Ausgestaltung der Leistung, also der Entscheidung über das „Wie" der Leistungsgewährung, bedarf es hingegen keiner besonderen Rechte oder Pflichten, die durch das öffentliche Recht begründet werden; hier reicht es vielmehr aus, wenn man auf die allgemeinen durch einen Vertrag begründeten Rechte und Pflichten zurückgreift. Die *Modalitäten* eines Rechtsverhältnisses sind deshalb dem Zivilrecht zu unterstellen, wenn dies die Wahrnehmung der hoheitlichen

---

[529] *Brohm*: Wirtschaftstätigkeit der öffentlichen Hand und Wettbewerb, NJW 1994, 281, 286; *ders.*: Das Verhältnis mittelbarer Staatsverwaltung und Staatsaufsicht im Wirtschaftsrecht, in: Mestmäcker (Hrsg.): Kommunikation ohne Monopole (1995), S. 253, 285 f. Eine Ausnahme besteht allein dann, wenn die Beschaffung der entsprechenden Mittel nur unter Zuhilfenahme des öffentlichen Rechts - beispielsweise einer Enteignung - möglich ist.

[530] *Brohm*: Strukturen der Wirtschaftsverwaltung (1969), S. 181 ff.; *ders.*: Wirtschaftstätigkeit der öffentlichen Hand und Wettbewerb, NJW 1994, 281, 286; *ders.*: Das Verhältnis mittelbarer Staatsverwaltung und Staatsaufsicht im Wirtschaftsrecht, in: Mestmäcker (Hrsg.): Kommunikation ohne Monopole (1995), S. 253, 273 f.

[531] Vgl. zur Zweistufentheorie: *BVerwGE* 1, 308, 7, 180; 13, 47; 13, 307; 35, 170; 45, 13, 14; *BVerwG* DVBl 1990, 154; NVwZ 1991, 59; *BGHZ* 40, 206, 210; 52, 155, 160 ff.; 61, 296, 299; *BGH* DVBl 1972, 612; *OVG Koblenz* NVwZ 1993, 381, 382; *OVG Saarbrücken* DVBl 1972, 616; *Bez.G. Dresden* DÖV 1992, 975, 976; *Ipsen*: Öffentliche Subventionierung Privater (1956), 62 ff.; *ders.*: VVDStRL 25 (1967), S. 298 f.; *Stern* JZ 1960, 519; *Jarass*: JuS 1980, 118; *Busch* JuS 1992, 563, 564; *Schenke*: Rechtsprechungsübersicht zum Verwaltungsprozeßrecht JZ 1996, 998, 999.

oder schlicht-hoheitlichen Aufgabe nicht behindert. Diese scheinbar klare Trennung darf aber nicht über die Schwierigkeiten der Zweistufentheorie hinwegtäuschen.[532] Ein einheitliches Rechtsverhältnis wird (willkürlich) in zwei Teile aufgeteilt, mit der erheblichen Konsequenz, daß beide Teile unter dem Regime verschiedener Rechtsgebiete stehen. Die wesentliche Problematik besteht darin, daß es keine allgemeingültigen Regeln für die Zuweisung zur ersten oder zweiten Stufe gibt. Ähnliches gilt auch für die Kompetenzkerntheorie, auch hier kann nur im Einzelfall entschieden werden, was innerhalb und was außerhalb des Kompetenzkerns liegt.[533]

4. Einfügung der Kompetenzkerntheorie in die europäische Rechtssystematik

Es wurde bereits dargelegt,[534] daß der *Europäische Gerichtshof* in den Fällen *British Telecommunications*, *Bodson* und *Höfner* die Wettbewerbsregeln des EG-Vertrages für anwendbar hielt, obwohl die betroffenen Mitgliedstaaten die jeweiligen Tätigkeitsbereiche so ausgestaltet hatten, daß man von der Begründung einer hoheitlichen Kompetenz reden konnte. Dieser scheinbare Widerspruch - Anwendbarkeit der Wettbewerbsregeln trotz Begründung einer hoheitlichen Kompetenz - läßt sich aber möglicherweise mit Hilfe der zuvor dargestellten *Kompetenzkerntheorie* auflösen.

a) Einfügung des Falles British Telecommunications

Im Fall *British Telecommunications* würde die Kompetenzkerntheorie mit der europarechtlichen Systematik korrelieren, wenn nachgewiesen werden könnte, daß sich die Regelung in den Benutzungsbedingungen von *BT* über das Verbot der Relaisstationen gerade nicht im Kern der zugewiesenen Kompetenz befände. Dazu muß zunächst festgestellt werden, worin die Kompetenz besteht, die *British Telecommunications* zugewiesen wurde und worin deren Kernbereich liegt. Ähnlich wie früher in *Deutschland* sollte auch in *Großbritannien* die Bereithaltung des Telefonnetzes mit entsprechenden Dienstleistungen durch Mo-

---

[532] *Friehe*: Die Konkurrentenklage gegen einen öffentlich-rechtlichen Subventionsvertrag, DÖV 1980, 673; *Meyer/Borgs*: Verwaltungsverfahrensgesetz (1982), § 54 Rn. 28; *Maurer*: Allgemeines Verwaltungsrecht (14. Aufl. 2002), § 17 Rn. 14 ff., 20 ff., 24 ff.

[533] *Brohm*: Das Verhältnis mittelbarer Staatsverwaltung und Staatsaufsicht im Wirtschaftsrecht, in: Mestmäcker (Hrsg.): Kommunikation ohne Monopole (1995), S. 253, 275.

[534] Vgl. oben insbesondere „Behandlung öffentlich-rechtlicher Handlungsformen", S. 74 ff., „*Bodson*", S. 102.

nopolisierung gewährleistet werden. Diese Monopolisierung wurde zur damaligen Zeit von den Entscheidungsorganen der *Europäischen Gemeinschaften* noch nicht in Frage gestellt.[535] Damit kann man annehmen, daß *British Telecommunications* zu diesem Zeitpunkt eine rechtlich an sich nicht zu beanstandende „Kompetenz" zugewiesen war, diese Monopolstellung zu sichern, soweit dies für die Bereithaltung der Leistungen „notwendig" war. Regelungen, die von *BT* nach dem Verhältnismäßigkeitsgrundsatz zur Sicherung dieses Monopols geeignet, erforderlich und angemessen waren, können damit dem Kompetenzkern zugerechnet werden. Anders verhält es sich hingegen mit dem Verbot des Betriebes von Relaisstationen. Nach den Kategorien des Verhältnismäßigkeitsgrundsatzes ist es zur Gewährleistung der Aufgabenerfüllung durch *BT* nicht einmal *geeignet*, da der Betrieb von Relaisstationen durch Dritte für *BT* ein zusätzliches und damit die Leistungsbereithaltung sicherndes Geschäft darstellt.[536] Des Weiteren erscheint das Verbot auch nicht für die Sicherung der Leistungsbereithaltung *erforderlich*, da auch ohne diese Regelung das Monopol und die Bereithaltung der Leistungen von *BT* gesichert erscheinen. Allerdings lag hierin auch nicht das Motiv für das Verbot, schließlich ging es darum, den Telefongesellschaften auf dem Festland ein lukratives Geschäft zu sichern.[537] Aber selbst für die Sicherung der Leistungsbereithaltung der Telefongesellschaften auf dem Festland war es kaum erforderlich, daß *BT* dieses Verbot in die Benutzungsbedingungen aufnahm, denn diesen Gesellschaften ging es vielmehr nur um die Möglichkeit, ein lukratives Geschäft selbst zu tätigen.[538] Unter Zugrundelegung des Verhältnismäßigkeitsgrundsatzes ist das Verbot des Betriebes von Relaisstationen in den Benutzungsbedingungen von *British Telecommunications* also nicht dem Kompetenzkern zuzurechnen. Man wird auch sagen können, daß das, was in Wirklichkeit eigenen oder fremden, rein wirtschaftlichen Interessen zu dienen bestimmt ist, regelmäßig nicht in den Kernbereich einer Kompetenz fallen kann. Insoweit decken sich also die Kompetenz-

---

[535] Zur Rechtslage vor dem Inkrafttreten der umfangreichen Richtlinien zur Harmonisierung des Telekommunikationsmarktes vgl. *Möschel* in: Immenga/Mestmäcker (Hrsg.): EG-Wettbewerbsrecht (1997), Art. 86 Rn. 258 ff. (zur Entwicklung der essential facilities Doktrin in den letzten 10 Jahren), 269 ff; *Mestmäcker* in: Immenga/Mestmäcker (Hrsg.): EG-Wettbewerbsrecht (1997), Art. 37, 90 E, Rn. 24 ff.

[536] Dies zeigt sich vor allem darin, daß nach der Aufhebung des Verbotes durch die Kommission *BT* das Verbot der Relaisstationen umgehend aufhob und die Geschäftsbeziehungen wiederherstellte.

[537] Vgl. oben Sachverhalt des Falles *British Telecommunications* S. 76 ff.

[538] Darüber hinaus stellt sich auch die Frage, ob die Gewährleistung der Leistungsbereithaltung von ausländischen Anbietern, die im Inland gar keine Auswirkung hat, überhaupt dem Kompetenzkern zugerechnet werden kann.

kerntheorie und das Ergebnis des *Gerichtshofes* im Fall *British Telecommunications*.

b) *Einfügung des Falles* Bodson

Im Fall *Bodson* hatte der *Gerichtshof* festgestellt, daß die Monopolisierung der externen Dienste im Bestattungswesen Ausdruck hoheitlicher Gewalt sei und deshalb die Anwendung des Kartellverbotes aus Art. 81 EG abgelehnt.[539] Trotzdem sieht er Raum für die Anwendung des Mißbrauchsverbotes aus Art. 82 EG, sofern das betraute private Unternehmen überhöhte Entgelte für seine Leistungen verlangt. Auch dieser scheinbare Widerspruch kann möglicherweise mit Hilfe der Kompetenzkerntheorie aufgelöst werden. Abseits dogmatischer Erwägungen kann man natürlich direkt die Frage stellen, ob es jemals im Kernbereich einer Kompetenz liegen kann, wenn die betraute Institution ihre Monopolposition zur Erhebung überhöhter Entgelte mißbraucht; diese Frage kann nur mit „nein" beantwortet werden. Aber auch eine dogmatischere Vorgehensweise führt zu diesem Ergebnis, daß das Verhalten der betrauten (privaten) Institution außerhalb des Kompetenzkerns liegen muß. Im Sinne des Verhältnismäßigkeitsgrundsatzes kann die Monopolisierung einer Aufgabe geeignet sein, spezifische Gefahren abzuwehren, etwa die gnadenlose Ausbeutung von Trauernden oder der pietätlose Umgang mit sterblichen Überresten. Wenn diese Aufgaben in der öffentlichen Hand der Gemeinden monopolisiert und dann gegebenenfalls in die Hand eines seriösen Privatunternehmens gelegt werden, mag die Gefahr derartiger Mißstände minimiert werden. Mit den gleichen Argumenten mag man auch die Erforderlichkeit dieser Maßnahme begründen können. Wenn im Rahmen der Angemessenheit die Allgemeininteressen mit den individuellen Interessen dritter Anbieter abgewogen werden, zeigt sich, daß es kaum im Allgemeininteresse liegen kann, wenn der betraute Monopolist überhöhte Preise verlangt. Aus diesem Grund der Unangemessenheit[540] kann die Forderung eindeutig überhöhter Preise auch nicht mehr dem Kompetenzkern zugeordnet werden, so daß zur Abwehr dieses Mißstandes durchaus auf den Abwehranspruch aus Art. 82 EG zurückgegriffen werden kann.[541]

---

[539] Vgl. oben zum Fall *Bodson* S. 71 f., 86 f.

[540] Zu diesem Ergebnis kann man auch über die fehlende Erforderlichkeit einer solchen Monopolisierung kommen: eine derartige Regelung ist nicht erforderlich, wenn der betraute Monopolist bei seiner Aufgabenerfüllung genau die Mißstände an den Tag legt, die man mit Hilfe der Monopolisierung verhindern wollte, vgl. dazu sogleich die Überlegungen zum Fall *Höfner*.

[541] Diese Auffassung darf aber nicht dahingehend mißverstanden werden, daß rechtswidriges Verhalten der Verwaltung regelmäßig außerhalb des Kompetenzkerns liegt und deshalb

c) *Einfügung des Falles* Höfner

Auf eine ähnliche Weise kann schließlich der Fall *Höfner* eingeordnet werden. Auch hier hatte die *Bundesrepublik Deutschland* eine Kompetenz begründet. Die Arbeitsvermittlung war durch § 3 AFG a.f. zur Staatsaufgabe erklärt worden, deren Erfüllung der Bundesanstalt für Arbeit in monopolisierter Form zugewiesen war. Trotzdem wandte der *Europäische Gerichtshof* hier das Mißbrauchsverbot des Art. 82 EG an. Zunächst ist an die oben getroffene Feststellung zu erinnern, daß der Aussage des *Europäischen Gerichtshofs*, die Arbeitsvermittlung sei eine unternehmerische Betätigung, keine allgemeine Bedeutung zukommen kann; sie ist vielmehr allein auf den konkreten Fall bezogen.[542] Als tragender Grund für die Entscheidung ist vielmehr die Feststellung des Gerichtshofes anzusehen, daß die Bundesanstalt zwar auch im Bereich der Vermittlung wirtschaftlicher Führungskräfte eine Monopolstellung innehat, diese Aufgabe jedoch nicht erfüllen kann oder will.[543]

Im Sinne der Kompetenzkerntheorie kann man hier die Frage stellen, ob sich dieses in Frage stehende Verhalten der Bundesanstalt noch im Kompetenzkern befindet oder außerhalb liegt, so daß keine Sonderstellung anzunehmen wäre und die Wettbewerbsregeln des EG-Vertrages Anwendung finden könnten. Die hoheitliche Kompetenz war hier, wie gerade gesagt, in der Übertragung des Monopols für Arbeitsvermittlung an die Bundesanstalt für Arbeit nach § 3 AFG a.f. zu sehen. Das legitime Ziel dieser Regelung bestand darin, den einzelnen Arbeitsuchenden einschließlich wirtschaftlicher Führungskräfte vor unseriöser Arbeitsvermittlung zu schützen.[544] Zu diesem Zweck erscheint die Monopolisierung dieses Tätigkeitsfeldes bei einer Bundesanstalt auch als geeignet. Als problematisch stellt sich allerdings die Erforderlichkeit dieser Regelung heraus, wenn man sich vergegenwärtigt, daß die Bundesanstalt diesen Teilbereich der ihr übertragenen Aufgabe nicht erfüllen wollte oder konnte. Wenn die Bundesanstalt also die Nachfrage nach der Vermittlung von Führungskräften überhaupt

---

Raum für die Anwendung allgemeiner Rechtsnormen eröffnet ist. Dieser systematische Fehler war schließlich dem Reichsgericht unterlaufen, *RG* GRUR 1914, 88 f.; MuW Bd. XIII (1918/19) und korrigiert worden, vgl. RGZ 158, 261; 170, 40. Zur Geschichte vgl. im Übrigen den Abriß bei *Schricker*: Wirtschaftliche Tätigkeit der öffentlichen Hand und unlauterer Wettbewerb (1987), S. 91 ff. Dieser Schluß kann deshalb allein in eklatanten Mißbrauchsfällen dienen, vgl. dazu bereits oben „Wirtschaftlicher Mißbrauch der hoheitlichen Stellung", S. 130.

[542] vgl. oben S. 78, 101; *Troberg* in: Groeben/Boeck/Thiesing/Ehlermann: Kommentar zum EWG-Vertrag Bd. 1 (5. Aufl. 1997), Art. 55 Rn. 8 mit einer ähnlich differenzierten Einordnung des Falles *Höfner* in Bezug auf Art. 45 EG.

[543] *EuGH* Slg. 1991 I, 1979, 2017 Tz. 25 - *Höfner*; vgl. auch oben S. 138.

[544] vgl. oben S. 102.

nicht befriedigt, ist diese Monopolisierung faktisch ohne jeden Zweck und von daher nicht erforderlich.[545] Systematisch läßt sich an dieser Stelle auch die Sichtweise unterbringen, daß der *Europäische Gerichtshof* das Arbeitsvermittlungsmonopol unter den Vorbehalt der ausreichenden Leistungsfähigkeit gestellt hat.[546]

d) Folgerungen und Ergebnis

Zusammenfassend läßt sich zur Parallelität der europäischen Rechtssystematik und den Erkenntnissen zur hoheitlichen Kompetenzbegründung in Verbindung mit der Kompetenzkerntheorie feststellen, daß der *Europäische Gerichtshof* (und mit ihm auch die übrigen Entscheidungsorgane der Gemeinschaften) grundsätzlich von der Anwendung der Wettbewerbsregeln (Art. 81, 82, 86 EG) absieht, wenn ein bestimmtes Verhalten einer öffentlichen oder privaten Institution auf eine hoheitliche (bzw. schlicht-hoheitliche) Kompetenz zurückzuführen ist. Die Wettbewerbsregeln des EG-Vertrages kommen allerdings dann zur Anwendung, wenn die in Rede stehende Tätigkeit außerhalb des Kernbereichs dieser Kompetenz liegt. Dies ist der Fall, wenn die durch die Kompetenznorm geschaffene besondere Stellung der betrauten öffentlichen oder privaten Institution für deren Aufgabenerfüllung offensichtlich mißbraucht wird oder offensichtlich nicht erforderlich ist. Letzteres ist insbesondere dann der Fall, wenn die besondere Berechtigung zu keiner Verbesserung oder Erleichterung der Aufgabenwahrnehmung führt und beispielsweise allein rein wirtschaftlichen eigenen oder fremden Interessen dient.

Auf die Kompetenzkerntheorie kann also durchaus auch als Erklärungsmodell für die Systematik der wissenschaftlich noch wenig durchdrungenen Abgrenzungskriterien zwischen hoheitlichem Handeln einerseits und unternehmerischer Betätigung andererseits mit den jeweils unterschiedlichen Konsequenzen für die Anwendbarkeit der Wettbewerbsregeln[547] des EG-Vertrages zurückge-

---

[545] Vgl. *Brohm*: Das Verhältnis mittelbarer Staatsverwaltung und Staatsaufsicht im Wirtschaftsrecht, in: Mestmäcker (Hrsg.): Kommunikation ohne Monopole (1995), S. 253, 263 insbes. Fn. 33; vgl. dazu schon oben S. 138.

[546] *Pallasch/Steckermeier*: Freiheit der Arbeitsvermittlung und staatliches Monopol, NZA 1991, 913, S. 925; vgl. auch *Stober*: Allgemeines Wirtschaftsverwaltungsrecht (11. Aufl. 1998) § 39 III, S. 170, der offenbar ebenfalls in der fehlenden Leistungsfähigkeit das entscheidende Kriterium für die Anwendung von Art. 86 EG sieht. Zur bislang bestehenden Schwierigkeit der Einordnung dieser Sichtweise s. oben „Wertende Gesamtbeurteilung", S. 136.

[547] *Schwintowski*: Der Begriff des Unternehmens im europäischen Wettbewerbsrecht, ZEuP 1994, 294, 300.

griffen werden. Im Rahmen der Suche nach einzelnen Abgrenzungskriterien für die Annahme einer rein wirtschaftlichen Betätigung einerseits und hoheitlicher Aufgabenwahrnehmung andererseits hatte es sich herauskristallisiert, daß es letztlich keine allgemeinverbindliche Abgrenzungsformel für diese Problematik gibt. Die Lösung kann vielmehr nur in der Richtung einer abwägenden Gesamtbeurteilung liegen, in deren Rahmen mitgliedstaatliche Interessen wie Gemeinschaftsinteressen eingestellt werden können.[548] Wenn man an dieser Stelle die tragenden Gedanken der Kompetenzkerntheorie fruchtbar macht, erhält man für diese Abwägung eine Struktur, die auch im Hinblick auf die vorliegende Kasuistik zu konsistenten Ergebnissen führt.

Nach der Feststellung, daß die Mitgliedstaaten frei sind, bestimmte Tätigkeiten aufgrund einer Kompetenzbegründung hoheitlich und damit grundsätzlich von den Wettbewerbsregeln des EG-Vertrages immunisiert durchzuführen, kann auch mit den Kriterien der Kompetenzkerntheorie entschieden werden, ob diese Immunität vor den Wettbewerbsregeln im konkreten Einzelfall Bestand haben kann. Es ist also zu fragen, ob die konkrete Tätigkeit im Kompetenzkern der vom Mitgliedstaat hoheitlich wahrgenommenen Tätigkeit liegt. Dies ist im Wesentlichen anhand des Verhältnismäßigkeitsgrundsatzes zu untersuchen. Man muß also prüfen, ob bei der konkreten hoheitlichen Aufgabenwahrnehmung dem Gemeinschaftsinteresse verhältnismäßige Interessen des jeweiligen Mitgliedstaates gegenüberstehen. Dabei ist zunächst im Sinne des Verhältnismäßigkeitsprinzips zu ermitteln, welches *Ziel* der Mitgliedstaat mit seinem Verhalten verfolgt, worin also der Kern der potentiell hoheitlichen Tätigkeit liegt. Daran anschließend ist zu fragen, ob dieses den „Kompetenzkern" begründende Interesse vor dem Hintergrund des Europarechts legitim ist. Mitgliedstaatliche Interessen, die z.B. im Widerspruch zu anerkannten Regeln der EMRK stehen, können hier nicht berücksichtigt werden. Das Gleiche gilt für Interessen, die im Widerspruch zu unumstößlichen Grundsätzen des EG-Vertrages selbst oder sekundären Gemeinschaftsrechts stehen. Die mitgliedstaatliche Regelung muß sich auf einen dem Mitgliedstaat verbliebenen Souveränitätsbereich beziehen.[549] Sodann stellt sich die Frage der *Geeignetheit* der konkreten Maßnahme des Mitgliedstaates, dieses Ziel zu erreichen. Ungeeignete Mittel sind dabei außerhalb des Kompetenzkerns anzusiedeln und vermögen deshalb keine hoheitliche Aufgabenwahrnehmung zu rechtfertigen, weshalb sie einer Überprüfung anhand der Wettbewerbsregeln des EG-Vertrages zugänglich sind.[550] Des Weiteren

---

[548] Vgl. oben „Wertende Gesamtbeurteilung", S. 136.

[549] Bis hierhin braucht man nicht auf die Kompetenzkerntheorie zurückzugreifen, es geht vielmehr um eine schlichte Unvereinbarkeit des Verhaltens von Mitgliedstaaten mit den Grundsätzen des EG-Rechts.

[550] Dies wurde hier anhand des Falles *BT* dargestellt.

kann eine Maßnahme, die zur Erreichung des mitgliedstaatlichen Interesses nicht *erforderlich* ist, nicht im Kompetenzkern liegen. Erreicht der Mitgliedstaat das Ziel ohnehin nicht oder kann er es auf eine andere Weise erreichen, die weniger in die Interessen der Gemeinschaft eingreift, liegt sie außerhalb des Kompetenzkerns, weil diese Maßnahme im Sinne der Kompetenzkerntheorie zur Erfüllung der hoheitlichen Aufgabe nicht notwendig ist und deshalb auch nicht hoheitlich wahrzunehmen ist.[551] Schließlich kann eine Maßnahme dann nicht im Bereich des Kompetenzkerns verortet werden, wenn sie sich als *unangemessen* herausstellt, wenn also etwa eine Monopolisierung im Ergebnis dazu führt, daß die betraute Institution die Stellung zur Erhebung unangemessener Entgelte mißbraucht.[552]

Auf nationaler Ebene wird das aus der Souveränität geborene Handeln des Staates gegenüber seinen Bürgern nach innen durch die Verfassung und hier vor allem durch die Grundrechte begrenzt. Auf der Ebene des Europarechts wird das aus der selben Souveränität geborene Staatshandeln nach außen gegenüber der Gemeinschaft durch die Bindungen des Europarechts begrenzt. Im einen Fall wird die staatliche Souveränität gegenüber dem Bürger durch die Grundrechte, im anderen Fall wird sie gegenüber der Gemeinschaft durch die gemeinschaftsrechtlichen Bindungen zum Ausgleich gebracht. Diese vergleichbare Konstellation legt eine Übertragung der Abwägungskriterien aus der Kompetenzkerntheorie von der Ebene des nationalen Rechts auf die Ebene des EG-Rechts nahe. Auch die Anwendungsergebnisse aus den Fällen *British Telecommunications*, *Höfner* und *Bodson* bestätigen die Stichhaltigkeit dieser Idee.

5. Systembedingte Unterschiede zwischen nationalem Recht und Europarecht

Wesentliche Unterschiede bestehen allerdings zwischen europäischer Rechtssystematik und nationaler Kompetenzkerntheorie hinsichtlich der Justiziabilität im Bereich der wirtschaftlichen Betätigung der öffentlichen Hand.

Nach herkömmlicher Ansicht entfalten die Erkenntnisse zur Begründung einer hoheitlichen Kompetenz und die Kompetenzkerntheorie in erster Linie Relevanz für die objektive Rechtslage im nationalen Recht. In gerichtlich ausgetragenen Streitigkeiten erscheint die Wahrscheinlichkeit, daß man sich mit diesen Erkenntnissen auseinandersetzt, auf nationaler Ebene eher gering. Theoretisch ist dabei zunächst eine Streitigkeit zwischen einzelnen öffentlichen Institutio-

---

[551] Beispiel hierfür war der Fall *Höfner* sowie auch der Fall *Bodson*

[552] Dies kann am Beispiel des Falles *Bodson* gezeigt werden.

nen über eine fehlerhafte Kompetenzbegründung möglich.[553] Als Konstellationen sind dabei etwa eine Bund-Länder-Streitigkeit (Art. 93 I Nr. 3 GG, §§ 13 Nr. 7, 68 ff. BVerfGG), ein kommunales Normenkontrollverfahren (Art. 76 LV-BW, § 54 StaatsGHG) oder eine Verfassungsbeschwerde einer Gemeinde,[554] eine Anfechtungsklage im Rahmen der Kommunalaufsicht,[555] oder eine Kommunalverfassungsstreitigkeit[556] und die ihr verwandten Konstellationen[557] denkbar.[558] Daß sich aber eine öffentliche Institution dagegen wehrt, daß eine andere öffentliche Institution ein bestimmtes Aufgabenfeld zur Staatsaufgabe erhebt, erscheint allerdings eher unwahrscheinlich. Das gleiche gilt für eine Streitigkeit zwischen zwei öffentlichen Institutionen über die Frage, ob gemäß der Kompetenzkerntheorie eine falsche Handlungsform gewählt wurde.

Die zweite Fallkonstellation ist die Abwehrklage eines Bürgers bzw. privaten Konkurrenten gegen die staatliche Betätigung in öffentlich-rechtlicher Handlungs- und Organisationsform. Da die wirtschaftliche Betätigung des Staates im

---

[553] Zur Erinnerung: hier geht es nicht um die Überschreitung von Gesetzgebungs- oder Rechtssetzungskompetenzen z.B. nach Art. 70 ff. GG, sondern um die Frage, ob die Erhebung eines bestimmten Tätigkeitsfeldes zur öffentlichen Aufgabe rechtmäßig ist.

[554] in Gestalt der besonderen Kommunalverfassungsbeschwerde nach Art. 93 I Nr. 4 b GG (die allerdings gegenüber den Landesgesetzen nur subsidiär zulässig ist). Oder in Gestalt einer allgemeinen Verfassungsbeschwerde, die allerdings nur dann eröffnet ist, wenn sich die öffentliche Hand ausnahmsweise auf Grundrechte berufen kann, sofern diese verfahrensbezogene Rechte einräumen, wie Art. 19 IV, Art. 101 und Art. 103 GG, (vgl. *BVerfG* DVBl 1987, 844) oder wenn die Grundrechte letztlich den Bürger schützen sollen und nur formal der öffentliche Hand zugeordnet sind, wie z.B. der Schutz von Rundfunkanstalten und Universitäten durch Art. 5 GG.

[555] Sofern es sich um eine Weisung in Selbstverwaltungsangelegenheiten handelt, vgl. *OVG NW* NWVBl 1995, 300, 301; *Erichsen*: Kommunalausicht - Hochschulaufsicht, DVBl 1985, 943, 947

[556] Die Kommunalverfassungsstreitigkeit (auch kommunalrechtlicher Organstreit genannt) ist heute - je nach Klageziel - in Form einer Feststellungsklage (§ 43 VwGO) oder allgemeinen Leistungsklage anerkannt, vgl. dazu: *BVerwG* NVwZ 1989, 470; *VGH B.-W.* VBlBW 1990, 257, 258; *Hess. VGH* DVBl 1989, 934; *OVG NW* NVwZ 1989, 989; *Ehlers*: Die Klagearten und besonderen Sachentscheidungsvoraussetzungen im Kommunalstreitverfahren, NVwZ 1990, 105, 106.

[557] z.B. innerhalb einer Hochschule: *OVG Berlin* DÖV 1975, 571; einer Zahnärztekammer: *OVG Münster, OVGE* 28, 208; und eines Gerichtspräsidiums: *VGH B.-W.* NVwZ 1989, 989.

[558] Die meisten anderen Fälle „innerstaatlicher Streitigkeiten" dürften im behördlichen Instanzenzug auftreten und aufgrund ihres Charakters als „innerdienstliche Weisung" einer gerichtlichen Überprüfbarkeit nicht zugänglich sein, vgl. dazu stellvertretend *Maurer*: Allgemeines Verwaltungsrecht (14. Aufl. 2002), § 9 Rn. 27.

Bereich der schlicht-hoheitlichen Verwaltungstätigkeit aber regelmäßig keinen zielgerichteten Eingriff in grundrechtlich geschützte Rechtspositionen darstellt, wird die Schwelle des mittelbaren Grundrechtseingriffs zu überschreiten sein, so daß eine umfassende gerichtliche Auseinandersetzung nur dann stattfinden kann, wenn das Verhalten der öffentlichen Hand die Ausübung eines Grundrechts generell gefährdet. Auch dies wird - wie bereits anhand der Entscheidungspraxis der Verwaltungsgerichte dargestellt - selten der Fall sein.[559] Im Übrigen löst man derartige Konfliktlagen auf der Ebene des nationalen Rechts auch bei den Verwaltungsgerichten mit der Lehre von der Doppelqualifizierung, in deren Rahmen sich die Frage nach der Rechtmäßigkeit der hoheitlichen Handlungs- und Organisationsform nicht stellt.[560] Auf die systematischen Bedenken gegen diese Lösung wurde bereits hingewiesen. Schließlich könnte sich ein Bürger in Anlehnung an die Kompetenzkerntheorie gegen eine „falsche" Handlungsform der Verwaltung wenden. Er müßte sich dabei also auf den Standpunkt stellen, daß ein konkretes Verhalten der Verwaltung außerhalb des Kompetenzkerns liegt, weshalb die Verwaltung auch keine öffentlich-rechtliche Handlungsform wählen dürfte. Mit dieser nach der Kompetenzkerntheorie im Grundsatz richtigen Auffassung hätte er aber in einer gerichtlichen Auseinandersetzung kaum Erfolg. In der Praxis wird sich die hier angesprochene Problematik insbesondere auf die Frage konzentrieren, ob ein Verwaltungsträger berechtigt ist, durch Verwaltungsakt zu handeln. Diese *VA-Befugnis* ist in vielen Fällen bereits gesetzlich vorgesehen und bereitet dann kaum Probleme.[561] Aber auch wenn es an einer solch eindeutigen Regelung fehlt, stellen Praxis und Lehre mehrheitlich keine sonderlich hohen Anforderungen an die VA-Befugnis. Die VA-Befugnis ist dabei in einem engen Zusammenhang zum Vorbehalt des Gesetzes[562] zu sehen. Der Vorbehalt des Gesetzes bezieht sich nur auf den Inhalt, nicht aber auf die Form des Tätigwerdens der Verwaltung. Die Ermächti-

---

[559] *BVerwGE* 17, 306, 309 ff.; 30, 191, 198; 39, 159, 168 f. 39, 329, 336 ff.; 71, 183, 193 f.; 72, 126 - *TÜV*; *BVerwG* DÖV 1970, 823; NJW 1978, 1539; DVBl 1996, 152 - *Maklerfall*.

[560] Vgl. oben *Brillenurteil*, *Rollstuhlentscheidung* und *Maklerfall*, S. 22 ff.

[561] Im Polizei- und Ordnungsrecht ist bestimmt, daß „Verfügungen" ergehen oder „Maßnahmen" getroffen werden. Eindeutig und damit auf einen VA verweisende Bezeichnungen sind auch „Untersagung", „Entziehung", „Verbot", oder „Gebot" im Einzelfall, „Auflösung", „Entlassung" „(Steuer-, Gebühren-) Bescheid" und „Genehmigung", *Schmalz*: Allgemeines Verwaltungsrecht (3. Aufl. 1998), Rn. 274.

[562] An diesen sind wiederum im Bereich der Eingriffsverwaltung strenge Anforderungen zu stellen, im Bereich der Leistungsverwaltung und damit in weiten Teilen der Daseinsvorsorge bedarf es keiner materiellrechtlichen Grundlage. Hier soll vielmehr auch jede andere parlamentarische Willensäußerung, insbesondere die etatmäßige Bereitstellung der zu Subventionen erforderlichen Mittel" genügen, vgl. *BVerwGE* 6, 282, 287 f. *BVerwG* DVBl 1978, 212; *OVG Münster* NVwZ 1982, 381; *Maurer*: Allgemeines Verwaltungsrecht (14. Aufl. 2002), § 6 Rn. 13; *Erichsen*: Vorrang und Vorbehalt des Gesetzes, Jura 1995, 550, 553.

gung der Verwaltung zur Tätigkeit auf Grund öffentlichen Rechts impliziert deshalb auch die Befugnis zum Handeln durch Verwaltungsakt.[563] Mit der Frage, ob die Wahl des Verwaltungsaktes für die Erfüllung der schlicht-hoheitlichen Aufgabe notwendig geboten ist oder ob das Rechtsverhältnis zwischen Bürger und Staat auch privatrechtlich ausgestaltet werden muß,[564] beschäftigen sich Praxis und Lehre in der Regel – soweit ersichtlich – nicht.

Ganz anders stellt sich die Situation der Justiziabilität allerdings im Bereich des Europarechts dar. Der *Europäische Gerichtshof* bzw. die Entscheidungsorgane der Gemeinschaften entscheiden hier zwar nicht über die Rechtmäßigkeit der Wahl der öffentlich-rechtlichen Handlungs- und Organisationsform; dies wäre ein nicht hinzunehmender Eingriff in die Souveränität des einzelnen Mitgliedstaates. Der *Gerichtshof* hat aber in den - gerade unter diesem Gesichtspunkt - oben dargestellten Fällen *British Telecommunications*, *Bodson* und *Höfner* im Ergebnis entschieden, daß die Wahl der öffentlich-rechtlichen Handlungs- und Organisationsform für die Anwendbarkeit der Wettbewerbsregeln des EG-Vertrages irrelevant ist. Und zwar ist dies - wie oben herausgearbeitet - regelmäßig dann der Fall, wenn das in Rede stehende Verhalten der öffentlichen oder privaten Institution außerhalb des Kernbereichs der ihr zugewiesenen Kompetenz liegt. Auf europarechtlicher Ebene können also die hier vorgestellten Erkenntnisse zur Begründung einer hoheitlichen Kompetenz und zur Kompetenzkerntheorie in einem gerichtlichen Verfahren durchaus Relevanz entfalten. Anhand von Kriterien, die mit denen der Kompetenzkerntheorie vergleichbar sind, entscheidet der *Europäische Gerichtshof* nämlich über die Anwendbarkeit der

---

[563] *Maurer*: Allgemeines Verwaltungsrecht (14. Aufl. 2002), § 10 Rn. 5; *Meyer/Borgs*: Verwaltungsverfahrensgesetz (2. Aufl. 1982) § 35, Rn. 77. Nach der Rspr. ist der Verwaltungsakt die typische Handlungsform zur Konkretisierung öffentlich-rechtlicher Pflichten und damit der Hoheitsverwaltung immanent, s. *BVerwGE* 21, 270, 271; 28, 1, 2; 71, 354, 357; *OVG NW* NWVBl 1996, 69; *VGH Kassel* NVwZ 195, 1227, 1228; *VGH Mannheim* NVwZ 1989, 892; *OVG Koblenz* NVwZ 1989, 894; vgl. auch *Rubel* JA-Übbl. 1990, 86 ff.; Die Gegenansicht fordert hingegen mit Rücksicht auf Art. 20 III GG eine besondere gesetzliche Ermächtigung, was mit der belastenden Wirkung der Titel- und Vollstreckungsfunktion des Verwaltungsaktes begründet wird, vgl. *Martens*: Prinzipien der Leistungsverwaltung, in: FS. für H.J. Wolff (1973), 429, 434; *Erichsen* in: Erichsen (Hrsg): Allgemeines Verwaltungsrecht (12. Aufl. 2002), § 15 Rn. 4; wohl auch *OVG Lüneburg* NVwZ 1989, 880; *VGH Mannheim* NVwZ 1990, 388. Diese Argumentation relativiert sich aber, wenn man sich vor Augen führt, daß bereits der Inhalt der Regelung am Maßstab des Gesetzesvorbehaltes zu messen ist. Auch *BVerwG* NVwZ 1991, 267 ist nicht als Kehrtwende der *Rspr.* zu werten (so aber *Dietlein* JA 1992, 220 m.w.N.), denn in dieser Entscheidung ist keineswegs klar, ob sie sich auf das Erfordernis einer gesetzlichen Grundlage für den Inhalt oder die Form des streitigen VA's bezieht.

[564] Vgl. *Brohm*: Wirtschaftstätigkeit der öffentlichen Hand und Wettbewerb, NJW 1994, 281, 285.

Wettbewerbsregeln des EG-Vertrages. Eine nun folgende Analyse soll zeigen, weshalb das, was im nationalen Recht unwahrscheinlich oder unmöglich ist, im Europarecht anders gehandhabt werden kann.

Im Bereich des nationalen Rechts wird die justiziable Rechtsbindung aus der Sicht des Bürgers durch die aus den Grundrechten vermittelten subjektiven Rechte determiniert. Dabei ist es, wie bereits dargelegt, vor allem in der Konstellation des mittelbaren Grundrechtseingriff durchaus denkbar, daß sich der Staat im Lichte der Grundrechte als objektiven Rechtmäßigkeitsmaßstäben rechtswidrig verhält, daß aber gleichwohl ein subjektiver Abwehranspruch nicht besteht. Der Grund dieser Systematik ist darin zu suchen, daß die Handlungsfähigkeit des Staates nicht unzumutbar eingeengt werden darf, indem man jede noch so entfernte nachteilige Folgewirkung staatlichen Handelns an den Voraussetzungen eines Grundrechtseingriffs mißt.[565] Wenn also für die Klagebefugnis auf der Zulässigkeitsebene bzw. für den Erfolg der Klage im Falle einer mittelbaren Grundrechtsbetroffenheit hohe Anforderungen gestellt werden, geht es also letztlich um die Verhinderung von Popularklagen; denn eine irgendwie geartete mittelbare Betroffenheit läßt sich fast immer herleiten.

Anders ist dies im Falle der *Europäischen Gemeinschaften*: im Gegensatz zu der umfassenden Souveränität der Mitgliedstaaten nehmen die Gemeinschaften bzw. die *Europäische Union* nur in begrenztem Umfang die durch EG-Vertrag bzw. EU-Vertrag übertragenen Souveränitätsrechte wahr. Die bisher (immer noch) wesentliche Aufgabe ist dabei die Errichtung eines von Handelshemmnissen befreiten gemeinsamen Binnenmarktes, vgl. Art. 3 lit g EG. Allein diese begrenzte Aufgabenwahrnehmung reduziert schon die Gefahr von Popularklagen in erheblicher Weise: die europäischen Entscheidungsorgane können nicht mit irgendeinem staatlichen Fehlverhalten befaßt werden, es muß sich vielmehr um ein Fehlverhalten handeln, das konkreten Gemeinschaftsinteressen zuwider läuft.

Diese Gemeinschaftsinteressen kommen in den allgemeinen Grundsätzen des ersten Teils des EG-Vertrages (Art. 1 ff. EG), den Grundfreiheiten und den Wettbewerbsregeln zum Ausdruck. Verstößt ein Mitgliedstaat gegen diese Regeln und damit gegen die Gemeinschaftsinteressen, kann der *Europäische Gerichtshof* auf die Klage der *Kommission* oder eines anderen Mitgliedstaates hin im Rahmen eines Vertragsverletzungsverfahrens gem. Art. 226 ff. EG mit der

---

[565] *Grabitz*: Freiheit und Verfassungsrecht (1976), S. 25 f.; *Sodan*: Gesundheitsbehördliche Informationstätigkeit, DÖV 1987, 858, 863; *Erichsen*: Die Verfassungsbeschwerde Jura 1992, 142; *Discher*: Mittelbarer Eingriff, Gesetzesvorbehalt, Verwaltungskompetenz: Die Jugendsekten-Entscheidungen - BVerwGE 82, 76; BVerwG NJW 1991, 1770; 1992, 2496; NJW 1989, 3269; JuS 1993, 463, 464.

Sache befaßt sein. Verletzt ein Mitgliedstaat im Rahmen seiner wirtschaftlichen Betätigung Wettbewerbsregeln, kann selbst ein inländischer Konkurrent gegen seinen eigenen Staat bei der *Kommission* vorgehen und im Falle einer abschlägigen Entscheidung der *Kommission* Nichtigkeitsklage (Art. 230, 231 EG) beim *Gerichtshof* erheben.[566] Schließlich besteht die Möglichkeit eines Vorabentscheidungsverfahrens durch ein nationales Gericht beim *EuGH* nach Art. 234 EG.

Es zeigt sich also, daß ein objektiver Verstoß eines Mitgliedstaates gegen die Regeln des EG-Vertrages regelmäßig justiziabel ist, sei es im Wege eines von den Entscheidungsorganen der Gemeinschaft selbst eingeleiteten Verletzungsverfahrens, sei es durch die Anstrengung eines Verfahrens durch einen auch nur potentiell Betroffenen. Die Frage der Anwendbarkeit der Wettbewerbsregeln, die an das Vorliegen hoheitlichen Handelns anknüpft, ist hierbei die zentrale materiellrechtliche Vorfrage.

Die unterschiedliche Justiziabilität ist dabei die logische Folge aus der Übertragung von Souveränitätsrechten auf die Gemeinschaften und dem daraus folgenden Wechsel der Rechtsbindungen für den Mitgliedstaat. War der Mitgliedstaat vorher in seinem Verhalten nur durch die nationale Verfassung gebunden, sind es aufgrund der Übertragung der speziellen Souveränitätsrechte die entsprechenden Rechte des EG-Vertrages die ihn nunmehr zusätzlich binden und anhand derer sein Verhalten rechtlich überprüft werden kann. Eine den Hürden des mittelbaren Grundrechtseingriff vergleichbare Hürde existiert im Rahmen der Grundfreiheiten allenfalls in der Voraussetzung, daß ein EG-Ausländer von der Maßnahme des Mitgliedstaates betroffen sein muß, allein die Inländerdiskriminierung ist hier nicht justiziabel.

---

[566] Im Allgemeinen besteht kein Anspruch auf ein Tätigwerden der *Kommission*. Etwas anderes gilt aber bei der Wirtschaftsaufsicht nach Art. 81, 82 EG. Voraussetzung für eine Nichtigkeitsklage ist eine Entscheidung der *Kommission*. Hier kann die Kommission nach Art. 7 Kartellverfahrensordnung (Kommission, Abl 2003 L 1, S. 1 ff., im Folgenden KartVVO) tätig werden. Dieses Tätigwerden kann nach Art. 7 II KartVVO auch aufgrund einer Beschwerde einer natürlichen oder juristischen Perseon erfolgen, sofern diese ein *berechgtigtes Interesse* nachweist. Zur weiten Auslegung des berechtigten Interesses vgl. nach früherer, aber an diesem Punkt unveränderter Rechtslage (Art. 3, 3 lit. b VO Nr. 17): *EuGH* Slg. 1987, 4487 = NJW 1988, 3083 = Die AG 1989, 24 = Betr. 1988, 1644 = WuW/E EWG/MUV 815 = JuS 1989, 54 Nr. 1 - Zigarettenurteil; *EuGH* WuW/E EWG/MUV 777, 779 - Metro/Saba: in beiden Fällen wandte sich der Antragsteller bzw. Kläger gegen den Verstoß gegen Art. 81 EG durch einen Konkurrenten bzw. Hersteller. Problematisch ist die Rechtslage bei einer Einstellung des Verfahrens von Amts wegen mit der Erteilung eines sog. comfort-letter, da es in diesem Fall an einer Entscheidung fehlen soll.

In Anlehnung an den Maklerfall wäre es nach europarechtlicher Systematik und Kompetenzkerntheorie konsequent, wenn das Verwaltungsgericht sagen würde, daß die Maklertätigkeit außerhalb des Kompetenzkerns liegt. Die Konsequenz wäre, daß neben den Grundrechten auch ein zivilrechtlicher Abwehranspruch z.B. § 1 UWG in Betracht käme. Über diesen Anspruch, der an sich in die sachliche Zuständigkeit der Zivilgerichte fällt, könnte dann über § 17 II GVG mitentschieden werden. Das *BVerwG* kommt im Maklerfall zum gleichen Ergebnis, es begründet dies allerdings über die zweifelhafte Lehre von der Doppelqualifizierung.

V. Anwendung der Ergebnisse auf Brillenfall und Rollstuhlentscheidung

Mit den folgenden Fiktionen sollen die Unterschiede zwischen dem nationalen Recht und dem EG-Recht hinsichtlich der Anwendung der Wettbewerbsregeln auf staatliche Betätigungen hervorgehoben werden. Es soll untersucht werden, wie der Brillen- und der Rollstuhlfall nach den oben gefundenen Kriterien von der *Kommission* oder den europäischen Gerichten entschieden werden könnten. Dabei verdienen die unterschiedlichen Wege, die zur Anwendbarkeit oder Nichtanwendbarkeit der Wettbewerbsregeln führen, sowie vor allem Unterschiede in den Endergebnissen besondere Aufmerksamkeit.[567]

Der Bearbeitung des Brillenfalls[568] mit den hier gefundenen Kriterien soll der im ersten Teil dieser Arbeit dargestellte ergänzte Sachverhalt zu Grunde gelegt werden.[569] Im Wesentlichen ging es dabei um die Drohung der Ortskrankenkassen, das Selbstabgabegeschäft zu erweitern, um die Heilmittellieferanten zu Preiszugeständnissen zu zwingen. Die Anwendung der europäischen Wettbewerbsregeln scheitert zunächst aufgrund der Anwendung des effet-utile-Gedankens nicht an der öffentlich-rechtlichen Organisations- und Handlungsform gegenüber den Versicherten.[570] Es stellt sich allerdings die Frage, ob nach dem Muster des Falles *Poucet* eine schlicht-hoheitliche Betätigung anzunehmen

---

[567] An dieser Stelle bleibt die mittlerweile veränderte Rechtslage bezüglich der Rechtswegzuweisung außer Betracht, vgl. dazu *Emmerich*, in: Immenga/Mestmäcker (Hrsg.) GWG (3. Aufl. 2001), § 130 Rn. 17 f.

[568] *BGHZ* 82, 375 = NJW 1982, 2117 - *Brillenurteil* vgl. oben zum Brillenurteil S. 22 ff.

[569] *Harms*, BB Beilage 17/1986 zu Heft 32/1986, S. 1 ff, insbes. S. 16 f., 22.

[570] *EuGH* Slg. 1985, 873, 885 f - *British Telecommunications*; Slg. 1991 I, 1979, 2016 Tz. 21 - *Höfner*; vgl. oben Vereinbarkeit mit der Kompetenzkerntheorie: „Einfügung des Falles *British Telecommunications*", S. 164; „Einfügung des Falles *Höfner*", S. 167.

ist, mit der Konsequenz, daß die Wettbewerbsregeln des EG-Vertrages nicht anwendbar wären.

Im Sinne der Kompetenzkerntheorie stellt sich damit im Brillenfall die Frage, ob die Einrichtung der Selbstabgabestellen durch die Ortskrankenkassen dem Kompetenzkern ihrer Tätigkeit zuzuordnen wäre. Das Ergebnis der Unanwendbarkeit der Wettbewerbsregeln im Fall *Poucet* läßt sich allerdings nicht ohne weiteres auf den Brillenfall übertragen. Im Unterschied zum Fall *Poucet* geht es im Brillenfall nämlich nicht um die den Wettbewerb ausschließende Versicherungspflicht bei den gesetzlichen Sozialversicherungen,[571] sondern um eine Modalität der Versorgung der Versicherten. Nach den oben angestellten Überlegungen zur konkreten Tätigkeit[572] ist bei der weiteren Bewertung des Falles isoliert auf das Selbstabgabegeschäft und nicht etwa auf das gesamte Aufgabenfeld der Ortskrankenkassen abzustellen. Im Unterschied zum Fall *Poucet* kommt man dabei zu dem Ergebnis, daß die Einrichtung und der Betrieb der Selbstabgabestellen für den Bestand des Sozialversicherungssystems weniger erforderlich ist.[573] Im Sinne der Kompetenzkerntheorie wäre die Wahl einer öffentlich-rechtlichen Handlungs- und Organisationsform, die die öffentliche Hand bei ihrer Aufgabenerfüllung gegenüber dem Bürger besonders berechtigt, zumindest nicht zwingend.[574] Hinsichtlich der Motivation zeigt sich, daß die Ortskrankenkassen den Betrieb und die mögliche Ausweitung des Selbstabgabegeschäfts im Wesentlichen zu einer Drohung gegen die Verbände der privaten Heilmittellieferanten nutzen wollten, um auf diese Weise auf das Preisniveau einzuwirken. Folglich liegt die Motivation des Verhaltens in einer finalen Beeinflussung der Marktparameter.

Über die Erforderlichkeit dieses Drohpotentials läßt sich nun trefflich streiten. Einerseits könnte man sich auf den Standpunkt stellen, daß die Einrichtung der Selbstabgabestellen ein notwendiges Gegengewicht zum kolportierten Preisdiktat der Verbände darstellt.[575] Andererseits hat sich gezeigt, daß die Ortskrankenkassen auch nach dem Wegfall der Selbstabgabestellen ihre Aufgaben erfüllen konnten. Der in der Tagespolitik zu Recht vielfach beklagte desolate Zustand der Krankenkassen ist nicht auf das Verbot der Selbstabgabestellen zurückzuführen, sondern eher auf strukturelle Probleme. Über die Frage, ob man

---

[571] *EuGH* Slg. 1993 I, 637, 669 (Tz. 13) = NJW 1993, 2597, 2598 - *Poucet und Pistre.*

[572] Vgl. oben „Konkrete Tätigkeit", S. 104.

[573] *EuGH* Slg. 1993 I, 637, 669 f. Tz. 13, 18 - *Poucet und Pistre.*

[574] Vgl. dazu oben „Die Kompetenzkerntheorie", S. 75 ff.

[575] Vgl. *Harms*: Unlauterer Wettbewerb durch wirtschaftliche Aktivitäten öffentlicher Hände, BB Beilage 17/1986 zu Heft 32/1986, S. 16 f., 22.

diese strukturellen Probleme zum Teil mit der Einrichtung von Selbstabgabestellen beseitigen könnte, kann man sicherlich verschiedener Meinung sein. Ohne weiter in die Tiefe der Problematik einsteigen zu wollen, soll hier einmal von der fehlenden Erforderlichkeit der Einrichtung der Selbstabgabestellen ausgegangen werden. Ferner kann das Ziel der Kostenreduzierung dabei im weitesten Sinne auch als ein Mittel zur Gewinnerzielung angesehen werden. Die Einrichtung der Selbstabgabestellen wäre demnach also *in Wirklichkeit* wirtschaftlich motiviert, sie kann also als eine unternehmerische Betätigung im Sinne der Art. 81 ff. EG angesehen werden. Da die europäischen Gerichte bei der Beurteilung eines solchen Falles auch die Funktion eines Verwaltungsgerichts[576] einnehmen, hindert die öffentlich-rechtliche Ausgestaltung des Leistungsverhältnisses zwischen Ortskrankenkassen und Versicherten nicht an der Anwendung der Wettbewerbsregeln; die Kompetenz der europäischen Gerichte umfaßt auch die Möglichkeit, das öffentlich-rechtlich ausgestaltete Leistungsverhältnis als rechtswidrig zu bewerten, sie sind also nicht wie der *Bundesgerichtshof* auf das Argument angewiesen, daß das wettbewerbsrechtliche Ergebnis faktisch auf das Leistungsverhältnis durchschlägt.[577] Die Frage, ob der *Europäische Gerichtshof* im Ergebnis zu einem Abwehranspruch aus den Wettbewerbsregeln des EG-Vertrages kommen würde, kann in der gebotenen Kürze nicht beantwortet werden und soll hier offenbleiben. Allerdings kennt das Europarecht keinen Tatbestand, der mit § 1 UWG vergleichbar wäre und schon gar keinen dogmatisch so fragwürdigen Tatbestand der „wettbewerbsbezogenen Unlauterkeit". Es erscheint aber möglich, daß man den Ortskrankenkassen eine marktbeherrschende Stellung im Sinne des Art. 82 EG zuschreibt und daß man in der Drohung, die Selbstabgabetätigkeit auszuweiten, einen Mißbrauch im Sinne dieser Norm sieht.[578]

Zusammenfassend läßt sich feststellen, daß sich die europarechtlichen Kriterien für die Anwendung der Wettbewerbsregeln erheblich von denen unterscheiden, die der *Bundesgerichtshof* anlegt. Auf der europarechtlichen Seite ist die marktbezogene Motivation für die Annahme der unternehmerischen Betätigung und die Anwendung der europäischen Wettbewerbsregeln entscheidend, während

---

[576] Vgl. oben „Die besondere „Kompetenz" des *Europäischen Gerichtshofs*", S. 92.

[577] Der *BGH* differenziert im Brillenurteil das verwaltungsrechtlich zu qualifizierende „Ob" und das zivilrechtlich zu bewertende „Wie" bei der Einrichtung der Selbstabgabestellen. Daß ein Verbot im „Wie" die Entscheidung im „Ob" faktisch determiniert, nimmt er ausdrücklich in Kauf, *BGHZ* 82, 375 = NJW 1982, 2117 - *Brillenurteil*, Gliederungspunkt VI. letzter Absatz der Entscheidung.

[578] *Wolfgang Harms* hat vorexerziert, wie man in diesem Zusammenhang zur Bejahung der Tatbestände von §§ 22 IV, 26 II GWB a.F. kommen kann, was sich dann auch auf Art. 82 EG übertragen ließe, vgl. *Harms*, BB Beilage 17/1986 zu Heft 32/1986, S. 20 ff.

der *Bundesgerichtshof* auf das faktische Vorliegen eines *Wettbewerbsverhält-nisses* abstellt. Für die Behandlung der Selbstabgabestellen läßt sich im Ergebnis feststellen, daß die europarechtliche Praxis nach dem in dieser Arbeit vertretenen *Prinzip der einheitlichen Zuordnung*[579] auf einem ganz anderen Wege zur Anwendbarkeit der Wettbewerbsregeln kommt. Aufgrund der Strukturgleichheit der Mißbrauchstatbestände wäre deshalb kein wesentlicher Unterschied in den Entscheidungen zu erwarten.

Auf den *Rollstuhlfall*[580] kann dieses neu begründete Ergebnis der Anwendbarkeit der Wettbewerbsregeln nicht ohne weiteres übertragen werden. Unter Zugrundelegung der in dieser Arbeit herausgearbeiteten Kriterien kann man hier sehr wohl zu dem Ergebnis kommen, daß ein Gemeinschaftsorgan - die europarechtliche Relevanz des Falles vorausgesetzt - von der Anwendung der Wettbewerbsregeln des EG-Vertrages absehen würde. Im Sinne der Kompetenzkerntheorie könnte man sagen, daß die Ausleihe der Rollstühle im Kompetenzkern der Aufgabenerfüllung anzusiedeln ist, die den Ortskrankenkassen übertragen worden ist. Sicherlich wollten die Krankenkassen durch die Ausleihe gebrauchter und noch brauchbarer Rollstühle ihre Kosten reduzieren. Die eigentliche *Motivation*[581] war aber hier die Nutzbarmachung von Gegenständen, die sich ungenutzt im Eigentum der Behörde befanden. Der Versicherte, für den ein Rollstuhl erstmalig angeschafft worden ist, war verpflichtet, ihn zurückzugeben, wenn er ihn nicht mehr benötigte. Auf diese Weise kamen die Ortskrankenkassen nach dem Willen des Gesetzes zwangsläufig in den Besitz der Rollstühle. Hierin besteht ein wesentlicher Unterschied zur Einrichtung der Selbstabgabestellen: für ihren Betrieb mußten die Brillen und übrigen Heilmittel erst bei einem entsprechenden Hersteller beschafft werden. Um die Selbstabgabetätigkeit durchführen zu können war also ein eigenständiger wirtschaftlicher Zwischenschritt notwendig. Wenn die Krankenkassen zur Versorgung ihrer Versicherten direkt Gegenstände ausgeben, die sich ohnehin in ihrem Besitz befinden, steht dies in einem unmittelbareren Zusammenhang mit ihren gesetzlich bestimmten Aufgaben als der Betrieb von Selbstabgabestellen; die Motivation ist in beiden Fällen also unterschiedlich. Im Gegensatz zum Brillenfall hat das Verhalten der Krankenkassen zwar auch hier sicherlich spürbare Einflüsse auf den Markt, allerdings ist die Motivationslage, wie bereits gesagt, weniger von wirtschaftlichen Interessen geprägt. Im Brillenfall ging es um die unmittelbare Beeinflussung von Marktparametern, im Rollstuhlfall sollten hingegen nutzbare, aber ungenutzte Ressourcen einer Verwendung durch die Allgemeinheit zugänglich gemacht werden. Wenn der *Europäische Gerichtshof* zudem entschie-

---

[579] Vgl. oben *Konzept der einheitlichen Zuordnung*, S. 89.

[580] *GemS-OBG* BGHZ 102, 280 = NJW 1988, 2295 - *Rollstühle*.

[581] Vgl. oben „Motivation", S. 108.

den hat, daß das Gemeinschaftsrecht die Befugnis der Mitgliedstaaten unberührt läßt, ihre Systeme der sozialen Sicherheit auszugestalten,[582] dann kann die Gemeinschaft auch nicht von dem betroffenen Mitgliedstaat die Einführung eines wettbewerbsfreundlicheren Systems - etwa Rollstuhlleasing - verlangen. An dieser Sichtweise vermögen auch die Interessen des Marktes bzw. die des Handels nichts zu ändern. Das Interesse des Handels beschränkt sich darauf, genauso viele Rollstühle wie vorher abzusetzen, also eine Struktur aufrecht zu erhalten, in der die Handelsware Rollstühle nur zu einem Bruchteil der möglichen Nutzungsdauer genutzt werden kann. Daß ein solches Interesse nicht rechtlich relevant sein kann, liegt auf der Hand; genauso wenig kann man mit den Mitteln des Wettbewerbsrechts verlangen, daß der Staat seine Einrichtungsgegenstände zur Stützung des Handels vorzeitig ausrangiert, entsorgt und neu beschafft. Unvermeidbar erscheint dieses Ergebnis allerdings aus der Sicht des nationalen Wettbewerbsrechts. Anders ist das Ergebnis aus europarechtlicher Sicht, insbesondere wenn man die Kriterien der Kompetenzkerntheorie hinzuzieht. Die Wettbewerbsregeln können keinen Einfluß auf die Entscheidung der Verwaltung nehmen, wie sie ihre Ressourcen - insbesondere Eigentum und Arbeitskraft - zur Bewältigung ihrer öffentlichen Aufgabe einsetzt. Diese Entscheidung ist dem Kompetenzkern zuzuordnen.

Zusammenfassend läßt sich feststellen, daß man mit den hier gefundenen Kriterien hinsichtlich der Anwendbarkeit der Wettbewerbsregeln auf das Verhalten öffentlicher Institutionen zu materiell differenzierten und eher befriedigenden Lösungen kommen kann. Zumindest wird eine grobe Einheitslösung vermieden, die entsteht, wenn man allein auf das faktische Vorliegen eines Wettbewerbsverhältnisses abstellt. Offen bleibt an dieser Stelle allerdings die Frage, ob und wie man diese Kriterien auf das nationale Recht übertragen kann und welches nationale Gericht bejahendenfalls zur Entscheidung berufen ist. Die nationalen Verwaltungsgerichte hätten zwar im Hinblick auf das Leistungsverhältnis eine dem *Europäischen Gerichtshof* vergleichbare Entscheidungskompetenz. Kollisionsfälle zum Europarecht dürften aber vorprogrammiert sein, wenn die nationalen Verwaltungsgerichte die Lehre vom mittelbaren Grundrechtseingriff unverändert anwenden, wonach nur in Ausnahmefällen ein Abwehranspruch zugesprochen werden kann.

Was hingegen die dogmatischen Bedenken gegen die Lehre von der Doppelqualifizierung anbetrifft, muß man sich vor Augen führen, daß *Kollisionsfälle*, in denen das Ergebnis aus dem nationalen Recht mit dem Europarecht unvereinbar wäre, in diesem Bereich schwer vorstellbar scheinen. Weder die *Kommission* noch die europäischen Gerichte werden sich daran stören, wenn die nationale

---

[582] *EuGH* Slg. 1993 I, 637, 667 (Tz. 7) = NJW 1993, 2597, 2598 - *Poucet und Pistre* mit Berufung auf *EuGH* Slg. 1984, 523 Tz. 16 - *Duphar.*

Wettbewerbspraxis das Wettbewerbsrecht bereits da anwendet, wo die europa-rechtliche Praxis davon absieht. Dennoch wird man konstatieren dürfen, daß die europarechtliche Lösung eine differenziertere Feinsteuerung erlaubt, als dies auf nationaler Ebene mit der Lehre von der Doppelqualifizierung möglich ist.

D. Verbotene Maßnahmen der Mitgliedstaaten (Art. 86 I EG)

Sofern die Wettbewerbsregeln des EG-Vertrages anwendbar sind, stellt sich die Frage, in welchen Grenzen die Mitgliedstaaten ihren Unternehmen besondere bzw. ausschließliche Rechte übertragen dürfen. Art. 86 I EG ordnet hier aus-drücklich an, daß die Mitgliedstaaten keine dem EG-Vertrag widersprechenden Maßnahmen treffen oder beibehalten dürfen, insbesondere werden Art. 12 und Art. 81 bis 89 EG hervorgehoben. Es besteht also eine Verpflichtung der Mit-gliedstaaten, diese ausdrücklich bezeichneten, wie aber auch die übrigen Vor-schriften des Vertrages zu beachten.[583] In ständiger Rechtsprechung geht der *Europäische Gerichtshof* davon aus, daß die Mitgliedstaaten ihren Unterneh-men besondere oder ausschließliche Rechte bis hin zu Monopolstellungen ver-leihen können. Daraus folge aber nicht, daß alle diese Rechte notwendigerweise mit dem EG-Vertrag vereinbar wären, „dies hängt vielmehr von den einzelnen Vorschriften ab, auf die Art. 86 I EG verweist".[584] Dabei wird eher weniger auf die in Art. 86 I EG hervorgehobenen Vorschriften abgestellt, die insoweit aller-dings wesentliche Interpretationshilfen darstellen; zu den in der Praxis zu be-achtenden Vorschriften gehören vor allem die Regelungen der Warenverkehrs-freiheit, Art. 28 ff. EG, der Dienstleistungsfreiheit, Art. 49 ff. EG, sowie die Wettbewerbsregeln nach Art. 81 ff. EG.[585] Zu beachten ist ferner das allgemeine Diskriminierungsverbot aus Art. 12 EG. Der besondere Einfluß, der die Bezie-hungen der Mitgliedstaaten zu diesen Unternehmen kennzeichnet, begründet auch ihre besondere gemeinschaftsrechtliche Verantwortung.[586]

Anhand dieser Vorschriften und den ihnen zu Grunde liegenden Wertungen ist also zu prüfen, ob die ausschließlichen und besonderen Rechte aus der Sicht des europäischen Rechts hinnehmbar sind oder nicht geduldet werden können. Es

---

[583] *EuGH* Slg. 1983, 555, 566 Tz. 15 - *Inter Huiles*; Slg. 1991 I, 4069, 4098 Tz. 34 *Mediawet*.

[584] *EuGH* Slg. 1991 I, 1223, 1265 Tz. 22 - *Telekommunikationsendgeräte*; Slg. 1991 I, 4069, 4098 Tz. 34 - *Mediawet*.

[585] *EuGH* Slg. 1991 I, 2925, 2957 Tz. 12 - *ERT*.

[586] *EuGH* Slg. 1982, 2545, 2578 Tz. 26 - *Transparenz-Richtlinie I*; *Mestmäcker* in: Immen-ga/Mestmäcker (Hrsg.): EG-Wettbewerbsrecht (1997), Art. 37, 90 C Rn. 60.

liegt dabei auf der Hand, daß die Ausnahmevorschriften der Grundfreiheiten, z.B. Art. 30, 46 EG, eine zentrale Rolle bei der Grenzziehung spielen.

I.   Begriff der Maßnahme

Der Begriff der Maßnahme wird nach überwiegender Auffassung weit ausgelegt.[587] Eine Maßnahme ist jedes rechtliche oder tatsächliche Einwirken eines Mitgliedstaates auf die genannten Unternehmen, das zu einem dem Vertrag widersprechenden Verhalten des Unternehmens oder des Mitgliedstaates selbst[588] führt oder dazu führen kann.[589] Eingeschränkt wird der Maßnahmebegriff durch den Wortlaut des Art. 86 I EG, der eine Maßnahme „in Bezug auf" öffentliche oder privilegierte Unternehmen fordert. Dadurch wird klargestellt, daß es sich nicht um Maßnahmen *allgemeiner* Art handelt, die sowohl private als auch öffentliche Unternehmen betreffen, sondern ausschließlich um spezielle, die allein die in Absatz 1 genannten öffentlichen Unternehmen betreffen. [590] Keine Maßnahme der Mitgliedstaaten im Sinne von Art. 86 I EG liegt deshalb vor, wenn es sich um eine *allgemeine* gesetzliche oder sonst hoheitliche Regelung handelt, die ihrer Natur nach jedes Unternehmen treffen kann, es sei denn, sie bezweckt oder bewirkt den Schutz oder die Begünstigung der nationalen öffentlichen oder privilegierten Unternehmen.[591] Maßnahmen von *allgemeinem* Charakter werden

[587] *Müller-Graf/Zehetner*: Öffentliche und privilegierte Unternehmen im Recht der europäischen Gemeinschaften (1991), S. 81.

[588] Dazu gehört auch die Einflußnahme auf die finanzielle Lage des Unternehmens, wie die unmittelbare oder mittelbare Gewährung von Beihilfen. Zum möglichen Beihilfecharakter der Übernahme von Kapitalanteilen an Unternehmen vgl. Mitteilung der *Kommission* an die Mitgliedstaaten, abgedr. in BullEG 9/1984, Teil 4.

[589] *Jung*, in: Callies/Ruffert, Kommentar zum EU-Vertrag und EG-Vertrag (2. Aufl. 2002) Art. 86 Rn. 18; *v. Burchard*, in: Schwarze (Hrsg.), EU-Kommentar (2000), Art. 86 Rn. 29; *Jungbluth* in: Langen/Bunte (Gründer): Kommentar zum deutschen und europäischen Kartellrecht (9. Aufl. 2000), Art. 86 Rn. 27 f.; *Hochbaum* in: v. d. Groeben/Thiesing/Ehlermann, Kommentar zum EU-/EG-Vertrag, Bd. 2 II (5. Aufl. 1999), Art. 90 Rn. 38; *Deringer*: EWG-Wettbewerbsrecht Art. 90 EWGV, Rn. 56; *Müller*: Dienstleistungsmonopole im System des EWGV (1988), S. 179 f.

[590] *Jung*, in: Callies/Ruffert, Kommentar zum EU-Vertrag und EG-Vertrag (2. Aufl. 2002) Art. 86 Rn. 31; *Hochbaum* in: v. d. Groeben/Thiesing/Ehlermann, Kommentar zum EU-/EG-Vertrag, Bd. 2 II (5. Aufl. 1999), Art. 90 Rn. 39.

[591] *Pernice/Wernicke* in: Grabitz/Hilf (Hrsg.): Das Recht der Europäischen Union, Kommentar Bd. II (Stand 2003), Art. 86 Rn. 46 m. w. N.; derartige Maßnahmen können mit den Mitteln aus Art. 93 II, 169 i.V.m. 81, 82, 10 II EG bekämpft werden. Zu gesetzlichen Maßnahmen, die einseitig bestimmte nationale Unternehmen begünstigen vgl. *Mestmäcker* in: Immenga/Mestmäcker (Hrsg.): EG-Wettbewerbsrecht (1997), Art. 37, 90 B, Rn. 39; *EuGH*

von Art. 86 I EG ferner ausnahmsweise auch erfaßt, wenn in einem bestimmten zu regelnden Wirtschaftsbereich eines Mitgliedstaates nur öffentliche und bzw. oder begünstigte Unternehmen tätig sind.[592]

Zu beachten ist vor allem, daß sich Art. 86 I EG allein auf *staatliche* Maßnahmen bezieht, also auf Maßnahmen, die die *Mitgliedstaaten* gegenüber Unternehmen erlassen, zu denen sie besondere Beziehungen der in diesem Artikel genannten Art haben.[593] Die Verhaltensweisen der Unternehmen selbst stellen hingegen keine Maßnahme in diesem Sinne dar, sie fallen direkt unter Art. 81 und 82 EG.[594]

Fraglich ist schließlich, ob eine Maßnahme angenommen werden kann, wenn die öffentliche Hand ein Monopol begründet oder erweitert. Es mag zunächst politisch unbefriedigend sein, wenn der *Gerichtshof* in zwei jüngeren Entscheidungen äußert, daß die Schaffung einer beherrschenden Stellung durch die Gewährung ausschließlicher Rechte im Sinne von Art. 86 I EG als solche noch nicht mit Art. 82 EG unvereinbar sei.[595] Im Gegensatz zu Sec. 1 Sherman Act des amerikanischen Anti-Trust-Rechts verbieten die kartellrechtlichen Vorschriften des EG-Vertrages aber gerade nicht die Erlangung einer beherrschenden Stellung oder eines faktischen Monopols.[596] Wenn dann Art. 86 I EG die Verleihung ausschließlicher Rechte erlaubt, kann auch die öffentliche Hand - wie bereits dargelegt - Monopole und mithin auch marktbeherrschende Stellungen begründen. Auf diese Weise könnte man weiter folgern, daß die Vermittlung einer marktbeherrschenden Stellung oder eines Monopols durch die Verleihung von ausschließlichen Rechten eben keine Maßnahme im Sinne von Art. 86 I EG sei.[597] Diese Auffassung läßt sich allerdings nach den Schlüssen, die oben aus den Entscheidungen *Sacchi*, *Endgeräte* und *ERT* gezogen worden sind, kaum aufrecht erhalten. Während man in der Entscheidung *Sacchi* noch

---

Slg. 1977, 2115, 2145 Tz. 30, 35 - Inno/ATAB; Slg. 1995 I, 2883, 2909 Tz. 20 - *Centro Servizio Spediporto*.

[592] *Hochbaum* in: v. d. Groeben/Thiesing/Ehlermann, Kommentar zum EU-/EG-Vertrag, Bd. 2 II (5. Aufl. 1999), Art. 90 Rn. 39.

[593] *EuGH* Slg. 1991 I 1223, 1266, 1272 - *Endgeräte-Richtlinie*.

[594] *Pernice/Wernicke* in: Grabitz/Hilf (Hrsg.): Das Recht der Europäischen Union, Kommentar Bd. II (Stand 2003), Art. 86 Rn. 44ff.

[595] *EuGH* Slg. 1991 I 5889, 5928, Tz. 16 - *Hafen von Genua*; EuZW 1993, 131, 133 Tz. 35 - *Telekommunikationsdienste*; dagegen: *Hailbronner* NJW 1991, 597 ff.; *Mestmäcker* in: FS für Deringer, 1993, S. 97, 82 ff.

[596] Zum Sherman Act vgl. *Emmerich*: Kartellrecht, 7. Aufl. 1994, § 2. 1. b., S. 23

[597] *Pernice/Wernicke* in: Grabitz/Hilf (Hrsg.): Das Recht der Europäischen Union, Kommentar Bd. II (Stand 2003), Art. 86 Rn. 45 f..

unterschiedliche Maßstäbe für die Einrichtung und Ausübung eines Monopols angelegt hatte, ist seit den Entscheidungen *Endgeräte* und *ERT* davon auszugehen, daß *Einrichtung* und *Ausübung* des Monopols grundsätzlich denselben Maßstäben unterliegen.[598]

II. Tun und Unterlassen

Die fragliche Maßnahme kann sowohl durch ein *aktives Tun*, wie auch durch ein Unterlassen des Mitgliedstaates erfolgen. So trifft der Mitgliedstaat eine Maßnahme durch aktives Tun, wenn er wie beispielsweise im Fall *Bodson* durch die Vergabe einer ausschließlichen Konzession dem Unternehmen ein den Bestimmungen der Art. 81, 82 EG widersprechendes Preisgebaren *aufzwingen* würde.[599] Ebenso dürfte der Fall zu entscheiden sein, daß ein Mitgliedstaat ein öffentliches Unternehmen intern anweist, nur oder vorwiegend im Inland erzeugte Waren zu beschaffen.[600] Ein aktives Tun ist auch anzunehmen, wenn der Mitgliedstaat eine Struktur schafft, die unabhängig von den Intentionen des Unternehmens beispielsweise gegen Art. 82 EG verstößt. Beispiel hierfür ist der Fall *Höfner*, die gegen Art. 82 EG verstoßende Struktur lag darin, daß der nationale Gesetzgeber der Bundesanstalt für Arbeit ein nicht gerechtfertigtes Monopol für die Vermittlung von Führungskräften zugewiesen hat.[601]

Daß die Maßnahme nicht nur durch ein aktives Tun, sondern auch durch ein *Unterlassen* erfolgen kann, ergibt sich zunächst aus dem Text des Art. 86 I EG, in dem es heißt, daß eine Maßnahme nicht *beibehalten* werden darf. Anerkanntermaßen haben die Mitgliedstaaten eine Aufsichtspflicht gegenüber den in Art. 86 EG angesprochenen Unternehmen.[602] In mehreren Fällen hat der *Europäische Gerichtshof* entschieden, daß ein Mitgliedstaat gegen Art. 86 i.V.m. Art. 82 EG verstößt, wenn durch die ausschließlichen Rechte eine Lage geschaffen werden könnte, die den begünstigten Unternehmen einen Mißbrauch ermögli-

---

[598] Vgl. *Heinemann*: Grenzen staatlicher Monopole im EG-Vertrag (1996), S. 84, 201; vgl. oben: „Das Verhältnis von Art. 86 I EG zu Art. 86 II EG", S. 62.

[599] *EuGH* Slg. 1988, 2479, 2518, 2519, (3. Leitsatz der Entscheidung) - *Bodson*.

[600] vgl. *Kommission* 6. Wettbewerbsbericht Tz. 274.

[601] *EuGH* Slg. 1991 I, 1979, 2019 - *Höfner*; *Mestmäcker* in: Immenga/Mestmäcker (Hrsg.): EG-Wettbewerbsrecht (1997), Art. 37, 90 C, Rn. 53.

[602] *Hochbaum* in: v. d. Groeben/Thiesing/Ehlermann, Kommentar zum EU-/EG-Vertrag, Bd. 2 II (5. Aufl. 1999), Art. 90 Rn. 43; *Mestmäcker* in: Immenga/Mestmäcker (Hrsg.): EG-Wettbewerbsrecht (1997), Art. 37, 90 C, Rn. 57.

chen würde.[603] Ähnlich äußerte sich der *Gerichtshof* zu der Verbindung von ausschließlichen Rechten zu Fernsehübertragungen und für die Weiterverbreitung ausländischer Programme in Griechenland im Fall *ERT*.[604] Hier verstoße es gegen Art. 86 EG, wenn durch diese Kumulation von Rechten eine Lage geschaffen werden könnte, in der das Unternehmen durch eine seine eigenen Programme bevorzugende diskriminierende Sendepolitik gegen Art. 82 EG verstieße. Ein Mitgliedstaat darf also keine Lage schaffen oder aufrechterhalten, die bestimmten Unternehmen besondere oder ausschließliche Rechte verschafft, ohne ihre sachgemäße Ausübung zu gewährleisten.[605] Es erscheint darüber hinaus sachgerecht, die Überwachungs- und Einschreitungspflicht nicht allein auf diese „mißbrauchsgeneigte Lage"[606] zu beschränken. Das Kennzeichen der öffentlichen Unternehmen ist, daß die Mitgliedstaaten auf sie einen unmittelbar oder mittelbar herrschenden Einfluß ausüben können.[607] Aus dieser Stellung sind die Mitgliedstaaten nicht nur verpflichtet, vertragswidrige Maßnahmen zu unterlassen, sondern auch aktiv einzugreifen, wenn sich das öffentliche Unternehmen vertragswidrig verhält. Aus praktischen Gründen ist diese Auslegung deshalb geboten, weil ein „autonomes Verhalten" des öffentlichen Unternehmens wohl selten bewiesen werden kann. Vor allem könnte sich jeder Mitgliedstaat durch die Erklärung, sein Unternehmen habe autonom gehandelt, insbesondere wenn es sich um die Verletzung von Art. 28 EG handeln würde, aus der eigenen Verantwortung stehlen. Die Mitgliedstaaten sind deshalb verpflichtet, eine ausdrückliche Ermächtigung zu einem vertragswidrigen Verhalten zu widerrufen und eine Ermächtigung einzuschränken, wenn sie ein solches Verhalten ermöglicht. Gegebenenfalls hat sich der Mitgliedstaat mit den diesbezüglich erforderlichen Befugnissen auszustatten und die Befugnisse so auszuüben, daß das mit dem gemeinsamen Markt unvereinbare Verhalten eingestellt wird.[608]

---

[603] *EuGH* Slg. 1991 I, 5889, 5928 Tz. 17 - *Hafen von Genua*.

[604] *EuGH* Slg. 1991 I, 2925, 2962 Tz. 32 - *ERT*.

[605] *Mestmäcker* in: Immenga/Mestmäcker (Hrsg.): EG-Wettbewerbsrecht (1997), Art. 37, 90 C, Rn. 57.

[606] *Mestmäcker* in: FS für Deringer, 1993, S. 79, 94.

[607] Vgl. Art. 2 2. Spiegelstrich RL 80/723 - Transparenzrichtlinie.

[608] *Hochbaum* in: v. d. Groeben/Thiesing/Ehlermann, Kommentar zum EU-/EG-Vertrag, Bd. 2 II (5. Aufl. 1999), Art. 90 Rn. 43; vgl. auch *Marenco* C.M.L.REV. 1983, H. 3 Anm. 28, S. 511, der im Falle eines wirtschaftlich irrationalen Unternehmensverhaltens von der Vermutung des staatlichen Einflußnahme ausgeht; *Kommission* Wettbewerbsbericht 1973, Tz. 129; Wettbewerbsbericht 1976 Tz. 274.

E. Regime der Vorschriften des EG-Vertrages für die mit Dienstleistungen von allgemeinem wirtschaftlichen Interesse betrauten Unternehmen (Art. 86 II EG)

An die öffentlichen Unternehmen selbst richtet sich die unternehmensbezogene Vorschrift[609] des Art. 86 II EG. Der *erste* Teil des Art. 86 II 1 EG enthält die Anordnung, daß für Unternehmen, die mit Dienstleistungen von allgemeinem wirtschaftlichen Interesse betraut sind,[610] die Vorschriften des EG-Vertrages gelten. Im *zweiten* Teil dieser Vorschrift befindet sich dann die bereits angesprochene Ausnahme, die eingreift, „soweit die Anwendung dieser Vorschriften nicht die Erfüllung der ihnen übertragenen besonderen Aufgabe rechtlich oder tatsächlich verhindert." Diese Ausnahmeklausel wird später noch eingehend zu besprechen sein.[611]

An dieser Stelle soll lediglich der erste Teil dieser Regelung Gegenstand der Betrachtung sein. Es wurde bereits erwähnt, daß sich der Wortlaut der Vorschrift nicht nur auf die hervorgehobenen Wettbewerbsregeln, sondern allgemein auf die Regeln des EG-Vertrages bezieht. Diese weitreichende Verweisung überrascht, weil sie sich nicht nur auf die unternehmensbezogenen Vorschriften bezieht, sondern auf diese Weise auch die staatsbezogenen Normen umfaßt. Da eine solche unmittelbare Drittwirkung (effet direct) der staatsbezogenen Normen auf private Unternehmen im Allgemeinen abgelehnt wird, ist fraglich, ob dies für die in Art. 86 II 1 EG angesprochenen Unternehmen gerechtfertigt werden kann (1). Wenn sich bei dieser Erörterung herausstellt, daß sich Art. 86 II 1 EG tatsächlich auch auf die staatsbezogenen Vorschriften des EG-Vertrages und mithin auch auf die Grundfreiheiten bezieht, stellt sich die weitere Frage, ob die genannten Unternehmen auf diese Weise durch die Grundfreiheiten begünstigt und berechtigt werden (2).

---

[609] Vgl. oben S. 39.

[610] Vgl. oben „Mit Dienstleistungen von allgemeinem wirtschaftlichen Interesse betraute Unternehmen (Art. 86 II 1 EG)", S. 50; Die Finanzmonopole sollen auf Grund ihrer geringen Bedeutung an dieser Stelle außen vor bleiben.

[611] S. Unten „Art. 86 II EG", S. 310.

I. Bindungen der Unternehmen

Bislang beschränkte sich der wissenschaftliche Diskurs über die Verweisungen des Art. 86 II 1 EG in erster Linie auf die Geltung der unternehmensbezogenen Wettbewerbsregeln,[612] deren bindende Geltung keinerlei Zweifeln unterliegt; die mit Dienstleistungen von allgemeinem wirtschaftlichen Interesse betrauten Unternehmen stehen also insoweit zunächst unter dem Regime des Kartellverbots aus Art. 81 EG und des Mißbrauchsverbots aus Art. 82 EG.

Wirklich problematisch ist hier allerdings die Frage, ob die öffentlichen Unternehmen im Hinblick auf die staatsbezogenen Normen wie alle anderen privaten Unternehmen zu behandeln sind oder ob sie insoweit als *Staat* bzw. als Teil des Staates anzusehen sind. Die Konsequenz der letzteren Möglichkeit wäre, daß die öffentlichen Unternehmen bzw. die mit Dienstleistungen von allgemeinem wirtschaftlichen Interesse betrauten Unternehmen erstens an die *Grundfreiheiten* des EG-Vertrages gebunden wären, und daß zweitens für sie auch die *Pflicht zur Beachtung von Richtlinien* der EG bestehen würde.

1. Bindung an Grundfreiheiten

Die *Bindung an die Grundfreiheiten* würde bedeuten, daß ein öffentliches Unternehmen durch sein autonomes Verhalten - also ohne durch den jeweiligen Mitgliedstaat dazu veranlaßt worden zu sein - etwa den Tatbestand einer Beschränkung der Dienstleistungs- oder Warenverkehrsfreiheit von privaten Unternehmen aus anderen Mitgliedstaaten verwirklicht und entsprechend zur Unterlassung gezwungen werden könnte. Als praktisches Beispiel kann hier das Recht der Energieversorgung herangezogen werden, wenn es darum geht, ob die zwischen verschiedenen öffentlichen Energieversorgungsunternehmen zu Lasten der ausländischen Konkurrenz geschlossenen Demarkationsverträge oder ein gegenüber Mitwettbewerbern ausgesprochenes Verbot der Durchleitung von Energie durch die eigenen Netze als Eingriffe in die Warenverkehrs- oder Dienstleistungsfreiheit gerechtfertigt werden müssen.[613]

---

[612] *Hochbaum* in: v. d. Groeben/Thiesing/Ehlermann, Kommentar zum EU-/EG-Vertrag, Bd. 2 II (5. Aufl. 1999), Art. 90 Rn. 50; *Heinemann*: Grenzen staatlicher Monopole im EG-Vertrag (1996), S. 63; *Bellamy/Child*: Common Market Law of Competition (4. Aufl. 1993), Tz. 13-014 ff.; *Emmerich* in: Dauses (Hrsg.): Handbuch des EG-Wirtschaftsrechts, H II, Rn. 66 ff.; *Burgi*: Die öffentlichen Unternehmen im Gefüge des primären Gemeinschaftsrechts, EuR 1997, S. 261, 272, 281 m.w.N.

[613] Zu diesem Problem siehe *Steinberg/Britz* Die Energiepolitik im Spannungsfeld nationaler und europäischer Regelungskompetenzen, DÖV 1993, 313, 317; *Britz*: Örtliche Energiever-

Sowohl die Literatur als auch die Entscheidungspraxis der Gemeinschaftsorgane gehen grundsätzlich davon aus, daß *private Unternehmen* durch die Grundfreiheiten des EG-Vertrages nicht gebunden werden.[614] Die wörtliche Interpretation nach dem Wortlaut des Art. 86 II 1 EG führt zu dem Ergebnis, daß sämtliche Vorschriften des EG-Vertrages - also auch die staatsbezogenen - für die mit Dienstleistungen von allgemeinem wirtschaftlichen Interesse betrauten Unternehmen gelten sollen. Angesichts der bereits oben angesprochenen schwierigen Entstehungsgeschichte und des Kompromißcharakters des Art. 86 EG muß neben dieser wörtlichen Auslegung auch nach weiteren Argumenten gesucht werden, um dieses Ergebnis zu bestätigen.

Zwar steht Art. 86 II 1 EG im Rahmen der Art. 81 ff. EG unter dem Kapitel der „Wettbewerbsregeln" (Kapitel 1) und dort unter den „Vorschriften für Unternehmen", was dafür sprechen könnte, daß diese Norm allein auf die unternehmensbezogenen Vorschriften verweist.[615] Diese Erkenntnis vermag allerdings schon deshalb nicht weit zu tragen, weil bereits Art. 86 I EG eine eindeutig staatsbezogene Vorschrift ist. Daß Art. 86 I EG und Art. 86 II EG in einer Wechselbeziehung zueinander stehen, wurde bereits oben festgestellt und belegt.[616] Ebenso wurde aber auch der wesentliche Zweck der Vorschrift herausgearbeitet: Art. 86 EG stellt die (besonders konfliktträchtige) Schnittstelle zwischen der in der Zuständigkeit der Mitgliedstaaten verbliebenen Wirtschaftspolitik und ihrer Bindung an die zwingenden Normen des Gemeinschaftsrechts dar. Eines der vornehmlichen Ziele der Vorschrift besteht darin, die Mitgliedstaaten daran zu hindern, über ihre öffentlichen Unternehmen Maßnahmen zu treffen, die sie selbst unmittelbar aufgrund der staatsbindenden Vorschriften des EG-Vertrages nicht treffen dürfen.[617] Das Tätigwerden öffentlicher Unternehmen kann insoweit als Modalität (mitglied-) staatlichen Handelns begriffen werden; bei aller Verselbständigung der öffentlichen Unternehmen darf man

---

sorgung nach nationalem und europäischem Recht (1994), S. 233; *Burgi*: Die öffentlichen Unternehmen im Gefüge des primären Gemeinschaftsrechts, EuR 1997, S. 261, 282.

[614] Der *Europäische Gerichtshof* nimmt eine unmittelbare Drittwirkung bisher nur in Bezug auf kollektive Regelungen im Arbeits- und Dienstleistungsbereich an, vgl. *EuGH* Slg. 1974, 1405, 1419 f. - *Walrave und Koch*; Slg. 1976, 1333, 1340 f. - *Donà*; Slg. 1995 I, 4921, 5062 - *Bosman*; zustimmend: *Roth*: Drittwirkung der Grundfreiheiten? in: FS für Everling (1995) S. 1231 ff. m. w. N.

[615] Von einem solchen systematischen Verständnis scheinen aber *Hochbaum* in: v. d. Groeben/Thiesing/Ehlermann, Kommentar zum EU-/EG-Vertrag, Bd. 2 II (5. Aufl. 1999), Art. 90 Rn. 51, 66; *Heinemann*: Grenzen staatlicher Monopole im EG-Vertrag (1996), S. 62 f. auszugehen.

[616] Vgl. oben „Das Verhältnis von Art. 86 I EG zu Art. 86 II EG", S. 62.

[617] Vgl. dazu bereits oben S. 37.

den Staat als „Hintermann" nicht aus den Augen verlieren.[618] Im Übrigen wird sich häufig im Einzelfall gar nicht feststellen lassen, ob die fragliche Maßnahme in Umsetzung staatlicher Vorgaben erfolgt oder ob sie Ausfluß einer autonomen unternehmerischen Entscheidung ist. Zumindest handelt es sich aus der Sicht des Betroffenen stets um die Entfaltung staatlicher Macht, auch wenn dies auf „nur" wirtschaftlichem Gebiet erfolgt. Im Unterschied zu den privaten Unternehmen verfolgen die öffentlichen Unternehmen - zumindest auch - öffentliche, politische Interessen und können dabei auch aus staatlichen Quellen stammende Finanzmittel einsetzen.[619] Wenn man sich vor Augen führt, daß Art. 86 II 1 EG dieses Spannungsfeld im Hinblick auf die mit Dienstleistungen von allgemeinem wirtschaftlichen Interesse betrauten Unternehmen bewältigen soll, dann erscheint es gerechtfertigt, daß sich die Norm auch auf die staatsbezogenen Vorschriften des EG-Vertrages bezieht und diese öffentlichen Unternehmen entsprechend bindet.[620] Auch von Seiten des *EuGH* findet man in der Entscheidung *Sacchi* eine Bestätigung für diese Ansicht, da nach seiner Auffassung ein Monopolunternehmen im Sinne des Art. 86 EG die Diskriminierungsverbote zu beachten habe.[621] Wenn demnach über Art. 86 II 1 EG die staatsbezogenen Diskriminierungsverbote anwendbar sind, ist kein Grund ersichtlich, weshalb nicht auch die übrigen staatsbezogenen Normen anwendbar sein sollen und die öf-

---

[618] *Burgi*: Die öffentlichen Unternehmen im Gefüge des primären Gemeinschaftsrechts, EuR 1997, S. 261, 283 f.

[619] *Burgi*: Die öffentlichen Unternehmen im Gefüge des primären Gemeinschaftsrechts, EuR 1997, S. 261, 284.

[620] In diesem Sinne auch: *Page*: Member States, Public Undertakings and Article 90, ELRev. 182, 19, 25 f.; *Müller-Graf in:* Groeben/Boeck/Thiesing/Ehlermann: Kommentar zum EWG-Vertrag Bd. 2, 5. Aufl. 1997, Art. 30 Rn. 121; *Pernice/Wernicke* in: Grabitz/Hilf (Hrsg.): Das Recht der Europäischen Union, Kommentar Bd. II (Stand 2003), Art. 86 Rn. 52; *Burgi*: Die öffentlichen Unternehmen im Gefüge des primären Gemeinschaftsrechts, EuR 1997, S. 261, 282 ff.; a.A.: *Heinemann*: Grenzen staatlicher Monopole im EG-Vertrag (1996), S. 62 f. m.w.N.; Der hier zitierten Gegenauffassung ist Folgendes entgegenzuhalten. Hinsichtlich der Diskussion, die in der Literatur über das Verhältnis von Art. 86 II 1 EG zu den Grundfreiheiten des EG-Vertrages geführt wird, dürfen zwei Dinge nicht miteinander vermengt werden. Zunächst ist dies die hier erörterte Frage, ob und inwieweit die mit Dienstleistungen von allgemeinem wirtschaftlichen Interesse betrauten Unternehmen über Art. 86 II 1 EG an die Grundfreiheiten gebunden sind. Streng davon zu unterscheiden ist dagegen die Frage, ob die Ausnahmeklausel des Art. 86 II 1 EG über die Ausnahmeklauseln der Grundfreiheiten hinaus Anwendung finden kann(vgl. dazu u. S. 338 ff.). In diesem letzten Fall geht es konkret darum, ob eine Maßnahme eines Mitgliedstaates, die mit den Ausnahmeklauseln der Grundfreiheiten nicht gerechtfertigt werden kann, über Art. 86 II 1 EG gerechtfertigt werden kann, womit Art. 86 II EG ein generalklauselartiger Charakter zugesprochen werden könnte. Die Unterscheidung dieser Themenkreise wird bisweilen nicht klar genug auseinandergehalten.

[621] *EuGH* Slg. 1974, 409, 430 - *Sacchi*.

fentlichen bzw. mit Dienstleistungen von allgemeinem wirtschaftlichen Interesse betrauten Unternehmen binden.

2. Bindung an Richtlinien

Mit einer ganz ähnlichen Argumentation läßt sich auch die *Beachtung von Richtlinien* durch die Dienstleistungsunternehmen im Sinne von Art. 86 II 1 EG begründen. Für diesen *„effet direct"* gilt im Allgemeinen Folgendes: Richtlinien legen im Wesentlichen bestimmte Ziele fest und geben den Mitgliedstaaten auf, die Richtlinie binnen einer bestimmten Frist in das jeweilige nationale Recht umzusetzen. Aus diesem Selbstverständnis haben Richtlinien grundsätzlich keine unmittelbare Wirkung. Allerdings besteht seit Jahren eine weitesgehend anerkannte Rechtsprechung, wonach unter eingeschränkten Voraussetzungen eine direkte Wirkung denkbar ist. Hier geht man von der Überlegung aus, daß die Mitgliedstaaten es praktisch in der Hand haben, Richtlinien nicht, nicht hinreichend oder nicht rechtzeitig umzusetzen, um sich dadurch einen Vorteil zu verschaffen. Der *Europäische Gerichtshof* hat deshalb entschieden, daß Richtlinien unter den folgenden Voraussetzungen unmittelbare Wirkung entfalten können: Erstens muß die Richtlinie einen unbedingten und hinreichend bestimmten Inhalt enthalten. Zweitens muß sie im Verhältnis Staat- Bürger anwendbar sein können. Und drittens muß eine Frist zur Umsetzung in nationales Recht bestanden haben, die der jeweilige Mitgliedstaat nicht eingehalten hat.[622]

Die unmittelbare Anwendbarkeit von Richtlinien kann praktisch als eine Sanktionsform gegen die Mitgliedstaaten angesehen werden, die mit den Rechtsgedanken des *effet utile*[623] wie dem *venire contra factum proprium* begründet werden kann. Daraus erklärt sich aber auch die ablehnende Haltung des *Gerichtshofes*, diese Rechtswirkungen auch bei Beziehungen zwischen Privaten eintreten zu lassen (*effet direct horizontal*). Bezüglich öffentlicher Unternehmen könnte man sich deshalb auch hier (wie bei den Grundfreiheiten) auf den Standpunkt stellen, daß sie eher wie Private zu behandeln sind und deshalb durch den effet direct nicht gebunden werden können. Man kann dies weiterhin dadurch begründen, daß das öffentliche Unternehmen für sich gesehen nicht für

---

[622] *EuGH* Slg.. 1974, 1337, 1348 - *Van Duyn*; Slg. 1979, 1629 - *Ratti*; Slg. 1990 I, 3313 - *Foster*; *Hakenberg*: Grundzüge des Europäischen Wirtschaftsrechts (1994), S. 70 f; *Schweitzer/Hummer*: Europarecht (5. Aufl. 1996), Rn. 365; *Streinz*: Europarecht (3. Aufl. 1996), Rn. 402.

[623] *Schweitzer/Hummer*: Europarecht (5. Aufl. 1996), Rn. 367 (vgl. zur ähnlichen Argumentation bei der Haftung der Mitgliedstaaten wegen Nichtumsetzung einer Richtlinie Rn. 371); *Streinz*: Europarecht (3. Aufl. 1996), Rn. 398 m.w.N.

die unterbliebene Umsetzung der Richtlinie verantwortlich ist, daß man ihm kein Versäumnis „proprium" vorwerfen kann[624] und daß das Unternehmen deshalb der falsche Adressat für die Sanktion sei. Auch dieser Sichtweise, die in Bezug auf Privatunternehmen mit guten Gründen vertreten werden kann, kann im Hinblick auf öffentliche Unternehmen der Regelungszweck des Art. 86 EG entgegengehalten werden. Es soll verhindert werden, daß die Mitgliedstaaten auf dem Umweg über ihre öffentlichen Unternehmen ein vertragswidriges Verhalten an den Tag legen. Die Tätigkeit öffentlicher Unternehmen ist also auch in diesem Zusammenhang als Modalität staatlichen Handelns zu begreifen, wobei man den Staat als „Hintermann" hinter dem öffentlichen Unternehmen nicht aus den Augen verlieren darf. Die Umsetzungspflicht von Richtlinien ist eine aus Art. 249 EG folgende staatsbezogene Pflicht. Auch die unmittelbare Drittwirkung von Richtlinien kann als eine ungeschriebene, von der Rechtsprechung entwickelte, staatsbezogene Norm angesehen werden, auf die sich ebenfalls die Verweisung aus Art. 86 II 1 EG erstreckt.[625] Zumindest im Ergebnis wird diese Auffassung durch den *Europäischen Gerichtshof* im Fall *Foster* bestätigt. *Frau Foster* war bei der *British Gas Corporation*, einer öffentlich-rechtlichen Körperschaft, beschäftigt und sollte mit 60 Jahren in Pension geschickt werden, während ihre männlichen Kollegen erst mit 63 Jahren pensioniert wurden. *Frau Foster* berief sich unmittelbar auf die Richtlinie 76/207 EWG, die die Ungleichbehandlung von weiblichen und männlichen Arbeitnehmern verbietet, die aber in Großbritannien nicht rechtzeitig umgesetzt worden war. Nach Auffassung des *Europäischen Gerichtshofs* sei jedenfalls eine staatliche Einrichtung über Art. 86 II EG erfaßt, „die unabhängig von ihrer Rechtsform kraft staatlichen Rechtsakts unter staatlicher Aufsicht eine Dienstleistung im öffentlichen Interesse zu erbringen hat und die hierzu mit besonderen Rechten ausgestattet ist, die über das hinausgehen, was für die Beziehungen zwischen Privatpersonen gilt."[626]

Diese Auffassung korreliert auch mit der Ansicht der Kommission, die verschiedene Richtlinien[627], die Dienstleistungsunternehmen im Sinne von Art. 86 II 1 EG betreffen können, unter anderem mit dem Ziel der Vermeidung

---

[624] *GA van Greven* in: *EuGH* Slg. 1990 I, 3313, 3329 - *Foster*.

[625] Vgl. zu diesem Ergebnis auch *Burgi*: Die öffentlichen Unternehmen im Gefüge des primären Gemeinschaftsrechts, EuR 1997, S. 261, 285.

[626] *EuGH* Slg. 1990 I, 3343, 3348 f. - *Foster*.

[627] RL Nr. 93/36/EWG v. 14.06.1993, Amtsbl. L 199, 1 - *Lieferkoordinierungsrichtlinie*; RL Nr. 93/37/EWG v. 14.06.1993, Amtsbl. L 199, 54 - *Baukoordinierungsrichtlinie*; RL Nr. 92/50/EWG v. 18.06.1992 Amtsbl. L 209, 1 - *Dienstleistungsrichlinie*; RL Nr. 93/38/EWG v. 14.06.1993, Amtsbl. L 199, 84 - *Sektorenrichtlinie*.

von Verstößen gegen die Grundfreiheiten rechtfertigt.[628] Diese Richtlinien sind von ihrer Natur her staatsbezogen, ihre Anwendung wird aber auf „Einrichtungen des öffentlichen Rechts"[629] und auf „öffentliche Unternehmen"[630] erstreckt. Wenn diese Anwendungserstreckung dann auch noch mit der Vermeidung von Verstößen gegen die Grundfreiheiten gerechtfertigt wird, wird deutlich, daß auch die *Kommission* davon ausgeht, daß verselbständigte „Einrichtungen des öffentlichen Rechts" sowie „öffentliche Unternehmen" im Besonderen an die Grundfreiheiten des EG-Vertrages und an staatsgerichtete Richtlinien zu binden sind.[631] Wenn man diesen Grundsatz über Art. 86 II 1 EG - wie oben dargestellt - deduziert, kann man quasi wechselseitig feststellen, daß (unter anderem) die mit Dienstleistungen von allgemeinem wirtschaftlichen Interesse betrauten Unternehmen im Sinne dieser Vorschrift unter den unbestimmten Rechtsbegriff der „Einrichtungen des öffentlichen Rechts" in den jeweiligen Richtlinien zu fassen sind.[632]

---

[628] Vgl. Erwägungsgründe der Richtlinie 93/38 v. 1406.1993, Abl. L 199, 84 - *Sektorenrichtlinie.*

[629] Jeweils Art. 1 lit b in RL Nr. 93/36/EWG v. 14.06.1993, Amtsbl. L 199, 1 - *Lieferkoordinierungsrichtlinie*; RL Nr. 93/37/EWG v. 14.06.1993, Amtsbl. L 199, 54 - *Baukoordinierungsrichtlinie*; RL Nr. 92/50/EWG v. 18.06.1992 Amtsbl. L 209, 1 - *Dienstleistungsrichlinie.*

[630] Art. 1 Nr. 2 RL Nr. 93/38/EWG v. 14.06.1993, Amtsbl. L 199, 84 - *Sektorenrichtlinie.*

[631] Hiergegen kann man auch nicht etwa einwenden, daß die Erstreckung auf „Einrichtungen des öffentlichen Rechts" bzw. „öffentliche Unternehmen" in den Richtlinien *konstitutiven Charakter* habe. Dies kann schon deshalb nicht sein, weil eine Richtlinie grundsätzlich staatsbezogen ist und eben keine Direktwirkung entfalten kann. Wenn also in den Richtlinien eine solche Anwendungserstreckung erfolgt, so hat dies klarstellende Funktion. Damit kommt zum Ausdruck, daß die *Kommission* die genannten öffentlichen Institutionen eben als Teil des Staates ansieht. Sähe sie sie hingegen als Private an, wäre die Erstreckung selbst unter den Voraussetzungen des effet direct nach fruchtlosem Verstreichen der Umsetzungsfrist in einem Mitgliedstaat gegenstandslos.

[632] vgl. *Burgi*: Die öffentlichen Unternehmen im Gefüge des primären Gemeinschaftsrechts, EuR 1997, S. 261, 284 f.; Allgemein zur Interpretation des Begriffs der „Einrichtungen des öffentlichen Rechts" in diesen Richtlinien vgl. *Hailbronner*: Die Vergabe öffentlicher Aufträge nach Europäischem Gemeinschaftsrecht, WiVerw 1994, 173, 193 f.; *ders.*: Der Begriff des öffentlichen Auftraggebers nach den EG-Richtlinien zur Vergabe öffentlicher Aufträge, EuZW 1995, 285; *Seidel*: Zur Wandlung des Begriffsinhaltes „öffentlicher Auftraggeber" im EG-Vergaberecht, ZfBR 1995, 227; *Heegemann*: Der Begriff der „Einrichtung öffentlichen Rechts" im EG-Vergaberecht - am Beispiel öffentlicher Finanzdienstleistungsunternehmen, ZBB 1995, 387; *Hailbronner/Weber*: Die Neugestaltung des Vergabewesens durch die EG, EWS 1997, 73, 76 f.

3. Zusammenfassung

Mit der Erkenntnis, daß das Verhalten der öffentlichen Unternehmen im Bereich der Dienstleistungen von allgemeinem wirtschaftlichen Interesse im Sinne des Art. 86 II 1 EG als Modalität des staatlichen Handelns gilt, läßt sich zusammenfassend feststellen, daß sich Art. 86 II 1 EG nicht allein auf die unternehmensbezogenen Normen des EG-Vertrages bezieht. Vielmehr müssen auf Grund von Art. 86 II 1 EG auch staatsbezogene Normen des primären Gemeinschaftsrechtes von den öffentlichen Unternehmen beachtet werden, hierzu gehören vor allem die Grundfreiheiten sowie die einzelnen Diskriminierungsverbote des EG-Vertrages. Des Weiteren kommen aber auch staatsbezogene Normen des sekundären Gemeinschaftsrechts hinzu, sofern sie das Staatshandeln im Wege eines effet direct unmittelbar zu binden vermögen; dies gilt vor allem für nicht fristgerecht umgesetzte Richtlinien unter den allgemeinen Voraussetzungen, die von der Rechtsprechung des *Europäischen Gerichtshofs* herausgearbeitet wurden. Dieser mit einem gewissen Sanktionscharakter behaftete effet direct trifft das öffentliche Unternehmen nicht etwa als Verantwortlichen für das „factum proprium", sondern als einen Teil des für dieses Verhalten verantwortlichen Staates.

Diese Erkenntnisse können aber nicht ohne weiteres für jedes öffentliche Unternehmen im Sinne der Legaldefinition des Art. 2 2. Spiegelstrich TransparenzRL gelten. Die hier herausgearbeiteten Bindungen beziehen sich vielmehr nur auf solche öffentliche Unternehmen, die gleichzeitig mit Dienstleistungen von allgemeinem wirtschaftlichen Interesse im Sinne des Art. 86 II 1 EG betraut sind. Öffentliche Unternehmen, die rein erwerbswirtschaftliche Ziele verfolgen und die sich beispielsweise nur aufgrund der Betätigung der öffentlichen Hand (z.B. durch die Landesbanken) auf dem Kapitalmarkt im Eigentum der öffentlichen Hand befinden, können ebensowenig durch die staatsbezogenen Vorschriften gebunden sein wie rein private Unternehmen.[633]

II. Berechtigungen der Unternehmen

Daß sich aus dem EG-Recht nicht nur Bindungen, sondern auch Berechtigungen ableiten lassen, wird von großen Teilen der Literatur durchaus anerkannt. Wer-

---

[633] Vgl. *Burgi*: Die öffentlichen Unternehmen im Gefüge des primären Gemeinschaftsrechts, EuR 1997, S. 261, 284, Fn. 117. Zur Frage der Möglichkeit der Gewährung von Ausnahmen hinsichtlich der in Bezug genommenen Vorschriften s. *v. Burchard*, in: Schwarze (Hrsg.), EU-Kommentar (2000), Art. 86 Rn. 53

den beispielsweise die Betätigungsmöglichkeiten eines öffentlichen Unternehmens durch einen dritten Mitgliedstaat auf dessen Markt beschränkt, so kommt die Anwendung der *Grundfreiheiten* des EG-Vertrages zu Gunsten des öffentlichen Unternehmens in Betracht.[634] Im Falle von Rechtsakten durch Gemeinschaftsorgane gegen ein öffentliches Unternehmen kommt dessen Berufung auf spezielle *Grundrechte*,[635] die vom Gemeinschaftsrecht anerkannt werden, in Betracht. Während man bisher Grundfreiheiten und Grundrechte im Einzelnen daraufhin untersuchte, ob und inwieweit sie öffentlichen Unternehmen Schutz gewähren können, bietet sich auch hier wiederum der Rückgriff auf Art. 86 II 1 EG als Verweisungsnorm an.[636] Anlaß zu dieser Idee geben der Wortlaut und die Systematik des Art. 86 EG. Art. 86 I EG ist seinem Wortlaut nach eine *reine Bindungsnorm*, er verbietet den Mitgliedstaaten jegliche Maßnahmen in bezug auf ihre öffentlichen Unternehmen, die den Regelungen des EG-Vertrages widersprechen. Im Unterschied dazu erklärt Art. 86 II 1 EG allgemein die Vorschriften des EG-Vertrages für anwendbar. Im Gegensatz zu Art. 86 I EG bietet Art. 86 II 1 EG also durchaus Raum für die Anwendung von Vorschriften, die das Rechtssubjekt berechtigen. Darüber hinaus ist das hier vertretene Verständnis, daß die unternehmerische Staatstätigkeit kumulativ den Bindungen der staatsbezogenen wie auch der unternehmensbezogenen Vorschriften unterliegt, nur dann akzeptabel, wenn den öffentlichen Unternehmen auch gleichzeitig die den privaten Unternehmen zustehenden Grundfreiheiten und Grundrechte zugebilligt werden; wenn man nur die bindenden Vorschriften anwendet und die berechtigenden Vorschriften außen vor läßt, beseitigt man den Handlungsspielraum, der durch die Möglichkeit der unternehmerischen Staatstätigkeit an sich eröffnet werden sollte.[637]

---

[634] Für die Anwendbarkeit der Grundfreiheiten zu Gunsten der öffentlichen Unternehmen: *Junker*: Das internationale Unternehmensrecht der öffentlichen Unternehmen - dargestellt am Beispiel der Deutschen Bundespost, ZGR 1990, 249, 277 ff.; *Hellermann*: Der Staat als Akteur auf ausländischen Märkten, in: Grawert u.a. (Hrsg.): FS für Böckenförde (1995), 277, 281; *Badura*: Das öffentliche Unternehmen im europäischen Binnenmarkt, ZGR 1997, 291, 299.

[635] Vgl. dazu *Scholz/Langer*: Europäischer Binnenmarkt und Energiepolitik (1992), 244 ff.; *Zinow*: Rechtsprobleme der grenzüberschreitenden Durchleitung von Strom in einem EG-Binnenmarkt für Energie (1991), 135 ff.; *Tettinger*: Zur Grundrechtsberechtigung von Energieversorgungsunternehmen im Europäischen Gemeinschaftsrecht in: Bauer/Müller-Graff/Zuleeg (Hrsg.): FS Börner (1992), 625 ff.

[636] Hierzu ausführlich *Burgi*: Die öffentlichen Unternehmen im Gefüge des primären Gemeinschaftsrechts, EuR 1997, S. 261, 285 ff.

[637] *Burgi*: Die öffentlichen Unternehmen im Gefüge des primären Gemeinschaftsrechts, EuR 1997, S. 261, 286.

1. Berechtigungen aus den Grundfreiheiten des EG-Vertrages

Die Anwendung der Grundfreiheiten kommt also in Betracht, wenn sich ein öffentliches Unternehmen über die Grenzen des eigenen Mitgliedstaates hinweg auf dem Markt eines anderen oder mehrerer Mitgliedstaaten betätigen will. Warenverkehrs-, Dienstleistungs-, Niederlassungs- und Kapitalverkehrsfreiheit greifen in diesem Fall für das öffentliche Unternehmen genauso wie für private Unternehmen, die auf dem Markt des jeweils fremden Mitgliedstaates Fuß fassen wollen. Dabei sind natürlich spezielle Anordnungen in den Grundfreiheiten zu beachten, die vor allem für öffentliche Unternehmen relevant sein können. Als Beispiel wären hier Art. 48, 55 EG zu nennen, wonach juristische Personen, die keinen Erwerbszweck verfolgen, im Bereich der Niederlassungs- und Dienstleistungsfreiheit keine Gleichstellung mit natürlichen Personen erhalten und somit nicht dem Schutzbereich der Grundfreiheit unterfallen. Diese Ausnahme ist als ein Spezifikum der jeweiligen Grundfreiheit anzusehen und zeigt darüber hinaus, daß - umgekehrt - grundsätzlich von der Geltung der Grundfreiheiten für öffentliche Unternehmen auszugehen ist.

2. Berechtigungen aus gemeinschaftsrechtlich anerkannten Grundrechten

Greift ein Rechtsakt von Gemeinschaftsorganen in die Rechte eines öffentlichen Unternehmens ein, so kommt ein Abwehranspruch aus den gemeinschaftsrechtlich anerkannten Grundrechten in Betracht.[638] Obgleich die *Europäischen Gemeinschaften* über keinen verfaßten Grundrechtskatalog verfügen, ist die Existenz von Grundrechten in diesem Bereich im Grundsatz allgemein anerkannt. Die Rechtsprechung des *Europäischen Gerichtshofs* entwickelt dabei die Grundrechte als allgemeine Rechtsgrundsätze des Gemeinschaftsrechts im Wege wertender Rechtsvergleichung sowohl aus der EMRK wie auch aus den Rechtsordnungen der Mitgliedstaaten.[639] Ein aktuelles Beispiel, das die Grundrechtsberechtigung der öffentlichen Unternehmen betrifft, ist die Eigentumsgarantie, die im Falle der Durchsetzung von Durchleitungsrechten zu Lasten der

---

[638] Zitate siehe oben in Fn. 635.

[639] *EuGH* Slg. 1974, 491, 507 - *Nold*; Slg. 1989, 2859 - *Hoechst*; *Pernice*: Grundrechtsgehalte im Europäischen Gemeinschaftsrecht (1979), passim; *Rengeling*: Grundrechtsschutz in der Europäischen Union (1993), 11 ff.; *Streinz*: Europarecht 3. Aufl. 1996, Rn. 372.

zumeist öffentlichen Energieversorgungsunternehmen tangiert sein könnte, wenn das Leitungsnetz in deren Eigentum steht.[640]

Wenn öffentliche Unternehmen als Teil des Staates Träger von Grundrechten sein sollen, ist natürlich wiederum das Problem des Zusammenfallens von Grundrechtsträger und Grundrechtsverpflichtetem im Auge zu behalten. Dieses Problem stellt sich allerdings auf gemeinschaftsrechtlicher Ebene anders dar als auf nationaler Ebene. Auf nationaler Ebene kann in der Tat die Konstellation, daß sich ein Teil des Staates gegenüber dem Staat selbst auf Grundrechte beruft, als Konfusion von Recht und Pflicht angesehen und abgelehnt werden.[641] Auf europarechtlicher Ebene wehrt sich das öffentliche Unternehmen als Teil des Staates nicht gegen einen Eingriff des selben Staates, sondern gegen einen Eingriff in seine Rechtspositionen durch Organe der Gemeinschaft; Mitgliedstaat und Gemeinschaft sind von vorn herein verschiedene Rechtspersönlichkeiten, die Konstellation der Konfusion entsteht hier nicht.[642]

Inwieweit die gemeinschaftsrechtlich anerkannten Grundrechte für öffentliche Unternehmen Wirkung entfalten können, versuchte man bislang aus den Quellen der EMRK und den mitgliedstaatlichen Verfassungsordnungen zu entnehmen. Aber auch hier erscheint der Weg über Art. 86 II 1 EG praktikabler, ebenso wie sich dies bereits bezüglich der Grundfreiheiten erwiesen hat.[643] Hierzu muß allerdings die Hürde genommen werden, daß Art. 86 II 1 EG auf die „Vorschriften des Vertrages" verweist, die Grundrechte aber eben nicht im EG-Vertrag stehen. Wenn man aber die Grundrechte mit der oben angeführten Rechtsprechung des *Europäischen Gerichtshofs* als allgemeine Rechtsgrundsätze des Gemeinschaftsrechts ansieht, kann man sie auch als dem EG-Vertrag immanent einordnen. Dann erscheint es auch folgerichtig, in den gemeinschafts-

---

[640] *Scholz/Langer*: Europäischer Binnenmarkt und Energiepolitik (1992), 241 ff.; *Tettinger*: Zur Grundrechtsberechtigung von Energieversorgungsunternehmen im Europäischen Gemeinschaftsrecht, in: Baur/Müller-Graff/Zuleeg (Hrsg.): FS Börner (1992), S. 625 ff.; *Schröder*: Auswirkungen des Richtlinienvorschlags über den Elektrizitäts-Binnenmarkt auf das Eigentum der Energieversorgungsunternehmen, in: Baur (Hrsg.): Die Europäische Gemeinschaft und das Recht der leitungsgebundenen Energie (1993), S. 79, 83 f.; *Jarass*: Europäisches Energierecht (1996), S. 93 ff.

[641] So die ganz h.M, vgl. nur *BVerfGE* 21, 362, 369 ff.; 45, 63, 78 f.; 68, 193, 206; NVwZ 1994, 262; *Stern*: Staatsrecht III (1988), S. 1167 f.; *Rüfner*: Grundrechtsadressaten, in: Isensee/Kirchhoff: HdbStR V , § 116 Rn. 29; krit.: *v. Mutius* in: Bonner Kommentar zum Grundgesetz, Art. 19 Abs. 3 Rn. 78 ff, 107 f.; 145 f.

[642] vgl. *Burgi*: Die öffentlichen Unternehmen im Gefüge des primären Gemeinschaftsrechts, EuR 1997, S. 261, 288; a.A. offenbar *Jarass*: Europäisches Energierecht (1996), S. 95 f.

[643] *Burgi*: Die öffentlichen Unternehmen im Gefüge des primären Gemeinschaftsrechts, EuR 1997, S. 261, 288 f.

rechtlich anerkannten Grundrechten einen Gegenstand zu sehen, auf den Art. 86 II 1 EG verweist. Im Ergebnis sind damit konkrete Einzelmaßnahmen[644] von Gemeinschaftsorganen wie auch Akte des Sekundärrechts, die entsprechende Grundrechtspositionen öffentlicher Unternehmen tangieren, an den vom *Europäischen Gerichtshof* entwickelten formellen und materiellen Anforderungen an die Rechtfertigung von Grundrechtseinschränkungen zu messen.

---

[644] Als Beispiel hierfür kann in Anlehnung an den Fall *Hoechst* eine Durchsuchung der Büroräume eines öffentlichen Unternehmens angeführt werden, *EuGH* Slg. 1989, 2859, 2929 - *Hoechst*.

Teil 3: Anwendungsgrenzen der Grundfreiheiten

Die Notwendigkeit, an dieser Stelle auch die Anwendungsgrenzen der Grundfreiheiten zu erörtern, ergibt sich aus der Überlegung, daß die Erkenntnisse zur Anwendbarkeit der Wettbewerbsregeln nur einen geringen Wert hätten, wenn die Anwendung der Grundfreiheiten zu gegenteiligen Ergebnissen führen würde. So wäre es im Fall *Poucet* widersinnig, wenn man bei spezifischen Tätigkeiten der Sozialversicherungen eine hoheitliche Aufgabenwahrnehmung anerkennt und die Wettbewerbsregeln des EG-Vertrages nicht anwendet, aber gleichzeitig (zumindest ausländischen) Mitwettbewerbern den Zugang zum Markt über eine Grundfreiheit ermöglicht. Deshalb stellt sich auch bei den Grundfreiheiten unter dem Oberbegriff der Anwendungsgrenzen die Vorfrage der Anwendbarkeit der Normen (A) sowie die Frage nach der Anwendung der Ausnahmeklauseln (B).[645] Am Ende dieses Teils der Arbeit stellt sich dann die Frage, in welchem Verhältnis die Vorfrage der Anwendbarkeit zur Anwendung der Ausnahmeklauseln steht (C). Ein Ziel dieses dritten Teils der Arbeit ist die Untersuchung, ob für die Vorfrage der Anwendbarkeit und der Anwendung der Ausnahmeklauseln im Verhältnis der Grundfreiheiten untereinander und im Verhältnis zu den Wettbewerbsregeln gleiche Prinzipien gelten.

A. Die Vorfrage der Anwendbarkeit der Grundfreiheiten

Im Hinblick auf die Anwendungsgrenzen der Grundfreiheiten ist klar, daß die Grundfreiheiten die Mitgliedstaaten binden. Die Übertragung der Erkenntnis der Unanwendbarkeit der Wettbewerbsregeln bei hoheitlicher Staatstätigkeit auf die Grundfreiheiten wäre deshalb schlicht falsch. Bestimmte hoheitliche Maßnahmen, wie Gesetze, mit denen ein Mitgliedstaat den zwischenstaatlichen Handelsverkehr in der Gemeinschaft beschränken will, stehen regelmäßig im Widerspruch zu den Anordnungen der Grundfreiheiten. Die Vergleichbarkeit zu den Wettbewerbsregeln wird aber wiederhergestellt, wenn man sich noch einmal vergegenwärtigt, daß die Vorfrage ihrer Anwendbarkeit nicht abstrakt erfolgte, sondern am Unternehmensbegriff ansetzte. Eine Staatstätigkeit, die aufgrund ihres hoheitlichen Charakters nicht als unternehmerische Betätigung qualifiziert werden konnte, führte zur Unanwendbarkeit der Wettbewerbsregeln.

---

[645] Im Unterschied zur Ausnahmeklausel des Art. 86 II EG sind die Ausnahmeklauseln zu den Grundfreiheiten vom Vorliegen anderer Normen von vorn herein unabhängig und können deshalb nach der Erörterung der Anwendbarkeitsgrenzen behandelt werden.

Dementsprechend sind auch die Grundfreiheiten auf tatbestandliche Begriffe zu untersuchen, die eine hoheitliche Aufgabenwahrnehmung nicht erfassen und folglich in diesem Fall zur Unanwendbarkeit der jeweiligen Grundfreiheit führen.

Aufgrund einer entsprechenden Kasuistik fand dieses Thema der Anwendbarkeitsgrenzen bislang allein im Bereich der Dienstleistungsfreiheit Beachtung. Die Ansätze der Diskussion, die durch die sogleich zu besprechende Entscheidung *Humbel* ausgelöst worden waren, wurden aber sehr bald von bahnbrechenden Entscheidungen überlagert, die als Grundsteine der Entstaatlichung des Rundfunk- und Telekommunikationswesens angesehen werden können.[646] Auch wenn diese Anwendbarkeitsfrage nur wenig Beachtung fand, ist sie nicht minder aktuell. Sie soll im Folgenden zunächst anhand der Dienstleistungsfreiheit untersucht werden. Von besonderem Interesse ist dabei, ob und inwieweit sich Parallelen zur Anwendbarkeit der Wettbewerbsregeln herausarbeiten lassen. Daran anschließend stellt sich die Frage, ob die Erkenntnisse zur Dienstleistungsfreiheit auf die übrigen Grundfreiheiten übertragbar sind. Besondere Aufmerksamkeit verdient dabei die Überprüfung der Kongruenz dieser Systematik zur (neueren) Kasuistik.

I.   Anwendbarkeitsgrenzen der Dienstleistungsfreiheit

1.   Begriff und Bedeutung der Dienstleistungsfreiheit

Unter der Dienstleistungsfreiheit versteht man das Recht, unbehindert von einem Mitgliedstaat aus einzelne Dienstleistungstätigkeiten in einem anderen Mitgliedstaat zu erbringen, ohne dort eine ständige Niederlassung zu unterhalten.[647] Der Begriff der Dienstleistung in Art. 49, 50 EG deckt sich also nicht mit dem gängigen volkswirtschaftlichen Begriff, da eine Dienstleistung im Sinne des Art. 50 EG zwar eine Leistung ist, die in der Regel gegen Entgelt erbracht wird, sich aber insbesondere dadurch auszeichnet, daß Leistender und Leis-

---

[646] Gemeint sind hier vor allem die noch unten zu behandelnden Fälle Telekommunikationsendgeräte (S. 243) und die Mediawet-Entscheidungen (S. 255).

[647] *Hakenberg*: Grundzüge des Europäischen Wirtschaftsrechts, 1994, S. 115; vgl. auch *Oppermann*: Europarecht (1991), Rn. 1496; siehe auch die Aufzählung in Art. 60 II lit a bis d EGV. *Kluth*, in: Callies/Ruffert, Kommentar zum EU-Vertrag und EG-Vertrag (2. Aufl. 2002) Art. 50 Rn. 24 ff.

tungsempfänger in verschiedenen Mitgliedstaaten ansässig sind.[648] Auf die Dienstleistungsfreiheit können sich natürliche und juristische[649] Personen berufen, die in einem anderen Staat der Gemeinschaft als demjenigen des Leistungsempfängers ansässig sind. Für den Tatbestand der Dienstleistungsfreiheit sind drei Konstellationen denkbar. Erstens: Der Leistende begibt sich zur Leistungserbringung vorübergehend in den Staat, in dem die Leistung erbracht wird.[650] Zweitens: Der Leistungsempfänger begibt sich vorübergehend in den Staat des Leistenden, in dem die Leistung dann auch erbracht wird.[651] Und drittens: Sowohl der Leistende als auch der Leistungsempfänger bleiben in ihrem Staat und lediglich die Dienstleistung selbst überschreitet die Grenze.[652]

Im Hinblick auf die Staatstätigkeit und mit Bezug auf Art. 86 EG erreichte die Dienstleistungsfreiheit in der Praxis vor allem im Hinblick auf die staatlichen Dienstleistungsmonopole Radio und Fernsehen,[653] Post und Telekommunikation oder staatliche Versicherungsmonopole Relevanz.[654] Im Bereich des Rund-

---

[648] *Schweitzer/Hummer*: Europarecht (5. Aufl. 1996), Rn. 1185.

[649] Sie werden den natürlichen Personen in Art. 66 i.V.m. Art. 58 gleichgestellt.

[650] Dieser Fall wird in Art. 60 III EGV ausdrücklich angesprochen. Das Kriterium des *vorübergehenden* Ortswechsels grenzt dabei die Dienstleistungsfreiheit von der *Niederlassungsfreiheit* nach Art. 43 EG ab. Man spricht insoweit auch von einer *positiven Dienstleistungsfreiheit*, vgl. *Schweitzer/Hummer*: Europarecht (5. Aufl. 1996), Rn. 1189.

[651] Dieser Fall der *passiven Dienstleistungsfreiheit* (*Schweitzer/Hummer* aaO.) wird z.B. anerkannt in: *EuGH* Slg. 1984, 377, 401 Tz. 10 - *Luisi und Carbone.*

[652] *Kluth,* in: Callies/Ruffert, Kommentar zum EU-Vertrag und EG-Vertrag (2. Aufl. 2002) Art. 50 Rn. 21 ff.; *v. Burchard*, in: Schwarze (Hrsg.), EU-Kommentar (2000), Art. 50 Rn 47; Oppermann: Europarecht (1991), Rn. 1497. Hier ergeben sich allerdings erhebliche Probleme, wenn sich der Dienstleister in einem anderen Mitgliedstaat niederläßt, allein um die Vorschriften des Mitgliedstaates des Leistungsempfängers zu umgehen. Eine Rundfunkanstalt läßt sich in dem Mitgliedstaat X nieder, um unter Umgehung der Sendevorschriften des Mitgliedstaates Y Einwohner dieses Landes mit Sendungen zu bedienen. Um diese Umgehung zu verhindern, soll in diesem Fall die Niederlassungsfreiheit nach Art. 43 EG die Dienstleistungsfreiheit verdrängen können, was erhebliche Konsequenzen haben kann, vgl. *EuGH* Slg. 1994 I 4795, 4853 Tenor Nr. 2 - *TV 10 SA.*

[653] Als Dienstleistung anerkannt seit *EuGH* Slg. 1980, S. 833 ff. - *Debauve.*

[654] *Hochbaum* in: v. d. Groeben/Thiesing/Ehlermann, Kommentar zum EU-/EG-Vertrag, Bd. 2 II (5. Aufl. 1999), Art. 90 Rn. 33; *Mestmäcker* in: Immenga/Mestmäcker (Hrsg.): EG-Wettbewerbsrecht (1997), Art. 37, 90 C, Rn. 36 ff. mit jeweils weiteren Nachweisen. Abgrenzungsprobleme ergeben sich dabei vor allem zwischen Rundfunk und Telekommunikation, die Relevanz dieser Abgrenzung zeigt sich vor allem darin, daß im Rundfunk vor allem Kulturaspekte unter Umständen ein Monopol rechtfertigen können, *EuGH* Slg. 1974, 409, 430 f. Tz. 14 - *Sacchi;Hochbaum* in: v. d. Groeben/Thiesing/Ehlermann, Kommentar zum EU-/EG-Vertrag, Bd. 2 II (5. Aufl. 1999), Art. 90 Rn. 35. Diese Abgrenzungsprobleme verschärfen sich noch einmal auf *nationaler Ebene*, da die Länder über ihre Kulturhoheit und

funks erfolgte die Bestimmung der Grenze für die Übertragung ausschließlicher und besonderer Rechte an Unternehmen durch eine Reihe von Entscheidungen des *Europäischen Gerichtshofes,* die vor allem das niederländische Rundfunksystem betrafen.[655] Durch ein System von Monopolen wurde hier gewährleistet, daß eine weitgehende Kontrolle des Staates über den Rundfunk ausgeübt wurde und die Übertragung ausländischer Sendungen im Kabelnetz ausgeschlossen werden konnte.[656]

Innerhalb des EG-Vertrages weist die Dienstleistungsfreiheit eine strukturelle Verwandtschaft zur Niederlassungsfreiheit und zur vorher behandelten Warenverkehrsfreiheit auf. Die strukturelle Verwandtschaft zur Niederlassungsfreiheit zeigt sich bereits im Vertrag selbst in der Verweisungsnorm des Art. 55 EG. Im Unterschied zur Niederlassungsfreiheit beläßt der Dienstleister seinen Sitz in seinem Mitgliedstaat. Der wesentliche Unterschied zur Warenverkehrsfreiheit besteht darin, daß eine dem Art. 31 EG („Abbau der Handelsmonopole") vergleichbare Vorschrift im Bereich der Dienstleistungsfreiheit nicht existiert.[657] Die strukturelle Nähe zur Warenverkehrsfreiheit zeigt sich in der neueren Praxis insbesondere dadurch, daß - sinngemäß - sowohl die *Dassonville-Formel* wie auch die *Cassis-Formel* im Bereich der Dienstleistungsfreiheit anwendbar sind.[658]

---

aufgrund des Rundfunkstaatsvertrages für den Rundfunk und der Bund für den Bereich der Telekommunikation zuständig sind. Insbesondere die individuell und allgemein abrufbaren Onlinedienste bereiten eine Abgrenzungsschwierigkeit, was in der absurd anmutenden Forderung der öffentlich-rechtlichen Rundfunkanstalten auf eine gerätebezogene Rundfunkgebühr für PC-Bildschirme im Jahr 1997 gipfelte, ausführlich dazu: *Schmittmann:* Wettbewerbsrecht in deregulierten Kommunikationsmärkten, KuR 1998, 1, 3 mit ausführlichen Hinweisen zur nationalen Rechtslage.

[655] *EuGH* Slg. 1988, 2085 ff. *Bond van Adverteeders*; Slg. 4007 ff. - *Gouda*; Slg. 1991 I, 4069, 4098 Tz. 34 *Mediawet*; *Gulich*: Fernsehen ohne Grenzen? ZuM 1990, 170 ff.; *Koszuzeck*: Freier Dienstleistungsverkehr und nationales Rundfunkrecht, ZuM 1989, 541 ff.

[656] Vgl. dazu auch *Mestmäcker* in: Immenga/Mestmäcker (Hrsg.): EG-Wettbewerbsrecht (1997), Art. 37, 90 C, Rn. 42 ff. vgl. dazu auch unten S. 236, 255.

[657] Vgl. oben „Anwendbarkeitsgrenzen des Art. 31 EG", S. 207.

[658] Dies ist in der Rechtsprechung spätestens der Fall seit *EuGH* Slg. 1991 I 4069 - *Mediawet*; vgl. aus der Literatur: *Schwintowski*: Staatlich veranlaßte Wettbewerbsbeschränkungen auf europäischen und internationalen Märkten, RabelsZ 1994, 232, 272; *Ehlermann*: Neuere Entwicklungen im europäischen Wettbewerbsrecht, EuR 1991, 307, 322; *ders.*: Grundfreiheiten und Wettbewerbsrecht ET 1992, S. 96, 98; *Randelzhofer* in: Grabitz/Hilf (Hrsg.): Kommentar zur Europäischen Union (Stand 1998), Art. 52 EGV Rn. 43 c. Damit kann man nachweisen, daß die dogmatischen Ähnlichkeiten zwischen der Dienstleistungsfreiheit und der Warenverkehrsfreiheit eher größer sind als die der Dienstleistungsfreiheit zur Niederlassungsfreiheit, vgl. *Hailbronner* in: Hailbronner/Klein/Magiera/Müller-Graff: Handkommen-

2. Die Anwendbarkeitsfrage im Fall *Humbel*

Die Frage, ob die Dienstleistungsfreiheit anwendbar ist, wenn es um die Erfüllung einer staatlichen Aufgabe geht, stellte sich im Fall *Humbel*.[659] Hier hatte sich der *Gerichtshof* mit der Frage zu befassen, ob schulische Unterrichtsleistungen als Dienstleistungen im Sinne des EG-Vertrages anzusehen sind. Zunächst erinnert der *Gerichtshof* daran, daß die Dienstleistungen insbesondere Tätigkeiten industriellen und kommerziellen Charakters umfassen, die üblicherweise gegen Entgelt erbracht werden. Diese Voraussetzung sei aber bei den Unterrichtsleistungen gerade nicht gegeben. Hier erfülle der Staat nämlich mit der Errichtung und Unterhaltung eines Schulsystems „die ihm seiner Bevölkerung gegenüber obliegenden sozialen, kulturellen und erzieherischen Aufgaben." Des Weiteren werde das betreffende System im allgemeinen durch den öffentlichen Haushalt und nicht durch die Schüler und ihre Eltern finanziert.[660]

3. Parallelen zur Anwendbarkeit der Wettbewerbsregeln - Art 45 EG

Diese Unanwendbarkeit der Dienstleistungsfreiheit im Fall *Humbel* weist wesentliche Parallelen zur Grenze der Anwendbarkeit der Wettbewerbsregeln auf, die oben ausführlich besprochen wurden.[661] Die Errichtung und Unterhaltung eines Schulsystems kann als eine geradezu klassische Aufgabe der Daseinsvorsorge und der schlicht-hoheitlichen Aufgabenwahrnehmung angesehen werden. Anhand dieser Entscheidung kann nachgewiesen werden, daß der *Europäische Gerichtshof* zu Recht der Auffassung ist, daß nicht nur solche Verhältnisse zwischen Bürger und Staat als hoheitlich zu qualifizieren sind, die durch ein Über- und Unterordnungsverhältnis oder Befehl und Zwang geprägt sind, sondern auch solche Verhältnisse zwischen Bürger und Staat, in denen der Staat eine Leistung für den Bürger bereithält. Die Tatsache, daß zwischen Schüler und Schule ein Über- und Unterordnungsverhältnis bestehen kann, spielt in dieser Entscheidung keine Rolle, da der *Gerichtshof* allein auf die dem Staat seiner

---

tar zum EG-Recht (1997), Art. 59 Rn. 3; *Roth*: Die Harmonisierung des Dienstleistungsrechts in der EWG, EuR 1986, 340, 342; *Fesenmair*: Öffentliche Dienstleistungsmonopole im europäischen Recht (1996), S. 91. Näheres zur Cassis-Formel vgl. unten S. 241 ff.

[659] *EuGH* Slg. 1988, 5365 - *Humbel*.

[660] *EuGH* Slg. 1988, 5365, 5388 Tz. 17 f. - *Humbel*; vgl. hierzu auch *Hailbronner*: Öffentliche Unternehmen im Binnenmarkt - Dienstleistungsmonopole und Gemeinschaftsrecht, NJW 1991, 593, 595.

[661] Vgl. oben „Anwendbarkeitsgrenzen der Wettbewerbsregeln", S. 68.

Bevölkerung gegenüber obliegenden Aufgabe der Einrichtung und Unterhaltung des Schulsystems abstellt. Er rekurriert also genau auf den schlicht-hoheitlichen Teil der Staatstätigkeit. Allerdings redet der *Gerichtshof* nicht von einem „hoheitlichen" oder „schlicht-hoheitlichen" Verhältnis, aber das Entscheidende ist schließlich, daß es einen nicht obrigkeitlich ausgestalteten Tätigkeitsbereich des Staates gibt, der weder dem Regime der Grundfreiheiten noch dem der Wettbewerbsregeln unterliegt.

Auch im Bereich der Dienstleistungsfreiheit wirkt die hoheitliche Aufgabenwahrnehmung also als negatives Tatbestandsmerkmal. Unterstützung findet dieses Ergebnis vor allem in der *unechten Ausnahmeklausel* des Art. 45 EG,[662] der für die Dienstleistungsfreiheit über Art. 55 EG anwendbar ist. Demnach finden die Regeln über die Dienstleistungsfreiheit *keine Anwendung* auf Tätigkeiten, die in einem Mitgliedstaat mit der Ausübung öffentlicher Gewalt verbunden sind. Ähnlich wie Art. 39 IV EG[663] stellt Art. 45 S. 1 EG keine Ausnahmeklausel dar, deren Anwendung erst bei Vorliegen des Grundtatbestandes in Betracht kommt. Im Unterschied zur „echten" Ausnahmeklausel des Art. 46 EG [Art. 56 EGV a.F.][664] nimmt Art. 45 EG derartige Tätigkeiten von vorn herein aus dem Anwendungsbereich der Dienstleistungsfreiheit heraus.

Diese Feststellung der Unanwendbarkeit der Grundfreiheiten in bestimmten Bereichen wird auch nicht durch die Beamtenrechtsprechung des *Gerichtshofes* in Frage gestellt.[665] Demnach können sich Lehrer aus dem EG-Ausland, die in diesem staatlichen Erziehungssystem eine Anstellung begehren, auf die Arbeitnehmerfreizügigkeit nach Art. 39 I EG berufen, ohne daß die entsprechende Ausnahmeklausel des Art. 39 III EG anwendbar wäre. Dies bedeutet aber nicht, daß die gerade herausgearbeitete „Grundfreiheitsresistenz" des staatlichen Erziehungswesens durchbrochen oder in Frage gestellt wäre. Die Erfüllung der Erziehungsaufgabe einerseits und die damit verbundene Einstellung von Lehrkräften andererseits sind unterschiedliche Sachverhalte, die auch einer unterschiedlichen rechtlichen Bewertung zugänglich sind. Die Erfüllung des Erziehungsauftrages ist die Wahrnehmung einer schlicht-hoheitlichen Aufgabe. Wenn der Staat zu diesem Zweck Lehrer einstellt, *beschafft* er sich damit die Mittel, um diese Erziehungsaufgabe zu erfüllen. Wenn der Staat in diesem Bereich - ähnlich wie dies bereits oben für die Fiskalverwaltung angeführt wurde -

---

[662] Zum Begriff der *unechten Ausnahmeklausel* vgl. oben S. 134.

[663] Vgl. dazu bereits oben „Orientierung an den Ausnahmeklauseln zu den Grundfreiheiten", S. 133

[664] Vgl. dazu unten „Art. 55 in V. m. Art. 46 EG für die Dienstleistungsfreiheit", S. 235

[665] *EuGH* Slg. 1986, 2121 - *Lawrie-Blum*; Slg. 1989, 1591, 1609 - *Pillar Alluè*; *EuGH* EuGRZ 1992, 104 - *Bleis*.

nicht auf hoheitliche Handlungsinstrumentarien angewiesen ist, gibt es *keinen* Grund, die Grundfreiheiten in diesem Bereich *nicht* anzuwenden.

4. Kompetenzbegründung und Kompetenzkerntheorie in diesem Zusammenhang

Dieses Ergebnis läßt sich zudem mit den Erwägungen zur Kompetenzbegründung und zur Kompetenzkerntheorie untermauern, womit die Parallele zur Anwendbarkeit der Wettbewerbsregeln[666] um so deutlicher wird. Die Errichtung und Unterhaltung eines Schulsystems ist nichts anderes als die Begründung und Ausübung einer hoheitlichen bzw. schlicht-hoheitlichen *Kompetenz*, die diesen Tätigkeitsbereich dem Regime des öffentlichen Rechts unterstellt und damit vor der Anwendbarkeit der Wettbewerbsregeln wie auch der Grundfreiheiten des EG-Vertrages immunisiert. Die Anstellung der Lehrer steht zwar auch mit der Erfüllung dieser öffentlichen Aufgabe in Zusammenhang, sie liegt aber außerhalb des *Kompetenzkerns* und ist deshalb nicht notwendig in hoheitlicher Form durchzuführen. Wird für diese Aufgabenerfüllung doch eine hoheitliche Handlungsform gewählt und dürfen nur Beamte Lehrer werden, die nach früherem Recht nur Staatsangehörige sein konnten, ruft dies die Entscheidungsorgane der Gemeinschaft auf den Plan, die feststellen können, ob diese Tätigkeit außerhalb des Kompetenzkerns liegt und somit konkret am Maßstab der Arbeitnehmerfreizügigkeit aus Art. 39 I EG zu messen ist. Damit kann dann der Mitgliedstaat - wie geschehen - gezwungen werden, die Voraussetzungen für die Einstellung von Lehrern so zu ändern, daß auch EG-Ausländer Zugang zu dieser Tätigkeit finden können. Diese Konstellation findet ihre Entsprechung in den Fällen *British Telecommunications*, *Bodson* und *Höfner*. Auch hier haben sich die jeweiligen Mitgliedstaaten auf den Standpunkt gestellt, daß ihr Verhalten hoheitlich geboten war und daß deshalb die Wettbewerbsregeln nicht anwendbar seien. Der *Gerichtshof* wies aber das Gegenteil nach: das Verhalten der Mitgliedstaaten war gerade nicht hoheitlich, sondern aus rein wirtschaftlichen Antrieben motiviert. In den Kategorien der Kompetenzkerntheorie lag es damit außerhalb des Kompetenzkerns, was - unabhängig von der öffentlich-rechtlichen Ausgestaltung von Organisation und Handlungsformen -[667] zur Anwendbarkeit der Wettbewerbsregeln führen mußte. Genauso verhält es sich mit der Einstellung der Lehrer, die ebenfalls nicht nach einer hoheitlichen Ausgestaltung verlangt,

---

[666] vgl. mit einem ähnlichen Ergebnis, jedoch ohne die hier angestellten Differenzierungen: *Heinemann*: Grenzen staatlicher Monopole im EG-Vertrag (1996), S. 119.

[667] Die Wahl der Organisations- und Handlungsform kann der *Europäische Gerichtshof* mangels entsprechender Kompetenz auch nicht überprüfen, vgl. oben S. 173.

weshalb auch nichts gegen die Anwendbarkeit der Arbeitnehmerfreizügigkeit nach Art. 39 I EG in diesem Bereich spricht. Die Frage der Anwendbarkeit des Gemeinschaftsrechts ist also für den Bereich des Schulwesens differenzierend zu beantworten: Das Anstellungsverhältnis innerhalb der Schule unterliegt wie jeder andere Beruf ohne Rücksicht auf die öffentlich-rechtliche Organisationsform des Schulbetriebs der Garantie der Freizügigkeit, während die Einrichtung und Unterhaltung des Schulsystems - als Kompetenzkern - hoheitlich und damit außerhalb des Regimes der Grundfreiheiten des EG-Vertrages wahrgenommen werden kann.[668]

II. Anwendbarkeitsgrenzen der Warenverkehrsfreiheit

1. Begriff und Bedeutung der Warenverkehrsfreiheit

Art. 28 EG enthält das Verbot aller mengenmäßigen Beschränkungen und Maßnahmen gleicher Wirkungen wie mengenmäßiger Beschränkungen. Die Interpretation des Begriffs der mengenmäßigen Beschränkungen erschließt sich praktisch von selbst, gemeint sind vor allem alle Ein- und Ausfuhrkontingente und -verbote. Problematisch ist die Interpretation der Maßnahmen *gleicher Wirkung*, die allerdings durch eine Kette von nahezu allgemein bekannten Entscheidungen erleichtert wird.[669] Die Bedeutungsweite der Warenverkehrsfreiheit ergibt sich vor allem aus der Interpretation dieser Maßnahme gleicher Wirkung durch die *„Dassonville-Formel"*: Eine Maßnahme gleicher Wirkung liegt demnach bei jeder Handelsregelung der Mitgliedstaaten vor, die „geeignet ist, den innergemeinschaftlichen Handel unmittelbar oder mittelbar, tatsächlich oder potentiell zu behindern".[670]

---

[668] Ohne auf die Kompetenzkerntheorie zurückzugreifen aber mit ähnlichem Ergebnis auch *Hailbronner*: Öffentliche Unternehmen im Binnenmarkt - Dienstleistungsmonopole und Gemeinschaftsrecht, NJW 1991, 593, 595: „Eine Theorie des Alles-oder-Nichts, die aus der Anwendbarkeit des Vertrages die Unzulässigkeit tradierter staatlicher Monopolrechte im Dienstleistungssektor ableitet, wird daher dem komplizierten Beziehungsgeflecht zwischen Staat und Wirtschaft nicht gerecht."

[669] *EuGH* Slg. 1974 ff., 837 - *Dassonville*; Slg. 1976, 613 ff. - *De Peijper*; Slg. 1979, 649 - *Cassis de Dijon*; Slg. 1979, 3795 ff. - *Henn*; Slg. 1981, 1993 - *Oebel*; Slg. 1987, 1227 ff. - *Deutsches Reinheitsgebot*; Slg. 1988, 4233 ff. - *Drei Glocken*; Slg. 1989, 1235 ff. - *Buet*; Slg. 1993 I, 6097 ff. - *Keck und Mithouard*.

[670] *EuGH* Slg. 1974, 837, 852 Tz. 5 – *Dassonville*; *Epiney*, in: Callies/Ruffert (Hrsg.), Kommentar zum EU-Vertrag und EG-Vertrag (2002), Art. 28 Rn. 14

2. Diskussionsstand zur Anwendbarkeit der Warenverkehrsfreiheit

Mit der Frage der Anwendbarkeitsgrenzen der Warenverkehrsfreiheit hat man sich bisher - so weit ersichtlich - noch nicht in der Tiefe auseinandergesetzt, wie dies etwa bei den Wettbewerbsregeln der Fall ist.[671] Dies erscheint auch nachvollziehbar, denn wenn Waren verkauft oder auf anderem Wege vertrieben werden, besteht in den meisten Fällen von vorn herein kein Zweifel, daß diese Tätigkeiten im Bereich der Warenverkehrsfreiheit anzusiedeln sind. Wenn ein Mitgliedstaat auf diese Prozesse regelnd eingreift oder sonstwie hieran beteiligt ist, versteht sich von selbst, daß sein Verhalten am Maßstab der Warenverkehrsfreiheit zu messen ist. Nichtsdestotrotz sind aber auch Fallgestaltungen denkbar, in denen ein Staat die Versorgung der Bevölkerung mit bestimmten Gütern zur Staatsaufgabe erklärt. Als praktisches Beispiel kann hier in Anlehnung an *Brillen*- und *Rollstuhlfall*[672] die Versorgung der Bevölkerung mit Heil- und Hilfsmitteln durch den Staat bzw. durch eine staatliche Institution angeführt werden.

3. Übertragbarkeit der Erkenntnisse aus dem Fall Humbel auf die Warenverkehrsfreiheit

Um für die Anwendungsgrenzen der Warenverkehrsfreiheit eine Lösung zu finden, bietet es sich an, zunächst die aus dem *Rollstuhlfall* und dem Fall *Poucet* gewonnenen Erkenntnisse beispielhaft zu verbinden. Nach ständiger Rechtsprechung sind die Mitgliedstaaten in der Gestaltung ihrer Sozialsysteme frei und können sie hoheitlich bzw. schlicht-hoheitlich unabhängig von den Wettbewerbsregeln organisieren, wie dies im Fall *Poucet* geschehen ist.[673] Es stellt sich die Frage, ob eine Versicherung, die in Wahrnehmung ihrer schlicht-hoheitlichen Aufgabe Rollstühle an ihre Versicherten verleiht, mit der Warenverkehrsfreiheit in Konflikt kommen kann. Oben war bereits festgestellt worden, daß der *Europäische Gerichtshof* den Rollstuhlfall hinsichtlich der Anwendbarkeit der Wettbewerbsregeln anders entschieden hätte als der *Gemeinsame Senat der Obersten Bundesgerichte*[674] Unterstellt man in diesem Fall eine gemeinschaftsweite Bedeutung, stellt sich die Frage der Vereinbarkeit mit der Warenverkehrsfreiheit nach Art. 28 EG. Die Vergabe von Rollstühlen könnte

---

[671] Vgl. oben C. „Anwendbarkeitsgrenzen der Wettbewerbsregeln", S. 68 fff.

[672] *BGHZ* 82, 375 = NJW 1982, 2117 - *Brillenurteil*; *GemS-OBG* BGHZ 102, 280 = NJW 1988, 2295 - *Rollstühle*; vgl. dazu oben S. 22 ff.

[673] Vgl. oben zum Fall *Poucet und Pistre* S. 79, 95 ff, 156 f.

[674] Vgl. oben: „Anwendung der Ergebnisse auf Brillenfall und Rollstuhlentscheidung", S. 176.

nach der *Dassonville-Formel* eine Maßnahme gleicher Wirkung sein. Eine Maßnahme gleicher Wirkung liegt demnach bei jeder Handelsregelung der Mitgliedstaaten vor, die „geeignet ist, den innergemeinschaftlichen Handel unmittelbar oder mittelbar, tatsächlich oder potentiell zu behindern".[675] Wenn nun eine staatliche Stelle in Wahrnehmung ihrer Sozialversicherungstätigkeit Rollstühle wieder ausleiht, könnte damit unter gewissen Umständen der innergemeinschaftliche Handel mit diesen Heilmitteln beeinträchtigt sein. So wie die Grenze bei den Wettbewerbsregeln im Rahmen des Unternehmensbegriffs und bei der Dienstleistungsfreiheit im Rahmen des Dienstleistungsbegriffs gezogen wird, müßte man bei der Warenverkehrsfreiheit die Grenze beim „Warenbegriff" ziehen. Hieraus ergibt sich aber ein begriffliches Problem: ist der Rollstuhl aus der Hand des hoheitlich handelnden Staates bzw. der öffentlichen Institution keine „Ware" mehr? Dies läßt sich aber als Scheinproblem auflösen, denn die Warenverkehrsfreiheit meint nichts anderes als die Freiheit des *Warenhandels*. So behält der Rollstuhl aus der Hand des Staates durchaus seine „Warenqualität", er ist aber keine *Handelsware*. Der Begriff der *Handelsware* läßt sich dann ähnlich behandeln wie der Dienstleistungsbegriff. Genauso, wie der Dienstleistungsbegriff von der schlicht-hoheitlichen Tätigkeit im Bereich des staatlichen Erziehungswesen begrenzt werden kann, kann der Handelswarenbegriff von der schlicht-hoheitlichen Sozialversicherungstätigkeit begrenzt werden, wenn die öffentliche Institution Waren an ihre Versicherten abgibt.

4.   Anwendbarkeitsgrenzen des Art. 31 EG

Monopolisiert ein Mitgliedstaat eine Warenverteilung bzw. einen Warenhandel, kommt ein Verstoß gegen Art. 31 EG in Betracht. Diese Norm ist systematisch als lex spezialis zur Warenverkehrsfreiheit nach Art. 28 ff. EG zu sehen. Gemäß Art. 31 I S. 1 EG sind die Mitgliedstaaten verpflichtet, ihre staatlichen Handelsmonopole bis zum Ende der Übergangzeit schrittweise umzuformen, mit dem Ziel, Diskriminierungen auszuschließen. Im Hinblick auf die allgemeine Bedeutung der Norm war lange Zeit die Auslegung des Begriffs der *Umformung* umstritten. In der Entscheidung *Manghera* hat der *Europäische Gerichtshof* hierzu eine klare Aussage getroffen: „Art. 37 Abs. 1 EGV [Art. 31 I S. 1 EG n. F.] ist dahin auszulegen, daß jedes staatliche Handelsmonopol mit Wirkung zum 31.12.1969 in der Weise umgeformt sein mußte, daß das ausschließliche Recht zur Einfuhr entfallen war."[676] Aus dieser Auslegung folgt letztlich ein grundsätzliches Verbot staatlicher Handelsmonopole. In der Vergangenheit

---

[675] *EuGH* Slg. 1974, 837, 852 Tz. 5 - *Dassonville*.

[676] *EuGH* Slg. 1976, 91, 101 Tz. 13 - *Manghera*.

wurden praktisch alle für die Gemeinschaft relevanten Handelsmonopole umgewandelt.[677] Praktische Relevanz besitzt diese Regelung aber dennoch im Bereich der Energiewirtschaft und Versorgungsunternehmen, da Strom, Wasser und Gas Warenqualität im Sinne der Warenverkehrsfreiheit besitzen.[678] Fraglich ist aber die Anwendbarkeit der Norm, wenn der Staat eine Warenversorgung der Bevölkerung als Staatsaufgabe monopolisiert wahrnehmen will, womit sich die Frage der Anwendbarkeitsgrenzen des Art. 31 EG stellt.

Im Hinblick auf diese Anwendungsgrenzen sind zunächst die Tatbestandsvoraussetzungen für ein staatliches Handelsmonopol näher zu beleuchten: es muß sich um ein Monopol handeln; es muß vom Staat betrieben werden; und es muß sich schließlich auf den Handel mit Ware beziehen.[679] Als *Monopol* wird an dieser Stelle eine Institution angesehen, die auf einem Markt eine Monopolstellung genießt.[680] Zur Beantwortung der Frage, wann ein *staatliches* Monopol vorliegt, können Art. 31 I S. 1 und 2 EG herangezogen werden. „Dieser Artikel gilt für alle Einrichtungen, durch die ein Mitgliedstaat unmittelbar oder mittelbar die Einfuhr oder die Ausfuhr zwischen den Mitgliedstaaten rechtlich oder tatsächlich kontrolliert, lenkt oder merklich beeinflußt. Er gilt auch für die von einem Staat auf andere Rechtsträger übertragene Monopole." Daraus folgt, daß ein staatliches Monopol zunächst dann vorliegt, wenn sich der Staat selbst mit einem Ausschließlichkeitsrecht ausstattet und als Monopolist auf einem Markt auftritt.[681] Wird das Monopol nicht vom Staat selbst, sondern von einer anderen Institution - etwa einem eigenständigen Unternehmen - wahrgenommen, so setzt die Annahme eines staatlichen Monopols zweierlei voraus: Zum einen muß die Monopolstellung auf einem Akt des Staates beruhen, der die Übertragung von Ausschließlichkeitsrechten beinhaltet. Zum anderen muß für den Staat die Möglichkeit bestehen, auf diesen Rechtsträger nach Belieben einwirken zu kön-

---

[677] Vgl. hierzu im Einzelnen *Mestmäcker* in: Immenga/Mestmäcker (Hrsg.): EG-Wettbewerbsrecht (1997), Art. 37, 90 A Rn. 51 ff.; nur gegen *Österreich* sind noch Verletzungsverfahren aktuell, *Mestmäcker* aaO. Rn. 21.

[678] Vgl. dazu *EuGH* Slg. 1997 I 5815 = EuZW 1998, 76 Tz. 49 - *Kommission/Frankreich*: *Mestmäcker* in: Immenga/Mestmäcker (Hrsg.): EG-Wettbewerbsrecht (1997), Art. 37, 90 A, Rn. 81.

[679] *Mestmäcker* in: Immenga/Mestmäcker (Hrsg.): EG-Wettbewerbsrecht (1997), Art. 37, 90 A Rn. 26.

[680] Besonderheiten bei der Annahme eines Monopols sollen an dieser Stelle nicht vertieft werden, vgl. hierzu aber etwa *Mestmäcker* in: Immenga/Mestmäcker (Hrsg.): EG-Wettbewerbsrecht (1997), Art. 37, 90 A Rn. 34 f. m.w.N.

[681] Als Staat sind in diesem Zusammenhang auch die Länder und Gemeinden anzusehen, *EuGH* Slg. 1987, 4013, 4041 Tz. 17.

nen.[682] An dieser Stelle zeigt sich eine Parallele zu Art. 86 I EG. Auch das dort genannte und durch die Transparenzrichtlinie[683] näher definierte öffentliche Unternehmen zeichnet sich durch den beherrschenden Einfluß des Staates aus.[684]

Die letzte Tatbestandsvoraussetzung für ein staatliches Handelsmonopol ist der *Handel mit Waren*. Waren sind alle beweglichen Güter, die Gegenstand wirtschaftlicher Transaktionen sein können.[685] Hier zeigt sich eine weitere Parallele zu Art. 86 EG. Voraussetzung für dessen Anwendung war das Vorliegen eines Unternehmens.[686] Das positive Kennzeichen eines Unternehmens ist dessen wirtschaftliche Betätigung.[687] Der Begriff des Warenhandels wird von der wirtschaftlichen Betätigung voll erfaßt. Der Warenhandel kann also diesbezüglich mit der unternehmerischen Tätigkeit des Staates gleichgesetzt werden. Folglich muß für die Annahme des staatlichen Warenhandels die hoheitliche Tätigkeit ebenso als negatives Tatbestandsmerkmal wirken, wie dies oben für die Annahme der unternehmerischen Betätigung schon festgestellt worden ist.[688] Das bedeutet auch, daß hoheitliche Tätigkeit einerseits und Warenhandel andererseits ebenfalls in Anlehnung an Kompetenzbegründung und Kompetenzkerntheorie voneinander abgegrenzt werden können.[689]

Mit dieser Erkenntnis bestätigt sich im Übrigen auch der Schluß, der für die Anwendungsgrenze der Warenverkehrsfreiheit gezogen wurde. Eine hoheitlich verteilte Ware besitzt nicht die (Rechts-) Qualität einer *Handelsware*, weshalb Art. 28 ff. EG in dieser Fallkonstellation nicht anwendbar sind. Art. 31 EG ist

---

[682] *Hailbronner* in: Hailbronner, Klein, Magiera, Müller-Graff: Handkommentar zum EU-Vertrag (Stand 1998), Art. 37 Rn. 1; *Mestmäcker* in: Immenga/Mestmäcker (Hrsg.): EG-Wettbewerbsrecht (1997), Art. 37, 90 A Rn. 39; *Leible*, in: Grabitz/Hilf (Hrsg.): Das Recht der Europäischen Union, Stand 2000, Art. 31 Rn. 9.

[683] Art. 2 2. Spiegelstrich TransparenzRL.

[684] Vgl. oben „Öffentliche Unternehmen (Art. 86 I EG)", S. 46; diese Parallele sieht auch *Mestmäcker* in: Immenga/Mestmäcker (Hrsg.): EG-Wettbewerbsrecht (1997), Art. 37, 90 A Rn. 39.

[685] *EuGH* Slg. 1964, 1251, 1276 - *Costa/E.N.E.L*; vgl. auch die Definition in Art. 2 lit. a VO Nr. 3330/91, Abl EG 1991 L 316, S. 1; *Mestmäcker* in: Immenga/Mestmäcker (Hrsg.): EG-Wettbewerbsrecht (1997), Art. 37, 90 A Rn. 40; *Leible* in: Grabitz/Hilf (Hrsg.): Kommentar zur Europäischen Union (Stand 2000), Art. 31 Rn. 11.

[686] Vgl. oben „Der aus Art. 86 EG folgende Unternehmensbegriff", S. 43.

[687] Vgl. oben „Der Art. 86 EG zugrunde liegende allgemeine Unternehmensbegriff", S. 44.

[688] Vgl. oben: „Hoheitliche Aufgabenerfüllung als negatives Tatbestandsmerkmal des Unternehmensbegriffs", S. 110.

[689] Vgl. oben „Die Anerkennung der Kompetenzbegründung im Europarecht", S. 156 und „Einfügung der Kompetenzkerntheorie in die europäische Rechtssystematik", S. 164.

im Falle einer hoheitlich monopolisierten Warenverteilung nicht anwendbar, weil es diesbezüglich an einem *Handel mit Waren* fehlt. Man kann also für die Anwendbarkeit der Art. 28 ff. EG wie für den speziellen Fall des Art. 31 EG feststellen, daß die hoheitliche Aufgabenwahrnehmung als negatives Tatbestandsmerkmal im Begriff der *Handelsware* bzw. des *Warenhandels* wirkt. Was als hoheitliche Aufgabenwahrnehmung anerkannt werden kann, ist wieder in Anlehnung an die Erwägungen zur Kompetenzbegründung und zur Kompetenzkerntheorie zu bestimmen.

III. Überprüfung der Ergebnisse anhand der Fälle *Decker* und *Kohll*

Die Entscheidungen *Decker*[690] und *Kohll*[691] wurden bereits oben im Rahmen der Frage der Anwendbarkeitsgrenzen der Wettbewerbsregeln dargestellt. Dabei wurde vor allem festgestellt, daß sie im Hinblick auf die Anwendbarkeit der Wettbewerbsregeln in der Tradition der Entscheidungen *Duphar* und *Poucet* stehen, bei denen der *Europäische Gerichtshof* ebenfalls keinen Raum für die Anwendung der Wettbewerbsregeln gesehen hat. Die Folgerung der Unanwendbarkeit der Wettbewerbsregeln ist dabei aus dem Umstand zu ziehen, daß der *Gerichtshof* die Wettbewerbsregeln in den Entscheidungen *Kohll* und *Decker* überhaupt nicht angesprochen hat.

Allerdings setzte sich der *Gerichtshof* mit der Frage der Anwendbarkeit der Dienstleistungsfreiheit im Fall *Kohll* und mit der Frage der Anwendbarkeit der Warenverkehrsfreiheit im Fall *Decker* auseinander. Qualitativ gleicht sich dabei die diesbezügliche Argumentation in beiden Fällen. Der entscheidende Passus soll hier aus der Entscheidung *Kohll* wiedergegeben werden.[692]

Tz. 17: „Nach ständiger Rechtsprechung läßt das Gemeinschaftsrecht die Zuständigkeit der Mitgliedstaaten zur Ausgestaltung ihrer Systeme der sozialen Sicherheit unberührt (*EuGH* Slg. 1984, 523 Tz. 16 - Duphar u.a.; *EuGH* Slg. I 1997, 3395 - Sodemare u.a.).“

Tz. 18: „In Ermangelung einer Harmonisierung auf Gemeinschaftsebene bestimmt somit das Recht eines jeden Mitgliedstaats, unter welchen Vorausset-

---

[690] *EuGH* Slg. 1998 I, 1831 = NJW 1998, 1769 = ZIP 1998, 844 - *Decker*.

[691] *EuGH* Slg. 1998 I, 1931 = NJW 1998, 1771 = ZIP 1998, 841 - *Kohll*.

[692] In der Entscheidung *Decker* finden sich diese Ausführungen nahezu wortgleich in Tz. 21 ff.

zungen zum einen ein Recht[693] auf Anschluß an ein System der sozialen Sicherheit oder eine Verpflichtung hierzu (*EuGH* Slg. 1980, 1445 Tz. 12 - Coonan; *EuGH* Slg. I 1991, 4501 - Paraschi) und zum anderen ein Anspruch auf Leistung (*EuGH* Slg. I 1997, 511 Tz. 36 - Stöber u. Piosa Pereira) besteht."

Tz. 19: „Gleichwohl müssen die Mitgliedstaaten, wie der Generalanwalt in den Tz. 17 bis 25 seiner Schlußanträge ausgeführt hat, bei der Ausübung dieser Befugnis das Gemeinschaftsrecht beachten."

Tz. 20: „So hat der *Gerichtshof* festgestellt, daß die Besonderheiten bestimmter Dienstleistungen nicht dazu führten, daß diese nicht unter den elementaren Grundsatz des freien Verkehrs fielen. (*EuGH* Slg. 1981, 3305 Tz. 10 - Webb)"

Tz. 21: „Daß die streitige Regelung zum Bereich der sozialen Sicherheit gehört, schließt daher die Anwendung der Art. 59 und 60 EGV [Art. 49 und 50 EG n.F.] nicht aus."

Eine dogmatisch substanzielle Begründung der Anwendbarkeit und Unanwendbarkeit der Grundfreiheiten stellt diese Begründung allerdings auch nicht dar.

1. Verdacht der Unvereinbarkeit

Bei diesen Ausführungen drängt sich der Verdacht auf, daß die Entscheidungen *Humbel, Poucet, Kohll* und *Decker* untereinander nicht zu vereinbaren sind. Dazu muß man sich folgende drei Schritte vergegenwärtigen: Wie gerade zuvor herausgestellt wurde, hat der *Gerichtshof* die Einrichtung und Unterhaltung eines Schulsystems aus dem Anwendungsbereich der Dienstleistungsfreiheit mit dem Argument herausgenommen, daß die Wahrnehmung dieses Aufgabenbereichs nicht unter den Dienstleistungsbegriff falle. Er hat die Aufgabenwahrnehmung also mit anderen Worten als hoheitlich bzw. schlicht-hoheitlich und damit als grundfreiheitsresistent qualifiziert. Dabei wurde soeben auch herausgestellt, daß diese Qualifizierung mit der Kompetenzkerntheorie belegbar ist. Einrichtung und Unterhaltung des Schulsystems liegen im Kompetenzkern der Erziehungsaufgaben des Staates.

---

[693] Hier zeigt sich noch einmal, daß der *Gerichtshof* die Nichtanwendbarkeit der Grundfreiheiten auch auf Bereiche erstreckt, die in der Terminologie des nationalen Rechts der schlichthoheitlichen Verwaltungstätigkeit zuzuordnen sind.

Im Fall *Poucet* wird das Vorbringen der *Kläger* aus qualitativ ähnlichen Erwägungen heraus ebenfalls nicht an den Wettbewerbsregeln gemessen. Als Argumente führt der *Gerichtshof* die Unentgeltlichkeit und letztlich das Prinzip der nationalen Souveränität an. Frankreich hat damit den Sozialversicherungsbereich in rechtlich nicht zu beanstandender Weise zur Staatsaufgabe erklärt, und die Ausführungen des *Gerichtshofes* kann man dergestalt interpretieren, daß die konkrete Tätigkeit, bzw. die in der Entscheidung in Frage stehende konkrete Tätigkeit dem Kompetenzkern dieser Tätigkeit zuzuordnen und damit als anerkannte hoheitliche Tätigkeit vor der Anwendung der Wettbewerbsregeln resistent ist.[694] Beide Entscheidungen kann man so zusammenfassen: Erstens: die Dienstleistungsfreiheit ist im Fall *Humbel* angesichts der Wahrnehmung einer hoheitlichen Staatsaufgabe nicht anwendbar. Zweitens: Aus dem Fall *Poucet* geht hervor, daß die Wahrnehmung der Sozialversicherungstätigkeit ebenfalls eine solche hoheitliche Aufgabenwahrnehmung darstellt.

Der vielleicht nur scheinbare Widerspruch folgt aus den Entscheidungen *Kohll* und *Decker*. Hier handelt es sich schließlich ebenfalls um den Tätigkeitsbereich der Sozialversicherungen wie im Fall *Poucet*. Genauso wenig wie im Fall *Humbel* dürfte dann doch diese Tätigkeit *nicht* unter den Dienstleistungsbegriff fallen. Angesichts der nur sehr kurzen Äußerungen des *Gerichtshofes* zur Frage der Anwendbarkeit der einzelnen Normenkomplexe besteht hier Aufklärungsbedarf.

2. Lösungsansatz für die Herstellung einer Kongruenz

Auch für die Auflösung der hier herausgearbeiteten Widersprüche in der Rechtsprechung des *Europäischen Gerichtshofs* kann man auf die *Kompetenzkerntheorie* zurückgreifen. Im Bereich des Sozialversicherungssystems läßt sich ähnlich wie übrigens auch beim Schulsystem eine differenzierte Lösung darstellen. Für das Schulsystem wurde oben konstatiert, daß die Errichtung und Unterhaltung des Schulsystems selbst eine hoheitliche Aufgabe und damit vor der Anwendung der Wettbewerbsregeln resistent ist. Anders war dies für den Bereich der Einstellung von Lehrern.[695] Sie ist mit der Mittelbeschaffung der Verwaltung zur Aufgabenbewältigung vergleichbar.[696] Hierzu ist kein Rückgriff auf die besonderen hoheitlichen Handlungsformen notwendig, so daß sie nach den

---

[694] Zu dieser Einordnung des Falles *Poucet* vgl. oben: „Die Anerkennung der Kompetenzbegründung im Europarecht", S. 156.

[695] *EuGH* Slg. 1986, 1725 - *Lawrie Blum.*

[696] Vgl. oben „Die Kompetenzkerntheorie", S. 159.

Aussagen der Kompetenzkerntheorie dem Regime des allgemeinen Rechts einschließlich der Grundfreiheiten und in diesem Falle der Arbeitnehmerfreizügigkeit nach Art. 39 EG unterstellt werden kann.

Diese Struktur läßt sich auch auf die Sozialversicherungssysteme übertragen. Der *Gerichtshof* weist darauf hin, daß das Gemeinschaftsrecht nach ständiger Rechtsprechung die Zuständigkeit der Mitgliedstaaten zur Ausgestaltung ihrer Systeme der sozialen Sicherheit unberührt läßt. Den Mitgliedstaaten wird also auch in diesem Bereich die grundsätzliche Kompetenz eingeräumt, ihre Sozialversicherungssysteme hoheitlich auszugestalten, so daß sie zunächst weder dem Regime der Wettbewerbsregeln noch dem der Grundfreiheiten unterstehen. Insoweit besteht Übereinstimmung zur Behandlung des Schulsystems im Fall *Humbel*. Eine Parallele läßt sich aber auch im „Beschaffungsbereich" ausmachen. Wenn man bei der Versorgung der Versicherten ein strenges Sachleistungsprinzip unterstellen würde, wenn also der Versicherte zu seiner Behandlung und dem Bezug von Heil- und Hilfsmitteln die Sozialversicherung direkt aufsuchen müßte, dann müßte die Sozialversicherung die Heilleistungen und -mittel zuvor beschaffen. Es verhielte sich also genauso, wie bei der Schule, die zuvor die Lehrer „beschaffen" muß. Damit stellt sich die Frage, ob bei diesem System der strengen Sachleistung etwas anderes gelten kann, als wenn dem Patienten die Möglichkeit eingeräumt würde, im Krankheits- oder Vorsorgefall einen (Kassen-) Arzt seiner Wahl aufzusuchen oder mit einem Rezept zu einem Heilmittellieferanten oder zu einer Apotheke seiner Wahl zu gehen. Bei dieser Betrachtungsweise wird die Wahl der Kasse in einem strengen Sachleistungsprinzip durch die Wahl des Patienten selbst ersetzt. Diese Veränderung kann aber nicht dazu führen, daß man bezüglich der (fehlenden) Hoheitlichkeit der Tätigkeit zu einer anderen Wertung kommt, die Wahl durch den Patienten entfernt diesen Tätigkeitsbereich der Sozialversicherungen allenfalls noch weiter von dem hoheitlichen Kompetenzkern.

3. **Anwendung der Kriterien der Kompetenzkerntheorie auf die Fälle *Decker* und *Kohll***

Daß die Auswahl und die Inanspruchnahme der Dienste von Angehörigen der Heilmittelberufe und Heilmittellieferanten in den Regelungsbereich der Dienstleistungsfreiheit und nicht in den hoheitlich ausgestalteten Tätigkeitsbereich der Sozialversicherungen fallen, findet seine Bestätigung aber vor allem dann, wenn man die Kriterien der Kompetenzkerntheorie hier anwendet.

Es ist also zu fragen, ob die konkrete Tätigkeit im Kompetenzkern der vom Mitgliedstaat hoheitlich wahrgenommenen Tätigkeit liegt. Dies ist - wie oben festgestellt -[697] im Wesentlichen anhand des Verhältnismäßigkeitsgrundsatzes zu untersuchen, wobei Gemeinschaftsinteressen und Interessen der Mitgliedstaaten zum Tragen kommen. Dabei ist zunächst zu ermitteln, welches Ziel die jeweiligen Mitgliedstaaten mit ihrem Verhalten verfolgen. Mit dem Genehmigungserfordernis für die Inanspruchnahme von Heilleistungen bzw. den Erwerb von Heilmitteln beabsichtigen die Mitgliedstaaten zum einen die Sicherung ihrer Systeme der sozialen Sicherheit gegen eine Gefährdung des finanziellen Gleichgewichts.[698] Zum anderen geht es darum, eine gleichmäßige Qualität von Heilmitteln und Heilleistungen in den einzelnen Mitgliedstaaten zu gewährleisten.[699] Die Verfolgung dieser Sicherungs- und Gewährleistungsziele steht, für sich betrachtet, noch nicht im Widerspruch zum Gemeinschaftsrecht. Daran anschließend stellt sich die Frage der *Geeignetheit* der konkreten Maßnahme des Mitgliedstaates, dieses Ziel zu erreichen. Das Genehmigungserfordernis für die Inanspruchnahme von Heilleistungen und den Erwerb von Heilmitteln im Ausland kann man im Allgemeinen als ein Mittel werten, mit dem man die angeführten Ziele erreichen kann.

---

[697] Vgl. oben „Einfügung der Kompetenzkerntheorie in die europäische Rechtssystematik", S. 164; „Kompetenzbegründung und Kompetenzkerntheorie in diesem Zusammenhang", S. 204.

[698] *EuGH* Slg. 1998 I, 1831 = NJW 1998, 1769, 1771 Tz. 40- *Decker*; Slg. 1998 I, 1931 = NJW 1998, 1771, 1773 Tz. 41- *Kohll*. Damit soll also letztlich verhindert werden, daß das Geld, das die Sozialkassen für die Versicherten aufwenden, ins Ausland fließt und damit nicht das eigene, sondern ein fremdes, ausländisches „Heilsystem" sichert.

[699] *EuGH* Slg. 1998 I, 1831 = NJW 1998, 1769, 1771 Tz. 42- *Decker*; Slg. 1998 I, 1931 = NJW 1998, 1771, 1773 Tz. 45- *Kohll*. Der *Gerichtshof* prüft diese Dinge im Bereich der Rechtfertigung der streitigen Regelungen. Dies ist für die Prüfung des *Gerichtshofes* auch folgerichtig, denn er hat sich mit der Frage der Anwendbarkeit der Grundfreiheiten unter dem Gesichtspunkt der Wahrnehmung einer hoheitlichen Aufgabe durch die Mitgliedstaaten nicht auseinandergesetzt. Folgerichtig müssen diese Argumente nun spätestens im Rahmen der Frage nach der Rechtfertigung der Maßnahme erfolgen. Insoweit verdienen die Entscheidungen des *Gerichtshofes* auch Kritik. Es zeigt sich aber auch, daß die grundsätzlichen Argumente zur Anwendbarkeit von Warenverkehrsfreiheit und Dienstleistungsfreiheit eine strukturelle Ähnlichkeit mit den Fragen zur Rechtfertigung einer Maßnahme aufweisen. Ein wesentlicher Unterschied besteht aber hinsichtlich der Rechtsfolge und hier hinsichtlich der Voraussetzungen für eine Rechtfertigung nach der *Cassis-Formel*: eine Rechtfertigung kann hier nur aus zwingenden Gründen des Allgemeinwohls erfolgen. Der Ausgangspunkt für die Anwendbarkeit der Warenverkehrsfreiheit und Dienstleistungsfreiheit ist hingegen das Souveränitätsinteresse der Mitgliedstaaten. Die Fragen der Anwendbarkeit dieser Grundfreiheiten stellt sich also nur, wenn sich ein Mitgliedstaat entschließt, einen bestimmten Tätigkeitsbereich selbst zu übernehmen oder einer seiner Institutionen zu übertragen. Für eine bloße normative Beschränkung der Freiheitsrechte, wie die Anforderung an Qualifikationen u.s.w., stellt sich diese Frage nicht. Dies ist geradezu der klassische Anwendungsbereich der Grundfreiheiten.

Das Schwergewicht der Problematik liegt aber auch in den Fällen *Kohll* und *Decker* wieder im Bereich der *Erforderlichkeit* der Maßnahme. Im Falle des Brillenerwerbs im Fall *Decker* scheint die Regierung des im Ausgangsverfahren beklagten Staates *Luxemburg* konzediert zu haben, daß dies keine Auswirkungen auf die Finanzierung oder das Gleichgewicht des Systems der sozialen Sicherheit hätte.[700] Wegen der Zahnbehandlung im Fall *Kohl* hat die luxemburgische Regierung diesbezüglich Bedenken geäußert, mit denen sich der *Gerichtshof* aber auch nicht lange auseinandersetzt, die er vielmehr zerstreut.[701] Zu Recht können die diesbezüglichen Argumente der beteiligten Mitgliedstaaten weder hinsichtlich der Warenverkehrsfreiheit noch hinsichtlich der Dienstleistungsfreiheit durchschlagenden Erfolg entwickeln, so daß eine Erforderlichkeit der streitigen Regelungen für die Sicherung der Finanzierung und des Gleichgewichts des Systems der sozialen Sicherheit *nicht* besteht.

Ebenso gilt dies nach Auffassung des Gerichtshofes für die Gewährleistung eines gleichmäßigen Qualitätsstandards in diesem Bereich. In beiden Fällen stellt sich der *Gerichtshof* in einer ähnlichen Kürze auf den Standpunkt, daß das System von Harmonisierungs- und Koordinationsrichtlinien bereits diesen Anforderungen an die gleichmäßige Qualität von Dienstleistungen und Warenhandel im Heilbereich genügt.[702] Auch hier fehlt es also an der entsprechenden Erforderlichkeit der Maßnahme.

---

[700] *EuGH* Slg. 1998 I, 1831 = NJW 1998, 1769, 1771 Tz. 40- *Decker*; die übrigen Regierungen die sich am Verfahren beteiligt haben (*Belgien, Deutschland* und die *Niederlande*), äußerten allerdings Bedenken, mit denen sich der *Gerichtshof* nicht auseinandergesetzt hat, weil die spezifischen Strukturen der sozialen Systeme dieser Mitgliedstaaten nicht auf dem Prüfstand waren.

[701] *EuGH* Slg. 1998 I, 1931 NJW 1998, 1771, 1773 Tz. 41 f. - *Kohll*. An dieser Stelle wären vielleicht weitere Ausführungen des *Gerichtshofes* wünschenswert gewesen, die Gründe für seinen Standpunkt liegen aber auch mehr oder minder auf der Hand. Durch die Angleichung der Vorschriften an die Qualifikationen im Gesundheitswesen kann man kaum sagen, daß das „Heilsystem" in diesem oder jenem Mitgliedstaat wesentlich besser ist, als in einem anderen. Deshalb werden die Patienten kaum lediglich in eine Richtung abwandern, sondern es wird insgesamt zu einem Austausch der Nachfrage zwischen den Mitgliedstaaten kommen. Hinzu kommt natürlich auch, daß eine derartige grenzüberschreitende „Patientenwanderschaft" zwischen den Mitgliedstaaten aus praktischen Gründen nur zwischen benachbarten Staaten und dort auch wohl nur im grenznahen Gebiet von nennenswertem Umfang sein wird.

[702] *EuGH* Slg. 1998 I, 1831 = NJW 1998, 1769, 1771 Tz. 42 - *Decker*; Slg. 1998 I, 1931 NJW 1998, 1771, 1773 Tz. 47 - *Kohll*. Auch hier kann man dem Gerichtshof wohl beipflichten. Eine faktische Überprüfung, ob tatsächlich ein vergleichbarer Qualitätsstandard in den Mitgliedstaaten besteht, erübrigt sich dabei, da es schließlich die Mitgliedstaaten selbst waren, die eine Koordinierung und Harmonisierung durchsetzen wollten. Es hat kaum Sinn, Normen für eine Harmonisierung der Anerkennung der Qualifikation eines Arztes zu schaffen,

Im Sinne der Kompetenzkerntheorie kann man damit Folgendes konstatieren: Die Einrichtung und der Betrieb der Systeme der sozialen Sicherheit stellen einen anerkannten Kompetenzbereich der Mitgliedstaaten dar. Eine Aufgabenwahrnehmung im Kernbereich dieser Kompetenz ist bei einer entsprechenden öffentlich-rechtlichen Ausgestaltung der Systeme als hoheitlich zu qualifizieren, womit im Grundsatz weder die Warenverkehrsfreiheit noch die Dienstleistungsfreiheit Anwendung finden können. Es läßt sich aus der ständigen Rechtsprechung des *Gerichtshofes* entnehmen, daß die Mitgliedstaaten in der Ausgestaltung ihrer Systeme der sozialen Sicherheit frei sind. Zum Kompetenzkern gehört naturgemäß auch die Sicherung des Bestandes dieser Systeme, der auch durch ein Ungleichgewicht in der Finanzierung gefährdet werden kann. Die Regelung der Nachfrage nach Heilmitteln und Heilleistungen gehört als eine der Beschaffungstätigkeit vergleichbare Tätigkeit nicht notwendig dem Kompetenzkern dieses Tätigkeitsbereichs an. Zumindest war dieses Genehmigungserfordernis hinsichtlich der Inanspruchnahme von Heilleistungen und des Erwerbs von Heilmitteln im Ausland zur Sicherung der sozialen Systeme im konkreten Fall nicht erforderlich und ist deshalb außerhalb des Kompetenzkerns anzusiedeln.

4. Vereinbarkeit mit den Erkenntnissen zum Rollstuhlfall

Im Rahmen dieser Arbeit wurde weiter oben[703] als Fiktion untersucht, wie etwa der *Europäische Gerichtshof* hinsichtlich der Anwendbarkeit der Wettbewerbsregeln in dem vom nationalen *Bundesgerichtshof* entschiedenen Rollstuhlfall entschieden hätte. Der *Bundesgerichtshof* hatte hier die Lehre von der Doppelqualifizierung angewendet und war dabei zu dem Ergebnis gekommen, daß nationales Wirtschaftsrecht - also UWG und GWB - anwendbar sei. Dem *Europäischen Gerichtshof* wurde die zumindest sinngemäße Anwendung der Kompetenzkerntheorie unterstellt und diese Tätigkeit der Ausleihe von Rollstühlen aufgrund von Verhältnismäßigkeitserwägungen dem Kompetenzkern zugerechnet, womit die Wettbewerbsregeln keine Anwendung finden konnten. Die Frage ist nun, ob diese Ausleihe durch die Ortskrankenkassen unter den Dienstleistungsbegriff fällt, womit das oben angedeutete Ergebnis der Zulässigkeit dieser Ausleihe im Lichte der Wettbewerbsregeln angesichts der Dienstleistungsfreiheit in die Rechtswidrigkeit umschlagen könnte.

---

deren praktische Wirksamkeit dann aber durch die Gedanken der Sicherung eines gleichmäßigen Qualitätsstandarts wieder beseitigt wird.

[703] Vgl. oben: „Anwendung der Ergebnisse auf Brillenfall und Rollstuhlentscheidung", S. 176.

Die Anwendbarkeit der Dienstleistungsfreiheit liegt nach den Erkenntnissen aus den Fällen *Kohll* und *Decker* zunächst einmal nahe. Man könnte sich auf den (im Übrigen letztlich durch die Realität im Ergebnis bestätigten) Standpunkt stellen, daß die Ausleihe gebrauchter Rollstühle nicht zur Sicherung des Sozialsystems in Deutschland erforderlich war und deshalb auch nicht dem Kompetenzkern zuzurechnen ist. Wie in den Fällen *Kohll* und *Decker* ging es im Rollstuhlfall um die Versorgung der Versicherten mit Leistungen bzw. Hilfsmitteln. Genau wie in den Fällen *Kohll* und *Decker* kann man hierin eine Art Beschaffungstätigkeit sehen, die gerade nicht dem Kompetenzkern zuzurechnen ist. Die Rollstuhlausleihe durch die Ortskrankenkassen könnte man dabei als Parallele sehen. Wenn man diese Parallele bejaht, und die Dienstleistungsfreiheit hier für anwendbar erachtet, dann stellt sich die Frage nach der Konsistenz der verschiedenen Ergebnisse, die ja schließlich beide durch die Zuhilfenahme der Kompetenzkerntheorie bestätigt werden konnten. Anders gewendet kann man fragen, ob eine Tätigkeit einmal innerhalb und einmal außerhalb des Kompetenzkerns angesiedelt werden kann, so daß die Dienstleistungsfreiheit anwendbar ist, während die Wettbewerbsregeln[704] unanwendbar wären.[705]

Es ist aber nur scheinbar so, daß die Rollstuhlausleihe genauso wenig dem Kompetenzkern zugerechnet werden kann, wie dies bei dem Genehmigungserfordernis in den Fällen *Decker* und *Kohll* der Fall war. In den Entscheidungen *Decker* und *Kohl* wirkt sich das Genehmigungserfordernis dergestalt auf den Markt aus, daß die Nachfrage von Heilleistungen und Heilmitteln auf den Märkten des EG-Auslands (faktisch) beeinträchtigt ist. Wenn man hier den Gedanken des Vergleichs zur Beschaffungstätigkeit noch einmal heranzieht, dann erkennt man, daß sich dieses Hemmnis des Genehmigungserfordernisses quasi unmittelbar auf die Nachfragetätigkeit der Versicherten auswirkt. Anders ist es im Rollstuhlfall.[706] Natürlich wirkt sich der Entschluß, dauerhafte Heilmittel

---

[704] wie im Fall *Poucet und Pistre*, aber auch bei der Fiktion des Rollstuhlfalles.

[705] Diese Frage verwirrt vollends, denn es erscheint zumindest auf den ersten Blick einleuchtend, daß bei einer konkreten Sachverhaltskonstellation die Wettbewerbsregeln unanwendbar erscheinen, während die Grundfreiheiten anwendbar sind. Denn schließlich ist die Dienstleistungsfreiheit - wie jede andere Grundfreiheit auch - beispielsweise auf hoheitliche Maßnahmen der Gesetzgebung anwendbar, während die Wettbewerbsregeln hier (grundsätzlich) keine Anwendung finden können. Diese Sichtweise führt aber am Kern der Sache vorbei, denn hier geht es nicht um gesetzgeberische oder anderweitig unmittelbar oder mittelbar regelnde Maßnahmen des Staates, sondern um wirtschaftliche Betätigung oder wirtschaftliche Staatstätigkeit. Der Staat regelt hier nicht, sondern er *leistet*. Auf diese Weise entsteht der hier behandelte Schnittpunkt. Die eingangs dieser Fußnote getroffene Feststellung betrifft den Allgemeinfall.

[706] Auf den an dieser Stelle vielleicht naheliegenden Unterschied, daß die Handelsbeeinträchtigung im Rollstuhlfall alle Anbieter von Rollstühlen - also inländische wie ausländische -

nach Gebrauch einzusammeln und dann weiter zu verleihen, auch auf den Handel aus; denn da nunmehr weniger benötigt wird, wird auch weniger nachgefragt. Sicherlich könnte man zumindest auf den ersten Blick hierin eine allgemeine Beeinträchtigung des Handels zwischen den Mitgliedstaaten im Sinne der *Dassonville-Formel* sehen. Aber kann diese Veränderung im Ergebnis die Anwendung der Warenverkehrsfreiheit auf den Plan rufen? Daß der Erwerb der Rollstühle - eine gemeinschaftsweite Bedeutung vorausgesetzt - unter dem Regime der Warenverkehrsfreiheit steht, ist ohne Zweifel. Die willkürliche Bevorzugung inländischer Anbieter oder überzogene Anforderungen an die Ware selbst wären im Lichte der Warenverkehrsfreiheit als gemeinschaftswidrig anzusehen. Hier geht es allerdings allein um die *Verwendung* der bereits beschafften Ware, mit deren Hilfe die Verwaltung ihre schlicht-hoheitliche Aufgabe erfüllt. Die Rollstühle sind insoweit mit der Büroausstattung, den Dienstwagen und sonstigen öffentlichen Sachen im Verwaltungsgebrauch zu vergleichen. In diesen Bereich der Verwendung der verwaltungseigenen Sachmittel zur schlicht-hoheitlichen Aufgabenerfüllung kann die Warenverkehrsfreiheit selbstverständlich nicht hineinregieren und den Ortskrankenkassen und mit ihnen womöglich noch der gesamten übrigen Verwaltung befehlen, ihre Sachen im Interesse der Warenverkehrsfreiheit so früh wie möglich zu entsorgen. Folglich umfaßt der Kompetenzkern einer hoheitlichen Aufgabe auch die Entscheidung über den Einsatz verwaltungseigener Sachmittel zur Erfüllung dieser Aufgabe.

Dieses Ergebnis läßt sich im Übrigen auch noch einmal mit den Begriffen des „Ob" und „Wie" im Sinne der Zweistufentheorie bestätigen: Wenn sich die Verwaltung zu einer im Sinne des Europarechts und der Kompetenzkerntheorie rechtmäßigen hoheitlichen Aufgabenerfüllung entschließt, dann wird sie im Bereich des „Ob" wie des „Wie" hoheitlich tätig. Zum Bereich des „Wie" gehört auch die Entscheidung über den Einsatz der Sachmittel. Diese Erwägungen zeigen zudem, welche unerwünschten und weitreichenden Konsequenzen die Anwendung der „marktbezogenen Unlauterkeit" auf die Verwendungsentscheidung von verwaltungseigenen Sachmitteln haben kann. Dies ist so bislang wohl noch nicht gesehen worden.

---

gleichermaßen trifft, kommt es hier nicht an, diese nicht diskriminierende Handelsbeeinträchtigung könnte man nämlich sehr wohl mit der *Dassonville-Formel* greifen, *EuGH* Slg. 1974, 837, 852 Tz. 5 - *Dassonville*.

IV. Anwendbarkeitsgrenzen der Personenverkehrsfreiheit

Der freie Personenverkehr wird durch die beiden Normenkomplexe der *Arbeitnehmerfreizügigkeit* (Art. 39 ff. EG) und der *Niederlassungsfreiheit* (Art. 43 ff. EG) geregelt. Im Rahmen der Erarbeitung der Abgrenzungskriterien der wirtschaftlichen Betätigung und hoheitlichen Aufgabenwahrnehmung wurde bereits auf die *unechte Ausnahmeklausel* des Art. 39 IV EG zur Arbeitnehmerfreizügigkeit eingegangen.[707] Die Arbeitnehmerfreizügigkeit scheint aber ansonsten im Hinblick auf die Anwendungsgrenzen von Grundfreiheiten und Wettbewerbsregeln eine eher geringe Bedeutung zu haben. Soweit ersichtlich hat die Arbeitnehmerfreizügigkeit allenfalls mittelbare Auswirkungen auf marktrelevante Staatstätigkeiten. Dies ist etwa der Fall, wenn sich ein Mitgliedstaat entschließt, eine Aufgabe durch eine mit besonderen oder ausschließlichen Rechten ausgestattete Institution zu erfüllen und dabei besondere Anforderungen z.B. an die Staatsangehörigkeit der Mitarbeiter stellt. Die Reihe der oben angeführten Beamtenfälle des *Europäischen Gerichtshofs* geht beispielsweise in diese Richtung.[708] Es ist aber nicht die Aufgabenerfüllung, die unter dem Regime der Arbeitnehmerfreizügigkeit steht, sondern die Beschaffung der hierzu erforderlichen Arbeitskräfte. Daß die Aufgabenerfüllung einerseits und die Beschaffung von Arbeitskräften andererseits getrennt voneinander zu betrachten sind, wurde oben bereits ausführlich dargestellt.[709] In einem ähnlichen Licht sind die Ausführungen des *Gerichtshofes* zur Arbeitnehmerfreizügigkeit im Fall *Hafen von Genua* zu sehen.[710] Hier war das Monopol der Hafenbetriebsgesellschaft so ausgestaltet, daß nur Inländer für die Gesellschaft arbeiten konnten. Der *Gerichtshof* sah hierin einen Verstoß gegen Art. 86 I i.V.m. 39 EG, da die in Rede stehenden Hafenarbeiten keinem Ausnahmetatbestand unterfielen. Auch hier berührte Art. 39 EG allerdings nicht die Aufgabenerfüllung selbst.

Die Niederlassungsfreiheit kann dagegen unmittelbare Auswirkungen auf die Staatstätigkeit haben. Nach Art. 43 II EG umfaßt die Niederlassungsfreiheit die Aufnahme und Ausübung selbständiger Erwerbstätigkeiten sowie die Gründung und Leitung von Unternehmen, insbesondere von Gesellschaften im Aufnahmestaat. Nach Auffassung des *Gerichtshofes* ist Niederlassung die „tatsächliche Ausübung einer wirtschaftlichen Tätigkeit mittels einer festen Einrichtung in

---

[707] Vgl. oben „Orientierung an den Ausnahmeklauseln zu den Grundfreiheiten", S. 133, insbes. S. 134.

[708] *EuGH* Slg. 1986, 2121 - *Lawrie-Blum*; Slg. 1989, 1591, 1609 - *Pillar Alluè*; *EuGH* EuGRZ 1992, 104 - *Bleis*.

[709] Vgl. oben „Überprüfung der Ergebnisse anhand der Fälle *Decker* und Kohll", S. 210 ff.

[710] *EuGH* Slg. 1991 I, 5889, 5927 Tz. 13, 5930 Tz. 24.

einem anderen Mitgliedstaat auf unbestimmte Zeit."[711] Im Unterschied zur Dienstleistungsfreiheit kommt es auf die dauerhafte Eingliederung des Unternehmens an.[712]

Fraglich ist, zunächst, wo die hoheitliche Aufgabenwahrnehmung als negatives Tatbestandsmerkmal ansetzen kann. Verengt man die Betrachtung allein auf den Begriff des „Niederlassens", kommt man zu keinem überzeugenden Ergebnis. Allerdings definiert sich die Niederlassungsfreiheit nicht allein druch die feste Einrichtung auf unbestimmte Zeit, sondern auch durch die tatsächliche Ausübung einer *wirtschaftlichen Tätigkeit*.[713] Im Rahmen dieser wirtschaftlichen Tätigkeit kann die hoheitliche Aufgabenerfüllung sehr wohl als negatives Tatbestandsmerkmal wirken, insofern bestehen durchaus Parallelen zur Dienstleistungs- und Warenverkehrsfreiheit. Die Kongruenz der Anwendungsgrenzen von Dienstleistungs- und Niederlassungsfreiheit wird noch dadurch unterstrichen, daß die dauerhafte Eingliederung des Unternehmens in den Empfangsstaat den wesentlichen Unterschied der Niederlassungsfreiheit zur Dienstleistungsfreiheit darstellt.[714] Der Inhalt der Leistung selbst kann dabei vollkommen identisch sein. So wäre es in Anlehnung an den Fall *Humbel* bezüglich der Leistung kein wesentlicher Unterschied, wenn eine Privatschule aus einem anderen Mitgliedstaat die Einrichtung einer Zweigniederlassung in einem Mitgliedstaat anstrebt, der die Aufgabe der schulischen Erziehung hoheitlich erfüllt.[715] Daß man sich zwecks Erbringung einer Leistung oder Produktion und Verteilung einer Ware in einem anderen Mitgliedstaat niederläßt, ist aus verschiedenen Gründen denkbar. So kann die feste Einrichtung in einem fremden Mitgliedstaat Voraussetzung für die Erbringung der Leistung sein, vorstellbar ist dies bei Kur-, Krankenhaus- oder Verkehrsbetrieben. Weiterhin kann die Güterproduktion im fremden Staat aus produktionstechnischen Gründen geboten sein. Zudem ist denkbar, daß die dauerhafte Präsenz im anderen Mitgliedstaat aus Gründen des Marketings erforderlich erscheint.[716] Alle diese Gründe ver-

---

[711] vgl. z.B.: *EuGH* Slg. 1991 I, 3905, 3965 Tz. 20 - *Factortame*.

[712] *Hakenberg*: Grundzüge des Europäischen Wirtschaftsrechts (1994), S. 109 f.

[713] vgl. gerade oben *EuGH* Slg. 1991 I, 3905, 3965 Tz. 20 - *Factortame*.

[714] vgl. gerade oben *Hakenberg*: Grundzüge des Europäischen Wirtschaftsrechts (1994), S. 109 f.

[715] Auch die Gründung von Zweigniederlassungen fällt unter die Niederlassungsfreiheit, vgl. *EuGH* Slg. 1984, 2971, 2989 f. Tz. 18 - *Klopp*.

[716] Die Niederlassungsfreiheit hat also in Bezug auf die Dienstleistungs- und Warenverkehrsfreiheit durchaus eine eigenständige Bedeutung. Diese Bedeutung kann nicht allein auf *Produktionsmonopole* beschränkt werden, so aber offenbar: *Ehlermann*: Neuere Entwicklungen im Europäischen Wettbewerbsrecht, EuR 1991, 307, 324 f; *Heinemann*: Grenzen staatlicher Monopole im EG-Vertrag (1996), S. 138 ff.. Über diese Produktionsmonopole hinausge-

mögen aber hinsichtlich der Anwendbarkeit der Niederlassungsfreiheit keine anderen Ergebnisse zu rechtfertigen, als dies bei der Dienstleistungsfreiheit, der Warenverkehrsfreiheit und auch den Wettbewerbsregeln hinsichtlich einer hoheitlichen Aufgabenerfüllung durch einen Mitgliedstaat der Fall war.

Eine weitere Parallele zeigt sich in der *unechten Ausnahmeklausel* des Art. 45 I EG,[717] mit der sich die hier gefundenen Ergebnisse stützen lassen. Diese Norm beantwortet gerade eine Vorfrage der Anwendbarkeit. Demnach finden weder die Niederlassungsfreiheit noch (über Art. 55 EG) die Dienstleistungsfreiheit auf Tätigkeiten Anwendung, die mit der Ausübung hoheitlicher Gewalt im Zusammenhang stehen. Praktische Relevanz erhielt diese Norm bei der Frage, ob eine griechische Regelung, nach der Sachverständige für Verkehrsunfälle einheimische Staatsbeamte sein mussten, mit den Regeln des EG-Vertrages zu vereinbaren war. Diese Regelung verhinderte in diskriminierender Weise die Niederlassung ausländischer Sachverständiger. Ohne dabei besonders in die Tiefe zu gehen, stellte sich der *Europäische Gerichtshof* auf den Standpunkt, daß eine solche Tätigkeit nicht mit der Ausübung hoheitlicher Gewalt verbunden sei.[718] Die Parallelen zur oben angeführten Beamtenrechtsprechung bezüglich der Auslegung des Art. 39 IV EG erscheinen dabei unübersehbar.[719] Nach den in dieser Arbeit gefundenen Ergebnissen ist dieser Fall folgendermaßen einzuordnen: Dem Mitgliedstaat ist es zwar unbenommen, die Begutachtung von Verkehrsunfällen zur Staatsaufgabe zu erklären. Wie im Schulwesen ist es bei der Erfüllung dieser Staatsaufgabe nicht erforderlich, daß hier ausschließlich griechische Staatsbeamte wirken. Dies fällt eben nicht in den Kompetenzkern der hoheitlichen Aufgabenerfüllung.[720] Auf diese Weise könnte die Kompetenzkerntheorie auch Eingang in die Auslegung des Art. 45 EG finden.

Folglich kann man die Kriterien für die Frage der Anwendbarkeit der Dienstleistungsfreiheit, der Warenverkehrsfreiheit und der Wettbewerbsregeln im Hinblick auf eine hoheitliche Aufgabenwahrnehmung durch einen Mitgliedstaat ohne weiteres auch auf die Frage der Anwendbarkeit der Niederlassungsfreiheit übertragen. Der Mitgliedstaat muß also eine Aufgabe zur Staatsaufgabe erklärt haben, die in den Bereich der ihm verbliebenen Souveränität fällt, und das kon-

---

hend ist die Niederlassungsfreiheit immer dann relevant, wenn ein Mitwettbewerber aus dem EG-Ausland zur Produktion oder Erbringung einer Leistung faktisch auf eine Niederlassung im Empfangsstaat angewiesen ist.

[717] Zum Begriff der unechten Ausnahmeklauseln vgl. oben S. 134, 203.

[718] *EuGH* Slg. 1991 I, 5863 ff. - *Kommission/Griechenland*.

[719] Vgl. oben „Orientierung an den Ausnahmeklauseln zu den Grundfreiheiten", S. 133.

[720] Vgl. oben zur Dienstleistungsfreiheit „Kompetenzbegründung und Kompetenzkerntheorie in diesem Zusammenhang", S. 204

krete Verhalten des Mitgliedstaates muß dem Kernbereich der auf diese Weise begründeten Kompetenz zuzuordnen sein. Kann beides bejaht werden, so scheidet eine Überprüfung des mitgliedstaatlichen Verhaltens anhand der Niederlassungsfreiheit von vorn herein aus. Sofern bereits die Erklärung zur Staatsaufgabe vom EG-Recht nicht hingenommen werden kann oder die konkrete Tätigkeit außerhalb des Kompetenzkerns liegt, kommt die Niederlassungsfreiheit hingegen als Maßstab für das mitgliedstaatliche Verhalten gegebenenfalls neben der Dienstleistungsfreiheit, der Warenverkehrsfreiheit und den Wettbewerbsregeln in Betracht.

V. Anwendbarkeitsgrenzen der Kapitalverkehrsfreiheit

Art. 56 EG bestimmt die grundsätzliche Freiheit des Kapital- und Zahlungsverkehrs. Diese Regelung, deren Wortlaut Parallelen zu Art. 28 EG aufweist, ist erst durch den Vertrag von Maastricht mit Wirkung zum 01.01.1994 in den Vertrag eingefügt worden. Die Neuregelung im Primärrecht war notwendig geworden, da die alten Regelungen (Art. 67 ff., 106 ff EWGV) nur eine schrittweise Liberalisierung vorsahen. Vor allem Frankreich und Italien hielten bis in die letzte Zeit an Beschränkungen in Form von Devisenbewirtschaftungsregelungen fest.[721]

Im Hinblick auf die Freiheit des *Zahlungsverkehrs* kann man feststellen, daß sie nur durch einen finalen Hoheitsakt beeinträchtigt sein kann. Es ist keine Staatstätigkeit denkbar, die den grenzüberschreitenden Zahlungsverkehr mittelbar unmöglich machen könnte. Etwas anderes könnte aber für die *Kapitalverkehrsfreiheit* gelten. Wenn sich ein Mitgliedstaat dazu entschließt, eine staatliche Aufgabe mit hoheitlichen Mitteln selbst oder durch einen einzelnen Beliehenen zu erfüllen, besteht für Dritte kaum noch die Möglichkeit, sich in diesem Bereich zu betätigen. Sofern das EG-Recht diese hoheitliche Aufgabenwahrnehmung nach den in dieser Arbeit herausgearbeiteten Kriterien anerkennt, scheidet auch eine Berufung auf die Warenverkehrs-, Dienstleistungs- und Niederlassungsfreiheit aus. Wenn ein Staatsbürger eines anderen Mitgliedstaates diese Tätigkeit im Empfangsstaat nicht unmittelbar selbst wahrnehmen will, sondern lediglich sein Kapital in diesem Bereich investieren will, so hat diese Investition für ihn wenig Sinn. Ein Investor, der beispielsweise in ein konkurrierendes privates Schulsystem investieren will, kann sich - wieder in Anlehnung an den Fall *Humbel* - mit der hoheitlichen Wahrnehmung der Aufgabe der schulischen Erziehung konfrontiert sehen. Die hoheitliche Aufgabenwahrnehmung kann e-

---

[721] Vgl. hier den geschichtlichen Abriß bei *Hakenberg*: Grundzüge des Europäischen Wirtschaftsrechts (1994), S. 123

ben die Renditeerwartungen der Investition beeinflussen, vor allem, wenn der Staat die Aufgabenwahrnehmung monopolisiert hat. Es ist dem Investor zwar auch in diesem Fall unbenommen, demjenigen, der sich in diesem Bereich betätigen will, Kapital zu überlassen.[722] Das vorhersehbare Ausbleiben der Rendite wird ihn allerdings von seiner Investition abhalten. Fraglich ist nun, ob diese mittelbare Beeinträchtigung der Kapitalströme eine Beschränkung im Sinne von Art. 56 EG darstellt. Sofern dies nicht der Fall ist, wäre es obsolet, im Bereich der Kapitalverkehrsfreiheit die hoheitliche Aufgabenerfüllung als negatives Tatbestandsmerkmal zu begreifen.

Zunächst ist es der Wortlaut der Norm, der für eine denkbar weite Auslegung des Begriffs der Beschränkungen spricht, die auch mittelbare Beeinflussungen der Kapitalströme umfaßt. Zum Vergleich kann hier Art. 28 EG herangezogen werden, der *mengenmäßige Einfuhrbeschränkungen* sowie alle *Maßnahmen gleicher Wirkung* grundsätzlich verbietet. Nach dem Wortlaut des Art. 56 EG sind *alle Beschränkungen* grundsätzlich verboten. Dies läßt den Schluß zu, daß Art. 56 EG mindestens die in Art. 28 EG angesprochenen Formen der Beschränkung umfaßt.[723] Mit diesem Verständnis erscheint es auch naheliegend, die *Dassonville*-Formel,[724] die auch mittelbare Beschränkungen mit einschließt, sinngemäß auf die Kapitalverkehrsfreiheit anzuwenden. Zudem dürfte ein Eingriff in die Kapitalverkehrsfreiheit regelmäßig mittelbaren Charakter haben, da der unmittelbare Eingriff in die Geldströme bereits in die Freiheit des Zahlungsverkehrs nach Art. 56 II EG fällt. Eine Beschränkung des Kapitalverkehrs liegt danach in jeder Regelung eines Mitgliedstaates, die geeignet ist, den innergemeinschaftlichen Kapital- und Zahlungsverkehr sowie den Kapital- und Zahlungsverkehr zwischen Mitgliedstaaten und dritten Ländern unmittelbar oder mittelbar, tatsächlich oder potentiell zu behindern.[725]

Angesichts der weiten Fassung der Beschränkung in Art. 56 EG erscheint es auch sachgerecht, die im Bereich der übrigen Grundfreiheiten gewonnene Erkenntnis, daß die hoheitliche Aufgabenwahrnehmung als negatives Tatbestandsmerkmal wirkt, auch auf die Kapitalverkehrsfreiheit zu übertragen. Fraglich ist allerdings bei welchem Begriff oder Tatbestandsmerkmal der Kapitalverkehrsfreiheit die hoheitliche Aufgabenwahrnehmung als negatives Tatbestandsmerkmal wirken kann. Bei den Wettbewerbsregeln und übrigen Grund-

---

[722] Insoweit zeigt sich gerade, daß die hoheitliche Betätigung die *Zahlungsverkehrsfreiheit* nicht beeinträchtigt.

[723] Vgl. *Heinemann*: Grenzen staatlicher Monopole im EG-Vertrag (1996), S. 143, der diese Schlüsse aber nur im Hinblick auf die Rechtfertigungsmöglichkeiten zieht.

[724] *EuGH* Slg. 1974, 837, 852 Tz. 5 - *Dassonville;* vgl. oben S. 205.

[725] *Heinemann*: Grenzen staatlicher Monopole im EG-Vertrag (1996), S. 143 f.

freiheiten wirkte die hoheitliche Aufgabenwahrnehmung bei der Annahme der wirtschaftlichen Betätigung, der Dienstleistung, der Handelsware oder des Warenhandels als negatives Tatbestandsmerkmal. Einen vergleichbaren Begriff weist die Kapitalverkehrsfreiheit nicht auf. Allerdings muß man beachten, daß die Kapitalverkehrsfreiheit nach ihrem Zweck als Ergänzung zur Warenverkehrs-, Dienstleistungs- und Niederlassungsfreiheit anzusehen ist. Die Grundfreiheiten können nur dann optimal verwirklicht werden, wenn die durch sie geschützten Tätigkeiten durch entsprechende grenzüberschreitende Kapitalströme unterstützt werden.[726] Die Kapitalinvestition in eine Tätigkeit, die der Staat zuvor rechtmäßig zur Staatsaufgabe erklärt hat und die deshalb weder von der Warenverkehrs-, Dienstleistungs- oder Niederlassungsfreiheit erfaßt wird, kann nicht von der Kapitalverkehrsfreiheit geschützt sein. An der Stelle eines einzelnen Begriffs, innerhalb dessen die hoheitliche Aufgabenwahrnehmung als negatives Tatbestandsmerkmal wirkt, steht bei der Kapitalverkehrsfreiheit deshalb die Summe der Begriffe aus den übrigen Grundfreiheiten.

Die Kapitalverkehrsfreiheit berührt die hoheitliche Aufgabenwahrnehmung aber darüber hinaus noch in einer ganz anderen Richtung. Wenn man sich noch einmal die oben getroffene Feststellung vergegenwärtigt, daß auch mittelbare Beeinträchtigungen zu den Beschränkungen im Sinne des Art. 56 EG zählen, stellt sich sogleich die Frage, wo die Grenze für derartige mittelbare Beeinträchtigungen zu ziehen ist. Es bedarf wohl keiner weiteren Erklärungen, daß durch die Wirtschafts- und Währungspolitik der Mitgliedstaaten und der Zentralbanken die Kapitalströme beeinflußt werden. Verschlechtert etwa ein hoheitlicher Akt in diesem Bereich das Investitionsklima, erschiene es kaum sachgerecht, einen rechtswidrigen Eingriff in die Kapitalverkehrsfreiheit anzunehmen. Die Anwendung der Kapitalverkehrsfreiheit würde in diesem Raum eine effektive Aufgabenwahrnehmung verhindern. Ähnlich wie im Bereich des mittelbaren Grundrechtseingriffs auf der Ebene der nationalen Rechtsdogmatik kann nicht jede noch so entfernt liegende mittelbare Beeinträchtigung zur Verletzung der Kapitalverkehrsfreiheit führen. Folglich können wirtschafts- und währungspolitische Maßnahmen allenfalls dann einen Eingriff in die Kapitalverkehrsfreiheit darstellen, wenn sie final eine Investitionsmöglichkeit beseitigen wollen oder wenn damit die schwere und unerträgliche Verschlechterung des Investitionsklimas in Kauf genommen würde. Beide Fälle dürften praktisch kaum relevant sein.

---

[726] *Schweitzer/Hummer*: Europarecht (5. Aufl. 1996), Rn. 1210.

VI. Kongruenz der Anwendbarkeitsgrenzen

Im Ergebnis läßt sich eine Kongruenz von Dienstleistungs- Handelswaren- und Unternehmensbegriff im Hinblick auf die Wirkung der hoheitlichen Aufgabenwahrnehmung als negatives Tatbestandsmerkmal feststellen. Eine hoheitliche Aufgabenwahrnehmung führt dementsprechend zu einer Unanwendbarkeit der Wettbewerbsregeln und jeweiligen Grundfreiheiten. Die praktische Richtigkeit dieser Feststellung zeigt sich, wenn man hier noch einmal die im Rahmen der Anwendbarkeit der Wettbewerbsregeln besprochenen Fälle *Bodson, Eurocontrol* und *Poucet*[727] heranzieht. Es wäre kaum nachzuvollziehen, wenn die Wettbewerbsregeln aufgrund des hoheitlichen bzw. schlicht-hoheitlichen Charakters der Tätigkeit für unanwendbar erklärt würden, gleichzeitig aber Raum für die Anwendung der Grundfreiheiten gelassen würde. In allen drei Fällen wäre durch die staatliche Regelung vor allem die Dienstleistungsfreiheit berührt. Im Fall *Bodson* kann kein Ausländer ohne weiteres externe Leistungen des Bestattungswesens erbringen. Im Fall *Eurocontrol* kann niemand anders bestimmte Dienstleistungen im Bereich der Flugsicherung erbringen. Im Fall *Poucet* kann niemand anders als die französischen Sozialversicherungen Dienstleistungen im Sozialversicherungswesen anbieten. Wenn also in diesen Fällen regelmäßig durch die Monopolisierung der Aufgabe die Dienstleistungsfreiheit berührt wäre, müßte sie in jedem Einzelfall nach den spezifischen Rechtfertigungskriterien überprüft werden. Eine solche Differenzierung erscheint aber ohne jeden Sinn. Folglich ist es eine logische Konsequenz, wenn man hinsichtlich der Anwendbarkeit der Normenkomplexe gleiche Voraussetzungen fordert.

Im Falle der Wettbewerbsregeln wird die Frage der Anwendbarkeit - wie oben gezeigt -[728] im Rahmen des Tatbestandsmerkmals der Unternehmenseigenschaft geprüft. Auch bei den Grundfreiheiten wird diese Vorfrage nicht abstrakt gestellt, sondern im Rahmen eines konkreten Tatbestandsmerkmals beantwortet. Bei der *Dienstleistungsfreiheit* ist sie im Rahmen des Dienstleistungsbegriffs zu diskutieren. Sowohl der Unternehmensbegriff wie auch der Dienstleistungsbegriff sind von ihrer Konzeption her weit gefaßt; nach der oben besprochenen Entscheidung *Höfner* erfaßt der funktionale Unternehmensbegriff jede eine wirtschaftliche Tätigkeit ausübende Einheit, unabhängig von ihrer Rechtsform und der Art ihrer Finanzierung.[729] Ähnlich weit ist der nach Art. 50 I EG als Auf-

---

[727] S. oben S. 86 ff.; 95 ff.; 156.

[728] Vgl. oben insbes. „Hoheitliche Aufgabenerfüllung als negatives Tatbestandsmerkmal des Unternehmensbegriffs", S. 110.

[729] Slg. 1991 I, 1979, 2016 Tz. 21 - *Höfner*; Slg. 2002 I, 691 Tz. 22 - *INAIL* Slg. 2002 I, 1577 Tz. 46 - *Niederländische Rechtsanwaltskammer*; Slg. 2002 I, 9297 Tz. 75 - *Aéroports de Paris*; vgl. oben S. 78.

fangtatbestand konzipierte Dienstleistungsbegriff zu fassen. Beide Begriffe finden ihre Anwendungsgrenze negativ inzident bei der hoheitlichen bzw. schlicht-hoheitlichen Tätigkeit des Staates; die hoheitliche Aufgabenwahrnehmung wirkt also in beiden Fällen als negatives Tatbestandsmerkmal.[730]

Auch der Begriff des Warenhandels ist im Bereich der *Warenverkehrsfreiheit* nicht zuletzt aufgrund der *Dassonville-Formel* weit gefaßt.[731] Genau wie in den beiden übrigen Fällen wirkt auch hier die hoheitliche Betätigung als negatives Tatbestandsmerkmal. Kennzeichen der *Niederlassungsfreiheit* ist unter anderem die Ausübung einer wirtschaftlichen Tätigkeit. Auch hier wirkt die hoheitliche Aufgabenwahrnehmung als negatives Tatbestandsmerkmal. Gewisse Besonderheiten weist die Kapitalverkehrsfreiheit auf. Sie enthält zwar unmittelbar kein Merkmal, in dessen Rahmen die hoheitliche Aufgabenwahrnehmung als negatives Tatbestandsmerkmal wirken könnte. Da sie aber auch der Verwirklichung der übrigen Grundfreiheiten dient, findet sie ihre Grenze, wenn die Grundfreiheit, zu deren Verwirklichung die Kapitalinvestition dienen sollte, aufgrund einer hoheitlichen Aufgabenwahrnehmung unanwendbar ist. Insofern vereint die Kapitalverkehrsfreiheit die entsprechenden Begriffe der übrigen Grundfreiheiten in sich. Darüber hinaus ist im Unterschied zu den anderen Grundfreiheiten bei der Kapitalverkehrsfreiheit denkbar, daß wirtschafts- und währungspolitische Maßnahmen der Mitgliedstaaten mit hoheitlichem Charakter in ihren Schutzbereich eingreifen. Durch die Veränderung des Investitionsklimas können die Ströme des Kapitalverkehrs beeinträchtigt sein. In Anlehnung an das Denkmodell des mittelbaren Grundrechtseingriffs kann aber nicht jede noch so entfernte Veränderung der Situation einen rechtswidrigen Eingriff darstellen.

Als wesentliches Ergebnis bleibt damit festzuhalten, daß die hoheitliche Aufgabenwahrnehmung im Bereich jeder Grundfreiheit und im Bereich der Wettbewerbsregeln an einem jeweils spezifischen Begriff als negatives Tatbestandsmerkmal wirkt. Was schließlich als hoheitliche Aufgabenwahrnehmung eines Mitgliedstaates anzuerkennen ist, kann in allen Fällen in Anlehnung an die Er-

---

[730] So im Ergebnis auch *Heinemann*: Grenzen staatlicher Monopole im EG-Vertrag (1996), S. 119 f., insbes. auch Fn. 593; a. A.: *Fesenmair*: Öffentliche Dienstleistungsmonopole im europäischen Recht (1996), S. 30 ff., 44, 70, 242. Im Gegensatz zu der hier vertretenen Auffassung will *Fesenmair* den Unternehmensbegriff mit der Ausnahmeklausel zur Dienstleistungsfreiheit (Art. 55 i.V.m. 45 EG) auslegen. Nach der hier vertretenen Auffassung ist aber die *Anwendbarkeit* von der *Ausnahmeklausel* sowohl bei den Wettbewerbsregeln wie auch bei den Grundfreiheiten streng zu unterscheiden. Die hoheitliche Betätigung als negatives Tatbestandsmerkmal im Unternehmens- und im Dienstleistungsbegriff würde in das Konzept von *Fesenmair* nicht hineinpassen.

[731] Vgl. oben „Begriff und Bedeutung der Warenverkehrsfreiheit", S. 205

wägungen zur Kompetenzbegründung und die Kompetenzkerntheorie bestimmt werden.

B.   Ausnahmeklauseln zu den Grundfreiheiten

Die Anwendung der gesetzlichen und außergesetzlichen Ausnahmeklauseln kommt in Betracht, wenn die entsprechende Grundfreiheit tatbestandlich vorliegt, wenn die Grundfreiheit also anwendbar ist und ein Eingriff in ihren Schutzbereich vorliegt. Zur Rechtfertigung derartiger Eingriffe regelt der EG-Vertrag für jede der Grundfreiheiten konkrete Ausnahmetatbestände. Derartige Ausnahmeklauseln sind die Art. 30, 46, 55, 57 ff. EG. Die Bestimmungen dieser Ausnahmeklauseln sind auf die Besonderheiten der jeweiligen Grundfreiheiten abgestimmt und deshalb schon von ihrem Wortlaut her verschieden. Neben diesen gesetzlichen Ausnahmeklauseln hat die Praxis im Zuge der Erweiterung des Anwendungsbereichs der Grundfreiheiten auch außergesetzliche Ausnahmetatbestände entwickelt.[732] Das System der gesetzlichen und außergesetzlichen Ausnahmen soll an dieser Stelle zunächst nur kurz skizziert werden. Die Grundfreiheiten beinhalten nach ihrer ursprünglichen Konzeption ein Verbot von Handelsbeschränkungen, das Wettbewerber aus anderen Mitgliedstaaten der Gemeinschaft in diskriminierender Weise trifft. Die Praxis hat den Anwendungsbereich der Grundfreiheiten aber auch auf allgemeine, also nicht diskriminierende Beschränkungen des zwischenstaatlichen Handels erweitert. Um dabei den Interessen der Mitgliedstaaten ausreichend Rechnung zu tragen, stellte man neben die gesetzlichen Ausnahmeklauseln ein weiteres außergesetzliches Ausnahmesystem, das man mit „zwingenden Interessen der Mitgliedstaaten" umschreiben kann. Die Entwicklung und der Fortschritt dieses Systems sind bei den einzelnen Grundfreiheiten unterschiedlich. Trotzdem kann man aber folgendes Grundsystem entwickeln: Diskriminierende Beschränkungen der Grundfreiheiten kommen allein aus den dezidierten Gründen der gesetzlichen Ausnahmeklauseln in Betracht. Allgemeine Beschränkungen der Handelsströme können darüber hinausgehend mit den - auslegungsbedürftigen - zwingenden Interessen der Mitgliedstaaten gerechtfertigt werden. Gesetzmäßigkeiten für beides gilt es im Folgenden aufzuspüren.

---

[732] Dabei kann man über die Frage streiten, ob es sich hier um Ausnahmen nach dem Muster der gesetzlichen Ausnahmeklauseln oder um immanente Beschränkungen des Tatbestandes handelt. Näheres vgl. unten: „Außergesetzliche Ausnahmen von der Warenverkehrsfreiheit", S. 241, insb. Fn. 787.

I. Gesetzliche Ausnahmeklauseln des EG-Vertrages

1. Art. 30 EG für die Warenverkehrsfreiheit

Nach dem soeben dargestellten System können über Art. 30 EG sowohl allgemeine wie auch diskriminierende Beschränkungen der Warenverkehrsfreiheit gerechtfertigt werden. Dabei ist die Norm bei diskriminierenden Beschränkungen die einzige Ausnahmemöglichkeit. Der Zweck des Art. 30 EG besteht darin, den Mitgliedstaaten zu ermöglichen, zum Schutz der aufgeführten Rechtsgüter *ausnahmsweise* Regelungen und Praktiken anzuwenden, die den innergemeinschaftlichen freien Warenverkehr behindern. Die Warenverkehrsfreiheit würde allerdings bei einer extensiven Auslegung der Norm leerlaufen. Deshalb liegt es auf der Hand, daß derartige Beschränkungen nur in einem hierfür unvermeidbar erforderlichen Umfang hingenommen werden können.[733] Die Ausnahme kann gewährt werden aus Gründen der öffentlichen Sittlichkeit, Ordnung und Sicherheit; zum Schutze des Lebens und der Gesundheit von Menschen, Tieren und Pflanzen; zum Schutze des nationalen Kulturgutes von künstlerischem, geschichtlichem oder archäologischem Wert; sowie zum Schutze des gewerblichen und kommerziellen Eigentums, wie Schutzrechte und Patente, Warenzeichen, Gebrauchsmuster usw., die ja von ihrer Zielsetzung her typischerweise eine Marktabschottung mit sich bringen.[734] Diese enumerative Aufzählung der Ausnahmegründe sowie der oben angeführte Normzweck führen zur Notwendigkeit einer engen Auslegung dieser Norm,[735] in den Entscheidungen des *Europäischen Gerichtshofs* ist in diesem Zusammenhang in ständiger Rechtsprechung von „strengen Interpretationsregeln" die Rede.[736]

---

[733] *Epiney*, in: in: Callies/Ruffert, Kommentar zum EU-Vertrag und EG-Vertrag (2. Aufl. 2002) Art. 30 Rn. 2; *Becker*, in: Schwarze, EU-Kommentar (2000), Art. 30 Rn. 1 f.; *Müller-Graff* in: Groeben/Boeck/Thiesing/Ehlermann: Kommentar zum EWG-Vertrag Bd. 1 (5. Aufl. 1997), Art. 36 Rn. 2

[734] Zu Einzelheiten dieser Schutzgründe vgl. *Müller-Graff* in: Groeben/Boeck/Thiesing/Ehlermann: Kommentar zum EWG-Vertrag Bd. 1 (5. Aufl. 1997), Art. 36 Rn. 47 bis 91.

[735] *Becker*, in: Schwarze, EU-Kommentar (2000), Art. 30 Rn. 10; *Müller-Graff* in: Groeben/Boeck/Thiesing/Ehlermann: Kommentar zum EWG-Vertrag Bd. 1 (5. Aufl. 1997), Art. 36 Rn. 23, 27.

[736] EuGH Slg. 1961, 695, 720 - *Kommission/Italien*; Slg. 1968, 633, 644 - *Kommission/Italien*; Slg. 1968, 679, 694 - *Salgoil*; Slg. 1972, 1309, 1318 - *Marimex*; Slg. 1977, 5, 15 - *Bauhuis*; Slg. 1981, 1625, 1637 f. - *Kommission/Irland*; Slg. 1991 I, 1361, 1397 Tz. 9 - *Kommission/Griechenland*.

Ein Handelshemmnis ist nur dann gerechtfertigt, wenn es zum Schutz eines in Art. 30 EG genannten Rechtsgutes erforderlich, wenn es zur Abwehr der Gefährdung geeignet und das den freien Warenverkehr am wenigsten einschränkende Mittel ist.[737] Die Gefährdung eines solchen Schutzgutes muß ernstzunehmen sein.[738] Weder die bloße Behauptung einer Gefahr noch allgemeine Überlegungen reichen hierbei aus.[739] Die Maßnahme muß zur Gefahrenabwehr geeignet sein, untaugliche Mittel können keinen Eingriff in die Warenverkehrsfreiheit rechtfertigen. Den Mitgliedstaaten ist hier allerdings ein gewisser Beurteilungsspielraum eingeräumt.[740] Zugleich muß diese Maßnahme aber auch das den freien Warenverkehr am wenigsten einschränkende Mittel sein. So sind etwa Einfuhrverbote unverhältnismäßig, wenn eine Unterrichtung der Verbraucher durch eine entsprechende Etikettierung möglich ist.[741] Schließlich ist noch eine Abwägung zwischen der Eingriffsschwere und dem Schutzgewinn vorzunehmen. Die beschränkende Maßnahme ist nur dann gerechtfertigt, wenn der erwartete Gewinn der Sicherung des Schutzgutes zu der Beschränkung in einem vernünftigen Verhältnis steht.[742]

Diese Beschränkungsmöglichkeiten werden zudem noch durch Art 30 S. 2 EG eingeschränkt. Demnach darf es sich nicht um Mittel zur willkürlichen Diskriminierung oder um eine verschleierte Handelsbeschränkung handeln. Die genaue dogmatische Einordnung dieser Norm ist bislang noch nicht gelungen, dieser Problematik soll hier auch nicht weiter nachgegangen werden.[743] Diese

---

[737] *Epiney*, in: Callies/Ruffert, Kommentar zum EU-Vertrag und EG-Vertrag (2. Aufl. 2002) Art. 30 Rn. 51ff.; *Becker*, in: Schwarze, EU-Kommentar (2000), Art. 30 Rn. 63 ff. *Müller-Graff* in: Groeben/Boeck/Thiesing/Ehlermann: Kommentar zum EWG-Vertrag Bd. 1 (5. Aufl. 1997), Art. 36 Rn. 94

[738] *EuGH* Slg. 1983, 3883, 3905 - *van Bennekom*: konkrete Gesundheitsgefahr durch den Vertrieb des in Frage stehenden Erzeugnisses

[739] *EuGH* Slg. 1994 I, 3537, 3560 Tz. 17 - *van der Veldt*; *Müller-Graff* in: Groeben/Boeck/Thiesing/Ehlermann: Kommentar zum EWG-Vertrag Bd. 1 (5. Aufl. 1997), Art. 36 Rn. 99

[740] *EuGH* Slg. 1980, 2299 - *Kommission/Frankreich*: Einschränkung der Werbung für Alkoholgetränke

[741] *Müller-Graff* in: Groeben/Boeck/Thiesing/Ehlermann: Kommentar zum EWG-Vertrag Bd. 1 (5. Aufl. 1997), Art. 36 Rn. 136 m.w.N.

[742] *Epiney*, in: in: Callies/Ruffert, Kommentar zum EU-Vertrag und EG-Vertrag (2. Aufl. 2002) Art. 30 Rn. 57; *Becker*, in: Schwarze, EU-Kommentar (2000), Art. 30 Rn. 73 f.; Slg. 1974, 409, 428 - *Sacchi*; Slg. 1983, 1013, 1015 - *Kommission/Frankreich*; Slg. 1985, 1013 -*Denkavit*; *Müller-Graff* in: Groeben/Boeck/Thiesing/Ehlermann: Kommentar zum EWG-Vertrag Bd. 1 (5. Aufl. 1997), Art. 36 Rn. 157

[743] Vgl.dazu aber *Müller-Graff* in: Groeben/Boeck/Thiesing/Ehlermann: Kommentar zum EWG-Vertrag Bd. 1 (5. Aufl. 1997), Art. 36 Rn. 160 ff.

Anordnung unterstreicht allerdings noch einmal die Strenge der Anforderungen, die an die Rechtfertigung einer Beschränkung gestellt werden.

a)   Allgemeine staatliche Maßnahmen

Gesteigerte Bedeutung erhielt die Vorschrift hinsichtlich des *Gesundheits- und Lebensschutzes* bei der Ausbreitung der Rinderseuche BSE.[744] Bei dieser Problematik lag der Schwerpunkt allerdings weniger bei Rechtsfragen als bei naturwissenschaftlichen Feststellungen. Da der naturwissenschaftliche Beweis für die Übertragbarkeit dieser Krankheit auf den Menschen bislang noch nicht erbracht ist,[745] beschränkt sich das rechtliche Problem auf die Frage des Grades der Gefahr eines Gesundheitsschadens für Mensch und Tier zur Rechtfertigung einer Maßnahme aufgrund von Art. 30 EG. Hier gilt die allgemeine Formel zur Gefahrenabwehr, daß, je hochwertiger das geschützte Gut ist, desto geringer die Anforderungen an die Realisierungswahrscheinlichkeit der Gefahr zu stellen sind.[746] Selbst eine geringe Gefahr für Tier- und vor allem Menschenleben reicht in diesem Fall zur Ergreifung einer beschränkenden Maßnahme aus. Die Gemeinschaften billigen deshalb den Mitgliedstaaten bei der Beurteilung von Maßnahmen, die den Schutz der Gesundheit und des Lebens von Menschen bezwecken, einen weiten Ermessensspielraum zu.[747]. Was die *öffentliche Sittlichkeit* angeht, ist der Fall *Henn* zu erwähnen:[748] *Herr Henn* wollte einen LKW mit Sexfilmen und -magazinen nach Großbritannien einführen, was gemäß den *Customs Consolidation Act* von 1876 dort verboten war. Der *Gerichtshof* bestätigte das Einfuhrverbot unter Berufung auf Art. 36 EGV a.F. [Art. 30 EG n.F.] mit dem Hinweis auf die Gefährdung der öffentlichen Sittlichkeit wegen des anstößigen und unzüchtigen Charakters der zu importierenden Waren.

Auf der anderen Seite scheidet eine Berufung auf Art. 30 EG aus, wenn ein Mitgliedstaat mit der konkreten Maßnahme bloß die Belastung der Verwaltung

---

[744] Vgl. zuletzt hierzu *EuGH* EuZW 1998, 431 ff. - *BSE-Exportverbot*.

[745] und es steht zu befürchten, daß er angesichts der auf dem Spiel stehenden Interessen positiv wie negativ auch nie erbracht werden wird.

[746] *BVerwGE* 45, 51, 61; *BVerwG* DÖV 1970, 713, 715; NJW 1981, 1915; *VG Berlin* NJW 1983, 1014 f.; *Martens*: Wandlungen im Recht der Gefahrenabwehr, DÖV 1982, 89, 93; *Tettinger*: Besonderes Verwaltungsrecht (6. Aufl. 2001), Rn. 312.

[747] *EuGH* Slg. 1981, 409, 422 - *Eyssen*: hier ging es um das Verbot des Zusatzstoffes Nisin, dessen gesundheitsgefährdende Wirkung noch umstritten ist. Vgl. hierzu auch *Müller-Graff* in: Groeben/ Boeck/Thiesing/Ehlermann: Kommentar zum EWG-Vertrag Bd. 1 (5. Aufl. 1997), Art. 36 Rn. 59

[748] *EuGH* Slg. 1979, 3795 ff. - *Henn*.

oder die öffentlichen Ausgaben vermindern will. In diesem Fall kann eine Ausnahme nur dann anerkannt werden, wenn ohne diese Maßnahme die Belastung oder die Ausgaben deutlich die Grenzen dessen überschreiten würden, was vernünftigerweise verlangt werden kann.[749] Aber auch hier ist zu beachten, daß es letztlich immer um den Schutz eines von Art. 30 EG anerkannten Rechtsgutes gehen muß.[750]

b) Staatliche Wirtschaftstätigkeit - der Fall Campus Oil

Bei der staatlichen Wirtschaftstätigkeit ist der Regelungskomplex der Warenverkehrsfreiheit nach Art. 28 ff. EG im Zusammenhang mit Art. 86 EG zu sehen. Art. 86 I EG verbietet den Mitgliedstaaten, über ihre öffentlichen und privilegierten Unternehmen Maßnahmen zu ergreifen, die den Vorschriften des EG-Vertrages und mithin auch der Warenverkehrsfreiheit widersprechen. Bereits oben wurde dargestellt, daß Art. 86 I EG offenbar von der Existenz und Zulässigkeit von Unternehmen mit besonderen und ausschließlichen Rechten ausgeht.[751] Damit stellt sich die Frage, in welchem Verhältnis derartige Rechtsgewährungen zu eventuell betroffenen Grundfreiheiten stehen. Dieser Frage soll neben der Handhabung der Ausnahmeklausel des Art. 30 EG im Rahmen des Falles *Campus Oil* nachgegangen werden.

In Irland waren Erdölimporteure verpflichtet, einen bestimmten Prozentsatz ihres Bedarfs bei der National Petroleum Corporation zu decken, der einzigen Erdölraffinerie des Landes, die zu 100 % Staatseigentum war. Der Bezugspreis wurde vom zuständigen Minister festgesetzt. Begründet wurde diese Regelung von der irischen Regierung mit der Sicherung der Kraftstoffversorgung in Irland.

Der *Gerichtshof* stellte hier zunächst fest, daß es sich um eine Maßnahme gleicher Wirkung wie eine mengenmäßige Beschränkung im Sinne von Art. 28 EG handelte, da die Pflicht zum Einkauf in Irland die Erzeuger aus anderen Mitgliedstaaten benachteiligte.[752] Des Weiteren stellte der *Gerichtshof* fest, daß Art. 86 II EG die Mitgliedstaaten nicht ohne weiteres vom Verbot des Art. 28

---

[749] *EuGH* Slg. 1976, 613, 635 f. Tz. 18 - *de Peijper*; Slg. 1994 I, 2757, 2781 Tz. 39 - *Deutsches Milchkontor*

[750] *Müller-Graff* in: Groeben/Boeck/Thiesing/Ehlermann: Kommentar zum EWG-Vertrag Bd. 1 (5. Aufl. 1997), Art. 36 Rn. 36

[751] Vgl. oben „Das Verhältnis von Art. 86 I EG zu Art. 86 II EG", S. 62

[752] *EuGH* Slg. 1984, 2727, 2746 f., Tz. 16, 20 - *Campus Oil*.

EG befreie.[753] Als Rechtfertigung für dieses Handelshemmnis kam allein Art. 30 EG in Betracht, sofern die Sicherung der Mindestversorgung mit Erdölprodukten als Grund der öffentlichen Sicherheit anzusehen war. Für die Anwendung der Ausnahmeklausel weist der *Gerichtshof* deutlich auf die Bindung an den Verhältnismäßigkeitsgrundsatz hin. Die staatliche Maßnahme der Marktregelung sei nur dann gerechtfertigt, „wenn dasselbe Ziel durch keine andere, unter dem Gesichtspunkt des freien Warenverkehrs weniger restriktive Maßnahmen erreicht werden kann."[754] Hierfür stellte der *Gerichtshof* genauere Kriterien auf, deren Prüfung Sache des vorlegenden irischen Gerichts war.

c)   Folgerungen

Bezüglich der oben aufgeworfenen Fragen stand in der Entscheidung *Campus-Oil* eine marktregelnde Maßnahme eines Mitgliedstaates im Sinne von Art. 86 I EG auf dem Prüfstand. Die staatliche Maßnahme lief auf die Begünstigung eines öffentlichen Unternehmens hinaus, die mit der Sicherung der Kraftstoffversorgung wiederum einem öffentlichen Interesse diente. Dieses öffentliche Interesse konnte allein bei der Prüfung des Ausnahmetatbestandes des Art. 30 EG Berücksichtigung finden. Letztlich ist es die überragende Bedeutung der autonomen Energieversorgung für einen Staat, die Raum für die Gewährung einer Ausnahme nach Art. 30 EG schafft. So kann eine Unterbrechung der Versorgung mit Erdölerzeugnissen wegen ihrer außerordentlichen Bedeutung als Energieträger in der modernen Wirtschaft Gefahren für die Existenz eines Staates (Funktionsfähigkeit öffentlicher Dienste, Überleben der Bevölkerung) und damit der öffentlichen Sicherheit beinhalten.[755] In einem solchen Einzelfall kann zu Gunsten der staatlichen Wirtschaftstätigkeit eine Ausnahme nach Art. 30 EG gewährt werden.

Damit zeigt sich aber auch gleichzeitig, daß der Umstand der staatlichen Wirtschaftstätigkeit in dieser Entscheidung keinerlei Einfluß auf die Interpretation der Art. 28 ff. EG hatte. Der Regelungskomplex der Warenverkehrsfreiheit wird hier also nicht aufgrund einer staatlichen Wirtschaftstätigkeit modifiziert.[756] Die Privilegierung des öffentlichen Unternehmens wird vielmehr über Art. 30 EG

---

[753] *EuGH* Slg. 1984, 2727, 2747, Tz. 19 - *Campus Oil*.

[754] *EuGH* Slg. 1984, 2727, 2754, Tz. 44 - *Campus Oil*.

[755] *Müller-Graff* in: Groeben/Boeck/Thiesing/Ehlermann: Kommentar zum EWG-Vertrag Bd. 1 (5. Aufl. 1997), Art. 36 Rn. 36

[756] vgl. das ähnliche Ergebnis von *Heinemann*: Grenzen staatlicher Monopole im EG-Vertrag (1996), S. 91. Sein Ergebnis hinsichtlich der Anwendbarkeit des Art. 86 II EG bedarf allerdings noch der Überprüfung, vgl dazu sogleich S. 246.

an die strengen Voraussetzungen des Verhältnismäßigkeitsgrundsatzes gebunden und muß entsprechend gerechtfertigt werden. Dabei weisen die Anforderungen an die Voraussetzungen der Ausnahmegenehmigung eine Strenge auf, die den Anwendungsbereich der Ausnahmeklausel eher verengen.

Der enge Anwendungsbereich des Art. 30 EG zeigt sich zudem auch in der übrigen Kasuistik. Dabei erscheint es vertretbar, den wesentlichen Normzweck in der Bewältigung von außerordentlichen Extremsituationen zu sehen.[757] Mit dieser Verengung kann man auch die in der Entscheidungspraxis - quantitativ - gefallene Bedeutung der Warenverkehrsfreiheit sehen, da die Chancen einer erfolgreichen Beschränkung der Warenverkehrsfreiheit gering sind. Der Schutzbereich der Norm ist klar definiert, auch versteckte Diskriminierungen fallen sofort auf und der Anwendungsbereich der Ausnahmeklausel ist sehr beschränkt. Darüber hinaus zeigt die Gesamtschau der Kasuistik auch, daß die Bedeutung des Art. 30 EG für die staatliche Wirtschaftstätigkeit eher gering ist.

2. Ausnahmen zu Art. 30 EG

Im Rahmen der Behandlung staatlicher Handelsmonopole nach Art. 31 EG wird diskutiert, ob und, wenn ja, welche Ausnahmeklauseln hier anwendbar sein könnten. Denkbar ist dabei zunächst, daß der zuvor besprochene Art. 30 EG Anwendung finden könnte. Hierfür spricht die Überlegung, daß Art. 31 EG lex spezialis zu Art. 28 ff. EG ist, womit systematisch nichts gegen die Anwendung dieser Ausnahmeklausel sprechen würde. Zu beachten ist allerdings, daß sich Art. 30 EG ausdrücklich auf Art. 28 bis 34 EG bezieht. Zudem stellt sich die Frage, inwieweit die dezidierten Regelungen des Art. 31 EG und insbesondere dessen eigene Ausnahmeklausel in Absatz 5 auf diese Weise sinnentleert würden. Darüber hinaus spricht auch einiges dafür, ein staatliches Handelsmonopol anders zu behandeln als eine einfache Beschränkung des Warenverkehrs. Im Falle des staatlichen Handelsmonopols besteht die Gefahr einer organisatorischen Verquickung von unternehmerischen Interessen, staatlichen Interessen und möglicherweise auch Hoheitsbefugnissen.[758] Vor allem ist aber kein praktisch nachvollziehbarer Grund ersichtlich, weshalb man die Monopolisierung des *Handels* mit einer bestimmten Ware aus einem Rechtfertigungsgrund nach Art. 30 EG rechtfertigen könnte. Aus diesen Gründen erscheint die Auffassung vorzugswürdig, die die Anwendung von Art. 30 EG auf Art. 31 EG verneint.[759]

---

[757] *Hakenberg*: Grundzüge des Europäischen Wirtschaftsrechts (1994), S. 94

[758] *Ehricke*: Zur Konzeption von Art. 37 I und Art. 90 II EG, EuZW 1998, 741, 742.

[759] *Mestmäcker* in: Immenga/Mestmäcker (Hrsg.): EG-Wettbewerbsrecht (1997), Art. 37, 90 A Rn. 81; *Hailbronner* in: Hailbronner, Klein, Magiera, Müller-Graff: Handkommentar zum

Auch aus einem neueren Urteil des *EuGH* läßt sich diese Auffassung herauslesen.[760]

In Betracht kommt allerdings die Anwendung der Ausnahmevorschrift des Art. 86 II EG im Bereich von Art. 31 EG. Zwar erscheint es auch hier zunächst einmal vertretbar, in Art. 31 EG ein absolutes Auflösungspostulat zu sehen, das keine über Art. 37 V EGV a. F. [Art. 31 EG n. F.] hinausgehende Ausnahmen kennt, weshalb weder aus Art. 30 EG noch aus Art. 86 II EG eine Ausnahme gewährt werden kann.[761] Andererseits kann man im Fall von Art. 86 II EG dessen Anwendbarkeit auf Art. 31 EG systematisch sehr wohl begründen. Ausgangspunkt ist dabei Art. 86 I EG. Nach Art. 86 I EG werden die Mitgliedstaaten wegen Maßnahmen in Bezug auf öffentliche und privilegierte Unternehmen an die Regeln des Vertrages gebunden, einschließlich Art. 31 EG. Art. 86 I EG ist mit der Ausnahmevorschrift des Art. 86 II EG zusammenzulesen.[762] Auch hier wird wieder auf die gesamten Vorschriften des Vertrages verwiesen, also auch Art. 31 EG. Da die Dienstleistungen im Sinne von Art. 86 II EG nicht mit Art. 50 EG gleichgesetzt werden können, kann auch ein Handelsmonopol ein Dienstleistungsunternehmen im Sinne von Art. 86 II EG sein. Hier muß sich dann auch der betroffene Mitgliedstaat auf Art. 86 II EG berufen dürfen, wenn die übrigen Voraussetzungen des Art. 86 II EG vorliegen.[763] Mit einer ähnlichen Argumentation hat der *Europäische Gerichtshof* in der bereits oben zitierten Entscheidung die Anwendbarkeit des Art. 86 II EG auf Art. 31 EG begründet.[764]

EU-Vertrag (1997), Art. 36 Rn. 10 ff.; *Leible* in: Grabitz/Hilf (Hrsg.): Das Recht der Europäischen Union, Kommentar (Stand 2000), Art. 31 Rn. 3.

[760] *EuGH* Slg. 1997 I, 5815 = EuZW 1998, 76 Tz. 41 - *Kommission/Frankreich*. Dieser Schluß kann dem Urteil aber nur unter Berücksichtigung der Schlußanträge entnommen werden, aus dem Urteil selbst ist diese Folgerung nicht zwingend, vgl. *Ehricke*: Zur Konzeption von Art. 37 I und Art 90 II EGV, EuZW 1998, 741, 742 f.

[761] Vgl. *Ehricke*: Zur Anwendbarkeit des Art. 36 EG-Vertrag auf Art. 37 EG-Vertrag, EWS 1994, 186, 187.

[762] Vgl. oben „Das Verhältnis von Art. 86 I EG zu Art. 86 II EG", S. 62; *EuGH* Slg. 1993 I, 2533 Tz. 13 - *Corbeau*.

[763] Wenn also nur durch die Übertragung der gegen Art. 31 EG verstoßenden Rechte auf das betreffende Unternehmen die Erfüllung der dem Unternehmen übertragenen besonderen Aufgabe gesichert werden kann und soweit die Entwicklung des Handelsverkehrs nicht in einem Ausmaß beeinträchtigt wird, daß dies dem Interesse der Gemeinschaft zuwiderläuft. Vgl. dazu ausführlich unten „Art. 86 II EG", S. 310.

[764] *EuGH* Slg. 1997 I, 5815 ff. = EuZW 1998 76 ff. Tz. 47 ff., insbes. Tz. 49 - *Kommission/Frankreich*.

Teleologisch und unter Berücksichtigung praktischer Gesichtspunkte erscheint dieses Ergebnis annehmbar. Zunächst sind aufgrund von Art. 31 EG praktisch alle für die Gemeinschaft relevanten staatlichen Handelsmonopole umgewandelt worden.[765] Praktische Relevanz besitzt diese Regelung allein noch im Bereich von Energiewirtschaft und Versorgungsunternehmen, die zum Teil gleichzeitig als staatliches Handelsmonopol und als Dienstleistungsunternehmen im Sinne von Art. 86 II EG angesehen werden können. Unter welchen Umständen hier eine Ausnahme nach Art. 86 II EG gewährt werden kann, ist im Rahmen der Behandlung von Art. 86 II EG zu erörtern.[766]

3. Art. 55 in V. m. Art. 46 EG für die Dienstleistungsfreiheit

Hinsichtlich der Ausnahmeklauseln verweist Art. 55 EG auf die Art. 45, 46 EG, also die Ausnahmeklauseln zur Niederlassungsfreiheit. Bereits oben wurde festgestellt, daß es sich bei Art. 45 EG um eine „unechte Ausnahmeklausel" handelt, die allein die Vorfrage der Anwendbarkeit betrifft.[767] Gegenstand der Betrachtung ist deshalb hier allein die echte Ausnahme nach Art. 55, 46 EG. Beschränkungen sind demnach nur aus Gründen der öffentlichen Ordnung, Sicherheit und Gesundheit gerechtfertigt. Schon nach ihrem Wortlaut ist der Anwendungsbereich dieser Ausnahmeklausel gegenüber Art. 30 EG verengt. Im Gegensatz zur Warenverkehrsfreiheit sind insbesondere versteckte Diskriminierungsfälle bei der Dienstleistungsfreiheit von erheblicher Relevanz. So ist es im Bereich der Dienstleistungsfreiheit denkbar, daß ein Mitgliedstaat für die Wahrnehmung bestimmter Aufgaben (nationale) Qualifikationen voraussetzt, die faktisch allein ein Inländer oder eine inländische juristische Person erfüllen können. So ging es in einem von der *Kommission* gegen den Mitgliedstaat Italien geführten Verfahren darum, daß in Italien öffentliche Aufträge im Bereich der Datenverarbeitung allein staatlichen Unternehmen vorbehalten waren, die es in dieser Art allerdings auch nur in Italien gab. Auf die Klage eines ausländischen Anbieters hin stellte sich der *Europäische Gerichtshof* auf den Standpunkt, daß hier eine Diskriminierung vorlag und damit ein Verstoß gegen die Dienstleistungsfreiheit nach Art. 49 EG gegeben wäre.[768]

---

[765] Vgl. hierzu im Einzelnen *Mestmäcker* in: Immenga/Mestmäcker (Hrsg.): EG-Wettbewerbsrecht (1997), Art. 37, 90 A Rn. 51 ff.; nur gegen *Österreich* sind noch Verletzungsverfahren aktuell, *Mestmäcker* aaO. Rn. 21.

[766] Vgl. dazu unten „Art. 86 II EG", S. 310.

[767] Vgl. dazu oben S. 134, 203

[768] *EuGH* Slg. 1989, S. 4035 ff - *Kommission/Italien.*

Mit Bezug auf die staatliche Wirtschaftstätigkeit hat die Dienstleistungsfreiheit und die Handhabung ihrer Ausnahmeklausel vor allem im Bereich der elektronischen Medien Relevanz. Hier versuchten die Mitgliedstaaten lange Zeit, die Verbreitung ausländischer Rundfunksendungen zu verhindern oder zumindest zu kontrollieren. Anhand der folgenden beiden Fälle können die Strukturen der europarechtlichen Konfliktbewältigung entwickelt werden.

a) Grenzen kultureller Rechtfertigungsgründe - der Fall Bond van Adverteeders

Um eine staatliche Monopolisierung mit *diskriminierenden Folgen* ging es zunächst in dem Fall *Bond van Adverteeders*. Im niederländischen Rundfunk war die Werbung allein einer Stiftung (*Stichting Etherreclame* - kurz *STER*) vorbehalten, die ihrerseits verpflichtet war, ihre Erträge an den Staat abzuführen. Diese Mittel verwendete der Staat wiederum zur Subventionierung der Sendeanstalten und der Presse. Über die Verteilung der Werbeeinnahmen konnte der Staat auf den Rundfunk in nicht unerheblicher Weise Einfluß nehmen. Um die Rundfunkordnung vor „unlauterer Konkurrenz" zu schützen, wurde in einer „*Kabelregeling*" die Übertragung aus dem Ausland verboten, wenn diese Programme niederländische Untertitel führten und wenn sie Werbemitteilungen speziell für den niederländischen Markt enthielten.[769] Der Hintergrund dieser auf den ersten Blick merkwürdigen Regel war, daß der holländische Staat auf die Sendungen ausländischer Rundfunkveranstalter keinen Einfluß besaß. Mit der Einschränkung der Werbemöglichkeiten wurde allerdings die Attraktivität für ausländische Programmveranstalter, in den Niederlanden Fernsehsendungen zu verbreiten, wirtschaftlich unattraktiv. Die niederländische Regierung hielt diese Regelung deshalb für nicht diskriminierend, weil es allen holländischen und allen ausländischen Veranstaltern verboten gewesen sei, Werbung auszustrahlen. Der *Europäische Gerichtshof* untersuchte den Fall allerdings zu Recht aus einem anderen Blickwinkel und fragte nach der „Gesamtlage des niederländischen Rundfunks" im Vergleich zu derjenigen ausländischer Sender. Demnach konnte die holländische Stiftung *STER* für die inländischen Fernsehveranstalter Werbesequenzen ausstrahlen. Den ausländischen Programmveranstaltern war dagegen jede Möglichkeit genommen, das holländische Publikum mit Werbesen-

---

[769] *EuGH* Slg. 1988, 2085, 2132 Tz. 21 bis 26 - *Bond van Adverteeders*.

dungen zu erreichen.[770] Es handelt sich also um einen Fall, in dem ein ausschließliches Recht so ausgestaltet ist, daß es diskriminierend wirkt.[771]

Zur Rechtfertigung dieses Systems führte die niederländische Regierung die Aufrechterhaltung des nicht kommerziellen, pluralistischen Charakters der holländischen Rundfunkordnung an. Wie bereits dargelegt kann eine Rechtfertigung einer diskriminierenden Maßnahme nur unter den engen Voraussetzungen des Art. 46 EG erfolgen. Im Bereich des Medienrechts besteht dabei die Besonderheit, daß bei der Auslegung der Ausnahmeklausel auch Art. 10 Abs. 1 und Abs. 2 EMRK zu beachten ist. Nach dieser Norm wird die Meinungsfreiheit garantiert, eine Beschränkung ist ebenfalls nur zum Schutz der öffentlichen Sicherheit und Ordnung möglich. Zwar steht die Beschränkung im Ermessen des jeweiligen Mitgliedstaates, dieses Ermessen ist allerdings von den europäischen Gerichten anhand gemeinschaftsrechtlicher Grundsätze aufgrund ihrer Allgemeinverbindlichkeit für alle Mitgliedstaaten voll nachprüfbar.[772] Neben das Gemeinschaftsrecht tritt also Art. 10 EMRK als weiterer Rechtfertigungsmaßstab, das Gemeinschaftsrecht öffnet sich also den menschenrechtlichen Wertungen der Europäischen Menschenrechtskonvention.[773] Die Maßnahme ist demnach erst dann gerechtfertigt, wenn sie den Rahmen dessen nicht überschreitet, was für den Schutz in einer demokratischen Gesellschaft notwendig ist.[774] Obgleich in diesem Fall überhaupt keine Interessen der öffentlichen Sicherheit und Ordnung ersichtlich waren, greift der *Gerichtshof* in der Entscheidung trotzdem noch hilfsweise auf eine Verhältnismäßigkeitsprüfung zurück.[775] Dabei stellt er die Unverhältnismäßigkeit der entsprechenden Regelung in der „Kabelregeling" fest. Der Schutz und die Aufrechterhaltung des nicht kommerziellen, pluralistischen Charakters der holländischen Rundfunkordnung könnte auch mit anderen, weniger einschränkenden, nicht diskriminierenden Mitteln erreicht werden.[776] Mit dem Argument, daß eine weniger einschränkende Maßnahme ebenfalls zu dem erwünschten Ziel führt, begründet der *Gerichtshof* häufig die Unzulässig-

---

[770] *EuGH* Slg. 1988, 2085, 2132 Tz. 26 - *Bond van Adverteeders*; zustimmend: *Gulich* ZuM 1990, 170 ff.; kritisch: *Koszuzeck* ZuM 1989, 541 ff.

[771] *Mestmäcker* in: Immenga/Mestmäcker (Hrsg.): EG-Wettbewerbsrecht (1997), Art. 37, 90 C, Rn. 41.

[772] Vgl. *EuGH* Slg. 1975, 1219, 1231 Tz. 26 und 28 - *Rutili*.

[773] *Bullinger/Mestmäcker:* Multimediadienste: Struktur und staatliche Aufgaben nach dem Europäischen Recht (1997), S. 99, 124.

[774] *EuGH* Slg. 1975, 1219, 1231 Tz. 32 - *Rutili*; *Mestmäcker* in: Immenga/Mestmäcker (Hrsg.): EG-Wettbewerbsrecht (1997), Art. 37, 90 C, Rn. 45.

[775] *EuGH* Slg. 1988, 2085, 2132 Tz. 36 - *Bond van Adverteeders*.

[776] *EuGH* Slg. 1988, 2085, 2132 Tz. 36 - *Bond van Adverteeders*.

keit der Maßnahme, ohne auf die Rechtfertigungsgründe des Mitgliedstaates und deren Stellenwert im einzelnen einzugehen.[777] Der *Europäische Gerichtshof* folgt also in diesen Fällen dem Gedanken, daß entgegengesetzte Interessen durch eine andere als die gewählte Maßnahme zur optimalen Entfaltung kommen könnten. Übertragen auf die Instrumentarien des nationalen Rechts ist dies nichts anderes als das Prinzip der praktischen Konkordanz.[778]

Die Ausführungen des *Gerichtshofes* lassen sich allerdings nicht dahin ausweiten, daß jedes inländische Monopol zu einer Diskriminierung ausländischer Anbieter gegenüber dem inländischen Monopolisten führe.[779] Ein Diskriminierungsverbot ist dann nicht anzunehmen, wenn die Leistungen eines Monopols Inländern und Ausländern in gleicher Weise angeboten werden. Dies war gerade im Fall *Bond van Adverteeders* nicht der Fall: Ausländer waren ausgeschlossen.[780]

b) ERT

Im Fall *ERT* verfügte die griechische Rundfunk- und Fernsehanstalt (ERT) über das Monopol für die Ausstrahlung von Fernsehsendungen in Verbindung mit dem Monopol für die Weiterverbreitung von Kabelsendungen. Dieses Monopol erstreckte sich auch auf die Übertragung von Sendungen aus anderen Mitgliedstaaten (Übertragungsmonopol). Mit diesem Monopol lag es also in der Hand von *ERT*, ausländische Anbieter vom nationalen Rundfunkmarkt fernzuhalten. Der *Gerichtshof* sah darin die Gefahr einer Diskriminierung. Wenn es keine Garantie für die Übertragung der Programme aus anderen Mitgliedstaaten gebe, könne das Unternehmen leicht dazu veranlaßt sein, seine eigenen gegenüber ausländischen Programmen zu bevorzugen. Ob es zu einer solchen, gegen Art. 49 EG verstoßenden Diskriminierung tatsächlich komme, sei letztlich von dem vorlegenden griechischen Gericht zu klären.[781]

Als Rechtfertigung kam wegen des diskriminierenden Charakters der Maßnahme allein Art. 55 in V. m. Art. 46 EG in Betracht. Die Möglichkeit, sich auf diese Ausnahme zu berufen, lehnte der *Gerichtshof* allerdings ab. Zwar hatte *Grie-*

---

[777] *Mestmäcker* in: Immenga/Mestmäcker (Hrsg.): EG-Wettbewerbsrecht (1997), Art. 37, 90 C, Rn. 43.

[778] Vgl. zum Prinzip der praktischen Konkordanz oben S. 160.

[779] so aber *Roth*: in: FS für Steindorff, S. 1313, 1327 Fn. 78.

[780] *Mestmäcker* in: Immenga/Mestmäcker (Hrsg.): EG-Wettbewerbsrecht (1997), Art. 37, 90 C, Rn. 42.

[781] *EuGH* Slg. 1991 I, 2925, 2959 Tz. 22 f. - *ERT.*

chenland geltend gemacht, daß die Zusammenfassung von Ausstrahlungs- und Übertragungsrechten aufgrund der beschränkten Anzahl verfügbarer Kanäle geboten sei. Dies wies der *Gerichtshof* aber mit dem Argument zurück, daß Störungen nicht zu befürchten seien, da die *ERT* die vorhandenen Kanäle selbst nicht einmal vollständig nutzte.[782] Im Hinblick auf die Dienstleistungsfreiheit antwortete der *Gerichtshof* dem vorlegenden Gericht zusammenfassend, „daß Art. 59 EWGV einer nationalen Regelung, die ein Monopol von ausschließlichen Rechten zur Ausstrahlung von eigenen Sendungen und zur Übertragung von Sendungen aus anderen Mitgliedstaaten schafft, entgegensteht, wenn sich dieses Monopol auf Sendungen aus anderen Mitgliedstaaten diskriminierend auswirkt und die Regelung nicht durch einen der Gründe gerechtfertigt ist, die in Art. 56 [Art. 46 EG n.F.] angegeben sind, auf den Art. 66 EWG-Vertrag [Art. 55 EG n.F.] verweist."[783]

c) Folgerungen

In keinem der Fälle wirtschaftlicher Staatstätigkeit wurde die Ausnahmeklausel aus Art. 55 in V. m. Art. 46 EG in der Entscheidungspraxis des *Europäischen Gerichtshofs* angenommen. Im Ergebnis läßt sich also feststellen, daß die Anforderungen, die der *Europäische Gerichtshof* an die *Rechtfertigung* der diskriminierenden Maßnahme gestellt hat, sehr streng sind. So reicht es als Rechtfer-

---

[782] *EuGH* Slg. 1991 I, 2925, 2959 Tz. 25 - *ERT*.

[783] *EuGH* Slg. 1991 I, 2925, 2959 Tz. 26 - *ERT*. Interessant ist hier, daß der *Gerichtshof* für die Erfüllung des Diskriminierungstatbestandes eine *konkrete* Beeinträchtigung verlangt, ein Verstoß liegt eben nur dann vor, wenn sich das Monopol diskriminierend „auswirkt". Im Unterschied dazu liegt ein Verstoß gegen die Wettbewerbsregeln (Art. 90, 86) schon dann vor, wenn durch die ausschließlichen Rechte „eine Lage geschaffen werden könnte, in der das Unternehmen durch eine seine eigenen Programme bevorzugende diskriminierende Sendepolitik gegen Art. 86 EWGV verstößt." (Slg. 1991 I, 2925, 2962 Tz. 37 - *ERT*) Für die Anwendung von Art. 90 I, 86 EGV reicht also bereits die bloße *Möglichkeit* eines Mißbrauchs aus. Die Grundfreiheit soll durch das staatliche Verhalten hingegen erst dann verletzt werden, wenn eine *konkrete* Beeinträchtigung vorliegt, so jedenfalls *Heinemann*: Grenzen staatlicher Monopole im EG-Vertrag (1996), S. 124 f. 172 f. Es stellt sich allerdings die Frage, ob diese Forderung nach einer konkreten Beeinträchtigung im Fall *ERT* nicht ein Ausläufer der früheren Rechtsprechung ist, die regelmäßig eine *tatsächliche* Beschränkung des freien Dienstleistungsverkehrs verlangte (vgl. *EuGH* Slg. 1991 I, 1979, 2020 Tz. 39 - *Höfner*) Die diesbezügliche Wende erfolgte etwa einen Monat nach dem Verkündungstermin der Entscheidung *ERT* mit dem Fall *Säger*. Auch hier wird auf die *Eignung* der Maßnahme zur Beeinträchtigung abgestellt (*EuGH* Slg. 1991 I, 4221, 4243 Tz. 12 - *Säger*; *Heinemann*: Grenzen staatlicher Monopole im EG-Vertrag (1996), S. 120 f.). Zumindest erscheint es aus heutiger Sicht zweifelhaft, ob die *tatsächliche* Beeinträchtigung wirklich ein Kriterium für die Grenzen der staatlichen Wirtschaftstätigkeit ist.

tigung für das Übertragungsmonopol für Rundfunkveranstaltungen aus den Mitgliedstaaten nicht aus, daß die Sendekapazitäten in Zukunft möglicherweise ausgeschöpft sein könnten. Derartige Prognoseentscheidungen können offenbar erst dann einen rechtfertigenden Charakter erlangen, wenn die abzuwehrende Gefahr hinreichend konkret ist. Auch hier sind die Anforderungen streng.

4. Die gesetzlichen Ausnahmeklauseln für Personen- und Kapitalverkehrsfreiheit

Die Ausnahmeklauseln zur Niederlassungsfreiheit sind Art. 45, 46 EG. Für Art. 45 EG war bereits festgestellt worden, daß es sich hierbei um eine *unechte Ausnahmeklausel* handelt, die ähnlich wie Art. 39 IV EG im Zusammenhang mit der Vorfrage der Anwendbarkeit zu sehen ist.[784] Als echte Ausnahmeklausel ist an dieser Stelle deshalb nur Art. 46 I EG von Bedeutung. Auf diese Norm wurde bereits im Rahmen der Dienstleistungsfreiheit eingegangen, wo sie über Art. 55 EG Anwendung findet. In diesem Zusammenhang wurde die Strenge der Handhabung dieser Ausnahmeklausel bereits erläutert.[785] Im Hinblick auf die Gewährung von Ausnahmen konzentriert sich die aktuelle Diskussion auf die Frage, inwieweit Art. 43 EG nicht nur Diskriminierungsfälle erfaßt, sondern auch ein allgemeines Beschränkungsverbot einschließlich entsprechender Ausnahmeklauseln enthält. Dieser Problematik soll im Rahmen der außergesetzlichen Ausnahmen nachgegangen werden.

Für die Rechtfertigung von Beschränkungen für die Kapitalverkehrsfreiheit gilt im Unterschied zu den übrigen Grundfreiheiten ein umfassender Katalog von Rechtfertigungstatbeständen, die in Art. 57 bis 60 EG geregelt sind. Sie beziehen sich im Wesentlichen auf nationale Vorschriften zur Ordnung der Kapitalmärkte und auf die Handhabung von Steuervorschriften (vgl. insbes. Art. 57, 58 EG). Auf die Einzelheiten dieser Rechtfertigungsgründe kann an dieser Stelle nicht weiter eingegangen werden. Bemerkenswert erscheint in diesem Zusammenhang allerdings, daß weder wirtschaftspolitische noch währungspolitische Maßnahmen der Zentralbanken in diesem Ausnahmekatalog enthalten sind. Angesichts der unbestrittenen Wirkungen auf die Kapitalströme bestätigt sich die hier vertretene Auffassung, daß derartige hoheitliche Aufgabenwahrnehmungen von vorn herein nicht in den Anwendungsbereich der Kapitalverkehrsfreiheit fallen.

---

[784] Zum Begriff der unechten Ausnahmeklausel vgl. oben S. 134, 203.

[785] Vgl. oben bei der Dienstleistungsfreiheit: „Folgerungen", S. 239

II. Außergesetzliche Ausnahmen

1. Außergesetzliche Ausnahmen von der Warenverkehrsfreiheit

Der erweiterte Anwendungsbereich der Warenverkehrsfreiheit und die dazu entwickelte Ausnahmeklausel haben heute in der Praxis eine wesentlich größere Bedeutung als das reine Diskriminierungsverbot und die Ausnahmeklausel des Art. 30 EG. Ausgehend von der *Dassonville*-Rechtsprechung[786] hielt es der *Europäische Gerichtshof* für notwendig, den Mitgliedstaaten in bestimmten Fällen und in beschränktem Umfang weitere Möglichkeiten für die Beschränkung des freien Warenverkehrs einzuräumen. Den Grundstein legte er hierfür in der weithin bekannten Entscheidung *„Cassis de Dijon"*.[787] Die Einfuhr des französischen Johannisbeerlikörs „Cassis de Dijon" wurde von den deutschen Behörden mit der Begründung verweigert, daß dessen Alkoholgehalt zu gering sei. Aus Gründen des Verbraucherschutzes könnten Fruchtsaftliköre in Deutschland nur zugelassen werden, wenn sie einen Mindestalkoholgehalt von 25 % hätten. Der *Europäische Gerichtshof* hat diese Argumentation als grotesk zurückgewiesen. Grundsätzlich seien alle Waren, die in einem Mitgliedstaat legal hergestellt worden seien, in dieser Form auch in jedem anderen Mitgliedstaat zu vertreiben. Mit dieser Feststellung wird der Anwendungsbereich des Art. 28 EG über das reine Verbot der Diskriminierung hinaus erweitert. Erfaßt werden also jetzt auch Fälle, in denen Ausländer und Inländer von den gleichen Regeln im Mitgliedstaat betroffen sind. Dann erfolgt allerdings wiederum eine Einschränkung dieser Erweiterung zu Gunsten der Regelungskompetenz der Mitgliedstaaten:

> „Es sind nur solche Handelshemmnisse hinzunehmen, die notwendig sind, um zwingenden Erfordernissen gerecht zu werden, insbesondere solche einer wirksamen steuerlichen Kontrolle, des Schutzes der öffentlichen Gesundheit, der Lauterkeit des Handelsverkehrs und des Verbraucherschutzes."[788]

---

[786] *EuGH* Slg. 1974, 837, 852 Tz. 5 - *Dassonville*, vgl. oben S. 205

[787] *EuGH* Slg. 1979, 649 ff. - *Cassis de Dijon*.

[788] *EuGH* Slg. 1979, 649, 662 Tz. 8 - *Cassis de Dijon*; dogmatisch korrekt ist in dieser Ausnahme aber kein weiterer Rechtfertigungsgrund für eine Beschränkung im Sinne des Art. 30 EG zu sehen, sondern eine immanente Beschränkung des Tatbestandes von Art. 30 EGV, vgl dazu: *Müller-Graff* in: Groeben/Boeck/Thiesing/Ehlermann: Kommentar zum EWG-Vertrag Bd. 2, 5. Aufl. 1997, Art. 30 Rn. 81, 241; *Schweitzer/Hummer*: Europarecht (5. Aufl. 1996), Rn. 1135; praktische Auswirkungen beinhaltet dies aber so weit ersichtlich nicht, vgl. *Heinemann*: Grenzen staatlicher Monopole im EG-Vertrag (1996), S. 88 Fn. 456.

Das zentrale Regulativ dieser Formel liegt in den „zwingenden Erfordernissen", die in einer Reihe weiterer Entscheidungen konkretisiert wurden. So sah es der *Europäische Gerichtshof* als zwingendes Erfordernis des Verbraucherschutzes an, dem belgischen Vertreter *Buet* die Haustürwerbung für Schulungsmaterial zum Heimstudium in Frankreich zu untersagen.[789] Kein zwingendes Erfordernis sah der *EuGH* darin, die Deutschen nur mit nach Reinheitsgebot gebrautem Bier zu versorgen. Der *Gerichtshof* sah hierin vielmehr ein verstecktes Handelshemmnis nach Art. 28 EG. Er stellte es allerdings den Bierbrauern anheim, in ihrer Etikettierung darauf hinzuweisen, daß das Bier nach den deutschen Geboten gebraut sei.[790] Ähnlich argumentierte das Gericht gegenüber den Italienern, die sich vor „schlechten" Nudeln schützen wollten.[791] Als eine wesentliche Einschränkung der *Dassonville*-Formel ist schließlich die Entscheidung *Keck und Mithouard* hervorzuheben. Die Herren *Keck* und *Mithouard* hatten in ihren Supermärkten in Straßburg (Frankreich) Waren unter Einstandspreis verkauft, was in Frankreich verboten ist. Gegen die darauf folgende Bestrafung brachten sie vor, daß sie durch diese Regelung gegenüber Mitwettbewerbern aus anderen Mitgliedstaaten, in denen der Verkauf unter Einstandspreis erlaubt ist, diskriminiert würden. Überraschenderweise hat sich der *Europäische Gerichtshof* hier auf den Standpunkt gestellt, daß unter Art. 28 EG nicht jedwede Regelung beanstandet werden könne, die sich als Einschränkung der geschäftlichen Freiheit auswirkt. Das Verbot von Art. 28 EG sei daher insoweit einzuschränken, als es nationale Bestimmungen betreffe, die lediglich *„Verkaufsmodalitäten"* beschränken oder verbieten und auf einheimische wie auf Erzeugnisse aus anderen Mitgliedstaaten gleichmäßig angewendet werden.[792] Diese Voraussetzungen sind aber nur dann erfüllt, wenn die Vorschriften für alle Wirtschaftsteilnehmer gelten, die ihre Tätigkeit im Inland ausüben und sofern sie den Absatz der inländischen Erzeugnisse und der Erzeugnisse aus anderen Mitgliedstaaten rechtlich wie tatsächlich in der gleichen Weise berühren. Das Spannungsverhältnis, das durch diese Ausführungen zur *Dassonville-Formel* aufgebaut worden ist, ist bis heute noch nicht abschließend aufgelöst.[793] Soweit

---

[789] *EuGH* Slg. 1989, 1235 ff. - *Buet.*

[790] *EuGH* Slg. 1987, 1227 ff. *Deutsches Reinheitsgebot.*

[791] *EuGH* Slg. 1988, 4233 ff. - *Drei Glocken.*

[792] *EuGH* Slg. 1993 I 6097, 6131 Tz. 16 - *Keck und Mithouard.*

[793] Vgl. aus der Literatur zu diesem Thema: *Möschel*: Kehrtwende in der Rechtsprechung des EuGH zur Warenverkehrsfreiheit, NJW 1994, 429; *Fischer*: Abschied von „Dassonville" und „Cassis de Dijon"? - Zur neuesten Rechtsprechung des EuGH auf dem Gebiet des freien Warenverkehrs, WiB 1994, 182; *Sack*: Staatliche Regelungen sogenannter „Verkaufsmodalitäten" und Art. 30 EG-Vertrag, EWS 1994, 37; *Petschke*: Die Warenverkehrsfreiheit in der neuesten Rechtsprechung des EuGH, EuZW 1994, 107; *Weyer*: Die Rechtsprechung zum freien Warenverkehr: Dassonville - Cassis de Dijon - Keck, DZWi 1994, 89 m.w.N.

ersichtlich hat dies allerdings keine praktischen Auswirkungen auf die Behandlung der wirtschaftlichen Betätigung der öffentlichen Hand und den Bezug zu Art. 86 EG. Für die wirtschaftliche Staatstätigkeit war vor allem das Urteil *Telekommunikationsendgeräte* im Hinblick auf die Handhabung der außergesetzlichen Ausnahmeklausel von wesentlicher Bedeutung.

a) Das Urteil Telekommunikations-Endgeräte

Im Zentrum der Anwendung der Warenverkehrsfreiheit nach Art. 28 EG auf besondere oder ausschließliche Rechte im Sinne von Art. 86 I EG steht das Urteil des *Europäischen Gerichtshofes* zur Richtlinie der Kommission über den Wettbewerb auf dem Markt für Telekommunikationsendgeräte.[794] Dieses Urteil wird zu den wichtigsten Entscheidungen gezählt, die der *Gerichtshof* im Bereich des Wettbewerbs gefällt hat.[795] In dieser Richtlinie[796] verpflichtete die *Kommission* die Mitgliedstaaten, bestimmte besondere oder ausschließliche Rechte aufzuheben. Diese Verpflichtung galt sowohl für öffentliche wie auch für private Einrichtungen, die Güter- oder Dienstleistungen angeboten haben und denen die Mitgliedstaaten solche Rechte betreffend die Einfuhr, die Vermarktung, die Einrichtung, die Inbetriebsetzung und die Wartung von Telekommunikationsendgeräten gewährten, Art. 2 i.V.m. Art. 1 III der Richtlinie. Die *Kommission* sah die Ausübung der Fernmeldemonopole im Hinblick auf Endgeräte als unvereinbar an mit den folgenden Vorschriften des EG-Vertrages: Wegen der Behinderung der Einfuhr von Geräten mit Art. 30, 37 EGV a.F. [Art.28, 31 EG n.F.]; wegen der Monopolisierung der Wartung der Geräte mit Gewährleistung des freien Dienstleistungsverkehrs nach Art. 59 EGV a.F. [Art 49 EG n.F.]; wegen der einschränkenden Vertragsbedingungen, zu denen die Geräte den Nutzern überlassen wurden mit Art. 86 EGV a.F. [Art. 82 EG n.F.]; und schließlich mit Art. 90 I in Verbindung mit Art. 5 S. 2 EGV a.F. [Art. 86 i.V.m. Art. 10 S. 2 EG n.F.], weil es sich im Hinblick auf die genannten Vorschriften um vertragswidrige Maßnahmen handelte.[797] Der *Europäische Ge-*

---

[794] *EuGH* Slg. 1991 I 1223, 1268 ff. - *Telekommunikations-Endgeräte*.

[795] *Ehlermann*: Neuere Entwicklungen im Europäischen Wettbewerbsrecht, EuR 1991, 307, 320; *ders.*: Grundfreiheiten und Wettbewerbsregeln des EWG-Vertrages, Energiewirtschaftliche Tagesfragen (1992), 96, 98; vgl. auch *van der Woude*: Article 90; Competing for Competence, EL Rev. 1992, Competition Checklist 1991, 60, 68, der insoweit von einer „Revolution" spricht.

[796] *Kommission* Richtlinie 88/301/EWG, Abl 1988 L 131, S. 73.

[797] Vgl. *Mestmäcker* in: Immenga/Mestmäcker (Hrsg.): EG-Wettbewerbsrecht (1997), Art. 37, 90 C, Rn. 31.

richtshof hat die Richtlinie praktisch in ihrem gesamten Inhalt bestätigt[798] und sich dabei allerdings allein auf Art. 30, 3 lit g,[799] und Art. 5 S. 2 EGV [Art. 28, 3 lit g und Art. 10 S.2 EG n.F.] gestützt. Die überragende Bedeutung des Urteils liegt sowohl in dessen verfahrensrechtlichen als auch in dessen materiellrechtlichen Gehalt. In verfahrensrechtlicher Hinsicht hat das Urteil in seiner Weiterführung zur *Transparenzrichtlinie-Entscheidung* zur Klärung offener Fragen in Bezug auf den Umfang der Kommissionszuständigkeit nach Art. 86 III EG beigetragen.[800]

Auf die erste wesentliche materiellrechtliche Aussage der Entscheidung wurde bereits oben im Rahmen der Besprechung des Verhältnisses von Art. 86 I EG zu Art. 86 II EG eingegangen.[801] Die Französische Republik hatte als Klägerin gegen diese Richtlinie vorgetragen, daß auf der Grundlage von Art. 86 EG eine Einschränkung von ausschließlichen Rechten nicht stattfinden könne, da diese Vorschrift deren Bestehen logisch voraussetze. Fasse man nämlich diese Rechte als solche bereits als Maßnahme im Sinne von Art. 86 I EG auf, nehme man dieser Bestimmung jede praktische Wirksamkeit.[802] Dieser Argumentation ist der *Gerichtshof* allerdings nicht gefolgt, der wohl wesentliche Passus des Urteils lautet hier:

„Sodann ist festzustellen, daß dieser Artikel zwar von der Existenz von Unternehmen ausgeht, die bestimmte besondere und ausschließliche Rechte innehaben, daß damit jedoch nicht alle besonderen und ausschließlichen Rechte notwendigerweise mit dem Vertrag vereinbar sind. Dies hängt vielmehr von den einzelnen Vorschriften ab, auf die Artikel 90 Absatz 1 [Art.86 I EG n.F.] verweist."[803]

---

[798] Hervorzuheben ist allerdings die Aufhebung der Richtlinie bezüglich der *besonderen Rechte*, vgl. dazu bereits oben: „Unternehmen mit besonderen Rechten (Art. 86 I EG)", S. 48.

[799] In der Entscheidung noch Art. 3 lit f EWGV a.F.

[800] Vgl hierzu die Analysen von *Burchard*: Die Kompetenzen der EG-Kommission nach Art. 90 III EWGV, EuZW 1991, 339 ff.; *Eckert*: Die Befugnisse der EG-Kommission gem. Artikel 90 III EWGV und ihre Grenzen (Diss. 1992), passim; *Benesch*: Die Kompetenzen der EG Kommission aus Art. 90 EWG-V (1993, passim; *Kerf*: The Policy of the Commission of the E.E.C. Toward National Monopolies - An Analysis of the Measures Adopted on the Basis of Art. 90 §3 of the E.E.C. Treaty, in: World Competition 1993, 73 ff.

[801] Vgl. oben: „Das Verhältnis von Art. 86 I EG zu Art. 86 II EG", S. 62.

[802] *EuGH* Slg. 1991 I 1223, 1229 Tz. 19. - *Telekommunikations-Endgeräte*.

[803] *EuGH* Slg. 1991 I, 1223, 1265 Tz. 22 - *Telekommunikations-Endgeräte*; so im Übrigen auch *EuGH* Slg. 1991 I, 4069, 4098 Tz. 34 - *Mediawet II*.

Damit scheint der *Gerichtshof* klarzustellen, daß besondere und ausschließliche Rechte nicht per se gerechtfertigt sind, nur weil ihre Existenz von Art. 86 I EG vorausgesetzt wird, sondern sie sind am gesamten EG-Vertrag, insbesondere den Grundfreiheiten und den Wettbewerbsvorschriften zu messen. Hier zog der *Gerichtshof* als Maßstab vor allem die Warenverkehrsfreiheit nach Art. 28 EG heran.

Für die Subsumtion des Tatbestandes des Art. 28 EG [Art. 30 EGV a.f.] stellt der *Gerichtshof* dann auf eine Maßnahme gleicher Wirkung nach Art. 28 EG ab und wendet dabei die *Dassonville-Formel* an. In diesem Rahmen stellt der *Gerichtshof* fest, daß ausschließliche Einfuhr- und Vertriebsrechte den anderen Wirtschaftsteilnehmern die Möglichkeit nehmen, die Verbraucher zum Kauf ihrer Produkte zu veranlassen.[804] Außerdem sei der Inhaber des Monopols wegen der Vielfalt des Endgerätesektors nicht in der Lage, die gesamte Palette der auf dem Markt vorhandenen Modelle anzubieten, die Kunden über den Zustand und Betrieb aller Endgeräte zu informieren und deren Qualität zu garantieren.[805] Auch wegen der Monopolisierung der Wartung der Endgeräte sieht der *Gerichtshof* die Warenverkehrsfreiheit verletzt. Das Wartungsmonopol, das an sich in den Bereich der Dienstleistungsfreiheit nach Art. 49 ff. fällt, verletze nach Ansicht des *Europäischen Gerichtshofs* deshalb die Warenverkehrsfreiheit, weil ein Unternehmen, das Endgeräte anbieten wolle, im Wettbewerb in der Lage sein müsse, auch die Wartung für diese eigenen Geräte zu übernehmen. Der Absatz sei behindert, wenn wegen der Wartung wieder auf den Monopolisten zurückgegriffen werden müßte.[806] Da hier weder Rechtfertigungsgründe aus Art. 30 EG noch zwingende Erfordernisse im Sinne der *Cassis-Formel*[807] ersichtlich waren, die eine Aufrechterhaltung des Endgerätemonopols gerechtfertigt hätten, verstießen diese Monopole in den Mitgliedstaaten gegen EG-Recht und waren aufzuheben.

Es liegt natürlich nahe, diese Entscheidung folgendermaßen zu verallgemeinern: ausschließliche Rechte und staatliche Monopole nehmen anderen Wirtschaftsteilnehmern die Möglichkeit, ihrerseits an den Verbraucher zu leisten. Folglich wäre in diesen Fällen regelmäßig ein Eingriff in den Gewährleistungsbereich der Warenverkehrsfreiheit festzustellen, der nur unter Berücksichtigung der spezifischen Ausnahmeklauseln gerechtfertigt werden kann. Dann stellt sich aber die Frage, welchen Regelungsgehalt insbesondere Art. 86 I EG noch hat. Dem Wortlaut des Art. 86 I EG wird von Teilen der Literatur und Rechtspre-

---

[804] *EuGH* Slg. 1991 I, 1223, 1268 Tz. 34 - *Telekommunikations-Endgeräte*.

[805] *EuGH* Slg. 1991 I, 1223, 1268 Tz. 35 - *Telekommunikations-Endgeräte*.

[806] *EuGH* Slg. 1991 I, 1223, 1268 f., Tz. 39 ff. - *Telekommunikations-Endgeräte*.

[807] Vgl. *EuGH* Slg. 1979, 649, 662 Tz. 8 - *Cassis de Dijon*.

chung der Regelungsgehalt entnommen, daß die Mitgliedstaaten besondere und ausschließliche Rechte gewähren dürfen. Mit der hier herausgearbeiteten Verallgemeinerung der Aussagen des *Europäischen Gerichtshofs* im Fall *Endgeräte* ist diese Aussage allerdings nicht zu vereinbaren. Diese Verallgemeinerung läuft doch gerade darauf hinaus, daß die Gewährung von ausschließlichen Rechten den Gewährleistungsbereich der Grundfreiheiten berührt und deshalb grundsätzlich *nicht* möglich ist, es sei denn ein spezifischer Rechtfertigungsgrund (aus Art. 30 EG oder ein zwingender Grund im Sinne der *Cassis-Formel*) würde greifen. Welchen Sinn hätte dann Art. 86 I EG, wenn die Gewährung und/oder die Aufrechterhaltung genau dieser ausschließlichen oder besonderen Rechte regelmäßig im Widerspruch zu den Grundfreiheiten steht?[808] Die Auflösung dieses an sich schon in der Gesetzessystematik von Art. 86 EG und Art. 28 ff EG angelegten Widerspruchs ist bislang wohl noch nicht eindeutig gelungen, die Extremauffassungen laufen jedenfalls darauf hinaus, daß jeweils ein Normenkomplex leerläuft: Fordert man ein umfassendes Organisationsrecht der Mitgliedstaaten, so mißachtet man die Grundfreiheiten, auf die Art. 86 I EG nach allgemeiner Auffassung unter anderem verweist.[809] Stellt man bei der Auslegung des Verweises allein auf die Grundfreiheiten ab,[810] so wäre Art. 86 I EG sinnentleert, was auch nicht im Sinne seiner Väter sein kann. Im Rahmen dieser systematischen und teleologischen Betrachtung vermögen deshalb diese „Extremauffassungen" nicht zu überzeugen.

Der *Gerichtshof* selbst hat es deshalb aus wohlerwogenen Gründen vermieden, sich mit einer klaren Aussage in diesen Widerspruch zu verstricken,[811] auch

---

[808] in diesem Sinne: *Randelzhofer* in: Grabitz: Kommentar zum EWG-Vertrag, seit 1983, Art. 55 Rn. 9; vgl. hierzu auch *Hailbronner*: Öffentliche Unternehmen im Binnenmarkt - Dienstleistungsmonopole und Gemeinschaftsrecht, NJW 1991, 593, 597 ff.

[809] Vgl. *Ipsen/Nicolaysen*: Öffentliche Unternehmen im gemeinsamen Markt, NJW 1964, 2336, 2338, nach dessen Auffassung der EG-Vertrag den Mitgliedstaaten die Möglichkeit offenhält, durch den Einsatz öffentlicher Unternehmen Interventionsziele zu verfolgen.

[810] In diesem Sinne kann man verstehen *Grabitz*: Dienstleistungsmonopole im Binnenmarkt, EWS 1990, 4, 7; *Schwintowski*: Staatlich veranlaßte Wettbewerbsbeschränkungen auf europäischen und internationalen Märkten, RabelsZ 58 (1994), 232, 272; *Heinemann*: Grenzen staatlicher Monopole im EG-Vertrag (1996), S. 94.

[811] Der *Gerichtshof* hat weder eindeutig auf die Warenverkehrsfreiheit als entscheidenden Maßstab abgestellt, noch hat er sich der Auffassung von *Generalanwalt Tesauro* angeschlossen, der aus dem gesamten Normsystematik (einschließlich Art. 222 EGV) eine Rechtmäßigkeitsvermutung zu Gunsten der Staatsmonopole abgeleitet hat, Slg. 1991 I, 1248 f. Tz. 29; so auch *Hailbronner*: Öffentliche Unternehmen im Binnenmarkt - Dienstleistungsmonopole und Gemeinschaftsrecht, NJW 1991, 593, 599, 601.

wenn ihm dies von der Literatur bisweilen vorgeworfen worden ist.[812] Andere Teile der Literatur scheinen diese Gefahr des Widerspruches zu erkennen und versuchen, einen Mittelweg zu gehen. So sieht etwa *Koen Platteau*[813] in der Entscheidung die Klarstellung, daß die Gewährung von besonderen oder ausschließlichen Rechten wie jede staatliche Maßnahme an den „fundamental objectives" des Vertrages zu messen seien. Auf die Vermeidung dieses Widerspruchs läuft auch die Ansicht des Richters am Europäischen Gerichtshof *David Edward* hinaus, der die gerichtliche Kontrolle staatlicher Monopole auf eine „marginal control" begrenzen will. Nur offensichtliche Fehler bei der Prüfung der Erforderlichkeit staatlicher Monopole für Gemeinwohlbelange seien hier zu berücksichtigen. Darüber hinaus habe der Gerichtshof aufgrund der Schwierigkeiten bei der Einschätzung politischer, ökonomischer und sozialer Zusammenhänge richterliche Zurückhaltung zu üben.[814] Diese letzte Auffassung erscheint durchaus mit Überzeugungen, die sich im Bereich des nationalen Verfassungsrechts zum Prognosespielraum des Gesetzgebers herausgebildet haben, vergleichbar zu sein. Sofern sich eine Zukunftsprognose des Gesetzgebers über eine Gefahrenlage für ein wichtiges Gemeinschaftsgut als falsch erweist, kann das Gesetz grundsätzlich nur in evidenten Fällen als rechts- oder verfassungswidrig eingestuft werden.[815] Auf diese Weise erhält der Gesetzgeber eine gewisse Flexibilität für die Lösung bestimmter Problemlagen, ohne daß man ihm im Lichte der Grundrechte eine vollkommene Freiheit einräumt, denn eine evident falsche Prognose führt zur Rechtswidrigkeit der Regelung bzw. der unterlassenen Regelung mit entsprechenden Rechtsfolgen. Überträgt man diese Überlegungen auf die hier besprochene Problematik im EG-Recht, so kann man über die Tatsachenebene der Problemeinschätzung und Prognose einen begrenzten Gestaltungsspielraum der Mitgliedstaaten in Bezug auf die Handhabung ihrer öffentlichen Unternehmen einräumen. Auf diese Weise wird den Interessen

---

[812] Vgl. *Slot*: Urteilsanmerkung zu den RS. C-202/88 C41/90 und C260/89, CMLRev 1991, 964, 981, der dem *Gerichtshof* nebulöse Ausführungen zu Art. 90 EGV [Art. 86 EG n.F.] vorwirft, statt eine konsequente Prüfung zu Art. 30 EGV durchzuführen.

[813] *Plateau*: Article 90 EEC Treaty after the Court Judgement in the Telecommunications Terminal Equipment Case ECLR 1991, 105, 106.

[814] *Edward/Hoskins*: Article 90: Deregulation and EC Law, CML. Rev. 1995, 157, 172.

[815] Vgl. dazu beispielsweise die Waldschadenentscheidung des *Bundesgerichtshofs*: Die die Immissionen gestattenden gesetzlichen Vorschriften seien den Waldeigentümern gegenüber inhalts- und schrankenbestimmende Regelungen. Selbst wenn diese die Grenzen des Zumutbaren überschritten, gebe es keinen Anspruch auf Entschädigung. Zwar sei der Staat zum Schutz des Waldeigentums verpflichtet. Verfassungsrechtlich relevant sei aber erst die *evidente Verletzung*, die hier nicht vorliege, *BGHZ* 102, 350, 357, 365 f.; vgl. des Weiteren zum Prognosespielraum: *BVerfGE* 68, 193, 220; *BVerfG* DVBl 1991, 205, 206; *Breuer* in: HbStR § 148, Rn. 14 ff.

der Mitgliedstaaten gedient, ohne ein unkontrollierbares Betätigungsfeld zu eröffnen. Gleichzeitig wird der oben herausgearbeitete Widerspruch zwischen den Normenkomplexen der Warenverkehrsfreiheit und Art. 86 I EG vermieden. Zumindest scheint hier ein Ansatz für eine tragfähige Lösung zu sein, dem allerdings an dieser Stelle nicht weiter nachgegangen werden kann.

b)   (Exkurs: Vergleich mit dem nationalen Recht)

Am Beispiel einer schon etwas weiter zurückliegenden Entscheidung des *Bundesverfassungsgerichts* lassen sich die strukturellen Unterschiede des nationalen Rechts und des EG-Rechts im Bereich der Warenverkehrsfreiheit plastisch herausarbeiten. Diese Entscheidung des *Bundesverfassungsgerichts* aus dem Jahr 1977[816] betrifft gerade das frühere Endgerätemonopol der ehemaligen Deutschen Bundespost. Der Beschwerdeführer wollte am Markt eine bestimmte Zusatzendeinrichtung zur Datenübertragung digitaler Nachrichten anbieten, was aber wegen der Direktrufnetzverordnung nicht möglich war. Demnach mußten nämlich Zusatzendeinrichtungen zur Übertragung digitaler Nachrichten posteigen sein. Gegen diese Regelung wandte sich der Beschwerdeführer und berief sich auf seine Berufsfreiheit aus Art. 12 GG. Das *Bundesverfassungsgericht* sah in der entsprechenden Regelung der Direktrufnetzverordnung unter Zugrundelegung der Dreistufentheorie eine Beschränkung der *Berufsausübungsfreiheit*. Demnach mußte die Regelung durch vernünftige Überlegungen zum Allgemeinwohl zu rechtfertigen sein. Eine solche Rechtfertigung sah der *Senat* in dem Schutz der Benutzer vor Fehlinvestitionen, einem Argument, das aus heutiger Sicht eher absurd anmutet.[817] Trotz dieser inhaltlichen Merkwürdigkeiten lassen sich aus dieser Entscheidung die unterschiedlichen Strukturen des nationalen Rechts auf der einen Seite und des Europarechts auf der anderen Seite herauskristallisieren: Nach Auffassung des *Bundesverfassungsgerichts* ist die Herstellung von Wettbewerb und die Aufhebung entsprechender Verbote als individuelles Interesse zu qualifizieren. Die Gewichtung dieses Interesses folgt aus der Zuordnung zu dem entsprechenden Grundrecht und der Intensität seiner Beschränkung, hier der Berufsausübungsfreiheit. Abgewogen wird dieses Individualinteresse mit den Interessen der Allgemeinheit, hier also mit dem Interesse des Schutzes vor Fehlinvestitionen. Wenn man so will, regelt das nationale Recht einen bestimmten Bereich *vertikal*. Das Ziel des Europarechts hat dagegen einen horizontalen Charakter; in allen Bereichen, wo wirtschaftliche Betätigung möglich ist, verfolgt der EG-Vertrag insbesondere das Ziel der Herstellung eines gemeinsamen Marktes auf dem nach Möglichkeit ein unverfälschter Wettbewerb herrschen soll, vgl. Art. 3 lit g EG. Im Schnittpunkt dieser horizontalen Linie mit der nationalrechtlichen vertikalen Linie kann es zu Kollisionen kommen.

---

[816] *BVerfGE* 46, 120 ff. = NJW 1978, 313 ff.

[817] Auch wenn man sich bisweilen ein Telefon wünscht, das nur über Hörer und Wählscheibe verfügt; trotz ihrer vielen und manchmal unübersichtlichen Funktionen dürften sich die modernen Geräte in den seltensten Fällen als Fehlinvestitionen herausstellen. Außerdem ist die vorherige Information an sich eine Holschuld des Investors, die der Staat nicht durch eine Einheitslösung ersetzen sollte.

Dieser kollisionsbegründende Unterschied liegt nicht zuletzt darin, daß das nationale Recht Wettbewerbsinteressen, wie im eben dargestellten Fall gesehen, als individuelle Interessen qualifiziert, die zumeist auch nur einfach gewichtet werden. Im Unterschied dazu ist das Wettbewerbsinteresse *das* zentrale Interesse des EG-Vertrages, es hat weniger den Charakter eines Individualinteresses, sondern eher den Charakter eines Allgemeininteresses. Da die Herstellung eines unverfälschten Wettbewerbs praktisch das zentrale Ziel des EG-Vertrages ist, liegt es auf der Hand, daß das Wettbewerbsinteresse auf europarechtlicher Ebene wesentlich stärker gewichtet wird als im nationalen Bereich. Damit liegt ebenso auf der Hand, daß das *Bundesverfassungsgericht* und alle übrigen Gerichte des öffentlichen Rechts, die sich auf die gleiche Rechtssystematik beziehen, zu anderen Ergebnissen kommen als ein europäisches Gericht bzw. die *Kommission*. Selbst wenn, wie bei einem Fall wie diesem, die Hürde des mittelbaren Grundrechtseingriffs überwunden worden ist,[818] können die Ergebnisse des Europarechts von denen des nationalen öffentlichen Rechts divergieren. Eine wesentliche Frage, die der Vergleich der rechtlichen Behandlung dieses Falles im nationalen und im europäischen Recht aufwirft, ist die Behandlung des Wettbewerbsinteresses: ist dem nationalen Recht zu folgen, das das Wettbewerbsinteresse als das individuelle Interesse an der Teilnahme am Wettbewerb begreift, oder ist der europarechtlichen Ansicht zu folgen, daß das Wettbewerbsinteresse nicht nur ein allgemeines Interesse des EG-Vertrages, sondern überhaupt als Allgemeininteresse zu behandeln ist. Nachvollziehbar erscheint aber auch der Standpunkt, daß sich die unterschiedliche Behandlung des Wettbewerbsinteresses aus der jeweiligen Intention des jeweiligen Rechtsgebietes ergibt. Dies würde darauf hinauslaufen, daß die unterschiedliche Gewichtung des Wettbewerbsinteresses im einen wie im anderen Rechtsbereich durchzuhalten ist und daß das daraus entstehende Kollisionspotential hingenommen werden muß. Möglich erscheint aber auch der Standpunkt, daß das Wettbewerbsinteresse sowohl im Bereich des individuellen Interesses als auch im Bereich des Allgemeininteresses zu berücksichtigen ist. Eine weitere vermittelnde Lösung könnte darin bestehen, statt einer zweipoligen Interessenabwägung zwischen individuellen und allgemeinen Interessen eine mehrpolige anzunehmen: Individualinteressen (z.B. Gewinnmaximierung), Allgemeininteressen (z.B. Gesundheit, öffentliche Sicherheit und Ordnung) sowie die Interessen des Wettbewerbs wären dann untereinander abzuwägen und zu einer optimalen Entfaltung zu bringen. Gerade wenn man sich den letzten Standpunkt zu eigen macht, erscheint die oben angeführte Entscheidung des *Bundesverfassungsgerichts* fragwürdig: Es stellt sich nämlich die Frage, ob das Interesse der Allgemeinheit - Schutz vor einer Fehl-

---

[818] Die Monopolisierung des Marktes führt zur Unmöglichkeit der Berufsausübung, womit auch nach der Dogmatik des mittelbaren Grundrechtseingriffs der Schutzbereich der Art. 12, 2 I, 14 GG betroffen sein kann.

investition - nicht auch durch eine klare Produktkennzeichnungspflicht oder eine entsprechende Normierung zu erreichen gewesen wäre. Mit einer solchen Regelung wären sowohl das Wettbewerbsinteresse als auch das Individualinteresse im Wege einer praktischen Konkordanz[819] neben dem Allgemeininteresse zu einer optimalen Geltung gekommen. Gleichzeitig kämen dann auch die Ziele des EG-Vertrages zur Geltung. Mit den herkömmlichen Instrumentarien und mit der unterschiedlichen Abwägungsgewichtung ergeben sich allerdings Divergenzen in den Ergebnissen des nationalen Rechts und des Europarechts.

c)   *Weitere Entscheidungen des* Europäischen Gerichtshofs

Die weiteren im Schnittpunkt von Art. 86 EG und Art. 28 EG liegenden Entscheidungen des *Europäischen Gerichtshofs* weisen bei weitem nicht die Tragweite des *Endgeräte-Urteils* auf; ihre Bedeutung kann man im Wesentlichen mit der Verfestigung des in den zuvor beschriebenen Entscheidungen eingeschlagenen Weges beschreiben. Obwohl sich aus diesen Entscheidungen für den hier behandelten Zusammenhang eher Nebenprobleme ergeben, soll aus Gründen der Vollständigkeit nicht auf ihre Besprechung verzichtet werden.

Die Entscheidung *RTT* zum belgischen Telekommunikationsmonopol steht in einem engen sachlichen Zusammenhang zum *Endgeräte-Urteil*. Die belgische *Régie des Télégraphes et des Téléphones* (kurz *RTT*) hatte in Belgien das gesetzliche Monopol für die Einrichtung und den Betrieb des öffentlichen Fernmeldenetzes. Nach der Zerschlagung des Endgerätemonopols handelte die *RTT* im Wettbewerb mit privaten Anbietern mit Fernsprechgeräten. Gleichzeitig war sie aber auch für die Zulassung nicht von ihr gelieferter Fernsprechgeräte zuständig. Die wesentliche Vorlagefrage betraf das Problem, ob einem öffentlichen Unternehmen die Zuständigkeit zur Zulassung konkurrierender Fernsprechgeräte übertragen werden kann, wenn es gegen die Entscheidung über diese Zulassung keinerlei Rechtsbehelf gibt. Nach Auffassung des *Gerichtshofes* stellte dieses Zulassungserfordernis eine Maßnahme gleicher Wirkung im Sinne von Art. 28 EG dar, das nach der *Cassis-Formel* nur angesichts zwingender Gründe mit der Warenverkehrsfreiheit zu vereinbaren sei. Der *Gerichtshof* geht hier aber noch einen Schritt weiter: selbst wenn ein zwingendes Erfordernis in diesem Sinne vorläge, müsse die nationale Regelung *verhältnismäßig* sein. Dies sei aber nur dann der Fall, wenn ein gerichtliches Verfahren zur Verfügung stehe, in dem die Verweigerung der Zulassung nach sachlichen Kriterien überprüft werden kann. Ein solches Verfahren war im belgischen Recht aber nicht vorgesehen, womit die Regelung gegen Art. 28 EG [30 EGV a. F.] ver-

---

[819] S. o. zur praktischen Konkordanz S. 160.

stieß.[820] Diese Entscheidung kann als notwendige Konsequenz zum *Endgeräte-Urteil* aufgefaßt werden.

Im Vorabentscheidungsverfahren *Porto di Genova*[821] hatte sich der *Europäische Gerichtshof* mit der Vereinbarkeit des nach italienischem Recht bestehenden Monopols für Hafenbetriebsgesellschaften zu befassen. Hier stellte er einen Verstoß gegen Art. 90 EGV i.V.m. Art. 86 EGV [Art. 86, 82 EG n.F.] fest.[822] Die Relevanz für die Warenverkehrsfreiheit ergibt sich aus der Feststellung des *Gerichtshofes*, daß eine innerstaatliche Regelung, die in ihrer Auswirkung die mißbräuchliche Ausnutzung einer beherrschenden Stellung begünstigt, die den Handel zwischen den Mitgliedstaaten zu beeinträchtigen geeignet ist, normalerweise mit Art. 28 EG unvereinbar sei, wenn sie die Einfuhren von Waren aus anderen Mitgliedstaaten verteuert und damit behindert.[823] Dies war der Fall, weil die Beklagte des Ausgangsverfahrens die Ware durch die eigene Schiffsbesatzung billiger hätte entladen können, als dies bei der Inanspruchnahme der Monopolinhaberin der Fall war. Daß Wettbewerbsregeln und Grundfreiheiten zueinander in eine unmittelbare Beziehung gesetzt werden, könnte weitreichende Konsequenzen haben.[824] Eine unmittelbare Konsequenz für die Behandlung öffentlicher Unternehmen scheint sich daraus aber nicht zu ergeben, deshalb soll die Betrachtung an dieser Stelle ihr Bewenden haben.

Ferner ist noch der Fall *Inter-Huiles* zu erwähnen. Die Gewährung ausschließlicher Rechte kann auch dann gegen die Warenverkehrsfreiheit verstoßen, wenn sie letztlich auf einer Richtlinie der Gemeinschaft beruht. Im Fall war den Mitgliedstaaten die Befugnis eingeräumt worden, einem Unternehmen die ausschließliche Befugnis zur Sammlung von Altöl zu übertragen.[825] Ein an das Un-

---

[820] *EuGH* Slg. 1991 I, 5941, 5982 ff. Tz. 29 ff. - *RTT*; vgl. insoweit auch Slg. 1987, 1227, 1274, Tz. 46 - *Bierurteil*.

[821] *EuGH* Slg. 1991 I, 5889 - *Hafen von Genua* (Die ausführliche Bezeichnung lautet: *Merci Conventionali Porto di Genova*, daher wird der Fall in der Literatur auch als Fall *Merci* bezeichnet).

[822] *EuGH* Slg. 1991 I, 5889, 5929 Tz. 20 - *Hafen von Genua*.

[823] *EuGH* Slg. 1991 I, 5889, 5929 Tz. 21 - *Hafen von Genua*.

[824] Diese Feststellung weist den Weg in eine Richtung, in der die Wettbewerbsregeln als Pendant zu den Grundfreiheiten aufgefaßt werden können. Das Ziel dieser Sichtweise könnte darin liegen, daß man der Gefahr entgegentreten will, daß Private versuchen, die nationalen Märkte durch beherrschende Stellungen und Marktaufteilungen wieder voneinander abzuschotten, die vorher durch die Grundfreiheiten liberalisiert worden sind, vgl. dazu *Emmerich*: Kartellrecht, 7. Aufl. 1994, § 33. 2. a., S. 502; *Basedow*: Von der deutschen zur europäischen Wirtschaftsverfassung (1992), S. 39.

[825] *EuGH* Slg. 1983, 555, 567 Tz. 12 - *Inter-Huiles*.

ternehmen gerichtetes Verbot, diese Leistungen auch in anderen Mitgliedstaaten anzubieten, verstoße gegen Art. 29 EG [Art. 34 EGV a.F.].[826] Hier zeigt sich, daß Unternehmen, die von den Mitgliedstaaten mit Ausschließlichkeitsrechten bedacht worden sind, durchaus auch Rechte aus dem EG-Vertrag ableiten können.

2. Außergesetzliche Ausnahmen von der Dienstleistungsfreiheit

In der Dienstleistungsfreiheit nach Art. 49 EG wurde ursprünglich allein ein Diskriminierungsverbot gesehen, die Mitgliedstaaten waren also verpflichtet, Inländer und Ausländer gleich zu behandeln. Erst in jüngerer Zeit hat sich die Auffassung in der Rechtsanwendung durchgesetzt, daß die Grundsätze, die im Bereich der Warenverkehrsfreiheit durch die *Cassis-Formel*[827] aufgestellt worden sind, auch im Bereich der Dienstleistungsfreiheit gelten. Deutlich wird dies in den Schlußanträgen des *Generalanwalts Jacobs* im Fall *Säger*.[828] In diesem Fall ging es darum, daß Personen, die in Deutschland für Dritte die Überwachung von Patentfristen übernehmen, eine Genehmigung nach dem Rechtsberatungsgesetz haben müssen. Eine englische Firma, die diese Tätigkeit seit Jahren in England ausübte - eine solche Genehmigung ist dort nicht notwendig - wollte dies auch für ihre Kunden in Deutschland anbieten, sah sich allerdings wegen des Genehmigungserfordernisses im Rechtsberatungsgesetz dazu nicht in der Lage. In seinen Schlußanträgen führt *Generalanwalt Jacobs* aus, daß in Übereinstimmung mit der *Cassis-Formel* auch nicht diskriminierende Maßnahmen die Dienstleistungsfreiheit rechtswidrig beschränken können. Die Idee eines gemeinsamen Marktes im Dienstleistungsbereich sei unerreichbar, wenn von Personen, die in einem Mitgliedstaat ansässig sind und Dienstleistungen in einem anderen Mitgliedstaat erbringen wollen, verlangt werden sollte, daß sie die in jedem dieser Staaten geltenden Vorschriften zu beachten hätten.[829] Der *Gerichtshof* schloß sich im Wesentlichen den Schlußanträgen an und stellte fest, daß Art. 49 EG „nicht nur die Beseitigung sämtlicher Diskriminierungen des Dienstleistungserbringers aufgrund seiner Staatsangehörigkeit, sondern auch die Aufhebung aller Beschränkungen - selbst wenn sie unterschiedslos für einheimische Dienstleistende wie für Dienstleistende anderer Mitgliedstaaten gelten - verlangt, wenn sie geeignet sind, die Tätigkeit des Dienstleistenden, der in

---

[826] Vgl. *Mestmäcker* in: Immenga/Mestmäcker (Hrsg.): EG-Wettbewerbsrecht (1997), Art. 37, 90 C, Rn. 33.

[827] *EuGH* Slg. 1979, 649, 662 Tz. 8 - *Cassis de Dijon* vgl. oben S. 241.

[828] Schlußanträge vom 21.02.1991, EuGH Slg. 1991 I 4221, 4234 Tz 22 - *Säger*.

[829] Schlußanträge, s. vorige Fn., Tz. 22.

einem anderen Mitgliedstaat ansässig ist und dort rechtmäßig Dienstleistungen erbringt, zu unterbinden oder zu behindern".[830] Am gleichen Tag, an dem das Urteil *Säger* erlassen wurde, definiert der *Gerichtshof* im Urteil *Mediawet I* die nicht diskriminierende Beschränkung der Dienstleistungsfreiheit: eine solche Beschränkung liegt demnach vor, wenn von dem Erbringer von Dienstleistungen, der den Vorschriften des eigenen Mitgliedstaates unterliegt, zusätzlich verlangt wird, die nicht harmonisierten innerstaatlichen Vorschriften des Empfangsstaates einzuhalten.[831]

Damit läßt sich für den Bereich der Dienstleistungsfreiheit ein „Ursprungslandprinzip"[832] feststellen: eine Leistung, die in einem Mitgliedstaat rechtmäßig erbracht wird, darf im Zugang zum gemeinsamen Markt grundsätzlich nicht behindert werden. Abweichungen von diesem Grundsatz des freien Dienstleistungsverkehrs sind nur zulässig, wenn nachgewiesen ist, „daß im Hinblick auf die betreffende Tätigkeit zwingende Gründe des Allgemeininteresses bestehen, die Beschränkungen des freien Dienstleistungsverkehrs rechtfertigen, daß dieses Interesse nicht bereits durch die Vorschriften des Niederlassungsstaates gewahrt ist und daß das gleiche Ergebnis nicht durch weniger einschränkende Bestimmungen erreicht werden kann."[833] Sind die Beschränkungen aber nicht gerechtfertigt, so dürfen die Regeln des Bestimmungslandes nicht angewendet werden, um die grenzüberschreitende Dienstleistung zu verbieten oder zu behindern.[834] In der Fallbearbeitung ergibt sich daraus ein wesentlicher Unterschied zu den oben behandelten Diskriminierungsfällen. Bei den Diskriminierungsfällen liegt der Schwerpunkt bei der „Entlarvung" der diskriminierenden Maßnahme. Die Rechtfertigung der diskriminierenden Maßnahme ist dann nur noch nach den engen Voraussetzungen der Art. 55, 45 EG (ggf. i.V.m. Art. 10 EMRK) möglich und bereitet deshalb kaum Probleme. Bei den unterschiedslos anwendbaren Beschränkungen bereitet die Annahme einer Beschränkung nach der oben angeführten Formel des *Europäischen Gerichtshofs* keine besonderen

---

[830] *EuGH* Slg. 1991 I, 4221, 4243 Tz. 12 - *Säger.*

[831] *EuGH* 25.07.1991, Slg. 1991 I 4007, 4040 Tz. 12 - *Mediawet I.*

[832] *Mestmäcker* in: Immenga/Mestmäcker (Hrsg.): EG-Wettbewerbsrecht (1997), Art. 37, 90 C, Rn. 46.

[833] *EuGH* Slg. 1991 I, 4221, 4243 Tz. 15 - *Säger;* so bereits auch schon *EuGH* Slg. 1986, 3803 Tz. 29 - *Versicherungen.*

[834] Unberührt bleibt davon das Feld der sog „Inländerdiskriminierung" oder „umgekehrten Diskriminierung". Dem Mitgliedstaat bleibt es demnach überlassen, ob er seine Vorschriften auf die von den eigenen Staatsangehörigen im Inland erbrachten Leistungen weiter anwenden will oder nicht. Die von den eigenen Staatsangehörigen im Inland erbrachten Leistungen können also strengeren Regulierungen unterliegen, vgl. *Fastenrath:* Inländerdiskriminierung, JZ 1987, 170 ff.

Probleme, der Schwerpunkt liegt hier bei der Rechtfertigung, also bei der Frage, ob neben den in Art. 55, 45 EG angeordneten Rechtfertigungsgründen sonstige *zwingende Erfordernisse* im Sinne der *Cassis-Formel* zur Anwendung kommen können.

Was die wirtschaftliche Betätigung der öffentlichen Hand angeht, sind aus der Kasuistik der unterschiedslos anwendbaren Beschränkungen der Dienstleistungsfreiheit vor allem die beiden *Mediawet*-Entscheidungen und die Liberalisierungsbemühungen auf den Telekommunikationsmärkten hervorzuheben.

a)   Die Mediawet-Entscheidungen

Die Entscheidungen *Mediawet I*[835] und *Mediawet II*[836] beschäftigen sich noch einmal mit den marktwidrigen Strukturen auf dem niederländischen Rundfunkmarkt. Die Entscheidung *Mediawet I* behandelt dabei die Frage, ob das Verbot für die Übertragung von Kabelprogrammen, die speziell für das niederländische Publikum Werbesendungen enthalten, mit Art. 49 EG zu vereinbaren ist. Hier geht es also um ein unmittelbar geltendes gesetzliches Verbot, das am Maßstab der Dienstleistungsfreiheit zu messen war. Im Gegensatz zur Entscheidung *Mediawet II* geht es hier nicht um die staatliche Wirtschaftstätigkeit. Da es sich aber um eine in sich verkettete Sachverhaltskonstellation handelte, können Aussagen aus dieser Entscheidung *Mediawet I* auch auf die staatliche Wirtschaftstätigkeit bezogen werden, was vor allem für die speziellen Rechtfertigungsgründe für die Beschränkung der Dienstleistungsfreiheit gelten kann.

Zunächst ist aber die Entscheidung *Mediawet II* zu behandeln. Art. 61 des niederländischen Mediengesetzes („Mediawet")[837] verpflichtete die vom Staat finanzierten Sendeveranstalter, ihre Finanzmittel ganz oder teilweise bei einer staatlichen Produktionsgesellschaft auszugeben.[838] Aufgrund dieser Bestimmungen leitete die *Kommission* ein Vertragsverletzungsverfahren wegen eines Verstoßes gegen Art. 49 EG gegen die Niederlande ein. Demgegenüber stellte sich die niederländische Regierung auf den Standpunkt, aus Art. 86 I EG folge, daß die Mitgliedstaaten aus Gründen des Allgemeininteresses bestimmte wirtschaftliche Tätigkeiten dem Wettbewerb entziehen und dafür Monopole errich-

---

[835] *EuGH* Slg. 1991 I, 4007 ff. - *Mediawet I* (auch „*Gouda*" genannt).

[836] *EuGH* Slg. 1991 I, 4069 ff. - *Mediawet II* (auch einfach „*Mediawet*" genannt).

[837] Gesetz vom 21.04.1987, Staatsblad Nr. 249 vom 04.06.1987.

[838] Für den Hörfunkbetrieb waren die gesamten vom Staat zur Verfügung gestellten Mittel bei dieser Produktionsgesellschaft auszugeben, für den Fernsehbetrieb bestimmte Art. 154 Mediawet einen Anteil von 75 %.

ten könnten. Solche Gründe seien hier die Erhaltung der Meinungsvielfalt in den Medien, das Interesse inländischer Sendeanstalten am Zugang zu hochwertigen technischen Mitteln und die Erfüllung von kulturellen Aufgaben durch die Produktionsgesellschaft.[839] Bezüglich der Funktionen des Art. 86 EG wies der *Gerichtshof* in Anlehnung an die *Endgeräte*-Entscheidung darauf hin, daß Art. 86 EG zwar das Vorhandensein von Unternehmen voraussetze, die über bestimmte besondere oder ausschließliche Rechte verfügen. Daraus folge jedoch nicht, daß alle besonderen oder ausschließlichen Rechte notwendigerweise mit dem EG-Vertrag zu vereinbaren seien. Ob letzteres der Fall sei, sei anhand der verschiedenen Vorschriften zu prüfen, auf die Art. 86 I EG verweise.[840] Zu diesen Vorschriften gehört vor allem Art. 49 EG.

Der *Gerichtshof* stellte dann fest, daß Art. 61 Mediawet tatsächlich die Dienstleistungsfreiheit beschränkt, da diese Verpflichtung die Sendeveranstalter daran hindere, sich ihre Programme bei anderen Anbietern im gemeinsamen Markt zu beschaffen.[841] Im Unterschied zur *Endgeräte*-Entscheidung stellt man hier also darauf ab, daß die Wahlmöglichkeiten der staatlich finanzierten Sendeanstalten eingeschränkt war. Umgekehrt war in der *Endgeräte*-Entscheidung die Rede davon, daß den potentiellen Mitwettbewerbern durch das Endgeräte-Monopol die Möglichkeit genommen werde, ihre Waren dem Abnehmer anzubieten.[842] Der *Gerichtshof* hat also vier Monate nach der *Endgeräte*-Entscheidung die Perspektive von der Seite der (potentiell konkurrierenden) Anbieter zu der der Nachfrager verändert. Es stellt sich die Frage, ob sich aus dieser Veränderung der Perspektive ein sachlicher Unterschied ergibt. Auf einem monopolisierten Markt sind natürlich sowohl die potentiellen Mitwettbewerber als auch die Nachfrager in ihren Möglichkeiten beschränkt, so daß diese Perspektivenveränderung zumindest auf den ersten Blick keinen besonderen sachlichen Unter-

---

[839] Sitzungsbericht in *EuGH* Slg. 1991 I 4072, 4082 f.

[840] *EuGH* Slg. 1991 I, 4069, 4098 Tz. 34 - *Mediawet II*.

[841] *EuGH* Slg. 1991 I, 4069, 4095 Tz. 23 - *Mediawet II*. Aufgrund der dann folgenden Teilziffern 24 ff. kann man Zweifel daran erheben, ob die Entscheidung *Mediawet II* tatsächlich der Fallgruppe der nicht diskriminierenden Beschränkungen zugeordnet werden kann. Bei genauerem Hinsehen zeigt sich aber, daß es in diesen Teilziffern allein um die Frage der Anwendbarkeit der Dienstleistungsfreiheit geht. Vollends wird die Zugehörigkeit zu dieser nicht diskriminierenden Fallgruppe geklärt, wo der *Gerichtshof* zur Rechtfertigung dieser Maßnahmen auf die *zwingenden Gründe* abstellt. Mit zwingenden Gründen können nur nicht diskriminierende Beschränkungen gerechtfertigt werden, für diskriminierende Maßnahmen kommen hingegen allein die im Vertrag bestimmten Rechtfertigungsgründe nach Art. 55 in V. m. Art. 46 EG in Betracht, vgl. hierzu *Heinemann*: Grenzen staatlicher Monopole im EG-Vertrag (1996), S. 126 f.

[842] *EuGH* Slg. 1991 I, 1223, 1268 Tz. 34 - *Endgeräte*; vgl. oben „Das Urteil Telekommunikations-Endgeräte", S. 243.

schied zu beinhalten scheint. Trotzdem kommt aber im Urteil *Mediawet II* ein entscheidender Umstand hinzu: die Abnehmer waren nach Art. 61 Mediawet *verpflichtet*, ihre Mittel ganz oder zum Teil bei der staatlichen Produktionsgesellschaft auszugeben.[843] Diese Verpflichtung ist ein verschärfender Unterschied zu einem bloß monopolisierten Markt, auf dem der Verbraucher allerdings faktisch auf das Angebot des Monopolisten angewiesen ist. Wenn der Gerichtshof in der Entscheidung *Mediawet II* zur Feststellung der Beschränkung der Dienstleistungsfreiheit auf diese Kontrahierungsverpflichtung des Abnehmers abstellt, scheut er sich offenbar, die alleinige Monopolisierung hierfür ausreichen zu lassen.[844] Genau diesen Schluß, daß allein die Monopolisierung für die Annahme einer nicht diskriminierenden Beschränkung einer Grundfreiheit ausreicht, könnte man dagegen aus der *Endgeräte*-Entscheidung ziehen. Hier stellte der *Gerichtshof* für die Annahme der Beschränkung gerade darauf ab, daß das ausschließliche Recht die anderen Wirtschaftsteilnehmer daran hindere, den Verbrauchern ihre Waren anzubieten.[845] Aber auch hier stellt der *Gerichtshof* noch auf weitere Umstände ab, daß nämlich das Waren- und Leistungsangebot der Monopolisten nicht ausreichend sei.[846] Zudem war es auch ein Wesen dieses Endgerätemonopols, daß nur bestimmte, vom Monopolisten zugelassene Geräte benutzt werden durften. Damit war das Endgerätemonopol ebenfalls durch eine Kontrahierungsverpflichtung des Verbrauchers verschärft. Anhand der Rechtsprechung des *Europäischen Gerichtshofs* stellt sich also durchaus die Frage, ob die alleinige Monopolisierung eines Marktes für die Annahme einer Beschränkung der Grundfreiheiten ausreicht.[847] Diese Auffassung würde über Art. 86 I EG in Verbindung mit den entsprechenden Grundfreiheiten auf ein grundsätzliches Monopolverbot hinauslaufen. Die andere Möglichkeit besteht darin, weitere Umstände zu fordern, die die marktbeschränkenden Wirkungen des Monopols noch einmal verschärfen. Hierzu gehören formelle Kontrahierungsverpflichtungen, die künstliche Verknappung des Angebotes oder die Forderung von überhöhten Preisen durch den Monopolisten. Damit zeigt sich aber schon, daß die praktische Relevanz dieser grundsätzlichen Frage gering ist,

---

[843] Bezüglich dieser Kontraktionsverpflichtung bestehen Ähnlichkeiten zum Fall *Campus Oil*, vgl. oben S. 231 Auch hier waren Erdölimporteure *verpflichtet*, einen bestimmten Prozentsatz ihres Bedarfs bei einer Staatsgesellschaft zu decken.

[844] A.A.: *Heinemann*: Grenzen staatlicher Monopole im EG-Vertrag (1996), S. 126, der in diesem Unterschied bloß einen anderen Akzent sieht.

[845] *EuGH* Slg. 1991 I, 1223, 1268 Tz. 34 - *Endgeräte*.

[846] *EuGH* Slg. 1991 I, 1223, 1268 Tz. 35 - *Endgeräte*.

[847] so *Heinemann*: Grenzen staatlicher Monopole im EG-Vertrag (1996), S. 117, S. 130 (jeweils für die Warenverkehrsfreiheit).

denn fast regelmäßig erliegt ein Monopolist diesen Verlockungen seiner Markt-stellung.

In Bezug auf die hinsichtlich der Anwendungsgrenzen besonders relevante Rechtfertigung des Eingriffs stellte sich die Frage, ob die beanstandete Rege-lung durch *zwingende Erfordernisse* des Allgemeininteresses, wie durch den Schutz der Meinungsfreiheit oder durch kulturpolitische Erwägungen gerecht-fertigt war.[848] Der *Gerichtshof* kam dabei zum dem Ergebnis, daß Art. 61 Mediawet über die Verfolgung dieser legitimen Ziele (weit) hinausging. Es sei nämlich nicht ersichtlich, wie die Meinungsfreiheit im Rundfunksektor eines Mitgliedstaates dadurch beeinträchtigt werden sollte, daß die inländischen Rundfunkanstalten das Recht erhielten, Aufträge auch an Unternehmen aus an-deren Mitgliedstaaten zu vergeben. Zudem werde die niederländische Kulturpo-litik auch nicht gefährdet, da die von den Rundfunkanstalten wahrgenommenen Aufgaben ohnehin vom Staat finanziert und daher unabhängig von der Ver-pflichtung der inländischen Sendeanstalten waren, ihre Mittel ganz oder teil-weise bei der staatlichen Produktionsgesellschaft auszugeben. Da Gründe des Allgemeininteresses die Pflicht zur Vergabe der Aufträge an die Produktionsge-sellschaft nicht rechtfertigen konnten, verstieß die Regelung gegen Art. 49 EG.[849]

Als allgemeine Beispiele für solche zwingenden Gründe des Allgemeininteres-ses nennen die beiden *Mediawet*-Entscheidungen den Schutz der Empfänger von Dienstleistungen durch bestimmte Berufsregeln, den Schutz des geistigen Eigentums, den Schutz der Arbeitnehmer, den Schutz der Verbraucher, die Er-haltung des nationalen historischen und künstlerischen Erbes, die Aufwertung der archäologischen, historischen und künstlerischen Reichtümer und bestmög-liche Verbreitung von Kenntnissen über das künstlerische und kulturelle Erbe eines Landes.[850] Auch hier kann man also eine sehr restriktive Handhabung der Rechtfertigungsmöglichkeiten konstatieren.[851]

---

[848] *EuGH* Slg. 1991 I, 4069, 4097 Tz. 30 ff. - *Mediawet II.*

[849] *EuGH* Slg. 1991 I, 4069, 4098 Tz. 37. - *Mediawet II.*

[850] *EuGH* Slg. 1991 I, 4007, 4040 Tz. 14 - *Mediawet I*; *EuGH* Slg. 1991 I, 4069, 4094 Tz. 18 - *Mediawet II* m. w. N.

[851] Sehr weitgehend hierzu: *Fesenmair*: Öffentliche Dienstleistungsmonopole im europäischen Recht (1996), S. 228, der keine Situation mehr als denkbar ansieht, in der die Gründe, die die Einschränkung der Grundfreiheiten erlauben, die Errichtung eines Ausschließlichkeits-recht zwingend erforderlich machen könnten.

b) *Liberalisierung auf den Telekommunikationsmärkten*

Mit der Richtlinie 90/388/EWG vom 28.06.1990 (*Telekommunikationsdienste*)[852] verpflichtete die *Kommission* die Mitgliedstaaten unter anderem zur Beseitigung der besonderen und ausschließlichen Rechte bei der Erbringung von Telekommunikationsdienstleistungen mit Ausnahme des Sprach-Telefondienstes. Der *Gerichtshof* mußte sich mit dieser Richtlinie aufgrund einer Nichtigkeitsklage gem. Art. 230 I EG beschäftigen, die von den Mitgliedstaaten *Spanien, Belgien* und *Italien* erhoben worden war. Der *Gerichtshof* wies die Klage im Wesentlichen ab.[853] Nach Auffassung des *Gerichtshofes* war die *Kommission* gem. Art. 86 III EG berechtigt, die sich aus Art. 49 EG ergebenden Verpflichtungen zu konkretisieren, um dadurch die Ausübung des Rechts auf freien Dienstleistungsverkehr zu erleichtern.[854] Im Wesentlichen begründete der *Gerichtshof* die Pflicht zur Aufhebung der ausschließlichen Rechte mit Art. 86, 82 EG. Dabei subsumiert der *Gerichtshof* in ständiger Rechtsprechung das Verbot der Ausdehnung marktbeherrschender Stellungen auf benachbarte Märkte unter den allgemeinen Mißbrauchsbegriff des Art. 86 I EG.[855] Im Fall Telekommunikationsdienstleistungen liegt der Verstoß gegen Art. 86, 82 EG darin, daß das Monopol für die Einrichtung und den Betrieb des Fernsprechnetzes auf den Markt für Telekommunikationsdienste erstreckt wurde.[856]

---

[852] Amtsbl. 1990 L 192, 10.

[853] Ähnlich wie in der *Endgeräte*-Entscheidung wurde die Telekommunikationsdienstleistungs-Richtlinie allerdings mangels ausreichender Begründung insoweit aufgehoben, als sie die *besonderen Rechte* im Sinne des Art. 86 I EG betraf, *EuGH* Slg. 1992 I, 5833, 5866 f. Tz. 28 - 32 - *Telekommunikationsdienstleistungen.* Soweit es allerdings um die Verpflichtung zur Aufhebung *ausschließlicher Rechte* ging, hat der *Gerichtshof* die Richtlinie in vollem Umfang bestätigt.

[854] *EuGH* Slg. 1992 I 5833, 5865 Tz. 21 - *Telekommunikationsdienstleistungen.*

[855] Als Ursprung dieser Rechtsprechung kann *EuGH* Slg. 1985, 3261 - *Télémarketing* gelten (vgl. hierzu insbesondere S. 3278, Tz. 27 der Entscheidung). Auch die bereits besprochene Entscheidung *RTT* wurde vom *Gerichtshof* unter diesem Gesichtspunkt betrachtet: zu einer Verfälschung kann es hier kommen, da dem Unternehmen, das Endgeräte vertreibt, auch die Aufgabe übertragen wird, über die Zulassung von Endgeräten privater Wettbewerber zu entscheiden, vgl. Slg. 1991 I, 5941, 5982 Tz. 26 - *RTT*; Slg. 1993 I 5331 Tz. 44 - *Lagauche*; Slg. 1993 I, 5381 Tz. 22 - *Decoster*; Slg. 1993 I, 5403 Tz. 16 - *Taillandier*; *Hancher*: Urteilsanmerkung zu den verbundenen Rechtssachen C-46/90 und C-93/91, Rechtssache C-69/91 und Rechtssache C-92/91, C.M.L.Rev.. 1994, 857, 867 ff.; *Fenger/Broberg*: National Organisation of Regulatory Powers and Community Competition Law, ECLR 1995, 364 ff.

[856] *EuGH* Slg. 1992 I 5833, 5868 Tz. 36 - *Telekommunikationsdienstleistungen.*

Die Neufassung erfolgte mit der Richtlinie 96/19/EG v. 13.06.1996.[857] Gegenstand der Richtlinie ist die Einführung des vollständigen Wettbewerbs auf den Telekommunikationsmärkten. Auch hier dürfen nur zwingende Gründe zu einer Beschränkung der Dienstleistungsfreiheit der Telekommunikation führen. Zu solchen gehören „die im allgemeinen Interesse liegenden Gründe nicht wirtschaftlicher Art, die einen Mitgliedstaat veranlassen können, für die Errichtung und/oder den Betrieb von Telekommunikationsdiensten oder für die Erbringung von Telekommunikationsdiensten Bedingungen aufzuerlegen." Gründe dieser Art sind die Sicherheit des Netzbetriebes, die Aufrechterhaltung der Netzintegrität und - in begründeten Fällen - die Interoperabilität von Diensten, der Datenschutz, der Umweltschutz und die Bauplanungs- und Raumordnungsziele, sowie die effiziente Nutzung des Frequenzspektrums und die Vermeidung von schädlichen Störungen zwischen funkgestützten Telekommunikationssystemen untereinander sowie zwischen funkgestützten und anderen raumgestützten oder terrestrischen technischen Systemen.[858] Auch hier werden an die zwingenden Gründe hohe Anforderungen gestellt. Besondere Souveränitätsinteressen der Mitgliedstaaten kommen dabei vor allem beim Umweltschutz, bei den Bauplanungs- und Raumordnungszielen und beim Datenschutz zum Ausdruck. Damit ist aber eigentlich nur klargestellt, daß die Interessen an der Dienstleistungsfreiheit im Bereich der Telekommunikation nicht notwendig anderen konkreten staatlichen Interessen vorgehen müssen. Ansonsten beschränken sich die zwingenden Gründe einerseits eher auf rein technische Grenzen, deren Überschreiten die Gefahr eines Zusammenbruchs des Netzes oder dessen Teile birgt. Darüber hinaus wird die Dienstleistungsfreiheit durch eine Erhöhung der Interoperationalität weniger beeinträchtigt als gefördert.

3.　Außergesetzliche Ausnahmen von der Niederlassungsfreiheit

Der Anwendungsbereich des Art. 43 EG würde sich aber noch einmal erheblich erweitern, wenn auch in dieser Norm ein *allgemeines Beschränkungsverbot* im Sinne der *Dassonville-Formel* zu sehen wäre. Diese Frage ist aber (noch) streitig.[859] Die Ausführungen des *Gerichtshofes* in den hier relevanten Fällen *Klopp*

---

[857] Amtsbl. L 74, 13.

[858] Richtlinie 90/388/EWG in der Fassung Richtlinie 96/19/EG v. 13.06.1996 zur Einführung des vollständigen Wettbewerbs auf den Telekommunikationsmärkten, Abl. L, 74, 13 Art. 1, Erwägung. 15; *Mestmäcker* in: Immenga/Mestmäcker (Hrsg.): EG-Wettbewerbsrecht (1997), Art. 37, 90 C, Rn. 48, sowie E, Rn. 24 ff.

[859] *Randelzhofer/Forsthoff* in: Grabitz/Hilf (Hrsg.): Das Recht der Europäischen Union, Kommentar Bd. I (Stand 2001), Art. 43 Rn. 84 ff..

und *Vlassopoulou* werden nicht einhellig verstanden. Der Rechtsanwalt *Onno Klopp* aus Düsseldorf wollte zusätzlich zu seiner dortigen Kanzlei auch eine Kanzlei in Paris gründen. Dies wurde ihm von der Pariser Anwaltskammer versagt mit der Begründung, nach den geltenden Standesrichtlinien dürfe ein Anwalt nur eine einzige berufliche Niederlassung haben, die zudem auch noch im Bezirk des zuständigen Tribunal de grande instance gelegen sein müsse, bei dem er zugelassen sei. Diese Regelung traf inländische wie ausländische Anwälte und hatte damit keinen diskriminierenden Charakter. Der *Gerichtshof* war nichtsdestotrotz der Auffassung, daß diese Regel Art. 43 EG verletzt. Ein Mitgliedstaat könne nicht vorschreiben, daß ein Rechtsanwalt nur eine Kanzlei unterhalten dürfe. Dies verstoße gegen das in Art. 43 I S. 2 EG ausdrücklich erwähnte Recht zur Gründung von Zweigniederlassungen.[860] Im Fall *Vlassopoulou* ging es um die Frage, inwieweit bei der Entscheidung über die Anwaltszulassung eines EG-Ausländers Kenntnisse zu berücksichtigen sind, die der Aspirant bereits im Ausland erworben hat. Hier kam der *Gerichtshof* zu dem Ergebnis, daß „nationale Qualifikationsvoraussetzungen, selbst wenn sie ohne Diskriminierung aufgrund der Staatsangehörigkeit angewandt werden, sich dahin auswirken können, daß sie die Staatsangehörigen der anderen Mitgliedstaaten in der Ausübung des ihnen durch Artikel 52 EWG-Vertrag [Art. 43 EG n.F.] gewährleisteten Niederlassungsrechts beeinträchtigten."[861]

Ein Teil der neueren Literatur versucht diese Ausführungen des *Gerichtshofes* unter einen sehr weit gefaßten Diskriminierungsbegriff zu fassen, der auch versteckte und sehr entfernte Diskriminierungen einschließt.[862] Dieser Diskriminierungsbegriff wird teilweise so weit gefaßt, daß sogar Monopole umschlossen werden,[863] die sonst allenfalls als eine allgemeine Beschränkung begriffen wer-

---

[860] *EuGH* Slg. 1984, 2971, 2989 f. Tz. 18 f. - *Klopp*; hiervon unabhängig steht es den Mitgliedstaaten grundsätzlich frei, die Ausübung des Rechtsanwaltsberufs für ihr Hoheitsgebiet zu regeln, *EuGH* Slg. 1987, 2971 Tz. 17; Slg. I, 1577 Tz 99 - *Niederländische Rechtsanwaltskammer*.

[861] *EuGH* Slg. 1991 I 2357, 2383 Tz. 15 - *Vlassopoulou*.

[862] *Basedow*: Von der deutschen zur europäischen Wirtschaftsverfassung (1992), S. 43 f.; *Hailbronner*: Handkommentar zum EU-Vertrag (Stand:1997), Art. 52 Rn. 14.

[863] *Ehlermann*: neuere Entwicklungen im Europäischen Wettbewerbsrecht, EuR 1991, 307, 324 f. begründet dies damit, daß ausländische Unternehmen vor der Errichtung des Monopols kaum die Gelegenheit erhielten, sich um die Übertragung des Monopols zu bewerben. Fraglich ist dann aber, unter welchen Voraussetzungen ein solches Monopol gerechtfertigt werden kann. *Ehlermann* führt hierzu *zwingende Gründe* an (a.a.O. 326; vgl. auch *Möschel*: Hoheitliche Maßnahmen und Wettbewerbsvorschriften des Gemeinschaftsrechts, in: Weiterentwicklung der Europäischen Gemeinschaften und der Marktwirtschaft (1992), 89, 100). Dem ist aber entgegenzuhalten, daß Diskriminierungen nur durch gesetzliche Ausnahme-

den.[864] Freilich muß man dieser Auffassung zugestehen, daß die Bildung von Ausnahmetatbeständen außerhalb des Vertrages aufgrund richterlicher Rechtsfortbildung nur mit größter Vorsicht erfolgen darf. Aufgrund des Prinzips der enumerativen Einzelermächtigung ist die Grenze hier erreicht, wenn auf diese Weise weitere Souveränitätsrechte der Mitgliedstaaten auf die Gemeinschaft bzw. Union übertragen werden. Auf der anderen Seite wird die Erstreckung der Warenverkehrs- und Dienstleistungsfreiheit auf die allgemeinen Beschränkungen und die Ausnahmemöglichkeit aufgrund zwingender Gründe in der Rechtspraxis durch die Mitgliedstaaten akzeptiert. Die Niederlassungsfreiheit weist starke Parallelen zu diesen Grundfreiheiten auf, dies äußert sich vor allem bezüglich der Dienstleistungsfreiheit durch Art. 55 EG. Folglich wird Art. 43 EG auch als ein allgemeines Beschränkungsverbot verstanden. Begründet wird dies mit dem Argument, daß eine Erweiterung des Diskriminierungsbegriffs in Art. 43 EG zu einem uneinheitlichen Diskriminierungsbegriff im EG-Vertrag führe. Wenn in einem Fall mehrere Grundfreiheiten anwendbar sind, könnte etwa im Fall der Dienstleistungsfreiheit oder Warenverkehrsfreiheit eine unterschiedslose Maßnahme vorliegen, während im Sinne der Niederlassungsfreiheit eine Diskriminierung anzunehmen wäre.[865] Auch die Parallelität von Niederlassungs- und Dienstleistungsfreiheit erfordere eine diesbezüglich gleiche Auslegung im Bereich der Niederlassungsfreiheit.[866] Ferner wird auch auf Fallgruppen hingewiesen, zu deren Bewältigung die Annahme eines allgemeinen Beschränkungsverbots erforderlich erscheint.[867] Außerdem findet diese sicherlich im Vordringen befindliche Ansicht auch Rückhalt in der Entscheidung *Klopp*, die mit Art. 43 EG in Form eines reinen Diskriminierungsverbotes nicht mehr erklärt werden kann.[868]

Darüber hinaus können auch die oben angestellten Erwägungen zur Anwendbarkeit der Niederlassungsfreiheit an dieser Stelle noch einmal herangezogen werden. Wenn man sich erneut vor Augen führt, daß die dauerhafte Eingliede-

---

klauseln gerechtfertigt werden können, vgl. in diesem Sinne auch *Heinemann*: Grenzen staatlicher Monopole im EG-Vertrag (1996), S. 139.

[864] Vgl. hierzu nur „Das Urteil Telekommunikations-Endgeräte", S. 243.

[865] *Schnichels*: Reichweite der Niederlassungsfreiheit - Dargestellt am Beispiel des deutschen Internationalen Gesellschaftsrechts (1995), S. 108 ff.; *Heinemann*: Grenzen staatlicher Monopole im EG-Vertrag (1996), S. 136.

[866] *Schnichels*: Reichweite der Niederlassungsfreiheit - Dargestellt am Beispiel des deutschen Internationalen Gesellschaftsrechts (1995), S. 140.

[867] *Steindorff*: Reichweite der Niederlassungsfreiheit, EuR 1988, 19, 26 ff.

[868] *Schnichels*: Reichweite der Niederlassungsfreiheit - Dargestellt am Beispiel des deutschen Internationalen Gesellschaftsrechts (1995), 115.

rung des Unternehmens in den Empfangsstaat als wesentlicher Unterschied der Niederlassungsfreiheit zur Dienstleistungsfreiheit anzusehen ist und daß der Inhalt der Leistung dabei vollkommen identisch sein kann, dann gibt es auch hier keinen Grund für eine unterschiedliche Behandlung. Es wäre ein Kuriosum, wenn man eine Dienstleistung aus einem anderen Mitgliedstaat durch eine allgemeine Beschränkung mangels zwingender Gründe des Allgemeininteresses nicht beschränken könnte, während der niedergelassene Ausländer durch eine allgemeine, nicht diskriminierende Beschränkung an der Erbringung der identischen Leistung gehindert werden könnte; und zwar nur weil er sich in diesem Mitgliedstaat niedergelassen hat. Dieses Kriterium erscheint nicht als tragfähiger Differenzierungsgrund. Wegen der thematischen Nähe zur Dienstleistungsfreiheit kann damit auch auf deren Ausnahmesystem zurückgegriffen werden. Allgemeine, nicht-diskriminierende Beschränkungen sind deshalb aus ähnlichen zwingenden Erfordernissen wie dort hinzunehmen.

4. Außergesetzliche Ausnahmen von der Kapitalverkehrsfreiheit

Bereits oben wurde auf die weite Fassung des Art. 56 EG und den mit Art. 28 EG vergleichbaren Wortlaut eingegangen.[869] Dies legt auch eine entsprechende Anwendung der *Dassonville*-Formel nahe.[870] Neben den ausdrücklichen gesetzlichen Ausnahmeklauseln der Art. 57 ff. EG besteht damit allerdings auch wie bei Art. 28 EG ein Bedürfnis für eine außergesetzliche Ausnahme, die nicht-diskriminierende Beschränkungen nach dem Vorbild der *Cassis*-Formel erfaßt. Beschränkungen des Kapitalverkehrs sind deshalb hinzunehmen, soweit sie etwa zwingenden Erfordernissen des Verbraucherschutzes oder der Lauterkeit des Handelsverkehrs gerecht zu werden. Die Beschränkung muß verhältnismäßig sein, insbesondere ist eine Beschränkung nur dann möglich, wenn diesem zwingenden Erfordernis nicht auf andere Weise Rechnung getragen werden kann.[871]

C. Das Verhältnis von Anwendbarkeit und rechtfertigender Ausnahme

In einer zusammenfassenden Betrachtung soll nun das Verhältnis von Anwendbarkeit und Ausnahme analysiert werden. Aus der Gesetzessystematik und der

---

[869] Vgl. oben S. 223.

[870] *EuGH* Slg. 1974, 837, 852 Tz. 5 - *Dassonville*; dazu oben S. 205.

[871] *Heinemann*: Grenzen staatlicher Monopole im EG-Vertrag (1996), S. 144

Praxis der Entscheidungsorgane läßt sich ableiten, daß man diese beiden Ebenen streng unterscheiden muß. Vor allem der Fall *Humbel* hat gezeigt, daß eine Leistung von Diensten durch den Staat oder seine Institutionen nicht notwendig unter die Tatbestandsvoraussetzung der Dienstleistung im Sinne von Art. 50 EG fällt.[872] Die Monopolisierung dieser Dienste im Erziehungswesen ist folglich auch keine Beschränkung der Dienstleistungsfreiheit im Sinne von Art. 49 EG. Der Vergleich mit dem Rollstuhlfall hat gezeigt, daß diese Anwendungsfrage auch auf die Warenverkehrsfreiheit nach Art. 28 EG übertragbar ist.[873] Letztlich sind es mitgliedstaatliche Interessen an einer hoheitlichen Aufgabenwahrnehmung, die zur Unanwendbarkeit der Grundfreiheiten führen können. Ebenso beruhen aber auch die Ausnahmeklauseln wie auch die außergesetzlichen zwingenden Gründe im Sinne der *Cassis*-Formel auf Interessen der Mitgliedstaaten. Damit stellt sich die Frage, welche mitgliedstaatlichen Interessen bei der Frage der Anwendbarkeit der Grundfreiheiten zu berücksichtigen sind und welche Interessen eine Ausnahme rechtfertigen können. Die Antwort, daß Souveränitätsinteressen über die Anwendbarkeit entscheiden, während die enumerativen gesetzlichen Ausnahmen und zwingende Gründe bestimmter Allgemeininteressen, die von der Rechtsprechung herausgearbeitet wurden, zur Rechtfertigung führen, greift zu kurz. Die mitgliedstaatlichen Interessen, die zur Rechtfertigung einer Beschränkung führen können, hängen vielfach auch mit Souveränitätsinteressen zusammen. Hier braucht man nur an die Berücksichtigung der öffentlichen Sicherheit und Ordnung in Art. 30, 46 EG zu denken. Auch die zwingenden Gründe des Allgemeinwohls, die eine Beschränkung der Grundfreiheiten rechtfertigen können, haben etwas mit Souveränitätsinteressen zu tun. Dennoch waren es im Fall *Humbel* keine zwingenden Gründe, die zur Unanwendbarkeit der Dienstleistungsfreiheit geführt haben, sondern das einfache Interesse des Staates an der Wahrnehmung seiner Erziehungsaufgaben. Sophistisch könnte man sogar fragen, weshalb ein *einfaches* Interesse zur Unanwendbarkeit führt, während die Ausnahme mit *zwingenden* und gesetzlich enumerativen Gründen gerechtfertigt werden muß. Dabei setzt die Rechtfertigung eine grundsätzliche Bindung voraus, während die Unanwendbarkeit die Bindung begrifflich vollständig löst.

---

[872] *EuGH* Slg. 1988, 5365, 5388 Tz. 17 f. - *Humbel*; vgl. oben S. 202.

[873] Vgl. oben „Übertragbarkeit der Erkenntnisse aus dem Fall Humbel auf die Warenverkehrsfreiheit", S. 206.

I. Kriterien für die Anwendbarkeit der Grundfreiheiten

Bezüglich der Anwendbarkeit der Grundfreiheiten wurde bereits festgestellt, daß es hierfür keine unmittelbare gesetzliche Regelung gibt. Angeknüpft wird vielmehr an Tatbestandsvoraussetzungen, wie den Begriff der Dienstleistung im Falle der Dienstleistungsfreiheit oder den Begriff der (Handels-) Ware im Falle der Warenverkehrsfreiheit. Eine Parallele ließ sich dabei zur Anwendbarkeit der Wettbewerbsregeln ziehen.[874] Im Gegensatz dazu sind die Gründe für eine Ausnahme gesetzlich geregelt (vgl. Art. 30, 55 i.V.m. 46 EG), oder sie sind im Wege der richterlichen Rechtsfortbildung als zwingende Gründe des Allgemeinwohls mit verschiedenen Beispielen bestimmt. Als entscheidendes Kriterium für die Frage der Anwendbarkeit wurde sowohl für den Bereich der Wettbewerbsregeln wie auch für den der Grundfreiheiten die hoheitliche Tätigkeit eines Mitgliedstaates als negatives Tatbestandsmerkmal[875] für die Annahme einer Dienstleistung, die Annahme einer Handelsware oder die Bejahung der unternehmerischen Betätigung gesehen.

Die Frage, wann eine hoheitliche Betätigung vorliegt, die nicht unter dem Regime der Wettbewerbsregeln bzw. der angesprochenen Grundfreiheiten liegt, wurde mit Hilfe der Kompetenzbegründung und der Kompetenzkerntheorie erklärt.[876] Die Mitgliedstaaten besitzen im Grundsatz die volle Staatssouveränität. Ein Teil dieser Souveränität ist auf die *Europäischen Gemeinschaften* bzw. die *Europäische Union* übertragen, aber nur soweit EG-Vertrag oder EU-Vertrag dies vorsehen bzw. in Zukunft vorsehen werden. Kraft ihrer verbliebenen Souveränität ist es Sache der Mitgliedstaaten, ihre Angelegenheiten selbst zu regeln.[877] Die Mitgliedstaaten können also selbst entscheiden, ob sie Aufgaben, deren Erfüllung sie als im öffentlichen Interesse liegend ansehen, der Erfüllung durch Private - also dem Wettbewerb - überlassen oder ob sie sie selbst - hoheitlich - wahrnehmen. Der Bereich, in dem ein Mitgliedstaat Aufgaben zur Staatsaufgabe erklären kann, ist selbst vor dem Hintergrund des EG-Rechts weit. Eine Erklärung zur Staatsaufgabe kann aus der Sicht des EG-Rechts nur dann beanstandet werden, wenn man damit unmittelbar in einen Souveränitäts-

---

[874] vgl. oben „Parallelen zur Anwendbarkeit der Wettbewerbsregeln", S. 202 und „Kongruenz", S. 225.

[875] Vgl. oben „Hoheitliche Aufgabenerfüllung als negatives Tatbestandsmerkmal des Unternehmensbegriffs", S. 110.

[876] vgl. oben „Begründung einer Kompetenz im nationalen Recht", S. 142; „Die Kompetenzkerntheorie", S. 159; „Kompetenzbegründung und Kompetenzkerntheorie in diesem Zusammenhang", S. 204.

[877] Vgl. hierzu oben das Prinzip der enumerativen Einzelermächtigung in Verbindung mit dem Subsidiaritätsgrundsatz, S. 90 f.; 156.

bereich hineinregiert, den der Mitgliedsstaat zuvor im Wege des EG-Vertrages oder künftig auch im Wege des EU-Vertrages auf die Gemeinschaft bzw. die Union übertragen hat. So wäre es beispielsweise unzulässig, wenn ein Mitgliedstaat die Planung der Wirtschaft zu seiner Staatsaufgabe erklären würde, vgl. Art. 3 lit g EG.

Die Regelungsmöglichkeit kraft verbliebener Souveränität läßt sich mit der Möglichkeit der *Kompetenzbegründung* vergleichen.[878] Ob auf Verhaltensweisen des Mitgliedstaates, die mit einer so definierten Staatsaufgabe im Zusammenhang stehen, die Wettbewerbsregeln anwendbar sind, kann unter Zuhilfenahme der Kompetenzkerntheorie entschieden werden.[879] So wie die hoheitliche Aufgabenerfüllung unmittelbar oder mittelbar in die Rechts- und Grundrechtspositionen der Bürger eingreifen kann, kann die mitgliedstaatliche Aufgabenwahrnehmung mit dem Ziel der Errichtung eines unverfälschten Binnenmarktes konfligieren. Diese Problematik stellt sich vor allem, wenn der Mitgliedstaat hoheitlich, d. h. ohne das Regime der Wettbewerbsregeln oder der Grundfreiheiten handelt. In Anlehnung an die Kompetenzkerntheorie kann das EG-Recht diese hoheitliche Aufgabenwahrnehmung durch die Mitgliedstaaten nur hinnehmen, wenn sich das konkrete in Frage stehende Verhalten innerhalb des Kompetenzkerns der legitimen Staatsaufgabe ansiedeln läßt. Diese Frage läßt sich anhand einer Verhältnismäßigkeitserwägung beantworten. Es ist also zu fragen, ob das konkrete Verhalten, das sich in einem faktischen Verhalten wie auch in einer gesetzlichen Regelung äußern kann, für die Erfüllung der Staatsaufgabe geeignet, erforderlich und angemessen ist. Hier kann sich dann beispielsweise ergeben, daß die vermeintlich hoheitliche Aufgabenwahrnehmung in Wirklichkeit wirtschaftlich motiviert ist und deshalb außerhalb des Kompetenzkerns liegt.[880]

Auf diese Weise wird auch deutlich, daß die Erwägungen zur Kompetenzbegründung und die Kompetenzkerntheorie allein für die Frage der *Anwendbarkeit* von Wettbewerbsregeln und Grundfreiheiten fruchtbar gemacht werden können. Wenn man zu der Frage gelangt, ob eine gesetzliche Ausnahmeklausel (Art. 30, 55 i.V.m. 46 EG) oder ein außergesetzlicher zwingender Grund vorliegt, hat man mit Hilfe der Erwägungen zur Kompetenzbegründung und der Kompetenzkerntheorie bereits entschieden, daß vor dem Hintergrund des EG-Rechts keine hoheitliche Aufgabenwahrnehmung vorliegt. Die Annahme einer hoheitlichen Tätigkeit einschließlich der Entscheidungskriterien, auf denen ihre

---

[878] vgl. oben „Begründung einer Kompetenz im nationalen Recht", S. 142.

[879] Vgl. oben „Die Kompetenzkerntheorie", S. 159.

[880] Beispiel hierfür waren die Fälle *British Telecommunications* und *Höfner*, vgl. oben S. 164, 167 f.

Annahme beruht, kann also allein für die Frage der Anwendbarkeit von Grundfreiheiten und Wettbewerbsregeln relevant sein.

Dies bestätigt sich, wenn man im Folgenden die im Rahmen der Grundfreiheiten besprochenen Fälle zusammenfassend unter dem Blickwinkel der Kompetenzbegründung und Kompetenzkerntheorie betrachtet. Für den Fall *Humbel* ist dies bereits oben ausführlich geschehen.[881] Mit der Errichtung und Unterhaltung eines Schulsystems erfüllt der Staat die ihm seiner Bevölkerung gegenüber obliegenden sozialen, kulturellen und erzieherischen Aufgaben. Wenn ein Mitgliedstaat den Bereich der schulischen Erziehung zur Staatsaufgabe erklärt, ist dies aus europarechtlicher Sicht nicht zu beanstanden. Dies greift in keines der (zum damaligen Zeitpunkt) auf die Gemeinschaften übertragenen Souveränitätsrechte und Ermächtigungen ein. Die Erfüllung dieser Staatsaufgabe mit der Einrichtung eines staatlichen Schulsystems kann dem Kompetenzkern zugeordnet werden. Die hoheitliche Aufgabenwahrnehmung durch den Mitgliedstaat *Belgien* war also anzuerkennen, womit diese Tätigkeit nicht unter dem Regime der Dienstleistungsfreiheit stand.

Im Fall *Campus Oil* erscheint die Sachlage umgekehrt ähnlich klar.[882] Der Staat *Irland* hatte hier die Mineralölversorgung gerade *nicht* zur Staatsaufgabe erklärt, sondern er hatte die Erfüllung dieser Aufgabe dem freien Markt, also dem Wettbewerb überlassen. Die Teilbezugspflicht gegenüber der staatlichen Gesellschaft sollte dabei die Versorgung der Bevölkerung in atypischen Ausnahmefällen sicherstellen, die man aufgrund der besonderen Marktstruktur Irlands für möglich hielt. Allenfalls die Bewirtschaftung des Landes zu Notzeiten kann also als Staatsaufgabe angesehen werden. Das ändert aber nichts an der grundsätzlichen souveränen Entscheidung des Staates für Markt und Wettbewerb. Folglich steht der Anwendbarkeit von Wettbewerbsregeln und Grundfreiheiten, genauer der Warenverkehrsfreiheit nichts im Wege. Und so kam auch der *Gerichtshof* über Art. 86 I EG zur Prüfung des Art. 28 EG.

Anders war die Sachlage hingegen in der *Endgeräte*-Entscheidung.[883] Hier hatte der Mitgliedstaat *Frankreich* vorgetragen, daß Art. 86 EG das Bestehen ausschließlicher Rechte voraussetzte. Man reklamierte also für sich, eine Staatsaufgabe unabhängig von Wettbewerbsregeln und Grundfreiheiten durchführen zu können. Als eine solche Staatsaufgabe kommt zunächst die *Bewirtschaftung* des nationalen Marktes mit dem Wirtschaftsgut Telekommunikationsendgeräte in Betracht. Auf diese Weise umrissen erscheint diese Staatsauf-

---

[881] Vgl. oben „Die Anwendbarkeitsfrage im Fall Humbel", S. 202.

[882] Vgl. oben „Staatliche Wirtschaftstätigkeit - der Fall Campus *Oil*", S. 231.

[883] Vgl. oben „Das Urteil Telekommunikations-Endgeräte", S. 243.

gabe aber willkürlich und ist im Hinblick auf die Ziele der Gemeinschaft, insbesondere der Schaffung eines gemeinsamen und unverfälschten Binnenmarktes, unannehmbar. Nicht zu beanstanden ist hingegen, wenn die Förderung der Kommunikationsmöglichkeiten zwischen den Bürgern und Wirtschaftsteilnehmern - als allgemeine Grundlage für eine prosperierende Wirtschaft - zur Staatsaufgabe erklärt wird. In diesem Rahmen erschien beispielsweise die Errichtung eines Leitungsnetzes unter staatlicher Regie unabhängig von Wettbewerbsregeln und Grundfreiheiten möglich.[884] Es erscheint aber sehr fraglich, ob zur Erfüllung dieser Staatsaufgabe Kommunikationsförderung ein Monopol für den Vertrieb von Endgeräten erforderlich ist. Ohne näher auf einzelne Sachargumente eingehen zu müssen, zeigt die Zeit nach der *Endgeräte*-Entscheidung, wie der Telekommunikationsmarkt prosperiert, wie die technische Entwicklung fortschreitet und wie beides vorher durch Monopole eingebremst war. Aufgrund dieser faktischen Entwicklung kann man konstatieren, daß diese Monopolisierung des Vertriebs von Endgeräten für die Erfüllung dieser staatlichen Aufgabe im Sinne des Verhältnismäßigkeitsgrundsatzes nicht erforderlich war, daß diese Monopolisierung also außerhalb des Kompetenzkerns lag. Ähnlich wie hier bei der *Endgeräte*-Entscheidung läßt sich im Übrigen auch wegen der Auflösung des Monopols für Kommunikationsdienste argumentieren.[885] Auch hier hat die technische und marktmäßige Entwicklung in der jüngsten Vergangenheit gezeigt, daß die Monopole vorher hinderlich gewirkt haben. Daß technische Argumente für die staatlich monopolisierte Aufgabenwahrnehmung notwendig sind, läßt sich jedenfalls heute nicht mehr behaupten. Selbst unter dieser Last ist das Netz von zumeist privaten Telekommunikationsdienstleistern nicht zusammengebrochen.[886] Auch hier kann also die Monopolisierung nicht dem Kompetenzkern zugeordnet werden.

Bereits oben wurde dargestellt, daß im Bereich von Rundfunk und Fernsehen bestimmte Aufgaben hoheitlich wahrgenommen werden können.[887] Die Fälle *Bond van Adverteeders*, *ERT* und *Mediawet II* hängen sicherlich mit derartigen

---

[884] Dies zeigt auch das bis zum 01.01.1998 vom EG-Recht respektierte staatliche Netzmonopol. Heute wird dieses Netzmonopol allerdings für die Gewährleistung der Telekommunikation nicht mehr als *erforderlich* angesehen. Selbst die Unterhaltung und den Ausbau des Telefonnetzes glaubt man heute mit guten Gründen dem Markt überlassen zu können, vgl. dazu *Schmittmann*: Wettbewerbsrecht in deregulierten Telekommunikationsmärkten, KuR 1998, 1, 2 ff.

[885] Vgl. oben „Liberalisierung auf den Telekommunikationsmärkten", S. 259.

[886] Die moralische Dimension der Verbreitung dieser Informationen hat mit der Deregulierung nichts zu tun, denn schließlich war es eine *Behörde* der Vereinigten Staaten, die diese Veröffentlichung zu verantworten hatte.

[887] Vgl. oben „Konkrete Tätigkeit", S. 104.

Staatsaufgaben zusammen. Allerdings zeigen diese Fälle auch, daß die hier von den Mitgliedstaaten getroffenen Regelungen und Marktstrukturierungen weit über das hinausgehen, was zur Erfüllung einer legitimen Staatsaufgabe erforderlich ist. Das Sende- und Übertragungsmonopol der *ERT* ist für die Gewährleistung der Meinungsfreiheit vor allem dann nicht erforderlich, wenn nicht einmal alle Sendefrequenzen genutzt werden.[888] Im Fall *Bond van Adverteeders* ist die Absicht, ausländische Sendeveranstaltungen vom Markt fern zu halten halten, nur zu offensichtlich,[889] das Gleiche gilt auch für den Fall *Mediawet I*.[890] Im Fall *Mediawet II* liegt das Ziel der Monopolisierung und der Kontrahierungsverpflichtung in der Bevorzugung einer Produktionsgesellschaft in staatlicher Hand. Ausländische Produktionen sollen nur in sehr beschränktem Umfang erworben werden. Dies alles hat mit der legitimen Wahrnehmung von Staatsaufgaben aus der Sicht des Europarechts nichts zu tun. Kulturelle Aspekte oder Bedürfnisse der Grundversorgung können auch mit anderen Mitteln erreicht werden, die in geringerem Maße in die Marktfreiheit eingreifen. Das mitgliedstaatliche Verhalten bzw. die Regelungen liegen also außerhalb des Kompetenzkerns, eine hoheitliche Aufgabenwahrnehmung kann hier nicht anerkannt werden.

II.   Voraussetzungen für die Anwendung einer Ausnahme

Die erste wesentliche Voraussetzung für die Annahme einer Ausnahme ist - wie zuvor dargestellt - die grundsätzliche Anwendbarkeit der entsprechenden Grundfreiheit. Liegt also eine (von den Gemeinschaften respektierte) hoheitliche Aufgabenwahrnehmung durch einen Mitgliedstaat vor, können die gesetzlichen und außergesetzlichen Ausnahmeklauseln nicht zur Anwendung kommen.

Die gesetzlichen Rechtfertigungsgründe selbst (Art. 30, 55 i.V.m. 46 EG) dienen allein der Abwehr spezifischer Gefahren. So sollen die Grundfreiheiten für den Handel mit gesundheitsgefährdenden Waren oder Dienstleistungen nicht gelten. Für die im weitesten Sinne wirtschaftsbezogene Staatstätigkeit sind kaum praktische Fälle denkbar, in denen eine Marktbeschränkung zu Gunsten der öffentlichen Hand bis hin zur Monopolisierung auf diese Ausnahmeklauseln gestützt werden könnte. Vorstellbar wäre vielleicht, daß allein staatseigene Betriebe den Spirituosen- oder Zigarettenhandel übernehmen, um auf diese Weise

---

[888] Vgl. oben „*ERT*", S. 238.

[889] Vgl. oben „*Grenzen kultureller Rechtfertigungsgründe - der Fall Bond van Adverteeders*", S. 236.

[890] Vgl. oben „*Die Mediawet-Entscheidungen*", S. 255.

Gesundheitsgefahren einzuschränken. Aber selbst hier bestehen neben den besonderen Gefahren, die von einem Schwarzmarkt drohen, Bedenken wegen der Erforderlichkeit einer solchen Maßnahme; Werbeverbote oder umfassende Aufklärungsarbeit könnten effektiver sein. Die Bedeutung der gesetzlichen Ausnahmeklauseln ist also mithin im hier erörterten Zusammenhang gering.

Auch die zwingenden Gründe des Allgemeinwohls, die die Rechtfertigungsmöglichkeiten bei nicht diskriminierenden Beschränkungen der Warenverkehrsfreiheit und Dienstleistungsfreiheit erweitern, wurden bei keiner der besprochenen Entscheidungen angenommen. Die von den Gemeinschaftsorganen angegebenen Beispiele lassen wiederum auf ein sehr begrenztes Anwendungsfeld schließen. Daß diese Gründe für die Anwendung der Maßnahme zudem zwingend sein müssen, unterstreicht die restriktive Handhabung dieser Ausnahmemöglichkeit.

In der Tendenz werden allein in der Medienpraxis etwas weniger restriktive Anforderungen gestellt. Zu den zwingenden Gründen des Allgemeinwohls gehört im Bereich der Medien eine Kulturpolitik, durch die Meinungsfreiheit und Pluralität gewährleistet werden sollen.[891] Für eine solche Rechtfertigung gewinnt dann wiederum Art. 10 II EMRK eine besondere Bedeutung.[892] In diesem Licht können Einschränkungen der kommerziellen Werbung im Rundfunk zwar durch zwingende Gründe des Allgemeininteresses gerechtfertigt sein, um die Verbraucher gegen ein Übermaß an Werbung zu schützen oder um eine bestimmte Programmqualität zu sichern.[893] Ein zwingender Grund ist allerdings zu verneinen, wenn sich aus der Sachlage ergibt, daß die beschränkenden Vorschriften beispielsweise allein den Zweck haben, eine inländische Institution vor dem Wettbewerb ausländischer Mitwettbewerber zu schützen.[894] Ebenso ist die Verpflichtung der vom Staat finanzierten Sendeveranstalter zu bewerten, ihre Finanzmittel ganz oder teilweise bei einer staatlichen Produktionsgesellschaft auszugeben. Auch hierfür gibt es keinen zwingenden Grund im eben genannten Sinne. Diese Verpflichtung hindert vielmehr die Sendeveranstalter, sich ihre Programme bei anderen Anbietern im gemeinsamen Markt zu beschaffen, und sie weist keinen Zusammenhang mit dem Zweck auf, die Meinungsvielfalt

---

[891] *EuGH* Slg. 1980 833, 856 Tz. 12 - *Debauve*; Slg. 1991 I, 4007, 4043 Tz. 23 - *Mediawet I*; Slg. 1991 I, 4069, 4097 Tz. 30 - *Mediawet II*.

[892] *EuGH* Slg. 1991 I, 2925, 2962 Tz. 16 - *ERT*; Slg. 1991 I, 4069, 4097 Tz. 30 - *Mediawet*; Slg. 1991 I 4007, 4013 Tz. 23- *Gouda*; *Bullinger/Mestmäcker*: Multimediadienste: Struktur und staatliche Aufgabe nach deutschem und europäischem Recht, 1997, S.124.

[893] *EuGH* Slg. 1991 I 4007, 4044 Tz. 27 - *Mediawet I*.

[894] *EuGH* Slg. 1991 I 4007, 4044 Tz. 28 - *Mediawet I* ; Slg. 1991 I, 4069, 4101 Tz. 46 *Mediawet II*.

im Rundfunk zu sichern.[895] Hier zeigt sich, daß die Gemeinschaftspraxis neben Wettbewerb und Markt der Meinungsvielfalt und Pluralität einen hohen Stellenwert beimißt. Die angesprochenen Fälle zeigen aber ebenso die restriktive Überwachung des Verhaltens der Mitgliedstaaten auf diesem Feld.

III. Folgerungen

Der Ausgangspunkt für die Frage der Anwendbarkeit oder Unanwendbarkeit der Grundfreiheiten ist die verbliebene Souveränität der Mitgliedstaaten, kraft derer sie ihre Angelegenheiten grundsätzlich selbst regeln. Vor allem hier ist also der Raum, in dem nationale Souveränitätsinteressen berücksichtigt werden können. Die Grenze der Anerkennung durch das Gemeinschaftsrecht kann hier aus zwei Gründen erreicht sein: Entweder der Mitgliedstaat erklärt eine Tätigkeit zur Staatsaufgabe, die in den Soveränitätsbereich der Gemeinschaften oder künftig der Union fällt. Oder die Erklärung zur Staatsaufgabe - bzw. Kompetenzbegründung - ist zwar vor dem Hintergrund des EG-Rechts legitim, das Verhalten des Mitgliedstaates geht aber weit über das hinaus, was zur Erfüllung der staatlichen Aufgabe notwendig ist: es liegt also außerhalb des Kompetenzkerns. Insbesondere dieser letzte Fall stand in der besprochenen Kasuistik im Vordergrund.[896]

Im Bereich der gesetzlichen Ausnahmeklauseln werden mitgliedstaatliche Interessen nur so weit berücksichtigt, wie sie den Schutz der öffentlichen Sittlichkeit, Ordnung, Sicherheit und Gesundheit betreffen. An sich wird damit einzig und allein dem Interesse der Mitgliedstaaten an der Verhinderung eines Marktes für gefährliche Güter und Dienstleistungen Rechnung getragen. Die praktische Relevanz dieser gesetzlichen Ausnahmeklauseln kann damit für die wirtschaftsbezogene Staatätigkeit als eher gering eingestuft werden. Eine restriktive Handhabung läßt sich auch bei der Rechtfertigung einer Maßnahme durch zwingende Gründe des Allgemeinwohls feststellen. Bereits der beispielhafte[897] Katalog, der vom *Europäischen Gerichtshof* und der *Kommission* zusammengetragen worden ist, zeigt die Begrenztheit dieser Ausnahmemöglichkeit. Mitglied-

---

[895] Slg. 1991 I, 4069, 4095 Tz. 21, 31 *Mediawet.*

[896] Gemeint sind die Fälle *Telekommunikationsendgeräte*, *Bond van Adverteeders*, *ERT* und *Mediawet II.*

[897] Abschließend kann dieser Katalog nicht sein, da sonst wieder ein Verstoß gegen den Subsidiaritätsgrundsatz zu befürchten wäre, vgl. oben zur Problematik der Bereichsausnahmen im EG-Vertrag S. 99.

staatliche Souveränitätsinteressen werden hier allenfalls in einem sehr begrenzten Umfang berücksichtigt.

Fraglich ist, ob und inwieweit es zu einer Überschneidung von Gründen der Unanwendbarkeit der Grundfreiheiten und Gründen für die Anwendbarkeit der Ausnahmeklauseln geben kann. Vor allem die in den beiden *Mediawet*-Entscheidungen genannten zwingenden Gründe - Erhaltung des nationalen historischen und künstlerischen Erbes und bestmögliche Verbreitung von Kenntnissen über das künstlerische und kulturelle Erbe eines Landes -[898] überschneiden sich mit einem etwaigen staatlichen Erziehungsauftrag. Seine hoheitliche Wahrnehmung wird nach dem Fall *Humbel* allerdings respektiert und führt zur Unanwendbarkeit der Dienstleistungsfreiheit. Hier stellt sich die Frage, ob man nicht bezüglich der Gründe für Unanwendbarkeit einerseits und Rechtfertigung andererseits eine klare Trennung anstreben sollte. Bei näherer Betrachtung zeigt sich allerdings, daß selbst derartige Erziehungs- und Kulturaufgaben nicht notwendig hoheitlich wahrgenommen werden müssen. So sind durchaus auch kommerzielle Erziehungs- und Kultureinrichtungen (oder Zeitschriften und Buchverlage) denkbar, die im Rahmen ihrer Tätigkeit Dienstleistungen im Sinne des Art. 50 EG erbringen. Wenn eine solche Einrichtung in maßgebender Weise die Verbreitung von Kenntnissen über das künstlerische und kulturelle Erbe eines Landes etwa aufgrund einer hohen sachlichen Kompetenz erbringt, dann sind zwingende Erfordernisse des Allgemeinwohls denkbar, die den Schutz dieser Institution vor Wettbewerb rechtfertigen könnten. Eine solche Institution kann natürlich auch in öffentlicher Hand sein. Diese Überlegung zeigt, daß es im Hinblick auf die Unanwendbarkeit der Grundfreiheiten einerseits und der Rechtfertigung von Beschränkungen andererseits wegen der Begründungen im Einzelnen in der Tat Überschneidungen geben kann.

Eine nähere Analyse der zwingenden Gründe legt allerdings eine Kategorisierung nahe, die sie von staatlichen Souveränitätsinteressen eher entfernt. In den *Mediawet* -Entscheidungen war die Rede vom Schutz der Empfänger von Dienstleistungen durch bestimmte Berufsregeln, vom Schutz des geistigen Eigentums, dem Schutz der Arbeitnehmer, dem Schutz der Verbraucher, von der Erhaltung des nationalen historischen und künstlerischen Erbes, sowie der Aufwertung der archäologischen, historischen und künstlerischen Reichtümer und bestmögliche Verbreitung von Kenntnissen über das künstlerische und kulturelle Erbe eines Landes.[899] Die Richtlinie für die Telekommunikationsdienste

---

[898] *EuGH* Slg. 1991 I, 4007, 4040 Tz. 14 - *Mediawet I*; *EuGH* Slg. 1991 I, 4069, 4094 Tz. 18 - *Mediawet II* m. w. N.

[899] *EuGH* Slg. 1991 I, 4007, 4040 Tz. 14 - *Mediawet I*; *EuGH* Slg. 1991 I, 4069, 4094 Tz. 18 - *Mediawet II* m. w. N.

nannte als *zwingende Gründe* die Sicherheit des Netzbetriebes, die Aufrechterhaltung der Netzintegrität und - in begründeten Fällen - die Interoperabilität von Diensten, den Datenschutz, den Umweltschutz und Bauplanungs- und Raumordnungsziele, sowie die effiziente Nutzung des Frequenzspektrums und die Vermeidung von schädlichen Störungen zwischen funkgestützten Telekommunikationssystemen untereinander sowie zwischen funkgestützten und anderen raumgestützten oder terrestrischen technischen Systemen.[900]

Damit lassen sich die *zwingenden Gründe* in vier Gruppen kategorisieren. Die *erste Kategorie* verfolgt das Ziel, durch die Beschränkung des Wettbewerbs letztlich noch *mehr Wettbewerb* zu ermöglichen. Die *zweite Kategorie* soll die *breite Bevölkerung* vor einer Übervorteilung schützen, es geht insbesondere um den Schutz von Arbeitnehmern und Verbrauchern. Die *dritte Kategorie* soll vor der *Überlastung* und dem Zusammenbruch eines technischen Systems schützen. Um die Förderung von Vielfalt und Bildung im kulturellen Bereich geht es schließlich in der vierten Kategorie. Während der Katalog von einzelnen zwingenden Gründen, den *Kommission* und *Gerichtshof* aufgestellt haben, nicht abschließend sein kann, erscheinen Rechtfertigungsmöglichkeiten, die außerhalb dieser Kategorien angesiedelt werden können, nur schwer denkbar.

Der Raum, innerhalb dieser Kategorien Maßnahmen zu ergreifen, ist eng. In der ersten Kategorie sind etwa Kompatibilitätsvorschriften möglich. In der zweiten Gruppe sind es vor allem Kündigungs- und Rückgaberegeln zum Schutz vor Übereilung, aber auch spezifische Versicherungspflichten, mit denen Verbraucher und Arbeitnehmer geschützt werden können. In der dritten Kategorie sind Regelungen möglich, die mit „Verkehrsregeln" umschrieben werden können. In diesen drei Kategorien findet zwar auch im weiten Sinne ein mitgliedstaatliches Souveränitätsinteresse Ausdruck. Der hier bestehende Raum für Spezialregelungen ist aber so eng, daß man von einer umfassenden Kompetenz zur Regelung der eigenen Angelegenheiten nicht sprechen mag. Mitgliedstaatliche Souveränität kommt hier kaum zum Ausdruck. Zudem wird innerhalb dieser Kategorien in erster Linie das Zusammenspiel der allgemeinen Wirtschaftsteilnehmer geregelt. Mit diesen Kategorien lassen sich kaum Beschränkungen rechtfertigen, die eine wirtschaftsbezogene Staatstätigkeit oder die Wahrnehmung einer staatlichen, nicht hoheitlichen Aufgabe begünstigen.

In der vierten Kategorie - Förderung von Vielfalt und Bildung im kulturellen Bereich - liegen die Dinge geringfügig anders. Die Gestaltungsmöglichkeiten

---

[900] Richtlinie 90/388/EWG in der Fassung Richtlinie 96/19/EG v. 13.06.1996 zur Einführung des vollständigen Wettbewerbs auf den Telekommunikationsmärkten, Abl. L, 74, 13 Art. 1, Erwägung. 15; *Mestmäcker* in: Immenga/Mestmäcker (Hrsg.): EG-Wettbewerbsrecht (1997), Art. 37, 90 C, Rn. 48, sowie E, Rn. 24 ff.

durch die einzelnen Mitgliedstaaten erscheinen hier etwas breiter. Zu beachten ist dabei allerdings, daß ein staatliches Schulsystem nach dem Vorbild des Falles *Humbel* überhaupt nicht unter dem Regime der Dienstleistungsfreiheit steht. Diese Einordnung kann man wohl auch auf andere staatliche Bildungseinrichtungen übertragen, sofern mit ihnen keine in Wirklichkeit wirtschaftlichen Ziele verfolgt werden. Die Grenze der Anwendbarkeit der Wettbewerbsregeln und Grundfreiheiten dürfte erreicht sein, wenn nach dem Vorbild des Falles *Bodson*[901] ein überhöhtes Entgelt für die Leistung verlangt würde. Wenn man die Tätigkeit staatlicher Bildungseinrichtungen schon bei der Frage der Anwendbarkeit der Dienstleistungsfreiheit ausscheidet, dann hat die Ausnahmeklausel hier nur noch Bedeutung, wo Förderung von Kultur und Bildung auf einem Markt stattfinden. Praktische Beispiele hierfür sind etwa von der öffentlichen Hand initiierte Freizeitangebote kultureller Art. Hierzu kann man Museums- und Theaterbetriebe zählen,[902] aber auch Sportveranstaltungen, soweit man sie unter den Dienstleistungsbegriff subsumieren kann.[903] Auch diese Ausnahmemöglichkeit enthält praktisch keinen besonderen Raum für staatliche Regulierungs- und Strukturierungsbedürfnisse. Im Wesentlichen wird deshalb den mitgliedstaatlichen Souveränitätsinteressen vor allem bei der Vorfrage der Anwendbarkeit der Grundfreiheiten Rechnung getragen.

Offen ist damit allein noch die Frage, weshalb man die Unanwendbarkeit der Grundfreiheiten mit dem „einfachen" Interesse des Mitgliedstaates an einer hoheitlichen Aufgabenwahrnehmung begründen kann, während eine einzelne beschränkende Maßnahme mit zwingenden Gründen des Allgemeinwohls gerechtfertigt werden muß. Bei der Suche nach der Antwort muß man sich zunächst vor Augen führen, daß die hoheitliche Aufgabenwahrnehmung durch einen Mitgliedstaat nicht unbesehen vom EG-Recht respektiert wird. Die Kriterien, die hierfür in Anlehnung an die Kompetenzkerntheorie erarbeitet wurden, sind nicht ohne weiteres zu erfüllen. Im Rahmen der Frage der Verhältnismäßigkeit der hoheitlichen Aufgabenwahrnehmung stellt sich vor allem immer die Frage der Erforderlichkeit der hoheitlichen Aufgabenwahrnehmung zur Erfüllung einer Staatsaufgabe, die vor dem Hintergrund des Europarechts ihrerseits auch legitim sein muß. Die restriktive Handhabung der Ausnahmeklauseln läßt sich vor allem damit begründen, daß sich Mitwettbewerber auf die durch die An-

---

[901] Vgl. zur Problematik der überhöhten Entgelte im Fall *Bodson* oben S. 102, 166.

[902] Hier dürfte aber regelmäßig die europarechtliche Bedeutung in Frage stehen.

[903] Dabei wird die Dienstleistungsfreiheit weniger als die Kartellregeln gefragt sein. Zu denken ist hier vor allem an die Fußballbundesliga mit ihrer zentralen Vermarktung durch den DFB. Dies ist nichts anderes als ein Kartell, das aber nach der nationalen Kartellrechtsnovelle von der Anwendung des Kartellrechts ausgenommen bleiben soll. Ob dies vor dem Hintergrund des Europarechts Bestand haben wird, bleibt abzuwarten.

wendbarkeit der Wettbewerbsregeln und Grundfreiheiten geschaffenen Strukturen verlassen können müssen. Beschränkungen können das Gleichgewicht eines Marktes stören. Sie können dazu führen, daß die zur Aufgabenerfüllung notwendigen privaten Investitionen ausbleiben. Ein unverfälschter Markt lebt auch davon, daß die Marktteilnehmer das Risiko von Beschränkungen kalkulieren können. Derartige Verfälschungen eines Teilmarktes können der Entwicklung und Leistungsfähigkeit eines gesamten Marktes abträglicher sein, als wenn man diesen „Marktteil" von vorn herein aus dem Markt herausnimmt und sich zu einer hoheitlichen Aufgabenerfüllung entschließt, soweit dies nach den oben dargestellten Kriterien in Anlehnung an die Kompetenzkerntheorie möglich ist.

Darüber hinaus muß man aber vor allem beachten, daß nach der Erklärung zur Staatsaufgabe nicht jedes mit dieser Staatsaufgabe im Zusammenhang stehende Tätigkeitsfeld aus dem Anwendungsbereich von Wettbewerbsregeln und Grundfreiheiten herausfällt. Gegenüber dem Regime der Regeln des EG-Vertrages sind nur solche Tätigkeiten resistent, die gerade dem Kompetenzkern der Aufgabenwahrnehmung zuzuordnen sind. Insoweit relativiert sich die Möglichkeit der Mitgliedstaaten, durch die Erklärung zur Staatsaufgabe die zwingenden Gründe im Sinne der *Cassis*-Rechtsprechung zu unterlaufen. So kann man erklären, daß die Anforderungen an die Rechtfertigung für eine mitunter nachträgliche Beschränkung eines Marktes im Einzelnen ähnlich streng sind, wie die Anforderungen an die Kriterien, die zur Anerkennung einer hoheitlichen Aufgabenerfüllung ohne das Regime von Wettbewerbsregeln und Grundfreiheiten führen.

Teil 4: Anwendungsgrenzen der Beihilferegeln

Bislang fanden die Steuerungsmöglichkeiten und Auswirkungen des europäischen Beihilferechts nach Art. 87 ff. EG auf die wirtschaftliche Betätigung der öffentlichen Hand nur sehr begrenzte Beachtung.[904] Die Bedeutung dieser Materie für die hier behandelte Problematik erschließt sich allerdings, wenn man sich zwei Dinge vor Augen führt: Erstens ist der Begriff der Beihilfe - wie sich später noch zeigen wird - weit auszulegen.[905] Eine Beihilfe kann auch dann vorliegen, wenn sich der Staat an einem beispielsweise in Not geratenen Unternehmen beteiligt und auf diese Weise dessen Eigenkapitalausstattung erhöht.[906] Zweitens hat der Staat vor diesem Hintergrund eine Doppelstellung in Bezug auf seine öffentlichen (und privilegierten) Unternehmen. Der Staat kann hier nämlich einerseits die Rolle des Unternehmers haben und gleichzeitig die des Subventions- oder Beihilfegebers einnehmen.[907] Das Spannungsverhältnis wird deutlich, wenn man einen Vergleich mit der Privatwirtschaft zieht. Besitzt ein Unternehmer mehrere Unternehmen, so kann er ohne weiteres sein notleidendes Unternehmen stützen, auch wenn dies unter kaufmännischen Gesichtspunkten unsinnig ist: für ihn gelten die Beihilferegeln des EG-Vertrages nicht. Anders gestaltet sich die Rechtslage, wenn der Staat Unternehmer ist und sein notleidendes Unternehmen stützen will. Für ihn ist das Beihilferecht der Gemeinschaften anwendbar und folglich kann das, was dem privaten Unternehmer ohne weiteres erlaubt ist, dem Staat verboten sein.

Verschärft wird die Problematik noch einmal dadurch, daß die Gewährung einer Beihilfe (wie noch darzulegen sein wird) in vielen Formen erfolgen kann. Ist der Staat selbst Unternehmer, so liegt es besonders nahe, daß die Beihilfe versteckt gewährt wird. Diese Gefahr wurde auch von den *Europäischen Gemein-*

---

[904] *Mestmäcker* in: Immenga/Mestmäcker (Hrsg.): EG-Wettbewerbsrecht (1997), Art. 37, 90 Rn. 66 u. 67; *von Wallenberg* in: Grabitz/Hilf (Hrsg.): Kommentar zur Europäischen Union (Stand 1998), Art. 92 Rn. 14 (Archivband I); so weit ersichtlich kann als einzige diesbezüglich ausführlichere Darstellung *Soukup*: Öffentliche Unternehmen und die Beihilfeaufsicht der EU (1995) angeführt werden, der das Problem allerdings eher vor einem finanzwissenschaftlichen Standpunkt bearbeitet. Bezüglich der bisher geringen Beachtung dieses Themas vgl. *Soukup* S. 9.

[905] *Mederer*, in: Groeben/Boeck/Thiesing/Ehlermann: Kommentar zum EU-/EG-Vertrag, Bd. 2 II (5. Aufl. 1999), Art. 92 Rn. 5

[906] *Mederer* aaO. Rn. 6.

[907] *Hausner*: Die Zulässigkeit von Subventionen nach Art. 40 EGKS-V. Am Beispiel der Stahlerzeugung in Frankreich, Belgien, Großbritannien und Italien, 1987, S. 150; *Soukup*: Öffentliche Unternehmen und die Beihilfeaufsicht der EU (1995), S. 7 f.

schaften erkannt, und man versucht ihr mit Hilfe der Transparenzrichtlinie zu begegnen, die den Mitgliedstaaten umfangreiche Informationspflichten auferlegt.[908]

Bei öffentlichen Unternehmen, die im weitesten Sinne öffentliche Aufgaben wahrnehmen oder mit Dienstleistungen von öffentlichem Interesse betraut sind, stellt sich dann die Frage, inwieweit sie bei dieser Aufgabenwahrnehmung vom Staat unterstützt werden können. Im Hinblick auf die *Bundesanstalt für Arbeit* hat der *Europäische Gerichtshof* festgestellt, daß es sich bei der Arbeitsvermittlung in der konkreten Gestalt des Sachverhaltes um eine unternehmerische Tätigkeit handelte.[909] Wie ist der Fall zu bewerten, wenn der Staat die Bundesanstalt angesichts eines Wirtschaftsaufschwungs durch die Anschaffung eines teuren und äußerst leistungsfähigen EDV-Systems unterstützt, das letztlich der Reduzierung der Arbeitslosigkeit dient aber kaufmännisch nicht geboten ist? Dies kann trotz möglicher politischer Gebotenheit der Maßnahme einen Verstoß gegen das Beihilfeverbot darstellen.

Sofern man die EG-rechtliche Problematik im Wesentlichen anerkennt, stellt sich die nächste Frage, ob die von *Volker Emmerich* immer wieder herausgestellte wettbewerbliche Problematik der „unendlichen Ressourcen" öffentlicher Unternehmen an dieser Stelle zu verorten ist.[910] Er behandelt die Problematik der hohen Ressourcen im Bereich der Mißbrauchstatbestände im nationalen Recht und im EG-Recht (§ 20 GWB, Art. 82 EG) und begründet auf diese Weise die *Marktbeherrschung* der öffentlichen Unternehmen. Gleichzeitig wird aber auch bei der Begründung des *Mißbrauchs* darauf rekurriert, daß die öffentliche Hand diese Ressourcen „ausspielt".[911] Wenn aber der Rückgriff auf öffentliche Mittel - beispielsweise zur massiven Ausweitung des Selbstabgabegeschäfts der Ortskrankenkassen - als Beihilfe qualifiziert werden könnte, hätte man zumindest auf europarechtlicher Ebene eine eingängigere Lösung. Nicht der Akt der wirtschaftlichen Betätigung als solcher wäre dann zu untersuchen, sondern es ginge um die Rechtmäßigkeit der Finanzierung, die diese wirtschaftliche Betätigung erst ermöglicht. Da Finanzierung und wirtschaftliche Betätigung verschiedene Akte sind, schließt die Anwendung der Beihilferegeln die der Mißbrauchsverbote keineswegs aus. Aber

---

[908] *Mestmäcker* in: Immenga/Mestmäcker (Hrsg.): EG-Wettbewerbsrecht (1997), Art. 37, 90 C Rn. 67; Art. 37, 90 E Rn. 17 ff.

[909] Vgl. oben S. 78, 101.

[910] *Emmerich*: Neues zur Zulässigkeit der wirtschaftlichen Betätigung der öffentlichen Hand, AG 1985, 293, 295 Fn. 7.

[911] Vgl. *Harms*, BB Beilage 17/1986 zu Heft 32/1986, S. 21 f.

wenn von Rückgriffsmöglichkeiten auf unendliche öffentliche Ressourcen die Rede ist, liegt es nahe, daß die verbotene Beihilfe der sedes materiae ist.

A. Grundstrukturen des Beihilferechts

I. Zweck der Beihilfevorschriften

Ein wesentliches Kriterium eines freien Marktes besteht in der Freiheit der Kapitalströme, was im EG-Vertrag nicht zuletzt in den Regeln über den Kapitalverkehr nach Art. 57 ff. EG zum Ausdruck kommt. Kapitalströme können aber nicht nur durch gesetzliche Normierungen behindert werden, vielmehr erfolgt ihre Beeinflussung auch durch Subventions- und Beihilfegewährung. Wirtschaftswissenschaftliche Bewertungsansätze gehen in der Regel von einem „homo oeconomicus" aus, also einem rational handelnden, nutzenmaximierenden Menschen. In monetärer Ausformung bedeutet dies das Streben nach maximaler Rendite der eingesetzten Mittel.[912] Dieses Modell ist für die Kapitalströme in einem von Protektionen befreiten Markt kennzeichnend.

Der Strom der Beihilfen verfolgt (unabhängig von ihrer Notwendigkeit im Einzelfall) andere Ziele. Bestimmendes Element der Beihilfe ist die Begünstigung bestimmter Unternehmen durch das Fehlen einer marktwirtschaftlichen Gegenleistung. Beim Begünstigten wirken Beihilfen wie eine Senkung der Kosten oder eine Erhöhung der Erlöse. Sie dienen als wirtschaftspolitische Instrumente der Förderung bestimmter Verhaltensweisen der Empfänger, mit denen die wirtschaftlichen Allokations- bzw. Distributionsprozesse gemäß politischen Zielsetzungen korrigiert werden sollen. Die Häufigkeit ihres Einsatzes zeigt, „daß dieses Instrument im politischen Raum als zur Verfolgung bestimmter Ziele gut geeignet angesehen wird."[913] Beihilfe und Protektion können Marktpositionen in wirtschaftlich ungerechtfertigter Weise festigen und auf diese Weise zu einer Wettbewerbsverfälschung beitragen. Die Gefahren von Beihilfen für die Prosperität eines freien Marktes bringt *Walter Kortmann* auf den Punkt: „Die positi-

---

[912] So die allgemeine wirtschaftswissenschaftliche Auffassung, vgl. *Soukup*: Öffentliche Unternehmen und die Beihilfeaufsicht der EU (1995), S. 4 f.

[913] *Andel*, Stichwort Subventionen in: *Albers* u.a. (Hrsg.): Handwörterbuch der Wirtschaftswissenschaft, 7. Band, 1988, S. 491, 499; *Soukup*: Öffentliche Unternehmen und die Beihilfeaufsicht der EU (1995), S. 5 f.

ven gesamtwirtschaftlichen Wirkungen des Wettbewerbs ..., vor allem Innovation, Kundenorientierung, Anpassungsflexibilität, Effizienz und Preisgünstigkeit lassen bei Protektion nach; Bequemlichkeit macht sich breit, der Produktionsapparat wird nicht zügig genug modernisiert und veraltet folglich. Die Qualität des Produktionssortiments fällt im Vergleich zurück."[914] Diesen Gefahren und Mißständen sollen die Vorschriften der Art. 87 bis 89 EG entgegenwirken. Auf der anderen Seite ist zu berücksichtigen, daß es für Beihilfen durchaus auch Notwendigkeiten gibt, wie zum Beispiel die im EG-Vertrag selbst postulierte harmonische Entwicklung des Wirtschaftslebens in der Gemeinschaft sowie die beständige und ausgewogene Wirtschaftsausweitung, vgl. Art. 2 EG. Wo deshalb der Wettbewerb nicht oder nicht allein ausreicht, um die gewünschte strukturelle Entwicklung hervorzurufen, lassen es der EG-Vertrag und die Entscheidungspraxis der Gemeinschaftsorgane zu, daß die Mitgliedstaaten zu den Mitteln der Beihilfe greifen, vgl. Art. 87 Abs. 2 und Abs 3 EG. Dies gilt um so mehr, als durch die verschiedenen Erweiterungen der Gemeinschaft die Unterschiede in der Wirtschaftsentwicklung zwischen den Mitgliedstaaten erheblich zugenommen haben.[915] Trotz dieser Notwendigkeiten im Einzelfall ist Art. 87 I EG so zu lesen, daß im Grundsatz staatliche Beihilfen mit dem gemeinsamen Markt unvereinbar sind.[916]

II.   Tatbestandsvoraussetzungen des Art. 87 I EG

Erstes Tatbestandsmerkmal des Art. 87 I EG [Art- 92 I EGV a.F.] ist die staatliche oder aus staatlichen Mitteln gewährte *Beihilfe*, die zu einer Begünstigung bestimmter Unternehmen oder Produktionszweige führt. Der Begriff der Beihilfe wird dabei sehr weit ausgelegt, was später noch näher zu erörtern sein wird.[917] Allerdings läßt sich bereits an dieser Stelle eine wesentliche Einschränkung der Beihilfe feststellen: Gegenstand des Verbotes sind nur Vergünstigungen, die bestimmten *Unternehmen* oder *Produktionszweigen* gewährt werden. Der Unternehmensbegriff des Art. 87 I EG entspricht dabei dem der

---

[914] *Kortmann*: Wirkungen des Protektionismus, WISU 1994, S. 297, 298.

[915] *Mederer*, in: Groeben/Boeck/Thiesing/Ehlermann: Kommentar zum EU-/EG-Vertrag, Bd. 2 II (5. Aufl. 1999), vor Art. 92 bis Rn. 3.

[916] *Mederer*, in: Groeben/Boeck/Thiesing/Ehlermann: Kommentar zum EU-/EG-Vertrag, Bd. 2 II (5. Aufl. 1999), Art. 92 Rn. 1 a.A., aber im Ergebnis dennoch vergleichbar: *von Wallenberg* in: *Grabitz/Hilf* (Hrsg.): Kommentar zum EG-Vertrag, Stand 1997, Art. 92 Rn. 2 (Archivband I – Grundsätzliche Erlaubnis der Beihilfen, Begrenzung durch die Vereinbarkeit mit dem gemeinsamen Markt).

[917] Vgl. unten „Anwendbarkeitsgrenzen des Beihilfebegriffs", S. 282.

Art. 81 ff. EG. Die Einbeziehung öffentlicher Unternehmen steht ebenfalls heute außer Streit, es kommt also nicht darauf an, ob es sich bei dem Beihilfeempfänger um private oder öffentliche Unternehmen handelt.[918] Die Beschränkung auf Unternehmen und Unternehmenszweige schließt solche Zuwendungen vom Anwendungsbereich der Art. 87 ff. EG aus, die an private Haushalte gehen oder die als Sozialsubventionen, einkommens- oder vermögensorientierte Verbrauchersubventionen, Maßnahmen zur Vermögensumverteilung oder als Einkommenstransfers eingestuft werden können, soweit es sich bei den Betroffenen nicht um wirtschaftliche Unternehmen handelt.[919] Das zweite Tatbestandsmerkmal des Art. 87 I EG ist die Verfälschung oder drohende Verfälschung des Wettbewerbs durch die Begünstigung. In der Regel wird die Marktposition des begünstigten Unternehmens gegenüber anderen Mitwettbewerbern verstärkt.[920]

Diese Wettbewerbsverfälschung korreliert wiederum im Wesentlichen mit der entsprechenden Tatbestandsvoraussetzung in Art. 81 EG.[921] Entscheidend ist also, daß durch die Subvention bzw. Beihilfe in die Konkurrenzbeziehung zwischen Unternehmen oder Produktionszweigen eingegriffen, das heißt eine Veränderung der Marktbedingungen bewirkt wird. Neben dem aktuellen Wettbewerb sind auch der potentielle Wettbewerb sowie der durch die Beihilfe ausgelöste erschwerte Marktzutritt für neue Unternehmen und der Substitutionswettbewerb zu berücksichtigen.[922] Die Frage, ob und wie eine Schwelle der Min-

---

[918] *Mederer*, in: Groeben/Boeck/Thiesing/Ehlermann: Kommentar zum EU-/EG-Vertrag, Bd. 2 II (5. Aufl. 1999), Art. 92 Rn. 21.

[919] *Seidel*: Grundfragen des Beihilferechts der Europäischen Gemeinschaften, in: Recht und Praxis der Beihilfen im gemeinsamen Markt, USE 1984, S. 55, 60; *Mederer* in: Groeben/Boeck/Thiesing/Ehlermann: Kommentar zum EU-/EG-Vertrag Bd. 2 II, (5. Aufl. 1999), Art. 92 Rn. 14; eine Ausnahme besteht allerdings im Fall der Zweitbegünstigung, wenn also die Transferleistung an Privatverbraucher die Begünstigung von bestimmten Unternehmen im eigenen Land bezweckt. Deshalb können Beihilfen an Verbraucher oder soziale Einrichtungen beispielsweise für den verbilligten Bezug von Lebensmitteln ebenso unter Art. 87 I EG fallen wie solche zum Ankauf von Steinkohle zum Nachteil anderer Energieträger oder Steuerermäßigungen für Verbraucher beim Kauf abgasarmer Autos. Vgl. *Grabitz*: Gemeinsamer Markt und nationale Subventionen, in: *Magiera* (Hrsg.): Entwicklungsperspektiven der Europäischen Gemeinschaft (1985), S. 105.

[920] *EuGH* Slg. 1980, 2671, 2688, Rz 11 - *Philip Morris*; *von Wallenberg* in: *Grabitz/Hilf* (Hrsg.).: Kommentar zum EG-Vertrag, Stand 1997 Art. 92 Rn. 24 (Archivband I).

[921] Für ein extensives Verständnis der Verfälschung im Sinne von Art. 87 I EG gegenüber der „Verhinderung, Einschränkung und Verfälschung im Sinne von Art. 81 EG: *von Wallenberg* in: Grabitz/Hilf (Hrsg.): Kommentar zur Europäischen Union (Stand 1997), Art. 92 Rn. 23 (Archivband I).

[922] *von Wallenberg* in: Grabitz/Hilf (Hrsg.): Kommentar zur Europäischen Union (Stand 1997), Art. 92 Rn. 24 f. (Archivband I).

destverfälschung des Wettbewerbs festgelegt werden kann, hat im Gegensatz zum Kartellverbot ihre praktische Relevanz dadurch weitgehend verloren, da die *Kommission* ein vereinfachtes Verfahren für die Kontrolle geringfügiger Beihilfen eingeführt hat.[923]

Als letztes positives Tatbestandsmerkmal muß der Handel zwischen den Mitgliedstaaten beeinträchtigt sein. Auch dieses Merkmal kann in Anlehnung an Art. 81 EG ausgefüllt werden.[924] Eine Handelsbeeinträchtigung bzw. eine Eignung zur selben kann angenommen werden, wenn sich anhand einer Gesamtheit objektiver Umstände mit hinreichender Wahrscheinlichkeit voraussehen läßt, daß die Beihilfe mittelbar oder unmittelbar, tatsächlich oder der Möglichkeit nach den Wirtschaftsverkehr zwischen den Mitgliedstaaten beeinflussen kann.[925] An einer zwischenstaatlichen Handelsbeeinträchtigung fehlt es beispielsweise, wenn die Auswirkung der Beihilfe lokal begrenzt ist oder wenn das begünstigte Unternehmen nicht am innergemeinschaftlichen Handel teilnimmt. Dies trifft für Beihilfen in entfernten Gebieten der Gemeinschaft, beispielsweise den französischen Seedepartements, an Kleingewerbetreibende mit lokaler Klientel, an Angehörige freier Berufe zur Existenzgründung oder - im öffentlichen Sektor - an lokale Verkehrsunternehmen zu.[926] Abzustellen ist hier allerdings auf den Einzelfall, es kann durchaus vorkommen, daß eine an sich nur geringfügige Beihilfe zur Beibehaltung oder zum Ausbau von Überkapazitäten führt, mit der Folge, daß der Begünstigte versuchen wird, seine Überproduktion in anderen Mitgliedstaaten abzusetzen.[927]

III.   Systematik der Ausnahmen

Das Beihilfeverbot greift nach Art. 87 I EG, soweit im EG-Vertrag nichts anderes bestimmt ist. Neben speziellen Sonderregelungen, die insbesondere für Verkehr und Landwirtschaft gelten, sind hier vor allem die Legalausnahmen des Art. 87 II EG und die Ermessensausnahmen des Art. 87 III EG zu beachten.

---

[923] *Kommission* Abl. 1990 C 40, S. 2 f.: Anmeldung von Beihilferegelungen von geringerer Bedeutung.

[924] *Mederer*, in: Groeben/Boeck/Thiesing/Ehlermann: Kommentar zum EU-/EG-Vertrag, Bd. 2 II (5. Aufl. 1999), Art. 92 Rn. 38

[925] *EuGH* Slg. 1966, 281, 303 - *Maschinenbau Ulm* (zu Art. 81 EG).

[926] *Bär-Bouyssière*, in: Schwarze (Hrsg.), EU-Kommentar (2000), Art. 87 Rn. 39.

[927] *Kommission* Entsch. v. 10.03.1982, Amtsbl. L 132, S. 53.

Die Legalausnahme des Art. 87 II EG betrifft bestimmte soziale, schadensbeseitigende und nachteilsausgleichende Subventionen, wobei die ratio legis darin liegt, daß unnatürliche Wettbewerbsnachteile ausgeglichen und damit ein gerechterer Wettbewerb ermöglicht werden soll. Von untergeordneter Bedeutung sind in diesem Zusammenhang die Beseitigung von Schäden, die durch Naturkatastrophen oder sonstige außergewöhnliche Ereignisse entstanden sind (Art. 87 II lit. b EG), sowie die Beihilfen, die in der Bundesrepublik Deutschland zur Überwindung der Schwierigkeiten bei der Wiedervereinigung gewährt wurden.[928]

Auf den zweiten Blick erweist sich die Legalausnahme für Beihilfen sozialer Art an einzelne Verbraucher als weniger bedeutsam, als dies auf den ersten Blick erscheinen mag: dabei muß man sich vergegenwärtigen, daß Art. 87 I EG lediglich von Begünstigungen an bestimmte Unternehmen und Wirtschaftszweige spricht. Insofern hat die Befreiung solcher Beihilfen, die unmittelbar an einzelne Verbraucher entrichtet werden, lediglich deklaratorischen Charakter. Eine eigenständige Regelung enthält Art. 87 II lit a EG folglich nur hinsichtlich solcher Beihilfen, die sich mittelbar bei bestimmten Unternehmen oder Produktionszweigen auswirken, oder aber solche, die an Unternehmen gerichtet sind, wobei die begünstigende Wirkung nur bei den Verbrauchern eintreten soll.[929] In der Regel bezieht sich die Praxis der Gemeinschaftsorgane allerdings auch bei der Gewährung von Beihilfen an private Verbraucher auf Art. 87 II lit a EG.[930] Tatbestandlich weiter gefaßt, aber eng auszulegen sind die Ermessensausnahmen des Art. 87 III EG.[931] Besonderheiten für den hier behandelten Problemkreis ergeben sich aus den Ermessensausnahmen des Art. 87 III EG nicht.

B.   Anwendbarkeitsgrenzen des Beihilfebegriffs

Im Bereich des materiellen Beihilferechts hat vor allem die Bestimmung des Beihilfebegriffs selbst eine wesentliche Bedeutung. Eine Definition kennt der EG-Vertrag nicht, die Ausfüllung des Beihilfebegriffs ist aber entscheidend für

---

[928] *von Wallenberg* in: Grabitz/Hilf (Hrsg.): Kommentar zur Europäischen Union (Stand 1998), Art. 92 Rn. 38 ff. (Archivband I).

[929] *Mederer*, in: Groeben/Boeck/Thiesing/Ehlermann: Kommentar zum EU-/EG-Vertrag, Bd. 2 II (5. Aufl. 1999), Art. 92 Rn. 52.

[930] Vgl. z.B. *EuGH* Slg. 1977, 163 - *Benedetti-Munari*.

[931] *Mederer*, in: Groeben/Boeck/Thiesing/Ehlermann: Kommentar zum EU-/EG-Vertrag, Bd. 2 II (5. Aufl. 1999), Art. 92 Rn. 65; *von Wallenberg* in: Grabitz/Hilf (Hrsg.): Kommentar zur Europäischen Union (Stand 1998), Art. 92 Rn. 41 ff. (Archivband I).

die Frage, inwieweit die Souveränität der Mitgliedstaaten eingeschränkt wird und inwieweit Art. 87 ff. EG den wirtschaftspolitischen Handlungsspielraum der Mitgliedstaaten beschränken.[932] Damit liegt wiederum auf der Hand, daß in der einen Waagschale ein lebhaftes Interesse der Mitgliedstaaten ihre Souveränitäten zu erhalten, zumindest aber ihre Souveränitäten nach dem Subsidiaritätsprinzip und dem Prinzip der begrenzten Einzelermächtigung[933] in einem begrenzten und definierten Rahmen auf die *Europäischen Gemeinschaften* zu übertragen. Auf der anderen Seite kann man aber auch nachvollziehen, daß jede Definition den Beihilfebegriff gleichzeitig einengt[934] und auf diese Weise dazu verführt, außerhalb dieses Definitionsbereichs das Beihilfeverbot zu umgehen. Wenn man die Entscheidungspraxis der *Kommission* und des *Europäischen Gerichtshofes* zu Grunde legt, so kann man den Beihilfebegriff folgendermaßen umgrenzen:[935]

- Die Maßnahme muß dem Mitgliedstaat zuzurechnen sein, ausgeschlossen sind damit nicht-staatliche, private oder kirchliche Beihilfen.

- Hierdurch muß eine Begünstigung des Empfängers bewirkt werden.

- Bei den Begünstigten muß es sich um bestimmte Unternehmen oder Produktionszweige handeln.

- Eine Beihilfe muß selektiven Charakter haben und folglich nur einzelne Unternehmen oder Produktionstätigkeiten begünstigen (sog. Spezifität der Beihilfegewährung). Hierdurch werden allgemeine Maßnahmen zur Wirtschaftsförderung von den Beihilferegeln ausgenommen.

- Die Maßnahme muß zu einer finanziellen Belastung öffentlicher Mittel führen.

Diese Definition der Beihilfe ist allerdings nicht vollkommen unumstritten. Insbesondere das Kriterium der finanziellen Belastung öffentlicher Mittel unterliegt einer lebhaften Diskussion. Die nähere Untersuchung wird dabei zeigen, daß dieses Kriterium für die hoheitliche Aufgabenwahrnehmung erhebliche Konsequenzen haben kann. Darüber hinaus ist der Kreis der Begünstigten - Unternehmen oder Produktionszweige - für den hier untersuchten Zusammenhang

---

[932] Vgl. *Seidel*: Das Verwaltungsverfahren in Beihilfesachen, EuR 1985, 22, 25.

[933] Vgl. oben S. 156.

[934] *Lefèvre*: Staatliche Ausfuhrförderung und das Verbot wettbewerbsverfälschender Beihilfen im EWG-Vertrag (1977), S. 112.

[935] *Götz* in: Dauses (Hrsg.): Handbuch des EG-Wirtschaftsrechts, H. III., Rn. 21 ff; *Soltész*: Die „Belastung des Staatshaushalts" als Tatbestandsmerkmal einer Beihilfe i. S. des Art. 87 I EG, EuZW 1998, 747, 748.

von erheblicher Bedeutung. Diese beiden Kriterien sollen deshalb im Folgenden näher untersucht werden.

I. Belastung des Staatshaushalts

Zumindest auf den ersten Blick erscheint das Kriterium der Belastung öffentlicher Mittel[936] für die Annahme einer Beihilfe als geradezu selbstverständlich. Es sind allerdings auch Konstellationen denkbar, in denen ein Unternehmen durch eine bestimmte staatliche Maßnahme begünstigt wird, die keine finanzielle Belastung für den Staat nach sich zieht.

1. Fälle der fehlenden Belastung

Als erstes Beispiel ist denkbar, daß ein Unternehmer Eigentümer eines Grundstücks ist. Für dieses Grundstück sieht der Bebauungsplan zunächst keine Bebauung vor, es hat also für das Unternehmen praktisch keinen Wert. Wenn die Gemeinde nun einen Bebauungsplan erläßt, in dem sie dieses Grundstück als Industriegebiet ausweist, erfährt das Unternehmen eine faktische Unterstützung. Es kann das Grundstück für sich nutzen oder es kann das Grundstück mit einem sicherlich erheblichen Gewinn weiterveräußern. Dieses Beispiel zeigt, daß eine klassische hoheitliche Handlung - Erlaß eines Bebauungsplanes - den Charakter einer beihilfeartigen Unterstützung entwickeln kann, womit die Frage nach der Anwendbarkeit der Beihilferegeln gestellt ist. In eine ähnliche Richtung geht der Fall, daß eine Behörde einem Unternehmen eine straßenrechtliche Sondernutzungserlaubnis erteilt, wodurch die Produktivität des Unternehmens steigt. Diese Sondernutzung mag den Gemeingebrauch beeinträchtigen, unmittelbar zusätzliche Kosten entstehen dem Staat dadurch aber nicht. [937] In einem dritten Beispiel leitet ein Unternehmen verschmutztes Wasser unter Verstoß gegen innerstaatliche Umweltvorschriften in einen Fluß ein. Die zuständige Behörde sieht aber von einem Einschreiten ab, obwohl dieses Verhalten einen Bußgeldtatbestand erfüllt. [938]

---

[936] Ausdrücklich eingeführt wurde dieses Kriterium erst durch *EuGH* Slg. 1993 I, 887 = EuZW 1993, 288 - *Sloman Neptun*.

[937] Beide Fälle bei *Soltész*: Die „Belastung des Staatshaushalts" als Tatbestandsmerkmal einer Beihilfe i. S. des Art. 87 I EG, EuZW 1998, 747, 748.

[938] Fall vereinfacht nach: Mitteilungen der *Kommission*, Amtsbl. 1998 C 49, S. 2, 4 - *Sniace*; *Soltész*: Die „Belastung des Staatshaushalts" als Tatbestandsmerkmal einer Beihilfe i. S. des Art. 87 I EG, EuZW 1998, 747, 748.

2. Anwendbarkeit der Beihilferegeln sachgerecht?

Verständlicherweise stellt sich hier die Frage, ob diese Begünstigungen der jeweiligen Unternehmen eine Beihilfe im Sinne der Art. 87, 88 EG darstellen können. Wenn man aber die Belastung öffentlicher Mittel als Kriterium einer Beihilfe verneint oder gar auf die Eingrenzung der Beihilfe gänzlich verzichtet, kommt man nach den oben genannten Kriterien zur Annahme einer Beihilfe. Hier werden Unternehmen durch einem Mitgliedstaat zurechenbare Maßnahmen begünstigt. Auch wenn man die Spezifität der Beihilfegewährung heranzieht, kommt man zu keinem anderen Ergebnis. Wenn einem bestimmten Unternehmen eine Erlaubnis gewährt wird oder gegenüber einem anderen Unternehmen von einem Einschreiten abgesehen wird, ist die Spezifität dieser Maßnahme unproblematisch. Das gleiche gilt auch für den Erlaß des Bebauungsplanes. Ein Bebauungsplan ist zwar seinem Charakter nach eine allgemeinverbindliche Satzung, er sieht aber im Hinblick auf die Art und das Maß der Bebaubarkeit des einzelnen Grundstücks konkrete Festsetzungen vor, so daß auch hier eine spezifische Regelung anzunehmen ist.[939] Bereits diese Beispiele zeigen, daß dieser Durchgriff der Beihilferegeln in bislang unbestrittene Souveränitätsbereiche der Mitgliedstaaten kaum hingenommen werden kann. Der Beihilfebegriff bedarf daher einer sachgerechten Einschränkung.

Zu diesem Zweck kann zunächst auf die Systematik des EG-Vertrages zurückgegriffen werden. Der Verzicht auf das Kriterium der Belastung öffentlicher Mittel würde bedeuten, daß jeder Eingriff in die Grundfreiheiten, durch den auf der anderen Seite ein Unternehmen begünstigt würde, gleichzeitig zu einer Anwendbarkeit der Beihilferegeln führen müßte. Da jeder Eingriff in die Grundfreiheiten durch einen Mitgliedstaat eine solche Begünstigung inländischer oder eigener Unternehmen faktisch bezweckt, wären die Beihilferegeln in derartigen Fällen regelmäßig anwendbar. Hiergegen kann man natürlich einwenden, daß sich die Regelungskomplexe des EG-Vertrages durchaus überschneiden können.[940] Es kann aber kaum von der Systematik des EG-Vertrages intendiert sein, daß verschiedene Regelungsbereiche grundsätzlich deckungsgleich sind. Zur Herstellung einer solchen Abgrenzbarkeit der Normkomplexe erscheint das Kriterium der Belastung öffentlicher Mittel als durchaus geeignet.

---

[939] *Soltész*: Die „Belastung des Staatshaushalts" als Tatbestandsmerkmal einer Beihilfe i. S. des Art. 87 I EG, EuZW 1998, 747, 751.

[940] Mit diesem Argument vertritt *Slotboom*: ELR 1995, 289, 297 den Verzicht auf das Kriterium der Belastung öffentlicher Mittel. Zur grundsätzlichen Überschneidung von Grundfreiheiten und Beihilfevorschriften vgl. *von Wallenberg* in: Grabitz/Hilf (Hrsg.): Kommentar zur Europäischen Union (Stand 1998), Art. 92 Rn. 90 (Archivband I).

Aus teleologischer Sicht scheint es zunächst ein starkes Argument für den Verzicht auf das Kriterium der Belastung öffentlicher Mittel zu geben. Schließlich besteht der Zweck dieser Vorschrift in der Aufrechterhaltung gleicher Wettbewerbsbedingungen zwischen miteinander konkurrierenden Wettbewerbsteilnehmern. Insofern käme es weniger auf die Herkunft der Mittel als auf die Folge der Maßnahme an.[941] Auf der anderen Seite muß man sich aber auch die Konsequenzen dieser Auslegung im Rahmen der Untersuchung des Zwecks der Vorschrift vor Augen führen. Anhand der oben dargestellten Beispielsfälle stellt sich sehr wohl die Frage, ob die Beihilfevorschriften derart weitreichend in die Souveränität der Mitgliedstaaten eingreifen können. Nach dem Prinzip der begrenzten Einzelermächtigung übertragen die Mitgliedstaaten ihre Souveränität auf die Gemeinschaft, soweit der Vertrag dies ausdrücklich vorsieht. Die Grundfreiheiten tragen diesem Prinzip durch ein dezidiertes Regelungssystem Rechnung. Deshalb kann es nicht der Zweck der Beihilfevorschriften sein, daß sie dieses Prinzip durch die Herausbildung einer Generalklausel unterlaufen.

Ferner ergeben sich bei einer derart weiten Auslegung auch noch praktische Probleme hinsichtlich der Rechtsfolge und der Zuständigkeit. Wird die Rechtswidrigkeit einer Beihilfe festgestellt, ist sie vom Empfänger zurückzugewähren. Wie soll dies vor allem beim Erlaß eines ansonsten rechtmäßigen Bebauungsplanes geschehen? Kann etwa die *Kommission* nach Art. 88 EG von der Gemeinde verlangen, diesen Bebauungsplan aufzuheben? Oder soll das begünstigte Unternehmen den Planungsvorteil zurückzahlen, womit die Beihilferegeln auch noch in Grundrechtspositionen eingreifen würden?[942] Diese praktischen Probleme zeigen, daß eine derart weite Anwendung der Beihilferegeln weder sachgerecht erscheint, noch von den Verfassern der Gemeinschaftsverträge intendiert gewesen sein kann.[943]

---

[941] Schlußanträge von *GA Darmon* in *EuGH* Slg. 1993 T, 903, 912; Slg. 1993 I, 6197, 6201; *Slotboom* ELR 1995, 289, 296.

[942] Diese Forderung stieße auf verfassungsrechtliche Probleme. Die Eigentumsfreiheit umfaßt auch die Baufreiheit. Die Einschränkung der Baufreiheit durch das Baurecht ist eine Inhalts- und Schrankenbestimmung im Sinne von Art. 14 II GG. Mit dem Erlaß des Bebauungsplanes wird dem Bürger keine neue Rechtsposition eingeräumt, sondern die Beschränkung seines Eigentumsrechts wird nach Maßgabe des Bebauungsplanes (teilweise) aufgehoben. Die Forderung eines Ausgleichs für den Planungsvorteil hieße also ein Entgelt für etwas fordern, was mit der Eigentumsposition grundsätzlich verbunden ist.

[943] *Soltész*: Die „Belastung des Staatshaushalts" als Tatbestandsmerkmal einer Beihilfe i. S. des Art. 87 I EG, EuZW 1998, 747, 751.

3. Bestätigung des Kriteriums der Belastung öffentlicher Mittel durch die Rechtsprechung des *Europäischen Gerichtshofes*

Das Ergebnis, daß auf die Belastung öffentlicher Mittel als Einschränkungskriterium des Beihilfebegriffs zurückzugreifen ist, wird durch die ältere und neuere Rechtsprechung des *Europäischen Gerichtshofs* bestätigt. So ging es in der Entscheidung *Van Tiggele*[944] um die Frage, ob eine niederländische Regelung, durch die Mindestpreise für alkoholische Getränke vorgeschrieben wurden, eine Beihilfe für Hersteller und Verkäufer darstellt. Der *Gerichtshof* verneinte dies insbesondere mit dem Argument, daß die Vorteile dieser Preisbindung weder unmittelbar noch mittelbar aus staatlichen Mitteln stammten. Auf der gleichen Linie lag die Entscheidung in der Rechtssache *Norddeutsches Vieh- und Fleischkontor.*[945] Hier ging es um die Frage, ob eine Zuwendung, die aus Mitteln der *Europäischen Wirtschaftsgemeinschaft* gewährt wurde, den Tatbestand einer Beihilfe erfüllen kann. Der *Gerichtshof* konzediert hier, daß der Gesetzestext zwar zwischen staatlichen Beihilfen und aus staatlichen Mitteln gewährten Beihilfen unterscheide. Aber auch die weitergehende, aus staatlichen Mitteln gewährte Beihilfe setze voraus, daß die Mittel für die Beihilfe vom Mitgliedstaat kommen.

Einen „Ausreißer" stellt allerdings eine Entscheidung des *Europäischen Gerichtshofs* aus dem Jahr 1985 dar. Eine französische Bank hatte die Gewährung einer Solidaritätsleistung für französische Landwirte beschlossen, die aus den eigenen Betriebsüberschüssen einiger Jahre finanziert werden sollte und von der *Kommission* beanstandet worden war. Die französischen Behörden verneinten den staatlichen Charakter der Maßnahme, da die Gelder aus dem Bankgeschäft stammten und der Staat auch keine Mehrheit im relevanten Entscheidungsgremium hätte. Der *Gerichtshof* bestätigte hier die Auffassung der *Kommission*, die der französischen Sicht entgegengehalten hatte, daß der Beschluß alle Merkmale einer unter staatlichem Druck zu Stande gekommenen Entscheidung aufweise. Daß die staatlichen Vertreter im Verwaltungsrat nicht in der Mehrheit seien, sei in diesem Zusammenhang unerheblich. Der Mitgliedstaat könne sich seinen Verpflichtungen nicht dadurch entziehen, daß er einem wirtschaftlichen Vertreter die Durchführung der Maßnahme übertrage, die gegen den EG-Vertrag verstieße, wenn sie unmittelbar vom Staat getroffen würde.[946] Ausdrücklich

---

[944] *EuGH* Slg. 1978, 25 = NJW 1978, 1102, insbes. Tz. 23-25 - *Niederländische Staatsanwaltschaft/Van Tiggele*.

[945] *EuGH* Slg. 1982, 3583 ff, insbes. Tz. 22 - *Norddeutsches Vieh- und Fleischkontor*; *Müller-Graff*: Die Erscheinungsformen der Leistungssubventionstatbestände aus wirtschaftlicher Sicht, ZHR 152 (1988), S. 403, 415.

[946] *EuGH* Slg. 1985, 439, 447 f. Tz 7, 9 - *Kommission/Frankreich*.

schreibt der *Gerichtshof* hier: „Bereits aus dem Wortlaut des Art. 87 EG ergibt sich, daß staatliche Beihilfen nicht nur solche sind, die aus staatlichen Mitteln finanziert werden."[947] Soweit ersichtlich, hat der *Gerichtshof* an diese Auffassung aber später nicht mehr angeknüpft.

Vor allem in drei neueren Entscheidungen stellt der *Gerichtshof* ausdrücklich auf das Kriterium der Belastung öffentlicher Mittel ab. Eingeführt wurde es mit der Entscheidung des Vorlageverfahrens *Sloman Neptun*.[948] In dem deutschen Gesetz über das Internationale Seeschiffahrtsregister befand sich eine Regelung über Arbeitsverträge mit Seeleuten aus Nicht-EU-Staaten. War ein Schiff in das Internationale Schiffahrtsregister eingetragen, so konnten diese Arbeitsverträge weniger günstigen Arbeits- und Vergütungsbedingungen unterworfen werden, als dies nach deutschem Recht möglich war. Ziel des Gesetzes war also, die Wettbewerbsfähigkeit der deutschen Seeschiffahrt durch eine Senkung der Personalkosten international zu stärken. Entgegen der Auffassung des vorlegenden *ArbG Bremen*, der *Kommission* und des Generalanwalts[949] stellte sich der *Gerichtshof* auf den Standpunkt, daß die Regelung in ihrem Zweck und ihrer allgemeinen Systematik nicht auf die Schaffung eines Vorteils abziele, der eine zusätzliche Belastung für den Staat oder für die genannten Einrichtungen darstellen würde. Mit ihr sollte vielmehr zugunsten der Seeschiffahrtsunternehmen der Rahmen verändert werden, innerhalb dessen die vertraglichen Beziehungen zwischen diesen Unternehmen und ihren Arbeitnehmern zu Stande kommen. Die *Kommission* hatte ferner darauf hingewiesen, daß diese Regelung aufgrund der geringeren Vergütung auch zu einer Verringerung der Steuereinnahmen und Sozialversicherungsbeiträge führen könne und daß somit eine Belastung öffentlicher Mittel angenommen werden könnte. Der *Gerichtshof* entgegnete dieser Auffassung im Wesentlichen, daß derartige Einbußen einer solchen Regelung immanent seien und kein Mittel darstellen, um den betroffenen Unternehmen einen Vorteil zu gewähren.

Auf der gleichen Linie liegt die kurz darauf ergangene Entscheidung *Kirsammer-Hack*, in der der *Gerichtshof* die Maßgeblichkeit des Kriteriums der Belastung öffentlicher Mittel nochmals bestätigte.[950] Gegenstand dieses Vorlageverfahrens war die Befreiung von Kleinbetrieben vom Kündigungsschutzgesetz in der Bundesrepublik Deutschland. Zur Stärkung ihrer Wettbewerbsfähigkeit gegenüber größeren Betrieben galten bislang für Kleinbetriebe weniger strenge Regelungen in Bezug auf die Verpflichtung Abfindungen zu zahlen. Ferner ha-

---

[947] *Kommission/Frankreich* Tz. 14.

[948] *EuGH* Slg. 1993 I, 887 = EuZW 1993 288 Tz. 21 - *Sloman Neptun*.

[949] Schlußanträge *GA Darmon* Slg. 1993 I, 903, 905 ff. - *Sloman Neptun*.

[950] *EuGH* Slg. 1993 I 6185 = EuZW 1994, 91 - *Kirsammer-Hack*.

ben sie auch keine Prozeßkosten zu zahlen, die im Zusammenhang mit der Kündigung von Arbeitnehmern entstehen. Unter Bezugnahme auf die Entscheidung *Sloman Neptun* stellte sich der *Gerichtshof* auch hier auf den Standpunkt, daß die Befreiung einer Gruppe von Unternehmen von der Kündigungsschutzregelung keine unmittelbare oder mittelbare Übertragung staatlicher Mittel darstelle. Diese Regelung sei Ausdruck des Willens des Gesetzgebers, für die arbeitsrechtlichen Beziehungen zwischen Arbeitgebern und Arbeitnehmern in Kleinbetrieben einen besonderen rechtlichen Rahmen zu erstellen und zu verhindern, daß diesen finanzielle Lasten auferlegt werden, die ihre Entwicklung behindern.

In einer noch sehr jungen Entscheidung aus dem Jahr 1998 hat der *Europäische Gerichtshof* diese Auffassung auch auf die Tätigkeit öffentlicher Unternehmen übertragen.[951] Hier ging es um italienische Vorschriften, die vorsahen, daß bestimmte öffentliche Unternehmen von den strengen arbeitsrechtlichen Vorgaben über die Befristung von Arbeitsverträgen befreit sind. Die Vorlagefrage des italienischen Gerichts beantwortete der *Gerichtshof* mit den gleichen Argumenten wie in den Entscheidungen *Sloman Neptun* und *Kirsammer-Hack*.[952]

4. Die Zurechnung zum Staat

Nach der Eingrenzung des Beihilfebegriffs durch das Kriterium der Belastung öffentlicher Mittel ist der Beihilfebegriff selbst, sowie die Zurechnung der Gewährung durch den Staat einer weiten Auslegung zugänglich. Der *Gerichtshof* erklärte dazu im Rahmen eines Vorabentscheidungsverfahrens nach der Vorlage eines deutschen Gerichts, daß „das in Art. 87 I EG enthaltene Verbot erfaßt sämtliche staatlichen oder aus staatlichen Mitteln gewährten Beihilfen, ohne daß danach zu unterscheiden ist, ob die Beihilfe unmittelbar durch den Staat oder durch eine von ihm zur Durchführung der Beihilferegelung errichtete oder beauftragte öffentliche oder private Einrichtung gewährt wird."[953] Folglich werden von Art. 87 EG auch Beihilfen innerstaatlicher autonomer Hoheitsträger erfaßt, die als solche nicht Vertragsparteien des EG-Vertrages sind, also auch die deutschen Bundesländer, Provinzen, autonome Regionen, Departements, sonstige Gebietskörperschaften, Gemeinden, staatliche Zweckverbände usw..[954]

---

[951] *EuGH* EuZW 1998, 473 – *Viscido/Ente Poste Italiane.*

[952] Vgl. hierzu auch *Soltész*: Die „Belastung des Staatshaushalts" als Tatbestandsmerkmal einer Beihilfe i. S. des Art. 87 I EG, EuZW 1998, 747, 750.

[953] *EuGH* Slg. 1977, 595, 596, Leitsätze - *Steinike und Weinlich.*

[954] Vgl. dazu auch *Kommission*: Beteiligung der öffentlichen Hand am Kapital von Unternehmen - Standpunkt der Kommission, Bulletin 9/1984 Z3.5.1. Unabhängig davon kann

Eine staatliche Beihilfe kann zunächst dann unproblematisch angenommen werden, wenn die Maßnahme im Rahmen der Wahrnehmung hoheitlicher Aufgaben erfolgt. Zu den potentiellen Beihilfegebern können damit auch nationale Einrichtungen der Sozialversicherungen gehören, was mit den in dieser Arbeit getroffenen Feststellungen korreliert.[955] Gegen die Annahme einer Beihilfe seitens der Sozialversicherungsträger an die Textilindustrie durch die Befreiung von bestimmten Soziallasten wandte die italienische Regierung ein, daß der sich aus der Maßnahme ergebende Mittelverlust der Sozialversicherung durch Mittel der Arbeitslosenversicherung und nicht des Staates ausgeglichen werde. Der *Gerichtshof* entgegnete dazu, daß auch hier staatliche Mittel im Sinne des Art. 87 I EG vorlägen, da die fraglichen Fonds nach innerstaatlichen Rechtsvorschriften aus Zwangsmitteln gespeist und gemäß diesen Rechtsvorschriften verwaltet und verteilt würden. Folglich sei in diesem Fall auch von staatlichen Mitteln auszugehen, auch wenn ihre Verwaltung nichtstaatlichen Organen anvertraut wäre. [956] Dieser weiten Auslegung ist zuzustimmen, denn in ihrer Wirkungsweise unterscheidet sich eine Subvention, die aus Zwangsabgaben finanziert wird, kaum von der Gewährung staatlicher Mittel, die aus Steuergeldern stammen. Der konstruktive Unterschied zwischen beiden Formen der Subventionsgewährung hat in erster Linie technischen Charakter und kann daher keine andere Behandlung rechtfertigen.[957]

5. Folgerungen

Die Rechtsprechung des *Europäischen Gerichtshofs* bestätigt also die zuvor angestellten systematischen und teleologischen Überlegungen. Für die Feststellung einer Beihilfe ist das Kriterium der Belastung öffentlicher Mittel von entscheidender Bedeutung. Dieses Kriterium schließt also die Annahme einer Beihilfe für solche mitgliedstaatlichen Maßnahmen aus, die sich als Reflex begünstigend auf bestimmte Unternehmen oder Produktionszweige auswirken können.

---

auch ein Rechtssubjekt der Privatwirtschaft die Rolle einer Zahlstelle übernehmen. Dies kann sogar so weit gehen, daß eine Bank im Auftrag des Staates handelt, wobei ihr die entsprechenden Mittel durch einen Steuerverzicht zur Verfügung gestellt werden, vgl. *Kommission* Entsch. v. 19.12.1984, Amtsbl. 1985 L 216, 12, 14, Gründe Nr. II.

[955] Vgl. oben die französischen Sozialversicherungen im Fall *Poucet und Pistre*, S. 79, 156. Davon ist aber die Frage streng zu unterscheiden, ob derartige Stellen *Empfänger* von Beihilfen sein können, vgl. dazu sogleich unten, „Kreis der Begünstigten", S. 291.

[956] *EuGH* Slg. 1974, 709 719 f., Tz 35 - *Italienische Textilindustrie.*

[957] *Soltész*: Die „Belastung des Staatshaushalts" als Tatbestandsmerkmal einer Beihilfe i. S. des Art. 87 I EG, EuZW 1998, 747, 752.

In aller Deutlichkeit kommt dies in den Ausführungen des *Europäischen Gerichtshofs* in der Entscheidung *Sloman Neptun* zum Ausdruck. Die Mitgliedstaaten können die Rahmenbedingungen auch für bestimmte Unternehmen verändern, ohne dabei in Kollision mit den Beihilferegeln des EG-Vertrages zu geraten. Dies ist der Fall wenn die Regelung nicht auf die Schaffung eines Vorteils abzielt, der eine zusätzliche Belastung für den Staat darstellen würde.

Mit diesen Kriterien können die oben genannten Beispielsfälle einer sachgerechten Lösung zugeführt werden. Die Aufstellung eines *Bebauungsplanes* verändert zunächst nur die Rahmenbedingungen für das Unternehmen, auch wenn es sich später entschließt, das betreffende Grundstück mit Gewinn zu verkaufen. Entscheidend ist, worauf die Maßnahme abzielt, was also ihre *primäre Rechtsfolge* sein soll. Der Bebauungsplan regelt die bauliche Nutzung von Grundstücken. Selbstverständlich kann der Erlaß eines Bebauungsplanes durch die anschließende Erschließungslast der Gemeinde zu einer Belastung öffentlicher Mittel führen. Hierauf zielt der Erlaß des Bebauungsplanes aber nicht ab. Diese Belastung ist vielmehr eine Folgewirkung anderer öffentlich-rechtlicher Vorschriften, die tatbestandlich an das Vorliegen eines Bebauungsplanes anknüpfen. Vergleichbar ist diese Situation mit der Konstellation im Fall *Sloman Neptun*, die aufgrund geringerer Entlohnung der Seeleute zu einer Verringerung der staatlichen Steuer- und Sozialeinnahmen führte.

Die unentgeltliche Straßennutzung kann dagegen auch in einem anderen Licht erscheinen. Hier kommt es darauf an, ob eine solche Sondernutzung üblicherweise nur gegen Entgelt gewährt wird. Auch die Nichteintreibung von Forderungen durch den Staat kann eine Beihilfe im Sinne von Art. 87, 88 EG darstellen. Im Hinblick auf die Gewässerverunreinigung ist nach einer differenzierten Lösung zu suchen. Sofern nach pflichtgemäßem Ermessen ein Bußgeld gegen das Unternehmen erhoben werden müßte, könnte der entsprechende Verzicht wiederum eine Beihilfe darstellen. Geht es hingegen allein um Maßnahmen zur Gefahrenabwehr, können die Beihilferegeln genauso wenig Wirkung entfalten, wie im Fall des Erlasses des Bebauungsplanes.[958]

II. Kreis der Begünstigten

Begünstigte der Beihilferegeln sind nach Art. 87 EG Unternehmen und Produktionszweige. Die Bedeutung des Kreises der Begünstigten für den hier untersuchten Zusammenhang erschließt sich, wenn man sich noch einmal die An-

---

[958] Vgl zu diesen Fallösungen *Soltész*: Die „Belastung des Staatshaushalts" als Tatbestandsmerkmal einer Beihilfe i. S. des Art. 87 I EG, EuZW 1998, 747, 752 f.

wendungsgrenzen der Wettbewerbsregeln und Grundfreiheiten in Bezug auf hoheitliches Handeln vor Augen führt. Die hoheitliche Aufgabenwahrnehmung wirkte hier als negatives Tatbestandsmerkmal und schloß dabei etwa die Annahme einer unternehmerischen Betätigung oder einer Dienstleistung aus. Mit Bezug auf die Beihilferegeln kann sich eine ähnliche Konstellation ergeben. Wenn ein Mitgliedstaat einer öffentlichen Institution Mittel für ihre Aufgabenerfüllung zur Verfügung stellt, kann sich die Frage stellen, ob es sich hierbei um Beihilfen handelt, die unter das Beihilfeverbot der Art. 87, 88 EG fallen. Auch hier kann die alleinige Behauptung des Mitgliedstaates, die Institution führe eine hoheitliche Aufgabe aus, weshalb die Beihilferegeln des EG-Vertrages nicht anwendbar seien, nicht ausreichend sein. Letztlich stellt sich also auch hier wieder die Frage, ob die hoheitliche Aufgabenwahrnehmung vor dem Hintergrund des EG-Rechts anerkannt werden kann.

Bei näherem Hinsehen sind es aber die gleichen Kriterien, die im Rahmen der Wettbewerbsregeln und der Grundfreiheiten zur Annahme einer hoheitlichen Aufgabenwahrnehmung führten. Entscheidend ist nämlich in diesem Zusammenhang auch hier wieder ein Tatbestandsmerkmal, das letztlich mit der unternehmerischen Tätigkeit aus den Art. 86, 81, 82 EG korreliert, *Unternehmen* und *Produktionszweige*. Die Kriterien für die Annahme einer hoheitlichen Aufgabenwahrnehmung können also auch hier wieder an die Erwägungen zur Kompetenzbegründung und die Kompetenzkerntheorie angelehnt werden.[959] Für die Anerkennung einer Staatsaufgabe vor dem Hintergrund des Europarechts ist entscheidend, daß sie einem Kompetenzbereich zuzuordnen ist, der dem jeweiligen Mitgliedstaat verblieben ist, der also nicht auf die Gemeinschaft übertragen worden ist. Für die Überprüfung eines einzelnen Verhaltens eines Mitgliedstaates ist dann die Kompetenzkerntheorie entscheidend. Ein hoheitliches, zur Unanwendbarkeit der jeweiligen Regeln des EG-Vertrages führendes Verhalten ist anzuerkennen, wenn es dem Kompetenzkern zuzuordnen ist. Der Rückgriff auf die hoheitliche Aufgabenerfüllung muß also für die Erfüllung der Staatsaufgabe verhältnismäßig und dabei vor allem erforderlich sein. Öffentliche Mittel, die der Staat einer Institution für die Erfüllung einer solchermaßen vor dem Hintergrund des EG-Rechts anerkennbaren hoheitlichen Aufgabenwahrnehmung zur Verfügung stellt, können folglich auch nicht unter das Regime der Beihilferegeln des EG-Vertrages fallen.

Ein Problem bedarf hier allerdings noch der Lösung. Oben wurde festgestellt, daß der Staat im Bereich der Fiskalverwaltung nicht auf hoheitliche Handlungsformen angewiesen ist. Dies konnte auch auf das EG-Recht übertragen werden. Im Rahmen der Beschaffungstätigkeit genießt der Staat kein Hoheitsprivileg. So

---

[959] Vgl. oben „Die Kompetenzkerntheorie", S. 159, auch S. 204.

konnte beispielsweise weder für die Beschaffung von Heilleistungen und Heilmitteln durch die Sozialversicherungen noch für die Einstellung von Lehrkräften eine hoheitliche Aufgabenwahrnehmung angenommen werden, diese Tätigkeiten standen unter dem Regime des EG-Vertrages. Fraglich ist nun, ob die
öffentlichen Mittel, die zu dieser Beschaffungstätigkeit einer öffentlichen Institution zur Verfügung gestellt werden, dann auch unter das Regime der Beihilferegeln fallen können. Dieses Ergebnis wäre praktisch untragbar. Die Lösung
liegt in der Trennung der Bereitstellung der Mittel und des eigentlichen Be-
schaffungsaktes. Die Verwaltung ist für die Erfüllung der ihr übertragenen Aufgaben unbedingt auf entsprechendes Personal und Sachmittel angewiesen. Die
Bereitstellung entsprechender Mittel auf Kosten des Staatshaushaltes ist also
zur Aufgabenerfüllung unbedingt erforderlich und ist deshalb dem Kompetenzkern zuzuordnen. Dies kann nicht unter dem Regime des allgemeinen Rechts
stehen. Etwas anderes gilt für den reinen Beschaffungsakt *mit diesen* Mitteln.
Hier ist die öffentliche Institution *nicht* darauf angewiesen, hoheitlich zu handeln. Folglich kann die Belastung öffentlicher Mittel zu Zwecken der Beschaffungstätigkeit von sachlichen und personellen Mitteln nicht unter das Regime
der Beihilferegeln des EG-Vertrages fallen, wenn es letztlich um die Erfüllung
einer hoheitlichen Aufgabe geht.

C. Das Regime der Beihilferegeln bei staatlicher Wirt- schaftstätigkeit

Nach der Klärung der Grundzüge der Beihilferegeln des EG-Vertrages geht es
in der nun folgenden Untersuchung um die Wirkung der Beihilfevorschriften
auf staatliche Aktivitäten mit wirtschaftlichem Charakter. Die erste Voraussetzung für die Anwendung der Art. 87 ff. EG in diesem Zusammenhang ist, daß
der Staat - wie bereits festgestellt - sich eines Unternehmens bzw. eines öffentlichen Unternehmens im Sinne der Art. 81 ff. EG und der Transparenzrichtlinie
bedient. Von erheblichem Interesse ist dabei, ob und inwieweit Art. 87 ff. EG
die staatliche Aufgabenwahrnehmung durch öffentliche und privilegierte Unternehmen im Sinne von Art. 86 I EG oder die Aufgabenwahrnehmung durch
Unternehmen, die mit Dienstleistungen von allgemeinem wirtschaftlichen Interesse im Sinne von Art. 86 II 1 EG betraut sind, begrenzen kann. Die Tragweite
dieser Begrenzungsmöglichkeit wird deutlich, wenn man sich die im vorigen
Abschnitt dargestellte Weite des Beihilfebegriffs vor Augen führt und diesen
dann auf staatliche Maßnahmen beispielsweise der Bundesanstalt für Arbeit o-
der die Sozialversicherungsträger anwendet, sofern man deren Unternehmensqualität unterstellt. Soweit ersichtlich existieren aber keine Entscheidungen, in
denen sich *Kommission* oder Gerichte mit der Anwendung der Beihilferegeln

nach Art. 87 ff. EG auf Institutionen, die im weitesten Sinne öffentliche Aufgaben wahrnehmen, auseinandersetzen. Um diesbezüglich Orientierungspunkte herauszuarbeiten, soll zunächst die Transparenzrichtlinie beleuchtet werden, soweit sie mit der Beihilfegewährung an öffentliche Unternehmen im Zusammenhang steht. Hieran anschließend sollen Leitlinien der Entscheidungspraxis der Gemeinschaftsorgane im Hinblick auf öffentliche Unternehmen herausgearbeitet werden.

I.   Zweck und Bedeutung der Transparenzrichtlinie

Der Regelungszweck der Transparenzrichtlinie[960] erschließt sich, wenn man sich die Weite der Interpretation des Beihilfebegriffs noch einmal vor Augen führt und berücksichtigt, welche faktischen Möglichkeiten der Staat hat, seine Unternehmen durch (verbotene) Beihilfen zu unterstützen. Im Falle einer verbotenen Beihilfe an ein privates Unternehmen besteht nicht zuletzt wegen dessen Bilanzierungspflichten eine gewisse Möglichkeit, daß die Beihilfe publik wird. Hat der Staat hingegen wesentlichen Einfluß auf das öffentliche Unternehmen und ist das Unternehmen zudem von Publikationspflichten befreit, so besteht überhaupt keine wirksame Möglichkeit, die Beihilfevorschriften des EG-Vertrages in diesem Bereich wirksam umzusetzen. Das Ziel der Transparenzrichtlinie besteht also darin, die Gleichbehandlung von privaten und öffentlichen Unternehmen als Empfängern von Beihilfen zu gewährleisten.[961] Besonders deutlich kommen die Problemlage und das Ziel der Transparenzrichtlinie in den Erwägungsgründen der *Kommission* zum Ausdruck:[962]

> „Aufgrund des Vertrages hat die *Kommission* die Pflicht, dafür Sorge zu tragen, daß die Mitgliedstaaten weder öffentlichen noch privaten Unternehmen Beihilfen gewähren, die mit dem gemeinsamen Markt unvereinbar sind."

> „Die Vielschichtigkeit der finanziellen Beziehungen der öffentlichen Hand zu den öffentlichen Unternehmen kann jedoch die Erfüllung dieser Aufgabe behindern."

> „Eine angemessene und wirkungsvolle Anwendung der Beihilfevorschriften des Vertrages auf öffentliche und private Unternehmen ist nur dann

---

[960] Richtlinie 80/723, abgedruckt in Sartorius II Nr. 169.

[961] *Mestmäcker* in: Immenga/Mestmäcker (Hrsg.): EG-Wettbewerbsrecht (1997), Art. 37, 90 E Rn. 17.

[962] abgedruckt in Sartorius II Nr. 169 (vor Normtext) Absätze 3 bis 5.

möglich, wenn diese finanziellen Beziehungen transparent gemacht werden."

Diesen Zielen trägt die Transparenzrichtlinie Rechnung. Aber obwohl die Problemlage offensichtlich ist und die *Kommission* nach der Bestätigung der Rechtmäßigkeit der Richtlinie durch den *Europäischen Gerichtshof*[963] ein wirksames Mittel zu deren Lösung in den Händen zu halten scheint, sind die Mitgliedstaaten erst einmal zur Offenlegung ihrer Transaktionen aufgefordert worden. Im Jahr 1983 forderte die *Kommission* von den Mitgliedstaaten Informationen über die Wirtschaftszweige Kraftfahrzeuge, Chemiefasern, Textilmaschinen, Tabakwaren und Schiffsbau an. Die *Kommission* wählte diese Sektoren, weil sie auf Gemeinschaftsebene besondere Schwierigkeiten hatten, es bei der Verwendung von öffentlichen Mitteln mangelte oder auch weil die *Kommission* mit Beschwerden befaßt worden war.[964] Die wenigsten Mitgliedstaaten zeigten sich nach dieser Aufforderung kooperativ. Frankreich konnte erst durch die Einleitung eines Verletzungsverfahrens dazu bewegt werden, alle Unterlagen zu liefern. Italien mußte sogar zur Herausgabe der angeforderten Informationen über die Tabakwarenindustrie verurteilt werden.[965] Überraschenderweise führten dann die von den Mitgliedstaaten übermittelten Unterlagen zu keiner einzigen Eröffnung eines Kontrollverfahrens.[966] Möglicherweise erkannte die *Kommission*, daß der administrative Aufwand einer punktuellen, begründeten Aufforderung und Prüfung in Verbindung mit dem hinhaltenden Widerstand der Mitgliedstaaten gegen die Übermittlung in keinem angemessenen Verhältnis zu den möglichen Ergebnissen stand.[967]

II. Leitlinien der Entscheidungspraxis

In einer Vielzahl von Entscheidungen, die von *Fritz Soukup* zusammengestellt wurden,[968] hat sich der *Europäische Gerichtshof* mit der Frage auseinandergesetzt, wann eine staatliche Maßnahme auf ein öffentliches Unternehmen unternehmerischen Charakter besaß und mithin zulässig war, und wann der Tatbe-

---

[963] *EuGH* Slg. 1982, 2545 - *Transparenzrichtlinie*.

[964] *Kommission* XIII. Wettbewerbsbericht 1984, 283.

[965] *EuGH* Slg. 1987, 2599 - *TransparenzRL II*.

[966] Vgl. die Ereignisdarstellung bei *Soukup*: Öffentliche Unternehmen und die Beihilfeaufsicht der EU (1995), S. 72 f..

[967] *Soukup*: Öffentliche Unternehmen und die Beihilfeaufsicht der EU (1995), 73.

[968] *Soukup* aaO. S. S. 99 ff.

stand einer verbotenen Beihilfe im Sinne von Art. 87 I EG vorlag. Aufgrund der (soweit ersichtlich) umfassenden Bearbeitung von *Soukup* kann auf eine nochmalige Aufbereitung der Entscheidungen verzichtet und auf seine Darstellungen und Ergebnisse Bezug genommen werden. Zu den Entscheidungen von *Kommission* und *Gerichtshof* kam es zum Teil nach der Durchführung von Kontrollverfahren im Sinne der Art. 87, 88 EG, wenn also die Mitgliedstaaten selbst eine Beihilfe angemeldet hatten.[969] In gewissem Rahmen erscheinen aber auch Vorabentscheidungsverfahren nach Art. 234 EG möglich. Keiner der Fälle beschäftigt sich jedoch mit der Anwendung der Beihilferegeln auf ein öffentliches Unternehmen, das eine im spezifisch öffentlichen Interesse liegende Aufgabe wahrnimmt. Eine Ausnahme kann allenfalls im Fall *MERCO* angenommen werden,[970] Hier hatten zwei öffentliche Einrichtungen das Unternehmen *MERCO* zur Vermarktung landwirtschaftlicher Produkte gegründet.[971] Hierin könnte man eine Unterstützung der Landwirtschaft und damit eine Wahrnehmung von öffentlichen Interessen im weitesten Sinne sehen. Trotzdem schien es auch in diesem Fall in erster Linie um eine Vermarktungstätigkeit zu gehen, deren Ziele im Wesentlichen in der Erwirtschaftung von Gewinnen bestand. Ein spezifisches öffentliches Interesse muß also selbst in diesem Fall verneint werden.

Die Durchsicht der bei *Soukup* aufgeführten Fälle zeigt, daß es hier im wesentlichen um die Sachlage geht, daß ein ehemals privates Unternehmen in wirtschaftliche Schwierigkeiten geriet und daraufhin - nicht zuletzt zur Sicherung von Arbeitsplätzen - von der öffentliche Hand übernommen wurde. Die fraglichen Beihilfen wurden dann im Wesentlichen zu dem Zweck gewährt, die Produktion in den jeweiligen Betrieben aufrecht erhalten zu können. Trotzdem lassen sich die von *Soukup* anhand dieser Entscheidungen der Gemeinschaftsorgane gewonnenen Kriterien für die Abgrenzung von verbotenen Beihilfen einerseits und erlaubten unternehmerischen Maßnahmen andererseits auch auf öffentliche Unternehmen übertragen, die im Allgemeininteresse liegende Aufgaben wahrnehmen. Wie bereits zuvor herausgearbeitet wurde,[972] ist für die Anwendung der Beihilferegeln nach Art. 87 ff. EG das Vorliegen eines Unternehmens erforderlich und ausreichend. Die Transparenzrichtlinie verdeutlicht dann, daß öffentliche und private Unternehmen grundsätzlich gleich zu behandeln sind. Bis zu dieser Ebene spielt die Frage, ob ein Unternehmen rein erwerbsorientierte Interessen oder weitergehende allgemeine oder öffentliche Interessen

---

[969] Vgl. *Kommission* Entsch. v. 10.03.1982, Amtsbl. L 138, 18 ff.; - *Belgischer Wandverkleidungshersteller*; *Soukup*: Öffentliche Unternehmen und die Beihilfeaufsicht der EU (1995), S. 99.

[970] *Kommission* Entsch. v. 04.11.1992, Amtsbl. 1993 L 55, 54 ff.

[971] Vgl. Soukup aaO. S158 f.

[972] Vgl. zuvor „Kreis der Begünstigten", S. 291.

wahrnimmt, keine Rolle. Derartige Interessen sind erst im Rahmen der Ausnahmetatbestände der Art. 87 II, III sowie Art. 86 II 1 EG zu berücksichtigen. Folglich können auch an dieser Stelle die Abgrenzungskriterien für verbotene Beihilfen und erlaubte unternehmerische Maßnahmen, die im Bereich der ausschließlich gewinnorientierten Unternehmen gewonnen wurden, ohne weiteres auf die öffentlichen Unternehmen übertragen werden, die weitergehende allgemeine und öffentliche Interessen wahrnehmen.

Karl Soukup kommt zu dem Ergebnis, daß das diesbezüglich wesentliche Abgrenzungskriterium das *Prinzip des marktwirtschaftlich handelnden Kapitalgebers* ist. Im Rahmen des Kontrollverfahrens überprüft also die *Kommission*, ob für einen rationalen, an angemessener Rendite des eingesetzten Kapitals interessierten privaten Investor in der gleichen Situation die getroffenen Maßnahmen annehmbar gewesen wären. Dieses Beurteilungsschema hat der *Europäische Gerichtshof* ausdrücklich anerkannt, es erlaubt einen *weiten* unternehmerischen Entscheidungsspielraum, der auch langfristige Rentabilitätsüberlegungen erfaßt. [973] Bei näherem Hinsehen zeigt sich allerdings, daß dieses Kriterium mit weiteren Inhalten aufgefüllt werden muß, um zu seiner Operationalisierung zu kommen. Wenn man sich vergegenwärtigt, daß der marktwirtschaftlich handelnde Kapitalgeber weniger mit rechtlichen als mit wirtschaftswissenschaftlichen Kategorien beschrieben werden kann, dann zeigt sich, daß dieses Abgrenzungskriterium allein mit wirtschaftswissenschaftlichen Erkenntnissen operational gemacht werden kann.

Als Orientierungspunkt für den marktwirtschaftlich handelnden Kapitalgeber dient dabei zunächst die *Finanzlage* des Unternehmens. Sie kann anhand der Gewinne und Verluste der letzten Jahre sowie deren Verhältnis zum Umsatz, dem Verschuldungsgrad des Unternehmens und der wichtigen Größe des Cash Flow als Maßzahl für die Selbstfinanzierungsmöglichkeit des Unternehmens bestimmt werden. Zu erwähnen sind in diesem Zusammenhang auch die Kennzahl über die Verzinsung des eingesetzten Kapitals in der Vergangenheit und die erwartete Rentabilität in der Zukunft.

Einen weiteren Orientierungspunkt stellt die *Qualität des Restrukturierungsplanes* dar. Wesentliches Ziel ist hierbei, herauszuarbeiten, welche Erfolgsaussichten die ins Auge gefaßten Maßnahmen haben. Dabei können auch in der Vergangenheit durchgeführte Umstrukturierungspläne auf ihren Erfolg hin untersucht werden. Für die Ausfüllung des Prinzips des marktwirtschaftlich handelnden Kapitalgebers kann auch die Untersuchung des *Verhaltens privater Beteiligter* entscheidend sein. Hier wird untersucht, ob sie gleichgewichtig, also im gleichen Umfang und mit demselben Risiko beteiligt sind oder ob sie im Zu-

---

[973] *Soukup* aaO. S. 174.

ge der öffentlichen Mittelzuführung eine Reduktion ihrer Beteiligung vornehmen. Letzteres spricht dann für die Charakterisierung der staatlichen Maßnahme als Beihilfe.

Auch das *sektorale Umfeld* des Unternehmens ist für die Operationalisierung des Prinzips des marktwirtschaftlich handelnden Kapitalgebers wichtig. Hier interessieren vor allem strukturelle Überkapazitäten, die ein privates Engagement nur unter größter Vorsicht zu Stande kommen ließen. Zu berücksichtigen sind vor allem Wettbewerbsverzerrungen, die durch die Aufrechterhaltung derartiger Überkapazitäten entstehen können. In vielen Fällen hatte auch die *Mittelzuführung in der Vergangenheit* eine Bedeutung. Ständige Kapitalhilfen der öffentlichen Hand sprechen für die mangelnden Überlebensmöglichkeiten des Unternehmens und sprechen deshalb für den Beihilfecharakter weiterer Maßnahmen.

Schließlich sind *betriebswirtschaftliche Aspekte* für die Operationalität des Prinzips des marktwirtschaftlich handelnden Kapitalgebers entscheidend. Hier geht es um die ökonomische Sinnhaftigkeit in Anbetracht der produktions- und absatztechnischen Lage des Unternehmens. Dazu zählen auch die Überalterung des Produktionsapparates und der künftige Investitionsbedarf des Betriebes. Weitere Merkmale dieser Art sind ein überhöhter Personalstand, geringe Produktivität oder ein ungünstiger Standort.[974]

Alle diese Kriterien, an denen sich dieses Prinzip des marktwirtschaftlich handelnden Kapitalgebers ausrichtet, sind mehr oder minder genau mit Zahlen quantifizierbar und qualifizierbar. So erschiene es nicht zuletzt im Sinne der Rechtssicherheit angebracht, zahlenmäßige Anhaltspunkte zu bilden, die letztlich der Abgrenzung von Beihilfen und unternehmerischen Maßnahmen dienen. Aber auch hier ergibt sich das Problem, daß diese Maßzahlen zu einer definitorischen Einengung des Beihilfebegriffs führen würden. Die negativen Auswirkungen einer derartigen Einengung wurden bereits bei der Besprechung des weiten Beihilfebegriffs erörtert. Eine solche Selbstbindung der *Kommission* würde dazu führen, daß sich die nationalen Behörden einseitig auf die Erfüllung der Richtgrößen konzentrieren würden, um im Falle einer Beihilfe normales wirtschaftliches Handeln vorzuspiegeln. Daß dies die Ziele des Beihilferechts unterlaufen würde, bedarf keiner näheren Erklärung.[975]

Im Hinblick auf die praktische Handhabung des in der Transparenzrichtlinie zum Ausdruck kommenden *Gleichbehandlungsgrundsatzes* durch die Gemeinschaftsorgane ist ferner anzumerken, daß die Gemeinschaftspraxis hier nicht

---

[974] *Soukup* aaO S. 175 f.

[975] *Soukup* aaO. S. 176 f.

von einer unterschiedslosen Behandlung privater und öffentlicher Unternehmen ausgeht.[976] Vielmehr setzt „der Gleichbehandlungsgrundsatz, auf den sich Regierungen für das Verhältnis zwischen öffentlichen Unternehmen und privaten Unternehmen im allgemeinen berufen, voraus ..., daß sich beide Gruppen in einer vergleichbaren Lage befinden. Diese Annahme einer vergleichbaren Lage stößt aber auf Schwierigkeiten, da sich die finanziellen Beziehungen der öffentlichen Unternehmen zum Staat deutlich von denen der privaten unterscheiden."[977]

Ferner bleibt zu den allgemeinen Entscheidungslinien noch anzumerken, daß der Erwerbsakt eines Unternehmens durch die öffentliche Hand an sich keine Beihilfe darstellt. Die Aufwendungen des Staates fließen dabei als Kaufpreis in die Hände des Verkäufers. Da die Mitgliedstaaten in der Gestaltung ihrer Eigentumsordnung frei sind (vgl. Art. 295 EG), können Verstaatlichungen von Unternehmen ebenfalls nicht durch die Art. 87 ff. EG verhindert oder eingeschränkt werden.[978] Das Gleiche muß folgerichtig auch dann gelten, wenn der Staat das Unternehmen nicht von einem Dritten erwirbt, sondern selbst gründet. Bei einer solchen Unternehmensgründung kann sich allerdings das Problem ergeben, daß es von seiner Konzeption überdimensioniert ist und deshalb wettbewerbsverzerrend wirkt. Eine derartige übermäßige Eigenkapitalausstattung im Gründungsakt ist deshalb im Hinblick auf das mögliche Vorliegen einer verbotenen Beihilfe nach Art. 87 ff. EG wiederum nach dem Prinzip des marktwirtschaftlich handelnden Kapitalgebers zu beurteilen. Folglich kann also eine Überkapitalisierung eine verbotene Beihilfe darstellen, wenn sie aus der Sicht eines privaten Unternehmens als sinnlos erscheint.

Insgesamt läßt sich der Entscheidungspraxis aber auch entnehmen, daß die Gemeinschaftsorgane dem Staat auch unternehmerische Freiheiten zubilligen. Wie jeder andere private Unternehmer kann auch der Staat langfristige Strategien verfolgen, die in der Anfangszeit auch mit schmerzlichen Verlusten verbunden sein können.

---

[976] vgl. *Soukup* aaO. S. 60.

[977] *EuGH* Slg. 1982, 2545, 2577 Tz 21 - *TransparenzRL I.*

[978] *Mederer*, in: Groeben/Boeck/Thiesing/Ehlermann: Kommentar zum EU-/EG-Vertrag, Bd. 2 II (5. Aufl. 1999), Art. 92 Rn. 12.

III.   Behandlung gemeinwirtschaftlicher Unternehmen

Wie bereits dargestellt, lassen sich die Ergebnisse zum Beihilfeverbot für gewinnorientiert arbeitende Unternehmen auch auf öffentliche Unternehmen übertragen, die öffentlichen Interessen dienen. Hierbei stellt sich das Problem, daß die Erfüllung derartiger öffentlicher Aufgaben im Regelfall mit Lasten und Pflichten verbunden ist, denen andere, unter marktwirtschaftlichen Bedingungen arbeitende Unternehmen nicht unterliegen. Hier ist es erforderlich, die ökonomische Überlebensfähigkeit der so belasteten Betriebe zu sichern und einen entsprechenden wirtschaftlichen Ausgleich zu gewähren. Hierfür sind zwei Möglichkeiten denkbar, die in der Praxis häufig kombiniert angewendet werden. Zunächst kann das Unternehmen Zahlungen erhalten, um den Einnahmeausfall, der aus den auferlegten Leistungspflichten resultiert, auszugleichen. Beispiele für den Ausgleich solcher Fälle nicht marktorientierter Tarifgestaltung sind etwa die Schülerermäßigung bei Eisenbahnen oder die (früher übliche) Befreiung sozial bedürftiger Personen bei öffentlichen Einrichtungen. Die zweite Möglichkeit besteht darin, daß dem Unternehmen besondere oder ausschließliche Rechte (vgl. Art. 86 I EG) eingeräumt werden, der Markt also zu Gunsten dieses Unternehmens bis hin zur Monopolisierung beschränkt werden kann.[979]

In den früher monopolisierten Sektoren Postdienst, Telekommunikation, Energie und Verkehr fanden in den vergangenen Jahren gewaltige Deregulierungs- und Privatisierungsprozesse statt.[980] Die für diese Sektoren geltenden Normen sollen im Folgenden in der gebotenen Kürze daraufhin untersucht werden, ob der Gleichbehandlungsgrundsatz aus Beihilfeverbot und Transparenzrichtlinie durch Sondervorschriften aufgehoben worden ist. Möglicherweise befinden sich in den sektorenspezifischen Kommissionsrichtlinien Regelungen, daß staatliche Unterstützungen generell oder im Einzelfall möglich sind und deshalb nicht unter das Beihilfeverbot des Art. 87 I EG fallen.

In keinem anderen Wirtschaftsbereich hat die Gemeinschaft eine ähnlich umfassende Politik der Liberalisierung und Harmonisierung betrieben, wie im Bereich der Telekommunikation. Sie ist Teil der Initiativen, die den Weg in die Informationsgesellschaft ebnen sollen.[981] Der wesentliche Gegenstand dieser Bemühun-

---

[979] *Soukup*: Öffentliche Unternehmen und die Beihilfeaufsicht der EU (1995), S. 198.

[980] *Burgi*: Die öffentlichen Unternehmen im Gefüge des primären Gemeinschaftsrechts, EuR 1997, S. 261, 262; vgl. auch *König*: Die Übertragung öffentlicher Aufgaben auf Private - eine europäische Sicht VerwArch 81 (1990), S. 436; *Schmidt*: Privatisierung und Gemeinschaftsrecht, DV 28 (1995), 281; *Edward/Hoskins* C.M.L.Rev.. 1995, 157.

[981] *Mestmäcker* in: Immenga/Mestmäcker (Hrsg.): EG-Wettbewerbsrecht (1997), Art. 37, 90 E Rn. 24; speziell zu den Regelungen in diesem Bereich: *Mestmäcker* aaO. Rn. 30 ff.; 42 ff.;

gen ist die Liberalisierung des Telekommunikationsmarktes. Die jüngste Auswirkung ist dabei die Öffnung des Telefonfestnetzes für private Anbieter.[982] Nach der Aufgabe dieses früher von der *Deutschen Bundespost*, dann von der *Deutschen Telekom* besetzten Monopols besteht hier kein Raum mehr für eine Sonderbehandlung des öffentlichen Unternehmens, zumal für die *Deutsche Telekom* eine noch weitergehendere Privatisierung angestrebt wird.

Grundsätzlich anders ist dies auf dem Verkehrssektor, wo bereits das primäre Gemeinschaftsrecht eine hier relevante Vorschrift enthält. Für den Bereich des Eisenbahn-, Straßen- und Binnenschiffsverkehrs erklärt Art. 73 EG Beihilfen, die den Erfordernissen der Koordinierung des Verkehrs oder der Abgeltung bestimmter, mit dem Begriff des öffentlichen Dienstes zusammenhängender Leistungen entsprechen, „für mit dem EG-Vertrag vereinbar". Gemäß der Richtlinie Nr. 1893/91[983] werden in diesem Sektor Maßnahmen als gemeinwirtschaftliche Leistungen anerkannt, die bestimmten Anforderungen an Regelmäßigkeit, Qualität und Leistungsfähigkeit, sowie Verkehrsleistungen zu besonderen Tarifen für bestimmte Personengruppen oder auf bestimmten Strecken dienen. Dabei können Sozialtarife und Verpflichtungen im Regional- und Stadtverkehr unter Ausgleich der finanziellen Belastungen von der öffentlichen Hand einseitig auferlegt werden. Die Auferlegung anderer Leistungen sind von der öffentlichen Hand mit den öffentlichen Unternehmen vertraglich zu vereinbaren. Folglich können staatliche Maßnahmen, die in diesen spezifischen Regelungsbereich fallen, nicht als Beihilfen im Sinne der Art. 87 ff. EG qualifiziert werden.[984]

In den verbleibenden Bereichen Postdienste und Energie existiert eine derartige „Beihilfeerlaubnis" nicht. Für den Bereich der Postdienste ist allerdings anzumerken,[985] daß hier die Beibehaltung einer Monopolstellung für Standardbriefe vorgesehen ist. Auf diese Weise soll gewährleistet werden, daß die Postverwal-

---

Scherer: Das neue Telekommunikationsgesetz, NJW 1996, 2953; *Schmittmann*: Wettbewerbsrecht in deregulierten Kommunikationsmärkten, KuR 1998, 1.

[982] Vgl. zu diesem Thema auch *Kommission* Mttlg. v. 19.1.2001, Amtsbl. C 17, 4 Tz. 16, 40 ff.

[983] Amtsbl. 1991 L 169, S. 1 bis 3: Verordnung des Rates vom 20. Juli 1991 zur Änderung der VO Nr. 1191/69 über das Vorgehen der Mitgliedstaaten bei mit dem Begriff des öffentlichen Dienstes verbundenen Verpflichtungen auf dem Gebiet der Eisenbahn-, Straßen- und Binnenverkehrs.

[984] Zum Verhältnis der Beihilfevorschriften vgl.: *von Wallenberg* in: Grabitz/Hilf (Hrsg.): Kommentar zur Europäischen Union (Stand 1998), Art. 93 Rn. 34 (Archivband I).

[985] Vgl. *Wieland*: Der Wandel von Verwaltungsaufgaben als Folge der Postprivatisierung, DV 28 (1995), 325; *Basedow*: Ansätze zur Regulierung der europäischen Postdienste, EuZW 1996, 144; *Gröner/Knorr*: Die Liberalisierung der Postdienste in der EU, EWS 1996, 226.

tungen im Rahmen des internen Finanzausgleichs die nötigen Mittel für die Bedienung der Gesamtfläche erwirtschaften können.[986] Für staatliche Unterstützungsmaßnahmen gilt diesbezüglich das zur Unterstützung von Monopolen Gesagte. Da es im Wirkungsbereich eines Monopols an einer privaten Konkurrenz fehlt, kann auch das Beihilfeverbot nicht greifen. Besonderes Augenmerk verdienen allerdings interne Quersubventionierungen bei den öffentlichen Postunternehmen. Die Unterstützung beispielsweise des öffentlichen Paketdienstes, der mit privaten Unternehmen im Wettbewerb steht, mit Mitteln, die im Bereich der monopolisierten Standardbriefbeförderung erwirtschaftet worden sind, dürfte eine Beihilfe im Sinne der Art. 87 ff. EG darstellen.

Weit weniger klar erscheint die Rechtslage auf dem Energiesektor, wo seit längerem mehrere Vorschläge für Richtlinien vorliegen.[987] Verabschiedet wurde mittlerweile eine Richtlinie, die gemeinsame Vorschriften für den Elektrizitätsbinnenmarkt enthält.[988] Insgesamt wird eine Liberalisierung auf den drei funktionalen Ebenen - Produktion, Transport und Verteilung - angestrebt. Auch hier wird also grundsätzlich auf die Dauer kein Raum für die Sonderbehandlung für öffentliche Unternehmen bestehen. Dies kommt insbesondere durch das Gebot der Netzöffnung, das ein nicht diskriminierendes Durchleitungsrecht für Dritte gewährleisten soll, zum Ausdruck. Die bestehenden Versorgungsmonopole sollen für die Lieferung an Großabnehmer aufgebrochen werden. Für die privaten Haushalte bzw. für die Kleinverbraucher soll aber als Ausgleich für die Belieferungspflicht, die von der öffentliche Hand festgelegt werden kann, ein Gebietsschutz einräumbar sein. Hinsichtlich der Frage, inwieweit staatliche Maßnahmen verbotene Beihilfen im Sinne des Art. 87 I EG zu qualifizieren sind, wird man zu den gleichen Ergebnissen kommen wie bei den Standardbriefbeförderungen bei den Postdiensten.

Im Rahmen der Privatisierung staatlicher Dienstleistungsmonopole stellt sich im Hinblick auf das Beihilfeverbot ein Sonderproblem, das bislang noch keine hinreichende Beachtung gefunden hat. Zwar liegt das Ziel der Transparenzrichtlinie in der Gleichbehandlung von privaten und öffentlichen Unternehmen, so daß die Anwendung der Beihilfevorschriften auf staatliche gesetzliche Monopole begriffslogisch als sinnlos erscheint. Monopole haben eben keinen Konkurrenten. Etwas anderes sollte sich aber dann ergeben, wenn ein öffentliches Mo-

---

[986] Vgl. unten, Fall *Corbeau*, S. 328.

[987] Vgl. *Jarass*: Europäisches Energierecht (1996), S. 30 ff.

[988] Richtlinie 96/92, Amtsbl. 1997 L 27, S. 20; zu den Entwicklungen vgl. im übrigen: *Wieland/Hellermann*: Das Verbot ausschließlicher Konzessionsverträge und die kommunale Selbstverwaltung, DVBl 1996, 401; *Tettinger*: Maastricht II - Vertragsergänzung zur Sicherung der Daseinsvorsorge in Europa? DVBl 1997, 341.

nopolunternehmen demnächst privatisiert und dann mit privaten Konkurrenten in Wettbewerb treten soll. Hier erscheint es zumindest erwägenswert, wenn die im Hinblick auf den zukünftigen Wettbewerb durchgeführten Sanierungsmaßnahmen mit staatlichen Mitteln kritisch unter dem Gesichtspunkt der Beihilfevorschriften des EG-Vertrages beleuchtet werden, auch wenn das gesetzliche Monopol noch bestehen mag.[989]

In Bezug auf gemeinwirtschaftlich tätige Unternehmen lassen sich also keine Sondermaßstäbe für die Qualifikation staatlicher Maßnahmen als verbotene Beihilfen im Sinne von Art. 87 I EG ableiten. Allein der Verkehrsbereich kennt eine ausdrückliche Sonderregelung, nach der Beihilfen unter bestimmten Voraussetzungen regelmäßig gewährt werden können. Ansonsten gilt auch für Unternehmen, die mit Dienstleistungen im Allgemeininteresse betraut sind, der Grundsatz, daß erlaubte unternehmerische Maßnahmen von verbotenen Beihilfen mit Hilfe des Prinzips des marktwirtschaftlich handelnden Kapitalgebers abzugrenzen sind.

Besondere Beachtung verdienen aber die Ausnahmetatbestände der Art. 87 II und III sowie vor allem Art. 86 II 1 EG. Art. 86 II 1 EG stellt in erster Linie eine unternehmensbezogene Vorschrift dar. Adressaten der Art. 87 ff. EG sind hingegen - wie bereits dargestellt - die Mitgliedstaaten. Es stellt sich deshalb die Frage, ob die unternehmensbezogene Ausnahmeklausel Auswirkungen auf die staatsbezogene Beihilfegewährung haben kann. Indem Art. 86 II EG bestimmt, daß für Unternehmen, die mit Dienstleistungen im allgemeinen wirtschaftlichen Interesse betraut sind, insbesondere die Wettbewerbsregeln des EG-Vertrages gelten, schließt er auch die zu den Wettbewerbsregeln zählenden Beihilfevorschriften der Art. 87 ff. EG ein.[990] Folglich ist also die Ausnahmevorschrift des Art. 86 II 1 EG[991] auch für die Gewährung von Beihilfen einschlägig. Dies bedeutet, daß eine an sich nach Art. 87 I EG verbotene Beihilfe an ein Unternehmen, das mit Dienstleistungen von allgemeinem wirtschaftlichen Interesse betraut ist, gewährt werden kann, wenn ohne die Gewährung der Beihilfe die Erfüllung der ihm übertragenen Aufgabe rechtlich oder vor allem tatsächlich verhindert würde.

---

[989] Vgl. zur Entwicklung der Marktstrukturen auf den Telekommunikationsmärkten insbes. im Rahmen der Privatisierung der Deutsche Telekom: *Schmittmann*: Wettbewerbsrecht in deregulierten Kommunikationsmärkten, KuR 1998, 1, 2 ff., 9

[990] Zur Wechselwirkung der Verweise in Art. 90 EGV [Art. 86 EG n.F.] vgl. auch *Burgi*: Die öffentlichen Unternehmen im Gefüge des primären Gemeinschaftsrechts, EuR 1997, S. 261, 280 ff.

[991] - die im einzelnen noch ausführlich zu besprechen sein wird.

D. Bedeutung für die angesprochenen Fallgestaltungen

Hier soll untersucht werden, zu welchen Ergebnissen und Einschränkungen man durch die Anwendung der Beihilfevorschriften auf die in dieser Arbeit besprochenen Tätigkeiten der Bundesanstalt für Arbeit, das Tätigkeitsfeld der Sozialversicherungen und das Tätigkeitsfeld der Selbstabgabestellen sowie das Angebot von Maklerdienstleistungen durch staatliche Stellen kommen würde.

I. Bundesanstalt für Arbeit

Die Bundesanstalt für Arbeit wurde, wie bereits dargestellt, im Fall *Höfner*[992] als Unternehmen im Sinne der Art. 81 ff. EG qualifiziert. Staatliche Maßnahmen zu ihrer Unterstützung können also durchaus unter das Beihilfeverbot des Art. 87 I EG fallen. Es wurde bereits angedeutet, daß ihre (fiktive) Ausstattung mit einem leistungsfähigen EDV-System, das der Verbesserung der Arbeitsvermittlung dient, dessen Anschaffung aber andererseits aus unternehmerischen Gesichtspunkten nicht notwendig erscheint, problematisch sein könnte. Die Anschaffung des Computersystems kann angesichts der Weite des Beihilfebegriffs[993] und der entsprechenden Belastung öffentlicher Haushalte ohne weiteres als Beihilfe im Sinne des Art. 87 I EG qualifiziert werden. Diese staatliche Maßnahme wäre also nur dann rechtmäßig, wenn einer der Ausnahmetatbestände der Art. 87 II, III oder Art. 86 II 1 EG vorläge.[994] Die eng umrissenen Tatbestände des Art. 87 II und III EG greifen hier offensichtlich nicht. In Betracht kommt deshalb allein die Ausnahmeklausel des Art. 86 II 1 EG. Dies würde aber voraussetzen, daß die Bundesanstalt für Arbeit die ihr übertragene Aufgabe *ohne* die Unterstützung des Computersystems nicht erfüllen könnte. Fest steht aber nur, daß durch das neue System die Quantität und die Qualität der Arbeitsvermittlung *verbessert* würde. Damit ergibt sich die im Einzelfall zu stellende Frage, ob die fehlende Verbesserung angesichts der konkreten Umstände eine Verhinderung im Sinne des Art. 86 II 1 EG darstellt. Dies wird wohl nur ausnahmsweise der Fall sein, wenn die Anforderungen an die Bundesanstalt für Arbeit beispielsweise infolge eines besonders starken und nachhaltigen Wirtschaftsaufschwunges sprunghaft steigen würden. Im Regelfall wird man dies

---

[992] Vgl. oben zum Fall *Höfner* S. 78, 97 f.

[993] Vgl. zu diesem Tatbestandsmerkmal oben „Belastung des Staatshaushalts", S. 284.

[994] Die *politische* Durchsetzung der Maßnahme nach Art. 93 II S. 3 soll dabei außer Betracht bleiben.

aber nicht annehmen können. Dieses Ergebnis hätte in der Praxis einen schmerzlichen Charakter, da die privaten Arbeitsvermittler nach eigenen Angaben nur einen Bruchteil des Marktes bedienen können. Ein Ausweg wäre die Anerkennung einer funktionierenden(!) Arbeitsvermittlung als hoheitliche Aufgabenwahrnehmung, wofür nach Maßgabe der Kriterien aus der Kompetenzkerntheorie trotz der Entscheidung *Höfner* Raum wäre.[995]

II. Sozialversicherungen

Die Tätigkeit der Sozialversicherungen wurde zwar vom *Europäischen Gerichtshof* im Fall *Poucet* aus dem Geltungsbereich der Wettbewerbsregeln des EG-Vertrages herausgenommen, da es hier an einer unternehmerischen Tätigkeit fehle.[996] Ein Teil der Literatur folgt dieser Auffassung allerdings nicht und will die Sozialversicherungen weiterhin als Unternehmen qualifizieren.[997] Die hier gewonnenen Erkenntnisse über die Anwendung der Beihilfevorschriften zeigen, daß dieses Ergebnis der Literatur auch unter diesem Aspekt als fraglich erscheint. Sofern die Sozialversicherungsträger aufgrund der an sie gestellten Anforderungen erhebliche Verluste machten und der Staat diese Verluste ausgleichen wollte, wäre diese Maßnahme als Beihilfe im Sinne von Art. 87 I EG zu qualifizieren. Zu denken wäre hier allerdings an eine Subsumtion unter den Ausnahmetatbestand des Art. 87 II lit a EG. Diese Leistung des Staates an die Sozialversicherungen dient letztlich dazu, daß die Sozialversicherung ihrer Verpflichtung gegenüber den Verbrauchern nachkommen kann. Diese Auslegung ist aber nicht zwingend, da durch die Leistung Verluste ausgeglichen werden sollen und die Leistung auch nicht unmittelbar an einzelne Verbraucher erbracht wird. Folgt man dieser Auffassung, so kommt man wiederum zu der Ausnahmeklausel des Art. 86 II 1 EG. Die Aufgabenwahrnehmung würde aber durch die Nichtgewährung der Beihilfe dann nicht unmöglich, wenn die Sozialversicherungen ihre Aufgabe noch irgendwie wahrnehmen könnten. Hier müßten zuvor alle Möglichkeiten ausgeschöpft werden, wie etwa die Erhöhung von

---

[995] Vgl. oben „Einfügung des Falles Höfner", S. 167: Ausschlaggebend für die Annahme einer unternehmerischen Betätigung war im konkreten Fall die vom *Gerichtshof* festgestellte Tatsache, daß die Anstalt entweder nicht Willens oder in der Lage war, die konkrete Aufgabe der Vermittlung von Führungskräften zu erfüllen.

[996] Vgl. oben „Die Fälle Duphar und Poucet, S. 79.

[997] Vgl. *Giesen*: Sozialversicherungsmonopol und EG-Vertrag (1995), S. 120 ff.; *Isensee*: Soziale Sicherheit im europäischen Markt, VSSR 1996, 169, 173; *Burgi*: Die öffentlichen Unternehmen im Gefüge des primären Gemeinschaftsrechts, EuR 1997, S. 261, 265.

Beiträgen, die Kürzung von Leistungen, sowie Kreditaufnahmen auf dem freien Kapitalmarkt.

Zu einem ähnlichen Ergebnis würde man gelangen, wenn die Sozialversicherungsträger mit einem staatlich subventionierten EDV-System ausgestattet würden, das die Aufgabenerfüllung verbessert, aber aus unternehmerischen Gesichtspunkten nicht geboten ist. Wie in dem oben angeführten fiktiven Fall der Bundesanstalt für Arbeit hätte diese staatliche Maßnahme den Charakter einer verbotenen Beihilfe im Sinne von Art. 87 I EG. Mit dieser im Ergebnis untragbaren Fallösung zeigt sich, welche überragend wichtige Funktion der Unternehmensbegriff im Wettbewerbsrecht und im Rahmen der Beihilfevorschriften hat. Der Staat hat - anerkannt durch den Fall *Poucet* - die Möglichkeit, bestimmte Aufgaben, wie die Sozialversicherung hoheitlich durchzuführen, mit der Folge, daß die Wettbewerbsregeln und mit ihnen die Beihilfevorschriften keine Wirkung haben. Diese Erwägungen zu den Beihilferegeln bestätigen den *Europäischen Gerichtshof* und das in dieser Arbeit für den Fall *Poucet* vertretene Ergebnis.[998]

III. Selbstabgabestellen

Darüber hinaus stellt sich die Frage, zu welchem Ergebnis man mit der Anwendung der Beihilferegeln auf die von den Ortskrankenkassen angestrebte Ausweitung des Selbstabgabestellengeschäfts kommen würde. Unabhängig von der hoheitlichen Aufgabenerfüllung der Sozialversicherungsträger kann man Einrichtung und Betrieb von Selbstabgabestellen in diesem Zusammenhang - wie oben dargestellt -[999] als eine unternehmerische Betätigung ansehen. Wenn die Ortskrankenkassen Investitionen für die Ausweitung des Selbstabgabestellengeschäfts tätigen, stellt sich die Frage, ob es sich hierbei um eine Beihilfe im Sinne von Art. 87 I EG handelt und ob diese dem Staat zuzurechnen ist. Letzteres wurde bereits festgestellt; Sozialversicherungen können durchaus die Rolle eines Beihilfegebers einnehmen. Des Weiteren kann eine Eigenkapitaltransaktion, die eine Erweiterung der Eigenmittel des Empfängers zum Ziel hat, durchaus eine Beihilfe in diesem Sinne darstellen. Problematisieren könnte man aber die Frage, ob die Investitionen des Selbstabgabegeschäfts nicht eine *interne* Maßnahme innerhalb einer Institution ist, die als Sozialversicherungsträger gerade *kein* Unternehmen darstellt. Wie bereits zum Unternehmensbegriff im Rahmen

---

[998] Vgl. oben „Die Anerkennung der Kompetenzbegründung im Europarecht", S. 156.

[999] S. zu diesem Ergebnis oben „Anwendung der Ergebnisse auf Brillenfall und Rollstuhlentscheidung", S. 176

von Art. 86 EG dargestellt wurde, kann auch eine organisatorisch nicht abgetrennte Organisationseinheit innerhalb einer staatlichen Institution ein Unternehmen darstellen. Entscheidend für die Qualifikation ist die *Tätigkeit*, nicht die *Organisation*.[1000] Demnach kann diese Investition als eine Transaktion zu Gunsten des Unternehmens gesehen werden. Dann stellt sich die Frage, ob es sich bei dieser Investition um eine erlaubte unternehmerische Maßnahme oder eine verbotene Beihilfe handelt. Als Maßstab für die Abgrenzung gilt das Prinzip des marktwirtschaftlich handelnden Kapitalgebers. Sofern es den Ortskrankenkassen allein darum ging, andere Marktteilnehmer vom Markt zu verdrängen, ohne daß sich dies in einer vertretbaren Art und Weise auf die Ertragslage des Selbstabgabestellengeschäfts ausgewirkt hätte, kann nicht davon ausgegangen werden, daß irgend ein marktwirtschaftlich handelnder Kapitalgeber sein Kapital für diese Aktion zur Verfügung gestellt hätte. In diesem Fall müßte man also - die gemeinschaftsweite Bedeutung des Falles vorausgesetzt - von einer gemeinschaftswidrigen Beihilfe im Sinne von Art. 87 I EG ausgehen.

Sofern die öffentliche Hand Maklertätigkeiten anbietet, käme man zum gleichen Ergebnis wie bei den Selbstabgabestellen, wenn die öffentliche Hand bei der Begründung dieser wirtschaftlichen Tätigkeit ein unangemessen hohes Kapital zur Verfügung stellen oder eine entsprechende Rückgriffsmöglichkeit gewährleisten würde. Im oben besprochenen Maklerfall[1001] war es nur eine einzelne Gemeinde, die diese Dienstleistung anbot und dies geschah zudem in einem sehr begrenzten Rahmen. Hier würde also die Anwendung der Beihilfevorschriften des EG-Vertrages an der fehlenden gemeinschaftsweiten Bedeutung scheitern.

E. Zwischenergebnis

Hoheitliches Handeln hat sich auch bei der Bestimmung der Anwendungsgrenzen der Beihilferegeln als sehr wichtiges Kriterium erwiesen. Dies gilt in zweierlei Hinsicht. Zum einen kann eine klassische Hoheitstätigkeit, wie die Erteilung einer Genehmigung oder das Absehen von einem Einschreiten durch eine Behörde keine Beihilfe im Sinne der Art. 87 ff. EG darstellen, auch wenn dadurch ein Unternehmen gegenüber seiner Konkurrenz gefördert wird. In diesem Fall scheitert die Annahme einer Beihilfe an der fehlenden Belastung öffentlicher Haushalte.[1002] Das Fehlen dieser Voraussetzung der Belastung öffentlicher

---

[1000] Vgl. oben „Der Art. 86 EG zugrunde liegende allgemeine Unternehmensbegriff", S.44.

[1001] Vgl. zum *Maklerfall* oben S. 27.

[1002] Vgl. oben „Belastung des Staatshaushalts", S. 284.

Haushalte ist selbst dann anzunehmen, wenn die etwaige Haushaltsbelastung nicht die primär intendierte Rechtsfolge der Maßnahme war, wenn sie sich also als Reflex der Maßnahme darstellt.[1003] Zusammenfassend stellt sich in diesem Komplex die Frage, ob die konkrete Maßnahme, also der Hoheitsakt als Beihilfe qualifiziert werden kann.

Zum anderen kann der Kreis der Begünstigten für die Annahme einer Beihilfe wesentlich sein.[1004] Nach der Vorschrift des Art. 87 I EG sind dies Unternehmen und Produktionszweige. Damit schließt sich eine Parallele zu den Erkenntnissen der Anwendbarkeit der Art. 86, 81, 82 EG. Auch hier stellte die hoheitliche Betätigung ein negatives Tatbestandsmerkmal dar.[1005] Auf Art. 87 I EG übertragen bedeutet dies, daß die Beihilferegeln keine Anwendung finden können, wenn mit der Zuwendung eine hoheitliche Aufgabenerfüllung unterstützt oder ermöglicht werden soll. Wie bei den Wettbewerbsregeln und bei den Grundfreiheiten gilt dies für klassische wie auch schlicht-hoheitliche Aufgabenwahrnehmungen. Diese Sichtweise bestätigt im Übrigen noch einmal das Ergebnis, daß man beispielsweise die Sozialversicherungen nicht als Unternehmen im Sinne der Wettbewerbsregeln des EG-Vertrages ansehen kann. Jede staatliche Finanzunterstützung müßte am Maßstab der Beihilferegeln gemessen werden, wenn man in diesem Bereich eine unternehmerische Betätigung annähme.[1006] Diese Erkenntnisse dürfen selbstverständlich keinesfalls zu dem Fehlschluß führen, daß eine hoheitliche Gewährung von Finanzmitteln keine Beihilfe im Sinne des Beihilfeverbotes darstellt; in diesem Fall ist selbstverständlich eine Beihilfe anzunehmen. Im Hinblick auf hoheitliches Handeln bestimmt sich die Grenze der Anwendbarkeit der Beihilferegeln nach der Belastung öffentlicher Haushalte als primär intendierte Rechtsfolge und nach dem Kreis der Begünstigten.

Neben dem Kreis der Begünstigten und der Belastung öffentlicher Haushalte ist die unternehmerische Rechtfertigung der Maßnahme eine spezifische Anwendungsgrenze der Beihilferegeln in Bezug auf öffentliche Unternehmen. Die Annahme einer Beihilfe scheidet demnach aus, wenn die finanzielle Unterstützung aus der Sicht des marktwirtschaftlich handelnden Kapitalgebers vernünftig ist. Hier können auch langfristige Erwägungen ausschlaggebend sein.[1007] Innerhalb

---

[1003] Vgl. oben „Folgerungen", S. 290.

[1004] Vgl. oben „Kreis der Begünstigten", S. 291.

[1005] Vgl. oben „Hoheitliche Aufgabenerfüllung als negatives Tatbestandsmerkmal des Unternehmensbegriffs", S. 110.

[1006] Vgl. oben „Sozialversicherungen", S. 305.

[1007] Vgl. oben „Leitlinien der Entscheidungspraxis", S. 295.

dieser Fallgruppe zeigen sich ferner auch signifikante Unterschiede zum nationalen Recht, das ein Beihilfeverbot nicht kennt. Bedeutung erlangt diese Konstellation vor allem bei einer übermäßigen Kapitalausstattung eines öffentlichen Wettbewerbsteilnehmers. Dies kann einen Verstoß gegen das Beihilfeverbot darstellen. In einer derartigen Fallkonstellation kommt aus dem öffentlichen Recht mit gerichtlicher Relevanz allein ein grundrechtlicher Abwehranspruch in Betracht (Art. 12, 14, 2 I GG). Mit der Dogmatik des mittelbaren Grundrechtseingriffs wird man hier allerdings aufgrund der durch die öffentliche Investition verschärften Wettbewerbslage lediglich zu einer Situationsänderung kommen, der Anspruch scheitert also regelmäßig.[1008] Im nationalen Wettbewerbsrecht operiert man hier zum Teil mit einer fragwürdigen Auslegung der §§ 24 IV, 26 GWB a.F. (vgl. § 20 GWB n.F.). Wenn es aber um eine unangemessene Kapitalausstattung eines öffentlichen Unternehmens geht, zeigt sich doch, daß im Bereich der Beihilfevorschriften des EG-Vertrages der wirkliche sedes materiae liegt.[1009]

[1008] Vgl. oben „Die öffentlich-rechtliche Sicht", S. 27.

[1009] Vgl. oben „Grundstrukturen des Beihilferechts", S. 278.

Teil 5:   Art. 86 II EG

Neben der schon oben[1010] kurz angesprochenen Anordnung, daß die Regeln des EG-Vertrages für Finanzmonopole und Unternehmen gelten, die mit Dienstleistungen von allgemeinem wirtschaftlichen Interesse betraut sind, enthält Art. 86 II EG eine Ausnahmeklausel für die Geltung der Wettbewerbsregeln. Demnach gelten die Vorschriften des EG-Vertrages, insbesondere die Wettbewerbsregeln, soweit die Anwendung dieser Vorschriften nicht die Erfüllung der diesen Institutionen übertragenen besonderen Aufgaben rechtlich oder tatsächlich verhindert.

Daß durch die positiven materiellrechtlichen Regelungen des Art. 86 EG die Souveränitätsrechte der Mitgliedstaaten gegenüber den *Europäischen Gemeinschaften* beschränkt werden, wurde bereits oben dargelegt. In dieser Vorschrift treffen einerseits die Interessen der Mitgliedstaaten, ihre eigenen Angelegenheiten selbst zu regeln, und andererseits die Interessen der Gemeinschaften vor allem an der Herstellung eines gemeinsamen, unverfälschten Marktes (vgl. Art. 3 lit g EG) aufeinander. [1011] Die erste Möglichkeit, die mitgliedstaatlichen Interessen gegenüber den Gemeinschaftsinteressen zu berücksichtigen, besteht in der Diskussion, ob die Wettbewerbsregeln im Einzelfall überhaupt anwendbar sind. Es geht also um die oben ausführlich dargestellte Frage der Anwendbarkeitsgrenzen der Wettbewerbsregeln des EG-Vertrages im Hinblick auf *hoheitliches* Handeln der Mitgliedstaaten.[1012]

Die zweite Möglichkeit ist davon strikt zu unterscheiden. Sofern sich der einzelne Mitgliedstaat entschieden hat, Verwaltungsaufgaben - beispielsweise bestimmte Versorgungsaufgaben - in unternehmerischer Form zu erfüllen, sind die Wettbewerbsregeln grundsätzlich anwendbar. Der Grund für die Wahl der unternehmerischen Form kann darin gesehen werden, daß man die Möglichkeit schaffen will, neben der Wahrnehmung der öffentlichen Aufgabe Gewinne zu erzielen.[1013] Ein weiterer Grund kann auch darin gesehen werden, eine Flexibili-

---

[1010] „Mit Dienstleistungen von allgemeinem wirtschaftlichen Interesse betraute Unternehmen (Art. 86 II 1 EG)", S. 50.

[1011] vgl. oben S. 99.

[1012] Vgl. oben „Anwendbarkeitsgrenzen der Wettbewerbsregeln", S. 68.

[1013] So werden etwa öffentliche Ver- und Entsorgungs-, Verkehrsbetriebe und Wohnungsbaugesellschaften in Privatrechtsform geführt, vgl. *Stober*: Allgemeines Wirtschaftsverwaltungsrecht (11. Aufl. 1998), § 24 I 1, S. 257 f.. Darüber hinaus können eigenständige öffentliche Unternehmen die Verwertung von Randnutzungsmöglichkeiten übernehmen und etwa Werbeflächen an öffentlichen Verkehrsmitteln zur Verfügung stellen oder den Titel von Fernsehsendungen verwerten, vgl. *Stober*: Eigenwirtschaftliche Betätigung der öffentlichen

sierung herzustellen, die mit den Mitteln des öffentlichen Organisationsrechtes nicht möglich wäre.[1014] Schließlich können auch steuerliche Erwägungen eine Rolle spielen.[1015]

Wenn also keine hoheitliche oder schlicht-hoheitliche Betätigung, sondern eben eine unternehmerische Betätigung anzunehmen ist, so spielt Art. 86 II EG die zentrale Rolle bei der Abwägung der mitgliedstaatlichen Interessen an der optimalen Erfüllung ihrer Versorgungsaufgaben gegenüber den Gemeinschaftsinteressen an einem gut funktionierenden Binnenmarkt.[1016] Die Auslegung der Vorschrift und die Bestimmung der Voraussetzungen für die Annahme der Ausnahme des Art. 86 II EG sind dabei allerdings noch nicht abschließend geklärt. Dies läßt sich zum einen mit einer aufgrund des politischen Spannungsverhältnisses bewußt unklar gehaltenen Formulierung erklären, hinsichtlich mancher Tatbestandsvoraussetzungen herrscht folglich ein lebhafter Meinungsstreit. Daß diese Diskussion von weltanschaulichen und politischen Standpunkten geprägt ist, liegt dabei auf der Hand; wer dem Wettbewerb mißtraut, wird die Ausnahme extensiv handhaben, wer allein dem Wettbewerb vertraut, wird die Voraussetzungen für die Ausnahme so hoch ansetzen, daß sie nach Möglichkeit nie erfüllt sind. Darüber hinaus hat der *Europäische Gerichtshof* erst in sehr wenigen, noch jungen Entscheidungen das Vorliegen dieser Ausnahmeklausel in Erwägung gezogen.[1017] Mit diesen Entscheidungen dürfte die von

---

Hand, BB 1989, 716, 716; *ders.*: Allgemeines Wirtschaftsverwaltungsrecht aaO. § 24 I 2, S. 258 f.

[1014] Mit *Ernst Heuer* kann man natürlich an dieser Stelle kritisch anmerken, daß die Privatisierung bisweilen der Flucht aus dem öffentlichen Besoldungs- und Haushaltsrecht dient, *Heuer*: Privatwirtschaftliche Wege und Modelle zu einem modernen (anderen?) Staat, DÖV 1995, 85, 87 ff.

[1015] Es ist allerdings ordnungspolitisch zu beanstanden, wenn der Staat zu Handlungs- und Finanzierungsmodellen greift, deren Wirtschaftlichkeit maßgeblich auf der Erlangung von steuerlichen Vorteilen beruht. Eine solche Nutzung von Steuervorteilen durch den Staat belastet allein die Allgemeinheit und geht am Zweck der Steuererleichterung, Investitionsanreize für Private zu schaffen vorbei, vgl. hierzu: *Grupp*: Rechtsprobleme der Privatfinanzierung von Verkehrsprojekten, DVBl 1994, S. 147; *Heuer*: Privatwirtschaftliche Wege und Modelle zu einem modernen (anderen?) Staat, DÖV 1995, 85, 92 f.; a.A.: LRH Bad. Württ in seinem Gutachten v. 17.05.1993 an den Landtag, abgedruckt bei Heuer: Kommentar zum Haushaltsrecht (1992) VIII/29.

[1016] *Rapp-Jung*: Zur Tragweite des Art. 90 Abs. 2 EGV für die Energiewirtschaft, RdE 1994, S. 165 f. ; *Fesenmair*: Öffentliche Dienstleistungsmonopole im europäischen Recht (1996), S. 194.

[1017] *EuGH* Slg. 1993 I, 2533 - *Corbeau*; Slg. 1994 I, 1477 - *Almelo*; Slg. 1997 I, 5699, - *Kommission/Niederlande*; Slg. 1997 I, 5789 - *Kommission/Italien*; Slg. 1997 I 5815 = EuZW 1998, 76 - *Kommission/Frankreich*; Slg. 1997 I, 5852 - *Kommission/Spanien*. Die Überprüfung, ob die vom *EuGH* aufgestellten Kriterien in den jeweiligen Sachverhalten

Teilen der Literatur geäußerte Auffassung, Art. 86 II EG sei obsolet,[1018] überholt sein. Die Vorschrift hat nach der Rechtsprechung des *Europäischen Gerichtshofs* den Zweck, den Einsatz bestimmter Unternehmen, insbesondere solcher des öffentlichen Sektors als Instrument der Wirtschafts- und Sozialpolitik, mit den Interessen der Gemeinschaft an der Einhaltung der Wettbewerbsregeln und der Wahrung der Einheit des Marktes in Einklang zu bringen.[1019] Im Folgenden soll auf die einzelnen Tatbestandsvoraussetzungen näher eingegangen werden.

A. Mit Dienstleistungen von allgemeinem wirtschaftlichen Interesse betraute Unternehmen und Finanzmonopole

Bereits im Rahmen der Besprechung der positiven materiellrechtlichen Regelungen des Art. 86 EG wurde auf die mit Dienstleistungen von allgemeinem wirtschaftlichen Interesse betrauten Unternehmen und Finanzmonopole eingegangen. An dieser Stelle sollen deshalb die diesbezüglich wesentlichen Erkenntnisse nur noch einmal kurz angesprochen werden, ansonsten wird auf die oben gemachten Ausführungen verwiesen.[1020]

Nach allgemeiner Ansicht ist die *Dienstleistung* im Sinne des Art. 86 II 1 EG nicht mit dem Dienstleistungsbegriff des Art. 50 EG gleichzusetzen, gemeint sind vielmehr solche wirtschaftlichen Betätigungen, die von den Mitgliedstaaten im öffentlichen Interesse in Dienst genommen werden.[1021] Als Beispiele hierfür gelten allgemein die Strom-, Gas- und Wasserversorgung, die Massen-

---

vorlagen, war dabei von den jeweils zuständigen nationalen Gerichten durchzuführen, s. *Corbeau* Tz. 20, *Almelo* Tz. 50; vgl. auch unten „Unmittelbare Wirkung", S. 347.

[1018] *v. Wilmowsky*: Mit besonderen Aufgaben betraute Unternehmen unter dem EWG-Vertrag ZHR 1991, 545, 571; *Emmerich*: Kartellrecht, 7. Aufl. 1994, § 36. 6. a., S. 586, der diese Auffassung aus den Vorauflagen trotz der Entscheidung *EuGH* Slg. 1993 I, 2533 - *Corbeau* aus dem Jahr 1993 aufrecht erhält; dagegen aber: *Ehlermann*: Managing Monopolies ECLR 1993, 61, 64; *Mestmäcker*: Daseinsvorsorge und Universaldienst im europäischen Kontext, in: Festschrift für Zacher (1998), S. 635, 642 f.

[1019] *EuGH* Slg. 1991 I, 1223, 1263 Tz. 12 - *Telekommunikations-Endgeräte*; *Mestmäcker* in: Immenga/Mestmäcker (Hrsg.): EG-Wettbewerbsrecht (1997), Art. 37, 90 D Rn. 1.

[1020] S. oben „Mit Dienstleistungen von allgemeinem wirtschaftlichen Interesse betraute Unternehmen (Art. 86 II 1 EG)", S. 50 ff.

[1021] *Mestmäcker* in: Immenga/Mestmäcker (Hrsg.): EG-Wettbewerbsrecht (1997), Art. 37, 90 D Rn. 42.

beförderung von Personen und Waren durch die Eisenbahn, die Telekommunikationsdienste, sowie Rundfunk und Fernsehen hinsichtlich ihrer wettbewerbsrelevanten Tätigkeiten.

Die randscharfe Abgrenzung der Dienstleistungen von *allgemeinem wirtschaftlichen Interesse* bereitet dagegen größere Schwierigkeiten, wenn man sich vor Augen führt, daß letztlich jede wirtschaftliche Tätigkeit in irgendeiner Form einen Beitrag von allgemeinem wirtschaftlichen Interesse leistet. Auch die Übertragung von Rechtsbegriffen aus den Rechtsordnungen der Mitgliedstaaten, wie „service public" oder „Daseinsvorsorge", unterliegt Bedenken, da diesbezüglich unterschiedliche Anforderungen in den einzelnen Mitgliedstaaten gestellt werden, die der fremde Rechtsbegriff nicht abzudecken vermag.[1022] Ebensowenig stellt es eine Lösung dar, die Ausfüllung des Begriffs der Dienstleistung von allgemeinem wirtschaftlichen Interesse in die alleinige Kompetenz der Mitgliedstaaten zu stellen, da hierdurch die Geltung der Wettbewerbsregeln des EG-Vertrages im öffentlichen Sektor weitgehend gefährdet wäre. Der umgekehrte Weg, seitens der europäischen Entscheidungsorgane zu bestimmen, was genau eine Dienstleistung von allgemeinem wirtschaftlichen Interesse ist und was nicht, würde einen zu weitgehenden Eingriff in die Souveränitätsrechte der Mitgliedstaaten bedeuten.

Deshalb erscheint es sachgerecht, bezüglich der Dienstleistungen von allgemeinem wirtschaftlichen Interesse auf die Kriterien von Leistungspflicht und Erzwingbarkeit abzustellen. Ein allgemeines wirtschaftliches Interesse ist demnach anzunehmen, wenn das Marktverhalten der Unternehmen einem rechtsverbindlich festgelegten Zweck dient und die Unternehmen zur Erfüllung der besonderen Aufgabe auch dann verpflichtet sein sollen, wenn ihr unternehmerisches Eigeninteresse dem entgegensteht.[1023] Diese Sichtweise, die ihren Niederschlag auch in der Rechtsprechung des *Europäischen Gerichtshofes* gefunden hat,[1024] berücksichtigt vor allem auch das Souveränitätsinteresse der Mitgliedstaaten, ohne daß dabei die Geltung der Wettbewerbsregeln des EG-Vertrages gefährdet wäre.

[1022] Vgl. *Mestmäcker*: Daseinsvorsorge und Universaldienst im europäischen Kontext, in: Festschrift für Zacher (1998), S. 635, 636

[1023] *v. Burchard*, in: Schwarze (Hrsg.), EU-Kommentar (2000), Art. 87 Rn. 62; *Hochbaum* in: v. d. Groeben/Thiesing/Ehlermann, Kommentar zum EU-/EG-Vertrag, Bd. 2 II (5. Aufl. 1999), Art. 90 Rn. Rn. 54; *Mestmäcker* in: Immenga/Mestmäcker (Hrsg.): EG-Wettbewerbsrecht (1997), Art. 37, 90 D Rn. 21, 43.

[1024] *EuGH* Slg. 1989, 803, 853 Tz. 55 - *Ahmed Saeed Flugreisen*; Slg. 1993 I, 2533 Tz. 15 - *Corbeau*.

Im Hinblick auf die *Betrauung* erscheint es nicht sachgerecht, einen formalen Hoheitsakt vom einzelnen Mitgliedstaat zu fordern, auch wenn der *Gerichtshof* dies in seiner früheren Rechtsprechung angenommen hat.[1025] Die Argumente, mit denen auch die Literatur diese Forderung unterstützt, erscheinen nicht mehr überzeugend. So erscheint das Vorliegen eines Hoheitsaktes für die Erzwingbarkeit der Leistung keineswegs zwingend. Es hat vielmehr den Anschein, daß die Triebkraft der Erörterung dieser Problematik in der Befürchtung liegt, daß bestimmte Wirtschaftszweige - wie etwa die Versorgungsunternehmen - fast vollständig als mit Dienstleistungen von allgemeinem Interesse betraute Unternehmen anzusehen wären, womit für sie die Ausnahmemöglichkeit des Art. 86 II EG eröffnet wäre. Dies ist aber kein notwendiger Schluß, da die Ausnahmeklausel darüber hinaus noch die Nichterfüllbarkeit der übertragenen Aufgabe unter dem Regime der Wettbewerbsregeln fordert; an dieser Tatbestandsvoraussetzung wird die Ausnahmeerteilung in den meisten Fällen scheitern. Der Begriff der Betrauung erscheint deshalb nach der hier vertretenen Auffassung am besten umschrieben, wenn man darauf abstellt, daß ein entsprechendes Unternehmen dem Staat quasi als „Werkzeug" zur Erfüllung der öffentlichen Aufgabe dient.[1026] Dabei können durchaus Parallelen zur Werkzeugtheorie aus dem deutschen Verwaltungsrecht gezogen werden. Auch in neueren Entscheidungen von *Gerichtshof* und *Kommission* läßt sich eine Abkehr vom Erfordernis des Hoheitsaktes verzeichnen.[1027]

Im Zusammenhang mit Ausnahmegenehmigungen im Bereich der Strom- und Gaswirtschaft gelangte Art. 31 EG in der jüngsten Zeit zu einer gewissen Bedeutung. Der *Gerichtshof* bestätigte einen großen Teil der Literatur in dessen Auffassung, daß Art. 86 II EG als Ausnahmevorschrift für Art. 31 EG in Betracht kommt.[1028] Der Schwerpunkt der Problematik liegt hier aber nicht im Be-

---

[1025] Vgl. o. „Betrauung", S. 55.

[1026] Hier soll aber noch einmal darauf hingewiesen werden, daß sich die Übertragung der öffentlichen Aufgabe eindeutig aus dem Sachverhalt ergeben muß. Eine bloße Veranlassung durch den Mitgliedstaat darf nicht dazu führen, daß sich ein öffentliches oder privates Unternehmen auf eine Betrauung im Sinne von Art. 86 II 1 EG beruft, vgl. oben S. 59.

[1027] *EuGH* Slg. 1994 I, 1477 Tz. 47, 48 - *Almelo*; *Kommission* Entsch. v. 16.01.1991, Amtsbl. L 28, S. 32 Tz. 41 - *Ijsselcentrale*; zur Werkzeugtheorie vgl. oben S. 58.

[1028] *EuGH* Slg. 1997 I 5815 = EuZW 1998, 76 Tz. 42 f. - *Kommission/Frankreich*; Slg. 1994 I, 1477, 1520 = EuZW 1994, 408 - *Almelo*; *Bala*: Art. 86 II EG im System unverfälschten Wettbewerbs (1997), S. 65; *Bauer*: Der Vertrag über die europäische Gemeinschaft und die ausschließliche Zuständigkeit von Unternehmen zur Versorgung mit Energie, in: FS für Everling (1995), 69, 79 ff.; *Heinemann*: Grenzen staatlicher Monopole im EG-Vertrag (1996), S. 62 f. ; *Mestmäcker* in: Immenga/Mestmäcker (Hrsg.): EG-Wettbewerbsrecht (1997), Art. 37, 90 A, Rn. 82. Aus der oben angeführten Entscheidung *Kommission/Frankreich* Tz. 41 läßt sich zudem ableiten, daß der *Gerichtshof* die Erstre-

reich des Art. 31 EG. Daß die Monopole der Strom- und Gaswirtschaft Handelsmonopole im Sinne von Art. 31 EG darstellen, versteht sich von selbst, wenn man erkennt, daß Strom und Gas einen Warencharakter im Sinne der Art. 28 ff. EG besitzen und daß gleichzeitig die Versorgungsunternehmen als Dienstleistungsunternehmen im Sinne von Art. 86 II EG anzusehen sind. Mit dieser Überlegung läßt sich der Bezug zwischen Art. 31 und Art. 86 II EG herstellen und die Erstreckung dieser Ausnahmevorschrift begründen.[1029] Der Schwerpunkt der Problematik liegt dann in der Frage, ob aufgrund von Art. 86 II EG eine Ausnahme gewährt werden kann.[1030]

B. Verhinderung der Aufgabenerfüllung aus wirtschaftlichen Gründen

Der Ausnahmetatbestand des Art. 86 II 1 EG setzt voraus, daß die Erfüllung der dem Dienstleistungsunternehmen übertragenen Aufgabe ohne ein gesetzliches Ausschließlichkeitsrecht nicht gewährleistet ist.[1031] Wenn man der gerade dargestellten neuen Tendenz der Entscheidungspraxis bei den Gemeinschaftsorganen in den Fällen *Ijsselcentrale* und *Almelo* folgt, wird sich der Schwerpunkt der Norm auf dieses Tatbestandsmerkmal verlagern. In den Fällen, in denen man früher die spezifische Dienstleistungsbetrauung allein mangels Hoheitsaktes ablehnen konnte, kann man nunmehr zu diesem Tatbestandsmerkmal und damit zu der Frage kommen, ob die Erfüllung dieser übertragenen Aufgabe unter dem Regime der Regeln des EG-Vertrages verhindert würde. Die praktische Relevanz des Art. 86 II EG war deshalb in der Vergangenheit eher gering[1032]

---

ckung der Ausnahmeklausel des Art. 36 EGV [Art. 30 EG n. F.] auf Art. 37 EGV [Art. 31 EG n.F.] ablehnt, vgl. dazu *Ehricke*: Zur Konzeption von Art. 37 I und Art. 90 II EGV, EuZW 1998, 741, 742 f.

[1029] *EuGH* Slg. 1997 I 5815 = EuZW 1998, 76 Tz. 49 - *Kommission/Frankreich*: *Mestmäcker* in: Immenga/Mestmäcker (Hrsg.): EG-Wettbewerbsrecht (1997), Art. 37, 90 A, Rn. 81.

[1030] Vgl. zu diesem Thema vor dem Hintergrund der genannten neuen Entscheidungen des *EuGH Ehricke*: Zur Konzeption von Art. 37 I und Art. 90 II EGV, EuZW 1998, 741 ff.

[1031] vgl. *Kommission* Mitteilung vom 19.1.2001, Amtsblatt C 17, 4 Tz. 17 f.

[1032] Und wenn man in der Vergangenheit bis zu dieser Frage durchdrang, war nach dem Sachverhalt klar, daß die Ausnahmevorschrift keine Anwendung finden konnte: Die tatsächliche Verhinderung der Durchführung der Sonderaufgabe wurde vom *EuGH* im Falle des in Frankreich mit der Saatveredelung betrauten Unternehmens *INRA* verneint: „Die Erfüllung einer solchen Aufgabe wird nicht dadurch verhindert, daß die Wettbewerbsregeln des EG-Vertrages auf eine Reihe von Verträgen angewendet werden, die im wesentlichen nicht die Züchtung...von Sorten zum Gegenstand haben, sondern die Vermarktung von Maissaatgut." *EuGH* Slg. 1982, 2015, 2056 - *Nungesser* (auch *Maissaatgut*). Im Fall *BNIA* stellte die

und steigt nun recht plötzlich mit der im Vordringen befindlichen Ansicht. Wenn der wesentliche Zweck des EG-Vertrages - Herstellung eines unverfälschten Wettbewerbs im gemeinsamen Markt - nicht unterlaufen werden soll, bedarf es einer restriktiven Auslegung dieser Norm. In diesem Sinne sind zunächst strenge Anforderungen an die *Erforschung des Sachverhaltes* zu stellen. Zur Entscheidung über den Ausnahmetatbestand berufene Institutionen müssen feststellen, welchen Zielen und Bedürfnissen die vom Dienstleistungsunternehmen im Sinne von Art. 86 II 1 EG ausgeübte Tätigkeit dient und wie sich dies auf die Marktstruktur auswirkt,[1033] die bloße Behauptung des betroffenen Unternehmens bzw. des Mitgliedstaates, die Anwendung der Wettbewerbsregeln verhindere die Erfüllung irgendeiner Aufgabe, reicht also unter keinen Umständen aus.

Als restriktive Auslegung bietet sich zunächst an, die Verhinderung im Sinne von Art. 86 II 1 EG als *vollständige Verhinderung* aufzufassen. Dieser Auslegung scheint der Standpunkt zu entsprechen, den der *Europäische Gerichtshof* im Fall *Sacchi* eingenommen hat, wo er forderte, daß Art. 86 II EG nur dann einschlägig sei, wenn ansonsten die Anwendung der Vertragsvorschriften mit der Erfüllung der Aufgaben „*nachweislich unvereinbar*" sei.[1034] Eine solche tatsächliche absolute Unvereinbarkeit wird man aber in der Praxis schwer finden, da mit einem entsprechend hohen finanziellen Aufwand eigentlich jede Aufgabe

---

Kommission fest, daß, selbst wenn die fragliche Organisation bezüglich der ihr übertragenen Qualitätskontrolle für Armagnac mit Dienstleistungen von allgemeinem wirtschaftlichen Interesse betraut sei, die Erfüllung dieser Aufgabe doch keine den Handel zwischen den Mitgliedstaaten und den Wettbewerb beschränkenden Maßnahmen, wie das Lieferverbot für Armagnac bestimmter Altersstufen, rechtfertige, *Kommission* Entsch. v. 26.07.1974, Amtsbl. L 231, 24 - *BNIA*. Im Fall *NAVEWA/ANSEAU* stellte die *Kommission* fest: „Eine eventuelle Einschränkung der Wettbewerbsregeln ist nur für den Fall in Erwägung zu ziehen, daß das Unternehmen über keine anderen Mittel, die technisch möglich und wirtschaftlich realisierbar sind, verfügt, um seine Aufgabe zu erfüllen." *Kommission* Entsch. v. 17.12.1982, Amtsbl. L 167, 39, 48. Nachdem die Unternehmenseigenschaft von *British Telecommunications* festgestellt war, stellte sich die *Kommission* hinsichtlich der Ausnahmeregel des Art. 86 II 1 EG auf den folgenden Standpunkt: „Um *BT* von den Wettbewerbsregeln freizustellen, reicht es nicht aus, daß deren Beachtung die Wahrnehmung ihrer Aufgaben erschweren würde." *Kommission* Entsch. v. 10.12.1982, Amtsbl. L 360, 42 - *British Telecommunications*. Zur geringen Bedeutung des Tatbestandsmerkmals vgl. auch: *Grabitz*: Dienstleistungsmonopole im Binnenmarkt, EWS 1990, 4, 10; *Stewing*: Die Richtlinienvorschläge der EG-Kommission zur Einführung eines Third Party Access für Elektrizität und Gas, EuR 1993, 41, 52; *Fesenmair*: Öffentliche Dienstleistungsmonopole im europäischen Recht (1996), S. 209.

[1033] Vgl. *EuGH* Slg. 1989, 803, 853 Tz. 56 - *Ahmed Saeed Flugreisen*.

[1034] *EuGH* Slg. 1974, 409, 430 Tz. 15 - *Sacchi*.

irgendwie erfüllbar ist.[1035] Auch der *Gerichtshof* vertritt diese Extremauffassung heute nicht mehr. In einer neueren Entscheidung stellte er fest, daß es für die Bejahung der Ausnahme nicht erforderlich sei, daß durch die Anwendung der gemeinschaftsrechtlichen Regelungen das Überleben des Unternehmens bedroht sein muß.[1036] Auf der anderen Seite kann es im Sinne der Notwendigkeit der restriktiven Auslegung der Vorschrift nicht ausreichend sein, für die Annahme der Verhinderung eine bloße *Behinderung* genügen zu lassen, da die Mitgliedstaaten die Wettbewerbsregeln auf diese Weise mit vielen Argumenten zu Gunsten einer Protektion ihrer Unternehmen umgehen könnten.[1037]

Folglich ist zur Ausfüllung dieses Tatbestandsmerkmales nach Kriterien zu forschen, die es einerseits in der Praxis anwendbar machen, aber andererseits die beschriebene Umgehungsgefahr minimieren. Hier bietet es sich zunächst an, zwischen den *Motiven* der Aufgabenwahrnehmung zu unterscheiden. Dabei ist es einerseits denkbar, daß insbesondere die Anwendung der Wettbewerbsregeln und der daraus folgende (tatsächliche oder potentielle) Wettbewerb selbst die Erbringung einer Leistung erschwert oder gar verhindert. Andererseits kann ein Mitgliedstaat auch ein besonderes Interesse daran haben, zu verhindern, daß sich auf seinem Territorium bestimmte Wirtschaftsgüter - beispielsweise Sprengstoff, Alkohol oder aber auch mißbrauchsanfällige Dienstleistungen - durch den Wettbewerb unkontrolliert verbreiten. Fraglich ist, ob auch für diese Ziele ein Dispens von den Wettbewerbsregeln möglich ist, daß der Staat also den Gütervertrieb letztlich aus sozialen Gründen in eigener Hand monopolisiert.[1038]

So merkwürdig dies auch klingen mag, wirtschaftswissenschaftlich ist nicht eindeutig geklärt, ob der Wettbewerb tatsächlich immer zu den volkswirtschaft-

---

[1035] vgl. *Emmerich*: Die deutsche Versorgungswirtschaft in der Wettbewerbsordnung der Europäischen Gemeinschaft, in: Erdmann (Hrsg.): Festschrift für Otto Frhr. von Gamm (1990), 581, 589; *Fesenmair*: Öffentliche Dienstleistungsmonopole im europäischen Recht (1996), S. 209.

[1036] *EuGH* Slg. 1997 I 5815 = EuZW 1998, 76 Tz. 39 - *Kommission/Frankreich.*

[1037] *Bellamy/Child*: Common Market Law of Competition (4. Aufl. 1993), 13 -025; *Ehricke*: Art. 90 EWGV - eine Neubetrachtung, EuZW 1993, S. 211, 214 Fn. 51 m.w.N.; *ders.*: Zur Konzeption von Art. 37 I und Art. 90 II EGV, EuZW 1998, 741, 745; *Emmerich*: Kartellrecht (7. Aufl. 1994), § 36. 6. c, S. 589; *Fesenmair*: Öffentliche Dienstleistungsmonopole im europäischen Recht (1996), S. 209; *Lecheler*: Die Versorgung mit Strom und Gas, RdE 1996, 212, 216; Mestmäcker in: Immenga/Mestmäcker (Hrsg.): EG-Wettbewerbsrecht (1997), Art. 37, 90 D Rn. 53; wohl a.A.: *Seidel*: Die Elektrizitätswirtschaft im System des Gemeinschaftsrechts, EuR 1988, 129, 142.

[1038] vgl. zu den entsprechenden Finanzmonopolen *Mestmäcker* in: Immenga/Mestmäcker (Hrsg.): EG-Wettbewerbsrecht (1997), Art. 37, 90 D Rn. 39.

lich besten Ergebnissen führt. Es wird diskutiert, ob in bestimmten Fällen eine Leistung unter dem Schutz vor Wettbewerb qualitativ besser, preiswerter oder sicherer erbracht werden kann, als wenn der Markt jedermann zugänglich wäre. Mit der Frage, ob der Ausnahmetatbestand des Art. 86 II 1 EG mit diesen Fällen des *allokativen Marktversagens* ausgefüllt werden kann, setzte sich *Joseph Fesenmair* eingehend auseinander.[1039]

I. Wirtschaftstheoretische Rechtfertigung von Monopolen

Nach *Fesenmairs* Auffassung ist die Errichtung von Marktzutrittsbarrieren, also der Schutz einer Monopolstellung, nur dann wettbewerbstheoretisch legitimiert, wenn auf andere Weise ein bestimmtes *allokationstheoretisch* erwünschtes Ergebnis nicht erreicht werden kann, etwa bei Vorliegen eines *schwachen natürlichen Monopols*, der Gefahr *ruinöser Konkurrenz*, der Investition in *versunkene Kosten* sowie bei *Ramsey-Preisen im Spezialfall des Kontrahierungszwangs bei Spitzenlastproblemen*. In diesen Fällen sind die für diese Fallgruppen typischen *Quersubventionierungen* allokationstheoretisch begründbar. Im Folgenden bedürfen vor allem die kursiv hervorgehobenen Begriffe in der gebotenen Kürze einer Klärung. Dabei ist wiederum zu beachten, daß man sowohl zu diesen Begriffen wie auch hinsichtlich der oben angeführten Rechtfertigung der Marktzutrittsbarrieren aus wirtschaftswissenschaftlicher Sicht durchaus auch anderer Meinung sein kann. *Fesenmair* dürfte richtig verstanden sein, wenn man das wissenschaftlich Vertretbare als Rahmen der diesbezüglichen Auslegung von Art. 86 II 1 EG auffaßt. Wird dagegen aus ökonomischen Gründen eine Wettbewerbsregelung gefordert, die wirtschaftswissenschaftlich nicht mehr zu rechtfertigen sind, so liegen protektionistische Motive besonders nahe, womit der Rahmen der Ausnahme des Art. 86 II 1 EG höchstwahrscheinlich überschritten wäre.

Von einem *allokativen Marktversagen* spricht man, wenn trotz einer optimalen Ressourcenallokation keine volkswirtschaftlich optimalen („suboptimale") Ergebnisse erzielt werden. Referenzmaßstab ist dabei die sogenannte *gesamtwirtschaftliche Wohlfahrt*. Letztere läßt sich über die *Wohlfahrtsfunktion* bestimmen: diese setzt sich wiederum zusammen aus der *Konsumentenrente*[1040] zuzüglich der *Unternehmenserlöse* und abzüglich der jeweiligen *Produktionskos-*

[1039] *Fesenmair*: Öffentliche Dienstleistungsmonopole im europäischen Recht (1996), S. 142 ff., 193 ff.

[1040] Diese gibt an, wieviel es den Konsumenten - in Geldeinheiten ausgedrückt - wert ist, ein bestimmtes Gut zu erwerben, *Müller/Vogelsang*: Staatliche Regulierung (1979), S. 32.

ten.[1041] Allgemein wird dieses Wohlfahrtsoptimum erreicht, wenn der Preis eines Gutes entsprechend der bekannten Grenzkostenpreisregel festgesetzt wird, wenn sich also Grenzkosten und Grenznutzen entsprechen.[1042]

Für das Verständnis der Materie und der daraus folgenden Auslegung des Tatbestandsmerkmals der Verhinderung der Aufgabenerfüllung ist vor allem der Begriff des *natürlichen Monopols* wichtig. Von *natürlichen Monopolen* spricht man, wenn die Herstellung einer *bestimmten* Ausbringungsmenge eines Gutes durch *einen* Produzenten kostengünstiger ist, als die Herstellung irgendeiner *Teilmenge* durch *mehrere Anbieter*. Die volkswirtschaftliche Theorie erklärt einen solchen Fall mit dem Vorliegen fallender Grenzkosten,[1043] folglich reduzieren sich die Durchschnittskosten aller produzierten Güter mit jeder weiteren produzierten Einheit. Folglich wäre es aus theoretischer Sicht volkswirtschaftlich am günstigsten, wenn diese Gesamtmenge zu günstigsten Preisen von einem Monopolisten hergestellt würde. Diese Art natürlicher Monopole findet man vor allem in Bereichen, in denen kostenintensive Leitungsnetze zur Versorgung der Wirtschaftsteilnehmer mit einem Gut notwendig sind und eine Vervielfältigung des Kapazitätsangebots überflüssig wäre.[1044] Es wäre also beispielsweise volkswirtschaftlich unsinnig, wenn ein Markteindringling die Haushalte noch einmal mit Gas-, Wasser-, Strom oder Telefonleitungen vernetzte. Ein (leistungsfähiges) Netz ist in den jeweiligen Funktionen für die Versorgung der Haushalte mit den jeweiligen Leistungen volkswirtschaftlich ausreichend, eine Duplizierung wäre Verschwendung.

Mit der Klärung der Wesensmerkmale des natürlichen Monopols stellt sich die Frage, ob in diesem Bereich die Errichtung (gesetzlicher) *Marktzutrittsbarrieren* zulässig ist. Dies ist im Grundsatz - aus theoretischer Sicht - zu verneinen, wenn man sich vor Augen führt, daß der natürliche Monopolist günstiger produzieren kann als mehrere Konkurrenzunternehmen. Dann muß es ihm auch möglich sein, einen potentiellen Konkurrenten mit dieser Möglichkeit gerings-

---

[1041] *Blankart/Faber*: Regulierung öffentlicher Unternehmen (1982), S. 7; *Fesenmair*: Öffentliche Dienstleistungsmonopole im europäischen Recht (1996), S. 149.

[1042] *Fesenmair* aaO, S. 149 f. m. w. N. und weitergehenden wirtschaftswissenschaftlichen Ausführungen.

[1043] Grenzkosten sind die Mehrkosten, die bei einer bestimmten Output-Menge einer zusätzlichen Einheit anfallen, oder bei fallenden Grenzkosten nicht anfallen.

[1044] *Vogelsang*: Public Enterprise in Monopolistic and Oligopolistic Industries (1990), S. 27 f.; *Fesenmair*: Öffentliche Dienstleistungsmonopole im europäischen Recht (1996), S. 154.

ter Preise abzuwehren, so daß ein *nicht innovativer Markteindringling*[1045] keine Chance hat. Aus dem gleichen Grund erübrigen sich auch die internen Regulierungen der Tätigkeit des Monopolisten selbst, mit denen den Gefahren der typischen Unarten des Monopolisten begegnet werden soll, also beispielsweise der Abschöpfung der Monopolrente oder der ineffizienten Arbeitsweise. Die diesbezüglichen Aktionsparameter des natürlichen Monopolisten werden hier von den potentiellen Konkurrenten begrenzt, die im Moment des Mißbrauchs mit günstigeren Preisen oder einem leistungsfähigeren Leitungsnetz auf dem Markt erscheinen können. Dieses Ergebnis erscheint aber nur dann schlüssig, wenn man den Blick auf einen in sich abgegrenzten Markt beschränkt. Im Zuge der Globalisierung der Wirtschaft muß man jedoch auch Tätigkeiten von internationalen Unternehmen im Bereich natürlicher Monopole berücksichtigen. Der Monopolist oder Großanbieter eines großen Landes kann beispielsweise die Preise des natürlichen Monopolisten aufgrund seiner von vorn herein höheren Ausbringungsmenge ohne weiteres unterbieten und ihn auf diese Weise vom Markt verdrängen. Es stellt sich die Frage, ob ein Mitgliedstaat eine Marktzutrittsbeschränkung mit dem Argument einer autonomen Güterversorgung rechtfertigen kann.[1046]

Anders ist die Lage allerdings im Falle des *schwachen natürlichen Monopols*. Ein schwaches natürliches Monopol zeichnet sich dadurch aus, daß die Kosten nicht über die gesamte Ausstoßmenge abnehmen, sondern sich bei einer bestimmten Produktionsmenge aufgrund steigender Grenzkosten erhöhen.[1047] Wenn der Monopolist sein Produkt nun zu einem einheitlichen Preis am Markt anbietet, dessen Kalkulationsgrundlage die Durchschnittsproduktionskosten bilden, kann der *nicht innovative Markteindringling* Marktanteile erobern, wenn er sich auf den kostengünstig zu erstellenden Anteil beschränkt, plastisch läßt sich dieser Zustand mit dem Begriff des *Rosinenpickens* oder *cream skimming* umschreiben.[1048] Dieses Modell läßt sich in der Praxis ohne weiteres vor allem

---

[1045] Von einem nicht innovativen Markteindringling spricht man, wenn Konkurrenten Marktanteile auch dann erobern können, wenn die von ihnen benutzte Produktionstechnologie gleich oder sogar kostenintensiver ist als die des eingesessenen Unternehmens, vgl. *Fesenmair*: Öffentliche Dienstleistungsmonopole im europäischen Recht (1996), S. 159.

[1046] Der *EuGH* hat dies im Fall *Campus Oil* bejaht, allerdings nicht über die Ausnahmeklausel des Art. 90 II EGV (Art. 86 II EG n.F.), sondern über Art. 36 EGV [Art. 30 EG n. F.], also der Ausnahmeklausel zur Dienstleistungsfreiheit, zu deren Verhältnis zueinander vgl. u. „Das Verhältnis von Art. 86 II EG zu den Ausnahmeklauseln der Grundfreiheiten", S. 338.

[1047] *Foster*: Privatization, Public Ownership and Regulation of Natural Monopoly (1992), S. 161.

[1048] *Fesenmair*: Öffentliche Dienstleistungsmonopole im europäischen Recht (1996), S. 168; *Mestmäcker* in: Immenga/Mestmäcker (Hrsg.): EG-Wettbewerbsrecht (1997), Art. 37, 90 D Rn. 57.

auf leitungsgebundene Versorgungsunternehmen übertragen. Ihre Kostenstruktur ist durch einen hohen Anteil von *versunkenen Kosten* für den Aufbau des Leitungsnetzes geprägt. Versunkene Kosten sind die Opportunitätskosten für den Eintritt in einen bestimmten Markt, also Kosten, die ein Unternehmer nur dann vermeiden kann, wenn er einen bestimmten Markt nicht betritt. Abzugrenzen sind diese versunkenen Kosten von den *Fixkosten* für eine Produktion. Im Gegensatz zu den Fixkosten können die versunkenen Kosten auch nach der Einstellung der Produktion nicht vermieden werden.[1049] Ein anschauliches Beispiel für diese Abgrenzung ist ein Flugbetrieb zwischen den Orten A und B. Der Betrieb des Flugzeugs verursacht Fixkosten, wie die Abschreibung der Maschine, die Kosten für Besatzung und Bodenpersonal. Wird der Betrieb eingestellt, die Arbeitskräfte entlassen und das Flugzeug verkauft, entstehen diese Fixkosten nicht mehr. Anders ist es mit den Start- und Landepunkten an den Orten A und B, sie waren Voraussetzung für den Flugbetrieb und können nach dessen Einstellung nicht (ohne weiteres) liquidiert und einem anderen Zweck zugeführt werden.[1050] Bei den Versorgungs- und Telekommunikationsunternehmen sind die Investitionen in das Leitungsnetz als versunkene Kosten anzusehen. Kommt ein Konkurrenzunternehmen in den Markt, das ein eigenes Leitungsnetz aufbaut und auf diese Weise das eingesessene Unternehmen verdrängt, so kann das verdrängte Unternehmen seine Investition in das ursprüngliche Netz nicht mehr verwerten. Die (identische) Duplizierung der vorhandenen Kapazität ist einerseits volkswirtschaftlich vollkommen nutzlos und zeitigt andererseits einen hohen Verlust für das eingesessene Unternehmen. Darüber hinaus sind bei dieser markttechnischen Ausgangslage des hohen Risikos durch hohe versunkene Kosten noch die Elemente des *schwachen natürlichen Monopols* zu berücksichtigen. Der *nicht innovative Markteindringling* hat nur auf dem Gebiet Marktchancen, das zum kostengünstigen Teil gehört. Bei dem Beispiel eines Leitungsnetzes wäre dies der intensiv genutzte innerstädtische Bereich des Netzes. Er kann hier das eingesessene Unternehmen unterbieten, weil letzteres auch den kosten*intensiven* ländlichen Bereich versorgt und einen auf den Durchschnittskosten basierenden Einheitspreis erhebt, der im lukrativen städtischen Bereich über den tatsächlich anfallenden Kosten liegt. Diese Situation kann man auch mit dem Begriff der *Quersubventionierung* umschreiben.[1051] Das Rosinenpicken des nicht innovativen Markteindringlings führt also zu der volkswirtschaftlich nicht wünschenswerten Duplizierung des Leitungsnetzes, zu einem hohen Verlust des Versorgungsunternehmens und zum Ausfall der Quersubventionierung des lukrativen Bereichs zu Gunsten des kostenintensiven (ländlichen) Bereichs.

[1049] *Fesenmair*: Öffentliche Dienstleistungsmonopole im europäischen Recht (1996), S. 160.

[1050] vgl. zu diesem Beispiel *Fesenmair* aaO. S. 161.

[1051] *Fesenmair*: Öffentliche Dienstleistungsmonopole im europäischen Recht (1996), S. 168 f.

Darüber hinaus ist dabei ein allokationstheoretisch suboptimales Ergebnis zu erwarten: Mangels entsprechender Ausstoßmenge wird der nichtinnovative Markteindringling auf dem für ihn lukrativen Marktteil zu höheren Kosten arbeiten als das eingesessene Unternehmen. Das eingesessene Unternehmen wird den übriggebliebenen nicht lukrativen Markt nur zu sehr hohen Kosten bedienen könne, da die Quersubvention wegfällt, so daß man insgesamt zu der Prognose kommen kann, daß das Entstehen von Wettbewerb insgesamt höhere Kosten mit sich bringen wird, als wenn das eingesessene Unternehmen den Markt allein bedient; allokationstheoretisch wäre dies also die bessere Lösung.[1052]

Die Situation birgt zugleich auch die Gefahr einer *ruinösen Konkurrenz* in sich. Unter ruinöser Konkurrenz versteht man eine Situation, in der freier Wettbewerb dazu führt, daß im Extremfall auf einem bestimmten Teilmarkt bestimmte Güter, für die es eine Nachfrage gibt, überhaupt nicht mehr angeboten werden.[1053] Freier Wettbewerb soll hier also gerade zerstörerisch wirken.[1054] Normalerweise ist eine solche Situation in gleichgewichtslosen Märkten, bei denen es zu Spekulationskrisen kommt oder in denen eine dauerhafte Überbesetzung das Eingehen besonders risikoreicher Geschäfte fördert, denkbar. Der Grund dieser Phänomene liegt wiederum in einer unvollständigen oder fehlenden Information der Anbieter.[1055] Im Bereich eines *schwachen natürlichen Monopols* kann die Situation der ruinösen Konkurrenz eintreten, wenn nicht-innovative Konkurrenten in den Markt eingedrungen sind und nun versuchen, über die Erhöhung der Ausstoßmenge die Preise des oder der anderen Konkurrenten zu unterbieten. Die Preise können dann im schlimmsten Fall gegen Null tendieren.[1056] Allein schon diese im Raum stehende Gefahr kann dazu führen, daß sich von vorn herein niemand findet, überhaupt in diesen Markt zu investieren.[1057]

Das Modell der Quersubventionen im schwachen natürlichen Monopol läßt sich auch auf *Spitzenlastprobleme* übertragen, so daß auch hier die dargestellten Konsequenzen in ähnlicher Weise denkbar sind. Versorgungsunternehmen müssen nicht nur die normale Menge an Versorgungsleistungen bereithalten, sondern auch Spitzennachfragen aufgrund eines möglichen Abschlußzwanges be-

---

[1052] vgl. *Fesenmair:* Öffentliche Dienstleistungsmonopole im europäischen Recht (1996), S. 168 f. mit einem Rechenbeispiel.

[1053] *Krakowski:* Deregulierung in den Ausnahmebereichen des GWB, WD 1988, S. 90, 93.

[1054] *Endres:* Staatliche Regulierung und ökonomische Theorie, WiSt 1988, S. 197; *Fesenmair:* Öffentliche Dienstleistungsmonopole im europäischen Recht (1996), S. 162.

[1055] *Fesenmair:* Öffentliche Dienstleistungsmonopole im europäischen Recht (1996), S. 162 f.

[1056] *Waterson:* Regulation of the Firm and Natural Monopoly (Oxford 1988), S. 13.

[1057] *Fesenmair:* Öffentliche Dienstleistungsmonopole im europäischen Recht (1996), S. 165.

dienen können. Als Beispiel mögen die Leistungen der Briefpost zur Weihnachtszeit gelten. Für die Bedienung dieser Spitzennachfragen sind entsprechende personelle und materielle Vorhaltungen notwendig, deren Finanzierung nicht allein aus dem Zeitraum, in dem die Spitzennachfrage anfällt, gewährleistet werden kann. Folglich muß auch hier eine Quersubvention vom „Normalgeschäft" zu Gunsten der Spitzenlastvorhaltung vorgenommen werden. Der nicht innovative Markteindringling ohne Kontrahierungszwang macht keine kostenintensiven Vorkehrungen zur Bewältigung der Spitzenlast und kann deshalb das Normalgeschäft billiger bedienen als das eingesessene Unternehmen. Es liegt auf der Hand, daß sich auch hier wieder die gleichen Folgen ergeben, wie beim schwachen natürlichen Monopol;[1058] allokationstheoretisch kann man mit denselben Argumenten ebenso hier zu einem suboptimalen Ergebnis bei Wettbewerb kommen.

Die Ausführungen zeigen, daß die Behauptung einer optimalen Marktversorgung durch ein Monopol wirtschaftswissenschaftlich ausnahmsweise vertretbar ist, da auf diese Weise allokative Ineffizienzen ausgeglichen werden können. Sofern die Gefahr besteht, daß ein Rosinenpicker die Effizienz eines solchen Monopols stören kann, wie dies bei einem schwachen natürlichen Monopol der Fall ist, ist also die Errichtung von Marktzutrittsschranken zu dessen Schutz aus allokationstheoretischen Gründen vertretbar. Es geht dabei letztlich immer darum, Bereiche, aus denen die Quersubventionierung für (gesetzlich) notwendige Verlustgeschäfte finanziert werden, vor Wettbewerb zu schützen.[1059] Zu diskutieren ist dabei natürlich auch die Möglichkeit einer direkten *externen Subventionierung* dieses Verlustbereichs durch den Staat. Die Form der externen Subventionierung scheint allerdings unter Wirtschaftswissenschaftlern noch umstrittener zu sein als die monopolbedingende interne Subventionierung.[1060] Gegen die externe Subventionierung spricht zunächst der Anfall von hohen Transaktionskosten. Des Weiteren besteht die Gefahr, daß auch volkswirtschaftlich unerwünschte verzerrende Anreize ausgelöst werden. Ferner kann die externe Finanzierung auch nicht völlig verhindern, daß die ebenso volkswirtschaftlich

---

[1058] *Fesenmair*: Öffentliche Dienstleistungsmonopole im europäischen Recht (1996), S. 175 ff. mit Erklärungen zum „Ramsey-Preismodell" in diesem Zusammenhang, S. 180 ff.

[1059] Dabei stellt sich natürlich direkt die Frage, in welchem Verhältnis diese Geschäftsbereiche zueinander stehen müssen. Es kann beispielsweise nicht sein, daß man die Automobilindustrie monopolisiert um mit entsprechenden Quersubventionen die gesetzliche Tätigkeit der Sozialversicherungen zu unterstützen, dazu später unten „Nicht spezifische Dienstleistungen", S. 330.

[1060] vgl. *Müller/ Vogelsang*: Staatliche Regulierung (1979), S 68; *Kruse*: Ökonomie der Monopolregulierungen (1985), S. 84 *Waterson*: Regulation of the Firm and Natural Monopoly (Oxford 1988), S. 4; *Fesenmair*: Öffentliche Dienstleistungsmonopole im europäischen Recht (1996), S. 185 f.

unerwünschten nutzlosen Doppelkapazitäten errichtet werden. Darüber hinaus stellt sich hier zum Schluß die generelle Frage, inwieweit es ökonomisch vertretbar ist, Festkosten verschiedenen anderen Produkten zuzuordnen.

Mit allem Nachdruck muß man aber auch unterstreichen, daß diese Aussagen zum *allokativen Marktversagen* und dessen Lösung eine Theorie darstellen, die nicht etwa den Anspruch auf letzte Wahrheit hat. Sie erscheint zwar vom wissenschaftlichen Standpunkt aus plausibel, sie unterliegt aber auch wesentlichen Bedenken. Diese Bedenken beginnen mit der Frage, ob die Errichtung von Marktzutrittsschranken und die damit verbundene Monopolisierung wirklich zu einer Erhöhung der allokativen Effizienz führen. Der Maßstab hierfür war, wie oben dargelegt, das Verhältnis von Wohlfahrtsgewinnen zu Wohlfahrtsverlusten. In der Theorie finden die *Kosten* der Monopolisierung kaum Beachtung, wobei der Akt der Aufstellung der Marktzutrittsschranken durch den Gesetzgeber, der dabei als erstes in den Sinn kommen mag, zu vernachlässigen ist. Zu den Verlusten sind in diesem Zusammenhang nämlich auch die für ein Monopol typischen Ineffizienzen zu zählen, wie vor allem der fehlende Anreiz des geschützten Unternehmens effizient und innovativ zu arbeiten.[1061] Wissenschaftlich wird hier von *technischen Ineffizienzen*[1062] oder *X-Ineffizienzen*[1063] gesprochen, umgangssprachlich kann dies als *Schlendrian*[1064] bezeichnet werden. Ferner muß man auch an die Kosten für eine eventuell notwendige Regulierungsbehörde denken, die den Monopolisten daran hindert, Monopolrenten abzuschöpfen und zu einer effizienten Arbeitsweise anhält. Daß diese Kosten die Wohlfahrtsgewinne aufzehren und insgesamt sogar zu einem negativen Ergebnis führen können, liegt auf der Hand. Ebenso klar dürfte allerdings auch die Schwierigkeit sein, daß die Prognose dieser Kosten großen Schwierigkeiten unterliegt.

Darüber hinaus wird von einem maßgebenden Teil der Literatur die Möglichkeit des allokativen Marktversagens generell in Zweifel gestellt. Dies geht vor allem für die auf *Friedrich August von Hayek* zurückgehende Österreichische und Freiburger Schule zurück.[1065] Diese Denkrichtung versteht den Wettbewerb nach *Hayek* als *Entdeckungsverfahren*.[1066] Mit diesem Konzept des Wettbe-

---

[1061] *Eickhoff*: Theorien des Markt- und Wettbewerbsverfahrens, WD 1986, S. 468, 474.

[1062] *Kruse*: Ökonomie der Monopolregulierungen (1985), S. 98 ff.

[1063] *Schmidt*: Wettbewerbspolitik und Kartellrecht (5. Aufl. 1996) S. 89 ff.

[1064] *Fesenmair*: Öffentliche Dienstleistungsmonopole im europäischen Recht (1996), S. 183.

[1065] *Kirzner*: The limits of the market: The real and the imagined, in Möschel u.a. (Hrsg.): Marktwirtschaft und Rechtsordnung (1994), S. 101 m. w. N.

[1066] *F. A. von Hayek*: Freiburger Studien, Gesammelte Aufsätze (1969), 249 ff.

werbs als Entdeckungsverfahren ist die Theorie des Marktversagens nicht zu vereinbaren, da es nach dieser Theorie nicht vorstellbar ist, daß Wettbewerb wirklich unmöglich ist oder versagt.[1067] Dabei kann es allerdings durchaus sein, daß sich die durch den Wettbewerb bedingte höhere Effizienz erst nach einer gewissen Dauer einstellt. Der Theorie des Marktversagens kann deshalb mit guten Gründen entgegengehalten werden, daß das, „was sich aus einer statischen Perspektive als 'quasipermanenter' Effizienzvorteil darstellt, (...) aus einer dynamischen Perspektive, die kompetitive Märkte in erster Linie als Entdeckungsprozesse betrachtet, allenfalls ein kurzfristiger Effizienzvorteil sein" mag.[1068]

Diese Kritik wirft aber gleichzeitig auch die Frage auf, wie man die Zeit, bis die hohe wettbewerbsbedingte Effizienz greift, überbrücken kann. *Wernhard Möschel* bringt dies mit seiner Feststellung besonders zum Ausdruck, daß langfristige Effizienzvorstellungen ein geringer Trost für den Schwachen und Einzelnen seien.[1069] Deshalb muß den Mitgliedstaaten in Grenzen die Möglichkeit gegeben werden, auch bei kurzfristig auftretenden suboptimalen Ergebnissen eingreifen zu können, selbst wenn hierbei die Gefahr besteht, daß sich diese Lösungen langfristig als weniger effizient erweisen.[1070]

II. Übertragbarkeit auf den Ausnahmetatbestand des Art. 86 II 1 EG

Diesen Raum, daß die Mitgliedstaaten mit wirtschaftswissenschaftlich vertretbaren Mitteln bestimmten Problemlagen begegnen, könnte Art. 86 II 1 EG eröffnen. Deshalb ist zu untersuchen, ob das Tatbestandsmerkmal des *Verhinderns* in Art. 86 II 1 EG (zumindest auch) mit dem Begriff des allokativen Marktversagens ausgefüllt werden kann. Das Tatbestandsmerkmal des Verhinderns läge also vor, wenn man mit der Anwendung der Wettbewerbsregeln im

---

[1067] *Bartling*: Leitbilder der Wettbewerbspolitik (1990), S. 51 ff.

[1068] *Windisch*: Privatisierung natürlicher Monopole im Bereich von Bahn, Post und Telekommunikation (1987), S. 102.

[1069] *Möschel:* Wettbewerb im Schnittfeld von Rechtswissenschaft und Nationalökonomie, in: Gernhuber, Joachim (Hrsg.): FS gewidmet der Tübinger Rechtswissenschaftlichen Fakultät zu ihrem 500 jährigen Bestehen (1977), S. 335, 346.

[1070] *Gyselen*: State action and the effectiveness of the EEC treaty's competition provisions, C.M.L.REV. 1989, S. 33, 57; *Fesenmair*: Öffentliche Dienstleistungsmonopole im europäischen Recht (1996), S. 151 f.; s. zu wirtschaftstheoretischen Erwägungen im Zusammenhang mit Art. 86 auch *Blankart,* WuW 2002, 340, 345 ff.

konkreten Fall zu subeffizienten Ergebnissen käme, die auf ein allokatives Marktversagen zurückzuführen wären. Eine solche Interpretation läßt sich dem Wortlaut des Art. 86 I EG nicht ohne weiteres entnehmen. Möglicherweise kann man aber über Art. 86 II 2 EG zu diesem Ergebnis kommen.[1071]

Die Ausnahmevorschrift des Art. 86 II 1 EG wird ihrerseits durch Satz 2 beschränkt,[1072] wonach die Entwicklung des Handelsverkehrs nicht in einem Ausmaß beeinträchtigt werden darf, das dem Interesse der Gemeinschaften zuwiderläuft. Art. 86 II 2 EG kann damit im Verhältnis zu Art. 86 II 1 EG als „Schranken-Schranke" angesehen werden, die maßgeblichen Einfluß auf die Auslegung des Satzes 1 hat.[1073] Entscheidend ist in diesem Zusammenhang das Interesse der Gemeinschaft. Dieses Gemeinschaftsinteresse ist anhand der Ziele der Gemeinschaft (Art. 2 und 3 EG) und der Grundprinzipien des Gemeinschaftsrechts zu ermitteln. Damit sind primär die Verwirklichung der Grundfreiheiten und das Ziel des Systems des unverfälschten Wettbewerbs gemeint.[1074] Es besteht also eine im EG-Vertrag zum Ausdruck kommende Übereinkunft zwischen den Mitgliedstaaten, daß die Erreichung ökonomischer Ziele durch Konkurrenzverhalten auf einem Markt grundsätzlich das ökonomisch beste Ergebnis hervorbringt.[1075] Eingriffe in den Wettbewerb müssen folglich dann erlaubt sein, wenn das Prinzip Wettbewerb bei der Erreichung legitimer Ziele versagt.[1076] Letztlich mündet diese Überlegung in eine *Abwägung* der mitgliedstaatlichen Interessen mit den Gemeinschaftsinteressen. Dabei ist bei-

---

[1071] vlg. dazu *Fesenmair*: Öffentliche Dienstleistungsmonopole im europäischen Recht (1996), S. 213 ff.

[1072] Zu dieser Vorschrift vgl. auch unten „Bedeutung des Art. 86 II 2 EG", S. 333.

[1073] *Jungbluth* in : Langen/Bunte: Kommentar zum deutschen und europäischen Wettbewerbsrecht (9. Aufl. 2000), Art. 86 Rn. 45; *Pernice/Wernicke* in: Grabitz/Hilf (Hrsg.): Das Recht der Europäischen Union, Kommentar Bd. II (Stand 2003), Art. 86 Rn. 86; *Ehricke*: Der Art. 90 EWGV - eine Neubetrachtung, EuZW 1993, 211, 214; *Fesenmair*: Öffentliche Dienstleistungsmonopole im europäischen Recht (1996), S. 213; *Mestmäcker* in: Immenga/Mestmäcker (Hrsg.): EG-Wettbewerbsrecht (1997), Art. 37, 90 D Rn. 61.

[1074] *Fesenmair*: Öffentliche Dienstleistungsmonopole im europäischen Recht (1996), S. 214; *Pernice/Wernicke* in: Grabitz/Hilf (Hrsg.): Das Recht der Europäischen Union, Kommentar Bd. II (Stand 2003), Art. 86 Rn. 60 ff.; *Mestmäcker* in: Immenga/Mestmäcker (Hrsg.): EG-Wettbewerbsrecht (1997), Art. 37, 90 D Rn. 63.

[1075] vgl. *Mestmäcker*: Offene Märkte im System unverfälschten Wettbewerbs in der Europäischen Wirtschaftsgemeinschaft, in: ders (Hrsg.): FS für Franz Böhme zum 70. Geburtstag (1965), 345, 384.

[1076] *Fesenmair*: Öffentliche Dienstleistungsmonopole im europäischen Recht (1996), S. 214, der diese Folgerung allerdings enger faßt und den Eingriff nur zuläßt, wenn es um wettbewerbliche Ziele geht, vgl. dazu unten „Ausnahmemöglichkeit nach Art. 86 II EG aus anderen als wirtschaftlichen Gründen", S. 337.

spielsweise das Gewicht eines Zündwarenmonopols für die Gemeinschaft eher gering einzuschätzen, den Bereichen Verkehr, Telekommunikation und Energie ist hingegen aus der Sicht der Gemeinschaft ein hohes Gewicht beizumessen, was nicht zuletzt auch durch Art. 154 EG zum Ausdruck kommt.[1077]

Nach diesen Überlegungen zu Regelungszweck und Struktur des Art. 86 II 2 EG zeigt sich, daß mit seiner Hilfe auch wirtschaftswissenschaftliche Erkenntnisse in die Interpretation des Art. 86 I 1 EG Einzug halten können. Wenn zwischen den Mitgliedstaaten die im EG-Vertrag zum Ausdruck kommende Übereinstimmung herrscht, daß sich mit einem System des freien und unverfälschten Wettbewerbs ökonomische Zielsetzungen zu Gunsten des allgemeinen Wohlstandes am besten erreichen lassen, dann ist es folgerichtig, wenn die Wettbewerbsregeln dann nicht gelten sollen, wenn unter Wettbewerb in Ausnahmesituationen keine optimalen Ergebnisse erzielt werden. Da die wirtschaftswissenschaftliche Prognose dabei keine absolute Sicherheit beanspruchen kann, erscheint es sachgerecht, auf die wirtschaftswissenschaftliche Vertretbarkeit der Maßnahme abzustellen.

In der jüngsten Zeit wird diskutiert, ob die Voraussetzungen für die Gewährung einer Ausnahme nach Art. 86 II EG durch eine Modifikation der Beweislastverteilung erleichtert wurden.[1078] In einer der jungen Entscheidungen stellte der *Europäische Gerichtshof* fest, daß die Mitgliedstaaten die Beweislast bezüglich der Gefährdung der Erfüllung der besonderen Aufgaben im Sinne von Art. 86 II 1 EG durch die Anwendung der gemeinschaftsrechtlichen Vorschriften treffe. Dagegen müsse die Kommission den Beweis führen, daß es keine andere Möglichkeit gebe als die vom Mitgliedstaat behauptete, um die Erfüllung der Aufgabe zu gewährleisten.[1079] Es stellt sich allerdings die Frage, ob hierdurch die Sachlage wesentlich verändert wird oder ob es sich hier lediglich um eine pragmatische Beweislastverteilung handelt. So ist es regelmäßig für den Pflichtigen schwierig, den Beweis zu erbringen, daß ein bestimmter Umstand *nicht* gegeben ist. Wenn der *Gerichtshof* zur Erbringung dieses Beweises die in diesem Fall „gegnerische" *Kommission* heranzieht, spricht er etwas aus, was praktisch in derartigen Verfahren ohnehin der Fall ist.

[1077] *Mestmäcker* in: Immenga/Mestmäcker (Hrsg.): EG-Wettbewerbsrecht (1997), Art. 37, 90 D Rn. 64.

[1078] *Ehricke*: Zur Konzeption von Art. 37 I und Art. 90 II EGV, EuZW 1998, 741, 745.

[1079] *EuGH* Slg. 1997 I 5815 = EuZW 1998, 76 - *Kommission/Frankreich*; so aber auch schon vorher *Dehmer*: Gesetzliche Monopolrechte in der Stromversorgung und EG-Recht, RdE 1993, 91, 93.

III. Aufgabenerfüllung unter wirtschaftlich tragbaren Bedingungen

Im Ergebnis zeigt sich also, daß Art. 86 II 1 EG durchaus einer Auslegung mit wirtschaftswissenschaftlichen Begriffen und Erkenntnissen zugänglich ist. Unter Aufhebung der Geltung der Wettbewerbsregeln können die Mitgliedstaaten demnach in solchen Konstellationen Marktzutrittsschranken errichten, wenn eine flächendeckende, kostengünstige Bereithaltung einer Leistung nur durch Quersubventionierungen aus lukrativen Geschäftsbereichen gewährleistet werden kann. Der Schutz dieser Möglichkeit der Quersubventionierung vor dem „Rosinenpicken" oder „cream skimming" nicht-innovativer Markteindringlinge rechtfertigt dann den staatlichen Eingriff in den Wettbewerb - beispielsweise in Form der Monopolisierung eines Wirtschaftszweiges.

Vor allem der vom *Europäischen Gerichtshof* entschiedene Fall *Corbeau* zeigt eine derartige Fallkonstellation auf.[1080] In dessen Ausgangsverfahren wurde der Gewerbetreibende *Paul Corbeau* vor dem *Tribunal Correctionnel Lüttich* beschuldigt, gegen die Belgischen Rechtsvorschriften über das Postmonopol verstoßen zu haben, indem er Postsendungen direkt bei den Absendern abholte und die Zustellung dieser Sendungen vor dem Mittag des folgenden Tages garantierte. Die mit dem Postmonopol betraute Unternehmung, *Regie des Postes*, betrachtete die Tätigkeit des Angeklagten als einen Verstoß gegen das belgische Postmonopol und veranlaßte die Einleitung eines Strafverfahrens. In dessen Rahmen legte das angerufene Gericht dem *Europäischen Gerichtshof* nach Art. 234 EG mehrere Fragen vor, die man im wesentlichen dahingehend zusammenfassen kann, ob die Subsumtion der Tätigkeit des Angeklagten *Corbeau* unter das Monopolverbot mit dem EG-Recht zu vereinbaren sei.

Ohne dies weiter zu problematisieren stellt der *Gerichtshof* in seiner Entscheidung zunächst fest, daß es sich bei der *Regie des Postes* um ein Unternehmen handelt, dem vom betreffenden Mitgliedstaat durch die Monopolisierung ausschließliche Rechte im Sinne von Art. 86 I EG verliehen worden sind und das deshalb als marktbeherrschendes Unternehmen im Sinne des Art. 82 EG anzusehen sei.[1081] Danach folgen seine ausführlicheren Erwägungen zum Vorliegen des Ausnahmetatbestandes des Art. 86 II EG. Dabei stellt er zunächst (wiederum unproblematisch) fest, daß die *Regie des Postes* ein mit einer Dienstleistung

---

[1080] *EuGH* Slg. 1993 I, 2533 - *Corbeau*.

[1081] *Corbeau* Tz. 8 bis 11.

von allgemeinem wirtschaftlichen Interesse betrautes Unternehmen darstelle.[1082]
Zum Vorliegen des Ausnahmetatbestandes führt er dann folgendes aus:

(Tz. 16.): „Folglich ist zu prüfen, in welchem Umfang eine Beschränkung des Wettbewerbs oder sogar der Ausschluß jeglichen Wettbewerbs von seiten anderer Wirtschaftsteilnehmer erforderlich ist, um es dem Inhaber des ausschließlichen Rechts zu ermöglichen, seine im allgemeinen Interesse liegende Aufgabe zu erfüllen, und zwar *unter wirtschaftlich tragbaren Bedingungen*[1083]."

(Tz. 17.): „Bei dieser Prüfung ist davon auszugehen, daß die Verpflichtung des mit dieser Aufgabe Betrauten, seine Dienstleistungen unter wirtschaftlich ausgewogenen Bedingungen sicherzustellen, die Möglichkeit eines Ausgleichs zwischen den rentablen und den weniger rentablen Tätigkeitsbereichen voraussetzt und daher eine Einschränkung des Wettbewerbs von seiten einzelner Unternehmer in wirtschaftlich rentablen Bereichen rechtfertigt."

(Tz. 18.): „Wenn es einzelnen Unternehmen gestattet wäre, mit dem Inhaber ausschließlicher Rechte in Bereichen ihrer Wahl in Wettbewerb zu treten, in denen diese Rechte bestehen, würden sie nämlich in die Lage versetzt, sich auf die wirtschaftlich rentablen Tätigkeiten zu konzentrieren und dort günstigere als die von den Inhabern der ausschließlichen Rechte angewandten Tarife anzubieten, da sie im Gegensatz zu diesen nicht wirtschaftlich gezwungen sind, einen Ausgleich zwischen den in den unrentablen Bereichen entstandenen Verlusten und den in den rentableren Bereichen erzielten Gewinnen vorzunehmen."

Ohne daß der *EuGH* hier auf die wirtschaftswissenschaftlichen Begriffe etwa des schwachen natürlichen Monopols oder des „Rosinenpicken" nicht innovativer Markteindringlinge abstellt, zeigt sich doch, daß er hier auf die wesentlichen Gedankengänge zurückgreift, die im Bereich der Wirtschaftswissenschaften angestellt werden. Es geht um die Sicherung der Quersubventionen von lukrativen zu weniger lukrativen Geschäftsbereichen, die ihrerseits eine kostengünstige und flächendeckende Versorgung sicherstellen sollen. Die Einschränkung des Wettbewerbs oder die Monopolisierung eines Wirtschaftsbereichs ist nach Art. 86 II 1 EG also dann gerechtfertigt, wenn dies aus wirtschaftswissenschaftlichen Erkenntnissen vertretbar erscheint. Dabei stellt der *Gerichtshof* in Teilziffer 16 klar heraus, daß es nicht auf die tatsächliche Unmöglichkeit der

---

[1082] *Corbeau* Tz. 15.

[1083] Ohne Hervorhebung im Originaltext.

Aufgabenwahrnehmung ankommt, etwa durch das zwangsläufige Entstehen eines ruinösen Wettbewerbs, sondern daß die Aufgabe *unter wirtschaftlich tragbaren Bedingungen* erfüllt werden kann, was beim Ausfall der Quersubventionen nicht der Fall wäre.

IV. Nicht spezifische Dienstleistungen

Der *Gerichtshof* bildet dann allerdings eine wichtige Schranke für die Wettbewerbsbeschränkung in dieser Konstellation. Der lukrative und der nicht lukrative Geschäftsbereich müssen in einem bestimmten Verhältnis zueinander stehen, es kann also nicht sein, daß irgendein Geschäfts- oder Wirtschaftszweig zur Finanzierung des Verlustbereichs herangezogen und monopolisiert wird, wie beispielsweise die Monopolisierung der Automobilindustrie zur Stützung der Sozialversicherungen.

(Tz. 19.): „Der Ausschluß des Wettbewerbs ist jedoch dann nicht gerechtfertigt, wenn es sich um *spezifische*[1084], von Dienstleistungen von allgemeinem Interesse trennbare Dienstleistungen handelt, die besonderen Bedürfnissen von Wirtschaftsteilnehmern entsprechen und bestimmte zusätzliche Leistungen verlangen, die der herkömmliche Postdienst nicht anbietet, wie die Abholung beim Absender, eine schnellere oder zuverlässigere Verteilung oder auch die Möglichkeit, den Bestimmungsort während der Beförderung zu ändern, und sofern diese Dienstleistungen aufgrund ihrer Art und der Umstände, unter denen sie angeboten werden - wie etwa des Gebiets, in dem sie erbracht werden -, das wirtschaftliche Gleichgewicht der vom Inhaber des ausschließlichen Rechts übernommenen Dienstleistung von allgemeinem wirtschaftlichen Interesse nicht in Frage stellen.“

Positiv formuliert ist die Anwendung der Ausnahmeklausel des Art. 86 II 1 EG nur dann gerechtfertigt, wenn es sich um eine „nicht spezifische“ Dienstleistung handelt, die von der Erbringung der im allgemeinen wirtschaftlichen Interesse liegenden Dienstleistung nicht getrennt werden kann. Auch wenn diese Abgrenzung des *Gerichtshofes* auf den ersten Blick eingängig erscheinen mag, zeigen sich schnell Schwierigkeiten in ihrer praktischen Handhabung. Im Fall *Corbeau* treten diese Schwierigkeiten vor allem durch die präzisen Kriterien, die der *Gerichtshof* für den konkreten Einzelfall in Tz. 19 aufzählt, zurück. Es stellt sich aber die Frage, wie diese Abgrenzung allgemein erfolgen kann.

[1084] Ohne Hervorhebung im Originaltext.

Zum einen könnte man hier auf die Frage abstellen, inwieweit die Tätigkeit des Konkurrenten die geschützte Tätigkeit beeinträchtigt.[1085] Mit wirtschaftswissenschaftlichen Kategorien kann man dies auch mit einer gegen Null gehenden Kreuzpreiselastizität beschreiben.[1086] Diese These wird auch weitgehend von der früheren Kasuistik des *Europäischen Gerichtshofs* und der *Kommission* gestützt. So beeinträchtigt die Tätigkeit der Relaisstationen nicht die Erfüllung der Sonderaufgaben, die durch die Monopolisierung *British Telecommunications* übertragen wurden.[1087] Der Wettbewerb auf dem Markt für Eilkurierdienstleistungen beeinträchtigt nicht die Erfüllung der Basisdienste durch das niederländische oder spanische Postmonopol.[1088] Auf dem Markt für Telekommunikationsendgeräte verhindert der Wettbewerb nicht die Erfüllung der Sonderaufgaben im Bereich des Netz- und Sprachdienstmonopols.[1089] Genau dieses Monopol wird ferner auch nicht durch den Wettbewerb im Bereich der Telekommunikationsdienste beeinträchtigt.[1090] Es ist also demnach mit Art. 86 II EG nicht zu vereinbaren, einen mehr oder weniger benachbarten Markt zur Finanzierung eines Verlustbereiches durch Monopolisierung zu usurpieren.

Diese Abgrenzung nach der fehlenden Beeinträchtigung oder Kreuzpreiselastizität weist aber bereits im Fall *Corbeau* Schwächen auf. Es ist doch durchaus denkbar, daß Preisänderungen des Unternehmers *Paul Corbeau* zu einer vermehrten Inanspruchnahme der Standartdienstleistungen der Post führen und umgekehrt. Das entscheidende Kriterium im Fall *Corbeau* liegt doch vielmehr darin, daß es sich bei dem Leistungsangebot von *Paul Corbeau* um eine *innovative* Dienstleistung handelt, für die bei einem bestimmten Personenkreis (mögli-

---

[1085] *Mestmäcker* in: Immenga/Mestmäcker (Hrsg.): EG-Wettbewerbsrecht (1997), Art. 37, 90 D Rn. 55.

[1086] *Fesenmair*: Öffentliche Dienstleistungsmonopole im europäischen Recht (1996), S. 217 m. w. N.: die Kreuzpreiselastizität gibt die Reaktion der Nachfrage nach einem Gut auf die Preisänderung eines anderen Guts an. Sind Güter substituierbar, besteht eine positive Kreuzpreiselastizität, da der Nachfrager im Falle einer Preiserhöhung des einen Gutes auf das andere ausweichen wird. Das natürliche Monopol kann nur dann geschützt werden, wenn das Konkurrenzprodukt das Produkt auf dem geschützten Markt nicht substituieren kann, die Kreuzpreiselastizität also gegen Null geht.

[1087] *EuGH* Slg. 1985, 873, 888 Tz. 33 - *BT*.

[1088] *Kommission* Entsch. v. 20.12.1989, Amtsbl. 1990 L 10, 47 = WuW/E EV 1524 - *Eilkurierdienstleistungen in den Niederlanden*; Entsch. v. 01.08.1990, Amtsbl. L 233, 19 - *Eilkurierdienstleistungen in Spanien*.

[1089] Slg. 1991 I, 5941, 5980 Tz. 22 - *RTT*.

[1090] vgl. Richtlinie vom 28.06.1990, Erwägungsgrund 18; *Mestmäcker* in: Immenga/Mestmäcker (Hrsg.): EG-Wettbewerbsrecht (1997), Art. 37, 90 D Rn. 55, E Rn. 51.

cherweise[1091] erheblicher) Bedarf besteht und die vom Monopolunternehmen nicht angeboten wird. Dies paßt vor allem in die von *Fesenmair* beschriebenen wirtschaftswissenschaftlichen Kategorien: Die Briefzustellung kann man wirtschaftswissenschaftlich vertretbar als schwaches natürliches Monopol ansehen, das vor dem Rosinenpicken des *nichtinnovativen* Markteindringlings geschützt werden muß.[1092] *Paul Corbeau* ist aber gerade kein *nichtinnovativer* sondern ein *innovativer* Markteindringling, da er versucht, ein Geschäftsfeld zu erschließen, das vom Monopolisten gerade nicht bedient wird. Das Monopol darf also nicht dazu mißbraucht werden, Innovationen von außen zu blockieren und zu verhindern. Dieser Gedanke weist wiederum Ähnlichkeiten zum Fall *Höfner* auf:[1093] auch hier war die Tatsache entscheidend, daß die Bundesanstalt für Arbeit die Vermittlung von Führungskräften der Wirtschaft nicht vornehmen konnte oder wollte. Wenn die Bundesanstalt die Tätigkeit nicht vornehmen will, liegt ein vorsätzlicher Mißbrauch der Monopolstellung vor. Insoweit war auch von einem *Vorbehalt ausreichender Leistungsfähigkeit* [1094] die Rede. Soweit die Bundesanstalt die Vermittlung nicht vornehmen konnte, hatte die Tätigkeit der privaten Konkurrenz den Charakter eines aliud und damit einen innovativen Charakter, da sie insofern offenbar einen Weg fand, wie man diese Tätigkeit unter wirtschaftlich annehmbaren Konditionen anbieten konnte.

Damit kann man feststellen, daß der *innovative* Charakter eines konkurrierenden Angebots für die Frage der Abtrennbarkeit von der im allgemeinen wirtschaftlichen Interesse liegenden Dienstleistung ausschlaggebend ist. Innovationen dürfen also nicht durch Monopolstellungen verhindert oder blockiert werden. Diese Lösung ist nicht zuletzt rechtspolitisch zu begrüßen. Der Monopolist kann sich nur vor dem innovativen Markteilnehmer schützen, indem er selbst für die entsprechende Innovation in seinem geschützten Tätigkeitsbereich sorgt und etwa neue Dienstleistungen anbietet. Versucht ein Dritter in den Markt einzudringen, nachdem der Monopolist diese Leistung anbietet, ist dieser Dritte ein *nichtinnovativer* Markteindringling, für den die gesetzlichen Marktzutrittsschranken gelten. Mit dieser Möglichkeit der potentiellen innovativen Konkurrenz wird der Monopolist faktisch gezwungen, innovativ zu sein, was ihm an sich aufgrund seiner Monopolstellung fremd ist. Die Kriterien, die der Gerichtshof in Tz. 19 der Entscheidung *Corbeau* aufgezählt hat, sind also nichts anderes als Maßstäbe für die Frage, ob es sich bei der in Rede stehenden Leis-

---

[1091] Ob dies wirklich der Fall ist, hat der *EuGH* nicht entschieden, sondern der Entscheidung des nationalen Gerichts überlassen, vgl. Corbeau Tz. 20.

[1092] *Fesenmair*: Öffentliche Dienstleistungsmonopole im europäischen Recht (1996), S. 187 ff. m.w.N., vor allem Fn. 733 f.; s. auch oben S. 320.

[1093] Vgl. oben S. 78.

[1094] Vgl. oben S. 138.

tung des Konkurrenten im Vergleich zur geschützten Tätigkeit des Monopolisten um eine innovative Leistung handelt oder nicht.

V.   Bedeutung des Art. 86 II 2 EG

Im Rahmen der Frage, ob wirtschaftstheoretische Überlegungen zur Auslegung des Art. 86 II 1 EG herangezogen werden können, wurde bereits kurz auf Art. 86 II 2 EG eingegangen.[1095] Die Gewährung der Ausnahme darf nicht dazu führen, daß die Entwicklung des Handelsverkehrs in einem Ausmaß beeinträchtigt wird, das dem Interesse der Gemeinschaft zuwider läuft. Art. 86 II 2 EG kann also als Schranken-Schranke qualifiziert werden, die maßgeblichen Einfluß auf die Auslegung des Satzes 1 hat.[1096] Historisch ist diese Vorschrift auf die Besorgnis zurückzuführen, daß die wettbewerbsrechtliche Kontrolle der öffentlichen Sektoren durch Art. 86 I 1 EG weitgehend ausgehöhlt werden könnte. Allein mit dieser zusätzlichen Schranke akzeptierten die Benelux-Staaten und Deutschland Art. 86 II EG. Trotz ihres großen öffentlichen Sektors stimmten schließlich auch Frankreich und Italien dieser Fassung zu.[1097] In systematischer Hinsicht kann man Art. 86 II 2 EG mit Art. 81 III lit b EG vergleichen. Nach Art. 81 III lit b EG bildet der Ausschluß des Wettbewerbs auf einem wesentlichen Teil des gemeinsamen Marktes die absolute Grenze für die Freistellungsmöglichkeiten des Art. 81 III EG. Zudem hat der *Gerichtshof* in der *Continental-Can*-Entscheidung aus dieser Vorschrift das allgemeine Prinzip abgeleitet, daß die Ausschaltung des Wettbewerbs generell mit dem System des unverfälschten Wettbewerbs unvereinbar ist.[1098] Damit korreliert die Regelung in Art. 86 II 2 EG, daß die Entwicklung des Handelsverkehrs nicht in einem

---

[1095] Vgl. oben „Übertragbarkeit auf den Ausnahmetatbestand des Art. 86 II 1 EG", S. 325.

[1096] *Jungbluth* in : Langen/Bunte: Kommentar zum deutschen und europäischen Wettbewerbsrecht (9. Aufl. 2000), Art. 86 Rn. 45; *Pernice/Wernicke* in: Grabitz/Hilf (Hrsg.): Das Recht der Europäischen Union, Kommentar Bd. II (Stand 2003), Art. 86 Rn. 86; *Ehricke*: Der Art. 90 EWGV - eine Neubetrachtung, EuZW 1993, 211, 214; *Fesenmair*: Öffentliche Dienstleistungsmonopole im europäischen Recht (1996), S. 213; *Mestmäcker* in: Immenga/Mestmäcker (Hrsg.): EG-Wettbewerbsrecht (1997), Art. 37, 90 D Rn. 61; *Ehricke*: Zur Konzeption von Art. 37 I und Art. 90 II EGV, EuZW 1998, 741, 746.

[1097] *Ehricke*: Der Art. 90 EWGV - eine Neubetrachtung, EuZW 1993, 211, 215, Fn. 59; *Pernice/Wernicke* in: Grabitz/Hilf (Hrsg.): Das Recht der Europäischen Union, Kommentar Bd. II (Stand 2003), Art. 86 Rn. 1; *Mestmäcker* in: Immenga/Mestmäcker (Hrsg.): EG-Wettbewerbsrecht (1997), Art. 37, 90 D Rn. 61.

[1098] *EuGH* Slg. 1973, 215, 244 Tz. 24 - *Continental Can*, also nicht nur der Wettbewerbsausschluß durch Vereinbarungen zwischen Unternehmen und abgestimmte Verhaltensweisen.

Ausmaß beeinträchtigt werden darf, das dem Interesse der Gemeinschaft zuwiderläuft.[1099] Der Maßstab für dieses Zuwiderlaufen sind also die *Interessen der Gemeinschaft*. Es wird sich unten zeigen, daß die Auslegung dieser Gemeinschaftsinteressen letztlich auf die Grenzziehung des Art. 81 III lit b EG hinausläuft.

1. Beeinträchtigung der Entwicklung des Handelsverkehrs

Was unter dem Begriff der Beeinträchtigung der Entwicklung des Handelsverkehrs zu verstehen ist, ist anhand des Zwecks der gesamten Vorschrift zu ermitteln.[1100] Ihr Ziel ist es, die Interessen der Gemeinschaft an der Herstellung eines gemeinsamen Marktes mit unverfälschtem Wettbewerb zu sichern.[1101] Im Rahmen dieses Tatbestandsmerkmals ist also zu prüfen, welche Wirkungen von der Nichtanwendung der Wettbewerbsregeln auf den unmittelbar betroffenen aktuellen und potentiellen Handelsverkehr ausgehen. Entscheidende Parameter sind dabei die Marktzugangsmöglichkeiten für Konkurrenten und die Interessen der Verbraucher auch in anderen Mitgliedstaaten.[1102] Auch hier zeigt sich also die strukturelle Verwandtschaft der Norm zu Art. 81 III EG, in dessen Rahmen ähnliche Fragen zu stellen sind.

Kontrovers diskutiert die Literatur die Frage, welche Anforderungen an die Qualität oder Quantität der Beeinträchtigung zu stellen sind. Man kann sich hier zum einen auf den Standpunkt stellen, daß es auf die Beeinträchtigung des *gesamten* mitgliedstaatlichen Handels ankommen muß. Dies läuft darauf hinaus, daß die Vorschrift die Fälle nicht erfaßt, die zwar einen erheblichen Eingriff in den Handel zwischen zwei oder mehreren Mitgliedstaaten darstellen, die aber global gesehen die Entwicklung des gemeinschaftlichen Handelsverkehrs nur

---

[1099] *Mestmäcker* in: Immenga/Mestmäcker (Hrsg.): EG-Wettbewerbsrecht (1997), Art. 37, 90 D Rn. 61.

[1100] *Mestmäcker* in: Immenga/Mestmäcker (Hrsg.): EG-Wettbewerbsrecht (1997), Art. 37, 90 D Rn. 62.

[1101] *Vygen*: Öffentliche Unternehmen im Wettbewerbsrecht der EWG (1967), S. 111; *Pernice/Wernicke* in: Grabitz/Hilf (Hrsg.): Das Recht der Europäischen Union, Kommentar Bd. II (Stand 2003), Art. 86 Rn. 60; *Hochbaum* in: v. d. Groeben/Thiesing/Ehlermann, Kommentar zum EU-/EG-Vertrag, Bd. 2 II (5. Aufl. 1999), Art. 90 Rn. 65; *Fesenmair*: Öffentliche Dienstleistungsmonopole im europäischen Recht (1996), S. 213.

[1102] *Mestmäcker* in: Immenga/Mestmäcker (Hrsg.): EG-Wettbewerbsrecht (1997), Art. 37, 90 D Rn. 62.

unwesentlich beeinträchtigen.[1103] Andererseits kann sich in Anlehnung an die strukturelle Verwandtschaft der Norm zu Art. 81 III EG die Ansicht vertreten, daß es auf die Beeinträchtigung eines einzelnen, abgrenzbaren Handelsverkehrs ankommt. Für die letzte konkretisierende Ansicht spricht zunächst die Überlegung, daß die Vorschrift ansonsten kaum praktische Relevanz entwickeln kann, eine nach Satz 1 gerechtfertigte Ausnahme für eine bestimmte Dienstleistung wird schwerlich den Freiverkehr im gesamten Binnenmarkt beeinträchtigen.[1104] Für die globale Auffassung scheint hingegen die Überlegung zu sprechen, daß die Beeinträchtigung auf einem abgegrenzten Markt sehr schnell angenommen werden kann. Dies würde bedeuten, daß die Monopolisierung einer Dienstleistung insbesondere in einem größeren Mitgliedstaat von vorn herein nach Art. 86 II 2 EG unzulässig wäre, da sie regelmäßig einen wesentlichen Teil des Marktes betreffen würde. Hier muß man aber wiederum erkennen, daß die Rechtfertigung der Ausnahme nicht allein mit dem Vorliegen der *Beeinträchtigung* steht oder fällt; entscheidend ist vielmehr für die Rechtfertigung der Ausnahme, daß die Beeinträchtigung nicht im Widerspruch zu den Gemeinschaftsinteressen stehen darf. Folglich ist der konkretisierenden Auffassung der Vorzug zu geben, da die Relevanz dieser Vorschrift ansonsten in der Tat zu vernachlässigen wäre.

2.   Das Interesse der Gemeinschaft

Die Interessen der Gemeinschaft orientieren sich nach allgemeiner Ansicht an den Zielen der Gemeinschaft (Art. 2 und 3 EG) sowie den Grundprinzipien des Vertrages. Die wesentliche Frage besteht darin, ob die Gewährung der Ausnahmen zu einer Verhinderung der Vertragsziele führen kann.[1105] Diese Vorgabe ist

---

[1103] so z.B.: *Pernice/Wernicke* in: Grabitz/Hilf (Hrsg.): Das Recht der Europäischen Union, Kommentar Bd. II (Stand 2003), Art. 86 Rn. 58 f.; *Benesch*: Die Kompetenzen der EG-*Kommission* aus Art. 90 III EWG-V (1993), S. 17; *Fesenmair*: Öffentliche Dienstleistungsmonopole im europäischen Recht (1996), S. 213.

[1104] *Plateau*: Article 90 EEC-Treaty after the Court Judgement in the Telecommunications Terminal Equipment Case, Europ.Compet.L.Rev. 1991, 105, 109; van der Esch: Cah.dr.eur. 26 (1990), 499, 511; *Mestmäcker* in: Immenga/Mestmäcker (Hrsg.): EG-Wettbewerbsrecht (1997), Art. 37, 90 D Rn. 62.

[1105] Statt vieler mit jeweils weiteren Nachweisen: *Duisberg*: Die Anwendung der Art. 90 und 85 EGV in Fällen der staatlichen Einflußnahme auf Unternehmensverhalten (1997), S. 124 f.; *Mestmäcker* in: Immenga/Mestmäcker (Hrsg.): EG-Wettbewerbsrecht (1997), Art. 37, 90 D, Rn. 63.

allerdings sehr abstrakt und ihre Ausfüllung ist bislang noch weitgehend ungeklärt.[1106]

Bemerkenswert erscheinen allerdings die Ausführungen des *Europäischen Gerichtshofs* in seinen jüngeren Entscheidungen zur Gas- und Stromwirtschaft. Der *Gerichtshof* unterstreicht zunächst die Relevanz dieser Vorschrift für die gemeinschaftsrechtliche Erfassung und Begrenzung dieses Sektors.[1107] Das Gericht legt hier dar, daß es Aufgabe der *Kommission* sei, zu definieren, wann im konkreten Fall eine Beeinträchtigung des innergemeinschaftlichen Handels vorliegt und die Interessen der Gemeinschaft verletzt werden. Dies stellt den Maßstab dar, an dem dann im Einzelfall die Beeinträchtigung der Entwicklung des gemeinschaftlichen Handels gemessen werden kann.[1108] Eine solche Verpflichtung der *Kommission* wird aus Art. 86 III EG abgeleitet.[1109] Folge dieser Entscheidung ist, daß Art. 86 II 2 EG durch Sekundärrecht näher zu präzisieren sein wird. Das kann darüber hinaus auch bedeuten, daß dort, wo die *Kommission* nicht tätig geworden ist, außer den in Art. 86 II 1 EG aufgestellten Schranken keine weiteren Grenzen für staatliches Wirtschaftshandeln bestehen.[1110]

Diese Auffassung des *Gerichtshofes* ist an sich zu begrüßen, da dadurch die in Art. 86 II 2 EG angesprochenen Gemeinschaftsinteressen handhabbar werden. Ein gewisser Zirkelschluß wird jedoch deutlich, wenn man sich die Frage stellt, ob eine Richtlinie, die die Versorgung eines mitgliedstaatlichen Marktes mit einer bestimmten Ware oder Dienstleistung gefährdet, rechtmäßig sein kann. Eine Richtlinie, die etwa das legitime Interesse eines Mitgliedstaates an einer gleichmäßigen und flächendeckenden Stromversorgung unterläuft, wäre unverhältnismäßig und damit rechtswidrig. Die Kriterien, anhand derer man die Gefährdung der flächendeckenden Versorgung nachweist, sind genau dieselben oben dargestellten wirtschaftswissenschaftlichen Kriterien, anhand derer man

---

[1106] *Ehricke*: Zur Konzeption von Art. 37 I und Art. 90 II EGV, EuZW 1998, 741, 746.

[1107] *EuGH* Slg. 1994 I, 1477 , 1520 f. - *Almelo*; Slg. 1997 I 5815, 5831 ff. - *Kommission/Frankreich*; vgl. dazu auch *Lecheler/Gundel*: Die Rolle des Art. 90 II und III EGV in einem liberalisierten Energiemarkt, RdE 1998, 92, 101 f.

[1108] *EuGH* Slg. 1997 I 5815 = EuZW 1998, 76 Tz. 113 - *Kommission/Frankreich*.

[1109] *Tettinger:* Die öffentlichen Unternehmen im primären Gemeinschaftsrecht unter besonderer Berücksichtigung der Energiewirtschaft, DVBl 1994, 88, 90; *Lecheler/Gundel*: Die Rolle des Art. 90 II und III EGV in einem liberalisierten Energiemarkt, RdE 1998, 92, 95 ff.; *Ehricke*: Zur Konzeption von Art. 37 I und Art. 90 II EGV, EuZW 1998, 741, 746.

[1110] *Ehricke*: Zur Konzeption von Art. 37 I und Art. 90 II EGV, EuZW 1998, 741,746 f.. Mit guten Gründen läßt sich im Übrigen auch vertreten, daß auch der Rat durch die Schaffung von Sekundärrecht das Interesse der Gemeinschaft im Sinne von Art. 86 II 2 EG präzisieren kann, *Ehricke* aaO. S. 747.

über die Ausnahmegewährung nach Art. 86 II 1 EG entscheidet. Wenn also nach Art. 86 II 1 EG wegen der Gefährdung der flächendeckenden Versorgung eine Ausnahme gewährt werden kann, muß eine entgegenstehende sekundäre Rechtsnorm des Gemeinschaftsrechts rechtswidrig sein. Auf diese Weise relativiert sich die Bedeutung dieser neuen Lesart des *Gerichtshofes*.[1111] Der Schwerpunkt der Prüfung liegt nach wie vor bei der Frage, ob die Aufgabenerfüllung gefährdet ist. Dies richtet sich nach den oben herausgearbeiteten wirtschaftswissenschaftlichen Kriterien. Die daraus folgenden Voraussetzungen für eine Ausnahmegewährung nach Art. 86 II 1 EG sind als streng zu bezeichnen,[1112] auch wenn der *Gerichtshof* in einer Reihe von jüngeren Entscheidungen insbesondere auf dem Energiesektor Raum für Ausnahmen gesehen hat. Gerade für diesen Bereich ist aber auch das schwache natürliche Monopol kennzeichnend.[1113]

Für die Zukunft bleibt abzuwarten, wie die Praxis diese neue Auslegung des Art. 86 II 2 EG durch sekundäres Gemeinschaftsrecht handhaben wird. Sicherlich gehen von dieser Rechtsprechung des *Gerichtshofes* aber Impulse für eine stärkere sekundärrechtliche Reglementierung der öffentlichen Sektoren durch die *Kommission* aus und gerade dies erscheint im Sinne der Rechtssicherheit wünschenswert.[1114]

C. Ausnahmemöglichkeit nach Art. 86 II EG aus anderen als wirtschaftlichen Gründen

Nachdem geklärt ist, daß nach Art. 86 II EG der Ausschluß der Wettbewerbsregeln des EG-Vertrages aus allokationstheoretischen Gründen gerechtfertigt sein kann, die mit den Stichwörtern des „Rosinenpickens" oder des „cream skimming" umschrieben werden können, stellt sich die Frage, ob diese Ausnahmeklausel auch noch aus anderen Gründen greifen kann. Als solche anderen Grün-

---

[1111] Zu einer besonders großen Bedeutung kommt man allerdings, wenn man an den Nachweis der Verhinderung der Aufgabenerfüllung nur geringe Anforderungen stellt, wie *Ehricke*: Zur Konzeption von Art. 37 I und Art. 90 II EGV, EuZW 1998, 741, 745 f.. Nach dieser Auffassung wären die Mitgliedstaaten in der Tat bei der Ausgestaltung der öffentlichen Sektoren so lange frei, bis die *Kommission* mit einer Richtlinie eine Regelung für diesen Bereich erläßt.

[1112] *Mestmäcker*: Daseinsvorsorge und Universaldienst im europäischen Kontext, in: Festschrift für Zacher (1998), S. 635, 641.

[1113] Vgl. oben S. 320.

[1114] *Ehricke*: Zur Konzeption von Art. 37 I und Art. 90 II EGV, EuZW 1998, 741, 747.

de sind sozial- oder umweltpolitische Gründe, aber auch Sicherheitserwägungen seitens der Mitgliedstaaten denkbar. Mit diesen Erwägungen erinnert man sich an die „Grundausnahmeklausel" der Wirtschaftsfreiheiten, Art. 30 EG, sowie die ebenfalls oben bereits behandelte *Cassis*-Formel.[1115] Gründe der öffentlichen Sicherheit und Ordnung, der Schutz von Leben und Gesundheit von Menschen, Tieren und Pflanzen, aber auch soziale Gründe des Verbraucherschutzes vermögen Ausnahmen zu diesen Grundfreiheiten des EG-Vertrages zu tragen. Der *Kern der Problematik* liegt in dem systematischen Verhältnis zwischen den Ausnahmeklauseln zu den Grundfreiheiten und der Ausnahmeklausel des Art. 86 II EG. Im Grundsatz sind dabei zwei Ansätze möglich. Zum einen kann man sich auf den Standpunkt stellen, daß sich die Anwendungsbereiche der Ausnahmeklauseln überschneiden und Art. 86 II 1 EG eine Art Auffangtatbestand ist. Nach dieser Auffassung käme grundsätzlich jeder Grund für eine Ausnahme nach Art. 86 II 1 EG in Betracht. Die zweite Möglichkeit besteht in der strikten Trennung der Anwendungsbereiche. Die Gründe, mit denen eine Ausnahme gerechtfertigt werden kann, richten sich dann nach den Abgrenzungskriterien für die Anwendbarkeit von Art. 86 II EG einerseits und die der Ausnahmeklauseln andererseits. Vor diesem Hintergrund hat die Literatur in der Vergangenheit eine Vielzahl von Vorschlägen vorgestellt.

I.   Das Verhältnis von Art. 86 II EG zu den Ausnahmeklauseln der Grundfreiheiten

An den Anfang dieser Darstellung des Meinungsstandes soll die bereits oben im Rahmen der Warenverkehrsfreiheit behandelte Entscheidung *Campus Oil* gerückt werden.[1116] Aus den Ausführungen dieser Entscheidung zieht die Literatur zum Teil den Schluß, daß Art. 86 II EG im Hinblick auf die Grundfreiheiten nicht anwendbar sei. In dieser Entscheidung ging es - wie oben dargestellt - im Wesentlichen um die Frage, ob eine Teilabnahmeverpflichtung der Erdölimporteure zur Sicherung der Erdölversorgung Irlands nach Art. 30 EG gerechtfertigt werden kann. Unter engen Voraussetzungen sah der *Gerichtshof* Raum für die Anwendung dieser Ausnahmevorschrift. Er nahm dann aber auch Stellung zur Anwendbarkeit der Ausnahme aus Art. 86 II EG:

„Dieser Absatz befreit jedoch den Mitgliedstaat, der ein Unternehmen mit einer solchen Dienstleistung betraut hat, nicht von dem Verbot, zugunsten

---

[1115] *EuGH* Slg. 1979, 649, 662 Tz. 8 - *Cassis de Dijon*, vgl. oben S. 241.

[1116] *EuGH* Slg. 1984, 2727 - *Campus Oil*; vgl. oben „Staatliche Wirtschaftstätigkeit - der Fall Campus Oil", S. 231.

dieses Unternehmens und zum Schutze seiner Tätigkeit Maßnahmen zu ergreifen, die entgegen Artikel 30 EWG-Vertrag die Einfuhren aus den übrigen Mitgliedstaaten behindern."[1117]

Es liegt nahe, diese Feststellung des *Gerichtshofs* zu generalisieren, so daß immer dann, wenn die Warenverkehrsfreiheit durch das Verhalten des Staates betroffen ist, allein aus Art. 30 EG oder aus den zwingenden Erfordernissen des Allgemeinwohls im Sinne der *Cassis*-Formel[1118] eine Ausnahme gewährt werden kann. Für die Anwendung von Art. 86 II EG bestünde damit kein Raum mehr. Dogmatisch läßt sich dieses Ergebnis scheinbar dadurch belegen, daß Art. 86 II EG zu den *unternehmensbezogenen* Vorschriften gehört und deshalb auch nur in diesem Bereich Ausnahmen begründen könne. Die Durchbrechung *staatsbezogener* Grundfreiheiten könne deshalb durch Art. 86 II EG nicht gerechtfertigt werden. Zudem bestehe die Gefahr, daß über Art. 86 II EG das für jede Grundfreiheit gesondert geregelte System gestört werde.[1119] Zunächst ist dieser Auffassung im Hinblick auf die *Campus-Oil*-Entscheidung entgegenzuhalten, daß der *Gerichtshof* mit seiner oben angeführten Aussage möglicherweise gar keine generelle Feststellung treffen wollte. Diesen Passus kann man ebensogut so verstehen, daß in diesem konkreten Fall die Anwendungsvoraussetzungen des Art. 86 II EG nicht vorlagen[1120] - weshalb später noch zu zeigen sein. Ferner scheint die *Kommission* in der Telekommunikationsdienste-Richtlinie davon auszugehen, daß Art. 86 II EG im Bereich der Dienstleistungsfreiheit Anwendung finden kann.[1121] Die vorgebrachten Sachargumente sind jedoch plausibel. Vor allem darf das dezidierte Ausnahmesystem der Grundfreiheiten nicht durch einen generalklauselartig verstandenen Art. 86 II EG unter-

---

[1117] *Campus Oil* Tz. 19.

[1118] *EuGH* Slg. 1979, 649, 662 Tz. 8 - *Cassis de Dijon*.

[1119] *Roth*: Versicherungsmonopole und EWG-Vertrag, in: Festschrift für Ernst Steindorff (1990), S. 1313, 1322; *Hochbaum* in: v. d. Groeben/Thiesing/Ehlermann, Kommentar zum EU-/EG-Vertrag, Bd. 2 II (5. Aufl. 1999), Art. 90 Rn. 51 bezieht dies auf die *staatsbezogenen Beihilfevorschriften*, auf die Art. 90 II EGV [Art 86 II EG n.F.] aus den gleichen Gründen nicht bezogen werden kann; *Heinemann*: Grenzen staatlicher Monopole im EG-Vertrag (1996), S. 62 f.; a. A.: *Deringer*: Das Wettbewerbsrecht der Europäischen Wirtschaftsgemeinschaft, Kommentar, Art. 90 Rn. 94; *Jarass*: Die Niederlassungsfreiheit in der Europäischen Gemeinschaft, RIW 1993, 1, 4, nach deren Ansicht der Rückgriff auf Art. 86 II EG auch in diesem Bereich zur (umfassenden) Berücksichtigung von Allgemeinwohlbelangen notwendig ist. Das erscheint aber fraglich, denn die außergesetzlichen Ausnahmeklauseln fragen ja nach zwingenden Erfordernissen des Allgemeinwohls.

[1120] *Burgi*: Die öffentlichen Unternehmen im Gefüge des primären Gemeinschaftsrechts, EuR 1997, S. 261, 278 Fn. 87.

[1121] *Kommission*, Richtlinie vom 24.07.1990, Amtsbl. L 192, 10, Erwägungsgrund Nr. 18.

laufen werden. Allerdings führt diese Auffassung bei näherer Betrachtung dazu, daß Art. 86 II EG keine eigene Substanz mehr hätte. Jede Beschränkung des Wettbewerbs berührt irgend eine Grundfreiheit, auf die Art. 86 II EG nach gängiger Lesart auch verweist. Im Fall *Corbeau* wäre beispielsweise an die Dienstleistungsfreiheit zu denken.[1122] Nach der Prüfung der jeweiligen Ausnahmeklausel wäre der Weg zu Art. 86 II EG regelmäßig versperrt.[1123] Beides, der Schutz des dezidierten Ausnahmesystems der Grundfreiheiten wie auch der eigenständige Regelungsgehalt der Norm, sind bei der Suche nach einer Lösung zu beachten.

Diese aufgeworfene Problematik läßt sich natürlich umgehen, wenn man die Anforderungen an die Ausnahmeklauseln zu den Grundfreiheiten einerseits und die zu Art. 86 II EG andererseits gleichsetzt. Auf diese Weise kann man sicherstellen, daß Art. 86 II EG die einzelnen Ausnahmesysteme der Grundfreiheiten nicht unterläuft.[1124] Andererseits stellt sich die Frage, wie es dogmatisch gelingt, die Ausnahmesystematik der Grundfreiheiten trotz unterschiedlichen Wortlauts in Art. 86 II EG hineinzulesen. Probleme bestehen dabei vor allem hinsichtlich der allgemeinen Beschränkungen der Grundfreiheiten, die nur durch die zwingenden Erfordernisse des Allgemeinwohls gerechtfertigt werden können.[1125] Art. 86 II EG kennt derartige zwingende Erfordernisse als Voraussetzung für eine Ausnahme gerade nicht.[1126]

Ein anderer Ansatzpunkt wird darin gesehen, daß man nach wirtschaftlichen und nichtwirtschaftlichen Gründen differenziert.[1127] Die Grundfreiheiten und deren Ausnahmeklauseln sollen anwendbar sein, wenn nichtwirtschaftliche

---

[1122] *Paul Corbeau* müßte dann selbstverständlich Ausländer sein, da die Grundfreiheiten den Schutz vor einer Inländerdiskriminierung (bislang noch) nicht kennen.

[1123] Die Bedeutung dieser Norm läge allein bei Fällen ohne grenzüberschreitenden Verkehr. Hier sind die Grundfreiheiten unanwendbar, während die Anwendung der Wettbewerbsregeln im Falle einer gemeinschaftsweiten Bedeutung möglich ist, vgl. zu dieser Zwischenstaatlichkeitsklausel *EuGH* Slg. 1966, 281, 303 - *Maschinenbau Ulm*.

[1124] *Ehricke*: Staatliche Eingriffe in den Wettbewerb - Kontrolle durch das Gemeinschaftsrecht (1994), S. 172 ff.

[1125] *EuGH* Slg. 1979, 649, 662 Tz. 8 - *Cassis de Dijon*.

[1126] *Fesenmair*: Öffentliche Dienstleistungsmonopole im europäischen Recht (1996), S. 220; Der Auffassung von *Ehricke* aaO. muß man aber zu Gute halten, daß man rein faktisch mit den Abwägungsinstrumentarien des Art. 86 II EG im Hinblick auf die Gewährung einer Ausnahme zu sehr ähnlichen Ergebnissen gelangen wird wie mit der *Cassis*-Formel. Dogmatisch bestehen aber die oben angeführten Zweifel.

[1127] *Wachsmann/Berrod*: Les citières de justification des monopoles: un premier bilan après l' affaire Corbeau, RTDE 1994, S. 39, 53 ff.

Gründe im Raum stehen, Art. 86 II EG ist dagegen solchen Fällen vorbehalten, in denen man sich auf wirtschaftliche Gründe beruft. Hier stellt sich die Frage, ob eine derartige Differenzierung in der Praxis möglich ist. Wenn der *Europäische Gerichtshof* im Fall *Campus Oil* bei der Prüfung von Art. 30 EG davon spricht, daß man über die Erwägungen rein wirtschaftlicher Art hinausgegangen ist, dann heißt dies, daß im Rahmen von Art. 30 EG eben auch wirtschaftliche Gründe herangezogen worden sind.[1128] Eine öffentliche Institution wird in der Praxis selten allein aus wirtschaftlichen Gründen handeln, Belange des Allgemeinwohls spielen regelmäßig eine Rolle, wie beispielsweise die flächendeckende Versorgung der Bevölkerung.[1129]

Eine weitere Möglichkeit besteht darin, nach der „Stoßrichtung" der Normen zu differenzieren. Die zuvor dargestellten Ausführungen von *Joseph Fesenmair*[1130] haben gezeigt, daß allokationstheoretische Gründe ein Monopol über Art. 86 II EG rechtfertigen können. Der Sinn und Zweck der Ausnahmevorschriften zu den Grundfreiheiten besteht dagegen in erster Linie in der Bewältigung von Gefahren, die von einer Ware oder einer Dienstleistung ausgehen. Hier ist es zunächst denkbar, daß man sich auf den Standpunkt stellt, daß diese Gefahren allein dadurch bewältigt werden können, daß man durch entsprechende Vorschriften Anforderungen stellt, die das Produkt oder die Leistung ungefährlich machen. Monopole können demnach durch die Ausnahmevorschriften zu den Grundfreiheiten nicht gerechtfertigt werden.[1131] Für das systematische Verhältnis zwischen den Ausnahmevorschriften zu den Grundfreiheiten einerseits und Art. 86 II EG andererseits hat dies folgende Konsequenz: Beschränkungen des Marktes und vor allem Monopole können allein über Art. 86 II EG gerechtfertigt werden, nicht aber über die Ausnahmeklauseln der Grundfreiheiten. Der Anwendungsbereich dieser Ausnahmeklauseln bezieht sich allein auf die Bewältigung von Auswirkungen, die unmittelbar vom Produkt ausgehen. Wenn Monopole demnach allein über Art. 86 II EG gerechtfertigt werden können, dann müssen im Rahmen dieser Vorschrift - in Grenzen natürlich - auch andere als rein wirtschaftliche Gründe für die Gewährung einer Ausnahme berücksichtigt werden können. Dies soll immer dann der Fall sein, wenn allein das

---

[1128] *EuGH* Slg. 1984, 2727 Tz. 35- *Campus Oil*; *Fesenmair*: Öffentliche Dienstleistungsmonopole im europäischen Recht (1996), S. 222; Umgekehrt wurde im Fall *Almelo* auf die Ausnahme von Art. 86 II EG abgestellt, wobei auch Belange der Umwelt eine Rolle spielten, vgl. unten S. 344.

[1129] Vgl. dazu nur oben „Aufgabenerfüllung unter wirtschaftlich tragbaren Bedingungen", S. 328; *EuGH* Slg. 1993 I, 2533 Tz. 17, 18 - *Corbeau*.

[1130] Vgl. oben „Wirtschaftstheoretische Rechtfertigung von Monopolen", S. 318.

[1131] *Fesenmair*: Öffentliche Dienstleistungsmonopole im europäischen Recht (1996), S. 223 ff.

Monopol die Einhaltung von Vorschriften oder Interessen gewährleisten kann, die beispielsweise dem Umweltschutz dienen.[1132] Aber ist die hier zu Grunde gelegte Prämisse richtig, daß über die Ausnahmeklauseln zu den Grundfreiheiten keine Monopole rechtfertigt werden können? Der *Gerichtshof* hat zwar in der oben dargestellten Kasuistik zu den Grundfreiheiten in keinem Fall die Rechtfertigung eines Monopols über die Ausnahmeklauseln zu den Grundfreiheiten angenommen. Allerdings hat er sich mit diesen Ausnahmeklauseln in seinen Entscheidungen ausführlich auseinandergesetzt und damit zu verstehen gegeben, daß im Grundsatz auch die Ausnahmeklauseln zu den Grundfreiheiten ein Monopol rechtfertigen können. Was ist, wenn von einem Produkt generell Gefahren ausgehen und der Staat den Vertrieb dieses Produktes aus Gründen der Sicherheit oder Gesundheit der Bevölkerung selbst in die Hand nimmt. Denkbare Beispiele sind hier die staatliche Monopolisierung einer kontrollierten Drogenabgabe,[1133] des Vertriebes von Schußwaffen oder die Monopolisierung bewaffneter Sicherheitsdienste. In diesen Fällen dürften die Ausnahmeklauseln zu den Grundfreiheiten die Monopolisierung tragen. Art. 86 II EG ist also nicht die einzige Norm, die Beschränkungen bis zum Monopol zu rechtfertigen vermag, so daß auch diese Systematik Zweifeln unterliegt.

II. Analyse der Ausnahmegründe und Versuch einer Lösung

Der Ansatzpunkt für den hier unternommenen Lösungsversuch liegt in der Frage, weshalb man überhaupt nach einer thematischen Abgrenzung sucht und den Ausnahmeklauseln zu den Grundfreiheiten diesen Bereich und Art. 86 II EG jenen Bereich zuweist. Wie oben herausgearbeitet wurde, geht es dabei letztlich um das richtige Ziel, zu vermeiden, daß Art. 86 II EG eine generalklauselartige Wirkung erhält, mit der die Ausnahmesystematik zu den Grundfreiheiten unterlaufen werden könnte, wenn der Staat nur durch Unternehmen handelt. Es stellt sich die Frage, ob das Ziel einer eindeutigen Abgrenzung nicht auch dadurch erreicht werden kann, daß man von der Tatbestandsseite an diese Aufgabe herantritt. Die Erfordernisse wären doch erfüllt, wenn sich die Ausnahmeklauseln tatbestandsmäßig nicht überschneiden und nebeneinander gestellt insgesamt ein Ausnahmesystem ergeben, das den denkbaren staatlichen Interessen im Rahmen

---

[1132] *Fesenmair*: Öffentliche Dienstleistungsmonopole im europäischen Recht (1996), S. 224 ff.

[1133] Vgl. dazu *EuGH* Slg. 1995 I, 563, 608 Tz. 39 - *Evans*: Beschränkung des innergemeinschaftlichen Handels nach Art. 36 EGV zur Gewährleistung einer stabilen Versorgung mit Suchtstoffen für wichtige medizinische Zwecke.

der konkreten Voraussetzungen der Ausnahme Rechnung trägt. In diesem Sinne soll die folgende Analyse durchgeführt werden.

Hinsichtlich der Ausnahmesystematik der Grundfreiheiten soll hier zunächst auf deren ausführlichere Behandlung im Rahmen der einzelnen Grundfreiheiten hingewiesen werden. Die gesetzlichen Ausnahmeklauseln der Grundfreiheiten (Art. 30, 45, 46, 55, 57 bis 60 EG) können diskriminierende und nicht diskriminierende Maßnahmen rechtfertigen und dienen dabei in erster Linie der Gefahrenabwehr, sowie im Falle der Kapitalverkehrsfreiheit spezifischen Anforderungen des Marktes. Sie dienen vor allem dem Schutz der öffentlichen Sittlichkeit, Ordnung, Sicherheit und Gesundheit. An sich wird damit dem Interesse der Mitgliedstaaten an der Verhinderung eines Marktes für gefährliche Güter und Dienstleistungen Rechnung getragen. Die praktische Relevanz dieser gesetzlichen Ausnahmeklauseln kann damit als eher gering eingestuft werden.[1134]

Ein Katalog von zwingenden Erfordernissen, die allgemeine (also nicht diskriminierende) Beschränkungen der Grundfreiheiten rechtfertigen können, wurde aus der Entscheidungspraxis der Gemeinschaftsorgane erstellt.[1135] In den *Mediawet*-Entscheidungen war die Rede vom Schutz der Empfänger von Dienstleistungen durch bestimmte Berufsregeln, vom Schutz des geistigen Eigentums, dem Schutz der Arbeitnehmer, dem Schutz der Verbraucher, von der Erhaltung des nationalen historischen und künstlerischen Erbes, sowie der Aufwertung der archäologischen, historischen und künstlerischen Reichtümer und der bestmöglichen Verbreitung von Kenntnissen über das künstlerische und kulturelle Erbe eines Landes.[1136] Die Richtlinie für die Telekommunikationsdienste nannte als zwingende Gründe die Sicherheit des Netzbetriebes, die Aufrechterhaltung der Netzintegrität und - in begründeten Fällen - die Interoperabilität von Diensten, den Datenschutz, den Umweltschutz und die Bauplanungs- und Raumordnungsziele, sowie die effiziente Nutzung des Frequenzspektrums und die Vermeidung von schädlichen Störungen zwischen funkgestützten Telekommunikationssystemen untereinander sowie zwischen funkgestützten und anderen raumgestützten oder terrestrischen technischen Systemen.[1137]

[1134] Vgl. oben S. 271 f.

[1135] Vgl. oben „Folgerungen", S. 271.

[1136] *EuGH* Slg. 1991 I, 4007, 4040 Tz. 14 - *Mediawet I*; *EuGH* Slg. 1991 I, 4069, 4094 Tz. 18 - *Mediawet II* m. w. N.

[1137] Richtlinie 90/388/EWG in der Fassung Richtlinie 96/19/EG v. 13.06.1996 zur Einführung des vollständigen Wettbewerbs auf den Telekommunikationsmärkten, Abl. L, 74, 13 Art. 1, Erwägung. 15; *Mestmäcker* in: Immenga/Mestmäcker (Hrsg.): EG-Wettbewerbsrecht (1997), Art. 37, 90 C, Rn. 48, sowie E, Rn. 24 ff.

Daraufhin wurde eine Kategorisierung in vier Gruppen vorgenommen. Die erste Kategorie verfolgt das Ziel, durch die Beschränkung des Wettbewerbs letztlich noch mehr Wettbewerb zu ermöglichen. Die zweite Kategorie soll die breite Bevölkerung vor einer Übervorteilung schützen, es geht insbesondere um den Schutz von Arbeitnehmern und Verbrauchern. Die dritte Kategorie soll vor der Überlastung und dem Zusammenbruch eines technischen Systems schützen. Um die Förderung von Vielfalt und Bildung im kulturellen Bereich geht es schließlich in der vierten Kategorie.

Mit Art. 86 II EG können die Mitgliedstaaten Beschränkungen bis hin zur Monopolisierung rechtfertigen, wenn aufgrund bestimmter Konstellationen die Mechanismen eines Marktes mit einer hinreichenden Wahrscheinlichkeit versagen. Denkbare Konstellationen wurden oben dargestellt.[1138] Wenn man nun die Beschränkungsgründe in dieser Gesamtheit betrachtet, scheinen sie alle möglichen und vor dem Gemeinschaftsrecht legitimen Interessen zu erfassen, die ein Mitgliedstaat an einer Beschränkung von Markt- und Wettbewerbsfreiheit haben kann. Dies ist selbst dann der Fall, wenn man den Ausnahmebereich des Art. 86 II EG allein auf die Fälle des Marktversagens beschränkt.

III. Rechtfertigung von Ausnahmen aus nicht wirtschaftlichen Gründen

Das oben gefundene Ergebnis scheint zumindest auf den ersten Blick im Widerspruch zu den Ausführungen des *Gerichtshofes* im Fall *Almelo* zu stehen.[1139] Der *Gerichtshof* sah hier die Möglichkeit, eine Regelung in den *Niederlanden*, die auf ein Importverbot für Strom hinauslief, über Art. 86 II EG zu rechtfertigen. In Anlehnung an den Fall *Corbeau*[1140] sagt der *Gerichtshof* auch hier, daß die in Frage stehenden Bestimmungen jedenfalls dann nicht gegen das Gemeinschaftsrecht verstießen, wenn die Einschränkung des Wettbewerbs notwendig sei, damit das Unternehmen die ihm obliegenden Aufgaben unter wirtschaftlich tragbaren Bedingungen erfüllen kann.[1141] Hier spielten auch soziale Erwägun-

---

[1138] Vgl. oben Wirtschaftstheoretische Rechtfertigung von Monopolen", S. 318.

[1139] *EuGH* Slg. 1994 I, 1477 - *Almelo*.

[1140] *EuGH* Slg. 1993 I, 2533 Tz. 16- *Corbeau*, vgl. o. wirtschaftlich Tragbare Bedingungen.

[1141] *Almelo* Tz. 49. Hier zeigt sich im Übrigen deutlich, daß der *Gerichtshof* Art. 86 II EG auch auf Fälle der Warenverkehrsfreiheit anwendet. Strom ist eine Ware, vgl. *Hochbaum* in: v. d. Groeben/Thiesing/Ehlermann, Kommentar zum EU-/EG-Vertrag, Bd. 2 II (5. Aufl. 1999), Art. 90 Rn. 52. Also stellt das Importverbot einen Eingriff in die Warenverkehrsfreiheit dar. Nach der soeben zitierten Auffassung, die nach Staats- und Unternehmensbezogenheit einer Vorschrift differenziert und sich dabei auf den Fall *Campus Oil* berief, dürfte die-

gen einer kostengünstigen und flächendeckenden Versorgung sowie die Bindung an Umweltvorschriften eine Rolle.[1142] Es fragt sich nun, wie dies mit der gerade gefundenen Lösung zu vereinbaren ist, nach der allein Gründe des Marktversagens eine Ausnahme nach Art. 86 II EG rechtfertigen können.

Weder die sozialen Erwägungen noch die Bindung an die Umweltvorschriften sind hier als Ausnahmegrund im Sinne des Art. 86 II EG anzusehen. Die zentrale Rechtfertigung der Beschränkung ist - wie im Fall *Corbeau* - die Aufgabenerfüllung unter wirtschaftlich tragbaren Bedingungen. Es geht also darum, eine Konstellation zu bewältigen, in der ein Marktversagen zu befürchten ist. In der oben vorgestellten Terminologie geht es im Fall *Almelo* um ein schwaches natürliches Monopol.[1143] Der Grund für dieses schwache natürliche Monopol ist zum einen die Verpflichtung zu einer flächendeckenden und kostengünstigen Versorgung. Zum anderen ist es die Beachtung von Umweltvorschriften. Anbieter von Importstrom unterliegen diesen Bindungen nicht und können deshalb den niederländischen Anbieter unterbieten, es besteht also die Möglichkeit zum „Rosinenpicken".

Soziale Bindungen wie auch Umweltvorschriften können als Parameter angesehen werden, die ein Markt vorfindet. Sie sind deshalb in die Betrachtung so einzustellen, wie jeder andere Grund, der zur Ausbildung eines schwachen natürlichen Monopols führen kann. Bei der rechtlichen Überprüfung einer derartigen Konstellation, die durch besondere mitgliedstaatliche Vorschriften hervorgerufen wurde, ist also in zwei Schritten vorzugehen: Zunächst ist zu prüfen, ob diese sozialen oder umweltrechtlichen Vorschriften mit dem EG-Recht zu vereinbaren sind. Im zweiten Schritt ist dann zu fragen, ob die Ziele dieser legitimen Vorschriften allein mit der an Art. 86 II EG zu messenden Beschränkung zu erreichen sind.

Mit dieser Erwägung zeigt sich, daß es im Ansatz nicht fruchtbringend sein kann, nichtwirtschaftliche Gründe aus dem Anwendungsbereich des Art. 86 II EG von vorn herein auszuschließen. Bevor man nämlich axiomatisch festlegt, daß Art. 86 II EG nur aus wirtschaftlichen Gründen Anwendung finden kann, muß man sich vor Augen führen, daß der Entscheidung, eine bestimmte Tätigkeit nach Art. 86 II EG zu beschränken oder zu monopolisieren, regelmäßig als erstes keine wirtschaftliche, sondern vorgelagert eine soziale oder um-

---

se Beschränkung nur an Art. 30 EG zu messen sein und nicht an Art. 86 II EGV. Der *Gerichtshof* hat aber Art. 30 EG [bzw. Art. 36 EGV a. F.] nicht angesprochen und allein Art. 90 II EGV [Art. 86 II EG] geprüft.

[1142] Slg. 1994 I, 1477 Tz. 49 - *Almelo*.

[1143] S. o. „Wirtschaftstheoretische Rechtfertigung von Monopolen", S. 318.

weltpolitische Zielsetzung zu Grunde liegt. Diese konkrete Zielsetzung erscheint dann nur mit den Mitteln der Marktzutrittsbeschränkung oder Monopolisierung erreichbar.[1144] Auf die Fälle *Corbeau* und *Almelo* bezogen glaubte man, die Ziele einer gleichmäßigen und kostengünstigen Energieversorgung unter Berücksichtigung (legitimer) nationaler Umweltbestimmungen (*Almelo*) nur durch eine Monopolisierung erreichen zu können. Es ist also die Entscheidung über die Wichtigkeit, daß eine bestimmte Leistung insbesondere flächendeckend, kostengünstig und umweltgerecht angeboten werden soll, die der Entscheidung über die Errichtung von Marktzutrittsbarrieren und der Monopolisierung vorgelagert ist.[1145]

Schließlich stellt sich die Frage, ob die hier vertretene Ansicht nicht im Widerspruch zu der weiter oben vertretenen Meinung steht, daß die Bestimmung einer hoheitlichen Tätigkeit mit wirtschaftswissenschaftlichen Mitteln letztlich gegen das Prinzip der begrenzten Einzelermächtigung und gegen den Subsidiaritätsgrundsatz des EG-Vertrages verstößt.[1146] Auch hier wird der Anwendungsbereich einer Norm mit wirtschaftswissenschaftlichen Erkenntnissen begrenzt. Ein Verstoß gegen die genannten Prinzipien ist hier aber aus zwei Gründen zu verneinen. Erstens ist Art. 86 II EG mit der hier vorgestellten Auslegung Teil eines Ausnahmesystems, das die denkbaren Interessen der Mitgliedstaaten umfassend berücksichtigt. Und zweitens wurde herausgearbeitet, daß der Entscheidung, einen Markt bis hin zur Monpolisierung zu beschränken, eine nichtwirtschaftliche soziale oder umweltpolitische Zielsetzung zu Grunde liegt. Auch dieses Interesse ist in die Rechtmäßigkeitsüberprüfung nach Art. 86 II EG in der oben dargestellten Weise einzustellen.

[1144] vgl. *Mestmäcker* in: Immenga/Mestmäcker (Hrsg.): EG-Wettbewerbsrecht (1997), Art. 37, 90 D Rn. 46, der insoweit von einem „Scheinproblem" redet; *ders*: Daseinsvorsorge und Universaldienst im europäischen Kontext, in: Festschrift für Zacher (1998), S. 635, 645; a.A.: *Jungbluth* in: Langen/Bunte: Kommentar zum deutschen und europäischen Wettbewerbsrecht (9. Aufl. 2000), Art. 86 Rn. 39; *Fesenmair*: Öffentliche Dienstleistungsmonopole im europäischen Recht (1996), S. 144, 222 ff.; *Heinemann*: Grenzen staatlicher Monopole im EG-Vertrag (1996), S. 62. *Fesenmair* aaO. qualifiziert die Umweltbelange als externe Kosten, die allein durch die Monopolisierung auf den Verbraucher umgelegt werden können.Über diesen Umweg werden dann auch die Umweltbelange zu wirtschaftlichen Gründen, die die Ausnahme rechtfertigen können.

[1145] Der Gesetzgeber könnte auch eine andere Entscheidung treffen und aus strukturpolitischen Gründen die höheren Kosten der Energie- und Postversorgung in ländlichen Bereichen in Kauf nehmen, um auf diese Weise einen Anreiz zu schaffen, in städtische Regionen zu ziehen.

[1146] Vgl. oben S. 90, 156.

Im Ergebnis läßt sich folgendes feststellen: Art. 86 II EG steht neben den Ausnahmevorschriften der Grundfreiheiten in einem Exklusivitätsverhältnis. Art. 86 II EG gewährt eine Ausnahmemöglichkeit allein dann, wenn aufgrund einer hinreichenden Wahrscheinlichkeit ein Versagen der Marktmechanismen zu befürchten ist. Der Grund für ein derartiges Marktversagen kann durchaus in mitgliedstaatlichen Vorschriften liegen, sofern sie vor dem Hintergrund des EG-Rechts anerkennbar sind. Die gesetzlichen und außergesetzlichen Ausnahmeklauseln zu den Grundfreiheiten gewähren Beschränkungen bis hin zur Monopolisierung nach der Maßgabe ihrer konktreten Tatbestandsvoraussetzungen. Schließlich ist noch daran zu erinnern, daß ein Mitgliedstaat unter den oben herausgearbeiteten Voraussetzungen eine Aufgabe hoheitlich wahrnehmen kann und die Tätigkeit auf diese Weise dem Regime der Wettbewerbsregeln und Grundfreiheiten entzogen ist. Das System der Ausnahmevorschriften des EG-Rechts auf staatliche Aufgabenwahrnehmung ist streng aber umfassend.

D. Unmittelbare Wirkung

Trotz der Wandlung der Rechtsprechung des *Europäischen Gerichtshofs* zu Gunsten einer unmittelbaren Wirkung des Art. 86 II EG besteht in der Literatur noch immer keine Einigkeit in dieser Frage. Ursprünglich hat der *Gerichtshof* in dem Urteil *Hafen von Mertert* die unmittelbare Anwendbarkeit von Art. 86 II EG verneint. In dieser Entscheidung ging es um die Vereinbarkeit des Gemeinschaftsrechts mit gesetzlichen Bestimmungen, die zu Gunsten eines gemeinwirtschaftlichen Unternehmens privaten Hafenunternehmern bei Strafandrohung in bestimmten Fällen untersagte, Güter zu verladen und zu löschen. Der Sinn dieser Regelung bestand darin, Existenz und wirtschaftlichen Erfolg dieses gemeinwirtschaftlichen Unternehmens zu sichern. In dieser Entscheidung stellte der *Gerichtshof* noch unmißverständlich fest, daß Art. 86 II EG nicht unmittelbar anwendbar sei und daher für sich allein keine Rechte des Einzelnen begründe, die von nationalen Gerichten zu beachten wären, solange die Norm nicht durch Richtlinien und Entscheidungen der Kommission konkretisiert worden sei.[1147] In der darauf folgenden Rechtsprechung begnügte sich der *Gerichtshof* mit einem kurzen Hinweis auf dieses Urteil.[1148]

Die Wende der Entscheidungspraxis des *Europäischen Gerichtshofs* ist dann in der Entscheidung *Ahmed Saeed Flugreisen* auszumachen. Hier entschied der *Gerichtshof*, daß bei Untätigkeit der Kommission nach Art. 86 III EG eine An-

---

[1147] *EuGH* Slg. 1971, 723, 730 Tz. 13, 16 - *Hafen von Mertert*.

[1148] z.B.: *EuGH* Slg. 1983, 555, 567 Tz. 15 - *Inter-Huiles*.

wendung von Art. 86 II EG durch die mitgliedstaatlichen Gerichte nicht ausgeschlossen sei.[1149] Sofern ein Unternehmen mit Dienstleistungen von allgemeinem wirtschaftlichen Interesse betraut sei, sei es Sache des mitgliedstaatlichen Gerichts, zu prüfen, ob die Wirkungen der Wettbewerbsregeln durch die Erfordernisse des Art. 86 II EG einzuschränken seien. Voraussetzung sei dabei allerdings die genaue Feststellung der Erfordernisse des allgemeinen Interesses und deren Auswirkungen auf die Tarifstruktur. Diese müsse so transparent sein, daß die im öffentlichen Interesse liegende Besonderheit erkennbar sei.[1150] Diese Auffassung kann als Grundstein für die neue ständige Rechtsprechung des *Europäischen Gerichtshofs* angesehen werden.[1151] So stellte er auch in der später ergangenen Entscheidung *ERT* fest, daß es Sache des nationalen Gerichts sei, zu überprüfen, ob der Verstoß gegen Art. 82 EG aus der dem Unternehmen übertragenen Aufgabe notwendig sei.[1152] Schließlich können auch die Entscheidungen *Corbeau* und *Almelo* zur Bestätigung der Sicht des *Europäischen Gerichtshofs* herangezogen werden. Auch hier gibt der *Gerichtshof* zu verstehen, daß es Sache der nationalen Gerichte sei, zu prüfen, ob die Dienstleistungen die Kriterien des Art. 86 II EG erfüllen, also insbesondere auch, ob das Unternehmen die ihm übertragenen Aufgaben unter wirtschaftlich tragbaren Bedingungen erfüllen kann.[1153]

Hinsichtlich dieser geänderten Rechtsprechung des *Europäischen Gerichtshofs* ist zunächst anzumerken, daß sich seine Auffassung von der unmittelbaren Wirkung des Art. 86 II EG zwanglos mit der allgemeinen Lehre von der unmittelbaren Wirkung europarechtlicher Rechtsnormen vereinbaren läßt.[1154] In ständiger Rechtspraxis von *Kommission* und *Gerichtshof* sind solche Normen des Gemeinschaftsrechts unmittelbar anwendbar, die der Sache nach abschließend, inhaltlich klar und rechtlich perfekt sind, zu ihrer Anwendung keiner weiteren Ausführungsakte bedürfen und den Mitgliedstaaten keinen Ermessensspielraum

---

[1149] *EuGH* Slg. 1989, 803, 853 f. Tz. 53 - *Ahmed Saeed Flugreisen*; so auch *EuGH* Slg. 1991 I, 2925, 2963 - *ERT*; Slg. 1994 I, 1477, 1521 - *Almelo*; Slg. 1995 I, 3319, 3352 - *Rendo*.

[1150] *Ahmed Saeed Flugreisen* Tzn. 54 bis 57.

[1151] *Mestmäcker* in: Immenga/Mestmäcker (Hrsg.): EG-Wettbewerbsrecht (1997), Art. 37, 90 D Rn. 26.

[1152] *EuGH* Slg. 1991 I, 2925, 2961 Tz. 34 - *ERT*.

[1153] *EuGH* Slg. 1993 I, 2533 Tz. 20 - *Corbeau*; Slg. 1994 I, 1477 Tz. 50 - *Almelo*; vgl. dazu auch *Fesenmair*: Öffentliche Dienstleistungsmonopole im europäischen Recht (1996), S. 198.

[1154] a. A.: *Mestmäcker* in: Immenga/Mestmäcker (Hrsg.): EG-Wettbewerbsrecht (1997), Art. 37, 90 D Rn. 24 ff.

lassen.[1155] Als inhaltlich klar gilt eine Vorschrift auch dann, wenn ihre Bedeutung im Wege der richterlichen Auslegung ermittelt werden kann.[1156] Natürlich ist der Wortlaut des bewußt unklar gehaltenen Art. 86 EG[1157] vielfältigen Auslegungsmöglichkeiten gegenüber offen, was der Gerichtshof in seiner ursprünglichen Entscheidung *Hafen von Mertert* mit der Feststellung erkannt hat, daß Art. 86 II EG zum damaligen Stand des Gemeinschaftsrechts nicht geeignet gewesen sei, individuelle Rechte zu begründen und damit auch nicht unmittelbar anzuwenden sei.[1158] Seitdem hat sich die Entscheidungspraxis der Gemeinschaftsorgane in einem solchen Umfang mit der Auslegung der Norm auseinandergesetzt und dabei so viele Auslegungskriterien entwickelt, daß die oben aufgeführten Kriterien zum Zeitpunkt der Entscheidung *Ahmed Saeed Flugreisen* im Jahr 1989 für Art. 86 II EG zutrafen und gegen eine unmittelbare Anwendung nichts einzuwenden war.

Zudem bedeutet die unmittelbare Anwendbarkeit des Art. 86 II EG auch nicht, daß die Auslegung dieser Norm nun in das Belieben von Behörden und Gerichten in den einzelnen Mitgliedstaaten gelegt wäre. Sie unterliegen vielmehr nach wie vor nach Art. 86 III EG der Kontrolle durch die *Kommission*, die im Falle von Zuwiderhandlungen, also wenn die nationalen Behörden oder Gerichte Art. 86 II EG falsch anwenden, nach Art. 211 EG zum Einschreiten verpflichtet ist.[1159]

[1155] vgl. *EuGH* Slg. 1963, 5, 25 - *Van Gend und Loos*; *Oppermann*: Europarecht (1991) , S. 199, Tz. 536 m.w.N.

[1156] *Mestmäcker* in: Immenga/Mestmäcker (Hrsg.): EG-Wettbewerbsrecht (1997), Art. 37, 90 D Rn. 24.

[1157] vgl. dazu oben S. 33 ff.

[1158] *EuGH* Slg. 1971, 723, 730 Tz. 13, 16.

[1159] *Mestmäcker* in: Immenga/Mestmäcker (Hrsg.): EG-Wettbewerbsrecht (1997), Art. 37, 90 D Rn. 28 f.

Teil 6:   Ergebnis

A.   Hoheitliche Staatstätigkeit als negatives Tatbestandsmerkmal

Hoheitliche Staatstätigkeit wirkt im Hinblick auf die Anwendbarkeit der Grundfreiheiten und Wettbewerbsregeln als negatives Tatbestandsmerkmal. Diese „These" erscheint in der hier vorgelegten Arbeit als eine Art Leitmotiv, das in den unterschiedlichen Themenbereichen der Grundfreiheiten und der Wettbewerbsregeln einschließlich der Beihilfevorschriften immer wiederkehrt.[1160] Die mit dieser Aussage verbundenen Erkenntnisse sind aber keineswegs durchgängig neu. Soweit hiermit zum Ausdruck kommt, daß die Wettbewerbsregeln auf hoheitliche Staatstätigkeit nicht anwendbar sind, besteht zunächst ein allgemeiner Konsens. Dieser Konsens bezieht sich insbesondere auf Fälle der klassischen Hoheitsverwaltung, wenn also der Staat dem Bürger mit den Mitteln von Befehl und Zwang gegenübertritt.[1161] Die Staatsaufgaben haben sich jedoch seit dem Ausgang des letzten Jahrhunderts wesentlich verändert. Im Gegensatz zum reinen liberalen Rechtsstaat nimmt der moderne soziale Rechtsstaat auch leistende Aufgaben wahr, bei denen er dem Bürger gleichberechtigt gegenübertritt. Besondere Rechte und Pflichten von Bürger und Staat können aber auch in einem derartigen Verhältnis nach einer hoheitlichen Ausgestaltung verlangen. In den Kategorien des nationalen Rechts kann man solche Fallkonstellationen mit dem Begriff des schlicht-hoheitlichen Staatshandelns umschreiben.[1162] Eine wesentliche Folge der schlicht-hoheitlichen Aufgabenwahrnehmung durch den Staat ist auf nationaler Ebene die Unanwendbarkeit der allgemeinen Rechtsvorschriften. So scheiden etwa § 1004 BGB oder andere zivilrechtliche Abwehransprüche gegen eine schlicht-hoheitliche Staatstätigkeit aus.

Die Gemeinschaftsorgane behandeln eine derartige schlicht-hoheitliche Aufgabenerfüllung grundsätzlich wie hoheitliches Handeln und wenden auch hier weder die Wettbewerbsregeln noch die Grundfreiheiten an. Für die Wettbewerbsregeln zeigt dies insbesondere eine Analyse der Entscheidungen *Bodson*, *Eurocontrol* und *Poucet*.[1163] Der dogmatische Hintergrund dieser europarechtlichen

---

[1160] Siehe nur Seiten 110, 134, 265, 223, 292.

[1161] Vgl. oben „Hoheitliche Tätigkeit", S. 71 , insbesondere die Entscheidungen *Geddo* und *IGAV*.

[1162] Vgl. oben „Wandel des staatlichen Aufgabenbereichs im modernen sozialen Rechtsstaat", S. 145; vgl. zu verwandten Begriffen auch Fn. 227.

[1163] Vgl. oben „Hoheitliche Tätigkeit", S. 71; Die Fälle Duphar und Poucet, S. 79.

Sichtweise deckt sich freilich nicht mit dem des nationalen Rechts; Ziel des Europarechts ist nicht etwa die Unanwendbarkeit von § 1004 BGB und anderer nationaler zivilrechtlicher Abwehransprüche. Der Hintergrund der europarechtlichen Sichtweise ist vielmehr die Souveränität der Mitgliedstaaten. Besonders deutlich kommt dies in den Entscheidungen des *Europäischen Gerichtshofs* zu den Sozialversicherungen zum Ausdruck. Immer wieder heißt es darin, daß die Mitgliedstaaten in der Ausgestaltung ihrer Systeme der sozialen Sicherheit frei seien.[1164] Diese Aussage des *Gerichtshofes* kann nicht als Schaffung einer Bereichsausnahme oder eines Souveränitätsvorbehaltes zu Gunsten der Mitgliedstaaten mißverstanden werden. Eine solche Sichtweise würde zu systematischen Grundsätzen des EG-Vertrages im Widerspruch stehen. Nach dem *Prinzip der begrenzten Einzelermächtigung* übertragen die Mitgliedstaaten ihre Souveränität nicht „en bloc" auf die Gemeinschaft, sondern nur soweit dies vertraglich vorgesehen ist. Flankiert wird dieses Prinzip vom Subsidiaritätsgrundsatz. Demnach übertragen die Mitgliedstaaten ihre Souveränität nur insoweit auf die Gemeinschaft, wie sie selbst zur Aufgabenwahrnehmung nicht im Stande sind oder soweit dies zur Erreichung der Ziele der Gemeinschaft notwendig ist. Die Schaffung einer Bereichsausnahme durch die Gemeinschaften wäre im System dieser Grundsätze ein Fremdkörper. Eine Rückübertragung eines Souveränitätsteils von der Gemeinschaft auf den Mitgliedstaat käme nur dann in Betracht, wenn dieser Souveränitätteil zur Verwirklichung der Gemeinschaft nicht benötigt würde. In diesem Fall stünde aber schon die Übertragung dieses Souveränitätsteils vom Mitgliedstaat auf die Gemeinschaft im Widerspruch zum Subsidiaritätsgrundsatz. Die Auffassung, daß ein Mitgliedstaat einen Souveränitätteil aufgrund eines Richterspruches aus der huldvollen Hand der Gemeinschaft zurückerhält, ist also verfehlt.[1165] Daß die Mitgliedstaaten in der Einrichtung ihrer Systeme der sozialen Sicherheit frei sind, ist ein allgemeiner Ausdruck der Anerkennung der mitgliedstaatlichen Staatssouveränität

Dieses Ergebnis der Anerkennung der mitgliedstaatlichen Staatssouveränität findet seine Bestätigung auch im Fall *Bodson*. Im Hinblick auf die staatlich monopolisierten externen Dienste im Bestattungswesen erkennt der *Gerichtshof* die Gemeinden als Träger öffentlicher Gewalt und damit letztlich nach den Kategorien des nationalen Rechts eine hoheitliche Aufgabenwahrnehmung an. Wenn der Bürger derartige Dienste in Anspruch nimmt, dann steht er der Gemeinde gleichgeordnet gegenüber. In den Kategorien des nationalen Rechts würde man also von einer schlicht-hoheitlichen Aufgabenwahrnehmung spre-

---

[1164] Vgl. dazu oben S. 79 ff.

[1165] Zum Zusammenspiel des Prinzips der begrenzten Einzelermächtigung und des Subsidiaritätsgrundsatzes vgl. oben S. 90, 99, 156.

chen.[1166] Vollends bestätigt wird die Anerkennung der schlicht-hoheitlichen Aufgabenwahrnehmung schließlich im Fall *Humbel*.[1167] Wenn der Staat durch die Einrichtung eines staatlichen Schulsystems seinem Erziehungsauftrag nachkommt, ist dies nach den Kategorien des nationalen öffentlichen Rechts ein Paradebeispiel für Leistungsverwaltung und schlicht-hoheitliche Aufgabenwahrnehmung.

Die Frage der Anwendbarkeit der Wettbewerbsregeln ist allerdings keine abstrakte Vorfrage, sie stellt sich vielmehr im Rahmen des Tatbestandsmerkmals des Unternehmens bzw. der unternehmerischen Betätigung. Dabei geht die Entscheidungspraxis der Gemeinschaftsorgane von einem weiten *funktionalen Unternehmensbegriff* aus. Der funktionale Unternehmensbegriff wurde vom *Europäischen Gerichtshof* in der Entscheidung *Höfner* etabliert. Demnach ist eine unternehmerische Betätigung anzunehmen, wenn sich eine Institution - unabhängig von ihrer Organisations- und Handlungsform - wirtschaftlich betätigt.[1168] Wirtschaftliche Betätigung ist letztlich das Aufeinandertreffen von Angebot und Nachfrage.[1169] Unter diesen Begriff wäre an sich auch die Tätigkeit der Sozialversicherungen zu subsumieren, weshalb gerade die Entscheidung *Poucet* häufig als Fehlentscheidung kritisiert wird. Auch wenn hier äußerlich eine wirtschaftliche Betätigung vorliegen mag, ist die Grenze des funktionalen Unternehmensbegriffs erreicht, wenn eine hoheitliche Aufgabenerfüllung vorliegt. Entscheidend sind dabei nicht die äußerlichen Umstände, sondern die Motivation der Tätigkeit.[1170] Im Rahmen des funktionalen Unternehmensbegriffs wirkt die hoheitliche Aufgabenerfüllung als negatives Tatbestandsmerkmal. Ähnlich ist dies im Falle der Grundfreiheiten. An die Stelle des Unternehmensbegriffs rücken hier etwa im Fall der Dienstleistungsfreiheit der Dienstleistungsbegriff und im Fall der Warenverkehrsfreiheit der Begriff der Handelsware. Hierauf wird im Rahmen dieser Zusammenfassung noch zurückzukommen sein.

[1166] Vgl. oben „Hoheitliche Tätigkeit", S. 71; „Die Regel anhand der Fälle Bodson und *Eurocontrol*", S. 86.

[1167] Vgl. oben der „Die Anwendbarkeitsfrage im Fall Humbel", S. 202. Im Fall *Humbel* ging es um die Frage der Anwendbarkeit der Dienstleistungsfreiheit und nicht der Wettbewerbsregeln. Daß die Lage dennoch vergleichbar ist, zeigte sich oben bei der Feststellung der „Kongruenz", S. 225.

[1168] Vgl. oben S. 78.

[1169] Vgl. oben „Der Art. 86 EG zugrunde liegende allgemeine Unternehmensbegriff", S. 44.

[1170] Oben „Motivation", S. 108.

B. Abgrenzungsversuche hoheitlicher und unternehmerischer Staatstätigkeit

Insbesondere die Fälle *British Telecommunications* und *Höfner*[1171] zeigen, daß die Behauptung einer hoheitlichen Aufgabenerfüllung nicht in das Belieben der Mitgliedstaaten gestellt ist. In diesen beiden Fällen brachten die jeweils betroffenen Mitgliedstaaten *Deutschland* und *Großbritannien* durch die Wahl einer öffentlich-rechtlichen Handlungs- und Organisationsform zum Ausdruck, die jeweilige Tätigkeit hoheitlich auszuüben. Der Gerichtshof hat dies aber nicht anerkannt, weil in seinen Augen in Wirklichkeit eine unternehmerische Tätigkeit vorlag. Dies zeigte sich vor allem an den Fällen *British Telecommunications* und *Höfner*. Der Hintergrund liegt in der folgerichtigen Überlegung, daß sich die Mitgliedstaaten nicht durch eine einfache Wahl der Handlungs- und Organisationsform der vertraglichen Bindungen gegenüber der Gemeinschaft entziehen. Wenn man so will, soll eine „Flucht ins öffentliche Recht" verhindert werden.[1172] So eingängig dieses Motiv erscheint, so schwierig gestaltet sich aber die Frage, wann eine hoheitliche Tätigkeit anerkannt werden kann und wann eine unternehmerische Tätigkeit eines Mitgliedstaates angenommen werden muß. Auf diese Frage hat es bislang noch keine befriedigende Antwort gegeben. Die Untersuchung der bisherigen Lösungsansätze zeigte zum Teil Inkonsistenzen auf, die mit der Systematik des EG-Vertrages nicht zu vereinbaren sind. Zum Teil hatten diese Lösungsansätze aber auch zur Konsequenz, daß bestimmte Entscheidungen der Gemeinschaftsorgane Fehlentscheidungen sein mußten. Zu den Mißverständnissen hat nicht zuletzt die Entscheidung *Höfner* beigetragen, in der der *Europäische Gerichtshof* den funktionalen Unternehmensbegriff ausdrücklich etabliert hat. Infolge der sehr knapp gehaltenen Subsumtion gilt die Bundesanstalt für Arbeit bzw. jede staatliche Arbeitsvermittlungsinstitution als Paradebeispiel für ein Unternehmen im funktionalen Sinne.[1173]

So entstand ein bislang nicht überbrückter Widerspruch in der Rechtsprechung,[1174] der sich insbesondere am Beispiel der Entscheidungen *Höfner* und *Poucet* zeigen läßt:[1175] Ohne an dieser Stelle noch einmal Details dieser Entscheidungen aufzugreifen, stellt sich vor allem die Frage, weshalb der *Gerichtshof* im Sozialversicherungswesen eine hoheitliche Aufgabenerfüllung anerkannt

---

[1171] Vgl. vor allem „Behandlung öffentlich-rechtlicher Handlungsformen", S. 74; „Die Ausnahme anhand des Falles British *Telecommunications*", S. 92.

[1172] Vgl. oben S. 70.

[1173] Vgl. oben S. 101.

[1174] „Scheinbare Widersprüche", S. 94.

[1175] „Poucet und Höfner", S. 97.

353

hat, während er diese für die Arbeitsvermittlung abgelehnt hat. Auch im Falle der Arbeitsvermittlung gibt es Argumente für eine hoheitliche Aufgabenwahrnehmung, die von den Vertretern der *Bundesrepublik Deutschland* in das Verfahren eingeführt worden waren, welche in der Entscheidung allerdings keinerlei Niederschlag fanden.[1176] Trotzdem kann man das Ergebnis der Entscheidung *Höfner* nicht beanstanden, wenn man sich vergegenwärtigt, daß die Bundesanstalt die ihr unter anderem übertragene Aufgabe der Vermittlung wirtschaftlicher Führungskräfte nicht wahrnehmen wollte oder konnte.

Die gängigen Abgrenzungskriterien können über diesen Widerspruch nicht hinweghelfen.[1177] Die Möglichkeit der Aufgabenwahrnehmung durch Private[1178] wird zunächst durch die Entscheidung *Poucet* selbst widerlegt. Die Sozialversicherungen müssen nicht notwendig durch eine öffentliche Institution durchgeführt werden. Gegen diese Auffassung spricht auch eine wirtschaftstheoretische Überlegung, die den Wettbewerb mit *Friedrich August von Hayeck* als einen Entdeckungsprozeß begreift. Es mag Aufgaben geben, deren Erfüllung durch Private heute faktisch unmöglich erscheint. Mit der Zeit können sich aber Verfahrens- oder Organisationstechniken herausbilden, die eine private Aufgabenerfüllung in diesem Bereich ermöglichen. Wenn man für die Bestimmung einer hoheitlichen Aufgabe auf deren gesetzliche Bestimmung abstellt, kommt man wiederum mit der Problematik in Konflikt, daß die Mitgliedstaaten gerade mit Hilfe einer solchen gesetzlichen Bestimmung die *Flucht ins öffentliche Recht* antreten und sich auf diese Weise der gemeinschaftlichen Bindungen entledigen können.[1179] Auch die fehlende Gewinnerzielungsabsicht erscheint nicht als taugliches Abgrenzungskriterium.[1180] Das Beispiel einer Einkaufsgenossenschaft zeigt bereits, daß es Institutionen gibt, die ohne Gewinn arbeiten sollen, aber gleichwohl den Wettbewerbsregeln unterstellt sein müssen. In Betracht kam auch die Abgrenzung anhand der wirtschaftswissenschaftlichen Kriterien der öffentlichen und meritorischen Güter.[1181] Gegen diese Idee spricht aber vor allem wieder der Subsidiaritätsgrundsatz. In Folge einer solchen Beschränkung könnten die Mitgliedstaaten nur den engen Bereich der Produktion von öffentlichen Gütern hoheitlich ausgestalten. Allein in diesem Bereich würde die Souveränität der Mitgliedstaaten anerkannt. Dies würde der dem Subsidiaritätsgrund-

---

[1176] Vgl. oben S. 102.

[1177] „Kriterien für die Abgrenzung hoheitlichen Handelns und rein wirtschaftlicher Betätigung", S. 113 ff.

[1178] „Wahrnehmung der Aufgabe durch Private", S. 115.

[1179] „Wahrnehmung einer gesetzlich bestimmten Aufgabe", S. 117.

[1180] „Fehlende Gewinnerzielungsabsicht", S. 114.

[1181] „Abgrenzung anhand wirtschaftswissenschaftlicher Kriterien", S. 121.

satz zugrunde liegenden Idee zuwiderlaufen, daß die Mitgliedstaaten grundsätzlich ihre Angelegenheiten selbst wahrnehmen. Diese Überlegung trifft im Übrigen auch für alle weiteren Ideen zu, die die Lösung der Abgrenzung letztlich in einer Katalogisierung der hoheitlich erfüllbaren Aufgabenbereiche sehen.[1182] Auf den Mißbrauch einer hoheitlichen Stellung abzustellen, kann zunächst nur eine Scheinlösung sein.[1183] Auf diese Weise wird die Anwendbarkeitsproblematik von dem Tatbestandsmerkmal der unternehmerischen Tätigkeit auf den Mißbrauchstatbestand verschoben und beantwortet, was methodisch verfehlt erscheint. Die Heranziehung der Ausnahmeklauseln der Grundfreiheiten mag zunächst naheliegend erscheinen, sie erweist sich aber als systematisch problematisch.[1184] Die Anwendung einer Ausnahmeklausel bedeutet, daß über die Vorfrage der Anwendbarkeit der Norm bzw. des Normenkomplexes bereits entschieden worden ist. Es geht also um die Frage, ob trotz tatbestandlicher Erfüllung eine Ausnahme gewährt werden kann. Allein die Ausnahmeklausel der Arbeitnehmerfreizügigkeit (Art. 39 IV EG) erscheint mit der hier erörterten Problematik vergleichbar. Der Bereich der öffentlichen Verwaltung wird dem Anwendungsbereich des Freiheitsrechts von vorn herein - der hoheitlichen Aufgabenwahrnehmung ähnlich - entzogen. Vergleichbar ist auch die Problematik, daß sich ein Mitgliedstaat der Bindung dieser Freiheit entzieht, indem er willkürlich einen Tätigkeitsbereich der öffentlichen Verwaltung zuschlägt. Die Kriterien, die sich im Bereich der sogenannten Beamtenrechtsprechung des *Europäischen Gerichtshofs* bewährt haben, erscheinen in dem hier erörterten Zusammenhang aber als zu vage. Schließlich kommt am Ende noch eine wertende Gesamtbeurteilung in Betracht, in die die Indizwirkung der übrigen Kriterien eingestellt werden könnte.[1185] Hier mangelt es aber - für eine Gesamtbeurteilung recht typisch - an einer praktisch handhabbaren Struktur, die den Bedürfnissen der Rechtssicherheit ausreichend Rechnung tragen würde. Was im einzelnen nicht funktioniert, wird auch in der Gesamtheit schwerlich funktionieren.

C. Abgrenzung nach Kategorien aus dem deutschen Verwaltungsrecht

Als Ausgangspunkt für eine erfolgreiche Lösung der Abgrenzung erscheint es sinnvoll, an der mitgliedstaatlichen Souveränität anzusetzen, die die Systematik

---

[1182] Z.B. „Unterschiedliche „Wertigkeit" öffentlicher Interessen", S. 129.

[1183] „Wirtschaftlicher Mißbrauch der hoheitlichen Stellung", S. 130.

[1184] „Orientierung an den Ausnahmeklauseln zu den Grundfreiheiten", S. 133.

[1185] „Wertende Gesamtbeurteilung", S. 136.

des EG-Rechts nicht zuletzt über das Prinzip der begrenzten Einzelermächtigung und den Subsidiaritätsgrundsatz anerkennt. Ausgehend von der oben beschriebenen Ausweitung der Staatsaufgaben erscheint eine Theorie fruchtbringend, die sich mit der Frage auseinandersetzt, wann der moderne soziale Rechtsstaat eine Aufgabe hoheitlich wahrnehmen kann.

Kraft seiner Souveränität kann ein unabhängiger Staat zunächst praktisch jede Aufgabe zur Staatsaufgabe erklären. In einem Rechtsstaat läßt sich diese Erklärung zur Staatsaufgabe mit der *Begründung einer hoheitlichen Kompetenz* umschreiben.[1186] Diese Begründung einer hoheitlichen Kompetenz bedeutet zweierlei: Zum einen wird eine bestimmte Tätigkeit zur hoheitlichen Aufgabe erklärt und damit dem Regime des öffentlichen Rechts unterstellt. Zum anderen legt die Kompetenz fest, welche Stelle für die Wahrnehmung der Aufgabe zuständig ist, gegebenenfalls bestimmt sie auch die Einrichtung einer solchen Stelle, sofern sie in dieser Form noch nicht existiert. Auf der Grundlage der weitgesteckten Grenzen der Verfassung hat der Staat die Möglichkeit, selbst zu bestimmen, mit welchen Aufgaben er sich befaßt. Ohne die Begründung der hoheitlichen Kompetenz besäße die staatliche Aufgabenwahrnehmung keinen hoheitlichen Charakter und stünde deshalb (auch) nur unter dem Regime des einfachen Rechts. Dies hätte wiederum zur Folge, daß auch die einfachgesetzlichen Abwehransprüche greifen könnten. Sofern ein solcher Abwehranspruch tatbestandlich vorläge, könnte der Staat an seiner Aufgabenwahrnehmung gehindert werden. Indem man die Tätigkeit aufgrund der Begründung der hoheitlichen Kompetenz dem Regime des öffentlichen Rechts unterstellt, scheiden derartige allgemeine Abwehransprüche aus. Auf diese Weise kommen sowohl besondere öffentlich-rechtliche Bindungen wie auch besondere öffentlich-rechtliche Berechtigungen zum Ausdruck. Hoheitliche Kompetenzen sind dabei nicht auf hoheitlich-obrigkeitliche Handlungen beschränkt, sondern sie können auch eine schlicht-hoheitliche Aufgabenwahrnehmung zum Inhalt haben.

Diese Erwägungen zur Kompetenzbegründung passen sich nahtlos in die Systematik des Europarechts ein.[1187] Die Souveränität, aus der die Möglichkeit der Kompetenzbegründung entspringt, wird von der Systematik des Gemeinschaftsrechts ganz grundsätzlich anerkannt. Dies kommt insbesondere durch das Prinzip der begrenzten Einzelermächtigung wie auch durch den Subsidiaritätsgrundsatz zum Ausdruck. Der Subsidiaritätsgrundsatz ist formal zwar erst durch den Vertrag von Maastricht in das Gemeinschaftsrecht eingeführt worden. Die Tatsache, daß die Interessen der Mitgliedstaaten in jeder auch früheren Entscheidung der Gemeinschaftsorgane Berücksichtigung finden, zeigt, daß diese Sys-

---

[1186] „Die Funktion einer hoheitlichen Kompetenz", S. 149.

[1187] „Die Anerkennung der Kompetenzbegründung im Europarecht", S. 156.

tematik nicht neu ist. Wenn der *Gerichtshof* beispielsweise in den Entscheidungen zu den mitgliedstaatlichen Sozialversicherungen sagt, die Mitgliedstaaten seien in der Gestaltung ihrer Systeme der sozialen Sicherheit frei, kommt darin genau dieses Anerkenntnis der mitgliedstaatlichen Souveränität zum Ausdruck. Auch anhand der Fälle *Bodson* und *Eurocontrol* ließ sich diese Systematik nachweisen.

Die *Kompetenzkerntheorie* befaßt sich auf nationaler Ebene mit der Frage der Grenzen der hoheitlichen Aufgabenwahrnehmung.[1188] Die Frage, ob und inwieweit die durch die Kompetenz zur öffentlichen Aufgabe erhobene Sachmaterie dem Regime des öffentlichen Rechts unterstellt sein kann, kann dabei vor allem unter Heranziehung des Verhältnismäßigkeitsgrundsatzes beantwortet werden. Allein im Kernbereich der durch die Kompetenznorm zugewiesenen Aufgabe soll die betraute Stelle in dem von der Kompetenznorm vorgegebenen Rahmen gegenüber der Allgemeinheit besonders berechtigt und verpflichtet werden. Es geht also auch darum, daß die Erfüllung der öffentlichen Aufgabe nicht durch die Erhebung eines Abwehranspruchs aus dem allgemeinen Zivilrecht oder dem Wirtschaftsrecht unmöglich gemacht wird. Nach der *Kompetenzkerntheorie* gilt im Kompetenzkern also das Regime des öffentlichen Rechts, außerhalb des Kompetenzkerns kann der Verhältnismäßigkeitsgrundsatz die Anwendung der allgemeinen Rechtsnormen gebieten, zivilrechtliche und mithin wettbewerbsrechtliche Ansprüche können hier also zum Zuge kommen, soweit die Aufgabenerfüllung im Kompetenzkern dadurch nicht behindert wird.

Mit den Kriterien der Kompetenzkerntheorie kann nun auch das System der Abgrenzungskriterien zwischen hoheitlichem Handeln einerseits und unternehmerischer Betätigung andererseits erklärt werden, das offenbar den Entscheidungen des *Gerichtshofes* zu Grunde liegt.[1189] Nach der Feststellung, daß die Mitgliedstaaten frei sind, bestimmte Tätigkeiten aufgrund einer Kompetenzbegründung hoheitlich und damit grundsätzlich von den Wettbewerbsregeln des EG-Vertrages immunisiert durchzuführen, kann auch mit den Kriterien der Kompetenzkerntheorie entschieden werden, ob diese Immunität vor den Wettbewerbsregeln im konkreten Einzelfall Bestand haben kann. Es ist deshalb zu fragen, ob die konkrete Tätigkeit im Kompetenzkern der vom Mitgliedstaat hoheitlich wahrgenommenen Tätigkeit liegt. Dies ist im Wesentlichen anhand des Verhältnismäßigkeitsgrundsatzes zu untersuchen. Zunächst ist im Sinne des Verhältnismäßigkeitsprinzips zu ermitteln, welches Ziel der Mitgliedstaat mit seinem Verhalten verfolgt, worin also der Kern der potentiell hoheitlichen Tä-

---

[1188] „Die Kompetenzkerntheorie", S. 159.

[1189] „Einfügung der Kompetenzkerntheorie in die europäische Rechtssystematik", S. 164.

tigkeit liegt. Daran anschließend ist zu fragen, ob dieses den „Kompetenzkern" begründende Interesse vor dem Hintergrund des Europarechts legitim ist. Dann stellt sich die Frage der *Geeignetheit* der konkreten Maßnahme des Mitgliedstaates, dieses Ziel zu erreichen. Ungeeignete Mittel sind dabei außerhalb des Kompetenzkerns anzusiedeln und vermögen deshalb keine hoheitliche Aufgabenwahrnehmung zu rechtfertigen, weshalb sie einer Überprüfung anhand der Wettbewerbsregeln des EG-Vertrages zugänglich sind.[1190] Des Weiteren kann eine Maßnahme, die zur Erreichung des mitgliedstaatlichen Interesses nicht *erforderlich* ist, nicht im Kompetenzkern liegen. Schließlich kann eine Maßnahme dann nicht im Bereich des Kompetenzkerns verortet werden, wenn sie sich als *unangemessen* herausstellt.

Auf nationaler Ebene wird das aus der Souveränität geborene Handeln des Staates gegenüber seinen Bürgern nach innen durch die Verfassung und hier vor allem durch die Grundrechte begrenzt. Auf der Ebene des Europarechts wird das aus derselben Souveränität geborene Staatshandeln nach außen gegenüber der Gemeinschaft durch die Bindungen des Europarechts begrenzt. Im einen Fall wird die staatliche Souveränität den Grundrechten gegenüber zum Ausgleich gebracht, im anderen Fall wird sie den gemeinschaftsrechtlichen Bindungen gegenüber zum Ausgleich gebracht. Diese vergleichbare Konstellation legt eine Übertragung der Abwägungskriterien aus der Kompetenzkerntheorie von der Ebene des nationalen Rechts auf die Ebene des EG-Rechts nahe. Anhand der Kasuistik konnte nun nachgewiesen werden, daß die Anwendung der Wettbewerbsregeln in den Fällen *British Telecommunications*, *Höfner* und *Bodson* damit begründet werden konnte, daß das fragliche Verhalten der jeweiligen öffentlichen Institution außerhalb des Kompetenzkerns lag.[1191] Hier soll nur noch einmal auf den Fall *Höfner* eingegangen werden. Als entscheidendes Kriterium wurde herausgestellt, daß die Bundesanstalt für Arbeit ein Monopol auch für die Vermittlung von wirtschaftlichen Führungskräften besaß, das mit dem öffentlichen Interesse an einer seriösen Arbeitsvermittlung begründet werden konnte. Diese Aufgabe konnte oder wollte die Bundesanstalt nach den Feststellungen des *Gerichtshofes* nicht erfüllen. Die Anwendung der Kompetenzkerntheorie führte hier zu dem Ergebnis, daß eine Monopolisierung einer Aufgabe kaum erforderlich sein kann, wenn sie dann überhaupt nicht erfüllt wird. Deshalb lag das Verhalten der Bundesanstalt - Verteidigung des Monopols - auch nicht im Kompetenzkern. Auf diese Weise konnte der „Vorbehalt ausreichender Leistungsfähigkeit"[1192] systematisch eingeordnet und der Unterschied zum Fall

---

[1190] Dies wurde hier anhand des Falles *BT* dargestellt.

[1191] „Einfügung des Falles British Telecommunications", S. 164; „Einfügung des Falles Bodson", S. 166; „Einfügung des Falles Höfner", S. 167.

[1192] Vgl. oben S. 138.

Poucet erklärt werden. Wesentlich ist darüber hinaus auch die Erkenntnis, daß bei der Abgrenzung von hoheitlicher und unternehmerischer Betätigung nicht auf die Institution, sondern auf die konkrete Tätigkeit abzustellen ist.[1193] Ein Hoheitsträger wird nicht dadurch zum Unternehmen, daß er sich im Einzelfall unternehmerisch betätigt und etwa Postkarten verkauft. Dieses Beispiel leitet aber auch auf eine politische Bedeutung der hier vorgetragenen Lösung über. Die Mitgliedstaaten können nur dann wirklich sicher sein, daß die Gemeinschaftsorgane eine hoheitliche Aufgabenwahrnehmung anerkennen, wenn sie hoheitliche und wirtschaftliche Tätigkeit ausreichend voneinander trennen. Unterlassen sie dies, besteht die Gefahr, daß der gesamte Tätigkeitsbereich von den Gemeinschaftsorganen als wirtschaftlich qualifiziert wird. Die hier vorgetragene Lösung hat also auch zur Folge, daß die Mitgliedstaaten im eigenen Interesse dieses „unbundling" vorantreiben müssen.[1194] Aktuell zeigt sich dies auf nationaler Ebene in der Frage, wo die Grenze zwischen hoheitlicher und wirtschaftlicher Aufgabenwahrnehmung im Bereich des Rundfunks zu ziehen ist.[1195]

D. Konzept der einheitlichen Zuordnung

Eine Art Nebenprodukt der Arbeit war ferner die Feststellung des Konzepts der einheitlichen Zuordnung, das im Widerspruch zu der Lehre von der Doppelqualifizierung im nationalen Recht steht.[1196] Vor allem anhand des Falles *British Telecommunications* konnte nachgewiesen werden, daß die Gemeinschaftsorgane bei der Anwendung der Wettbewerbsregeln auf eine Tätigkeit, die in Wirklichkeit wirtschaftlich motiviert ist, nicht vor öffentlich-rechtlich ausgestalteten Leistungsverhältnissen haltmachen. Die Entscheidungskompetenz der europäischen Gerichte geht so weit, daß sie auf nationaler Ebene sowohl mit der Kompetenz eines zivilen Wettbewerbsgerichts als auch mit der eines Verwaltungsgerichts vergleichbar ist. Im Gegensatz dazu steht die Zuständigkeit der nationalen Zivilgerichte in Wettbewerbssachen. Sie sind in ihrer Kompetenz beschränkt und können ein öffentlich-rechtlich ausgestaltetes Leistungsverhältnis zwischen

---

[1193] „Konkrete Tätigkeit", S. 104.

[1194] Zum Begriff des „unbundling" siehe z.B. *Emmerich* in: Dauses (Hrsg.): Handbuch des EG-Wirtschaftsrechts, H. II., Rn. 46; vgl. auch Art. 6 Endgeräte-RL Amtsbl. 1988 L 131, 73.

[1195] Zeitungsbericht: Rundfunkanstalten zwischen Grundversorgung und Funktionsauftrag, FAZ vom 12. Feb. 1999, S. 14, mit Hinweis auf die gerade vorgelegte Monographie *Bullinger*: Die Aufgaben des öffentlichen Rundfunks - Wege zu einem Funktionsauftrag.

[1196] „Die besondere „Kompetenz" des Europäischen Gerichtshofs", S. 92; vgl auch oben S. 89.

einer Behörde und einem Bürger nicht unmittelbar für rechtswidrig erklären. Dies liegt allein in der Kompetenz der Verwaltungsgerichte, wenn man von der Annexkompetenz des § 17 II GVG absieht. So erklärt sich, daß ein einheitliches Rechtsverhältnis im Rahmen der Lehre von der Doppelqualifizierung in ein öffentlich-rechtliches Leistungsverhältnis und ein ziviles Wettbewerbsverhältnis aufgespalten wird. Die europäischen Gerichte wenden dagegen die Wettbewerbsregeln des EG-Vertrages entweder einheitlich an oder - bei Anerkennung einer hoheitlichen Aufgabenwahrnehmung - nicht an. Offenbar haben die Gemeinschaftsorgane nichts gegen diese nationale Rechtsauffassung einzuwenden, da sie die Verwirklichung des gemeinsamen Marktes nicht stört.

E.   Übertragung auf die Grundfreiheiten

Diese Ergebnisse lassen sich auch auf die Grundfreiheiten übertragen. Insbesondere anhand des Falles Humbel konnte im Rahmen der Dienstleistungsfreiheit nachgewiesen werden, daß die hoheitliche Aufgabenwahrnehmung auch hier als negatives Tatbestandsmerkmal bei der Subsumtion unter den Dienstleistungsbegriff wirkt.[1197] Eine hoheitliche Aufgabenwahrnehmung ist keine Dienstleistung im Sinne des Art. 50 EG. Ein (privater) Konkurrent kann sich folglich nicht auf die Dienstleistungsfreiheit berufen, wenn er sich durch die staatliche Aufgabenwahrnehmung in seiner Entfaltungsmöglichkeit beschränkt sieht. Bedeutung gewinnt diese Feststellung vor allem vor dem Hintergrund, daß die Ausweitung der Cassis-Rechtsprechung auch auf den Bereich der Dienstleistungsfreiheit[1198] und die übrigen Grundfreiheiten nachgewiesen werden konnte.[1199] So kann eine monopolisierte staatliche Aufgabenwahrnehmung eine allgemeine Beschränkung von Grundfreiheiten darstellen, da sie Ausländer wie Inländer trifft. Auch in diesem erweiterten Anwendungsbereich der Grundfreiheiten wirkt die hoheitliche Aufgabenwahrnehmung als negatives Tatbestandsmerkmal.

Die Anerkennung einer hoheitlichen Aufgabenwahrnehmung kann - ebenso wie im Rahmen der Wettbewerbsregeln - in Anlehnung an die Kompetenzkerntheorie erfolgen. Die Möglichkeit dieser Übertragbarkeit erklärt sich nicht zuletzt

---

[1197] „Die Anwendbarkeitsfrage im Fall Humbel", S. 202; „Parallelen zur Anwendbarkeit der Wettbewerbsregeln", S. 202.

[1198] „Außergesetzliche Ausnahmen von der Dienstleistungsfreiheit", S. 253.

[1199] „Außergesetzliche Ausnahmen von der Niederlassungsfreiheit", S. 260; „Außergesetzliche Ausnahmen von der Kapitalverkehrsfreiheit", S. 263.

aus der Kongruenz von Dienstleistungs- und Unternehmensbegriff.[1200] Wenn ein Mitgliedstaat Erziehungsleistungen zur Staatsaufgabe erklärt, kann die Einrichtung und Unterhaltung eines staatlichen Schulsystems dem Kompetenzkern des Erziehungsauftrages zugeordnet werden.[1201] Vor allem lassen sich aber auch im Bereich der Grundfreiheiten scheinbare Widersprüche in der Kasuistik des *Europäischen Gerichtshofs* auflösen. So erscheint es zumindest auf den ersten Blick als inkonsistent, wenn der *Gerichtshof* beim Erwerb von Heilmitteln und der Inanspruchnahme von Heilleistungen im EG-Ausland Warenverkehrs- und Dienstleistungsfreiheit anwendet, [1202] obgleich er im Fall *Poucet* eine hoheitliche Aufgabenwahrnehmung der Sozialversicherungen angenommen hatte.[1203] Die Betrachtung unter dem Blickwinkel der Kompetenzkerntheorie legt in diesem Fall einen Vergleich mit der Beschaffungstätigkeit der öffentlichen Hand nahe. Dieser Bereich der Fiskalverwaltung wird nach allgemeiner Ansicht als nicht hoheitlich qualifiziert und dem allgemeinen Recht unterstellt. Demnach ist es folgerichtig, wenn der *Gerichtshof* in diesem Fall eine hoheitliche Aufgabenwahrnehmung der Sozialversicherungen ablehnt und die Grundfreiheiten in diesem Fall anwendet.[1204]

Bei der Untersuchung der Anwendbarkeitsgrenzen der Grundfreiheiten sind selbstverständlich auch deren Ausnahmeklauseln zu berücksichtigen. Für die gesetzlichen Ausnahmetatbestände - in erster Linie Rechtfertigungen von Diskriminierungsverboten - wurde ein äußerst enger Anwendungsbereich festgestellt.[1205] Nur in Extremlagen, wie etwa der Gesundheitsgefährdung durch die BSE-Seuche kann ein Importverbot nach Art. 30 EG diskutiert werden.[1206] Im Bereich der Medien kann man die Rechtfertigung einer Diskriminierung nach Art. 55, 46 EG zum Schutze der Meinungsvielfalt in Betracht ziehen, eine Möglichkeit, die heute allerdings aufgrund der technischen Entwicklung im Medienbereich als überholt angesehen werden kann.[1207] Erhebliche praktische Bedeutung haben dagegen die außergesetzlichen Ausnahmetatbestände. Ihre Ausbildung erfolgte nachdem die Gemeinschaftspraxis den Anwendungsbereich der

---

[1200] „Kongruenz", S. 225.

[1201] „Die Anwendbarkeitsfrage im Fall Humbel", S. 202; „Kompetenzbegründung und Kompetenzkerntheorie in diesem Zusammenhang", S. 204.

[1202] „Überprüfung der Ergebnisse anhand der Fälle *Decker* und *Kohll*", S. 210.

[1203] „Verdacht der Unvereinbarkeit", S. 211.

[1204] „Anwendung der Kriterien der Kompetenzkerntheorie auf die Fälle *Decker* und *Kohll*", S. 213.

[1205] „Folgerungen", S. 271.

[1206] „Art. 30 EG", S. 228.

[1207] „Art. 55 in V. m. Art. 46 EG für die Dienstleistungsfreiheit", S. 235

Grundfreiheiten auf allgemeine Beschränkungen ausgeweitet hat, die Ausländer wie Inländer betreffen. Derartige Beschränkungen sind in Anlehnung an die *Cassis*-Rechtsprechung aus „zwingenden Erfordernissen" möglich.[1208] Diese zwingenden Gründe lassen sich in vier Gruppen kategorisieren:[1209] Die Herstellung von mehr Wettbewerb, der Schutz der Bevölkerung in Form von Arbeitnehmer- und Verbraucherschutz, der Schutz vor Überlastung technischer Systeme und schließlich die Förderung von Vielfalt und Kultur. Mit Hilfe dieser Kategorien läßt sich auch das Verhältnis von Anwendbarkeit und Ausnahme erläutern. Die Annahme eines zwingenden Erfordernisses kommt nur im Rahmen dieser Kategorien in Betracht. Will ein Mitgliedstaat andere Motive verfolgen, so ist er auf eine hoheitliche Aufgabenwahrnehmung angewiesen, deren Zulässigkeit sich nach den oben dargestellten Kriterien in Anlehnung an die Kompetenzkerntheorie richtet.[1210]

F. Anwendungsgrenzen der Beihilferegeln

Die Problematik der Anwendungsgrenzen der Beihilferegeln stellt sich bei der staatlichen Aufgabenwahrnehmung in dreifacher Hinsicht. Soweit es um den Kreis der Begünstigten geht, ist in Bezug auf die hoheitliche Aufgabenerfüllung ein Gleichlauf zu den Wettbewerbsregeln und Grundfreiheiten zu verzeichnen.[1211] Eine öffentliche Institution kann nach der Definition des funktionalen Unternehmensbegriffs durchaus ein (öffentliches) Unternehmen darstellen, auch wenn es Aufgaben wahrnimmt, die im allgemeinen Interesse liegen.[1212] Gewährt der Staat einer solchen Institution eine finanzielle Zuwendung, kann dies gegen das Beihilfeverbot aus Art. 87 I EG verstoßen. Die Grenze der Anwendbarkeit der Beihilferegeln ist aber erreicht, wenn die Institution eine hoheitliche Aufgabe wahrnimmt. Also wirkt die hoheitliche Aufgabenwahrnehmung auch hier als negatives Tatbestandsmerkmal. Für die Feststellung einer hoheitlichen Aufgabenwahrnehmung ist in Anlehnung an die Kompetenzkerntheorie auf die zuvor dargestellten Kriterien zurückzugreifen.

Die Anwendbarkeit der Beihilferegeln kann man aber auch in solchen Fällen diskutieren, in denen der Staat einem Unternehmen durch einen Hoheitsakt ei-

---

[1208] „Außergesetzliche Ausnahmen von der Warenverkehrsfreiheit", S. 241.

[1209] „Folgerungen", S. 271, 273.

[1210] „Folgerungen", S. 271 ff.

[1211] „Kreis der Begünstigten", S. 291.

[1212] „Behandlung gemeinwirtschaftlicher Unternehmen", S. 300.

nen Vorteil gewährt, der sich positiv auf die Vermögenslage des Unternehmens auswirkt.[1213] Als Beispiel soll an dieser Stelle noch einmal die vorteilhafte Überplanung eines Unternehmensgrundstücks angeführt werden.[1214] Auch wenn ein Mitgliedstaat einem Unternehmen auf diese Weise erhebliche Vorteile einräumen kann, entspräche es nicht dem Normzweck der Beihilferegeln, wenn sie in klassische hoheitliche Souveränitätsbereiche der Mitgliedstaaten eingreifen könnten. Deshalb erscheint es sachgerecht, in Übereinstimmung mit der Rechtsprechung des *Europäischen Gerichtshofs* in der intendierten Belastung des Staatshaushaltes eine Anwendungsgrenze der Beihilferegeln zu sehen.[1215]

Hat sich ein Mitgliedstaat tatsächlich zu einer unternehmerischen Aufgabenerfüllung entschlossen, sind die Beihilferegeln im Grundsatz anwendbar. Für den Staat als Unternehmer bedeutet dies, daß er im Gegensatz zum privaten Unternehmer bei der Kapitalausstattung und finanziellen Unterstützung seiner Unternehmen an die Beihilferegeln gebunden ist. Eine derartige Zuwendung an ein öffentliches Unternehmen muß unter dem Blickwinkel eines marktwirtschaftlichen Kapitalgebers gerechtfertigt sein.[1216] Ist das der Fall, findet die Anwendbarkeit der Beihilferegeln an dieser Stelle ihre dritte Grenze.

G.   Die Ausnahmevorschrift des Art. 86 II EG

Der Anwendungsbereich der Ausnahmevorschrift des Art. 86 II EG ist auf Fälle des allokativen Marktversagens beschränkt. Im Wesentlichen geht es dabei um Konstellationen, in denen ein (öffentliches) Unternehmen verpflichtet ist, einen Markt zu bedienen, wobei mit Gewinnbereichen Verlustzonen ausgeglichen werden müssen.[1217] Bei einem solchen schwachen Monopol[1218] besteht die besondere Gefahr eines externen *Rosinenpickens* oder *cream-skimming*.[1219] Ein

---

[1213] „Belastung des Staatshaushalts", S. 284.

[1214] „Fälle der fehlenden Belastung", S. 284.

[1215] „Anwendbarkeit der Beihilferegeln sachgerecht?", S. 285; „Bestätigung des Kriteriums der Belastung öffentlicher Mittel durch die Rechtsprechung des *Europäischen Gerichtshof*, S. 287.

[1216] Vgl. „Leitlinien der Entscheidungspraxis", S. 295; „Behandlung gemeinwirtschaftlicher Unternehmen", S. 300.

[1217] Vgl. dazu oben mit weiteren Konstellationen: „Wirtschaftstheoretische Rechtfertigung von Monopolen", S. 318.

[1218] Wegen der Behandlung des schwachen natürlichen Monopols vgl. oben S. 320 ff.

[1219] Zu diesen Begriffen des *Rosinenpickens* bzw. *cream-skimming* vgl. oben S. 320, 328, 337.

nicht-innovativer Wettbewerber[1220] kann in den lukrativen Marktteil eindringen, da er keine Quersubventionen für den Verlustteil leisten muß. Auf diese Weise besteht die Gefahr, daß eine gleichmäßige Marktversorgung in sich zusammenbricht. Der Schutz ist ein gesetzliches Monopol, das die schädliche Marktpenetranz verhindert. Die Gründe für ein schwaches Monopol können topographischer Natur sein oder in einer unwirtschaftlichen Vorhaltungspflicht zur Bewältigung von Spitzenlasten liegen,[1221] sie können aber auch durch gesetzliche Rahmenbedingungen begründet sein.[1222]

In einer Reihe noch recht junger Entscheidungen hat sich der *Gerichtshof* mit dieser Problematik auseinandergesetzt. Dabei bestätigt sich die Beschränkung der Anwendung des Art. 86 II EG auf Konstellationen, die mit dem Begriff des schwachen natürlichen Monopols umschrieben werden können. Als wesentliches Kriterium hat der Gerichtshof dabei eine Aufgabenerfüllung unter wirtschaftlich tragbaren Bedingungen eingeführt.[1223] Der *Gerichtshof* verwendet in seinen Entscheidungen zwar nicht die oben angeführten wirtschaftswissenschaftlichen Begriffe. Aufgrund der Sachverhaltskonstellationen, der tragenden Entscheidungsgründe und der Normsystematik konnte aber herausgearbeitet werden, daß Art. 86 II EG vor diesem Hintergrund zu sehen ist. Dabei dient das wirtschaftswissenschaftliche Instrumentarium allerdings nicht der Auslegung eines Tatbestandsmerkmales, sondern es dient dem Beweis, daß unter den gegebenen Umständen eine Aufgabenerfüllung unter wirtschaftlich tragbaren Bedingungen nicht möglich ist. Was die Anforderungen an diesen Beweis angeht, ist in der Rechtsprechung sicherlich eine Entwicklung zu einer gewissen Erleichterung zu erkennen. So hatte man ursprünglich gefordert, daß die Anwendung der Wettbewerbsregeln *nachweislich* unvereinbar mit der Aufgabenerfüllung sein mußte.[1224] Die derzeitige Beweissituation kann man damit beschreiben, daß der Mitgliedstaat eine Marktkonstellation im oben dargestellten Sinne nachweisen muß. In einer solchen Konstellation ist ein Marktversagen aufgrund der wirtschaftswissenschaftlichen Erkenntnisse hinreichend wahrscheinlich. Daß die Kommission in einem streitigen Verfahren den Gegenbeweis der fehlenden Erforderlichkeit der entsprechenden mitgliedstaatlichen Marktregelung zu erbringen hat, erscheint als sachgerecht und kann nicht als weitere Beweiser-

---

[1220] Zum Begriff des nicht innovativen Wettbewerbers vgl. oben S. 320 ff, 328 f.

[1221] Zu der Spitzenlastproblematik vgl. oben S. 322.

[1222] Vgl. dazu den Fall *Almelo*, oben S. 344; darauf wird in dieser Zusammenfassung noch zurückzukommen sein.

[1223] „Aufgabenerfüllung unter wirtschaftlich tragbaren Bedingungen", S. 328.

[1224] Vgl. oben im Fall *Sacchi* S. 316.

leichterung angesehen werden.[1225] Die Anforderungen, die an den Nachweis einer derartigen Konstellation gestellt werden, sind nach wie vor streng, die bloße Behauptung einer solchen Konstellation reicht dabei sicher nicht aus.[1226] Es bleibt auch abzuwarten, welche Auswirkungen eine weitere Entwicklung der jüngeren Vergangenheit auf die Entscheidungspraxis haben wird. Hier geht es um die Auslegung der in Art. 86 II 2 EG angesprochenen Gemeinschaftsinteressen.[1227] Sie sollen einer Ausnahmegewährung entgegenstehen, wenn die Ausnahme im Widerspruch zu gemeinschaftsrechtlichen Sekundärvorschriften steht. Zu der Prüfung kommt man aber erst, wenn man die Marktkonstellation des schwachen natürlichen Monopols nachgewiesen hat. Mit dieser neuen Lesart sollen wohl eher entsprechende Regelungsaktivitäten der *Kommission* angeregt werden.

Der *Europäische Gerichtshof* hat aber noch eine weitere Anforderung an die Gewährung einer Ausnahme nach Art. 86 II 1 EG gestellt. Der lukrative und nicht lukrative Bereich müssen sich als nicht spezifische Dienstleistungen gegenüberstehen.[1228] Von einer nicht spezifischen Dienstleistung kann man sprechen, wenn sie von der Erbringung der im allgemeinen Interesse liegenden Dienstleistung nicht getrennt werden kann. Die Handhabung dieses greifbar anmutenden Kriteriums erweist sich aber als schwierig. Die hierzu in dieser Arbeit vorgestellte Lösung beruht auf der Überlegung, daß ein gesetzliches Monopol nicht dazu mißbraucht werden darf, Marktinnovationen zu verhindern. Vergleichbar ist die Konstellation mit dem Fall *Höfner*, wo die Bundesanstalt eine Aufgabe nicht erfüllen konnte oder wollte. Gleichwohl bestand sie auf ihrem Monopol und verhinderte so eine (legale) Privatinitiative. Im Fall *Corbeau* ersann ein privater Mitwettbewerber eine (an sich naheliegende) Dienstleistung, die sich im Vergleich zu den Postdienstleistungen als innovativ ausnahm. Die Interpretation der spezifischen Dienstleistung als innovative Dienstleistung hätte zur Konsequenz, daß das Monopol auf diese Weise faktisch selbst zur Innovation gezwungen würde.[1229]

Die bis hierhin gewonnenen Erkenntnisse lassen auch einen Beitrag zu der Diskussion um die systematische Stellung des Art. 86 II EG zu.[1230] Dabei geht es

---

[1225] Vgl. zu dieser neuen Beweislastverteilung oben S. 327.

[1226] Vgl. hierzu aber Fn. 1111.

[1227] „Das Interesse der Gemeinschaft", S. 335.

[1228] „Nicht spezifische Dienstleistungen", S. 330.

[1229] Vgl. dazu oben S. 331.

[1230] „Ausnahmemöglichkeit nach Art. 86 II EG aus anderen als wirtschaftlichen Gründen", S. 337.

zum einen um die Frage, ob über Art. 86 II EG Ausnahmen auch aus anderen als wirtschaftlichen Gründen gewährt werden können. Zum anderen ist bislang auch das Verhältnis des Art. 86 II EG zu den Ausnahmeklauseln der Grundfreiheiten noch nicht abschließend geklärt. Das theoretisch mögliche Spektrum reicht von der Interpretation des Art. 86 II EG als Generalklausel bis hin zum Anwendungsverbot, wenn Grundfreiheiten berührt sind. Abgrenzungsversuche können auch thematisch unternommen werden und bei der Unternehmens- und Staatsbezogenheit der jeweiligen Vorschriften anknüpfen. Man kann auch zum Schluß unterstellen, daß allein Art. 86 II EG Monopole zu rechtfertigen vermag.

Der in dieser Arbeit entwickelte Vorschlag geht einen methodisch anderen Weg, indem die Problematik von der Tatbestandsseite angegangen wird.[1231] Wenn man sich die gesetzlichen und außergesetzlichen Ausnahmeklauseln vergegenwärtigt, erkennt man, daß sie zusammen mit Art. 86 II EG ein Ausnahmesystem ergeben, das letztlich allen denkbaren und anerkennenswerten Interessen der Mitgliedstaaten Rechnung trägt. Die Ausnahmeklauseln zu den Grundfreiheiten orientieren sich an den dargestellten vier Kategorien der Wettbewerbsverstärkung, des Verbraucher- und Arbeitnehmerschutzes, des Überlastungsschutzes und schließlich der Kulturförderung. Daneben steht die Ausnahmeklausel des Art. 86 II EG, die Probleme des Marktversagens bewältigen soll. Die Begrenzung der Anwendbarkeit des Art. 86 II EG führt dabei dazu, daß es zur Ausnahmesystematik der Grundfreiheiten keine nennenswerten Überschneidungen gibt. Auf diese Weise vermeidet man vor allem die Ausweitung des Art. 86 II EG zur uferlosen Generalklausel.

Zum Schluß stellt sich noch die Frage, ob nach Art. 86 II EG auch aus anderen als wirtschaftlichen Gründen eine Ausnahme gewährt werden kann.[1232] Nach den bisherigen Ausführungen liegt zunächst eine Verneinung nahe. In Wirklichkeit handelt es sich hier allerdings um ein Scheinproblem. Ein schwaches natürliches Monopol bildet sich nicht von selbst, etwa aus topographischen Gründen oder Spitzenlastproblemen. Vielmehr entsteht ein schwaches natürliches Monopol aufgrund einer gesetzlichen Regelung, der regelmäßig auch nicht wirtschaftliche Motive zu Grunde liegen. Das topographisch bedingte schwache Monopol kommt erst durch die gesetzliche Anordnung, daß die Leistung auch in entfernten Gegenden zu erbringen ist und daß Spitzenlasten zu bewältigen sind, zur Entstehung. In diesen beiden Beispielen begründet die gesetzliche Anordnung, der auch soziale Motive zu Grunde liegen, die Gefahr des Marktversagens. Am Fall *Almelo* konnte schließlich nachgewiesen werden, daß auch Umweltvorschriften zu Rahmenbedingungen führen können, die ein schwaches

---

[1231] „Analyse der Ausnahmegründe und Versuch einer Lösung", S. 342.

[1232] „Rechtfertigung von Ausnahmen aus nicht wirtschaftlichen Gründen", S. 344.

natürliches Monopol entstehen lassen. Entscheidend ist, daß solche den Rahmen bedingende Vorschriften nicht im Widerspruch zum Gemeinschaftsrecht stehen dürfen.

Literaturverzeichnis

Albers, Willi, u.a. (Hrsg.):	Handwörterbuch der Wirtschaftswissenschaft, 7. Band, Stuttgart (u.a.) 1977
Andel, Norbert	Finanzwissenschaft, 4. Auflage, Tübingen 1998
Bach, Albrecht	Wettbewerbsrechtliche Schranken für staatliche Maßnahme nach dem europäischen Gemeinschaftsrecht, Tübingen 1992
Badura, Peter	Das Verwaltungsrecht des liberalen Rechtsstaates, Göttingen 1967
Badura, Peter	Das öffentliche Unternehmen im europäischen Binnenmarkt, ZGR 1997, 291 ff.
Bala, Andreas	Art 90 II EGV im System unverfälschten Wettbewerbs, Diss. Münster 1997
Bartling, Hartwig	Leitbilder der Wettbewerbspolitik, München 1980
Basedow, Jürgen	Von der deutschen zur europäischen Wirtschaftsverfassung, Tübingen 1992
Basedow, Jürgen (Hrsg.)	Das neue Wirtschaftsrecht der Postdienste, Heidelberg 1995
Basedow, Jürgen	Ansätze zur europäischen Regulierung der Postdienste, EuZW 1996, 144 ff.
Bauer, Hartmut	Informelles Verwaltungshandeln im öffentlichen Verwaltungsrecht VerwArch 75 (1987), S. 241 ff.
Bauer, Hartmut	Privatisierung von Verwaltungsaufgaben, VVDStRL 54 (1995), S. 243
Baur, Jürgen F.	Der Vertrag über die europäische Gemeinschaft und die ausschließliche Zuständigkeit von Unternehmen zur Versorgung mit Energie,in: Festschrift für Everling, Band I, Baden-Baden 1995, S. 69 ff.

Baur, Jürgen F.	Energieversorgungsmonopole unter dem Recht des Vertrages über die Europäische Gemeinschaft, in: ders. (Hrsg.): Aktuelle Probleme des Energierechts, Baden-Baden 1995, S. 77 ff.
Becker, Jürgen	Informales Verwaltungshandeln zur Steuerung wirtschaftlicher Prozesse im Zeichen der Deregulierung, DöV 1985, S. 1003 ff.
Bellamy, Christopher/ Child, Graham	Common Market Law of Competition, 4. Auflage, London 1993 (Hrsg.: Vivian Rose)
Benesch, Rudolf	Die Kompetenzen der EG-Kommission aus Art 90 Abs. 3 EWG-V, Köln (u.a.) 1993
Berg, Wilfried	Verfassungsfragen wirtschaftlicher Betätigung des Staates, ThürVbl 1994, 145 ff.
Bethge, Herbert	Rechtswegprobleme des öffentlich-rechtlich strukturierten Rundfunks, VerwArch 1972, S. 152 ff.
Blankart, Charles B.	Modelle der Daseinsvorsorge au EG-rechtlicher und ökonomischer Sicht, WUW 2002, 340 ff.
Blankart, Beat/ Faber, Monika	Regulierung öffentlicher Unternehmen, Königsstein (Taunus) 1982
Bohne, Eberhard	Informelles Verwaltungs- und Regierungshandeln als Instrument des Umweltschutzes , VerwArch 75 (1984) S. 343 ff.
Breuer, Rüdiger	Die staatliche Berufsregelung und Wirtschaftslenkung in: Isensee/Kirchhof (Hrsg.): Handbuch des Staatsrechts der Bundesrepublik Deutschland Band VI, Freiheitsrechte, Heidelberg 1989, S. 95 ff
Britz, Gabriele	Örtliche Energieversorgung nach nationalem und europäischem Recht, Baden-Baden 1994
Britz, Gabriele	Öffnung der europäischen Strommärkte durch die Binnenmarktrichtlinie? RdE 1997, 85 ff.
Brohm, Winfried:	Strukturen der Wirtschaftsverwaltung, Stuttgart (u.a.) 1969

Brohm, Winfried	Die Dogmatik des Verwaltungsrechts, VVDStRL 30 (1972), S. 245 ff.
Brohm, Winfried	Wirtschaftstätigkeit der öffentlichen Hand und Wettbewerb, NJW 1994, 281 ff.
Brohm, Winfried	Das Verhältnis mittelbarer Staatsverwaltung und Staatsaufsicht im Wirtschaftsrecht, in: Mestmäcker (Hrsg.): Kommunikation ohne Monopole, Baden-Baden 1995, S. 253 ff.
Brümmerhoff, Dieter	Finanzwissenschaft, 6. Auflage, München (u.a.) 1992
Bull, Hans-Peter	Allgemeines Verwaltungsrecht, 5. Auflage Heidelberg 1997
Bullinger, Martin Mestmäcker, Ernst-Joachim	Multimediadienste, Baden-Baden 1997
Burchard, Friedrich von	Die Kompetenzen der EG-Kommission nach Art 90 III EWGV, EuZW 1991, 339 ff
Burger, Dieter	Über die Rechtsstellung öffentlicher Unternehmen im Privatrechtsverkehr, München 1966
Burgi, Martin	Die öffentlichen Unternehmen im Gefüge des primären Gemeinschaftsrechts, EuR 1997, S. 261 ff.
Busch, Tobias	Subventionsrecht in der Rechtsprechung JuS 1992, 563 ff.
Callies, Christian Ruffert, Matthias	Kommentar zum EU-Vertrag und EG-Vertrag, Neuwied u.a. 2002
Centre Europeenne De l'Entreprise Public (CEEP)	Forderungskatalog in: Zeitschrift für öffentliche und gemeinwirtschaftliche Unternehmen, Nr 18 (1995), 455 ff.
Centre Europeenne De l'Entreprise Public (CEEP)	Europa, Wettbewerb und öffentliche Dienstleistungen, Berlin 1996
Condovasainitis, Théorore	Le secteur public industriel et commercial, Paris 1990

Cox, Helmut (Hrsg.)	Öffentliche Dienstleistungen in der Europäischen Union, Baden-Baden 1996
Dauses, Manfred A. (Hrsg.)	Handbuch des EG-Wirtschaftsrechts, München Stand Juni 2003
Degenhart, Christoph	Staatsrecht Band I, 14. Auflage Heidelberg 1998
Dehmer Rudolf	Gesetzliche Monopolrechte in der Stromversorgung und EG-Recht, RdE 1993, 91 ff.
Deringer, Arved	Das Wettbewerbsrecht der Europäischen Wirtschaftsgemeinschaft, Düsseldorf 1962
Dickersbach, Alfred	Die wirtschaftliche Betätigung der öffentlichen Hand im Verhältnis zur Privatwirtschaft aus öffentlich-rechtlicher Sicht, WiVerw 1983, 187 ff.
Dietlein, Johannes	Erläuterte Entscheidungen, JA 1992, 220 c..
Discher, Thomas	Mittelbarer Eingriff, Gesetzesvorbehalt, Verwaltungskompetenz: Die Jugendsekten-Entscheidungen - *BVerwGE* 82, 76; *BVerwG* NJW 1991, 1770; 1992, 2496; NJW 1989, 3269; JuS 1993, 463 c..
Dolzer, Rudolf (Hrsg.)	Bonner Kommentar zum Grundgesetz, Stand Dez. 1998
Duisberg, Alexander	Die Anwendung der Art 85 und 86 EGV in Fällen der staatlichen Einflußnahme auf Unternehmensverhalten, Bonn 1997
Eckert, Tilman	Die Befugnisse der EG-Kommission gem. Artikel 90 III EWGV und ihre Grenzen, München 1992
Edward, David/ Hoskins, Mark	Article 90: Deregulation and EC-Law. Reflections Arising from the XVI FIDE Conference, CMLRev 1995, 157 ff.
Ehlermann, Claus-Dieter	Neuere Entwicklungen im Europäischen Wettbewerbsrecht, EuR 1991, 307 ff.
Ehlermann, Claus-Dieter	Grundfreiheiten und Wettbewerbsregeln des EWG-Vertrages, ET (Energiewirtschaftliche Tagesfragen) ,1992, 96 ff.

Ehlermann, Claus-Dieter Managing Monopolies: The role of the State in Controlling Market Dominance in the European Community, ECLR 1993, S. 61 ff.

Ehlers, Dirk Die Klagearten und besonderen Sachentscheidungsvoraussetzungen im Kommunalstreitverfahren, NVwZ 1990, 105 ff.

Ehlers, Dirk Die unerwünschte Zusendung von Werbematerial durch öffentliche Unternehmen, JZ 1991, 231 ff.

Ehricke, Ulrich Staatliche Regulierungen und EG-Wettbewerbsrecht, WuW 1991, 183 ff.

Ehricke, Ulrich Art 90 EWGV - eine Neubetrachtung, EuZW 1993, 211 ff.

Ehricke, Ulrich Staatliche Eingriffe in den Wettbewerb - Kontrolle durch das Gemeinschaftsrecht, Baden-Baden 1994

Ehricke, Ulrich Zur Anwendbarkeit des Art 36 EG-Vertrag auf Art 37 EG-Vertrag, EWS 1994, 186 ff.

Ehricke, Ulrich Zur Konzeption von Art 37 I und Art 90 II EGV, EuZW 1998, 741 ff.

Eichenhofer, Eberhard Das Vermittlungsmonopol der Bundesanstalt für Arbeit und das EG-Recht NJW 1991, 2857 ff.

Eickhoff, Norbert Theorien des Markt- und Wettbewerbsverfahrens, Wirtschaftsdienst 1986, S. 468 ff.

Emmerich, Volker Das Wirtschaftsrecht der öffentlichen Unternehmen, Bad Homburg v.d.H. 1969 ff.

Emmerich, Volker in: Festschrift für Böhm (1975), S. 119 ff.

Emmerich, Volker Neues zur Zulässigkeit der wirtschaftlichen Betätigung der öffentlichen Hand, AG 1985, 293 ff.

Emmerich, Volker Die deutsche Versorgungswirtschaft in der Wettbewerbsordnung der Europäischen Gemeinschaft, in: Erdmann (Hrsg.): Wirtschaftsordnung und Staatsverfassung, Festschrift für Otto-Friedrich Frhr. von Gamm, Köln (u.a.) 1990, S. 581 ff.

373

Emmerich, Volker	Kartellrecht, 9. Auflage, München 2001
Emmerich, Volker	Kartellrecht, 7. Auflage, München 1994
Emmerich, Volker	Das Recht des unlauteren Wettbewerbs, 6. Auflage München 2001
Emmerich, Volker	Das Recht des unlauteren Wettbewerbs, 4. Auflage München 1995
Endres, Alfred	Staatliche Regulierung und ökonomische Theorie, WiSt 1988, S. 197 ff.
Erichsen, Hans-Uwe	Kommunalaufsicht - Hochschulaufsicht, DVBl 1985, 943 ff.
Erichsen, Hans-Uwe	Die Verfassungsbeschwerde, Jura 1992, 142 ff.
Erichsen, Hans-Uwe	Allgemeines Verwaltungsrecht, 12. Aufl. 2002, 10. Auflage, Berlin (u.a.) 1995
Erichsen, Hans-Uwe	Vorrang und Vorbehalt des Gesetzes, Jura 1995, 550, 553 ff.
Everling, Ulrich	Der Beförderungsvorbehalt der Post und das Gemeinschaftsrecht, EuR 1994, 386 ff.
Fastenrath, Ulrich	Inländerdiskriminierung, JZ 1987, 170 ff.
Fenger, Nils/ Broberg, Morton P.	National Organisation of Regulatory Powers and Community Competition Law, ECLR 1995, 364 ff
Fesenmair, Joseph	Öffentliche Dienstleistungsmonopole im Europäischen Recht, Berlin 1996
Fischer, Hans Georg	Abschied von „Dassonville" und „Cassis de Dijon"? - Zur neuesten Rechtsprechung des EuGH auf dem Gebiet des freien Warenverkehrs, WiB 1994, 182 ff.
Fischer, Reinfried	Selbstverwaltung durch und in kommunalen Sparkassen, in: Selbstverwaltung im Staat der Industriegesellschaft, Festschrift für v. Unruh, Heidelberg 1983, S. 835 ff.
Forsthoff, Ernst	Die Verwaltung als Leistungsträger, Stuttgart 1938

Forsthoff, Ernst	Rechtsfragen der leistenden Verwaltung, Stuttgart 1959
Forsthoff, Ernst	Der Staat der Industriegesellschaft, dargestellt am Beispiel der Bundesrepublik Deutschland, München 1971
Forsthoff, Ernst	Lehrbuch des Verwaltungsrechts, Bd. I AT, 10. Auflage München 1973
Foster, Christopher	Privatization, public ownership and the regulation of natural monopoly, Oxford (u.a.) 1992
Franck, Pierre-Alex	Les entreprises visées aux articles 90 et 37 du traité CEE, in: Semaine de Bruges 1968: L' entreprise public et la concurrence - Les articles 90 et 37 du traité CEE et leurs relations avec la concurrence, Bruges 1969, S. 22 ff.
Friehe, Heinz-Josef	Die Konkurrentenklage gegen einen öffentlich-rechtlichen Subventionsvertrag, DöV 1980, 673 ff.
Froemke, Peter	Die Stellung der Kreditinstitute im Wettbewerbsrecht der Europäischen Wirtschaftsgemeinschaft nach Art 90 Abs. 2 EWGV, Baden-Baden 1987
Gamm, Otto-Friedrich, Frhr. von	Der Staat als Wettbewerber und Auftraggeber privater Unternehmen, Köln (u.a.) 1984
Gamm, Otto-Friedrich, Frhr. von	Verfassungs- und Wettbewerbsrechtliche Grenzen der wirtschaftlichen Betätigung der öffentlichen Hand , WRP 1984, 303 ff.
Gamm, Otto-Friedrich, Frhr. von	Wettbewerbsrecht, 5. Auflage Köln (u.a.) 1987
Giesen, Richard	Sozialversicherungsmonopol und EG-Vertrag, Baden-Baden 1995
Glanen, Helmut von Hahn, Helmuth Kersten, Hans-Christian Rieger, Harald (Hrsg)	Frankfurter Kommentar zum Kartellrecht, Köln, Loseblattsammlung Stand 2003

Gleiss, Alfred/ Hirsch, Martin	Kommentar zum EWG-Kartellrecht, 4. Auflage, Heidelberg 1993
Grabitz, Eberhard	Freiheit und Verfassungsrecht, Tübingen 1976
Grabitz, Eberhard	Gemeinsamer Markt und nationale Subventionen, in: Magiera, Siegfried: (Hrsg.): Entwicklungsperspektiven der Europäischen Gemeinschaft, Berlin 1985, S. 105 ff.
Grabitz, Eberhard	Dienstleistungsmonopole im Binnenmarkt, EWS 1990, 4 ff.
Grabitz, Eberhard/ Hilf, Meinhard	Das Recht der Europäischen Union, Kommentar, München Loseblattsammlung, Stand: 2003
Gröner, Helmut/ Knorr, Andreas	Die Liberalisierung der Postdienste in der EU, EWS 1996, 225 ff.
Grundmann, Birgit	Die öffentlich-rechtlichen Rundfunkanstalten im Wettbewerb, Baden-Baden 1990
Grupp, Klaus	Rechtsprobleme der Privatfinanzierung von Verkehrsprojekten, DVBl 1994, S. 140 ff.
Grussendorff, Werner	Zur Problematik des Art 90 EWG-Vertrag, WuW 1965, 383
Gulich, Joachim	Fernsehen mit Grenzen? ZuM 1990, 170 ff
Gyselen, Luc	State action and the effectiveness of the EEC treaty's competition provisions, CMLR 1989, S. 33
Hahn, Hugo J.	Währungsrecht, München 1990
Hailbronner, Kay	Öffentliche Unternehmen im Binnenmarkt - Dienstleistungsmonopole und Gemeinschaftsrecht, NJW 1991, 593 ff.
Hailbronner, Kay	Die Vergabe öffentlicher Aufträge nach Europäischem Gemeinschaftsrecht, WiVerw 1994, 173 ff.
Hailbronner, Kay	Der Begriff des öffentlichen Auftraggebers nach den EG-Richtlinien zur Vergabe öffentlicher Aufträge, EWS 1995, 285 ff.

Hailbronner, Kay/ Klein, Eckart/ Magiera, Siegfried/ Müller-Graff, Peter-Christian	Handkommentar zum EU-Vertrag, Köln (u.a.), Stand Juni 1997
Hailbronner, Kay/ Weber, Klaus	Die Neugestaltung des Vergabewesens durch die EG, EWS 1997, 73 ff.
Hakenberg, Waltraud	Grundzüge des Europäischen Wirtschaftsrechts, München 1994
Hancher, Leigh	Urteilsanmerkung zu den verbundenen Rechtssachen Rs. C 46/90 und C 93/91, Rs C-69/91 und Rs C-92/91, C.M.L.Rev. 1994, 857, 867
Harms, Wolfgang	Unlauterer Wettbewerb durch wirtschaftliche Aktivitäten öffentlicher Hände, BB 1986 Beilage 17 zu Heft 32
Hausner, Andreas	Die Zulässigkeit von Subventionen nach Art 40 EGKS-Vertrag, Köln (u.a.) 1987
Heegemann, Volker	Der Begriff der „Einrichtung öffentlichen Rechts" im EG-Vergaberecht - am Beispiel öffentlicher Finanzdienstleistungsunternehmen, ZBB 1995, 387 ff.
Heinemann, Andreas	Grenzen staatlicher Monopole im EG-Vertrag, 1996.
Hellermann, Johannes	Der Staat als Akteur auf ausländischen Märkten, in: Grawert, Rolf u.a. (Hrsg.): Offene Staatlichkeit, Festschrift für Böckenförde, Berlin 1995, S. 277
Henneke, Hans-Günther	Informelles Verwaltungshandeln im Wirtschaftsverwaltungs- und Umweltrecht, NuR 1991, S. 267 ff
Herdegen, Matthias	Die vom Bundesrat angestrebte Festschreibung der Privilegien öffentlich-rechtlicher Kreditinstitute: Gefahr für die EG-Wettbewerbsordnung, WM 1997, 1130 ff.
Hesse, Albert	Zu den verfassungsrechtlichen Rahmenbedingungen des öffentlich-rechtlichen Rundfunks und der Gestaltung der Rundfunkordnungen in den Bundesländern JZ 1991, 357 ff.

Hesse, Konrad	Das Grundgesetz in der Entwicklung der Bundesrepublik Deutschland, Aufgabe und Funktion der Verfassung, in: Benda/Maihofer/Vogel (Hrsg.): Handbuch des Verfassungsrechts der Bundesrepublik Deutschland, Berlin (u.a.) 1983, S. 24 ff.
Hesse, Konrad	Grundzüge des Verfassungsrechts der Bundesrepublik Deutschland, 20. Auflage Heidelberg 1995
Heuer, Ernst	Kommentar zum Haushaltsrecht, Frankfurt a.M. , Stand Dez. 1992
Heuer, Ernst	Privatwirtschaftliche Wege und Modelle zu einem modernen (anderen?) Staat, DöV 1995, 85 ff.
Horn, Hans-Detlef	„Grundrechtsschutz in Deutschland" - Die Hoheitsgewalt der Europäischen Gemeinschaften und die Grundrechte des Grundgesetzes nach dem Maastricht-Urteil des Bundesverfassungsgerichts, DVBl 1995, 89 ff.
Huber, Ernst Rudolf	Wirtschafts-Verwaltungsrecht I, 2. Auflage, Tübingen 1953
Immenga, Ulrich/ Mestmäcker, Ernst-Joachim (Hrsg.)	Gesetz gegen Wettbewerbsbeschränkungen (Kommentar), 3. Auflage München 2001
Immenga, Ulrich/ Mestmäcker, Ernst-Joachim (Hrsg.)	EG-Wettbewerbsrecht (Kommentar), München 1997
Ipsen, Hans-Peter	Europäisches Gemeinschaftsrecht, Tübingen 1972
Ipsen, Hans-Peter Nicolaysen, Gert	Öffentliche Unternehmen im gemeinsamen Markt, NJW 1964, 2336 ff.
Ipsen, Jörn / Koch, Thorsten	Öffentliches und privates Recht - Abgrenzungsprobleme bei der Benutzung öffentlicher Einrichtungen, JuS 1992, 809 ff.
Isensee, Josef	Subsidiaritätsprinzip und Verfassungsrecht, Berlin 1968

Isensee, Josef	Soziale Sicherheit im europäischen Markt, VSSR, 1996, 169 ff.
Jarass, Hans D.	Grundrechte als Wertentscheidungen bzw. objektiv-rechtliche Prinzipien in der Rechtsprechung des BVerfG, AöR 110, 363 ff.
Jarass, Hans D.	Das Recht der Wirtschaftssubventionen, JuS 1980, 118 ff.
Jarass, Hans D.	Die Niederlassungsfreiheit in der Europäischen Gemeinschaft, RIW 1993, 1 ff.
Jarass, Hans D.	Europäisches Energierecht, Berlin 1996
Jellinek, Georg	Allgemeine Staatslehre, 3. Aufl. 1913, Nachdruck Bad Homburg v.d.H. (u.a.) 1960
Jellinek, Walter	Verwaltungsrecht, 3. Auflage Berlin 1931
Jickeli, Joachim	Der Binnenmarkt im Schatten des Subsidiaritätsprinzips, JZ 1995, 57 ff.
Junker, Abbo	Das internationale Unternehmensrecht der öffentlichen Unternehmen - dargestellt am Beispiel der Deutschen Bundespost, ZGR 1990, 249 ff. .
Kahl, Wolfgang	Das öffentliche Unternehmen im Gegenwind des europäischen Beihilferegimes, NVwZ 1996, 1082 ff.
Kämmerer, Jörn Axel	Verfassungsstaat auf Diät? JZ 1996, 1042 ff.
Kerf, Michel	The Policy of the Commission of the E.E.C. Toward National Monopolies - An Analysis of the Measures Adopted on the Basis of Art 90 §3 of the E.E.C. Treaty, in: World Competition, 1993, S. 73 ff.
Kirzner, Israel	The limits of the market: The real and the imagined, in Möschel u.a. (Hrsg.): Marktwirtschaft und Rechtsordnung, Baden-Baden 1994, 101 ff.
Klein, Hans H.	Die grundrechtliche Schutzpflicht, DVBl 1994, 489 ff.

Kloepfer, Michael	Zu den neuen umweltrechtlichen Handlungsformen des Staates, JZ 1991, 737 ff.
Kluth, Winfried	Grenzen kommunaler Wettbewerbsteilnahme, 1988
König, Klaus	Die Übertragung öffentlicher Aufgaben auf Private: Eine europäische Sicht, VerwArch 81 (1990), 436 ff.
Kortmann, Walter	Wirkungen des Protektionismus, WISU 1994, S. 297 ff.
Koszuszeck, Helmut	Freier Dienstleistungsverkehr und nationales Rundfunkrecht, ZuM 1989, 541 ff.
Krakowski, Michael	Deregulierung in den Ausnahmebereichen des GWB, WD 1988, S. 90 ff.
Krüger, Herbert	Allgemeine Staatslehre, 2. Auflage Stuttgart (u.a.) 1966
Kruse, Jörn	Ökonomie der Monopolregulierung, Göttingen 1985
Kull, Edgar	Für den Rundfunkgesetzgeber fast Pleinpouvoir, AfP 1991, 716 ff.
Langen, Eugen Bunte, Hermann-Josef	Kommentar zum deutschen und europäischen Kartellrecht, 9. Auflage Neuwied (u.a.) 2001
Laubinger, Hans-Werner	Feststellungsklage und Klagebefugnis, VerwArch 1989, 261 ff.
Lecheler, Helmut	Die Versorgung mit Strom und Gas als „service-public" und die Bedeutung der service-public-doctrin" für Art 90 II EGV, RdE 1996, 212 ff.
Lecheler, Helmut / Gundel, Jörg	Die Rolle des Art 90 II und III EGV in einem liberalisierten Energiemarkt, RdE 1998, 92 ff.
Lefèvre, Dieter	Staatliche Ausfuhrförderung und das Verbot wettbewerbsverfälschender Beihilfen im EWG-Vertrag, Baden-Baden 1977
Lenz, Carl Otto	EG-Vertrag, Köln 1994

Lerche, Peter	Verfassungsfragen zum Entwurf der Landesregierung Nordrhein-Westfalen eines Gesetzes über den Westdeutschen Rundfunk Köln, AfP 1984, 183 ff.
Lüder, Klaus	Triumph des Marktes im öffentlichen Sektor? DöV 1996, 93 ff.
Mallmann, Walter	Schranken nichthoheitlicher Verwaltung, VVDStRL 19 (1961), S. 165 ff.
Marenco, Giuliano	Public Sector and Community Law, C.M.L.Rev. 1983, 495 ff.
Marhold, Franz	Europäisches Wettbewerbsrecht für öffentliche Unternehmen, in: Festschrift für Frotz, Wien 1993, 645 ff.
Martens, Wolfgang	Prinzipien der Leistungsverwaltung, in: Fortschritte des Verwaltungsrechts, FS. für H.J. Wolff (1973), 429 ff.
Martens, Wolfgang	Wandlungen im Recht der Gefahrenabwehr, DöV 1982, 89 ff.
Maunz, Theodor	Die Gesetzmäßigkeit des Fernsehwerbens, BayVbl 1957, 4 ff.
Maunz, Theodor/ Dürig, Günter/ Herzog, Roman/ Scholz, Rupert	Grundgesetz, München, Stand Okt. 1997
Maurer, Hartmut	Allgemeines Verwaltungsrecht, 14. Auflage München 2002
Mayer, Otto	Deutsches Verwaltungsrecht Bd. I, 1. Auflage, Leipzig 1895
Mestmäcker, Ernst-Joachim	Staat und Unternehmen im europäischen Gemeinschaftsrecht - Zur Bedeutung von Art 90 EWGV RabelsZ 52 (1988), 526 ff.

Mestmäcker, Ernst-Joachim	Gemeinschaftsrechtliche Schranken für die Begründung und Ausübung besonderer und ausschließlicher Rechte nach Art 90 I EGV, in: Europarecht, Kartellrecht, Wirtschaftsrecht, Festschrift für Arved Deringer, Baden-Baden 1993, S. 79 ff.
Mestmäcker, Ernst-Joachim (Hrsg.)	Kommunikation ohne Monopole II, Baden-Baden 1995
Mestmäcker, Ernst-Joachim *Bremer, Eckhard*	Die koordinierte Sperre im deutschen und europäischen Recht der öffentlichen Aufträge, BB 1995, Beilage 19 zu Heft 50
Mestmäcker, Ernst-Joachim	Daseinsvorsorge und Universaldienst im europäischen Kontext, in:Verfassung, Theorie und Praxis des Sozialstaats, Festschrift für Zacher, Heidelberg 1998, S. 635 ff.
Meyer, Hans *Borgs-Maciejewski, Hermann*	Verwaltungsverfahrensgesetz, 2. Auflage, Frankfurt a.M. 1982
Mikroulea, Alexandra	Wettbewerbsbeschränkende Maßnahmen der Mitgliedstaaten und EWG-Vertrag, Baden-Baden 1995
Möschel, Wernhard	Wettbewerb im Schnittfeld von Rechtswissenschaft und Nationalökonomie, in: Joachim Gernhuber (Hrsg.): Tradition und Fortschritt im Recht, FS gewidmet der Tübinger Juristenfakultät zu ihrem 500 jährigen Bestehen, Tübingen 1977, S. 335 ff.
Möschel, Wernhard	Recht der Wettbewerbsbeschränkungen, Köln (u.a.) 1983
Möschel, Wernhard	Hoheitliche Maßnahmen und die Wettbewerbsvorschriften des Gemeinschaftsrechts, in: Weiterentwicklung der Europäischen Gemeinschaften und der Marktwirtschaft, Köln (u.a.) 1992, S. 89 ff
Möschel, Wernhard	Kehrtwende in der Rechtsprechung des EuGH zur Warenverkehrsfreiheit, NJW 1994, 429 ff.
Möschel, Wernhard	Wird die effet utile-Rechtsprechung des EuGH inutile? NJW 1994, 1709 f.

Möschel, Wernhard	Subsidiaritätsprinzip und europäisches Kartellrecht, NJW 1995, 281 ff
Müller, Joachim A.	Dienstleistungsmonopole im System des EWGV, Baden-Baden 1988
Müller, Jürgen/ Vogelsang, Ingo	Staatliche Regulierung, Baden-Baden 1979
Müller-Graf, Peter-Christian/ Zehetner, Franz	Öffentliche und privilegierte Unternehmen im Recht der europäischen Gemeinschaften, Linz 1991
Nicolaysen, Gert	Planeinsatz öffentlicher Unternehmen und EG-Vertrag, in: Kaiser, Joseph H.: Planung Band 3: Mittel und Methoden planender Verwaltung, 1968, S. 339
Nicolaysen, Gert	Anmerkung zu *EuGH*, Urt. v. 06.07.1982 (*TransparenzRL*), EuR 1983, 61
Nicolaysen, Gert	Europarecht I, Baden-Baden, 2. Auflage 2002; Europarecht II: Das Wirtschaftsrecht im Binnenmarkt, Baden-Baden 1996
Nierhaus, Michael/ Stern, Klaus	Regionalprinzip und Sparkassenhoheit im europäischen Bankenbinnenmarkt, Stuttgart 1992
Obermayer, Klaus	Verwaltungsakt und innerdienstlicher Rechtsakt, Stuttgart 1956
Oppermann, Thomas:	Europarecht, München 1991
Ossenbühl, Fritz	Verwaltungsvorschriften und Grundgesetz, Bad Homburg v.d.H. (u.a.) 1968
Ossenbühl, Fritz	Daseinsvorsorge und Verwaltungsprivatrecht, DöV 1971, 513 ff.
Pallasch, Ulrich Steckermeier, Maximilian	Freiheit der Arbeitsvermittlung und staatliches Monopol, NZA 1991, S. 913 ff.

Papaconstantinou, Helen Free Trade and Competition in the EEC: Law Policy and Practice, London 1988 (Nachdruck 1990)

Papier, Hans-Jürgen Steuerrecht und Grundgesetz in: 50 Jahre Wirtschaftsprüferberuf, Düsseldorf 1981, S. 303

Pappalardo, Aurelio State Measures and Public Undertakings: Article 90 of the EEC Treaty Revisited, ECLR 1991, 29 ff.

Peffekoven, Rolf in: Vahlens Kompendium der Wirtschaftstheorie und Wirtschaftspolitik, Band 1, 5. Auflage München 1992, S.489 ff.

Peine, Franz-Joseph Entwicklungen im Recht des Verwaltungsakts - eine Zwischenbilanz in: Festschrift für Werner Thieme zum 70. Geburtstag, Köln (u.a.) 1993, S. 563 ff.

Pernice, Ingolf Grundrechtsgehalte im Europäischen Gemeinschaftsrecht, Baden-Baden 1979

Petschke, Matthias Die Warenverkehrsfreiheit in der neuesten Rechtsprechung des EuGH, EuZW 1994, 107 ff.

Pielow, Johann-Christian Strukturen der Versorgungswirtschaft in Europa, DVBl 1996, 142 ff.

Plateau, Koen Article 90 EEC Treaty after the Court Judgement in the Telecommunications Terminal Equipment Case, ECLR 1991, 105

Prölss, Erich R. Versicherungsaufsichtsgesetz, 5. Auflage München 1966; 11. Auflage München 1997

Rapp-Jung, Barbara Zur Tragweite von Art 90 II EGV für die Energiewirtschaft, RdE 1994, 165 ff.

Rengeling, Hans-Werner Grundrechtsschutz in der Europäischen Gemeinschaft, München 1993

Riechmann, Volkhard Rechtsprobleme des Stromimports, in: Harms, Wolfgang (Hrsg.): Atomstrom aus Frankreich? Köln (u.a.) 1987, S. 29 ff.

Ritter, Lennart	Die Anwendung der EG-Wettbewerbsregeln auf den zwischenstaatlichen Handel mit Elektrizität, in: Harms, Wolfgang (Hrsg.): Atomstrom aus Frankreich? Köln (u.a.) 1987, S. 50 ff.
Ronellenfitsch, Michael	Wirtschaftliche Betätigung des Staates, in: Josef Isensee/Paul Kirchhoff (Hrsg.): Handbuch Staatsrechts der Bundesrepublik Deutschland Bd. III, Das Handeln des Staates, Heidelberg 1988, S. 1171 ff.
Rosen, Harvey/ Windisch, Rupert	Finanzwissenschaft I, München (u.a.) 1992
Roth, Wulf-Henning	Die Harmonisierung des Dienstleistungsrechts in der EWG, EuR 1986, 340 ff.
Roth, Wulf-Henning	Versicherungsmonopole und EWG-Vertrag, in: Festschrift für Ernst Steindorff zum 70. Geburtstag am 13. März 1990, Berlin (u.a.) 1990, S. 1313 ff.
Roth, Wulf-Henning	Drittwirkung der Grundfreiheiten? in: FS für Everling, Baden-Baden 1995, S. 1231 ff.
Rottmann, Michael	Zum rechtlichen Rahmen für einen europäischen Binnenmarkt im Post- und Fernmeldewesen (1989), Archiv PT 1989, 1 ff
Rozek, Jochen	Examensklausur öffentliches Recht - Folgenschwere Vertragsverhandlungen, JURA 1994, 378 ff.
Rüfner, Wolfgang	Grundrechtsadressaten, in: Isensee/Kirchhoff (Hrsg.): Handbuch des Staatsrechts der Bundesrepublik Deutschland Bd. V: Allgemeine Grundrechtslehren, Heidelberg 1992, S. 485 ff.
Sack; Rolf	Staatliche Regelungen sogenannter „Verkaufsmodalitäten" und Art 30 EG-Vertrag, EWS 1994, 37 ff.
Schenke, Wolf-Rüdiger	Öffentliches Recht - Der eilige Polizeikommissar, JuS 1979, 886 ff.
Scherer, Joachim	Das neue Telekommunikationsgesetz NJW 1996, 2953 ff.

Schliesky, Utz	Der Rechtsweg bei wettbewerbsrelevantem Staatshandeln, DÖV 1994, 114 ff.
Schmidt, Ingo	Wettbewerbspolitik und Kartellrecht, 5. Auflage Stuttgart 1996
Schmidt, Reiner	Öffentliches Wirtschaftsrecht, Berlin (u.a.) 1990,
Schmidt, Reiner	Privatisierung und Gemeinschaftsrecht, DV 28 (1995), 281 ff.
Schmittmann, Michael	Wettbewerbsrecht in deregulierten Kommunikationsmärkten, KuR 1998, 1 ff.
Schnichels, Dominik	Reichweite der Niederlassungsfreiheit - Dargestellt am Beispiel des deutschen Internationalen Gesellschaftsrechts, Diss. Baden-Baden 1995
Schoch, Friedrich	Folgenbeseitigung und Wiedergutmachung im öffentlichen Recht: VerwArch 1988, 1 ff.
Schoch, Friedrich	Privatisierung von Verwaltungsaufgaben, DVBl 1994, 962 ff.
Scholz, Rupert/ Langer, Stefan	Europäischer Binnenmarkt und Energiepolitik, Berlin 1992
Schricker, Helmut	Wirtschaftliche Tätigkeit der öffentlichen Hand und unlauterer Wettbewerb, 2. Auflage Köln (u.a.) 1987
Schröder, Meinhard	Auswirkungen des Richtlinienvorschlags über den Elektrizitäts-Binnenmarkt auf das Eigentum der Energieversorgungsunternehmen, in: Baur (Hrsg.): Die Europäische Gemeinschaft und das Recht der leitungsgebundenen Energie, Baden-Baden 1993, S. 79 ff.
Schwarze, Jürgen	Der Staat als Adressat es europäischen Wettbewerbsrecht, EuZW 2000, 613 ff.
Schwarze, Jürgen (Hrsg.)	EU-Kommentar, Baden-Baden 2000
Schweitzer, Michael/ Hummer, Waldemar	Europarecht, 5. Auflage Neuwied (u.a.) 1996

Schwintowski, Hans-Peter — Der Begriff des Unternehmens im europäischen Wettbewerbsrecht, ZEuP 1994, 294 ff.

Schwintowski, Hans-Peter — Staatlich veranlaßte Wettbewerbsbeschränkungen auf europäischen und internationalen Märkten, RabelsZ 58 (1994), 232 ff.

Seidel, Ingelore — Zur Wandlung des Begriffsinhaltes „öffentlicher Auftraggeber" im EG-Vergaberecht vom institutionellen zum funktionellen Begriff, ZfBR 1995, 227 ff.

Seidel, Martin — Grundfragen des Beihilferechts der Europäischen Gemeinschaften, in: Recht und Praxis der Beihilfen im gemeinsamen Markt, USE 1984, S. 55

Seidel, Martin — Das Verwaltungsverfahren in Beihilfesachen, EuR 1985, 22 ff.

Seidel, Martin — Die Elektrizitätswirtschaft im System des Gemeinschaftsrechts, EuR 1988, 129 ff.

Seidl-Hohenveldern, Ignaz — Eurocontrol und EWG-Wettbewerbsrecht, in: Ginther, Konrad (Hrsg.): Völkerrecht zwischen normativem Anspruch und politischer Realität, FS für Karl Zemanek zum 65. Geburtstag Berlin 1994, S. 251 ff.

Slot, Piet Jan — Urteilsanmerkung zu den RS. C-202/88 C41/90 und C260/89, CML.Rev. 1991, 964 ff.

Smend, Rudolf — Verfassung und Verfassungsrecht (1928), abgedruckt in: Staatsrechtliche Abhandlungen , 1965, S. 119 ff

Smend, Rudolf — Integrationslehre HDSW Bd. 5 (1956), S. 299 ff.

Sodan, Helge — Gesundheitsbehördliche Informationstätigkeit und Grundrechtsschutz DöV 1987, 858 ff.

Soltész, Ulrich — Die „Belastung des Staatshaushalts" als Tatbestandsmerkmal einer Beihilfe i. S. des Art 92 I EGV, EuZW 1998, 747 ff.

Soukup, Fritz — Öffentliche Unternehmen und die Beihilfeaufsicht der EU, Wien 1995

Steinberg, Rudolf / Britz, Gabriele	Die Energiepolitik im Spannungsfeld nationaler und europäischer Regelungskompetenzen, DÖV 1993, 313 ff.
Steindorff, Ernst	Reichweite der Niederlassungsfreiheit, EuR 1988, 19 ff.
Steindorff, Ernst	Grenzen der EG-Kompetenzen, Heidelberg 1990
Stern, Klaus	Das Staatsrecht der Bundesrepublik Deutschland, Band 3, 1. Halbband, München 1988
Stewing, Clemens	Die Richtlinienvorschläge der EG-Kommission zur Einführung eines Third Party Access für Elektrizität und Gas, EuR 1993, 41 ff.
Stober, Rolf	Rein gewerbliche Betätigung der öffentlichen Hand und Verfassung, ZHR 145 (1981), 565 ff.
Stober, Rolf	Handbuch des Wirtschaftsverwaltungs- und Umweltrechts, Stuttgart (u.a.) 1989
Stober, Rolf	Eigenwirtschaftliche Betätigung der öffentlichen Hand, BB 1989, 716 ff.
Stober, Rolf	Deregulierung im Wirtschaftsverwaltungsrecht, DöV 1995, 125 ff.
Streinz, Rudolf	Europarecht, 3. Auflage Heidelberg 1996
Streinz, Rudolf	Die Rechtsprechung des EuGH nach dem Bosman-Urteil, in Tettinger (Hrsg.), Sport im Schnittfeld von Europäischem Gemeinschaftsrecht und nationanlem Recht (2001), S. 27,
Taylor, Simon M.	Article 90 and Telecommunications Monopolies, European Competition Law Review (ECLR) 1994, 322 ff.
Temple Lang, John	Community Antitrust Law and Gouvernement Measures Relating to Public and Privileged Enterprises: Article 90 EEC Treaty in: Annual Proceedings of the Fordham Corporate Law Institute, 1984, New-York 1985, S. 543 ff.

Tettinger, Peter J.	Zur Grundrechtsberechtigung von Energieversorgungsunternehmen im Europäischen Gemeinschaftsrecht in: Bauer/Müller-Graff/Zuleeg (Hrsg.): Europarecht, Energierecht, Wirtschaftsrecht - Festschrift für Börner, Köln (u.a.) 1992, S. 625 ff.
Tettinger, Peter J.	Die öffentlichen Unternehmen im primären Gemeinschaftsrecht unter besonderer Berücksichtigung der Energiewirtschaft, DVBl 1994, 88 ff.
Tettinger, Peter J.	Vorüberlegungen zu einer Charte europeenne de service public, RdE 1995, 175 ff.
Tettinger, Peter J.	Maastricht II - Vertragsergänzung zur Sicherung der Daseinsvorsorge in Europa? DVBl 1997, 341 ff.
Theuerkauf, Walter	Das Monopol der Bundesanstalt für Arbeit, AuB 1993, S 193 ff.
Tietje, Christian	Europäischer Grundrechtsschutz nach dem Maastricht-Urteil, „Solange III"? JuS 1994, 197
van der Woude, Marc	Article 90; Competing for Competence, EL Rev. 1992, Competition Checklist 1991, 60 ff.
Vogelsang, Ingo	Public enterprise in monopolistic and oligopolistic industries, Chur (u.a.) 1990
von der Gröben, Hans/ Thiesing, Jochen/ Ehlermann, Claus-Dieter (Hrsg.)	Kommentar zum EWG-Vertrag, 4. Auflage Baden-Baden 1991, Band 1 und 4: 5. Auflage Baden-Baden 1997; Band 2: 5. Auflage Baden-Baden 1999
von Hayek, Friedrich August	Der Wettbewerb als Entdeckungsverfahren, Kiel 1968
von Wilmowsky, Peter	Mit besonderen Aufgaben betraute Unternehmen unter dem EG-Vertrag - Ein Beitrag zu Art 90 Abs. 2 EWGV, ZHR 155 (1991), S. 545 ff.
Vygen, Klaus	Öffentliche Unternehmen im Wettbewerbsrecht der EWG, Köln (u.a.) 1967

Wachsmann, Anne/ *Berrod, Frédérique*	Les citières de justification des monopoles: un premier bilan après l' affaire Corbeau, RTDE 1994, S. 39 ff.
Waterson, Michael	Regulation of the Firm and Natural Monopoly, Oxford 1988
Weber, Lukas	Fernsehen in der Falle des Kommerzes, FAZ vom 1. Okt. 1998, S. 17
Weyer, Hartmut	Die Rechtsprechung zum freien Warenverkehr: Dassonville - Cassis de Dijon - Keck, DZWi 1994, 89 ff.
Wieland, Joachim	Besonderheiten der öffentlichen Unternehmen in Deutschland, in: Blaurock (Hrsg.): Recht der Unternehmen in Europa Baden-Baden 1993, S. 9 ff.
Wieland, Joachim	Die Konstituierung des Wirtschaftsverwaltungsrechts durch Europarecht und deutsches Recht, in: Schoch (Hrsg.): Das Verwaltungsrecht als Element der europäischen Integration, Stuttgart 1995, S. 130
Wieland, Joachim	Der Wandel von Verwaltungsaufgaben als Folge der Postprivatisierung, DV 28 (1995), 325
Wieland, Joachim/ *Hellermann, Johannes*	Das Verbot ausschließlicher Konzessionsverträge und kommunale Selbstverwaltung, DVBl 1996, 401
Wilms, Günter	Das europäische Gemeinschaftsrecht und die öffentlichen Unternehmen, Berlin 1996,
Windisch, Rupert	Privatisierung natürlicher Monopole im Bereich von Bahn, Post und Telekommunikation, Tübingen 1987
Wolff, Hans Julius	Der Unterschied zwischen öffentlichem und privatem Recht, AöR 76 (1950), S. 205 ff
Wyatt, Derrick/ *Dashwood, Alan*	The European Community Law, 3. Auflage London, 1993
Zinow, Bernd Michael	Rechtsprobleme der grenzüberschreitenden Durchleitung von Strom in einem EG-Binnenmarkt für Energie, Frankfurt a.M. 1991

Zuleeg, Manfred   Die Anwendungsbereiche des öffentlichen Rechts und des Privatrechts VerwArch 73 (1982), 384 ff.

Schriften zum internationalen und zum öffentlichen Recht

Herausgegeben von Gilbert Gornig

www.peterlang.de

Peter Lang · Europäischer Verlag der Wissenschaften

Stephan Degen

Die Zwischenstaatlichkeitsklausel des europäischen und deutschen Kartellrechts

Frankfurt am Main, Berlin, Bern, Bruxelles, New York, Oxford, Wien, 2004. 278 S.
Europäische Hochschulschriften: Reihe 2, Rechtswissenschaft. Bd. 3840
ISBN 3-631-51989-3 · br. € 51.50*

Die zielorientierte Auslegung der europäischen Zwischenstaatlichkeitsklausel durch den EuGH bringt für Unternehmen ein hohes Maß an Rechtsunsicherheit mit sich, da aufgrund der extensiven Auslegung der Art. 81 f. EGV eine präzise Bestimmung des Sinngehalts der Vorschrift nur schwer möglich erscheint. Ein vergleichbares Problem stellt sich bei der Auslegung der deutschen Zwischenstaatlichkeitsklausel gem. § 48 Abs. 2 S. 1 GWB. Ziel der Arbeit ist, den Sinngehalt der Zwischenstaatlichkeitsklausel des europäischen und deutschen Kartellrechts zu bestimmen. Der Autor kommt u.a. zu dem Ergebnis, dass der Tatbestand der europäischen bzw. deutschen Klausel nicht erfüllt ist, wenn der räumlich relevante Markt auf das Gebiet eines Mitgliedstaats bzw. Bundeslandes begrenzt ist.

Aus dem Inhalt: Die Eignung zur Beeinträchtigung des zwischenstaatlichen Handels als Anwendungsvoraussetzung des gemeinschaftlichen Kartellrechts · Das Hinausreichen der Wirkung einer Marktbeeinflussung, eines wettbewerbsbeschränkenden oder diskriminierenden Verhaltens oder einer Wettbewerbsregel über das Gebiet eines Landes als Zuständigkeitsvoraussetzung des deutschen Kartellrechts · Rechtsvergleich

Frankfurt am Main · Berlin · Bern · Bruxelles · New York · Oxford · Wien
Auslieferung: Verlag Peter Lang AG
Moosstr. 1, CH-2542 Pieterlen
Telefax 00 41 (0) 32 / 376 17 27

*inklusive der in Deutschland gültigen Mehrwertsteuer
Preisänderungen vorbehalten

Homepage http://www.peterlang.de